Collected Papers on the
Centenary of the Birth of Professor
Chen Shouzhong

陈守忠教授诞辰百年纪念论文集

李华瑞 何玉红 编

中国社会科学出版社

图书在版编目（CIP）数据

陈守忠教授诞辰百年纪念论文集/李华瑞，何玉红编．
—北京：中国社会科学出版社，2021.7
ISBN 978 - 7 - 5203 - 8465 - 0

Ⅰ.①陈… Ⅱ.①李… ②何… Ⅲ.①陈守忠—纪念文集②中国历史—文集 Ⅳ.①K825.81 - 53②K207 - 53

中国版本图书馆 CIP 数据核字（2021）第 088926 号

出 版 人	赵剑英	
责任编辑	宋燕鹏	
责任校对	王　龙	
责任印制	李寡寡	

出　　版	中国社会科学出版社	
社　　址	北京鼓楼西大街甲 158 号	
邮　　编	100720	
网　　址	http://www.csspw.cn	
发 行 部	010 - 84083685	
门 市 部	010 - 84029450	
经　　销	新华书店及其他书店	

印　　刷	北京明恒达印务有限公司	
装　　订	廊坊市广阳区广增装订厂	
版　　次	2021 年 7 月第 1 版	
印　　次	2021 年 7 月第 1 次印刷	

开　　本	710×1000　1/16	
印　　张	44.5	
字　　数	750 千字	
定　　价	198.00 元	

凡购买中国社会科学出版社图书，如有质量问题请与本社营销中心联系调换
电话：010 - 84083683
版权所有　侵权必究

陈守忠先生（1921—2019）

目 录
CONTENTS

深切怀念陈守忠先生 ………………………………………… 侯丕勋（ 1 ）
从心底里敬佩的老师
　　——纪念陈守忠教授百岁诞辰 ……………………… 张邦炜（ 11 ）
深切怀念陈守忠先生 ………………………………………… 李清凌（ 31 ）
追忆陈守忠先生 ……………………………………………… 李并成（ 47 ）
纪念恩师陈守忠先生 ………………………………………… 胡小鹏（ 53 ）
难忘师恩
　　——怀念陈守忠先生 …………………………………… 李华瑞（ 62 ）
一位执着而耿直的学者
　　——我所了解的陈守忠先生 …………………………… 刘进宝（ 77 ）
为了传承的纪念 ……………………………………………… 朱红亮（ 85 ）
探究宋夏　考述河陇
　　——深切缅怀恩师陈守忠先生 ………………………… 赵忠祥（ 88 ）
陇上学人与河陇史地研究 …………………………………… 刘再聪（ 92 ）

通鉴纪事本末 ………………………………………………… 顾吉辰（100）
"嘉祐之治"
　　——一个叫不响的命题 ………………………………… 张邦炜（112）

南宋吴氏子弟抗金与降金 …………………………………… 刘建丽（130）
北宋儒学复兴，要"复兴"什么？ …………………………… 刘复生（159）
信息渠道的通塞
　　——从宋代"言路"看制度文化 ………………………… 邓小南（173）
近四十年辽宋夏金史研究学术回顾 ………………………… 包伟民（199）
宋代瓦子勾栏新探 …………………………………………… 程民生（218）
现实应对与精神抵触
　　——宋代主流意识支配下的武力战争观及其实践 …… 陈　峰（247）
论宋代民间养马制度 ………………………………………… 杜建录（270）
宋王朝边疆民族政策的创新及其历史地位 ………………… 林文勋（280）
"苏学盛于北"说再考察 ……………………………………… 粟品孝（299）
略论宋代医学方书的形成、传播与影响 …………………… 韩　毅（318）
南宋高宗朝科举试策中的"光武故事" ……………………… 何玉红（343）
北宋兰州经略述论 …………………………………………… 杨　芳（359）
唐宋城市的"常"与"变"
　　——以北宋南京的城市空间演进与经济发展为例 …… 何　强（372）

魏晋南北朝西北屯田的历史作用 …………………………… 李宝通（386）
唐五代宋初敦煌佛教的世俗化 ……………………… 郑炳林　李海霞（398）
元代兰州的交通地位 ………………………………………… 胡小鹏（415）
党项羌拓跋氏族属问题再辨析 ……………………………… 李华瑞（425）
国家治理下清代甘青土司的国家认同 ……………………… 武　沐（443）
近代西北地区的货币问题考议 ……………………………… 李建国（457）
明代甘肃镇边境保障体系述论 ……………………………… 田　澍（469）
"到农村去"：金融进村与农村经济变化研究
　　——以1933—1945年陕西关中农村为中心 …………… 黄正林（486）

丝绸之路河南道视域下的河西与建康佛教关系
　　摭议 ………………………………………… 李顺庆　曹中俊（520）
《德藏吐鲁番本〈文选〉校议》摭遗校补 …………………… 秦丙坤（534）

论孔鲋 ……………………………………………………… 王子今（545）
马克思主义与民族解放运动 ………………………………… 王希恩（563）
多民族国家包容差异的国体设计
　　——联邦制和区域自治的功能、局限与修正 ………… 王建娥（587）
隋唐手工业与城市建设之进步 ……………………………… 魏明孔（601）
关羽神话产生的根源新探 …………………………………… 陈秀实（618）
经济思想史研究助推经济学学术体系构建 ………………… 程　霖（624）
"壬辰倭乱"期间朝鲜使臣所撰《朝天录》十二种解题 …… 漆永祥（629）
汉代张汤家风、家教与家族赓续 …………………………… 张小锋（649）
士林华选
　　——唐代博学鸿词科研究 ……………………………… 金滢坤（663）
士大夫心态转变对汉末政局的影响
　　——以建宁事变和中平事变比对为主的考察 ………… 张继刚（689）

陈守忠先生主要论著目录 …………………………………… 缪喜平（701）
编后记 …………………………………………………………………（706）

深切怀念陈守忠先生

西北师范大学历史文化学院　侯丕勋

每当我回忆起陈守忠先生，他那亲和的形象立刻浮现在我的脑海中，久久不会隐去。我认识和逐渐了解陈守忠先生，是从1962年下半年他给我们65届班讲授"宋辽金元史"课时开始的。自那时起，在将近60年的时间里，我对他的人生经历了解得越来越多。在学校平反冤假错案后，我进一步认识到：陈守忠先生，是一位勇敢忠诚的共产党员、认真授业解惑的老师、学术成果卓著的学者。在2020年前，陈先生虽然离开了我们，但他那高尚的品格、亲和的形象、勤奋顽强钻研学问的精神，将长久地留在我们学生的心中！

一　勇敢忠诚的共产党员

陈守忠先生，在1949年兰州解放前夕，作为西北师范学院历史系一名普通的大三学生，曾自觉自愿奋勇投身于当年的"三二九学生运动"①，经受了一次大风大浪的锻炼与考验，不久便成为一名中国共产党地下组织的政治立场坚定、组织纪律性强、不畏自己生命危险的共产党员。

1949年3月，全国的解放战争即将夺取全面胜利，国民党的残暴统治即将寿终正寝。在此情况下，甘肃省国民党地方当局，为了苟延残喘、为败逃做筹资准备，竟然精心筹划在物价飞涨、民不聊生之时，向广大贫苦人民群众发行300万银元的所谓"建设公债"，全省人民和大学生们对此表示强烈不满。为了取得反抗甘肃省国民党地方当局斗争的胜利，中国共

---

① "三二九学生运动"，是爆发于1949年3月29日的由西北师范学院学生首先发起、兰州大学等院校学生积极参加的，反抗国民党甘肃省地方当局为逃跑筹资发行300万银元公债的学生运动。

产党地下组织的一些成员和甘肃省高校部分进步学生，经商量决定：通过"串连"、发"通告"、提"抗议书"等方式，开展各种形式的斗争。甘肃同学会还于3月27日下午在西北师范学院大礼堂召开大会，并一致决定于3月29日举行兰州各大专院校和中等学校学生反剥削示威大游行。3月28日下午，国民党甘肃省政府派教育厅厅长、财政厅厅长，来西北师范学院对学生进行所谓的"说服"工作，遭到了学生们的围攻、质问与驳斥，并把他们轰出了师院，愤怒的学生们还砸毁了厅长们乘坐的、停放在十里店宪兵队门口的小汽车。3月28日晚自习时，在西北师范学院的一个大教室里，学生们举行动员大会，学生纠察组织的负责人发表讲话说："甘肃人民已到了最危险的时候，我们这些热血青年们为了捍卫人民的利益，必须万众一心，勇敢地参加明天的反剥削示威大游行，彻底反掉三百万银元的'建设公债'，不达目的，誓不罢休！"会后，负责联络工作的学生郑国祥（今临洮县人）等连夜去兰州大学等学校联络，负责宣传的学生连夜油印《告各界人士书》《我们的要求》等宣传材料，还有人为游行时唱的《义勇军进行曲》填写了"新歌词"。

3月29日早晨，西北师范学院学生在"操场上集合了500多人的游行队伍，多数是甘肃籍同学，如现在仍在（西北）师大的白光弼老校长、陈守忠、樊修睦、陡剑岷诸教授等"。"领队是地下党推荐的张四维、赵敦生等。"① 不多时他们高举着"国立西北师范学院甘肃学生反剥削大游行"的巨型横幅向兰州城内进发。当游行队伍行进到十里店时，原师院附中、附中师范部和乡村师范的不少学生也加入了游行队伍。游行队伍行进到徐家湾时进行了休整，带队学生要求大家在百倍警惕中大胆前进。不多时游行队伍通过白塔山下铁桥，到达兰州桥门街（即今西关什字），与兰州大学、兰州女中、兰州助产学校等校学生汇合后，形成2000多人的队伍，立即向国民党甘肃省参议会进发。当游行队伍行进到省参议会时，愤怒的学生们一拥而上，一举捣毁了省参议会前门上的匾额，然后冲进大院，砸了一些参议员宿舍的门和窗户、玻璃。在捣毁省参议会时，学生们留下传单、质询材料，之后游行队伍就涌向省政府广场（辕门广场），看见几十名荷枪实弹的宪兵站立在省政府大门两侧，如临大敌。游行队伍派出代表进入省政府，递交《抗议书》和《我们的要求》，限24小时内答复，接着游行队

---

① 张翔：《三·二九爱国学生运动》，第33页。

伍围绕广场进行了各种示威活动，高呼"甘肃人民要活命！""反对三百万公债的发行！""打倒郭榾榾！"①"打倒郭榾榾的走狗"等口号，并呼吁各界人士起来共同斗争。接着学生们在酒泉路等干道继续游行，这时部分学生代表去兰州大学开会，商议下一步斗争计划。当晚成立了"兰州市甘肃同学联合会"，选出了负责人，并提出了以后斗争的要求，如果省政府不答应要求，将于4月1日举行更大规模游行②。

在载入史册的1949年甘肃省"三二九学生运动"中，我们的陈守忠先生，不怕国民党的残暴统治，以一名西北师范学院历史系学生、师院学生会的负责人之一的身份，以坚定的立场、革命的思想、勇敢的精神，动员部分同学和全院同学一起参与了"三二九学生运动"，这使他自己的立场、思想、精神都受到了大风大浪的锻炼和考验。在此后的两个月时间，即在1949年6月4日他经陈仙洲（共产党地下组织成员）同志介绍被中国共产党地下组织批准加入了中国共产党，成为了一名光荣的中国共产党党员。这时距兰州8月26日解放还有82天的时间。

不久后，国民党甘肃省政府下令将陈仙洲同志逮捕了，地下党组织当即通知陈守忠先生等立即转移，以保存实力。陈守忠先生马上决定返回老家通渭县，不料在途中遇见一伙国民党军队，他们抢了当地农民的一群牲口后正在赶路。而被国民党军队抢了牲口的农民，跟在国民党军队之后想要回牲口。当他们在路上遇见陈守忠先生时，早知道陈守忠先生是个读书人，因此求他想办法从国民党军队手中要回牲口。陈守忠先生看到当时的情况，知道牲口是要不回的，于是就与在场农民商定，先派了一个农民跟在国民党军队之后悄悄盯着他们的行踪。陈守忠先生与大多数农民则在很远处跟着，一连跟了好几天。一天晚上的后半夜，趁国民党军队睡着之时，陈守忠先生和几个农民一起悄悄地去找到藏牲口处，把拴着牲口的绳子解开，赶着牲口连夜逃走了。在逃回的路上，陈守忠先生叮嘱在场农民，赶着牲口往大山里跑，暂时不要回家，等过几天风平浪静了再回家。

在兰州解放后，陈守忠先生又和一位同学共同努力，筹建了西北师范

---

① "郭榾榾"本名为郭寄峤，时任国民党甘肃省省长，因其主持决定强行征收以银元为公债，而银元当时甘肃民间称"榾榾"，故称他为"郭榾榾"。

② 以上有关"三二九学生运动"的资料引自《西北师范大学校史》（1902—2012），教育科学出版社2012年版，第187—197页。

学院最初的工会组织，为师生在校内的活动创造了条件。①

二 认真授业解惑的老师

1950年，陈守忠先生大学毕业时被留在历史系任教，从此在教师岗位上勤勤恳恳工作了几十年。陈先生教学的具体工作，主要是为学生班讲授《宋辽金元史》、创办青年"助教进修班"并进行专业课辅导、为硕士研究生讲课并指导撰写论文，以及编写《宋辽金元史》课程讲稿等。

陈守忠先生为历史系学生班讲授课程《宋辽金元史》，从20世纪50年代初至80年代初（"文化大革命"十年时间未计在内），先后持续了约30余年。现以1962年下半年为本系65届班讲授《宋辽金元史》为例，来说明他讲课的特点与效果。陈先生每一次来讲课时，总是提着装有自己所编写讲稿的书包来到教室。他一走上讲台，先把讲稿从书包中取出放置在自己面前的讲桌上。在讲课过程中，他从来不拿起讲稿一字一板地宣读，也不会专注地看讲稿，有时只是用目光把讲稿扫一下，每一个问题基本上是凭他自己的记忆滔滔不绝地讲述。陈先生讲课比较慢，学生们听得清，笔记也都记得上，课后复习较容易，所以学生们都喜欢他的讲课。

陈先生讲课内容丰富、条理清楚、层次清晰，学生们听后颇感满足。我记得当时有的老师讲课，在课间10分钟时有的同学要向老师提问，请老师回答；有时两节课讲完了，老师要回家了，仍有同学堵住老师提问。可是陈守忠先生讲课时，从未出现过这种情况，据此可知陈先生讲课的特点、效果和学生的满意程度。②

陈守忠先生对提高青年教师业务能力和水平的工作也很重视。20世纪80年代，历史系教师队伍存在严重青黄不接现象，当时解决后继乏人问题是系内很急迫的工作。作为系副主任的陈守忠先生，与系上其他负责人一起做出创办"中国古代史助教进修班"的决定，系内青年助教李清凌等经考试合格后，录取为"进修班"学员，学习时间为1985年8月至1987年8月。"进修班"的专业课，由金宝祥、王俊杰、陈守忠、郭厚安四位老先生负责讲授。在办"进修班"期间，陈先生对学员们的学习要求严、抓得

---

① 这部分书稿，是根据陈秀实同志所提供资料写成。
② 以上部分，由本作者回忆整理而成。

紧，对他所负责进修宋史的李清凌老师等，曾定期面谈，要求他们阅读专业书籍，如《宋史》《续资治通鉴长编》《通鉴纪事本末》等，还要求读郭沫若、范文澜、翦伯赞等老一辈专家的《中国通史》等著作。同时规定"进修班"青年教师，要跟着1978年年初入学的"春班"听课。在此期间，还吸收李清凌老师等参加《甘肃古代史》著作的撰稿工作，让他们在撰稿工作中得到锻炼。"进修班"结业后，系上又派部分青年教师去北京师范大学等学校进修。经过两年多来的认真培训，这部分青年教师打下了扎实的业务基础，为后来从事教学和科研工作，创造了良好条件。①

陈守忠先生还担任过西北史、宋史等方向硕士研究生导师，期间曾尽力发挥了他教学与科学研究方面的特长。胡小鹏老师本科毕业后考取了陈先生的硕士研究生，于1982年3月至1985年3月，在陈先生指导下攻读"西北史"。陈先生为胡小鹏老师确定的研究课题为"吐谷浑研究"，所开设课程为"敦煌石窟"。"敦煌石窟"是一门具有地理、历史、文化、考古、中外交流等学科综合特点的课程。研究生学习这门课程，对了解、掌握西北史的重点、难点很有帮助，并能促使研究生对所学西北历史、地理知识融会贯通。可想而知，这是一门经过陈先生精心思考确定下来的课程。对研究生的专业学习，陈先生明确指定必读《续通鉴长编纪事本末》这一历史文献，同时在教学方法上放得很开，他是大力支持研究生进行"研究性"学习的。陈先生曾派胡小鹏老师前往北京访学，还让他去北京柏林寺内国子监查阅资料，这样的业务学习，使胡小鹏老师收获了多方面的知识。胡小鹏老师在获得硕士学位35年后的今天，感受非常深刻地说："陈先生在教学中，饱含着传统正义感和忧国忧民的思想！"② 据此可知，陈守忠先生在培养研究生的工作中，认真贯彻了教书育人的重要原则。

刘建丽老师于1982年毕业留系任教后，系领导决定让她担任宋史课的教学工作，这样陈守忠先生就成了她的指导老师。刘建丽老师跟着陈守忠先生学宋史时间虽然较短，但刘建丽老师在上本科时听过陈先生讲的宋史课，留下了很深的印象，因此她下定学习宋史的决心，从而走上了学习宋史与研究宋史的道路。③

在高等学校的教学工作中，教材是必不可缺的。可是我国从1949年刚

---

① 这部分书稿，是根据李清凌老师所提供资料写成。
② 这部分书稿，是根据胡小鹏老师所提供资料写成。
③ 这部分书稿，是根据刘建丽老师所提供资料写成。

成立之时直至20世纪80年代初，高等学校历史专业从无国家统编教材出版，教师们在教学时都是使用自己亲自编写的讲稿。陈守忠先生为我们65届班授课时所带讲稿就是在这种条件下编写而成的。陈先生在《宋史论略》自序中说："在上个世纪的五六十年代，国家教育领导者强调教材建设，故笔者除教书外，忙于编教材、写讲义。"陈先生编写教材和讲义的具体情况，现在无从查知，但是在课堂上我们见过他所编写的讲稿。讲稿写在稿纸上，字写得很工整，看起来很清楚，内容很丰富，为给学生授课提供了很大的便利。[1]

三　学术成果卓著的学者

陈守忠先生从事史学学术研究工作，时间长达半个世纪之多，他的主要学术成果是《河陇史地考述》[2]（有1993年和2007年两个版本）和《宋史论略》[3]两部著作，并与郭厚安先生合作主编了《甘肃古代史》[4]，同时在20世纪60年代前后，还参加过《甘肃史稿》[5]的撰稿工作等，陈先生还发表了数十篇论文。如果仔细阅读陈先生的学术成果，可以发现前期与后期明显有别，前期主要研究宋代历史，后期主要研究河陇史地问题。陈先生对史学研究方法也很重视，根据研究内容的不同，他所运用的研究方法也有显著区别，前期论文着重论证自己的学术观点，后期论文则主要运用实物资料与文献记载相互印证的方法来论断历史疑难（或争论）问题。下面仅举几个典型例子来简介陈守忠先生的学术研究成果及其特点。

（一）在论著中突出论证学术观点

在20世纪50—70年代，陈先生每当确定研究课题后，总是多方收集

---

[1] 这部分书稿，是根据陈守忠先生《宋史论略》所记载与笔者所了解情况综合而成。
[2] 《河陇史地考述》（兰州大学出版社1993年初版，甘肃人民出版社2007年修订版）是陈守忠先生的第一部著作，专门研究河陇地区史地问题。
[3] 《宋史论略》（甘肃文化出版社2001年版）是陈守忠先生的第二部著作，专门研究宋代历史问题。
[4] 《甘肃古代史》（兰州大学出版社1989年版）以金宝祥先生为顾问，由郭厚安、陈守忠二位先生合作主编、中国古代史教研室教师集体撰写而成。
[5] 《甘肃史稿》是一部有关甘肃省的通史性著作文稿，由于当时兰州大学历史系并入了甘肃师范大学历史系，所以双方教师都参加了撰稿工作，后因故未能正式出版，但为后来的《甘肃古代史》《甘肃近现代史》的撰稿工作打下了一定基础。

文献资料，进而在此基础之上认真钻研提炼出自己的学术观点，然后进行多方论证，达到观点说服力强、使他人能够信服的程度。这种以论证学术观点为主撰写论文方法的例证，在《宋史论略》中比比皆是，如第一节《形成北宋统一的社会物质基础》就颇具代表性。陈先生在本节中所提出的学术观点即形成北宋统一的条件是当时的"社会物质基础"。对此他在文中做了大篇幅详尽论证。

在开始论证"社会物质基础"这一学术观点时，陈先生指出："大统一是中国历史发展的主流，……由于社会生产的发展，哪怕它是极其缓慢的，但终归要冲决一切障碍，形成统一的物质基础。而在这个基础上，必然会出现一个统一的政权。"① 接着他将形成北宋统一的"社会物质基础"的相关史料分为三类予以陈述：一是南北方农业生产发展了：南唐割据十年之间，重视农业生产，境内呈现出"野无闲田，桑满宅第，荒土尽辟，人民丰阜"②的景象；北方后周的社会较为稳定，农业经济也逐渐发展了。二是南北方商品贸易发展了：两浙地区的吴越国，注重兴修水利工程，"凿平江中巨石以利航运，并由海道与北方的汴京政权通商往来，使当时的杭州发展成为国内外贸易的大都市，此后遂成为东南第一名都"③；两湖地区的湖南，"令民自制茶以通商旅，而收其算，岁入万计"④；南唐的手工业生产，如煮盐、制茶、造纸等都相当可观，和中原汴京政权也经常有商品交易。三是人民群众希望社会安定、反对战争、支持统一：在这个方面，陈先生以中国南方情况为例指出：南方九个小政权割据时期，"因战争较少，能相对的保持稳定局面，人民能够在较为安定的情况下进行劳动生产"⑤；又指出：南北方经济的发展，"分割的因素逐渐减少，统一的因素逐渐增多"⑥，在此情况下，要求统一，"是社会各阶级、各阶层的共同愿望。特别是广大劳动人民要求统一，支持统一，是不可抗拒的社会力量"⑦。陈先生的以上论述，从根本上阐明了北宋建立统一王朝的历史条件。

---

① 《宋史论略》，甘肃文化出版社2001年版，第1页。
② 《宋史论略》，第2页。
③ 《宋史论略》，第2—3页。
④ 《宋史论略》，第3页。
⑤ 《宋史论略》，第2页。
⑥ 《宋史论略》，第4页。
⑦ 《宋史论略》，第7页。

在《河陇史地考述》的部分书稿中,陈先生同样重视提炼和论证自己的学术观点,《北宋前期对秦陇地区的经营及其与西夏的关系》一节书稿就是典型例证。首先,陈先生以宋朝鄜延、环庆两路副都部署(宋代官名)刘平所上"攻守之策"作为自己的立论根据,并论证道:刘平的"攻守之策",总结五代末、北宋初(赵匡胤)经营西戎地区的策略,如说"五代之末,中国多事,四方用兵,惟制西戎,似得长策。于时中国未尝遣一骑一兵远屯塞上,但任土豪为众所服者,以其州邑就封之。凡征赋所入,得以赡兵养士,由是兵精士勇,将得其人,而无边陲之虞。……自此灵、夏(土豪)渐敝"[①]。其次,陈先生以宋仁宗时重臣张方平的"御戎之要"为立论根据进一步论证说:宋仁宗曾向张方平问"祖宗"的"御戎之要"问题,张方平回答说:"太祖不勤远略,如灵夏、河西,皆因其酋豪,许之世袭。……及太宗谋取燕蓟,又内徙李彝兴、冯晖,于是朝廷始旰食矣。"[②]据上看来,张方平所说"御戎之要",实际上是对宋太祖当时经营西北民族地区政绩情况的总结。对此,陈守忠先生又做了如下具体论证:赵匡胤对西边的部署,因袭了五代以来对当地酋豪为众所服者以其州邑就封之、许之世袭的传统政策;西边最大的部族,首推夏州李氏,被封为定难军节度使,赐姓李氏,子孙世袭;灵武冯晖,大名人,非当地土豪,其子宋初仍令其袭节等。陈先生继而引文献资料做结论道:宋朝对待这些边疆将帅,"恤其家属,厚其爵禄,多与之公钱及所属州县管榷之利,使其回图贸易,免所过征税,……由是边臣多富于财"[③]。"总之,由于宋太祖对西边措置得当,不仅使西部边境安定,而且与西域诸国交往频繁,呈现出一个新王朝开国时的新气象。"[④]陈先生又在本节中明确写道:"我的基本论点是:宋朝后来未能奄有河西,……其主要原因是对西部各少数民族错误的民族政策所致,而铸成大错的是第二代皇帝赵光义。"[⑤]陈先生上述对宋太祖经营西北少数民族地区正确政策的肯定、对赵光义等错误政策的否定,深刻说明了北宋前期从赵光义时开始对西部民族政策的错误是宋朝"未能奄有河西"的根本原因。

---

① 《河陇史地考述》,第97页。
② 《河陇史地考述》,第98页。
③ 《河陇史地考述》,第100页。
④ 《河陇史地考述》,第101页。
⑤ 《河陇史地考述》,第97页。

（二）在论著中主要运用实物资料与文献记载相互印证的方法

自20世纪80年代以来，陈先生进行史学学术研究，在方法上有了显著改变，其中主要是他自己开始离开书斋、走向田野，通过实地考察，探寻实物资料，进而运用出土文物与史籍记载相互印证的方法来回答历史疑难问题。在《河陇史地考述》中部分书稿的撰写就是运用上述研究方法的典型例证。

在《河陇史地考述》的"中编"部分，有《河西的汉长城》一节，其中引述《史记·大宛列传》"汉始筑令居以西"，又引《汉书·张骞传》"汉筑令居以西"。若将二者对校，发现《汉书》仅少了一个"始"字，而其余部分则完全相同。陈先生为印证上述记载，曾亲自前往今兰州以西，去考察"令居"的地望，考察后指出："经调查，汉代令居的确切位置，在今永登县中堡乡庄浪河西岸的罗成滩。此地原为一大古城遗址，现已平整为水浇地，但田埂间仍遗留大量汉瓦片，考察时还捡到一枚汉代的铁铲，还发现汉代石磨盘。……令居塞，向西还筑有长城。……由令居塞至武威郡，汉长城是连接的。"这次考察，完全确定了"令居塞"的地望，还考知了当地的汉代遗迹遗物，印证了"汉筑令居以西"的记载，并获知了"令居塞"汉长城与武威郡汉长城"是连接的"事实。

河西走廊段汉长城，史籍记载同样很简略。《史记·大宛列传》与《汉书·张骞传》、《西域传》均载道："酒泉列亭障至玉门。"《汉书·武帝纪》还载道："使强弩都尉路博德筑居延。"这些简略记载说明，河西走廊段汉长城均修筑在走廊的北部地区。陈守忠先生在《河陇史地考述》中《河西的汉长城》一节书稿内，对居延海地区汉长城实际情况进行考察后，在书中着重做了以下记述：根据文献记载及调查，"汉代的居延海，不是今额济纳旗嘎顺诺尔，而是今素图海子，居延城址就在其西岸。有名的遮虏障，经考古发掘及出土的汉简证明，就在居延城址西今额济纳旗之东。……河西汉长城最长的一段，就由居延塞起，沿黑河（古称弱水）向西南行，至现在的三白滩以南进入甘肃金塔县，再沿黑河东岸经金关故址、地湾城、大湾城遗址（均为汉城址），过大茨湾直抵赵家峡，至与高台县接壤处止。此为一段落。"另一段（不再引证原文）起自金塔县境内黑河岸附近，一直延伸到玉门关以西的榆树泉的沼泽为止，全长达1000多公里。在河西走廊长城沿线，曾筑有"遮虏障"，如居延都尉驻地临近的居延遮虏障、北部都尉驻偃泉障、东部都尉驻东部障、西部都尉驻西部障、宜禾都尉驻昆仑障、中部都尉驻鱼泽障等。以上记述，都是陈守忠先生亲自考察所见。他在考察中亲自所见长城的遗址及其走向，全都在河西走廊北部地区，这无疑都印证了《史记》与《汉书》的相关记载。①

  综上所述，陈守忠先生经过几十年的勤奋钻研，在宋史和河陇史地研究方面都有较为丰硕的学术成果，不仅如此，他还对史学研究概念本身具有深刻的理解和认识。在撰写论文时，他长期熟练掌握与运用"突出论证学术观点""用实物资料同文献记载相互印证方法"来论断历史问题。像陈守忠先生这样高水平的史学研究学者，在我国史学界并不是很多。因此，我们把陈守忠先生誉为"学术成果卓著的学者"无疑是客观和中肯的评价。

---

① 《河陇史地考述》，第187—197页。

从心底里敬佩的老师
——纪念陈守忠教授百岁诞辰

四川师范大学历史文化与旅游学院　张邦炜

1981年金秋，阔别16年后，与陈守忠师在合川钓鱼城历史学术讨论会上喜相逢

但凡熟人多半知道我的研究生指导老师是金宝祥先生（1914—2004），其实陈守忠先生（1921—2019）对我的影响也不小。我受教于陈师门下，早于师从金师。如果说金师是我的学术领路人，那么陈师可称为我的求学指路人。金、陈二师都是我从心底里敬佩的老师。对于陈师的学术成就与治学风格，师弟胡小鹏教授的《陈守忠教授与西北史地研究》一文[①]已有相当精准的评介。下面仅从我个人的亲身经历，谈谈陈师对我的教诲与关照。回顾这些累月经年的金城往事，不免拉杂乃至离题。其中肯定会有不确切甚至错讹之处，敬请知情师友纠正。

人生道路，因缘际会。我有幸以金、陈二先生为师，实属偶然。1957年高考，我考取的是兰州大学历史系，似乎与执教于西北师范学院（现称西北师范大学）的金、陈二师无缘。但因兰大当时理科强、文科弱，历史

---

① 胡小鹏：《陈守忠教授与西北史地研究》，《社科纵横》1991年第3期。

系师资力量不足，曾经邀请金、陈二师兼课。比我高一级的同学①，他们的隋唐史由金师讲授，明清史是陈师教的。照此看来，我又与金、陈二师有缘。可是此后兰大林迪生老校长报请教育部批准，大量从外地高校聘请、引进师资。我们班第一学期的三门专业课程，除中国历史文选由张孟伦教授讲授外，先秦秦汉史、世界古代史两门课程聘请的是中山大学丘陶常副教授、梁作干讲师。第二学期的魏晋隋唐史、世界中世纪史分别由新近引进的北京大学毕业生常振江老师（与宁可先生同班）、山东大学研究生欧阳珍老师（陈同燮老教授的女弟子）讲授，考古学通论聘请的是北大阎文儒副教授、吕遵锷讲师。诸位老师的教学质量毋庸置疑，他们在20世纪80年代前期均先后评为教授。年仅30岁的梁作干老师体系意识强，注重全局观，新的观念见识不少，他在古史分期问题的讨论中是主张东晋封建论的代表性学者②，对我有潜移默化的影响③。

1957年秋，初入兰州大学。本人左一

---

① 兰州大学历史系1956级的同学比我们班人数多，其中调干生、年长者尤其多，我记得姓名的有王翼洲、徐世华、陶君廉、贺世哲、施娉婷、顾亚、何承艰、侯尚智、刘述和、饶以诚、韩嘉穗、屈剑英、孙何、张春元等，还有陈守忠老师的胞弟陈守敬。

② 参看梁作干《西晋与西罗马灭亡是世界历史的重大转折点》，《历史研究》1982年第5期；《古代社会性质与财产形态问题》，《暨南学报》1983年第4期。

③ 梁作干老师后来调往暨南大学任教，同样深受学生欢迎。专著《宋代教育》的作者袁征教授（袁伟时先生的公子）同我一样，是梁师的崇敬者。参看袁征《什么叫做智慧？——梁作干教授剪影》。1984年在杭州宋史年会遇上梁师的女儿梁紫红，当时其已是夏威夷大学的宋史研究生，与邓小南教授等相识。邓小南教授近年告诉我，此后同梁紫红无联系了。

第三学期，张雅韶副教授①讲宋元明清史。时值1958年秋，超英赶美的"大跃进"运动如火如荼。同学们激情燃烧，上街游行时最爱唱的进行曲是《干！干！干！》，歌曲结尾一句很带劲："嘿！最响亮的口号是干！干！干！干！"② 晚上上课，白天劳动，历史系师生自己动手修建砖瓦窑，照片登上了《人民日报》头版。其间大约一个月，同学们还在系总支书记丁桂林的带领下，到西礼县（当年西和、礼县两县并为一县）砍树木，炼钢铁。同时开展教育大革命，大学生自编自讲之风从北大刮到兰大③，张雅韶老师的课刚开头就叫停，由学生分头自编讲义，轮流上台讲课。此事受到领导表扬："一位教授搞了八九年中国古代史，拿不出讲义来。这次历史系二年级十几位同学苦干了二十多天，就拿出了三十一万字有一定水平的宋元明清史讲义。"④ 我参与其中，分工编写了《明代中后期资本主义萌芽》一节。"天下文章一大抄，看你会抄不会抄。"所谓"编写"，无非是抄摘、综述尚钺、邓拓、吴晗诸先生的论著而已。后来上级领导强调大学应当以教学为主，教学应当以教师为主，应当尊重教师在教学中的主导地位，这股自编自讲风被否定。

　　我与金、陈二师终究有缘。1959年春，上级决定兰大历史系并入教育部直属院校西北师范学院（其前身为抗日战争内迁的西北联合大学师范学院）历史系。可能是为了安抚兰大学生，西北师范学院更名为甘肃师范大学。当年师范院校称师院、师专者为数较多，叫师大者仅三所而已，甘肃师大荣列国内第四所师范大学。两系合并，兰大历史系主任李天祜教授不再任职，系总支书记丁桂林留在兰大，任校党委宣传部部长。系主任起初是萨师炯教授，萨师调任教务长后，由金少英教授担任，陈守忠老师仍任系总支书记。陈师在大学生时代积极投身于共产党领导下的学生运动，在

---

① 张雅韶老师（1901—1959）是个颇具传奇色彩的人物。《文革小报》误将张老师列入1929年形成的以王明为首的"二十八个半布尔什维克"，其实当时张老师已从莫斯科中山大学毕业回国。其生平事迹可参看《早期共产党员张雅韶》一文（载张守礼、周德祥编《漳县史话》，甘肃文化出版社2011年版）。张老师是甘肃省漳县的第一个留学生、第一名中国共产党党员，党派遣他长期担任马仲英的秘书长兼顾问，三次被新疆军阀盛世才逮捕入狱。

② 歌曲《干！干！干！》，共青团北京市委宣传部改调，北京大学戴糳平曲。

③ 在这批大学生自编讲义中，以北京大学中文系文学专门化1955级集体编著的红皮书《中国文学史》最有名，1959年由人民文学出版社出版，向国庆十周年献礼，扉页上印有"献给亲爱的党和伟大的祖国"。

④ 丁桂林：《党的群众路线的胜利——兰大历史系教学经验总结》，《兰州大学学报》1959年第1期。

运动中入党，是一位老共产党人。全系教师分为中国古代及中世纪史、中国近代现代史、中国历史要籍及选读、世界史四个教研室，由金宝祥、刘熊祥、金少英、萨师炯四位教授分别担任或兼任教研室主任。

两系合并后，甘肃师大历史系的师资力量更加强大，在当年西部师范院校中要数第一，以下四件事或可证明。

一是高知数量多。据我粗略计算，正教授十人，加上副教授达十六七位之多，而且中、老教师骨干兼有。萨师炯、金宝祥、刘熊祥教授、龚泽铣、张师亮、王俊杰副教授以及从兰大并入的李天祜、赵俪生教授、李学禧副教授都还是四十出头的中年人，而从兰大并入的周戒沉以及许重远、金少英三位先生则是出生于19世纪末的老教授。兰大并入师大的人员中，还有杨伯峻先生，他被安排到中文系，不久由中华书局调回北京了。从英国留学归来的李学禧先生在兰大教亚洲史，到师大后调往外语系。

二是牵头编教材。20世纪60年代初教育部抓高校教材建设，西部师范院校将编写历史专业教学大纲和教材，教育部指定由甘肃师大牵头，为此在兰州饭店召开由西部师范院校历史专业课主讲教师参加的协作会议。四川师院的罗孟祯、徐溥等老师参加了这次会议，后来罗、徐二师同我讲到过会上的一些情形。

三是自办刊物。当年高校学报数量不多，系办刊物极少，甘肃师大历史系创办《历史教学与研究（甘肃师大学报副刊）》杂志①，起初以刊登历史专业课程教学大纲为主。为编写中国古代史教材做准备，金宝祥、赵俪生、陈守忠诸师执笔撰写了长篇文章《关于中国封建社会的分期问题》，对中国古代历史做了总体性探讨，刊登于《历史教学与研究》1959年第2期。这期刊物我保存至今，难免破旧。

四是培养研究生。20世纪50、60年代全国有资格培养研究生的师范院校仅有北京大学、华东师范大学、东北师大三所，甘肃师大历史系1960、1961两年招收研究生，共6名。1960年4名，金宝祥教授指导余用心、萨师炯教授指导何承艰、刘熊祥教授指导李存良、李天祜教授指导侯尚智（后随导师回兰大）。1961年两名，刘熊祥教授指导蒋中礼，还有我。

---

① 《历史教学与研究》杂志的编辑、出版事宜，系里决定由李庆善师经办。李师对余用心兄和我关顾有加，曾推荐我们去听中文系彭铎先生讲"史汉校读法"。愚见以为，彭先生讲课之精妙，和赵俪生老师有一比，只怕在伯仲之间。

至于我的导师是谁，下面再说。1990年因研究生答辩事宜，我与出身西南师院的姚政教授在南充相会，

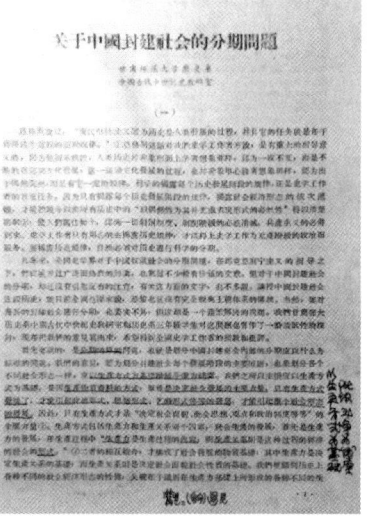

1952年第2期《历史教学与研究》及其登载的《关于中国封建社会的分期问题》

他对我感叹道："'文革'前西师还不知研究生为何物。"陕西师大李裕民教授2002年到西北师大校史馆参观，他说："'文革'前陕西师大无法与甘肃师大相比。"甘肃师大历史系培养研究生，有人怀疑用的是兰大历史系的指标，只怕未必。据我所知，生物系孔宪武教授，教育系胡国钰、王文新、李秉德教授，中文系彭铎、郭晋稀副教授都招收研究生。化学系一位研究合成氨的副教授61年也招收了两名研究生，均为陕西人。孔宪武老师可能因为是一级教授，62年又招收了两名研究生，分别是从北京师大和安徽大学报名考来的，都是安徽人。

历史系刚合并到甘肃师大之初，我即有幸受教于陈守忠老师门下。我们班在兰大时已经学过宋元明清史，并有成绩记录在案。系上安排陈师为我们再讲一遍，理由是纠正当时自编自讲的错误。同学们渴望聆听金宝祥老师讲隋唐史，但因常振江老师已讲，系里没有满足我们的要求。陈守忠老师的课深受我班同学欢迎，原因大致有四点。

一是口音听得懂。此前丘陶常老师的潮州话、梁作干老师的梧州话、张孟伦老师的饶州话以及后来金少英老师的绍兴话，我们很难完全听懂。陈师的通渭普通话我们不仅能听懂，而且陈师讲课语调抑扬顿挫，有气

势，感染力强。

二是印发讲义。当时没有统编教材，参考书极少，往往只能是老师讲，学生埋头记笔记，生怕漏掉一句话。更让同学们高兴的是陈师印发自编讲义。陈师自编的讲义《中国古代及中世纪史讲义》第五编参考价值大，我每次易地调动、多次本地搬家，始终舍不得把它淘汰掉，带着它路经河西走廊，跨过青藏、川藏高原，穿越无数名山大川。这本讲义已60余年，有破损，且发黄。

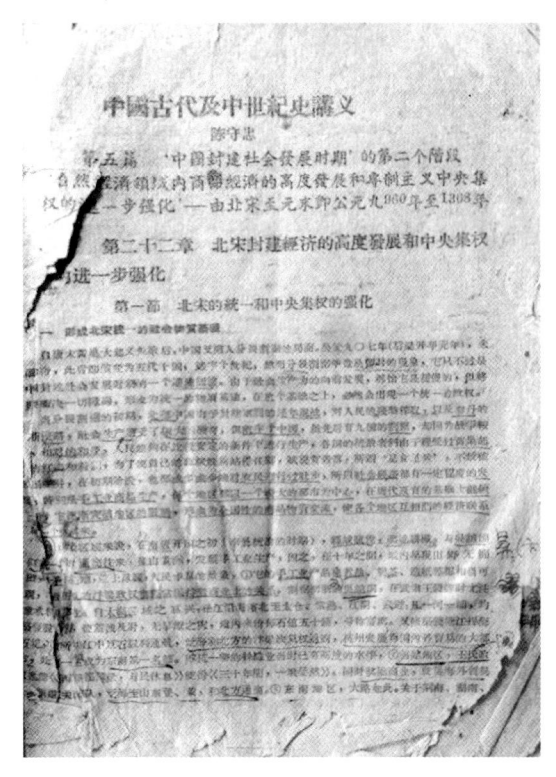

陈守忠老师1959年秋编写印发的讲义，我珍藏至今

三是内容有新意。如陈师讲北宋统一的社会基础，涉及如何看待五代十国的历史。欧阳修《新五代史》称："呜呼，五代之乱极矣！""自古未之有也！"[①] 此说长期以来深入人心。陈师吸取赵俪生老师的研究成果[②]，

---

① 欧阳修：《新五代史》卷34《一行传》、卷16《唐家人传》。
② 赵俪生：《论唐末农民大起义之更深远的社会意义》，《文史哲》1956年第5期。收入《赵俪生文集》第1卷，兰州大学出版社2002年版，第277—304页。

全面评介五代十国，认为当时并非漆黑一团，北方经济的逐渐恢复、南方经济的继续发展形成了北宋统一的社会物质基础，以致宋初的社会经济状况与汉初、唐初大不相同。[1] 这一认识现今已是常识，但在当时很新颖。陈师为开拓学生的学术视野，向我们推荐学术研究新成果。李埏先生的著名论文《〈水浒传〉中所反映的庄园和矛盾》[2]，便是陈师大力推荐的新成果之一。李埏先生认为宋代是个无处无庄园的庄园世界，宋代的庄园是个与外界隔绝的绝缘体。

四是充满正义感。陈师以悲愤与崇敬之情，讲述岳飞的"莫须有"冤案和文天祥的诗篇《过零丁洋》及其中的千古名句"人生自古谁无死"，那张激越的面容与那些激昂的话语至今仍历历在目。我从中真切地感受到陈师是个正直的人，也希望自己能像陈师一样正直。

1959年冬，陈守忠老师这位正直人不幸受到批判。当时全国批判彭德怀元帅的右倾机会主义，甘肃省委第一书记张仲良在省内大张旗鼓地开展反右倾运动，省里批判第二书记霍维德、兰大批判林迪生老校长、师大批判陇东老红军毛定原副校长[3]以及陈守忠师等。陈师的系总支书记职务被罢免，由人事处山西人樊处长担任。据我所知，陈师的"错误"主要有两条：一是同情右派。其依据之一是国庆十周年庆祝日，陈师遵照上级指示，将右派分子赵俪生、龚泽铣、王俊杰、水天长等老师集中在系办公室，不许外出。但陈师说了"错"话。赵俪生老师作为亲历者，后来在陈师《河陇史地考述》一书的序言中对此事有记述："国庆节前夕，他（指陈师）代表系总支对我们'训话'，却用了抱歉和悯人的语调说，由于上头有文件，你们暂时不能回家，明天只要听到天安门的讲话一讲完，你们就可以随便活动了。这是几句普普通通的话，但我从中嗅到了浓烈的人道气息。"赵师借用明清之际思想家傅山的两句话称赞陈师："由来高格调，发自好心肝。"[4] 二是敢说真话。陈师的家乡通渭县位于华家岭下，"大跃进"时，不切实际，为引洮河水上高山，集中附近四县人力大战华家岭，

---

[1] 陈守忠：《形成北宋统一的社会物质基础》，《宋史论略》，甘肃文化出版社2001年版，第1—8页。
[2] 李埏：《〈水浒传〉中所反映的庄园和矛盾》，《云南大学学报》1958年第1期。
[3] 李顺民：《战火中走出来的毛定原》，《光芒》2014年第2期。
[4] 赵俪生：《〈河陇史地考述〉序》，《赵俪生文集》第5卷，兰州大学出版社2002年版，第383—384页。

劳民伤财。通渭县是张仲良书记当年"左"倾错误的重灾区之一。陈师和毛定原副校长一样，向上级汇报家乡严重的灾情，原本是实事实说，但被视为右倾。在进行批判时，又将陈师的"错误"与他的富农家庭成分联系起来，问题就更大了。好在陈师受委屈的时间不长。1960年12月，中共中央西北局兰州会议召开①，中央统战部汪锋副部长出任省委第一书记，大力纠正张仲良书记的"左"倾错误，霍维德、林迪生、毛定原等老领导复职。陈师的"错误"得到澄清，系总支书记职务恢复。

  陈守忠老师是系总支书记，我是个普通本科生，没有机会向陈师单独请教。读研究生以后，机会才多起来。全国各高校1961年入学的研究生都不是由本人报考，而是由学校分配。朱瑞熙兄告诉我，他和童超兄从复旦、北大到四川大学读研究生，同样出自学校分配。他们到川大后考了一下，但不是入学考试，而是水平测试。那年初秋本科毕业时，系里宣布蒋中礼师兄和我留校读研究生。至于攻读什么专业，由系领导、导师与研究生三方商议决定。金少英先生正在整理《汉书》，要我做他的研究生，我以自己根基太差为由婉谢。金老表示理解，但他感叹："我这个系主任就成为光杆司令了哟！"金老终生不曾指导研究生，原因大概是当时的年轻人觉得金老的学问太深奥。系上起初拟议蒋中礼师兄跟金宝祥老师学中国古代史，我跟刘熊祥老师学中国近代史。我不大愿意学近代史，蒋师兄更不愿意学古代史，于是就互相换了。此时我才第一次得以单独拜见金宝祥老师。金师问我："你想学哪个断代？"我是个"易胆大"，没说很愿意跟金师学隋唐史，居然耿直地这样回答："魏晋或两宋。"我之所以志趣如此，一是畏难，认为先秦与隋唐研究者较多，出新成果太难。二是受陈守忠老师与梁作干老师的影响，觉得魏晋与两宋都是社会变革的转型时期，特别值得研究。让我敬佩的是金师很开明，他说："那你就跟陈守忠老师学宋史好了。"如今不少同行以为我是金师的第一位研究生，其实不是我，而是英年早逝的余中心师兄。至于陈师的第一个研究生，恕我大言不惭，不是别人，应当是我。

  陈守忠老师指导我学宋史，第一步叫我读李焘《续资治通鉴长编》（下称《长编》），第二步准备带我去实地考察北宋、西夏边境上的城堡，研究宋夏关系。当年线装书《长编》浙江书局本很难找，学校图书馆有一

---

① 参见李荣珍《具有重要历史意义的西北局兰州会议》，《发展》2013年第1期。

套,册数很多,装满一排大书架。图书馆流通组长高老师戴眼镜,很英俊,热心肠,允许我一次借十本带回宿舍阅读。换书时,如果馆里找不到,一定在陈师家中。到陈师家中找书,往往会遇到我崇敬的老红军毛定原副校长。毛校长于新中国成立初期在我的家乡四川工作,参与领导修建成渝、宝成铁路,对我这个四川小青年格外热情,有说不完的话。当时宋史方面的有关著述极少,图书馆高老师有求必应,特许余用心师兄和我到老旧杂志堆里去翻找。我们才有机会在《史语所集刊》《清华学报》《燕京学报》等灰尘满布的刊物上读到邓广铭、全汉升、张应麟、聂崇岐诸先生的宋史、明史论文。

20世纪60年代初,甘肃师大图书馆大门前

我在陈守忠师指导下学习,第一步正在进行中,第二步还没开始,学校开始贯彻《高教六十条》(全称《教育部直属高等学校暂行工作条例(草案)》),整顿当时高校工作中出现的某些乱象。[①] 在整改中,涉及我系五名研究生的有三件事。一是1960年入学的研究生因第一学年被借用去编写中学历史教材,决定延长学习一年,于是何承艰、余用心两位师兄与我同届了。二是刘熊祥老师要求严,对李存良师兄的学习状况不满意,李师

---

① 参见高军峰《"教育大革命"与〈高教六十条〉》,《文史精华》2011年第4期;启和《从〈高教六十条〉到〈高等教育法〉》,《中国高等教育(半月刊)》1999年第12期。

兄因而被终止学业，分配到兰大附中任教。三是陈守忠老师当时的职称还是讲师，讲师不能指导研究生，我改由金宝祥老师指导。在我的印象中，金、陈二师关系极好，陈师对金师素来执弟子礼，但二师的研究旨趣与重点不尽相同。陈师注重实地考察，深研细究宋夏关系是其主要志趣之一。金师强调"读书贵得间"，要我除读《长编》外，还应当细读新近影印出版的《宋会要辑稿》，特别是食货部分，并与《宋史》诸志及《文献通考》相关部分结合起来读。金师当时正致力于土地制度研究，他要我探究北宋的租佃关系。

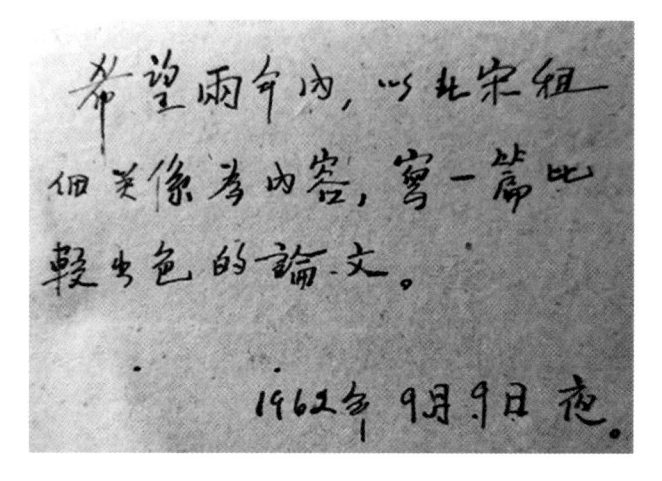

金宝祥老师1962年秋在我作业上的批语

导师虽然变换，但我仍不时向陈守忠老师请教，陈师始终关照着我。有四件事，让我很感激。

一是选定论题：我的研究生毕业论文题目《北宋租佃关系的发展及其影响》是按照金宝祥老师的指示选定的，但论点与金师和陈师的看法均有差异。《唐代封建经济的发展及其矛盾》是金师早年的代表作之一，其中有个重点是探讨唐代土地制度从均田制到庄园制的演变。[①] 金师似乎认为庄园制到北宋更盛行，他在我的作业本上批示："到目前为止，关于北宋的庄园资料还没有人很好的蒐集过，你如有兴趣，也不妨尝试一下。"而

---

① 金宝祥：《唐代封建经济的发展及其矛盾》，《历史教学》1954年第5、6期。金师此后的探讨深化，更加注重人身依附关系的演变。他在《论唐代的土地制度》一文中认为均田制表象背后的实质是以依附关系强烈为特征的世族地主土地所有制，均田制的瓦解意味着人身依附关系的减轻。

我则认为北宋土地的主要经营方式不是庄园制，而是租佃制。陈师在课堂上高度肯定李埏先生的主张，称宋代为庄园世界，认为宋代的庄园是绝缘体。而我的论文正准备向李埏先生请教。我生怕金、陈二师生气，殊不知他们很大度，慨然包容，毫无异议。

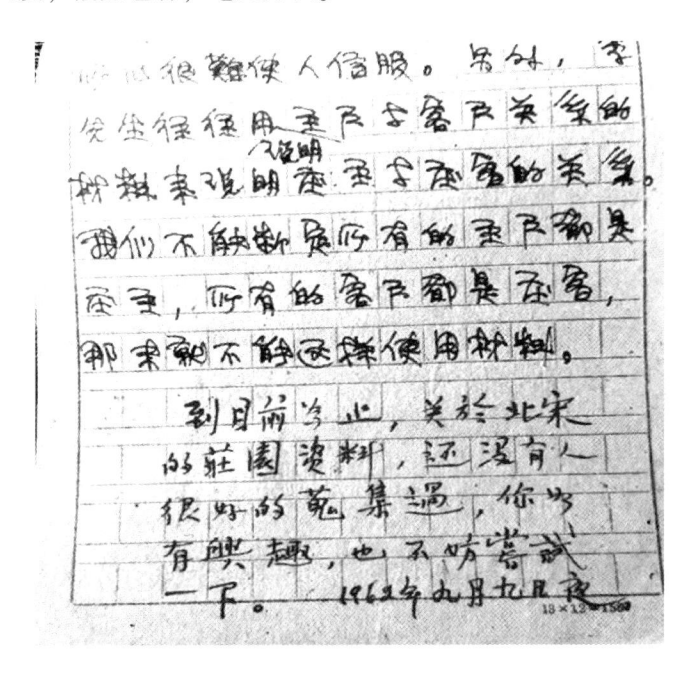

二是赴京读书：1963年寒假，我打算到文津街北京图书馆（下称北图）查阅资料，金、陈二师全力支持。虽然是自费，但在北京总得找个住处。陈师很热心，由他出面请学校替我开了个证明，到鲜鱼口内教育部招待所住宿。那里负责接待高校出差人员，不收住宿费。当时北图（现称国家图书馆，简称国图）善本室宋本、抄本、四库原本均可借出，在室内阅读。我在那里查阅、抄录了不少当时兰州看不到的资料。本想趁机拜访前辈学者，我大哥的北大同窗好友林乃燊先生告诉我，邓广铭老先生、郦家驹先生都在乡下搞"四清"。仅见到了人民大学郑昌淦先生，我居然敢于当面质疑郑先生的宋代庄园论，是因为有程秋原先生陪同。秋原先生也是我大哥的同窗好友，我以秋原大哥相称。他和郑先生是同事加邻居，当时都是副教授。秋原大哥事先吩咐我，有话直说无妨。郑先生仿佛抱着童言无忌的心态，听我说，没生气。若干年后，我到四川师院任教，秋原大哥还请郑先生替我写了一封推荐信。

1963年冬，在北图读书，中午闭馆休息，只得到一墙之隔的北海就餐、等候

三是悉心指教：我的习作除呈送金师外，往往同时送请陈师教正。他不啻看看而已，还不吝赐教。习作《宋代客户的身份问题》初稿末尾有句话，将宋代的租佃关系与当时的"四清"运动生硬挂钩。陈师看后说，两者毫不相干，叫我删掉。我按陈师的指教修改了，否则将闹笑话。此稿后来被《光明日报·史学》采用，陈师预先得知，他告诉我并加以鼓励。陈师事前先知的原因是，按照当时的规定，报刊刊登文章前，先要致函作者单位，确认身份。陈师说，但凡遇到这类事情，他都让总支秘书及时给予肯定性回复。

四是替我解围：教研室讨论我的毕业论文，大概是相当于现在的预答辩。参加者除金、陈二师外，还有曹怀玉、潘策、许孝德等老师。这对学校来说是件区区小事，但早在1927年就参加革命的李之钦老校长兼校党委书记居然也赶来旁听。金师首先叫我陈述论文梗概，大致因为我的作业《论宋代的官田》稍前受到金师夸奖，我有些飘飘然吧，说的某句话给人以骄傲之嫌。平素温文尔雅、书生气十足、很慈祥的金师突然发火，训斥我不知天高地厚，而且怒气难止，把我骂哭了。一时局面相当尴尬，曹、潘、许等老师不敢吱声。陈师毕竟是系总支书记,他出面替我打圆场。好在李校长在场,他威望很高,叫金师不要发怒,教育年轻人要耐心,金师才息怒。

杭州西湖留影 1965.2

1965年初春,金宝祥老师在杭州学术休假,余用心师兄前往看望

当时高校实行专家学术休假制度,能获得这种机会的专家极少,那年系里乃至全校,金宝祥老师似乎是唯一。1964年夏,余用心师兄和我的毕业论文定稿后,金师和师母就回杭州学术休假了一年。余师兄和我的毕业事宜,由陈守忠老师全权负责。陈师主要办了或督办了三件事。一是印刷论文。此事较简单,由教务处科研科陈德科长设计版面,交学校印刷厂铅印。二是发送论文。发送面很广,包括各高校历史系中国古代史教研室和各大图书馆,国家图书馆收藏至今。发送的主要对象是论文评审人,名单显然是由金师事先确定的。余师兄的论文送金师30年代在北大读书时的老师郑天挺老先生和他的高班级同学王毓铨先生,我的送金师的高班级同学邓广铭先生和同班同学杨志玖先生。邓先生当时还在乡下搞"四清",他函告学校,另请他人评审。后来,邓广铭先生去世后,他的女儿邓小南教

授在遗物中发现我的毕业论文，亲手交给了我。上面有少许铅笔记号，看来邓先生还是浏览过的。华东师大束世澂、中山大学何竹淇、武汉大学李涵等不少先生主动为我的论文寄来学术评语，其中何竹淇先生的评语较详尽，陈师决定将何先生的评语作为评阅人评语。四位评阅人对我和师兄的论文都基本给予肯定，其中杨志玖先生的学术评语长达近三千言。杨先生认为我的论文"优点是主要的"，如反驳宋代庄园绝缘论"非常有力"。但"还有一些值得商榷之处"，岂止"一些"而已，从内容到题目达八条之多。如指出客户并非都是佃农、租佃关系的概念比依附关系含义更宽泛等。拙稿发表时本应在附言中感谢杨先生，后又考虑恐有"拉大旗作虎皮"之嫌。重读杨先生的评语，感慨良多。我而今评审硕士乃至博士论文有杨先生这样严肃认真么，差之万里。

> 本文根据丰富的历史材料，在历史唯物主义的一般原理指导下，对北宋佃佣关系进行了具体深入的分析，研究的方法是科学的，所得的结论是正确的。这说明作者具有一定的理论水平、专业知识和科研能力。评阅人认为它符合研究生毕业论文标准的要求。
>
> 本文关於北宋佃农人身依附关系减轻的论点和论据是有说服力的。特别是第一节，不仅举出正面的材料作为证明，而且对反面材料也予以具体的分析和说明。如对《天圣五年诏书》关於佃农起移的规定，指出"非时不得起移"不等於"不得起移"；"无凭由不许别住"不等於"不许别住"（原文2页）。对一般人常引的夔州路佃客材料，指明其为特殊地区情况，不能据以概括北宋全国情况（原文4页）。这种对史料进行细致分析的方法，是值得肯定的。
>
> 作者分辨了职役和力役的区别。指出职役对地主和自耕农的性质有所不同，"前者不具有徭役性质，後者具有徭役性质。"（原文12页）这是很有见地的。
>
> 论文正确地反映了"庄园是宋代社会经济细胞，也是当时政治统治和封建阶梯的广泛基础"的论点。（原文7页）特别是根据《水浒传》对商业繁盛的通都大邑的描绘，反驳了庄园与外界在经济上绝缘的说法，（原文15页）非常有力。
>
> 文章中关於人身依附关系的减轻把农民战争推向更高的发展阶段的提法也很值得重视。
>
> 在结构和行文方面，论文也很严密紧凑，通顺流畅。
>
> 总之，本文的优点是主要的，成绩是应该肯定的。在肯定成绩的同时，也应该指出，本文还有一些值得商榷之处。
>
> 一、毛主席指出，在中国封建社会里，"这种农民，实际上还是农奴。"（《中国革命和中国共产党》）北宋也不应例外。本文只指出佃农人身依附关系的减轻（这当然是正确的），而没有同时体现主席的这一指示，这不能不是一个缺陷。根据北宋的资料和作者的业务水平，论证主席的这一指示不应有什么困难。可能由於作者强调依附关系的减轻而对这一方面有所忽略。
>
> 二、北宋佃农人身依附关系减轻的原因，作者在开头提出是由於土地制度的变化和农民起义的促使，这固然是正确的，但这个问题很重要，似乎应多作些说明。本文的说明过於简略。除了作者所举原因外，社会生产

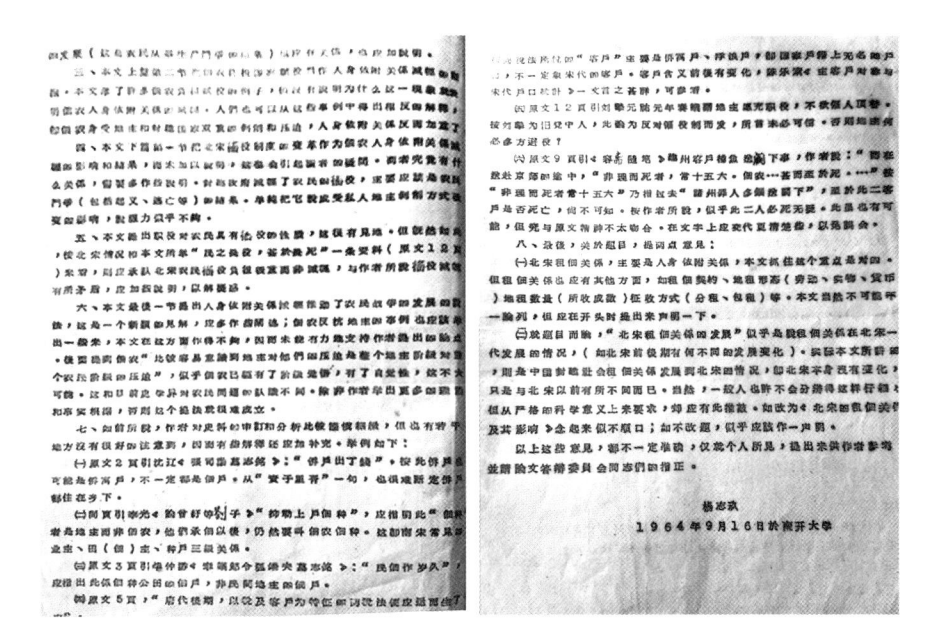

1964年杨志玖先生对我论文的学术评语

郑天挺、王毓铨两位大家对余用心师兄的论文评价之高，出人意料。郑先生的评语有云："足以成一家之言。"王先生说："研究生而有这样的成就是罕见的。"老师们读过两位大家的评语均喜出望外，引以为荣。三是组织答辩。答辩委员会的名单应当是陈师确定的，系里金少英、萨师炯、刘熊祥、王硕如、龚泽铣、王俊杰、李庆善等老师都参加，还从兰大请来张孟伦、赵俪生、欧阳珍老师。答辩分为两个组，同时进行。余师兄的论文答辩由金少英老师任主席，赵俪生老师、萨师炯老师等任委员。我的论文答辩由陈守忠老师主持，张孟伦老师、欧阳珍老师等任委员。答辩委员投票，不仅要打圈圈或画叉叉，还要打分数。我的平均分数是68分，余师兄得了72分。余师兄得分明显偏低，可见答辩委员们要求之严。余师兄是位调干生，比我年长五六岁，中学生时就喜欢作诗作赋，很优秀。他1963年在《历史教学》第4期上以衔微笔名发表了《明代的里甲制度》一文，提出新见，引起梁方仲先生的高度重视。梁先生在当年《学术研究》第4、5期上连载大著《论里甲法与均徭法的关系》，与余师兄讨论。余师兄曾致函吴晗先生，提出研究明代勋贵地主的设想。吴晗先生百忙之中回函，时其予以支持和鼓励。

1965年结业分配前夕，与何承艰（前右）、余用心（后右）、
蒋忠礼（前左）师兄合影

　　当年的研究生工作安排不及时，到1965年开春以后才开始陆续分配。何承艰、蒋忠礼两位师兄品学俱佳，因故未能进行毕业论文答辩①，但工作分配未受影响。何师兄分配到中央党校，曾任历史教研室主任、教授。蒋师兄最初分配到河南省历史研究所，和陈振教授成为同事，与周宝珠教授熟悉，后来调回老家昆明，曾任云南省社会科学院历史所副所长、研究员。②余用心师兄留校任教，"文化大革命"中不幸失踪，百般寻找无踪影，大概率是"跳进黄河洗不清了"。我的毕业分配耽延，听人说是因为金、陈二师力争将我和余师兄都留下，但留校指标只有一个。此事我始终没有也不应该询问金、陈二师。鉴于等待分配的时间较长，我路遇李之钦老校长，要求下乡参加四清运动。李校长很支持，并及时安排。我因此先

---

　　① 蒋忠礼师兄的毕业论文题目是"孙中山的民生主义思想"，但因与导师关系没有处理好，未能准许答辩。至于何承艰师兄，不能答辩的原因则在于计划赶不上变化。何师兄探究的是当年的热点论题"卡斯特罗与古巴革命"，在萨师炯老师的具体指导和帮助下搜集相关资料颇多，应当做得很好。可是形势骤变，卡斯特罗起初是我国最好的朋友之一，可是当时突然跟着苏修跑。这个题目无法再做下去，改题目时间又不允许。因为这些原因，本该四人同时毕业，结果两人毕业，两人肄业。

　　② 同年毕业的外系研究生的分配情况，据我所知，中文系彭铎先生指导的朱有明分配到新疆大学，姚冠群留校，郭晋稀先生指导的白本松、邓廷方（后改名邓涛）分别分配到开封师院（现称河南大学）、北京广播学院（现称传媒大学）。化学系两位分配到太原工学院、上海化工研究院。教育系研究生多些，我只记得，王文新先生指导的于明纲、张百万分配到陕西师大、甘肃工大，李秉德先生指导的卫绪恒、姬朝武分配到河北省教科所、赣南师专。

后前往酒泉县东洞公社、宁县盘克公社郝家湾大队社教工作队工作，有机会体验甘肃农村生活。回顾这段人生经历，从中获益颇多。

1965年，在酒泉县东洞公社办阶级教育展览。本人后排左一

我在盘克公社得到学校转来的教育部通知，被分配到西藏人民广播电台工作。要远走西藏了，回兰州向金、陈二师道别。金师叮咛："那里高山缺氧，要注意身体。"陈师说："到西藏工作不容易，要通过严格的政审，组织上信任你。"至于我本人，很兴奋，要走出书斋，到远方去见世面了。何况我的兄嫂许多年前就在西藏工作，我对西藏并不陌生，毫无恐惧感。

当年的西藏毕竟既遥远又神秘，心想很难与师友再见了。我1980年调回家乡四川师院历

远走西藏前，摄于兰州

史系任教，谁知次年十月就同陈守忠老师相逢于合川钓鱼城历史学术讨论会上。当时信息不灵，师生陡然会面，喜悦之情更浓。我请陈师到餐馆吃了顿四川饭，聊表学生的敬意，学友贾大泉兄作陪。遗憾的是陈师不适应四川菜的麻辣味，晚上腹泻。在学术讨论会上，陈师提交的《汪义武公神道碑等三篇资料》一文，资料出自《陇右金石录》，当时为四川地区所罕见，有益于钓鱼城历史研究，受到与会者好评，后收入西南师院历史系编的《钓鱼城历史学术讨论会论文资料集》。大概是由于当时外行领导内行的现象还比较普遍，与会者得知陈师既是教授又是系总支书记，都称赞陈师是位"内行好领导"。

合川钓鱼城历史学术讨论会部分参会者合影留念，
陈师前排居中，贾大泉兄后排右一

到四川师院任教后，承蒙母校盛情邀请，数次回母校交流学习，总有重返学生时代的感觉，欣喜异常。

2012年秋，又回母校西北师大

与何玉红师弟同游天水麦积山

师恩难忘。陈守忠老师是我的三重恩师：本科授业师、研究生导师、答辩委员会主持人。每次到兰州，少不了前往陈师府上拜望。

与陈守忠师合影

2014年春，拜望陈师。在座者除胡小鹏（右一）、李华瑞（右二）外，还有魏明孔、杨秀清

  眼见陈师体格健朗、精神矍铄，格外高兴，心想陈师必定长命百岁。我虽然年事渐高，理当减少外出，但仍与陈师约定，陈师百岁时，一定前往恭贺。我常常白天计算着、夜晚梦想着，陈师百岁将近，我又要回兰州了。不料去年噩耗传来，陈师仙逝，顷刻痛心不已。痛定再想，陈师享年九十有八，儿孙满堂，福寿双全。按照民间习俗，属于喜丧，心里才平静了些。顿时不禁想到古人云："经师易得，人师难遇。"陈师不仅是一位严谨、严格的经师，更是一位具有人格魅力的人师。赵俪生老师在为陈师的大著作序时，曾如此评价陈师：我"不仅仅表彰他的'学'，更着重表彰他的'行'"①。如果将赵师所言"表彰"改为"赞美"，这正是我要说的话。陈守忠老师是我从心底里敬佩的老师。我平素在言谈中不时赞美我的这位老师的学识与人品，学友们应当还记得吧！

2020年严冬将至时，于成都外东青苔山村

---

  ① 赵俪生：《〈河陇史地考述〉序》，《赵俪生文集》第5卷，兰州大学出版社2002年版，第384页。

深切怀念陈守忠先生

西北师范大学历史文化学院　李清凌

在陇上知名历史学家陈守忠先生诞辰 100 周年之际，西北师范大学历史文化学院组织纪念活动，缅怀先生在历史学、在西北师大历史系建设上所做的贡献，约我写一篇纪念文章，义不容辞，十分感谢。

陈守忠先生字子贞，号醒吾，1921 年农历九月初五（10 月 5 日）生于甘肃省通渭县常河乡黄虎湾村，2019 年 12 月 26 日逝世，终年奔 100 岁。

先生一生好学，孜孜矻矻，终生不怠，虽客观环境时有坎坷，仍通过坚韧不拔的努力，获得巨大成就。20 世纪 60 年代初，他积极参加和领导由甘肃师大历史系教师集体编写、内部出版发行的《甘肃古代史》，成为当时和其后数十年省内外学习和研究甘肃古代史的主要参考书。"文革"以后，他和郭厚安先生共同主持，经相关师生分工修改的《甘肃古代史》，与本系丁焕章教授主编的《甘肃近代史》一起，于 1989 年 9 月由兰州大学出版社出版。此后，陈先生笔耕不辍，将所写论文结集成《河陇史地考述》，于 1993 年由兰州大学出版社出版（2007 年由甘肃人民出版社再版）。2001 年 12 月，甘肃文化出版社为先生出版《宋史论略》一书。先生所著数十篇论文曾先后发表于省内外重要杂志。他的研究主要集中在宋史和西北史地方面，对于宋朝政治、民族、历史人物、西北沿边军事行政建制，河陇历史地理等都有大量深入细致、卓有成效的研究。其突出成就包括以下几方面。

一　研究甘肃远古文化，在伏羲氏出生地问题上有独到的见解

西晋皇甫谧在《帝王世纪》中最早提出，远古传说人物伏羲氏出生在成纪。其文云：

> 太昊庖犧氏，风姓也，母曰华胥。燧人之世，有巨人迹，出于雷泽，华胥以足履之，有娠，生伏羲（庖犧）于成纪。①

后人依据《易疏》，在"于成纪"的"于"字前补一"长"字，于是原文就变成"长于成纪"。成纪是今何地？仅甘肃人就众说纷纭，莫衷一是。陈守忠先生对此做出了令人信服的解释。他在《甘肃史概述》一文中说：

> 成纪这块地方，古时包括的地区相当大，现在甘肃的静宁、通渭、秦安、天水、清水、甘谷等县均为成纪地方。汉代成纪县的治所，在今静宁县的治平乡。②

我们知道，伏羲氏是传说中远古一个氏族、部落、部族或部族首领甚或是部族所有成员的称号，为了叙述简略，我们姑且随风就俗地称他为中国历史上"三皇"之首的"皇"，即最早的一位帝王。伏羲氏距今六七千年，而成纪之名及其作为一个县是西汉时期才出现的，距今只有两千余年。伏羲时代，是没有"成纪"这个名字的；汉代人或根据传说将陇右这块地方与伏羲氏的出生联系起来，建立成纪县，但从地图上看，成纪县北靠汉阿阳县（治今甘肃静宁县南），西接汉平襄县（治今甘肃通渭县西），东连汉略阳道（治今甘肃秦安县陇城镇），在这范围内，今静宁、通渭、秦安三县的部分地区，天水秦州区、麦积区，清水、甘谷，还有张川、武山等县，都在当时成纪县的辖下。事实上，今天水市甘谷县白家湾乡古风台有伏羲出生地遗址，麦积区卦台山有伏羲画卦台遗址，秦州区有伏羲

---

① （晋）皇甫谧撰：《帝王世纪》（不分卷），中华书局1985年版，第2页。
② 陈守忠：《甘肃史概述》，《甘肃史志通讯》1986年第3期。

庙，平凉市静宁县也有很多关于伏羲的传说和遗迹。陈先生将这个问题讲清楚，使传说和古遗迹相互对茬，可以减少相邻各县争祖先的风波，这是他对甘肃伏羲文化研究的一大贡献。

二 实地调查，澄清了战国秦长城起点问题

战国秦长城在甘肃的起点，是学人关心的一个问题。1981年4月和9月，陈先生带着这一问题，偕同好两次跋山涉水，实地调查秦长城陇西段及其起点。根据调查所得，他著文认为：

> 秦长城的确切起点，就在今临洮三十里墩的洮河边上。乾隆《狄道州志》"长城在州北三十五里"的记载是可靠的。战国秦长城由今临洮三十里墩起，向南循东峪河①北面的山梁，蜿蜒而东，翻过关山转为东北方向，经渭源、陇西、通渭、静宁，包六盘山而北走，再经隆德、固原、环县而入陕北，恰恰是经过了秦的陇西、北地、上郡地区。②

陈先生考察和所写文章标题是"陇上战国秦长城调查"，而在《史记》中，有关战国秦长城的记载只有一处，其文云：

> 秦昭王时，义渠戎王与（昭王母）宣太后乱，有二子。宣太后诈而杀义渠戎王于甘泉，遂起兵伐残义渠。于是秦有陇西、北地、上郡，筑长城以拒胡。③

对于陇西郡设置的具体时间，北魏郦道元《水经注》卷2云：狄道"汉陇西郡治，秦昭王二十八年（前279）置"。《史记》只说秦"筑长城以拒胡"，并未说秦昭王所筑长城的起点在哪里。按情理，当时狄道是陇西郡治，地形险要，民族关系复杂，在它对面的洮河以西尚是戎狄所居，而它北边的马衔山仍是戎人游牧出没之地，因此，当时秦以狄道（今甘肃

---

① 原注：《水经注》称为陇水，即《山海经》所称的滥水。
② 陈守忠：《河陇史地考述》，甘肃人民出版社2007年版，第178页。
③ 《史记》卷110《匈奴列传》。

临洮县）为筑长城的起点是最佳选择。陈先生的判断有道理。

换个角度看，《史记·匈奴列传》记载秦长城"起临洮"也没有错。因为这是讲秦灭六国（前221），建立秦王朝后，秦始皇又使蒙恬将十万[①]之众，打败匈奴的边防活动。原文是：

> 因河为塞，筑四十四县城临河，徙适戍以充之。而通直道，自九原至云阳。因边山、险堑、溪谷，可缮者治之，起临洮[②]至辽东万余里。[③]

可以看出，蒙恬筑长城的特点，一是因河为塞，又因边山、险堑、溪谷，可缮者治之。就是利用大量自然地形，减少人工费用，又提高长城的防御能力。这种修缮并不是一味地修筑土墙；二是在沿河地带建立44个县，傍河建筑县城，并从内地迁徙大量犯罪之人，安置到县城周围，且耕且守；三是修建了从九原（治所在今内蒙古包头市西）至云阳（治所在今陕西淳化县西北）的"直道"，即军事专线；四是有材料证明，秦还在长城内侧沿线种植榆树为林，作为另一道边防线，防御匈奴骑兵；榆林以内的地带都可以叫作榆中或榆中地。但以榆中为名设县，却只有今甘肃榆中县一处。很清楚，"起临洮至辽东万余里"的长城，是指秦统一六国后所修筑的长城，同战国秦长城的修建时间相隔50余年，两者叙述并不矛盾。至于后人在今岷县未找到长城遗址，也好理解。如前所述，秦朝长城有的地段是"因河为塞"，从狄道到岷县有洮河天险，又有岷州城为据点，这两项，加上人马巡回，就足以防御戎狄的侵扰，因此没有再筑长城土墙。以此原因，后人在岷县当然就找不到同其他地带一样的土筑长城遗址。

三 阐明了北宋中原通西域的几条道路

"丝绸之路"最早是中原王朝与西域联系的唯一窗口，至今仍是中西经济文化交流的大动脉和学界关注的热点。然则"丝路"在北宋时期的走

---

① 《史记》卷88《蒙恬列传》作"使蒙恬将三十万众北逐戎狄"。
② 《索隐》韦昭云："临洮，陇西县。"《正义》引《括地志》云："秦陇西郡临洮县，即今岷州城。本秦长城首，起岷州西十二里，延袤万余里，东入辽水。"
③ 《史记》卷110《匈奴列传》。

向如何？陈先生梳理并阐明了四条道路，即灵州道、夏州道、泾原道和青唐道。

灵州道。灵州（治今宁夏灵武市西南），早在五代后晋天福三年（938），高居诲出使于阗，即经过此路。宋太祖乾德四年（966），知西凉府（治今甘肃武威市）折逋葛支上言："有回鹘二百余人，汉僧六十余人自朔方路来，为部落劫略，僧云欲往天竺取经，并送达甘州讫。"[①] 这些回鹘和汉僧所从来的朔方，指朔方军，为唐五代方镇之一，治灵州，他们经甘州到天竺取经的路线，也就是灵州到河西道。此后，不少内地僧人西去天竺，以及东印度、大食、于阗等国使臣入贡，都走灵州道。此路由开封起程，经洛阳、长安，然后沿泾河抵邠州（治今陕西彬县），再循泾河支流环江（马岭水）北上，经宁州（治今甘肃宁县）、庆州（治今甘肃庆城县）、马岭（今甘肃环县马岭镇）、方渠（今环县曲子镇），以达环州（治今甘肃环县）。由环州北至洪德寨，循环江西支白马川（西川河），出青岗峡，经清远军（遗址在今环县甜水堡）、溥乐（今宁夏境内甜水河与苦水河会合处）、耀德（今宁夏吴忠市南、山水沟北岸）等寨以达灵州，是为东段……由灵州向西为西段。它是渡黄河，出贺兰山口（三关口），折向西北，经细腰沙、神点沙，即今贺兰山外数十里间沙漠，北上至今阿拉善左旗，折向西北，经今锡林郭勒，转向西南，到今甘肃民勤县五托井。再南行百余里，渡白亭河（石羊河）以达凉州，即与传统的河西道合。进入新疆后，由高昌西去，经月氏（今新疆焉耆回族自治县）、龟兹、割鹿（葛逻禄），南下至于阗（治今新疆和田市南）。由于阗北上至疏勒（今新疆喀什市），转向西南，经塔什库尔干，越葱岭，进入加湿弥逻（克什米尔），抵北印度、南印度。

夏州道。此道以经过夏州城，即东晋十六国时期赫连勃勃所筑的统万城（今陕西靖边县东北白城子）而得名。北宋初，宋朝政府与夏州李氏关系密切，故由夏州可以通往西域。宋太宗太平兴国五年（980），宋王朝派遣王延德出使高昌（治今新疆吐鲁番市），即走此道。此道从宋朝东京开封府出发，经洛阳、长安，由长安北上经延州（治今陕西延安市）至夏州，是为东段。夏州以西，由夏州向北走，至现在的内蒙古伊克昭盟乌审旗，渡沙碛即毛乌素沙漠，历茅女嵑（wāi）子族，渡黄河，入六窠沙

[①] 《宋史》卷492《吐蕃传》。

（即乌兰布和沙漠），穿乌兰布和沙漠后向西偏北，傍阴山余脉前行，历都督山（当为阴山余脉迭布斯格乌拉山），经合罗川（即今阿拉善右旗境内巴丹吉林沙漠以北之大草原），至马骏山望乡岭、格罗美源（即今额济纳旗、古居延海地区），向西直达伊州（治今新疆哈密市）。哈密以西以南有大戈壁（古称鬼魅碛）。过鬼魅碛，纳职城，经"鬼谷口避风驿"，到泽田寺（在今新疆鄯善以西）、宝庄（今鄯善），乃至高昌（今新疆吐鲁番市）。高昌以西，即传统的"丝绸之路"中道。

泾原道。泾，指泾州（治今甘肃泾川县北）。原，指唐代的原州（宋代改建为镇戎军，治今宁夏固原市）。泾原道以镇戎军为枢纽。东南至渭州（治今甘肃平凉市）、泾州以达内地，西北至凉州（治今甘肃武威市）以通西域。宋太宗至道二年（996），西夏李继迁邀击往灵州护送粮草的宋军，夺取刍粟四十万。宋朝五路进讨，无功而还。至道三年（997）春，宋将李继隆请由古原州蔚茹河路往灵州输送粮草，"太宗许焉。遂率师以进，壁古原州，令如京使胡守澄城之，是为镇戎军（治今宁夏固原市）"①。不久太宗死，真宗即位，事遂搁置不行。至宋真宗咸平四年（1001），李继迁围灵州，继隆弟李继和固请复城之，乃命版筑，即以继和知军事，兼渭、仪（治今甘肃华亭市）都巡检使。后张齐贤经略陕西，因访继和边事，继和上言：

  镇戎军为泾、原、仪、渭北面捍蔽，又为环、庆、原、渭、仪、秦熟户所依，正当回鹘，西凉六谷，（吐蕃）咩逋、贱遇、马臧、梁家诸族之路。②

可见夏州、灵州二道被阻绝之后，宋朝通往河西的道路就以镇戎军为枢纽。这条路实际上是汉唐的"丝路"古道之一。由镇戎军往内地，据上引李继和所言有数道：

  自陇山下南去，则由三白堡入仪州制胜关；自瓦亭路南去，则由弹筝峡入渭州安国镇；自青石岭东南去，则由小卢（泾水支流小路河）、大卢（泾水支流大路河）、潘谷入潘原县（治今甘肃平凉市东四

---

① 《宋史》卷257《李继隆传》。
② 《续资治通鉴长编》卷50，咸平四年十二月乙卯。

十里铺)。若至潘原，西则入渭州，东则入泾州；若自青石岭东公主泉南去，则由东山寨故彭阳城西，并入原州(治今甘肃镇原县)。①

三条道路均以镇戎军为起点，而以自瓦亭至平凉、泾川的泾河大道为主要通道。

镇戎军通河西，即由固原城向北走，经平夏城(在今宁夏固原市西北)、西安州(治今宁夏海原县)，入甘肃靖远县。过黄河经今景泰、古浪县而至武威(西凉六谷族政权所在地)、张掖、瓜州(治今甘肃瓜州县东南)、沙州(治今甘肃敦煌市西)。再往西即至高昌、于阗等国，在灵州道、夏州道被阻绝后，河西、西域各民族政权均由此道与宋朝保持联系。

青唐道。西夏建国以后，阻碍宋与中亚、西亚等地的"丝路"交通，以上各地来宋进贡、交流的使臣、商队，只能改道而行。当时以青唐(今青海西宁市)为中心的唃厮啰政权采取联宋抗夏的政策。宋仁宗明道元年(1032)，宋朝政府授予唃厮啰宁远大将军、爱州团练使的职位。②宋仁宗康定元年(1040)八月，宋朝政府派屯田员外郎刘涣出使邈川(治今青海乐都县南)，所走路线是"出古渭州(治今甘肃陇西县)，循末邦山至河州国门寺，绝(渡)河逾廓州，抵青唐"③。末(抹)邦山在今甘肃临洮县东南；国门寺即炳灵寺，在今甘肃永靖县西南。古渭州至青唐道开通后，西域诸国即通过这条道路与宋朝联系，史载"自青唐西行四十里至林金城，去青海，善马三日可到""海西北皆平衍无垄断""北至有铁堠……自铁堠西皆黄沙无人居，西行逾两月，即入回纥、于阗界"④。建国于今欧洲的拂菻国(东罗马帝国)使臣到中国的路线，即是"东自西大食及于阗、回纥、青唐，乃抵中国"⑤。

青唐道东段乃传统的陇西道。此道由秦都咸阳出发，经扶风、岐山、凤翔、汧阳、陇县，越陇山至甘肃清水、天水，循渭河河谷至渭源，越鸟鼠山以达陇西郡城(今甘肃临洮县城)。汉、唐、宋因之。宋朝以秦州为西部重镇。自伏羌寨(今甘谷县城)以西沿渭水过洮水即达青唐城。

---

① 《续资治通鉴长编》卷50，咸平四年十二月乙卯。
② 《续资治通鉴长编》卷10，明道元年八月。
③ 《续资治通鉴长编》卷128，康定元年八月。
④ (宋)李远：《青唐录》。
⑤ 《宋史》卷490《拂菻国传》。

青唐城西边为西海道。西海道从青唐城往西，过日月山至青海湖南的大草原（唐代称大非川），然后循昆仑山北麓、柴达木盆地南沿，向西至茫崖镇以西，穿越阿尔金山至新疆若羌且末以达于阗，然后翻过帕米尔高原，直至西亚及地中海沿岸各国。中原内地与西域、欧洲陆上交通主要走青唐道，也有一少部分商人继续经由河西瓜沙等地东来、西归，河西道并未完全断绝。

陈先生的以上研究说明，西夏建国前，宋初七八十年，"丝绸之路"从前代的东起长安延伸到东起宋都开封府，又增加了灵州、夏州、泾原等秦陇新起点；西夏建国阻碍宋朝与中亚、西亚、欧洲联系的河西道，以上民族国家和地区减少了走河西道，绕弯通过青唐等道与宋联系。宋朝还大举发展海上"丝绸之路"，弥补陆上"丝路"萎缩的损失。从总体上看，宋朝的"丝绸之路"不仅没有衰落，还有新的起色和开拓。再者，宋以前的"丝绸之路"，主要用于中西经济文化交流，宋朝则在此基础上，又通过"丝路"运送大量兵员、军需。如对夏防御、熙河开边都充分利用"丝路"，拓展了"丝绸之路"的国防政治功用。这都是陈先生研究的题内之义。

四　踏勘了北宋秦陇地区吐蕃许多部族居地

这是一项体力和脑力并用的艰苦工作。陈先生以花甲之年，不畏繁难，欣然前往，将北宋秦陇党项、氐族以外的吐蕃部族，按地域划分为秦州古渭寨以东、古渭寨以西和秦州以东三大块，然后以王韶熙河开边，李宪攻兰会，韩琦、范仲淹经略陕西为线索，通过文献和实地考察相结合的方法，探明了见于记载各部族的居地及其与宋朝的关系，纠谬补缺，其功不细。为醒目起见，我们将陈先生这一贡献用图表简介。

表1　古渭寨（今甘肃陇西县）东至秦州见于记载的吐蕃部族表

方位	族　名	居　地
古渭寨以东至秦州	尚波于族	伏羌县地（今甘谷县境）
	大石族	伏羌（今甘谷县大石镇）
	小石族	伏羌（今甘谷县大石镇）
	隆中族	今甘谷县礼辛镇一带

续　表

方位	族　名	居　地
古渭寨以东至秦州	斯鸡波族	伏羌寨(今甘谷县)附近
	心波等三族	居住于筚篥城(必利城),在今甘谷县大庄镇杨家城子
	大马家族	永宁寨(在甘谷西四十里铺)至宁远寨(武山县旧城)渭河南北两岸百里之内
	小马家族	永宁寨(在甘谷西四十里铺)至宁远寨(武山县旧城)渭河南北两岸百里之内
	丁家(朵藏)族	永宁寨(在甘谷西四十里铺)至宁远寨(武山县旧城)渭河南北两岸百里之内
	枭波(枭筢)族	今武山县渭河南北
	末星(默星)族	今武山县洛门镇、鸳鸯镇一带
	陇波族	今武山县境
	他斯麻族	今武山县境
	鬼留家族	今武山县西北部
	李宫等八族	今武山县马力镇及以北榜沙河两岸
	鸥枭(枭筢、枭波)族	居地在枭筢城(宋筑为威远寨),在今武山县城西南
	药斯哥部	今通渭县吉川镇
	蹉鹈族	居地待考
	腊家族	居地待考
	者谷族	今通渭县城附近
	达谷族	今通渭县城附近
	吹麻城张族	今陇西县境内(存疑)

续 表

方位	族　名	居　地
古渭寨以东至秦州	空俞族	今陇西县文峰镇南
	斯鸡波族	今陇西县文峰镇南
	马波叱腊蕃部	今陇西县境
	呐支蔺毡部	今陇西县境
备注	本表据陈守忠先生《北宋时期秦陇地区吐蕃各部族及其居地考（上）》（《西北师大学报》1996年第2期）及陈先生著《北宋时期分布于秦陇地区的吐蕃各部族及其居地考》制，载陈先生著《宋史论略》，甘肃文化出版社2001年版	

表2　古渭寨西至熙、河、兰、会等州见于记载的吐蕃部族表

方位	族　名	居　地
古渭寨以西至河州	俞龙珂族	渭源县、漳县境内
	蒙罗角族	在临洮与渭源之间以渭源会川镇为中心的抹邦（漫坝）山一带
	抹耳水巴族	在临洮与渭源之间以渭源会川镇为中心的抹邦（漫坝）山一带
	唃厮啰长子瞎毡及其子木征部	河州（治今甘肃临夏市）与武胜军（今甘肃临洮县）
	曲撒四王阿珂族	武胜军（今甘肃临洮县）
	温布察克置部	穆楞川（今临洮城以东店子街）一带之大南川，东及抹邦山
	结河族	广河川（包括今广河、和政两县地）
	常家族	河州郊区
	青龙族	洮州（治今甘肃临潭县）岷州首领本令征

续　表

方位	族　名	居　地
古渭寨以西至河州	固密族	岷州(治今甘肃岷县)
	固云沁巴族	岷州(治今甘肃岷县)
	瓜家、贝斯结、罗斯等三族	今甘肃岷县蒲麻镇附近
	赵家族	河州及积石山县
	枸家族	河州及积石山县
	郎族	河州(治今甘肃临夏市)
	珪族	河州(治今甘肃临夏市)
	郭斯敦族	洮州(治今甘肃临潭县)
	钦令征族	叠州(治今甘肃迭部县)
	额勒锦族	熙州(治今甘肃临洮县)
	南沁巴勒族	熙州(治今甘肃临洮县)
	锡丹族	熙州(治今甘肃临洮县)
	康古族亦作龛谷族(西凉六谷族移民)	在今榆中县小康营乡
	龛波、给家等二十二族	在榆中县龛谷川至夏官营一带
	巴令渴等三族	住在兰州城及近郊
	以裕藏颖沁萨勒为首领的蕃部	住在屈吴山(位于今甘肃靖远县境)
	禹藏郢成四及汪家等族(有6首领)	住在打啰城川(靖远县共和乡)至西使城(今定西城)
	龀(qié)族	会州(治今甘肃靖远县)

续 表

方位	族 名	居 地
古渭寨以西至河州	苏家族埋香	会州（治今甘肃靖远县）
	白马族	会州（治今甘肃靖远县）
	韦移族	会州（治今甘肃靖远县）
备注	本表据陈守忠先生《北宋时期秦陇地区吐蕃各部族及其居地考（下）》(《西北师大学报》1996 年第 3 期)及陈先生《北宋时期分布于秦陇地区的吐蕃各部族及其居地考》制,载陈先生著《宋史论略》,甘肃文化出版社 2001 年版	

表 3 秦州以东至陇东见于记载的吐蕃部族表

方位	族 名	居 地
秦州以东至陇东	安家族	在今秦安县安伏镇
	陇城族	秦安县东北由陇城至莲花城的五营河川谷
	大王家族	章川堡（在今甘肃静宁县境）至制胜关（今宁夏泾源县城）一带
	秦州内属三族	住在甘肃清水县、张川县
	厮啯罗族	六盘山附近
	党留族	靖边寨（在今甘肃静宁县城西南）南至威戎堡（在静宁县城南）
	铎厮那族	水洛城（今庄浪县城）北
	延蒙八族	仪州（今甘肃华亭市）
	小卢族、大卢族、格隆族等三族	平凉县（今平凉市驻地）至潘原县（在平凉市东四十里铺）
	明珠族、灭藏族、康奴族等三族	环、原二州之间

续 表

方位	族 名	居 地
秦州以东至陇东	苏家族	环州(治今甘肃环县)
	妙娥族、延家族、熟嵬族等三族	景德三年(1006)五月由天都山(在今宁夏海源县境内)归宋,被安置到镇戎军(治今宁夏固原市)
	茄罗族、兀脏族、成王族、都(tú)移族等四族	镇戎军(治今宁夏固原市)
	伊实族、潘族、保族、薛族等四族	镇戎军(治今宁夏固原市)
	陇逋族	阶州(治今甘肃陇南市武都区)峰贴峡
	大罗苏木嘉族	阶州(治今甘肃陇南市武都区)峰贴峡
	樊家族	属泾原路,具体居地待考
	樊诸族	属秦凤路,具体居地待考
备注	本表据陈守忠先生《北宋时期秦陇地区吐蕃各部族及其居地考(下)》(《西北师大学报》1996年第3期)及陈先生《北宋时期分布于秦陇地区的吐蕃各部族及其居地考》制,载陈先生著《宋史论略》,甘肃文化出版社2001年版

五 查清了陇山左右宋朝新建的城寨遗址

元昊建国称帝以后,宋朝为了设防,先后在西北设置鄜延、环庆、泾原、秦凤四路,加上王韶开边以后设立的熙河兰会路,共五个大防区,即陕西沿边五路。宋朝在此五路设置城寨镇堡要塞不下200余个。其中存在地名重复的问题,有的一名数地,有的一地数名,给史学研究尤其是地方志编写工作造成了很多不便。甘肃省不少市县遇到此类问题都愿意请陈先生帮忙。为了搞清楚宋朝在陇山左右新建的一些城寨遗址,陈先生于1984年五六月间乘调查陇上秦长城之便,一并踏勘访问,调查了甘肃定西、通渭、静宁、镇原、环县和宁夏西吉、固原、彭阳等 8 个市县境内几十个北宋城寨遗址，通过与史书记载相印证，得出了令人信服的结论。

例如宋代的定西城在今什么地方？它存在一名两地的问题。宋初在秦州境内筑了"弓门、冶坊、床穰（壤）、静戎、三阳、定西、伏羌、永宁、小洛门、威远十寨"①。十寨中的定西寨位于秦州治所西北 45 里处。宋神宗时，宋朝又在唐牧马四监之一的西使城筑定西城，可一些旧地方志将两地混淆了。后人以讹传讹，不敢改正。于是就有"定西城，宋真宗大中祥符元年曹玮所筑"的记载（我们核查了明万历《新修安定县志》，清康熙《安定县志》及 1990 年 10 月甘肃人民出版社出版的《定西县志》，未找到这段话，其他时代的《定西县志》一时难以找到，故未核），陈先生怀疑这"是把当年筑在秦州西北 45 里处的定西寨误认为是定西城"，于是下了一番考证的功夫。他翻阅大量古籍，找到《元史·地理志》定西州下一条记载："（定西）本唐渭州西市……宋置定西城。"② 于是又寻找"西市"和"西使城"的关系，发现宋李焘《续资治通鉴长编》中的一段话：宋真宗大中祥符九年（1016）三月，知秦州曹玮"方议筑南市城……南市，本曰南使，蕃语讹谓之南市"。③ 陈先生据此确认："这些使城在吐蕃占领后改'使'为'市'。所以，在宋代的史籍中西使城、西市城互见。"正确地排解了人们关于西使城和西市城关系的疑虑。

那么，西使城或西市城又是怎样改名为"定西城"的呢？陈先生找到宋李焘《续资治通鉴长编》中的另一段话：

宋神宗元丰四年十二月，熙河路都大经制司乞差兰州官。诏以四方馆使、熙河路副总管兼知河州李浩知兰州，候修会州毕，差充兰会经略安抚副使；奉议郎孙路通判兰州；洛苑使兼合门通事舍人王文郁、官苑使苗履为熙河路分兵官。其西使城赐名定西城。④

这是一条有关熙河路、兰州等地行政军事官员任命、新城命名的诏令，诏令明言"其西使城赐名定西城"。这就明确了西使城和定西城的关

---

① 《宋史》卷 258《曹彬传附曹玮传》。
② 《元史》卷 60《地理志三》。
③ 《续资治通鉴长编》卷 86，大中祥符九年三月丙午。
④ 《续资治通鉴长编》卷 321，元丰四年十二月甲戌。

系。至于定西寨，则据宋王存等撰《元丰九域志》卷3的记载：

> （秦州）寨七。建隆二年置定西……定西，州西北四十五里，领宁西，牛鞍，上峡，下峡，注鹿，圆川六堡。[①]

定西寨建置年代远早于定西城，行政级别则低于"城"，两者名称相近，只差一字，但实际不在同一个地方。"熙河开边"以前，西使城即后来的定西城，还由党项羌占据，曹玮不可能到那里去筑城。陈先生就这样梳理了通渭、定西、会宁、榆中、临夏、永靖等多个市县的历史地理沿革问题，给相关的历史研究和地方志编写提供了极大的帮助。

陈先生教学既重学问又重人品，甚至把人品的培养置于教学首位。他教过的学生数以百计，其顶尖者如李华瑞就是品格学问俱佳，卓然为宋史学界一大咖；胡小鹏聪敏好学，平时沉默寡言，主持《西北师大学报》多年，著作层出不穷。其他成名者还有不少，此不细数。他对青年教师的培养也很关心。我是"文革"前最后一届通过高考入学的大学生。在校待了五年，可因干扰没有读完所有课程。"文革"结束后，国家有项政策：六七、六八、六九届大学毕业生可以按指标，通过考试"回炉"复读，当时叫"回炉生"。我考上了甘肃师范大学历史系，并于1978年11月至1980年12月来校学习。陈先生当时是系总支书记。他组织成立由金宝祥先生、王俊杰先生、郭厚安先生等参加的指导小组，并由他主要负责，指导我学习。除个别指导，还让我随班听课。两年时间，我不仅学完规定课程，还系统地阅读了《马克思恩格斯选集》四卷本，《资本论》《宋史》《续资治通鉴长编》《建炎以来系年要录》《续资治通鉴》，以及范文澜、郭沫若、翦伯赞等先生主编的《中国通史》等基本理论和专业书籍，打下进一步学习的基础。毕业留校后，陈先生继续关心我的学习，送我到北京师范大学参加由白寿彝先生主讲的"史学概论讲习班"（1983年8月至1984年1月）。还按照学校统一安排，为我们青年教师开办"中国古代史助教进修班"（1985年8月至1987年1月），让我们学习硕士研究生主要课程，经考试成绩及格，1987年1月由西北师范学院发给我们结业证书。又支持我于1997年9月至1998年8月到北京大学中文系做访问学者，提高古文献

---

① （宋）王存等撰：《元丰九域志》卷3。

学水平。在教学中，陈先生组织安排老教师和相关课程的教师互相或集体听课，相互借鉴，取长补短，切实提高了诸位教师的教学能力。还通过师傅带徒弟的形式，支持我参加系上各项科研。如参与陈先生和郭厚安先生主编的《甘肃古代史》，由金宝祥先生主持的《隋史新探》，由郭厚安、吴廷祯先生主编的《河西开发史研究》，《西北通史》第三卷、第四卷等书的编写工作，就这样，扶持我一步步走上教学科研的道路。几十年来，我每次去看望他，他都有语重心长的指教。高山可仰，师恩难忘。我对包括陈先生在内的各位恩师铭记在心，由衷感激，始终把他们看作我前进中不息的指路明灯。最后，以我感念陈先生高德厚谊，不期而作的一首小诗结束此文：

赞陈守忠先生

文英三陇久成林，道艺先生理合吟。
寿盼期颐仁者证，学宗朴实智人心。
长城起点亲循辨，丝路经由再酌斟。
付出艰辛终有报，鸿文史志作金箴。

追忆陈守忠先生

西北师范大学敦煌学研究所 李并成

2019 年 12 月，著名学者西北师范大学教授陈守忠先生，在其即将迈入百岁人瑞之际，不幸因病仙逝，令人无任悲痛。

陈守忠先生不仅在宋史、敦煌学、历史地理学等学科领域做出诸多贡献，享誉学界，而且教书育人，诲人不倦，悉心培育了大批青年学子，付出了毕生心血，令我们后辈学人倍加敬仰和怀念。从他的身上可以领悟到、学习到许多做人、做学问的优秀品质和风范。在我与陈先生相识、交往的近 40 年中，受益多多。这篇小文拟从以下几件事情上，追忆先生的远见卓识、高风亮节。

一

20 世纪 70 年代末，改革开放的春风吹遍了祖国大地，教育界、科学界迎来了又一个春天，校园里呈现出一派欣欣向荣的蓬勃景象。作为敦煌学"故里"的甘肃，一批有识之士呼唤着敦煌学的复兴，陈守忠先生即是"先知先觉"者之一。陈先生虽然在"文化大革命"动乱中经受坎坷，遭到不公正待遇，甚至全家都被发配下放到一处边远的少数民族地区务农。但是作为一名早在新中国成立前就已加入中国共产党的老党员、老革命，先生对于党的信仰始终坚定不移，忠诚于党的教育事业的信念始终忠贞不渝，当时他即以自己锐敏的学术视野、高度的学术自觉，感到研究敦煌学的重大价值，以及发展振兴敦煌学对于我校历史、文学、艺术等学科，乃至于对于全省、全国的历史文化研究、丝绸之路研究的重大意义。陈先生由此利用各种机会，在全校和省上许多场合宣传复兴敦煌学研究的意义，并且向学校有关方面多次陈述我校开展敦煌学研究和教学的重要性、必要性，为之多方奔走，不遗余力。

　　1980年，学校任命陈先生筹建我校敦煌学研究所，陈先生积极联系历史、中文、地理、美术、音乐、图书馆等相关单位的领导和老师，为我校敦煌学研究机构的建立及敦煌学的复兴，奔波不已。不久学校即确立了由陈先生领衔，地理系王宗元、中文系胡大浚、美术系马化龙、音乐系齐发源、图书馆朱太岩等几位老师组成的筹备小组从事筹建工作。同时，又从1982年春、秋两届本科毕业生中选留了我与王永曾二人进入所里从事研究工作。当时虽然只有几个人，条件十分简陋，但西北师大敦煌学研究所的架子已搭了起来，研究工作得以开展。1983年3月，甘肃省教育厅正式批准，西北师范大学敦煌学研究所成立，这是甘肃省高校中最早设立的敦煌学研究所。以后又有历史系本科毕业生刘进宝、美术系本科毕业生文化、兰州大学敦煌学硕士毕业生邵文实等先后进入所里。1997年以后，硕士毕业生刘再聪、李顺庆、马克林、秦丙坤又陆续进入所里。

　　研究所成立伊始，相当于白手起家，一切都要从头做起。除选留研究人员外，图书资料的置办和购买就成为当务之急。当时陈先生虽已年过花甲，但仍不辞劳苦，亲自出马，除了在兰州及省内一些地方选购外，还远赴上海、北京等地购置。1982年夏天，陈先生和我利用赴上海出席在复旦大学召开的"全国首届历史地理学术研讨会"之际，在上海古籍书店、上海书店及有关出版社等单位，多方采购到敦煌学研究急需的有关图书2000余册。同年12月陈先生又利用去北京访学的机会，和我到北京的各地书店采购，又购得图书2000余册。此后又多次利用外出开会、访学等机会，赴西安、成都、杭州等地购置图书，由此建立了所里较为丰富、实用的图书资料库，为研究工作提供了便利。80年代初听说由北京图书馆等复制的敦煌文献缩微胶卷（含英藏、法藏及部分北图藏文献胶片）出版，陈先生闻讯后即刻申请学校购买，这批珍贵资料购得后收藏在我校图书馆，可供本所及全校教师使用。

　　特别应提及的是，1984年6月，听甘肃省博物馆的同志说，有一位临洮人家中藏有两卷敦煌佛经，拟出售，经省博有关专家鉴定，这两卷佛经均系五代至宋初的敦煌真品，但省博因故不拟收藏。闻知此讯后，陈先生和我立即赶到省博物馆联系，结果如愿购得这两件敦煌文物，由此使我所成为国内外拥有敦煌真迹的研究机构之一。两卷藏经均为《大乘无量寿经》，后来我对这两卷佛经的基本情况做了介绍，以"西北师范大学敦煌学研究所藏敦煌经卷录"为题,发表在《敦煌研究》1993年第1期(总第34期)上。后因本所保管文物的条件有限,就将这两卷藏经送交我校博物馆保存。

为了尽快提高所里年轻人的业务水平,1983年、1984年陈先生还定期或不定期地亲自开设相关课程,讲授敦煌学知识,同时也传授一些做学问的方法,大家颇为受益。

二

我国的敦煌学研究事业,是在20世纪初十分艰难的境况下起步的。西北师范大学(前身为北京师范大学)是我国也是国际上最早从事敦煌学研究和教学的高校之一。早在20世纪20年代北师大史学系著名学者陈垣教授就对被斯坦因、伯希和等一批外国"探险家"劫余后运到北京的敦煌残卷进行了整理、注录,与此同时给本校史学系的学生讲授敦煌学知识,1930年结集出版《敦煌劫余录》一书。抗日战争爆发后我校迁入兰州,身处敦煌学的"故里",更是将敦煌学列为文、史、艺术等系的重要教学内容。著名学者常书鸿、顾颉刚、黄文弼、闫文儒、冯国瑞等,均曾在我校任教。中华人民共和国成立后,我校及全国敦煌学研究和教学事业获得长足发展。然而在"文革"浩劫中,学术研究受到摧残。"文革"结束后百废待兴,敦煌学研究也面临着整合学术力量、促进团结协作、振兴学术研究的迫切任务。学术界呼唤着尽快成立全国性的敦煌学研究学会。为之1982年7月2—3日,由中宣部、教育部、文化部牵头,在北京大学召开了"中国敦煌吐鲁番学会筹备会议",西北师大作为该学会11个发起单位之一,陈守忠先生代表我校出席了会议。陈先生在会上介绍了我校敦煌学研究的状况,受到有关部门及学者的重视。会上决定由北京大学中国古代史研究中心、社科院历史所、文物局古文献研究室、中国人民大学历史系、北京师范大学历史系和我校历史系等单位指定专人成立秘书组,负责成立大会的具体筹备工作。

为了进一步联合和调动国内各方面的有关学术力量、推动敦煌吐鲁番学研究工作,中央宣传部批准成立中国敦煌吐鲁番学会,由教育部协调组织工作。为此1983年5月18—20日,又在北京大学举行了中国敦煌吐鲁番学会第二次筹备会议,进行具体协商筹划。此次会议因陈先生临时有事，派我赴京出席。我向与会的各位领导及学者，汇报了我校敦煌学研究的近期发展及远期构想，表明了我校积极从事筹办工作的态度，受到了肯定和赞许。会上决定中国敦煌吐鲁番学会成立大会于1983年8月中旬在兰州举行，尽管筹备工作趋紧，但必须在8月31日日本召开的第31届亚洲、北非人文科学大会之前闭幕，以利于我国在国际上的学术声誉。会上还决定委托甘肃省的4家发起单位（敦煌文物研究所、兰州大学、西北师范学院、甘肃省社科院）组成大会秘书处，分工协作负责成立大会的会务工作。

随后陈先生带领我所全体人员投入紧张的会议筹办工作。除会务上安排的有关工作外，还要为我校老师们参会准备高质量的学术论文而奔波和协调，以便在如此高规格、庄严的会上展示我校的学术实力。经过一段时间紧张的工作，我校完成了10篇敦煌学及有关论文的撰写，其中包括美术系洪毅然教授、马化龙教授，历史系陈守忠教授、伍德旭教授、曹怀玉教授，中文系李鼎文教授、胡大浚教授，地理系王宗元教授与我合写的文章等。后来这些文章在大会上宣读交流，产生了良好影响，会后结集由《西北师范学院学报》1983年第4期发表。

中国敦煌吐鲁番学会成立大会如期于1983年8月15日在兰州隆重开幕。中宣部部长邓力群，全国政协副主席、兰州部队政委肖华，中宣部顾问廖井丹，教育部顾问周林，甘肃省领导李子奇、陈光毅等，以及著名学者季羡林、常书鸿、王永兴、唐长孺、段文杰、金维诺、饶宗颐、周绍良等出席会议。陈先生带领全所人员除聆听学术报告或参加会议讨论外，还与兰州大学等单位的有关人员一同投入会议的接待、各项会务安排等工作，以确保大会的顺利进行，由此受到代表们的好评。大会上一致选举季羡林先生为会长，唐长孺、段文杰等为副会长，陈先生当选为常务理事。

为了尽快促进我校敦煌学的发展，陈先生还积极筹划《敦煌学研究》刊物的创办，并且亲自组织稿源，多方联系省内外有关专家学者撰稿，精心设计版面。由于没有正式刊号，暂以《西北师范学院学报》增刊的名义，于1984、1986年连续出版两期，发表论文31篇。后因出版经费困扰，不得不忍痛停刊。

1998年陈先生光荣离休，享受副厅级待遇。虽已离休，然而多年来陈先生一直离休不离岗，仍然一如既往地关心着所里的发展，关心着青年学人的成长，而且身体力行，多次赴省内外各地，或出席学术会议，或野外考察，给后辈学人树立了很好的榜样。

三

　　陈守忠先生的治学领域是多方面的，不仅在宋史研究、敦煌学研究上多有贡献，改革开放以后已年届花甲的他，还在历史地理研究中屡有建树，且老当益壮，经常外出，实地考察调研陇上古城遗址、古代长城等。对于甘肃、宁夏秦长城的考察来说，他是先行者。早在 1981 年春、秋两季，他与王宗元教授等，一起徒步考察了临洮、渭源、通渭、陇西四县的秦长城遗迹，取得一批成果。1984 年 5—6 月，陈先生又和我一同再次踏上秦长城考察之路。我们首先考察了定西县的几处古城遗址，并再次考察了通渭、静宁县境内的秦长城遗迹，又越过省界，连续考察了宁夏回族自治区西吉、固原、彭阳等县的秦长城遗存，然后又进入甘肃境内，接连考察了镇原、环县、华池县境内的秦长城遗存。同时对于沿线的一些古城址、古遗址和古代交通道路等亦进行了若干相应考察。

　　此次实地考察整整历时一个半月，穿越甘肃东部和宁夏南部，获得大量重要发现。通过实地考察，不仅将从临洮起首，经渭源、陇西、通渭、静宁、西吉、固原、彭阳、镇原、环县、华池等甘肃、宁夏两省区境内 11 个县的秦长城遗址的走向及其遗存状况全线摸清，其全长达 850 多公里，使学术界对于甘、宁两省区秦长城的分布状况第一次有了明确的认识，得悉其遗迹分布状况，而且发现了不少以前人们完全不知道的新情况，进而搞清了两省区境内秦长城的建造年代、历史演变等问题。例如，为什么秦长城有些地方筑有三重墙垣，挖有三道壕沟？为什么沿线墩台的多少、大小各地不一？我们实地调研发现，墩台的分布随地形不同而异，川塬开阔地带墩台分布较密，以利于重点防守，如西吉的马莲川、彭阳的长城塬等处，而且构筑得较为高大厚实。凡有十字交叉的要道之地，或长城由山梁直下山坡进入河谷开阔地带之山梁上，因其地形险峻，大多筑有三重墙垣、三道壕沟，以重点防御。如陇西县福星乡的雷神庙堡一带、通渭四洛坪城壕梁、第三铺长衬湾、西吉县将台堡镇之堡子梁等处，或为交通要扼，或为居高临下、俯瞰左右数十里之制高点，故有密集高大的烽墩或三重墙垣等构筑。由此也印证了《史记·蒙恬传》"因地形，用制险塞"等记载确属实情。

　　一路上的艰辛是可想而知的。此次行程逾千公里（其中秦长城延伸

850余公里），其中大部分路段需要步行，因为长城遗迹随地势蜿蜒起伏，许多墙段因年代久远或人为破坏，已大段缺失或隐失不明，需要仔细追寻查找，这就不可能乘车而往，只能选择徒步考察；加之沿线地形复杂，翻梁攀峁，跨涧越沟，备尝辛苦，何况陈先生当年已是60多岁的人了。往往天刚蒙蒙亮，我们就带着地形图、测尺、相机、笔记本等物品及干粮和饮用水出发，有时步行考察到天色较晚，就只好选择在附近农民家中就寝。记得一次入住在西吉县将台堡镇一处农家旅店里，且不论其条件的简陋，就连晚上也难以入睡，跳蚤咬得人十分难受，于是陈先生和我只好起床到院子里看星星。因我学过天文学方面的知识，陈先生对此亦有兴趣，我就指着夜空中的一些星座和恒星、行星给陈先生辨认，以此打发长夜，竟也乐此忘疲。现在回忆起来还别有一番兴味。

"盛世修志"，我们考察期间所经各县均忙于编修地方志。因属"文革"后的第一次修志，如何编纂，设立哪些栏目，容纳哪些内容，对于一些重要的历史事件和人物如何评价等问题，当时均不很明确，或不便把握。陈先生认为，协助各地编修地方志，是作为一名史学工作者义不容辞的责任，于是在考察途中他以其渊博的史学素养，给沿途所经过的定西、通渭、固原、环县等县负责县志编写的同志，讲授地方志编修的有关知识，为他们释疑解惑，答疑纾困，深受他们欢迎。

陈先生对于事业有着火一般的热情，呕心沥血，追求不已，不惧艰辛，不求名利，锲而不舍，贡献良多。作为一名晚辈和学生，姑以此小文表达对于先生的崇敬与怀念。

纪念恩师陈守忠先生

西北师范大学历史文化学院　胡小鹏

2021年是恩师陈守忠先生百年寿辰，不幸的是恩师已于先一年辞世，让曾热心筹划先生百年庆寿活动的学院领导、同事故旧和弟子们惋叹不已。我从入校、考研到工作，在恩师身旁40多年，聆听教诲，受益良多，执礼服事，则缺憾多多。先生去世近一年，往事常常浮现脑海，特别是先生自况，未曾对他人言及。值百年诞辰将近，特撰此文，在回忆往事的同时，简述恩师生平，代申恩师之志，以此纪念并答谢恩师。

一

陈守忠先生，字子贞，号醒吾。1921年10月出生于甘肃省通渭县榜罗镇芦子坪的一个农民家庭。1931—1935年，先生在通渭县高庄镇私塾上学，1936—1938年，在榜罗镇小学上学，1938—1942年，在陇西中学上学，1943—1945年，在通渭县高中部上学。通渭县自然条件不好，文化教育落后，陈师家境一般，能入学读书，完成中等教育，实属不易。陈师后来回忆说："忆少年读书时，乡先辈告之曰：伏羲生于成纪，吾陇上为羲皇故里，自古为文物之邦。尔等若有成，毋忘桑梓！余牢记此言，由热爱桑梓至热爱祖国、热爱祖国历史，进而顺应时代潮流，走上革命道路。"乡前辈的期望鞭策，始终是先生前行的动力。

1945年8月，先生赴兰投考西北师范学院，报的是史地系，大概是因为时局问题，等了好多天。8月15日，日本投降，抗日战争取得胜利，人群上街游行欢呼，第二天一早先生心潮澎湃赴考场。考试完即步行回家，走了五天，在途中得了伤寒病，回家卧病，得到录取通知信时，因身体虚弱，不能入学。当时学校有保留学籍的规定，即申请保留学籍一年。1946

年8月，先生入学报到。恰逢西北师范学院校史上的转折关头，部分师生在袁敦礼院长的带领下复校赴北平，有三百多名学生转到北平师院。① 留在西北师范学院的师生则按时开学上课，易价院长代表本院师生向复校北平者送了一面锦旗，上写"还于旧都"四个大字，用的是诸葛亮《前出师表》中"兴复汉室，还于旧都"的典故。这一风潮对先生触动极大，他对母校的自豪感由此而生。

先生进校时，第一堂课就是由教务长胡国钰教授（教育统计学专家）讲授校史，历数抗日战争艰苦条件下本院西迁的过程和使命，实际上就是一堂生动的爱国爱校教育课。受此激发，以及复校风潮的触动，先生借图书，查资料，积累了校史的知识，也培养了对母校的热爱之情。这段历史，先生对我曾反复讲过，80多岁时，亲笔写下了回忆手稿，交给了我。因为学校已经有校史出版，这里只讲一些先生关于历史系的回忆，因为先生毕业即留系，任教数十年，任职时间最长，倾注心血最多，对历史系有极深厚的感情，也最了解其发展历程。

先生考进西北师范学院时，史地系主任为邹豹君，历史教授陆懋德、徐炳昶等已经辞职离去。一年级新生历史、地理各开一门主课，历史课由吴宏中先生讲授中国文化史，地理课由万方祥先生讲授自然地理。1948年，西北师范学院史地系分设为历史学系、地理学系。历史系主任由国文系主任何士骥（字乐夫）教授代理，给学生讲授考古学概论，张建侯先生讲授沿革地理（历史地理），林冠一先生讲授史学概论。林先生把中国历史分为奴隶社会、封建社会、官僚资本主义社会三个阶段，是先生遇到的第一位用马克思主义观点讲授历史的老师，他讲"官僚资本主义"时，大胆地指斥蒋、宋、孔、陈四大家族掌握官僚资本，控制中国的经济命脉，说"这个东西不会长久，将被人民推翻"，对学生的影响很大。当时的历史教师还有刘熊祥（副教授，从湖南师院应聘而来），讲授中国近代史。李天祜先生（讲师，河南大学毕业），讲授希腊罗马史。当时学校经费困

---

① 西北师范学院是原来的北平师范大学，抗日战争胜利后，按理应复校回北平，而国民政府因西北师资缺乏，好不容易迁来这所高等师院，不让动，打算把战争时的伪北平师大改为北平师院，因此触发了西北师范学院师生的公愤，于1946年8月发起复校运动，并公推教育系教授李建勋（曾任过校长）、校秘书兼训导主任易价赴重庆向国民政府请愿，交涉复校事宜。结果，国民政府妥协让步，批准西北师范学院一分为二，一部分师生回北平，成立北平师范学院；一部分师生留在兰州为西北师范学院。部令体育系主任袁敦礼为北平师院院长，教导主任黎锦熙为西北师范学院院长。

难，无钱给学生印讲义，有的任课教师自己出钱将所著讲义刻蜡板油印发给学生，人手一本。

1948年秋季开学，聘来的历史教师有王树民先生，讲授明史。周传儒教授，讲授欧洲中世纪史。周与陇上先辈学者冯国瑞先生同为清华研究院第一届研究生，他们的老师为王国维、梁启超等学术名流。同年，顾颉刚先生受聘为兰州大学历史系的教授，他也来本院讲学，讲授两汉学术思想史，每周讲一次，三学时，讲了一个学期（1948年秋季开学至年底）。

1950年，西北师范学院历史、地理两系合并为史地系，张健侯先生调任为省文史馆馆长，何乐夫教授调任省博物馆馆长，王树民、吴宏中两位副教授辞职他去。7月，当陈师留系任助教时，历史系原来的教师就一个也没有了。徐劲任校长后，恢复了被合并的历史系，并派人到北京请教师，聘来金少英、金宝祥两位先生（是范文澜先生介绍来的），9月份开学，就有教师来上课了。

1951年，历史系聘来的教师有：许重远，河北人，一位老教育家，曾任河北省教育厅长，通法文，教世界古代史；萨师炯，福建人，刚从英国留学归国，教世界现代史；龚泽铣，湖南人，日本留学生，通日语，在北大教过书，来系后专讲日本史；张同昭，清华外语系毕业，通英文，教世界中世纪史。

1952年春，聘请王俊杰先生教中国古代史。青年教师则有从华东师大毕业分派而来的洪聚棠，本系毕业留任助教的刘方义、张淡云、丁焕章、任效中等，以及从武威中学调来的李庆善，由教马列主义课而转来的李明经，由人事处转来的曹怀玉等同志。

1955年后，有从北京人民大学毕业分派而来的潘策，从华东师大毕业分派而来的吴英贵、张绍卿（教世界古代及中世纪史），从东北师大毕业分派而来的马英昌（教世界近代史），1957年本系毕业留校的张培德（教世界现代史）等教师。

1957年，中共西北师范学院党委成立，各系建立党总支，陈师从历史系讲师被任命为党委委员兼系总支书记，当时称之为"双肩挑"的干部。当时的系主任是金少英先生，金少英字公亮，浙江绍兴人，1926年毕业于北京大学哲学系，先后在四川女子师范学院、四川大学、湖北师范学院、重庆大学、南京临时大学等院校任教，中华人民共和国成立后任西北师范学院历史系教授兼系主任。陈先生十分尊重金少英先生，两位先生密切配合，共同努力建设历史系。

1958年，西北师范学院改为甘肃师范大学。中国人民大学毕业的许宪章同志分配到历史系，教中国现代史。

1959年春，兰州大学历史系合并到本校历史系，教师、学生增加一倍，成为五百人大系。[①] 这是历史系最鼎盛的时期。兰州大学恢复历史系后，又先后把教政治课的吴廷桢、赵吉惠两位中年教师调整到历史系任教，研究生余用心留系任助教，教师阵容仍是齐整的。

在金、陈两位先生负责历史系期间，西北师范学院历史系师资力量雄厚，曾是全校带头的系。当时的历史系有金少英、许重远两位三级教授，金宝祥、萨师炯、刘熊祥三位四级教授，领导着中国古代史、世界近代现代史、历史要籍介绍及选读等五个教研室。老中青教师齐全。各门课程均制定了教学大纲，写成讲义，打印发给学生。当时教育部号召重视乡土教材之研究，陈先生还积极组织并参与了《甘肃史稿》一书的编写，受到学术界重视。"文化大革命"之前，历史系的工作井井有条，蒸蒸日上。

"文化大革命"开始后，历史系的厄运来了，成为运动重灾区。全校第一个被揪出来批斗的所谓"牛鬼蛇神"就是历史系的党总支书记陈守忠先生。两周以后，金少英、萨师炯等骨干教师共17人都被打成"牛鬼蛇神"，戴上纸糊的高帽子，游街示众，挂牌批斗，这些人占了历史系教师的一半。张师亮（五级教授）因言论获罪，被打成现行反革命，交给学生批斗后，由兰州市公安局逮捕，关进监狱，两年后被执行死刑。许重远先生不堪羞辱，自缢身亡。余用心精神失常后失踪，疑投河自杀。萨师炯教授年仅60岁即病亡。金少英先生被强迫退休。历史系共失去了五位教师，大伤元气。陈师每每忆及此，都痛心万分。

1978年"落实政策，平反冤假错案"时，陈为第一副主任（未设系主任）兼总支副书记，边抓教学边落实政策，把在"文化大革命"中加给受迫害教师的种种"罪名"一律当众平反，档案中装进去的"历史反革命"等材料清理出来，当着本人的面予以销毁，让他们释去重负，重新走上教学第一线。

1980年秋季招生后，陈师任历史系总支书记，主动提请由金宝祥教授

[①] 1961年秋，江隆基调任兰州大学校长，恢复被撤并的中文、历史等系，合并到师大的历史教师仍回兰大。

任系主任，自己不再兼管系务。不久，"专业对口"的政策就出来了，金、陈两位先生抓住这一机遇，大力充实历史系师资，先后将王震亚（甘肃师大毕业，师大附中）、伍德煦（四川大学毕业，甘肃省博物馆）、路志霄（1953年中文系毕业）、牛得权（1950年中文系毕业）、郭厚安（川大研究生，中学课本编写组）、徐世华（历史系60级毕业，中学课本编写组）、宋仲福（人民大学毕业，中学课本编写组）、李清凌、赵向群等人调入本系任教。到1983年，历史系各门课程教师配备齐全，重新起步。此时，敦煌学初兴，陈师奉命组建敦煌学研究所，遂于暑假过后辞去历史系总支书记的职务，只任"宋史专题研究"的课程。1984年春，陈先生由教育厅批准转任敦煌学研究所所长，离开了他所热爱的历史系。可以说，陈先生一生最好的时光都留在了历史系，在长达38年的时间里，他从学生成长为学者，长期负责西北师范学院历史系的工作，对历史系的各项建设倾注了无限热情，全力打造了历史系师资阵容，在系史上留下了浓墨重彩的一笔。

二

1977年，我以西和县插队知识青年的身份参加了高考，1978年3月入学。当时在系里印象最深的是金宝祥、陈守忠两先生。因受中学老师张平辙、王直的熏陶，我对金先生早仰大名，陈先生是入学后才接触到的，因为是系领导，有些敬畏，不敢亲近。金、陈两位先生风格截然不同，金先生南方口音，温文尔雅，讲课时面带微笑，语气柔和，让人心生亲近之感，其江南望族气质与教授身份符合我对学者的想象。陈先生比较严肃，乡音较重，讲课时声调起伏大，发语词重音，用手势强调，气势足，望之凛然。金先生讲唐史，以抽象见长，《资本论》《小逻辑》中的句子、"人身依附关系""世族地主""庶族地主""国家佃家"等词语概念连绵而出，犹如醍醐灌顶，至今难忘。陈先生讲宋史，主战厌和，慷慨激昂，代入感很深，忧国忧民之情溢于言表，慷慨之士的气质一览无余。两位先生分任系主任和总支书记职务，是系里的台柱子，工作繁忙，而我在本科期间能聆听两位先生授课，真是人生幸事。

1982年本科毕业后，我有幸考上陈先生的研究生，从此走上学术研究的道路。当时研究生少，陈先生经常是一对一教学，令我紧张不已，后来李清凌老师常来旁听，我才放松了一些。顺便说一句，我以前自认为是陈先生的开门大弟子，后来与四川师范大学的张邦炜老师熟识后，知道了张老师才是陈先生的大弟子，在他面前我只能尊称师兄兼先生。入学不久，陈先生即给我提供了两个学位论文选题，一个是"吐谷浑历史研究"，另一个是"北宋陕西五路研究"，我选择了前者，从此进入民族史研究领域，最终落脚在蒙元史阶段，真是一题定终身。定题后，先生只提点书目，其余不问，给了我充分自由，经过最初的文献梳理和广泛阅读，我逐渐摸到了头绪，发现研究空间很大。外出访学时，在中国社会科学院图书馆我意外找到英国学者托马斯的著作，大大开阔了眼界。在北京柏树巷的国子监，我替陈先生抄录了杨仲良《续资治通鉴长编纪事本末》的相关材料，收获也是很大，也由此体会到了治学门径。陈先生带学生的方式，非常适合我的性格，因材施教影响了我的一生，后来我带学生也基本上是指定有一定研究空间的论文题目，让其早早定下研究方向，有目的地读书。

正是从读研究生开始，我才真正了解了先生的为人。先生严正端方，从无诙谐，看似难以亲近，实则热血慷慨，勇于任事发声，更有一颗仁者之心。先生曾检讨自己的缺点是好刚使气，面折人过，遂招致坎坷。而我认为这正是先生的可贵之处。先生治宋史，极为赞赏寇准、苏东坡等人，推崇其人格与行事作风。先生对他们的认同也影响了自己的行事风格，"好刚使气"的自况就是最好的说明。宋真宗景德元年（1004），毕士安荐寇准为相，称赞他"兼资忠义，善断大事，臣所不如"。宋真宗疑问道："闻其好刚使气。"毕士安申辩说："准忘身殉国，秉道疾邪，故不为流俗所喜。"陈先生自况好刚使气，应是典出于此。寇准的"好刚"，在先生眼里是"刚正不阿"，而不是"刚愎自用"，只要有利于社稷，当说则说，当做则做，绝不看别人的脸色行事。毕士安将这种秉性称之为"忘身殉国"。寇准的"使气"，使的是正气而不是邪气，即"秉道疾邪"。先生也是这样，中华人民共和国成立前，他冒着生命危险加入地下党。1959年在反右倾斗争氛围下，直言家乡通渭有饿死人的现象。1966年"文化大革命"发动初期，在学校党委扩大会上敢于给工作组当面提意见，都是这种品格的反映。面对撤职、批斗，始终没有悔惧之色。10世纪中国社会经历着大风大浪，那个年代的人性格大多刚硬，说话行事都很直率，先生的性格就很典型。他在课堂上大赞苏东坡"大江东去"的豪放气概，何尝不是一种自我期许。

先生的仁者之心，体现在治史理念上，坚持民为邦本，对人民抱有深切的关怀与同情，以民生民情衡量政治与社会。在现实生活中也是这样，坚持公平公正，为群众发声，在能力范围内包容保护人才。从 1952 年的"一打、三反"至 1956 年的"批判资产阶级思想、忠诚老实运动"中，历史系的教师全都过关。1957 年的"反右派斗争"中，历史系教师虽有两三人戴帽，但比率很低，仍留在教师岗位上工作，未被送去河西劳教。1959 年庐山会议后的"反右倾"斗争，陈先生因反映家乡通渭饿死人的事而遭到批斗，但未牵连到其他党员，更未涉及党外人士。虽被撤去党总支书记的职务，但没有戴上"右倾机会主义分子"的帽子，仍在讲师岗位上教书，1961 年西北局兰州会议后，即由省委彻底平反。"文化大革命"中，陈先生受到批斗，第一条罪状是"拜倒在资产阶级知识分子的脚下，把党的领导权拱手让人"，这恰好证明先生并没有随大流，用手中的权力去整人，而是顶着风险坚守了良知。赵俪生先生曾回忆在西北师范学院历史系时，陈先生在力所能及的范围内对落难者的关照，他用"仁者，人也"来肯定先生的人性光辉，并引用傅青主的诗句"由来高格调，发自好心肝"来评价先生的品与学，说："我研究顾炎武，不仅仅表他的'学'，更着重表他的'行'。今守忠同志，亦然。"两位先生的友谊是在人性的考验中结成的。在我的记忆中，赵、陈两位先生互相敬重，当年轰动一时的赵门弟子答辩风波后，赵先生请陈先生主持了门下其他弟子的论文答辩。我的硕士毕业答辩也是请赵先生任主席的，赵先生不仅高度肯定了我的论文，还推荐我将部分内容发表在《西北史地》上，可谓爱屋及乌。

  1977 年大学恢复招生后，陈先生亲自录取了前五届学生。他录取时，不唯出身，不唯政审，不唯年龄，唯才是举，改变了很多人的命运，其中也出了不少人才。当然，恢复高考是党中央、邓小平的英明决策，但在执行过程中，不是所有人都能打破思想束缚，将政策落实到位的。而陈先生做到了，我们春秋班的许多老大哥、老大姐都感念这一点。

  对陈先生的宽仁，我自己也有深刻体会。大学毕业时，因留校人选问题，我受同学所托，牵头了一次联名上书，对我来说也是一场可大可小的风波。系里的一位支委将我传叫到总支办公室，对陈先生嚷嚷："看看你的学生干的好事！"先生不置一词，轻轻放过了我。就我上学期间所知，当时摊上各种事的学生不少，陈先生身为总支书记，总能体谅学生的苦衷，尽量周全回护，让他们顺利毕业。事实证明，先生不仅心地宽仁，而且看人眼光准，这些学生后来都很争气。

先生一生廉洁奉公，生活也很俭朴，但对学术、学者却舍得投入。陈先生担任敦煌学研究所所长后，1986年便组织文章出了一期敦煌学专刊，我也在上面发表了一篇习作，竟得到800元稿费，这在当时真是一笔巨款，有位老先生直呼（稿费）"太高了"！我此前一直是月光族，我人生的第一笔存款，第一个存折，就来自这笔稿费。在我的印象中，先生从未当面表扬过我，总是默默地为我遮风挡雨，却从未提及过，多年以后回味起来，我才真正体会到什么是面冷心热。

三

1950年7月，陈守忠先生留校任助教，主攻宋史方向。1957年，先生以讲师身份任校党委委员兼历史系总支书记，是年轻的"双肩挑"，工作繁忙，当时教育部门强调教材建设，故除教书外，还忙于编教材、写讲义，单独发表的论文不多。"文化大革命"中，陈先生家被抄了九次，笔记、讲义、书籍全部散失，他本人被下放劳动。拨乱反正后，先生重拾专业时已年届花甲，他的大部分成果都是从这以后完成的。

在40多年的教学科研实践中，先生形成了自己的治学态度和风格，概括起来就是（1）重史实，讲证据，主张写历史必须是《左传》《史记》式的写法，不能像《公羊春秋》那样空言解经，反对空谈理论，没有根据地乱摆观点。（2）重史德，讲真话，坚持正确观点。（3）重调查研究，主张读万卷书，行万里路，反对闭门造车。先生晚年致力于西北史地研究，以花甲之年跑遍了甘肃，他关于甘肃境内秦汉长城研究、定西县、通渭县、会宁县建置沿革的几篇论文，都是在实地踏勘、掌握第一手资料的基础上完成的，力求文献记载和实地踏勘一致，十分可靠。总结先生的成果，主要集中在以下两方面。

其一，宋史研究。这方面的成果主要反映在著作《宋史论略》一书中，该书收录了先生在各个时期撰写的18篇宋史论文。综观全书，先生对陈桥驿兵变、王小波李顺起义、宋初集权措施、宋夏关系等研究颇深。其讲史，重在论人，对内强调以民为本，对外赞扬爱国主义立场与大一统思想，尽管有异于历史唯物主义方法，但主要还是传统的道德史观，褒贬忠奸，评述功过，自有其魅力。陈师撰文，很少讲理论，都是用朴实的文字，得出简单的结论，"其文虽不能驰骋，而辞则质；其事虽不能该博，而实则真"。

其二，西北史研究。先生这方面的研究可分为三类：一是西北史研究，主要论文包括《王安石变法与熙河之役》（载于《甘肃师大学报》1980年第3期），《公元八世纪后期到十一世纪前期河西历史述论》（载于《西北师范学院学报》1983年第4期），《北宋前期对秦陇地区的经营及其与西夏的关系》（载于《中国民族史研究》第2辑），《李宪取兰会及相关城寨遗址考》（载于《西北史地》1986年第1期），《北宋通西域的四条道路的探索》（载于《西北师范学院学报》1988年第1期）等。二是甘肃境内秦汉长城研究。论文有《甘肃境内秦长城遗迹调查及考证》（载于《西北史地》1984年第2期），《陇上秦长城调查之二》（《西北师范学院学报》1984年增刊《敦煌学研究》），《甘肃境内的汉长城》（《西北师大学报》1990年第3期）。三是甘肃地县建置沿革考。主要有定西县、通渭县、会宁县的建置沿革，被各县县志采纳。还有兰州市、榆中县、古河州的一些遗址调查。此外，陈先生还在西北师大历史系集体编写的《甘肃古代史》项目中，与郭厚安先生共同担任主编，并主笔了若干章节。先生治地方史不仅成果丰富，还总结出了一套治学方法，即治地方史必须掌握充足的文献资料，具备一定的考古知识，具有一定的地理知识，以及实地调查，四者相结合，才能有所突破。这是先生几十年治学经验的总结，弥足珍贵。治宋夏关系史的学者，多曾借鉴引用先生的观点。陇上前辈学者著名的有张介侯、慕少堂、冯国瑞等，赵俪生先生将陈师列为继他们之后而做出过贡献的陇上学者，在为陈先生《河陇史地考述》一书做的序中，特别嘉许他对西北地方史的贡献，指出其选题行文中，"深深蕴藏着对自己乡土的热爱"。

1982年，先生有感于"敦煌在中国，敦煌学在日本"的不正常现象，挺身而出，奔走呼吁并负责筹建了西北师范学院敦煌学研究所。他在担任所长期间，鼓励扶植青年学者研究敦煌学，争取早日改变国内敦煌学研究落后的状况，爱国爱家乡之情经常溢于言表。如今敦煌学这门国际显学正在故乡蓬勃开展，兰州已然成为敦煌学研究中心，先生生前也以此自慰，引以为豪，毕竟先生也是做出过众多贡献的。

难忘师恩
——怀念陈守忠先生

首都师范大学历史学院　李华瑞

一

陈守忠先生是我读硕士研究生时的业师。他身上带有浓厚的西北乡土气息，热爱故土，精于考订西北历史地理和长城遗址。他的一双眼睛，一个是蓝色的，一个是黄黑色的，他风趣地说他的家乡甘肃通渭县，历史上是一个多民族杂居的地区，自己是民族融和的最好见证者。因为他的治学方法擅长把文献征引与野外实际调查相结合，得出的结论往往经得起时间的检验。至今我还感佩陈先生对甘肃山川地貌、地名地址的熟悉。上本科的时候，因为没有听过他的课，所以没有什么联系。只知道他是我们的总支书记，是中华人民共和国成立前党的地下工作者。

记得1979年9月底，1979级新生入学，全系召开迎新会，陈先生以系总支书记的身份，主持会议并讲话。在金宝祥主任和刘熊祥副主任讲完话后，开始表演由1977级、1978级准备的文艺节目，但迎新会最精彩的是陈先生的两个节目，一是棍术表演，陈先生虽然年届六旬，但身手矫捷，一招一式，颇有章法。据说陈先生的棍术是经过名家传授的。二是陈先生给大家唱了一段高亢宏大的秦腔《白帝城》中的选曲，使迎新会达到高潮。这是我第一次近距离接触陈先生。

此外依稀记得一次系里组织的学术讨论会上，陈先生对赵吉惠先生大讲"白马非马"的命题不满，坐在一旁闭目摇头，其耿直外露的性格于此可见一斑。

上大学时我偏爱世界史，但英语很一般，所以1982年3月决定考研究生时，临时改报本校的宋史专业。考试前我曾咨询陈先生如何复习宋史的问题，陈先生说就按他开的"宋史专题研究"选修课的内容复习即可，可是当时我并没有选修陈先生的课,我如实告知,陈先生一听拂袖而去,丢下一句话,你连宋史选修课都不选,那你还考宋史研究生干嘛?当时我很气馁,可是箭在弦上,已经没有再改报专业的时间了,只好硬着头皮考。好在考上研究生后,很快便取得陈先生的谅解。在以后的岁月里,陈先生给了我多方面的指教,为我开设了"唐宋文学概论"、"宋代思想史"和"宋史专题讲座"等课程。记得陈先生讲"唐宋文学概论",胡小鹏师兄跟我一道听课,陈先生侧重讲文史哲之间的关系,学历史应当是文史不分家,现在学科分得太细,历史专业的学生多不能读古诗词,有感于我俩古代文学知识的匮乏,特意给我们从古诗词的基本仄韵讲起,并手书一纸勉励我们学习:"平声平到莫低昂,上声高呼猛强烈;去声分明隔远道,入声短促急收藏。"很惭愧,陈先生尽力了,可是学生天性愚鲁,到现今也作不好古体诗。

在读研期间,我写过一篇习作《也评"澶渊之盟"》,请陈先生审阅。陈先生逐字逐句认真给我改过后,推荐到母校历史系主办的《历史教学与研究》(1984年第2期)上发表。这是我正式发表的第一篇学术论文。

我的硕士学位论文题目《宋代榷酤及其发达原因》是陈先生帮我确定的。由于本科阶段没有关注过宋史,但考上了宋史方向的研究生,所以对于做什么题目,很是焦虑。陈先生便让我看看学界对宋代榷酤即宋代酒类专卖方面的研究,这方面做的人不太多,是否从中可以选一个题目,让我考量。于是我检索各种引得和目录工具书,发现确实做的人不太多,可是翻阅《宋史·食货志》觉得盐、茶专卖资料太复杂,而宋代酒类专卖似乎稍微好一些,加之受父亲影响,我也喜欢饮酒,于是就把题目确定在酒类专卖上,最后得到陈先生的首肯。这个选题对我走上学术道路至关重要,因为后来我考入河北大学,能够师从漆侠师读博士,就与漆侠师对我研究的问题与他的旨趣相近有很大关系。陈先生对《续资治通鉴长编》很熟悉,读过好几遍,他也让我认真地从头读起。不过陈先生当时主要关注宋代西部问题,对让我研究的宋代酒类问题没有多少涉猎,因而做论文主要靠自己摸索。1984年上二年级时,为了搜集论文资料,陈先生鼓励我外出调研,并亲笔给四川大学的胡昭曦先生和河南大学的张秉仁先生写引荐信。我与中文系一位研究苏轼的研究生结伴外出考察,我俩一共带了1600元钱,在五十多天时间里,从兰州到四川、湖北、河南、浙江、江苏、安徽、上海、北京,先后拜访了当时的宋史名家胡昭曦、张秉仁、周宝珠、徐规、梁太济、朱瑞熙、王曾瑜、顾吉辰等先生。这是我与宋史学界的初次接触。

1985年春节过后，我向陈先生交上硕士学位论文第一稿，他看得很仔细，核对引文，纠正标点，乃至错别字。5月，陈先生请河南大学的张秉仁先生主持论文答辩，答辩委员会由张秉仁、金宝祥、黄烈、郭厚安和陈先生组成。除了黄烈先生对我的论文评价中等外，答辩委员会其他成员均给以较高评价。毕业后陈先生继续关心我的学术成长，1986年陈先生请上海师范大学历史系的顾吉辰先生做我申请加入中国宋史研究会的推荐人，1987年年初我的申请获得批准。至今甚感自豪的是，我是改革开放以后甘肃省考出去的第一位历史学博士。这当然要感谢陈先生的栽培。

　　1987年8月初接到河北大学博士录取通知书后去向陈先生报告，陈先生对我说"1983年10月在云南开会，见过漆侠，漆侠成名早，理论水平高，有傲骨，好好跟漆侠学习，将来一定有前途"。并约我在9月初和在敦煌研究所工作的我的大学同学王永增一道到他家吃个便饭，算是为我饯行。陈先生是典型的西北人，生活简朴，加之当时物产不丰，甘肃人平素以面条、面片、馍馍等面食为主，待客之道亦很简朴，如果有三四道菜就是极为奢侈了。那天我去陈先生家，师母笑盈盈地欢迎我，厅里小桌上只摆了三双筷子，一个鸡蛋炒西红柿，一个白菜炖豆腐，好像还倒了两杯酒，老师不断让我和王永增吃菜，师母的面片做得极好，我吃了两碗。这是我在陈先生家里吃过的唯一一次饭。

二

　　1990年我博士毕业后，留在河北大学工作，并于1992年举家搬迁到保定，其后与陈先生见面机会不多。我通常会在9月10日和正月初一给老师打电话问候教师节和拜年，元旦会寄一份贺年卡。每次寄贺卡后总能收到陈先生的回信，1998年元旦之后收到陈先生的回信，信现在已经找不到了，但是随信寄的照片我一直珍藏着。

　　直到进入21世纪，我与陈先生见面的机会就多起来了。2000年河北大学举行第九届中国宋史研究会年会，李清凌老师在理事会上申请由西北师范大学举办第十届年会，得到理事会的批准，当时我任中国宋史研究会秘书长，自然与母校联络年会的事宜就由我承担。2002年是母校建校100周年校庆，我受邀参加校庆大会，这一年又是我们历史系78级毕业20周年，所以2001—2002年我有数次机会到兰州，每次我都抽空去拜见老师。

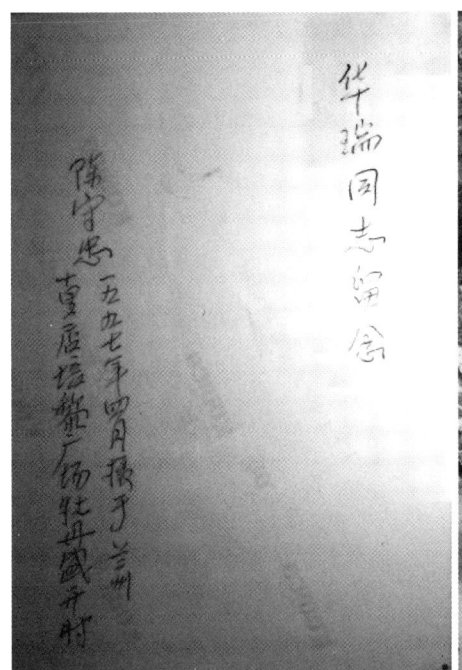

2007年9月中旬，我应邀在兰州大学敦煌学研究中心讲学，顺便拜访陈先生，陈先生见到我时说，从（20世纪）90年代以来，在兰州之外已毕业的本科学生、研究生给他每年寄贺卡的逐年减少，到近几年就只收到我一个人的贺卡，就我还记得老师。听了这些话之后我才知晓老师还是很在意学生对他的问候，因此我给老师打电话、拜年和寄贺卡一直持续到2019年12月，我想老师仙逝前会看到我寄的最后一张贺卡。

2012年9月母校举行建校110周年校庆,我受母校历史学院邀请参加校庆110周年系列学术活动第99讲座。同班同学徐斌恰好也在兰州,于是我们相约一道拜望陈先生,先生精神矍铄,身板挺拔。先生平素习武健身,练书法养性。谈兴正浓之时,先生拿出近期所写的几张行书条幅赠予徐斌和我。书法温润而有力,没有丝毫手颤的痕迹,一点也不像年过九十高龄的人所书写。徐斌看着先生赠系的书法条幅和先生引经据典地侃侃而谈,很感慨地对我说,陈先生和他同时代的人读历史,身上颇存古风,这正是我们这一代人所缺乏的。斯言极是。坐了一个多小时,与先生匆匆告别,先生送我们到门口,举手致意,走下几个台阶,回首望着老师慈祥的面容,这一别不知什么时候再能回来拜望恩师,心中不免有点惆怅,只能默默祝福先生长寿。

同年的10月底,我又回兰州参加西北师范大学历史系1978级毕业三十年聚会,聚会内容之一是回母校拜访我们的老师。我们先在文史楼409会议室举行座谈,请到任效中、洪聚堂二位老师。座谈结束我们班同学又分为五路分别看望陈守忠、王俊杰、张海声、张培德、张淡云老师。去看陈先生的人数最多,有游济荃、赵晋梅、程小成、李汀、马悦兰、刘波、黄志昌、王林子、卢世雄、王原、付漳涞和我。

2016年7月中下旬，我赴兰州、河西参加当年在山丹县插队的知青同学聚会，21日从兰州转车专门拜见陈先生，师兄胡小鹏和学生杨芳陪我到陈先生家，却扑了空，原来老师得了肺炎住进母校对面的兰空医院，于是，我们又到兰空医院。先生虽然住院，但精神状态很不错。下午快5点时我们告别陈先生。

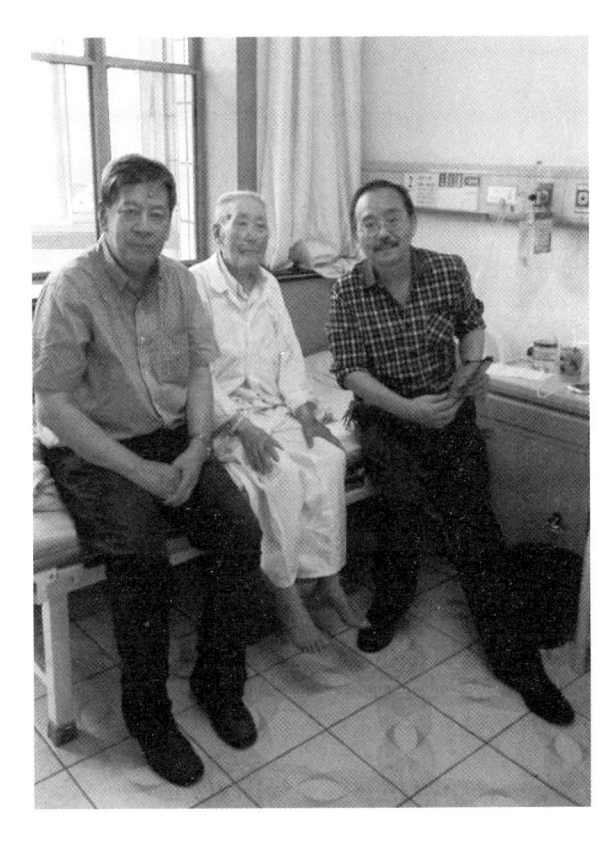

2017年9月8日兰州大学举办"纪念赵俪生诞辰100年暨逝世10周年学术研讨会"。我收到邀请函，当即回复表示愿意参加，对赵先生我有两种特殊的情怀，一是20世纪70年代末到80年代我在兰州读书、工作时，很受赵先生的影响，这在参会的纪念文章《我心目中的赵俪生先生》中都已表述。二是陈先生与赵先生是很要好的朋友，1993年11月陈先生的《河陇史地考述》由兰州大学出版社出版后，曾寄赠我一部学习。我从赵先生于1992年给陈先生《河陇史地考述》写的序中，对陈先生的道德、文章有了更进一步的了解。序言文字不长现转述如下：

> 中国历史长，地面大，所以历来治中国史的往往采用从时间上截取一段、从空间上截取一片的办法来研究，这样就有了断代史和地域史这两种史学品种。守忠同志一生研究中国史，在断代上重点研究《宋史》，在地域上偏重西北史，或曰甘青宁史，也就是书名上所标的"河陇"的史事，因为这是他的乡土。过去常说的一句话，是"热爱祖国，也热爱自己的乡土"。前辈学者张介侯、慕少堂、冯国瑞诸先生已经这么做了，守忠同志继他们之后又做了大量的工作，其中是深深蕴藏着对自己乡土的热爱的。
>
> 底下，我准备说另一码事。50年代后期，我也像很多人一样入了"另册"。那个变化是新奇的。不仅仅像溥仪别人不再叫"皇上"而改叫"老溥"的那种感受，有远远超过的情节，像好端端教过，而且心爱过的学生，竟打起耳光来了，而且打得那么真诚，那么凶狠。当时，守忠同志一度是顶头负责管理我们这种人的人，但他与上述情节截然相反。记得一次国庆节前夕，他代表系总支对我们"训话"，却用了抱歉和悯人的语调说，由于上头有文件，你们暂时不能回家，明天从广播里只要听天安门的讲话一讲完，你们就可以随便活动了。这是几句普普通通的话，但我从中嗅到了浓烈的人道气息。"仁者，人也"，这短短四个字的一句话，我是在听了守忠同志那一席话后更明白了的。
>
> 傅青主有两句话，"由来高格调，发自好心肝"。我今年76岁了（守忠小我4岁，也72岁了），深深体会到这心肝之好与心肝之不好是大有区别的，和做学问也有关系。时时存心害人的，学问也不会真

正做得好。仁民爱物的人，写出文章来，即使没有那么花哨，它是朴实的，其中藏着一颗好的心肝。

  我研究顾炎武，不仅仅表彰他的"学"，更着重表彰他的"行"。今于守忠同志，亦然。是为序。

1992年9月2日于兰州大学①

  陈先生与赵俪生先生的友谊大致从那个时候就开始了，陈先生一直敬重赵先生，他们的友谊也延续了半个世纪。2002年借校庆之际，曾想专门拜访赵俪生先生，我知道陈先生与赵先生交谊甚厚，故请陈先生推荐，但是我很惭愧没有跟陈先生说清楚拜见时间，当天陈先生就给赵先生打了电话，据说那天赵先生曾在家里等了一下午，可是我并没有去，而是第二天早上向陈先生询问是否已推荐过，陈先生说昨天就说过了，而且赵先生也答应了，你怎么没去？我说我是想今天早上去。陈先生说赵先生早上一般不见客。让老师失信于好友，我感到很自责。时间过得飞快，一转眼15年就过去了，所以我来参加纪念赵俪生先生百年诞辰学术研讨会，内心深处是表达一种隐隐的歉意。

  会议期间回母校探望陈先生，那天下午两点半学生杨芳乘西北师范大学历史学院派的车来接我，抵达师大教眷17楼，何玉红副院长已在陈先生府上的楼下等候。我们一同走进先生的家，先生当年已96岁高龄，精神仍矍铄，思路清晰，只是稍微有点耳背。我们在先生家坐到4点离开。

  刚过了三个月，12月我又回母校参加漆永祥和王锷主办的"李庆善教授诞辰100周年纪念会"。到母校的当天我与学兄魏明孔一道去拜望陈先生。先生兴致颇高，讲了许多有关"文化大革命"见闻、时局思考方面的话题，先生还回忆我们1977级和1978级两届学生招生入学的往事，当年先生都是从保护学生的角度，排除种种困难，关照和收留了一批"大龄"学生。老师把我和王永增学长的事记在一起讲述很有意思。不知不觉和老师谈了40多分钟，老师毕竟已是96岁高龄，不忍再打扰，5点20分就告辞了。

---

① 赵俪生：《赵俪生文集》第五卷，兰州大学出版社2002年版，第383—384页。

2018年8月21日参加由母校举办的"十至十三世纪西北史地学术研讨会暨中国宋史研究会第十八届年会",会议是在兰州饭店举行的,会议期间我专程拜访了陈先生。先生身体已大不如前了,先生自己也说今年感觉不如去年好,并叮嘱我以后每次来兰州都要来看望他,这是先生第一次这样叮嘱。没想到这竟是最后的嘱咐和最后的告别!

三

1987年我考入河北大学,师从漆侠。虽然此后漆侠师对我的学术道路影响很大,甚至改变了我的人生轨迹,但是陈先生对于我走上学术道路也是至关重要的引路人，正所谓吃水不忘挖井人。也许是因缘际会，漆侠师当年在宋代经济史领域已是众望所归，而漆侠师之所以招我到门下，并寄予期望，恰恰是我的硕士论文选题与漆侠师在《宋代经济史》出版之际对宋代酒类研究稍存遗憾之间有了某种契合——尽管漆侠师认为我的硕士论文还很稚嫩，但从经济关系的角度探讨宋代酒类专卖的思路得到漆侠师的基本认同。这不能不说是陈先生为我搭建的桥梁。博士论文完成以后的一段时间里，我全力投入宋夏关系史的研究，这更是受陈先生的直接影响。正如前揭赵俪生先生的序所言，陈先生断代史研究宋史，地域上偏重西北史，陈先生招的首届研究生胡小鹏师兄即是研究西北史方向。我虽然是宋史方向，但是读陈先生有关宋代西北史诸如吐蕃、西夏方面的文章更多也更直接。"我学习西夏史是从考上西北师范学院历史系中国古代史宋史方向硕士研究生师从陈守忠先生之后开始的。因为陈先生很关注宋代西部地区，西夏史也就自然进入我的视阈。"[①] 记得研二时，陈先生曾给我布置过一道作业，是关于五代宋初凉州潘罗支及六谷族问题的研究。我查阅资料发现日本学者对这个问题已发表过两三篇文章，我觉得我实在写不出新意来，没能如期交稿，后来才知道陈先生是希望我从宋与夏州政权的角度观察凉州潘罗支政权的兴衰。这促使我更广泛地关注北宋西北史研究。

我在读研时期及毕业后一面在学习宋史，一面学习西夏史。陈先生退休前主要主持敦煌所工作，所里的资料收藏偏重于敦煌文物和西夏史方面的资料。由于这个便利条件，我读了吴广成《西夏书事》、陈炳应《西夏文物研究》、白滨主编《西夏史研究论文集》，我写的第一篇西夏史方面的论文是《试论西夏经营河西》，写好亦请陈先生批评校正后，发表于《兰州学刊》1987年第5期。拿到样刊之时，我已在河北大学读博士学位。我把文章拿给漆侠师看，漆侠师对文章本身不置一词，但对我研究西夏史的兴趣大加赞赏，鼓励我要开拓研究视野。20世纪90年代中期以后，漆侠师曾对我说过他欲写《宋辽夏金》断代史的最初计划，宋代部分约80万字由他自己撰写，辽金部分35万字由乔幼梅老师撰写，西夏部分5万字让我撰写，总计120万字。且说这个计划在他完成《宋学的发展和演变》之后就可动手，可惜漆侠师未写完《宋学的发展和演变》就因医疗事故遽归道山。再后来河北大学宋史研究中心继承漆侠师遗志组织编写，并由王曾

---

① 李华瑞：《我与西夏史研究》，载《西夏史探赜》，甘肃文化出版社2017年版。

瑜先生总其成的出版的《辽宋西夏代金通史》，其规模和体例已大大超出漆侠师的初始计划。我提这些旧话题即是说明陈先生是我的西夏史研究和宋夏关系史研究的引路人。

我离开兰州以后，先生仍笔耕不辍，每每都将新写的文章寄给我学习，而我出的书也寄给先生批评指正。陈先生从不客气，写得好与写得不好都直言相陈。1998年9月我的著作《宋夏关系史》出版，实际上样书到年底才收到，鉴于陈先生已退休多年不常去历史系或敦煌所，我将书寄给师兄胡小鹏请代为转至陈先生批评校正。翌年六月下旬收到陈先生的亲笔信。

华瑞同志：

你的大著《宋夏关系史》在三月间小鹏同志即送到我手了。当然高兴。遗憾的是我计划中的三篇文章《西凉六谷族》《河湟唃厮啰》《北宋的陕西沿边五路》正在紧张的写作之中，不敢停顿，若一停顿，打乱思路，再要写起来就费劲，毕竟老了！看了你的《绪论》和《后记》还提到了我，惭愧！全书搁下来没来得及时读，五月底完成我的写作，本省编的《甘肃大辞典》历史地理部分无人写，找上门来，不得不承担。这是大工程，任务又紧，不能托（原文如此）。李蔚同志在《甘肃民族研究》本年第1期，给你的巨著写的介绍《一枝红杏出墙来》，四月份送给我一本，昨日在《光明日报》上看到有人对你的书写了报道（读后感），觉得应该写信通气了。不然，你会感到书寄去了，怎么会渺无音信呢。请原谅！我在完成紧急任务之后将慢慢地、仔细地读你的书。看到我曾经教过的学生，有这么突出的成就，是非常欣慰的。

去年11月份一场重感冒引发肺炎，在兰空医住了14天，治疗很快，经检查，心、肝、脾、肾等器官均无毛病，健康状况良好。本年六月11日—7月3日，老伴因心脏不好，住兰空医23天，每天送饭，使我紧张，现顺利出院。我们都好着哩。

祝你全家顺遂，学术上取得更大的成就！

另，信纸第二页旁边有一句附言：前几日魏明孔因事来兰，和小鹏一同来看我，坐谈一小时。

陈守忠 1999年6月4日

读陈先生的信总是感慨系之，先生的奖掖和鼓励，是鞭策我继续努力攀登的动力，先生的大恩大德无以报答，只能铭记在心。

2004年我的著作《王安石变法研究史》由人民出版社出版，9月10日先生得到由师兄胡小鹏转至的赠书，三个月后给我写了一封长达11页的回信。从回信的字里行间可以看出先生读得非常认真，先生首先肯定了我在绪论中提出的基本思路：对于900多年来影响王安石及其变法评议、研究跌宕起伏、毁誉不一背后的"社会气候"，亦即政治因素、学术思想和社会结构的变化做一些探讨，以为是"贯穿本书的基本观点。这，从我在'文化大革命'前后对王安石变法有不同看法的变化及这其间的亲身经历，完全赞同你所持的论点"。先生对我的文字表述加以赞赏"直截了当地说出，不拐弯抹角，通顺流畅。现在有些人，把社会上流行的一些政治的、经济的、商业的术语写入历史论文中，读起来疙里疙瘩，而你一洗这种流行病，给他们是做了榜样"。"第三，写这本书，要翻检多少的资料呀！从宋人的著作，元、明、清三代人评著，民国以来直至'文化大革命'后的八、九十年代人的不同的论述，你都客观地写入本书，不愧为一本有质量的论著"。

在奖掖之后，陈先生又写道"在读的过程中，我也做了几处文字、标点方面的校订。写在下面供你参考（多半都存在你引别人的文章中，可能是他们错了）"。

举例十余处，陈先生列出了错误所在的页码，并分析错误的缘由，对于有一些错误更是一针见血，令我很是汗颜。但我也很感动，我知道护其短不是真爱学生，学术只有在批评和纠谬中才能进步。

陈先生继续写道"在叙述王安石变法的政治思想时，在438页引了卢国龙的一段话。卢国龙，不知其何许人，他的那段文中的'是一种自然主义的理情精神''是一种人文主义的情怀'等等，都是无谓的空话。我最反感在历史论文中出现这种不着边际的空话，还有，'更深化了批判和重建政治宪纲的现实思考'，不知何意？王安石变法的政治思想中有这种东西吗？你引他的文，当然要按原话引，但你的文风可不能受他这种影响。叫他好好读一读刘知几的《史通》、章学诚的《文史通义》，看什么叫作'史笔'。唉！我是在和你笔谈，何必多管闲事，这算多余的话。是我的缺点，你不必介意"。陈先生所说"多余的话"，其实在我读来，不仅感到陈先生直抒胸襟的耿直性格跃然纸上，而且感到那颗关爱学生的拳拳之心流露出的浓浓温馨。

接下来陈先生用了5页的篇幅谈了他对王安石变法（研究），在"文化大革命"前后不同的变化。其中不乏针砭时弊和对学界学风的批评，有些言辞不免也很是激烈。尤其是对"文化大革命"中研究王安石变法跟随"评法批儒"的深不以为然。他说："搞学术，不能跟着政治指挥棒，只能像前辈陈寅恪先生所说、所表现的那样，要有'独立之精神，自由之思想'。如此而已。"

"最后建议：请把杨伯峻先生的《论语译注》《孟子译注》及《春秋左传注》抽时间精读一过，假如以前没有仔细读的话。湖南的学者，自王先谦而后，对文字学都有深厚的功底，杨树达、杨伯端叔侄是其显著者。我的老师辈如张舜徽、彭铎等先生，都有深厚的根底，这你知道，用不着我提了。话又说过头了。"

当时读了陈先生的回信，犹如声声在耳，同时回想起在兰州跟陈先生读书时的点点滴滴，久久不能释怀。虽然我已毕业20年了，虽然也已经当了博士生导师，但是在陈先生面前，我，永远是一个需要老师不断鞭策的学生。

近十年来，陈先生年事已高，不再写文章，也不再读古籍，平时看看报纸，练练书法。2017年我的《宋代救荒史稿》上下册出版后，我仍托胡小鹏师兄给陈先生带去，2018年见面时，陈先生说，你送的书我收到了，但是我老了，你的大部头书读不动了。我把你的书转给彦赟了。武彦赟是陈先生的外孙，是跟我读宋史方向的硕博生。

四

2019年12月27日，早上正在准备翌日在国际儒学联合会举办的大道知行讲堂的讲座课件，11点56分收到胡小鹏师兄的短信："老师昨晚上心脏病去世，连夜上山，遗嘱不设灵堂，不收奠仪，不举办追悼会，不搞遗体告别。家属上山联系火化事宜，还未回来。有具体时间我就告诉你。如果时间在早上，你就不用赶回来了。给明孔我也是这么说的。"看到这个消息我真是很震惊。想到老师已过了98岁生日，对老师的离世是有一定的心理准备，但是真的走了，还是不敢相信。当即与儒学国际联合会的联系人张树峰先生联系，请将讲座顺延到下个月5号，得到主办方的同意，遂请内子水潞迅速给我订飞机票，于是乘晚上 7 点 05 分的航班赶往兰州，9 点 50 分抵达兰州中川机场，杨芳和何强来接我。10 点 50 分到达西北师大专家楼，胡小鹏师兄在大厅等候。得悉陈先生的另外两位弟子朱红亮、赵忠祥也乘石家庄至兰州的航班赶来，凌晨 2 点会抵达兰州，听到这个消息还是很欣慰。老师一共就招收了我们四位弟子，这次能够再聚首，很不容易啊。

我在 12 月 28 日日记中写道："早上 6 点 25 分到专家楼大厅见到小鹏和历史学院院长何玉红、刘再聪、张继钢、杨芳、何强等人，以及多年未见的师弟朱红亮和赵忠祥。一路上天还没有亮，兰州的早晨很冷，比北京冷多了，在北京很长时间都没有冻脚的感觉了。不到 7 点半抵达兰州华林山烈士陵园。我第一次上华林山是母校历史系为教我们世界上古史的吴英贵老师逝世举行的追悼会，张莲父亲的追悼会我是否参加已记不得了，只记得到张莲家悼念过。在出殡大厅见到陈秀实和他的三哥等亲戚，工作人员打开陈先生的棺枢让我们瞻仰，我看到先生很安详，眼圈有一片乌黑，想必老师最后器官衰竭。享年九十八确属高寿。随即匍匐在枢前行三叩九拜送老师上路，我之所以匆匆从北京赶回兰州就想在与老师永别之际行弟子大礼以报师恩。我们在华林山逗留了不到半小时，就返回专家楼。我因为吃过早餐，在 1915 牛肉面馆前大家下车去吃牛肉面之时，我到校园里走了走，看着熟悉而又陌生的校园，耳边忽然响起了贺知章的回乡诗：少小离家老大回，乡音无改鬓毛衰。儿童相见不相识，笑问客从何处来。在熟悉的街道和小路上当年求学的场景一幕幕映在眼前。9 点 45 分，杨芳和何强来接我去参加历史文化学院'国家社科基金项目申报辅导座谈会'，何玉红、刘再聪及学院青年教师和博士二十多人参加。11 点 30 分结束，学院在专家楼请吃午餐，胡小鹏携李克梅、何玉红、刘再聪、朱红亮、赵忠祥、杨芳、何强参加。席间我跟何玉红院长提议后年 2021 年陈先生百年诞辰举行一个追思会，并出一部纪念文集，得到何玉红院长的首肯。1 点 30 分告别大家，杨芳和何强送我到兰州中川机场。"

12 月 29 日早上我将在兰州机场曾给师兄胡小鹏发的一条感谢短信，重新拟了一遍，请内子水潞发到我们大学同学的微信班群：诸位同学，昨晚我从兰州返回。因先师陈守忠先生临终前留有遗嘱，不受赠仪，不行告别仪式，一切从简。是故昨天清晨，我只能在枢前瞻仰遗容，三叩九拜送老师。陈先生走得很安详，一生淡泊名利，生活简朴，耿直坦荡，与人为善，待学生常怀有舐犊之情。其实人与人淡如水的交往到最后才能心领其珍贵。愿老师一路走好，在天堂永生。前天在首都机场候机时写了一个挽联，也没用上。不过很愧对老师，一直不怎么懂音韵，诸位同学一笑：

托志春秋天水一朝写西北情系桑梓，
师法龙门河陇史地传精神泽被后世。

一位执着而耿直的学者
——我所了解的陈守忠先生

浙江大学历史学系　刘进宝

2019年12月27日下午，我因参加学术活动而在昆明，收到了西北师范大学历史文化学院何玉红院长发来的信息："陈守忠先生逝世，明早出殡。"听到陈守忠先生去世的消息，感觉到既自然又惊诧，自然的是陈先生毕竟年龄大了，已经快百岁了，惊诧的是陈先生一向身体不错，2015年我去家里看望时，还能谈笑风生，想象着陈先生肯定能活过百岁。我就请何玉红院长代我送了花圈。

一

我是1979年考入甘肃师范大学（今西北师范大学）历史系的，陈先生当时是我们系的总支书记。我们入学后的课程主要是中国通史和世界通史，其中一年级的中国古代史是分段讲授的，教授先秦史的是曹怀玉老师，秦汉史是王震亚老师，魏晋南北朝史是王俊杰老师，隋唐史是金宝祥老师，宋史是陈守忠老师，元史是许孝德老师，明清史是郭厚安老师。虽然每位老师的讲课风格不同，但都非常认真、非常敬业。陈先生给我们讲宋史的内容已经模糊了，只记得讲王小波、李顺起义时很仔细，并辨析方腊不打宋江的原因，这可能是因为当时农民战争史还是史学界的热点之一的缘故吧。但陈先生有些金针度人的方法就是过了40多年，仍然记忆犹新，如"常人都是贵远贱近，贵名贱实""落花水面皆文章，处处留心皆学问"等。

我读大学的阶段，正是敦煌学方兴未艾之际，历史系请敦煌文物研究所的孙修身、北京师范学院的宁可、日本学者藤枝晃等来演讲，再加上我与甘肃省图书馆的周丕显先生相熟悉（周先生的夫人是我的中学老师），所以就对敦煌学比较关注。

正是由于藤枝晃在天津南开大学和甘肃师范大学的演讲，就有了"敦煌在中国，敦煌学在日本"的误传，国家开始重视敦煌学的研究，积极筹备成立中国敦煌吐鲁番学会，召开全国敦煌学术讨论会。在这种大好的形势下，西北师范学院也决定由历史、中文、地理、音乐、美术等系组成，筹建敦煌学研究所，并由陈先生负责。经过一段时间的筹备，在我毕业前夕的1983年3月，正式成立了西北师范学院敦煌学研究所，由陈守忠先生担任敦煌学研究所的负责人，后来被正式任命为所长。

1983年7月我毕业时，敦煌学研究所要求留一名学生任职，由于班主任吴廷桢老师和历史系总支副书记宋仲福老师的推荐，陈守忠先生同意并向学校争取，将我留在了敦煌学研究所。这时，中国敦煌吐鲁番学会成立大会、1983年全国敦煌学术讨论会即将召开，西北师范学院是会议主办和承办单位之一，我被派去会务组工作，同时研究所还将我编辑的《敦煌学论著目录》油印在会上交流。

陈先生是一个非常直率的人，给人感觉他是一条直线走到底，不会拐弯，考虑问题也以定势思维或个人的主观经验为主，不能多角度或换位思考。如我留校工作后，由于家庭经济困难，常常会写一些小稿，挣一点稿费而补贴生活。陈先生对此可能不了解或不能理解，就批评我说，好好读书，尤其是认真读《资治通鉴》，不要写文章，我都是50岁以后才开始写文章的，你现在急着写什么？现在看来，陈先生的教诲是正确的，我的史学文献基础不扎实，可能就是开始阶段的基础没有打好。但我当时没有听陈先生的话，这可能也是陈先生后来对我有看法的因素之一吧。另如当年兰州的一家晚报发表了表扬西北师范学院一位后勤基层干部的文章，其中说到这位干部的工作得到了全校师生员工的好评，陈先生看后认为报纸所说不真实："我没有好评他，怎么能说得到了全校师生员工的好评？"再如有一年机关工会搞福利，给每位领导发放（大概）10斤苹果，因敦煌学研究所在办公楼一楼，属于机关工会，而办公楼都是党政领导办公点和机关，业务单位只有学报编辑部和敦煌学研究所，可以说敦煌学研究所是最没有地位的。具体办事人员在分苹果时肯定优先考虑的是学校领导和主管机关的领导们，甚至可能将敦煌学研究所忘记了，最后剩了一份，相对是比较差的，也不知道是谁的。过了一两天，才发现这一份是陈先生的。陈先生拿到苹果后很生气,就将苹果送到了楼上(好像是校办),但给陈先生的苹果是最后一份,再没有多余可更换的,楼上又送了下来,这样上来下去的折腾了几天,这几斤苹果的品相更加不好了。

陈先生就是这样一位直率的老人,想到什么或遇到什么,绝不会藏着掖着,而是当场就表现出来。因为我知道陈先生的性格,他就是这样一位倔强的老师,所以当陈先生对我有一些误会时,我也从来没有表现出不满。因为我当时有一个朴素的想法,如果我毕业时陈先生不同意不努力将我留在敦煌学研究所,我可能会被分在中学,甚至比较偏远的乡村中学。如果中学不同意我考研究生,或由于条件限制而未能考上研究生,我的人生可能就是另外的一条道路。

正是因为我怀着这样的心态,对陈先生一直尊敬有加,陈先生后来也改变了对我的看法,甚至还有了好感。当陈师母去世后,陈先生通过其女陈秀实,专门委托我帮忙料理后事,如安排参加丧事的人员去华林山殡仪馆、在员工食堂安排用餐、招待客人等。我是尽心尽力地做好这些事,陈先生也是满意的。当我要调离兰州时,恰好陈先生的《宋史论略》出版了,陈先生专门题名赠我:"进宝同志存阅 陈守忠赠 二〇〇二年四月十五日"。

二

陈先生是甘肃通渭人,出生于1921年,20世纪40年代后期考入国立西北师范学院历史系,在大学读书期间的1949年6月加入中国共产党,是一位地下党员。1950年大学毕业留校后,一直是教学、行政"双肩挑"。陈先生早就进入了"体制",也尽可能努力跟上时代的步伐,如在1958年发表了《不能容许南斯拉夫修正主义者污蔑马克思列宁主义政党的领导作用》[1],1964年发表了《历史科学如何为当前的政治服务》[2]等文章。

陈先生这种遇事"较真"的性格,再加上他倔强的脾气,往往不讨人喜欢。从而使他常常处在各种运动和斗争的风口浪尖,遭受了一些不公。

---

[1] 陈守忠、张绍卿:《不能容许南斯拉夫修正主义者污蔑马克思列宁主义政党的领导作用》,《西北师范学院学报》1958年第2期(批判修正主义专刊)。

[2] 陈守忠:《历史科学如何为当前的政治服务》,《甘肃师范大学学报》1964年第2期。

不仅职务上一直没有高升，而且职称评审也不顺利，直到1986年陈先生65岁时，才评上了教授，而且是申报教授和同意退休的表格同时上交，即评上教授后马上退休。陈先生是1949年10月1日前加入党组织的地下党员，按规定是享受离休待遇。他在离休前一直是一个县级（处级）干部：历史系总支书记、敦煌学研究所所长。1987年离休时批准享受副地级（局级）待遇，但只是政治上享受（即看文件和听报告）。现在像陈先生这样的离休干部已经很少或没有了，但有些有特殊贡献者，经上级批准，可以享受高于其职务的某一方面待遇。

陈先生还是一个可爱的老人，高兴时聊天会很有趣。当他知道我的家乡是榆中县甘草店时，就兴致勃勃地谈到了我的家乡，说当年甘草店是比较繁华的，他在西北师范学院读书时，每年寒暑假从通渭家里到兰州或从兰州回家，都要走两天多，甘草店是必经之地，而且还一定要住一晚。因为定西到兰州约100公里，兰州到甘草店、定西到甘草店基本上是50公里。由于当时交通条件的限制，甘草店是东西来往的必经之地，从而使甘草店成为一个车水马龙的"大"地方。就是现在，甘草店的语言也是很有特色的，即甘草店以上两公里是定西方言，甘草店以下两公里是兰州方言，只有甘草店的方言是自成体系的，这可能是历史的遗迹吧。

三

作为学者的陈守忠先生，在中国古代史的分段教学与研究中，侧重于宋史，早在1957年的《西北师范学院学报》创刊号上就发表了《北宋初年王小波、李顺所领导的川峡农民起义》。"文化大革命"结束后，又发表了《试论北宋初年四川地区的士兵暴动和农民起义》（《甘肃师大学报》1978年第3期）、《王安石变法与熙河之役》（《甘肃师大学报》1980年第3期）等。随后又发表了一系列宋史方面的论文，2002年出版的《宋史论略》就是其有关文章的结集。

出生、学习和工作一直在甘肃的陈守忠先生，对其乡土历史和文化充满着感情和热情，投入了大量的精力从事甘肃地方史的写作与研究，早年曾参与《甘肃史稿》的撰写，改革开放后又与郭厚安先生合作主编了《甘肃古代史》。花甲之年，又对甘肃境内的长城遗址进行了许多实地考察，发表了一系列学术论文，解决了一些由于文献记载不明而产生的混乱，提出了一些新的看法。

陈先生的著作《河陇史地考述》中篇"河陇历史地理考察"所收的八篇文章:《陇上战国秦长城调查之一》《陇上战国秦长城调查之二》《河西的汉长城》《临夏回族自治州古城寨遗址调查记》《漓水水系及汉白石、枹罕古城址考》《陇山左右宋代城寨遗址调查》《北宋时期中原通西域的几条道路的探索》《甘肃境内的明长城》,都是陈先生通过实地考察,再将文献记载结合起来进行探讨的,其结论自然真实而可信。

除了《河陇史地考述》所收甘肃地方史的论文外,陈先生还有《甘肃境内秦长城遗迹调查及考证》(《历史教学问题》1984年第2期)、《武威雷台汉墓出土铜奔马命名商榷》(与伍德煦老师合作,《西北师范学院学报》1984年第3期)、《会宁县境内古城址及丝路遗迹考察》(《西北师大学报》1993年第2期)、《榆中麴氏与高昌国》(与孙永乐合作,《社科纵横》1994年第6期)、《两河西、两云中、双龟兹——历史地理考证》(与陈秀实合作,《西北史地》1995年第3期)、《北宋时期秦陇地区吐蕃各部族及其(各)居地考(上下)》(《西北师大学报》1996年第2期、第3期)、《两汉允吾、金城再考》(《西北师大学报》1998年第3期)等西北地方史的论文。

就是陈先生有关宋史方面的论文,有些也与西北地方史关系密切,甚至也是实地调查的成果。正如陈先生自己在《宋史论略》的"作者自序"中所说:"进入80年代,有了条件和机会出外调查,而笔者生长于西北,对西北这片土地怀有特别的情感,故着眼于北宋西北地区历史的调查与研究。举凡边疆的地理形势、吐蕃、党项等少数民族的活动,宋与西夏的战和交往,沿边重要城寨的徒步踏勘等,算是下了一番功夫,于是撰成《曹玮事迹编年录》《河湟唃厮啰》等六篇文章。此为笔者亲自调查所得,来之不易,弃之可惜,故一并收入本集,算是该书的重点内容。"陈先生所说"六篇文章"的另外四篇是:《刘沪筑水洛城及相关事迹考》《北宋的陕西沿边五路》《北宋时期分布于秦陇地区的吐蕃各部族及其居地考》《西凉六谷族》。由此可知,作为学者的陈先生,他最用力的是西北史地之学,最得意的应该是经过亲自调查、考证而获得的真知灼见。

历史学是一门"经世致用"的学科,作为甘肃地方史研究的权威学者和学术领导人,陈先生也将自己的学术研究运用于实际工作中,即为现实服务。陈先生在《河陇史地考述》的新版"自序"中说:"笔者通过研究考述，总结历史的成败得失，使人彰往察来，据古鉴今。具体地说，是为当今的西部大开发及以后的建设，提供历史的借鉴。"正因为如此，当20世纪80年代后期全国兴起修史、修志的高潮后，陈先生不顾年迈，将自己的学问贡献于甘肃各地的县志编纂。为此，他还是亲力亲为，跑各地踏勘调查，并将实地考察的收获与文献记载结合考证，撰写了《通渭县建置沿革考》《定西县建置沿革考》《会宁县建置沿革考》《榆中县建置沿革考》《临夏县建置沿革考》《永靖县建置沿革考》等，为甘肃各地地方志的纂修贡献了知识和智慧。

四

陈先生更是一位优秀的学术组织者和学术领导人。他虽然是土生土长的甘肃本地人，也很少到外地从事学术交流，但有着宽阔的学术视野和独到的学术眼光。如1979年日本学者池田温的《中国古代籍账研究》出版后，池田温所在的单位——东京大学东洋文化研究所给甘肃师范大学历史系寄赠了一册，收到本书后，陈先生虽然不做隋唐史和古代经济史、籍账研究，但他敏锐地感觉到这是隋唐史和敦煌学研究的重要著作，便亲自给东京大学东洋文化研究所回信说："我系研究隋唐史的同志，苦于唐代籍账材料之缺乏，正托人在北京图书馆拍制胶卷，而恰在此时，贵所这部巨著寄到，真可谓雪中送炭，我们非常高兴，至于池田先生的论述，我们正着手翻译。"同时安排本系曾在东京大学留学的龚泽铣老师翻译，这就是1984年中华书局出版的《中国古代籍帐研究》简本（即未附图版。2007年中华书局又出版了附图版的全本），池田温在1982年5月所写"著者序言"中说："今当译书完成之际，译者龚先生固不待言，对于曾经给予大力协助的陈守忠先生和西北师范学院历史系诸位……亦一并特表感谢。"

陈先生联系、主持翻译《中国古代籍帐研究》时，我正在读大学，对其细节并不了解。只是从后来老师们的聊天和池田温的"著者序言"中略知大概。当我留在敦煌学研究所工作后，池田温的《中国古代籍帐研究》已经翻译完成，正在出版之际，这时陈先生又组织学校外语系的袁席箴、陈华平老师翻译完成了苏联学者孟列夫主编的两册《俄藏敦煌汉文写卷叙录》。同时还聘请留法学者魏英邦先生翻译法藏敦煌遗书目录。为此，陈先生积极争取，上书学校，为两部书的翻译者提供了许多在当时来说非常难得的条件。如经校务会议讨论，给魏英邦先生在南单楼安排了一间住房，并由学校给予一定的生活补助，魏英邦先生携夫人住在学校，专心从事翻译工作。后来由于陈先生离休不再担任所长，魏英邦的翻译也不了了之。当20世纪90年代初上海古籍出版社计划出版《俄藏敦煌文献》时，孟列夫任俄方主编，这样上海古籍出版社也将陈先生主持翻译的《俄藏敦煌汉文写卷叙录》纳入出版计划，责任编辑蒋维崧先生还专门到兰州商谈了出版问题。但后继者在1992年所写的"译者前言"中对陈先生的贡献并没有给予充分的肯定和表彰，只是一笔带过："所长陈守忠主持并指导了翻译"，还不及池田温在《中国古代籍账研究》汉译本"著者前言"中对陈先生的感激与表彰。

当敦煌学研究所正式成立，并由陈先生任负责人后，中国敦煌吐鲁番学会成立大会和1983年全国敦煌学术讨论会即将召开，陈先生积极组织学校各单位老师撰写敦煌学论文，向会议提交了洪毅然、郑文、匡扶、李鼎文、曹怀玉、陈守忠、伍德煦、胡大俊、马化龙先生的9篇论文和我编辑的《敦煌学论著目录》，充分展示了西北师范学院敦煌学研究的强大阵容。会后陈先生主持将这9篇论文在《西北师范学院学报》1983年第4期以专栏的形式发表，引起了全国学术界的重视、关注与好评。以此为契机，陈先生还组织编辑了1984、1986年两期《西北师范学院学报》增刊《敦煌学研究》，奠定了西北师范大学敦煌学研究的地位。遗憾的是1987年陈先生就离休了，后来由于体制的变化、人员的变动等各方面的原因，陈先生开创的西北师范大学敦煌学事业的发展并不尽如人意。

西北师范大学敦煌学研究所的辉煌历史和卓越成就是陈守忠先生奠定的。如他组织翻译《中国古代籍帐研究》、《俄藏敦煌汉文写卷叙录》、法藏敦煌文献目录；代表学校参加中国敦煌吐鲁番学会的筹备工作，并以会议发起、主办和承办单位的身份参与了筹备到成立的全过程；组织《西北师范学院学报》的专栏和两期增刊。正是因为这些卓越的领导、组织工作，才使西北师范大学的敦煌学研究在20世纪八九十年代在全国占有重要的地位。

从这一个角度说，陈先生是幸运的，他最后赶上了改革开放的好时代，做了一些自己想做的事情。尤其是担任敦煌学研究所所长后，发挥了其组织领导才能，将西北师范大学的敦煌学研究带入了全国的先进行列。

陈先生是我的老师、我的领导。我从1983年7月大学毕业留在敦煌学研究所，一直到2002年调离。其间与陈先生多有交集，尤其是前几年陈先生是敦煌学研究所所长，相互之间打交道更多。现借此机会，将我所了解的陈先生写出来，以纪念陈先生的百年诞辰。

2020年10月3日初稿
2020年10月8日定稿

为了传承的纪念

河北师范大学新闻传播学院　朱红亮

先生陈守忠，字子贞，号醒吾，西北师范大学历史系教授，生于公元1921年，于公元2019年12月26日辞世，享年98岁，按国人风俗尊享百年。先生一生的职场都在高校三尺讲堂和案牍书桌，除了"文化大革命"期间被下放的那十年。作为先生的"关门弟子"，每每忆起先生音容笑貌及师从先生期间对我们的谆谆教诲，念及至疼，以至于迟迟没有勇气拿起笔写下这段文字，但老一辈学者的家国担当、敦厚为人、严谨治学的精神，作为启迪后生的一笔宝贵的精神财富，我们有理由也有责任传承发扬下去。

1987年9月，我考入西北师范学院历史系师从先生攻读中国古代史宋史方向的研究生，但我与先生的相识却比这个时间要早得多。1985年我在河北师范学院历史系读本科二年级，由于对宋史的痴迷，想考宋史方向的研究生。于是就斗胆给当时宋史学界的几位先生写信，以期得到先辈们的学术指导。记得当时得到了华中师范大学的刘瑞明教授和西北师范学院陈守忠先生的回信。依然记得，陈先生的回信满满三页，字迹工工整整，真诚回应了一些学术研究的看法，并对我想考研深造给予了真诚的鼓励。眷眷之情，奖掖之意，一封书信就让我暗下决心毕业之后争取考西北师范学院，跟陈先生学宋史。幸运的是，两年之后，我真的考入了西北师范大学这个名师汇集的百年学府，并成为先生最后一届研究生。

先生是一个不懂生活一心向学的人。

当时我们的研究生课程，除了英语、政治等公共课程外，几乎所有的专业课都由先生一人承担，上课地点也一直在先生的敦煌学研究所办公室。每次上课，先生都会先于我们早早来到办公室。这一点，当时的历史系主任水天长教授一入学就给我们介绍过，如果有事请教陈先生，两个地方准能找到，一个是敦煌所，一个是家。了解到先生这个习惯，我和忠祥每次上课总是提前半个小时去，但也每每落在先生的后面。了解到忠祥抽烟，每次上课前，先生总是拿出几块钱让忠祥去买烟，而我负责把先生办公室的花搬到窗台上晾晒浇水，这一习惯除了刮风下雨几乎雷打不动。至今我和忠祥忆及这些片段总是调侃他沾了大便宜，受了特殊待遇。冥冥之中也许是忠祥抽了先生的香烟吧，毕业后，先生的学术香火在我们俩关门弟子中让忠祥给延续了下来，我鬼使神差地做了"叛徒"（师兄们的戏语），转行市场营销策划方向，忠祥则一直做宋明理学，且做得风生水起。

先生上课从不带讲稿，顶多预备几张提示性卡片。那时没有计算机，卡片是那时做社科研究最重要的工具，我曾经看过先生自己做过的资料卡片，结结实实好几个木匣，用纸条扎着，门类分明，条目清晰，这一点至今仍受用得益。虽然用上了计算机，但我把资料放在不同的文件夹并一一标明，为以后研读减少了寻找之苦。先生讲课从来不乏激情，每每讲到兴奋处，目光深邃却忘我无物，旁征博引，娓娓道来，总能汇聚自己的真知灼见。

平时聊天先生常讲，做学问是个不断增进的过程，不可能一蹴而就，必须踏踏实实沉下心来，才能拨云见日领悟其道。多年后，我也常跟我的研究生讲，初读一本书或懵懂无味，再读或别有洞天，若能反复研读，方能理解其纵横两维。读史必须有个好屁股，是当时对历史专业研究生的调侃之语，其实就是要沉下心来在枯燥无味的文献中发现历史，先生对此非常强调，所有资料务穷其尽，且能印证辨析。幸运的是当时的西北师大图书馆馆藏资料十分丰富，连当时大学图书馆少有的《四库全书》也对我们全天开放，以至于我们每天从早到晚几乎都泡在了图书馆，光手抄的资料卡片就积累了3000余张。毕业论文答辩时，兰州大学的赵俪生先生对我们说，论文的资料功夫做得很足，有你们导师的影子。

三年从师，对先生的"全面"认知是1989年跟先生外出访学的时候，从兰州出发到成都、武汉、南京、杭州、上海、开封，遍访各地贤达，增长了太多的见识。一月有余，朝夕相处，对先生的学术思想有了更深的理解和认识，也对先生的为人风范有了更切身的感受。

先生是个典型的中国知识分子，沉浸学问，教习后生，心无旁骛。对物质似乎从来没有过多追求，粗茶淡饭亦无不可，生活上有师母师姐悉心照顾，他老人家倒也乐得清闲，对柴米油盐等生活琐事知之甚少。访学从兰州出发时，师母给我们带上了油泼辣子，叮嘱我们照顾先生每餐不要吃太多。在车上就餐时，我们拿出提前备好的方便面，师徒三人凑合果腹，没承想，先生吃了一口便大赞美味，"回头让你师娘就做这个面"，差点让我和忠祥笑得直不起腰。

先生是个视学生如子女的老式知识分子，对我们在学业上严格要求，悉心教诲，生活中遇到困难也会眷顾有加。记得有一次在先生家闲聊，聊到书籍涨价的事情，先生叫来师娘，硬说我俩替他整理书稿，应该发"稿费"，这种"稿费"逻辑也就是师娘能够"领会"，硬生生把钱塞给了我们。从此以后，我和忠祥再也不敢在先生面前提各种"涨价"之类的事了。但先生很多时候把我和忠祥分不清，记得到了武汉，我买了当地特产孝感麻糖和先生分享，先生却对着我道："谢谢你忠祥！"惹得忠祥在一边窃喜异常，从此，"先生眼里只有他"便成了对我"打压"的一贯套路了。

先生的一生，严谨治学，宽待后生之风，可谓师德风范，与母校西北师大的传统一脉相承，俨然一种文化范式，如"山间之明月""江上之清风"般浸润吾辈后学之灵魂，这正是先生一样的前辈学者对吾辈后学的最大精神遗产。

探究宋夏　考述河陇
——深切缅怀恩师陈守忠先生

河北师范大学马克思主义学院　赵忠祥

　　恩师陈守忠先生离我们而去已近周年（先生于 2019 年 12 月 26 日仙逝，享年 98 岁），从最后叩别先生那刻起就想写篇纪念文章，可每每提笔总是哀思泛起，思绪万千，字不成句，拖延至今。姑且还是从与先生结缘谈起吧。世事皆有缘有常，我能忝列先生门墙，有诸多的机缘巧合。原本在 1987 年考研时报考的是我所就读的河北师范学院历史系中国古代思想史专业，但因发挥失常，考试结果不甚理想而名落孙山。尽管当时担任我们系主任的孟繁清先生也曾向河北省主管部门申请增加录取指标和向其他院校举荐，但均未能如愿。正当我以为读研无望时，同门朱红亮师弟复试返校后带来一个令人振奋的消息，西北师大录取名额未满，可以尝试调剂。随后把我的考试成绩寄给先生并得到先生的认可后，便是师友们紧锣密鼓的联系和沟通，我自己也开始着手准备所需报备的材料和面试。幸运的是，先生不嫌愚钝，把我招致门下，最终随心所愿。几十年过去了，那时懵懂中的紧张，有时在梦中还会浮现，在潜意识中已留下一道深刻的印痕。事后先生和红亮师弟都对我谈起过，为了我能够被录取，先生亲自到研究生处去协调沟通，十分令我感动。由此而言，先生于我不仅是授业的恩师，也是改变我人生命运的贵人。

　　初识先生，在印象中，总是身着一身蓝灰色的中山装，庄重齐肃，并带有几分威严，满身正气。后来了解到先生在青年时期即投身于革命活动，并于 1949 年 6 月 4 日加入中国共产党，为兰州的解放贡献了自己的一分力量。我们也曾问过先生于中华人民共和国成立前做地下工作的事情，但先生总是谦虚的以"使命使然"一句带过，从不多言。在三年的学习交往中我逐渐对先生有了更多的了解。中华人民共和国成立后先生先后担任过支部书记、校党委委员兼总支书记等职。1978年以后,又相继担任过历史系主任、总支书记、敦煌学研究所所长等职。先生性格直率,疾恶如仇,对社会中存在的不良风气勇于揭露和批评,对党和人民的事业有着高度的责任感和使命感,始终保持着一个共产党员的本色。先生对同志和学生则是温文尔雅,和善可亲,尤其对学生关心备至。记得初到兰州,先生多次因气候变化嘱咐我们平时注意增减衣服,饮食上注意调整,有时我们身体不适时也会亲自把药送来。平日里也能感受到先生优雅的一面,我们上课的地点是先生的办公室,里面养了许多花草,花团锦簇,十分茂盛,显然是先生呵护备至的结果。闲时先生也给我们讲一些不同花草的习性,显得颇有心得。先生喜欢习书练字,每次去他的办公室都能看到办公桌上摆满的笔墨纸砚,能够感受他那挥毫的场景,书法也成为先生晚年养性健身的重要方式。2011年去看望先生时,先生还特意找出几幅得意之作相赠,这也是收到先生最后的也是最珍贵的礼物了。如今睹物思人,感慨万千,不禁泪眼蒙眬。先生一生孜孜矻矻,做事静心专注,心无旁骛,三年陪伴下来有时辨不清我与红亮师弟,经常叫错,这不仅没有丝毫的尴尬,反倒印证了先生的定止之功,更增添了不少老少之间的童趣。我与红亮本科同学同室四年,至此又同入先生门下,同窗七年,实属难得,先生也为如此师生之缘感到欣喜,常以"吾道东矣"给予我们鼓励和寄予厚望。孔子有言曰:"刚毅木讷,近仁。"以此来概括先生的品格最为贴切,先生刚正忠直,明达笃厚,谦和朴实,真挚诚恳,在他那带有浓重乡音的话语中,句句力道遒劲,透射出"仁者"之儒雅古风。

学如其人,先生集道德文章于一身,其人生品格在他的教学和学术研究中都有充分的体现。先生生于1921年,我们入学时虽已六十有六,但依然身康体健,精神矍铄,精力充沛,三年中不仅承担了多门专业课程,传道解惑,而且亲自带我们赴川、苏、浙、沪、豫等地访学问道,搜集资料,不辞辛苦为我们引见时贤,指点迷津。在教学中,先生积四十年教学之经验,深谙其道,方法纯熟。先生授课乡音很重,起初听来确实有些困难,一知半解,但我们也能明显地感觉到先生也在尽最大努力以能让我们听懂的方式进行讲解,或缓慢或重复,或展开,十分暖心。为把我们真正引入学术门径,先生上课时总会与我们谈论一些研究基础、理论与方法的问题,尤其注重历史的微观领域的考究和资料真伪的辨别。在先生看来,历史的宏大叙事固然重要,但往往会掩盖住细碎且又十分关键的历史真相，因而剥茧抽丝的研究工作更有必要、更有意义，而这一切又都建立在繁杂史料的辨析上，解释和运用史料固然重要，但整理和考证更为根本。为了让我们有亲身体验，先生还把当时他正在整理修撰的《定西县志》拿给我们进行尝试性的校订。如此真传妙诀和实践操作对我们学术素养的形成和提升打下了良好的基础，且对我们日后的论文选题产生了重大影响。

在论文选题过程中，先生虽有自己的研究领域与研究风格（专攻宋辽金元史，长于西北史地，擅用史籍考证与史迹、遗迹相结合的研究方法），但在我们研究方向的选择上采取的是开放态度。他一再讲，我和红亮来自河北，毕业后都会东归，跟着先生从事其擅长的西北史地研究显然不具有地域上的优势，便让我们去选择自己感兴趣的问题。记得在选题过程中，也曾颇费一番周折，起初由于本科毕业论文是有关宋代理学方面的，本想顺着这个方向继续搞下去，但跟随先生的学习过程中逐渐改变了这种想法，开始转移到宋代政治制度领域。当时有关宋代政治制度的研究，总体而言大都集中在官僚政治制度中的核心或主体结构与功能上，对于宋代官僚制度的末梢或是底层部分则鲜有触及，而"吏强官弱"现象在宋代十分普遍，已成为当时社会政治的一大痼疾，研究价值自不待言，于是最终选择了"宋代吏胥"这一视角，对宋代基层政治制度展开探究。这一选题的确定，显然是受到了先生治学风格的影响和启发，与先生的教导是分不开的。后来把这一选题的心路历程和最终选择说予先生，也得到了先生的充分肯定和赞许。

在学术研究上，先生学养深厚，治学精到，以独有的风格和独到的方法在宋史和西北史地领域探赜索隐，钩深致远，终成西北一方扛鼎揭旗之士。起初我对先生的研究领域并不熟悉，是在调剂复试准备过程中和入学以后一个阶段逐渐了解到先生的学术成就。总体来说颠覆了我以往本科阶段对历史研究的认识，没想到历史研究的范围如此宽泛，而又如此具体，更增强了我对历史研究的兴趣。纵览先生的著述，除了少数篇章属于宋代史事的常规性的研究，如陈桥驿兵变、王小波李顺起义、宋初集权措施、宋夏关系等，也都提出了独到而深刻的认识，甚至得出了具有颠覆性的结论，产生了深远影响。但相较而言，先生有关西北地方的历史研究成果还居多数。先生在其所著的《宋史论略》一书中就曾说道："上世纪的五六十年代，国家教育领导者强调教材建设，故笔者忙于编教材、写讲义，撰写的论文不多"，"进入80年代，有了条件和机会外出调查，而笔者生长于西北,对西北这片土地怀有特别的感情,故着眼于北宋西北地区历史的调查与研究。举凡边疆的地理形势,吐蕃、党项等少数民族活动,宋与西夏的战和交往,沿边重要的城寨徒步踏勘等,算是下了一番功夫。"(《宋史论略·作者自序》,甘肃文化出版社 2001 年版,第 1 页)先生研究视角的转向既彰显了他对桑梓之地的情深意切,也成就了先生在史学研究领域的独特风格和卓越贡献。胡小鹏师兄早在 1991 年对先生治学的成就和风格就有过总结:"概括起来就是:(1)重史实,讲证据,主张写历史必须是《左传》《史记》式的写法,不能像《公羊春秋》那样空言解经,反对空谈理论,没有根据地乱摆观点。(2)重史德,讲真话,坚持正确观点。(3)重调查研究,主张行万里路,读万卷书,反对闭门造车。先生晚年致力于西北史地研究,以花甲之年跑遍了甘肃。他的关于甘肃境内秦汉长城研究的几篇论文,都是在实地踏勘掌握第一手资料的基础上完成的,古今相符,文献记载与实地踏勘一致,十分可靠。"(《陈守忠教授与西北史地研究》,《社科纵横》1991 年第 3 期)这一概括无疑是中肯和准确的。先生一生虽非著述等身,但每一项成果都可呈现出先生的史学功底和知识度,尤其利用史籍考证与史迹、遗迹相结合的研究方法所得出结论,都是经得起推敲和检验的。小鹏师兄说得好:"在宋史研究成绩不俗的同时,能如此专注地写出高质量的地方志文章,除了其本身具备的史学素养外,无疑还归因于他那'亡史之罪,甚于亡国'的强烈的历史责任感。"(《西北史地研究的新成果——〈河陇史地考述〉评介》,《社科纵横》1994 年第 6 期)记得刚入学时,先生结合历史事件总是强调在夯实专业知识的基础上,要提升善于发现问题和解决问题的能力,不能简单地人云亦云,要运用恰当的研究方法,真实可靠的史料,还原历史的真相,总结历史的得失。先生的谆谆教诲至今萦绕于耳。

  三年的耳提面命、口传心授使本是愚钝的我在专业领域有所开悟。毕业以后,工作单位和工作岗位以及专业方向虽几经调整,但在学术研究上不敢忘却先生的教诲和嘱托,亦始终秉持先生的治学风骨和品格。至此我才真正理解了先生曾经对我们所说的"吾道东矣"的真谛。人生不朽,在于精神永昭。师恩如山,唯将先生的人格品质、治学精神赓续传承且发扬光大,当可告慰先生在天之灵!

2020 年 10 月 26 日于河北师范大学

陇上学人与河陇史地研究

西北师范大学历史文化学院 刘再聪

1921年,陈守忠先生出生于甘肃省通渭县,是地道的陇人。通渭县属陇中地区,虽以"苦瘠甲天下"闻名,然耕读治家之风颇盛。陈先生自小有远志,1946—1950年求学于国立西北师范学院。毕业后留校任教,倾心于河陇之学。中年以后注重古迹调查,崇文献与调查所得互证,治学门径有开风气之势。2019年,陈先生仙逝。现应陈先生弟子李华瑞老师之约,就我了解的陈先生之为人与治学粗书成篇,以志纪念。

一 仁者寿也——陈先生为人

1994年,我第二次踏进西北师范大学的校门,开始攻读硕士学位。专业是中国古代史,研究方向是历史文献学(含敦煌学),具体培养单位是敦煌学研究所。陈守忠先生是敦煌学研究所的第一任所长,也就是创始人。

1984年,我从白银市平川区农村来到兰州,入西北师范大学(时名西北师范学院)学习。在上本科的四年中,对陈先生了解不多,点点滴滴的认识是通过李华瑞老师得到的。我原本以为,大学里的学生只有本科生。进大学校门后,才知道还有硕士研究生、博士研究生。当时历史系没有招收博士研究生,硕士研究生也很少,三个年级的硕士研究生总共不到10名。至于本科生,每年招收一个班,有五六十人,4个年级总共200—240人。此外,每年还招一个文档班,是两年制专科,两个年级有100人左右。这样,历史系在校全部学生不到350人。由于研究生人数很少,所以,在本科生眼里,硕士研究生并非我们的同学,而被视同为老师。进校不久,班级请正在读硕士学位的李华瑞老师来指导开展集体活动。通过李华瑞老师，我们知道了研究生有专门的指导老师，一般称为导师，李华瑞老师的导师就是陈守忠先生。大学生的老师已是才华横溢，研究生的导师自然就更了不得。对于陈先生，当时仅有这样的印象。升入大学四年级，又认识了陈先生指导的两位研究生：赵忠祥、朱红亮。由于他俩仅高我一级，再加上我本人也有考研究生的想法，故而与他们接触较多。相互间也不再以师生待之，而是以同学相处。通过他们，我对陈先生的治学也开始有所了解。略感可惜的是，四年间似乎未曾与陈先生有过谋面。

至1994年，我已经本科毕业六年了。由于上班单位就在西北师范大学附近，所以，常来校园会访师友，当再次返回校园读书时，环境仍很熟悉。但在政治、外语两门课堂上，明显感觉不适应。一则工作的六年中，一直站在讲台上。现在则要坐在下面，静静地听讲，实在难以坚持两个小时。二则六年时光已将我大学生的青春气息消磨殆尽，与满脸稚气的应届本科毕业生同坐一室，心理自然产生另类感。但是，来到敦煌学研究所里，与老师们交往则感觉一切自然。我是敦煌学研究所招收的第一位硕士研究生，在所里没有同学。每次来到所里，除了向几位导师请教问题，遇到的就是负责资料管理的陈秀实老师，陈老师是陈先生的小女儿。在借书、读书之余，总会与陈老师聊几句。闲聊中，时常谈起陈先生，对先生的了解也就逐渐增多了，陈先生的《河陇史地考述》就是在这时候购买的[①]，在书的扉页上记着："购于师大敦煌研究所。1994.12.27。"本来这本书是陈老师要送我的，可我执意要付书费7.20元。因为我实在不习惯接受赠书，此前也没有过这样的经历。实际上，当时我购买老师的书不止这一次，王震亚先生和赵荧先生合著的《敦煌残卷争讼文牒集释》也是付费购买的，在书的扉页上记着："1995.4.7，购于师大。"记得当时我专门上王震亚先生家里，掏钱买了两本。王老师很高兴地将书递给我，但坚决不要书费。每本书定价5.60元，我是扔了10元钱逃出王先生家门的。拿到《河陇史地考述》后，自然要认真地阅读。从书中，不但了解了陈先生的为学，也了解了陈先生的为人。该书的《序》出自兰州大学赵俪生先生之笔。赵先生专门谈及的"另一码事"，就是陈先生的"人道气息"。《河陇史地考述·序》：

---

① 陈守忠：《河陇史地考述》，兰州大学出版社1993年版。

底下，我准备说另一码事。50年代后期，我也像很多人一样入了"另册"。那个变化是新奇的。不仅仅像溥仪别人不再叫"皇上"而改叫"老溥"的那种感受，有远远超过的情节，像好端端教过，而且心爱过的学生，竟打起耳光来了，而且打得那么真诚，那么凶狠。当时，守忠同志一度是顶头负责管理我们这种人的人，但他与上述情节截然相反。记得一次国庆节前夕，他代表系总支对我们"训话"，却用了抱歉和悯人的语调说，由于上头有文件，你们暂时不能回家，明天从广播里只要听到天安门的讲话一讲完，你们就可以随便活动了。这是几句普普通通的话，但我从中嗅到了浓烈的人道气息。"仁者，人也"，这短短四个字的一句话，我是在听了守忠同志那一席话后更明白了的。

傅青主有两句诗，"由来高格调，发自好心肝"。我今年76岁了（守忠小我4岁，也72岁了），深深体会到这心肝之好与心肝之不好是大有区别的，和做学问也有关系。时时存心害人的，学问也不会真正做得好。仁民爱物的人，写出文章来，即便没有那么花哨，它是朴实的，其中藏着一颗好的心肝。

我研究顾炎武，不仅仅表彰他的"学"，更着重表彰他的"行"。今于守忠同志，亦然。是为序。

赵俪生

于兰州大学

1992年9月2日

在敦煌学研究所上硕士研究生的三年里，我似乎与陈先生也没有过正面接触。当时，敦煌学研究所在行政一号楼一层西头办公。早晨来所里，有时候会看见陈先生拿着一根短棍，在一号楼西门外空地上活动。棍子不长，大概一米多点。后来，敦煌学研究所搬到了二员食堂三楼办公，这里距陈先生居住的眷属楼17栋很近。早晨去所里，往往会碰见陈先生晨练后，背着双手，横握棍子，踱步回家。

1997年，我硕士研究生毕业后留校，敦煌学研究所又搬到了中编楼二楼西头办公。记得陈先生曾到所里来过一次，听武汉大学陈国灿先生做学术讲座。当时，所里办公地方有限，没有会议室。听报告的人也很少，不到10个人。陈国灿先生看到陈先生来，说很有压力，因为陈先生是前辈。陈国灿先生讲了自己在内蒙古工作以及跟随唐长孺先生整理吐鲁番文书等事。陈先生也做了发言，内容已无印象，只记得陈先生讲话轻声细语，娓娓道来，极力赞许陈国灿先生学有所成，言语间"人道气息"浓烈。

2000年秋，我去厦门大学攻读博士学位。等到返校时，敦煌学研究所已经与相关系所联合组建文学院。几个单位的资料合并在一起，各单位原有的资料管理员也集中办公，人数达五六人。虽然还是经常去资料室，但与陈秀实老师交谈的机会少了，对陈先生的近况了解得也就少了。只是相熟的同事间，每谈陈先生，言及年纪越来越高，但精神依然很好，成为历史学科老先生中年寿最高的寿星，大家感觉都很高兴。2012年，敦煌学研究所与历史学系组建历史文化学院。我好几次代表学院在新春到来之际，去拜望陈先生。陈先生虽年过九旬，但耳明眼亮，气色精神俱佳。每次见面，都能聊一会。有一次，陈先生谈到了榆中县青城镇的得名。陈先生讲，青城得名与宋代狄青没有关系，这个问题已经在几十年前就解决了。可是，现在还有人重复老调。陈先生提及自己的专著在家里还有几十本，希望送给院里的青年教师。

最后一次见陈先生，是2018年8月21日，陪同李华瑞老师去拜见陈先生。李华瑞老师在首都师范大学任职，已是长江学者、知名教授。同去的还有李华瑞老师的博士研究生杨芳，当时已经完成学业回师大历史文化学院任教。茶话间，陈先生谈到书法及电视新闻等。甚至笑问李华瑞老师：你们可能没有想到我能活到这么大岁数。未等我们答话，陈先生，自己先笑了起来，笑谈可掬。2019年冬天，陈先生仙逝，享年周岁98，虚岁100。可谓寿享天年！可谓仁者寿也！

二 关注乡梓——陈先生治学

陈先生治学，偏重西北史地。赵俪生先生在《河陇史地考述·序》中讲道：

> 中国历史长，地面大，所以历来治中国史的往往采用从时间上截取一段、从空间上截取一片的办法去研究，这样就有了断代史和地域史这两种史学品种。守忠同志一生研究中国史，在断代上重点研究

《宋史》，在地域上偏重西北史，或曰甘青宁史，也就是书名上所标的"河陇"的史事，因为这是他的乡土。过去常说的一句话，是"热爱祖国，也爱自己的乡土"。前辈学者张介侯、慕少堂、冯国瑞诸先生已经这么做了，守忠同志继他们之后又做了大量的工作，其中是深深蕴藏着对自己乡土的热爱的。

陈先生自己也认为如此。在《河陇史地考述·自序》中讲道："于是抓紧时机，注目于河陇山川古迹调查。利用敦煌文书等资料，撰成专论数十篇。可谓失之东隅，收之桑榆。今取其中能自信者20余篇，重新整理一过，分类编次，集辑成册，名之曰《河陇史地考述》，冀其名副其实也。"

我在《敦煌学百年教学史》[①]中对陈先生治学有所介绍。主要讲了两点，一是组织翻译《中国古代籍账研究》。关于《中国古代籍账研究》的翻译情况，《敦煌学百年教学史》总结如下：

在学术报告之外，西北师范大学对外学术交流的另一个方面就是翻译日本敦煌学家池田温的名著《中国古代籍账研究》。敦煌资料的分散严重制约了敦煌学的发展，20世纪50、60、70年代，英国、中国、法国陆续将馆藏敦煌文献拍摄成缩微胶卷并相互交流。中国科学院历史研究所据此编辑出版《敦煌资料》[②]，极大地推进了敦煌学研究范围的扩大和研究程度的深入。但由于未能查阅原件和广泛吸收国外研究成果，存在不少错误。《中国古代籍账研究》虽则在《敦煌资料》的启发下编纂而成，但由于作者能至英、法、中、俄亲查原卷，因而其中的文书录文成为最佳版本。[③] 1979年，《中国古代籍账研究》在日本出版后，东京大学东洋文化研究所寄赠西北师范大学历史系一本。收到书稿后，龚泽铣先生即着手翻译。1979年，陈守忠先生致函池田温先生谈道："我系研究隋唐史的同志，苦于唐代籍账材料之缺乏，正托人在北京图书馆拍制胶卷，而恰在此时，贵所这部巨著寄到，真可谓雪中送炭，我们非常高兴，至于池田先生论述，我们正着

---

① 刘再聪：《敦煌学百年教学史》，《丝绸之路》2012年第18、20、22期。
② 中国科学院历史研究所资料室编：《敦煌资料》（第一辑），中华书局1961年版。
③ 宋家钰：《回忆·思考·期待——从〈敦煌古文献〉、〈英藏敦煌文献〉的编辑出版谈起》，刘进宝主编《百年敦煌学》，甘肃人民出版社2009年版，第159页。

手翻译。"池田温对《中国古代籍账研究》能在中国翻译出版"极感欣慰"①。该书的《研究》部分译稿完成于 1982 年，期间历时三年，1984 年由中华书局出版。出版过程之快，可证当时中国敦煌学界对敦煌资料渴求欲望之强烈。《中国古代籍账研究》是池田温研究敦煌学的扛鼎之作，被寄赠的中国学术研究机构不止一家。传入中国后，成为 80 年代初期大学课堂上敦煌学者"经常捧着"的一本书。② 西北师范大学虽偏居西北，然能慧眼独具，及时组织翻译出版，嘉惠士林，以襄中国敦煌学研究，可谓功德不小。

《中国古代籍账研究》的著者是日本敦煌学家池田温，该书出版后，由东京大学东洋文化研究所寄赠甘肃师范大学历史系一本。收到赠书后，历史系龚泽铣先生立即着手翻译。除《研究》部分外，《中国古代籍研究》还有附录。但附录全部为汉文，故而没有随译文出版。因此，我们见到的龚泽铣译本是一本 32 开的书。龚先生曾经留学东京大学，池田温对龚先生翻译该书感到非常满意，且认为"东京大学与西北师范学院的因缘原属不浅"。对于陈先生，池田温也是极为感激："今当译书完成之际，译者龚先生固不待言，对于曾经给予大力协助的陈守忠先生和西北师范学院历史系诸位，以及为实现译书的刊行予以好意照顾的东大学当局和东洋文化研究所中根千枝与大野盛熊新旧两所长，亦一并特表感谢。"后来，中华书局又重新出版该书，依然是龚先生的译本。③ 只不过将《研究》部分和《附录》部分一起出版，书的字数也翻了一倍，看起来更有分量，也更加便于阅读。

二是"领导并参与《甘肃史稿》一书的编写"，并最终促成《甘肃古代史》出版。1959 年，甘肃师范大学历史系开始编写甘肃史。恰在此时，兰州大学历史系被合并于甘肃师大历史系，于是教师骤增一倍。历史系先后调派 36 位教师和毕业班的 50 多名学生参与此项工作。后来经过修改，定名为《甘肃史稿》，1964 年由甘肃师大印刷厂铅印，内部发行。1981

---

① ［日］池田温：《中国古代籍账研究》，龚泽铣译，中华书局 1984 年版。
② 荣新江：《中国敦煌学研究与国际视野》，《历史研究》2005 年第 4 期。
③ ［日］池田温：《中国古代籍账研究》，龚泽铣译，中华书局 2007 年版。

年，历史系决定重新改写甘肃史，分作古代、近现代两部。① 改写的主要表现在于着意突出甘肃的特点：甘肃有灿烂的远古文化。甘肃是一个多民族的省份，甘肃是古代中西交通的要道。② 关于陈先生的贡献，《敦煌学百年教学史》撰述如下：

  陈守忠先生是西北师范大学的本校毕业生，一直在历史系从事唐宋史的教学和科研，非常注重甘肃历史及实地考察。1956 年，陈先生《对洪毅然先生〈敦煌壁画的人民性与现实主义试论〉一文的商榷》一文探讨了敦煌壁画的人民性等理论问题。③ 1958 年，陈先生考察麦积山后创作有《天水麦积山》一文，后收入《甘肃史稿》。1959 年，陈先生发表《甘肃的石窟艺术》一文，重点研究莫高窟等石窟艺术。④《甘肃史稿》中有关敦煌历史和艺术的章节就出于陈先生之笔。第二章《从汉到唐河、陇地区的封建化及其发展和各族人民的反侵略反压迫斗争》在传世文献的基础上，结合《居延汉简释文》《沙州图经》等资料系统描述了这一时期河陇地区的历史变化。该章第三节《北朝隋唐时期的河、陇和安史乱后的河、陇的沦落》专设"张议潮的沙州起义"一目，充分利用了《张议潮、张淮深变文》《张氏勋功德记》《阴处士修功德记》等敦煌资料。第四节《甘肃的石窟艺术》专设"敦煌莫高窟"一目，除了讲述莫高窟的地理环境、历史渊源及石窟结构外，又分塑像和壁画两个条目详细论述。引用资料有赵正之等《敦煌石室勘察报告》、常书鸿《敦煌壁画中的历代人民生活画》和金维诺《莫高窟的彩塑》等论著。⑤ 这应该是国内敦煌学内容"成章"进入历史教材之始。《甘肃史稿》的编写是这一时期西北师范大学敦煌学教学成就的集中体现。

编写《甘肃史稿》时，主编由金宝祥先生（古代史部分）、刘雄祥先

---

① 郭厚安、陈守忠主编：《甘肃古代史》，兰州大学出版社 1989 年版；丁焕章主编：《甘肃近现代史》，兰州大学出版社 1989 年版。
② 郭厚安、陈守忠主编：《甘肃古代史》，兰州大学出版社 1989 年版，第 6 页。
③ 陈守忠：《对洪毅然先生〈敦煌壁画的人民性与现实主义试论〉一文的商榷》，《西北师范学院首次科学讨论会论文》，西北师范学院编印，1956 年 7 月。
④ 陈守忠：《甘肃的石窟艺术》，《历史教学与研究》1959 年第 4 期。
⑤ 三文分别见《文物参考资料》1955 年第 2 期、1956 年第 2 期、1956 年第 2 期。

生（近现代史部分）担任，陈先生是编写者之一。《甘肃古代史》出版时，金先生位列顾问。郭厚安先生、陈守忠先生荣膺主编，也是撰稿人。目前看来，《甘肃史稿》《甘肃古代史》《甘肃近现代史》是"甘肃通史类著述的发轫之作"[1]。随后的《甘肃通史》《西北通史》《河西通史》《庆阳通史》《天水通史》等均受其影响。[2] 其对甘肃历史特点的认识，至今依然具有指导意义。

《中国古代籍账研究》《甘肃史稿》《甘肃古代史》虽立意高远，但所论都以河陇史事为主，由此可证陈先生治学取向。

---

[1] 周德祥：《写在〈甘肃通史〉出版之际》，刘光华主编，武沐著《甘肃通史·明清卷》，甘肃人民出版社2009年版，第1页。

[2] 刘光华主编：《甘肃通史》，甘肃人民出版社2009年版。其中《当代卷》于2013年由甘肃人民出版社出版。谷苞主编：《西北通史》，兰州大学出版社2005年版。高荣主编：《河西通史》，天津古籍出版社2011年版。张文先总主编：《庆阳通史》，商务印书馆2011年版。王光庆主编：《天水通史》，中华书局2014年版。

通鉴纪事本末

上海师范大学古籍研究所　顾吉辰

一

《通鉴纪事本末》的作者袁枢（1131—1205），字机仲，南宋建安（今福建建瓯）人。是一位开创纪事本末体的著名史学家。袁枢自幼好学强记，曾以《修身为弓赋》试国子监，得到周必大、刘拱等人的器重。南宋孝宗隆兴年间（1163—1164），试礼部，词赋第一，调温州判官，教授兴化军。乾道七年（1171），为太学学录，曾三次上疏孝宗，要朝廷广开言路，"以弄忠孝之气"；规划抗金，以恢复中原故地；端正时风，反对虚诞荣利邪风。因开罪于当时权相重臣，乾道九年（1173），出为严州教授。他平时喜读司马光的《资治通鉴》，但"苦其浩博"。《通鉴纪事本末》的编纂工作，就是他在严州教授任上完成的。淳熙三年（1176），初刊于严州郡学。不久，他以太宗正簿召回临安。迁太府丞，时赵宋统治集团内部相互倾轧、私营党朋、政治腐败、百姓疲敝，他即向孝宗奏言，指出："人主有偏党之心，则臣下有朋党之患。"竭力规劝孝宗不要"猜疑大臣，亲信左右"[①]，锐意北伐，恢复中原。时有人主张制定宗室应举锁试之额，减少臣僚荐举，制定文武任子，严格特奏等级，展延郊禋之岁，延长科举之期。对此，袁枢认为这是一种"从窄之论"，不利于当时人才的使用，不利于君主治国安邦，竭力抗疏进谏，表现了他的为人正直，对政治腐败、朋党互争、压制人才等丑恶社会现象的不满。作为一个史学家，他不图私利，为人正派，继承了古代史学家公正的优良传统。当他兼国史院编

---

① 《宋史》卷389《袁枢传》，中华书局1977年版，第11935页。

修官，分配负责撰修《宋史》列传时，北宋哲宗时的"奸相"章惇的子孙，以同乡关系之情请他对编写的章惇传加以"文饰"，他听到就勃然大怒地说："子厚为相，负国欺君。吾为史官，书法不隐，宁负乡人，不可负后世天下公议！"当时宰相赵雄"总史事"，听到后即称赞他"无愧古良史"。①

袁枢虽是封建时代地主阶级士大夫中的一员，但他具有正义感，关心百姓疾苦，而且也是当时的爱国主义者。当他权工部郎官，累迁吏部郎官时，地处前线的两淮地区适逢大旱，他受命巡视真、扬、庐、和四郡，却发现两淮前线，兵虚城空，防备薄弱，朝廷"今徒知备江，不知保淮，置重兵于江南，委空城于淮上，非所以戒不虞也"②。即使瓜洲建筑"新城"，他认为也是"专为退保"而筑，并非出于抗金斗争的真正需要，难怪金国使者"过而指议，淮人闻而叹嗟"③。当他巡视回到临安后，就向孝宗提出了旨在保护两淮、抵抗金兵的"两淮坚固则长江可守"的策论。迁军器少监，除提举江东常平茶盐，改知处州，赴阙奏事。袁枢又向孝宗上疏言事，抨击朋党宗派的危害，指出人主广开言路的重要性。他说："朋党相附则大臣之权重，言路壅塞则人主之势孤。"他又说："威权在下则主势弱，故大臣逐台谏以蔽人主之聪明；威权在上则主势强，故大臣结台谏以遏天下之公议。今朋党之旧尚在，台谏之官未正纪纲，言路将复荆榛矣。"④袁枢这番奏言，明显是想恢复和树立起祖宗"不罪言者"的家法，提高台谏官的地位，使他们随时随事，都可以弹劾结党营私之人，皇帝可以高高在上，总揽其成，进一步巩固赵宋政权的统治。除吏部员外郎，迁大理少卿。他秉公执法，敢于跟贪官污吏做坚决斗争。通州民高氏以产业事下大理，殿中侍御史冷世光徇私舞弊，收受贿赂，袁枢不怕冷世光的打击迫害，据直向孝宗报告冷的劣迹，这一举动，使朝廷内外，"人为危之"，非常替他担心。然而正义终于战胜邪恶，冷世光最终受到孝宗的罢黜处置。"以朝臣劾御史，实自枢始。"⑤ 袁枢在有宋一代，开创了朝臣弹劾御史的先例。为此，孝宗手诏权工部侍郎，仍兼国子祭酒。后因论事得罪，贬两秩。光宗即位，提举太平兴国宫、知常德府。宁宗即位，擢右文

---

① 《宋史》卷389《袁枢传》，第11935页。
② 《宋史》卷389《袁枢传》，第11935—11936页。
③ 《宋史》卷389《袁枢传》，第11936页。
④ 《宋史》卷389《袁枢传》，第11936页。
⑤ 《宋史》卷389《袁枢传》，第11936页。

殿修撰，知江陵府。江陵位置长江边上，每年遭受洪水泛滥之苦，农田淹没，住房倒塌，百姓深受其害。袁枢在知江陵府任上，十分关心人民疾苦，一方面迁徙他们于楚观，"以备不虞"，另一方面，"种木数万，以为捍蔽"，战胜了洪水"岁坏为巨浸，民无所托"之苦。袁枢的这些政绩，理所当然受到当地百姓的称颂。在"庆元党禁"的政治旋涡中，袁枢终于遭到权相韩侂胄的打击而遭贬逐，晚年闲居十多年，发愤著述，埋头于对儒家经典的钻研。《周易》是儒家重要经典之一。它通过八卦的形式，推测自然和社会的变化，比较接近于哲学。袁枢则全心研读，先后撰有《易传解义》、《辩异》以及《童子问》等著作，收藏在家。

袁枢早在青少年时期已有词赋之名。孝宗隆兴元年（1163）词赋第一。乾道九年（1173），他出任严州教授后，对历史进一步产生兴趣，开始研读司马光的《资治通鉴》。他在治《资治通鉴》时，经历了一个由浅入深的过程，绝不是"一日之积"。南宋著名学者吕祖谦这样评价他读《资治通鉴》的过程："玩绎参订，本之以经术，验之以世故，广之以四方贤士大夫之议论，而居部居条流，较然易见。"[1]《资治通鉴》是为封建统治者编写的历史教科书，其主要目的在于为帝王提供统治术。从北宋神宗开始，一直成为经筵讲读中的主要课程。"资治"二字，便是司马光这本书的概括。换句话说，它就是通过具体史实的陈述，表现历史上的治乱兴衰，使帝王从中总结经验教训，从而为巩固和加强现实统治提供历史借鉴。但《资治通鉴》记叙只能"事以年隔，年以事析"，存在体例方面的缺点，不能很好地满足封建统治者的要求，再加上《资治通鉴》篇幅浩大，皇帝"每进读不过二三板而已"[2]，难以使赵宋统治者及早弄清一件历史事件的来龙去脉，从而找出成败得失以为现实的借鉴。袁枢面对这种现实及时抓住上述矛盾，本着司马光编撰《资治通鉴》之意，"穷探治乱之迹，上助圣明之鉴"，"叙国家之盛衰，著生民之休戚，使观者自择其善恶得失以为劝戒"，即按"司马光之微旨"，全面拆编《资治通鉴》，大量撷取《资治通鉴》中239个重大的政治、军事事件，以"事"为经，把它们更集中、更突出地编排起来，使一个个历时多年的政治、军事事件，分门别类，按事件

---

[1] （宋）吕祖谦：《东莱集》卷7《书袁机仲录通鉴纪事本末后》，黄灵庚、吴战垒主编：《吕祖谦全集》（1），浙江古籍出版社2008年版，第115页。

[2] （宋）孙觌：《鸿庆居士集》卷32《读唐鉴》，文渊阁《四库全书》，第1135册，第320—321页。

的首尾始末，连缀一气，独自成篇，使之系统化、故事化；同时又根据一定的"书法"，在不擅自增加一个字的前提下，在事件选立和题目定名之间，显示出鲜明的政治倾向、作者意旨。如全书标题，使用各式褒贬词，醒目列出：诸如秦并六国、匈奴和亲、汉通西域、王莽篡权、宦官亡汉、黄巾之乱、曹操篡汉、诸葛亮出师、炀帝亡隋、贞观君臣论治、安史之乱、藩镇连兵、两税之弊、契丹灭晋等，无疑可以明确和深化《资治通鉴》的主题，有资于治道，使主人便于从中吸取历史的经验教训。

袁枢敢于面对政治现实，正视历史事实，认定编写历史，既然在于"穷探治乱之迹，上助圣明之鉴"，不能不详细记载历代的政治斗争和阶级斗争的情况。因此，他在编纂《通鉴纪事本末》一书时，跟司马光一样，始终恪守"专取关国家兴衰，系生民休戚，善可为法，恶可为戒者"①，以供君主治国安邦借鉴这样一个原则，抛弃为了麻醉人民，保持王朝长治久安，利用阴阳灾异之说，宣扬天命论神学史观的这一编写史书的手法。他知道利用阴阳五行、借助神鬼妖怪故事，对巩固赵宋封建王朝的统治决无好处，因此他在编立标题，抄量史料时，对于灾异、符瑞、图谶、占卜、鬼怪等绝少加以采撷，即使稍有涉及，也是作为起警戒作用而引用的。这种反对天命、重视社会现实的史观，在当时无疑是进步的。袁枢跟司马光一样，他认为要探讨历代治乱，对历代农民起义必然要做比较详细的反映；使最高统治者看到，农民起义大多由官逼民反，压迫无度所致，要探讨历史治乱，对统治阶级内部种种不可调和的矛盾和斗争也必然要做比较详细的反映，使统治阶级的帝王看到，历代一些王朝的更替就出于封建统治阶级内部互相争权夺利、权力再分配的直接结果。为了提醒统治者不再蹈前人覆辙，对于历史上统治阶级的罪恶行径，特别是对封建君主的荒淫无耻，都做了一定的揭露和鞭笞，对最高统治者的专横独断、壅塞言路的做法，都做了抨击和谴责。袁枢与司马光一样，清楚地意识到，无数历史事实说明，国祚长短，皇位得失，王朝兴衰，都不是上天之命决定的，完全在于统治阶级的人为。袁枢在《通鉴纪事本末》卷3《武帝惑神怪》中抄录了"臣光曰"，批评了汉武帝"穷奢极欲，繁刑重敛，内侈宫室，外事四夷，信惑神怪，巡游无度，使百姓疲弊，起为盗贼"。可是，在他看来，汉武帝毕竟与秦始皇还有差别，"秦以之亡，汉以之兴者，孝武能遵先王之道，知所统守，受忠直之言，恶人欺

---

① （宋）司马光：《资治通鉴·进资治通鉴表》，中华书局1956年版，第9739页。

蔽，好贤不倦，诛赏严明，晚而改过，顾托得人，此其所以有亡秦之失而免秦之祸乎"！并非天意，实在人为。所以袁枢在他的《通鉴纪事本末》中，跟《资治通鉴》一样，用大量生动的历史事实来说明历代治乱兴衰在于修人事而不在于天命，重社会现实生活而不在鬼神妖魔。这不仅说明袁枢跟司马光相同，他具有超人的史识，而且有着远大的政治眼光，又有一定的胆量，敢于对历代发生的政治斗争和阶级斗争如实加以揭示。不管是秦皇、汉武、唐宗等著名君主，只要他们做了丑事，也决不放过，一概记入史书。袁枢认识到，宣扬神鬼怪异的天命论，实际上完全是欺人之谈，对于一国之主的皇帝是没有什么好处的。

二

袁枢编纂成的《通鉴纪事本末》，其价值在于以下三个方面。

首先，它为封建统治者提供了安邦治国的药方。众所周知，宋高宗赵构和秦桧签订了对金的卖国条约之后，把五十万匹两的岁币负担加在南宋广大人民的身上，而所谓"经总制钱"和"月桩"[①]等还是照旧征收不误。在此之外，秦桧又"密谕诸路暗增民税七八"[②]。各郡县则把民户所有的耕牛、水车、舟船、农具等都"估为家力"，依其数目的多少，摊派各种苛捐杂税以及差徭。[③]再加上土地兼并之祸从南宋初年以来就已在猛烈进行，其后也一直不曾得到缓和。这就使得南宋境内的阶级斗争十分尖锐激烈，农民的反抗斗争，此起彼伏。宋孝宗赵昚统治时期（1163—1189），在南宋整个时代算是较好的一个阶段。然而，政府的横征暴敛和官僚豪绅对土地的兼并等情况并无改变，因而，农民起义时有发生。自乾道至淳熙时期，湖南郴州发生了李金领导的农民起义。[④]由于南宋政府又用和籴名

---

① （宋）熊克：《中兴小纪》卷33，绍兴十七年九月乙丑，文渊阁《四库全书》，第313册，第1122页。
② （元）马端临：《文献通考》卷5《田赋考五》，中华书局2011年版，第117页。
③ （宋）李心传：《建炎以来系年要录》卷163，绍兴二十二年五月癸卯，上海古籍出版社2018年版，第2817页。
④ （清）徐松辑：《宋会要辑稿》兵13之24，上海古籍出版社2014年版，第8863页；（宋）朱熹：《晦庵先生朱文公文集》卷88《观文殿学士刘公神道碑》，朱杰人、严佐之、刘永翔主编：《朱子全书》（24），上海古籍出版社、安徽教育出版社2002年版，第4119页；（宋）李心传：《建炎以来朝野杂记》甲集卷15《市舶司本息》，中华书局2006年版，第330页。

义向民间大量搜括粮米，淳熙六年（1179），在湖南境内又逼起了陈峒领导的起义。在同一年，由于赋敛过于苛重，在广西境内也爆发了李楫（一作李接）领导的起义，声势浩大，所向披靡，各地人民都"翕然从之"①。以孝宗为首的南宋统治集团，对当时的民族矛盾、民族斗争等事并不真正关心，相反把全部注意力都集中在如何掠夺人民的财富上面。一些官僚互相勾结，拉帮结派，招权纳贿。他们所任用的州县官吏，都是通过行贿而得到官职的，到任之后便都"争自为盗"，像豺狼一样贪残苛刻。金银珠玉，田园宅第，都是他们争相掠夺的对象。②

针对这一自南宋高宗、孝宗以来，内外矛盾急剧发展的形势，赵宋统治集团和一般士大夫日益深刻地感觉到，已经不能亦不可能照旧生活下去和统治下去了。巩固和怎样巩固赵宋地主阶级的专政，便是他们最关心的课题。但是，由于他们在地主阶级内所处地位的某些差别，由于他们在对当前总的形势认识上的某些差别，因而在这个课题的面前，他们的行动和言论，就有着各自独特的面貌和做法。袁枢这位当时仅做严州教授的小官，由于社会地位的决定，他不可能像范仲淹、王安石等人那样进行一番统治方面的改革，他只是通过阅读和抄录司马光《资治通鉴》一书，抓住《资治通鉴》这部为封建帝王提供"南面术"的办法，想扭转当时"夷狄骄盛、'寇盗'横炽"的严重局面，稳定赵宋封建专制主义的统治。然而，《资治通鉴》虽以"资治"为目的，但其体例却影响了这个目的的充分实现。同时，由于南宋社会经济的进一步发展，实行中央集权专制统治，客观上又促使宋代统治者注意从政治、军事等角度总结前代五朝的统治经验，而年事分隔的《资治通鉴》，却不能很好地满足赵宋统治者的这个愿望。袁枢面对这种互相矛盾的现实，从适应封建统治出发，为内外交困和病入膏肓的赵宋封建政权寻找治病药方，他毅然抓住一个"事"字，将《资治通鉴》中分散记述的历代大事归纳起来，每事各详起讫，自为标题，每篇各编年月，自为首尾，明确和深化了《资治通鉴》"资治"的主题，作《通鉴纪事本末》更能有资于治，更能服务于封建地主阶级的统治。正因为袁氏之书是医治病入膏肓的南宋政权的一帖药方，所以淳熙二年

---

① （宋）黎靖德编，王星贤点校：《朱子语类》卷133《本朝盗贼》，中华书局1986年版，第3187页；《历代名臣议》卷319《弭盗门》所载蔡戡奏议。

② （宋）真德秀：《西山先生真文忠公文集》卷13《召除户书内引札子一》，舒大刚、四川大学古籍整理研究所主编《宋集珍本丛刊》（76），线装书局2004年版，第24页。

(1175)印制的严州初刊本刚一问世,立即引起南宋当局的高度重视,得到从皇帝到一般读书人的赞许。参知政事龚茂良得到这个刊本后,以其特有的政治敏锐性,认定袁枢的《通鉴纪事本末》"有补治道",于是将它上献孝宗。孝宗看过后,就命严州摹印十部,分赐太子和江上诸帅,并嘱咐他们要认真阅读,说:"治道尽在是矣。"[①] 著名学者杨万里则进一步将此书奉为治理国家、安定政局的一帖药方。他在《通鉴纪事本末序》中说:"由周秦以来,曰诸侯,曰大盗,曰女主,曰外戚,曰宦官,曰权臣,曰夷狄,曰藩镇,国之病不一矣,而其源不一哉!……得其病之源,则得其医之方矣,此书是也。有国者不可以无此书。"杨万里的这一评价,无疑是正确的。

其次,创立了以纪事为主的纪事本末体,实现了史书编纂体的突破。自先秦以来直到北宋,我国的史书编纂体例主要有两种,一是采用编年体,二是采用纪传体。这两种体例都产生过不朽的名著。前者如《春秋》《左传》《竹书纪年》《资治通鉴》《续资治通鉴长编》,后者如《史记》、《汉书》、《三国志》、新旧《唐书》等。但从表达历史过程的丰富性和展示历史发展的连续性这两点来考察,编年体与纪传体各有优劣长短之处。如《春秋》是保存至今的我国第一部编年体史书。其特点为订出"年、时、月、日"当作界标,给错综复杂的历史发展以明确的观念,但记载过于简略,故有"断烂朝报"之讥。《左传》发挥了《春秋》重视时间观念的长处,善于用简洁而生动的语言描绘历史人物和事件,克服了《春秋》记事那种标题式的毛病。即使如此,但从历史编纂学的角度看,编年体以年为经,突出以时间为中心的历史发展顺序。可是记事却前后分割,不相连贯,破坏了史事的完整性,一件完全的史事,被年、时、月、日分割成为许多碎片,往往造成"一事而隔越数卷,首尾难稽"的缺点。司马迁《史记》吸收和扬弃先秦史书编纂方法上的优劣,经过十分认真的考虑,创立了纪传体史书。其特点是以人物的活动为主体,抓住一个"人"字来展示历史丰富多彩的内容和它互相依存的各个方面。在史学史上建立了一座巍峨的丰碑,对后世产生了深远的影响。宋代史学家郑樵评论《史记》说:"使百代而下,史官不能易其法,学者不能舍其书,六经之后,唯有

---

① 《宋史》卷389《袁枢传》,第11934页。

此作。"① 清代赵翼也说："司马迁参酌古今，发凡起例，创为全史。……自此例一定，历代作史者遂不能出其范围。"② 班固采用司马迁这种体例，并加以适当改进，写成《汉书》，开创纪传体断代史的先声。所谓历代相仍的"正史"，均以《史记》《汉书》为楷模。但是，以人为主的纪传体也有它自身的不足之处。它虽是综合性的体例，有传、志、表等手段可以运用，对于时间、事类和人物等各方面都能够兼顾到，但也有各部分之间相互重复和脱节的缺点，结果也是"一事而复见数篇，宾主莫辨"。总之，编年体和纪传体都各有千秋，而检索不便则是它们共同的缺点。为了克服编年和纪传两种体例上的共同缺点，自魏晋以降，就有不少人去摸索和探讨，力求从两种体例之外，获得一种两全其美的新的编纂史书的体例。北魏时崔鸿等人编纂的《科录》，据说就是一部以事为纲的自上古到晋代的通史，可惜的是，这部书早已亡佚。直到南宋袁枢也因为面对294卷的《资治通鉴》"苦其浩博"，才自出新意，着手改编，为翻检阅读方便，他以事为中心，标立题目，按时间次序加以叙述。《资治通鉴》经过这样一改编，内容简明扼要多了。一部上起战国三家分晋、下至周世宗征淮南、包括1360多年历史的《资治通鉴》，改编成为包括239个专题、只有42卷的《通鉴纪事本末》。袁枢如此改编，避开了编年体分割杂陈、支离破碎，纪传体重见复出、前后矛盾的弊端，而创立了纵探事件始末的新规，从而结束了编年、纪传两体徘徊千年之久的局面，于史体发展史上取得了决定性的一次突破，即纪事本末体，从而与编年、纪传相鼎立，成为我国古代修史的三种基本体例之一。我国历史编纂学中的沉闷空气为之一扫，获得自宋以来历代学者的赞扬。南宋著名学者朱熹在袁书题跋中写道："《通鉴》对一事之首尾，或散出于数十百年之间，不相缀属，读者病之。"袁枢本末，"其部居门目，始终离合之间，又皆曲有微意"③。吕祖谦也说：本末"掇其体之大者，区别终始，使司马公之微旨自是可考。躬其难而遗学者（以）易"④。明代学者徐申在《元史纪事本末序》中则进一步评论

---

① （宋）郑樵：《通志·总序》，中华书局1987年版，第1页。
② （清）赵翼著，王树民校证：《廿二史札记校证》，中华书局1984年版，第3页。
③ （宋）朱熹：《晦庵先生朱文公文集》卷81《跋通鉴纪事本末》，朱杰人、严佐之、刘永翔主编：《朱子全书》（24），上海古籍出版社、安徽教育出版社2002年版，第3827页。
④ （宋）吕祖谦：《东莱集》卷7《书袁机仲国录通鉴纪事本末后》，黄灵庚、吴战垒主编《吕祖谦全集》（1），浙江古籍出版社2008年版，第114—115页。

说："史之体有二，左氏以编年而司马氏为纪传世家，编年重在事而纪传世家重在人，重在事者，其人多阔略而无征；重在人者，其事常散漫而难究。故袁氏之《通鉴纪事本末》出焉。其体兼用左、马，而取其事之最巨与其人之最著者，各以年汇次之，一举始而终了然若指掌，读史者尤便之。"尽管徐申的叙述有含混不明之处，但他对袁枢的此项创造发明工作的评价，却是十分高的。清代四库馆臣对袁枢也给予相当高的评述，说："枢所缀集，虽不出《通鉴》原文，而去取剪裁，义例极为精密，非《通鉴》《总类》诸书，割裂扯拽者可比。其后如陈邦瞻、谷应泰等递有沿仿，而包括条贯，不漏不冗，则皆出是书下焉。"[①] 近代学者梁启超对袁枢的创造性工作和纪事本末体在历史编纂学上的地位更有相当卓著的见解："枢书出后，明清两代踵作颇多，然谨严精辟，亦未能及枢者。"梁启超还说："论他体例，在纪传编年之外，以事的集团为本位，开了新史的路径，总不愧为新史的开山。""研究历史，必把一件件的史迹看为集团，才有下手的地方。把史看作集团研究，就是纪事本末体。……纪事本末体是历史的正宗方法。"[②] 由此可见，袁枢的《通鉴纪事本末》在我国历史编纂学领域的创新是不容抹杀的，它在史学史上的地位是值得肯定的。

再次，袁枢创立纪事本末史体后，后世继作踵起，进一步扩大了史著的表现能力。至明、清两代，接用袁枢创立的新的史学体裁而写成的史书不下几百种。其中有南宋杨仲良《皇宋通鉴长编纪事本末》150卷、明陈邦瞻《宋史纪事本末》26卷、清张鉴《西夏纪事本末》36卷、李有棠《辽史纪事本末》4卷、李铭汉《续资治通鉴纪事本末》110卷、谷应泰《明史纪事本末》80卷、倪在田《续明史纪事本末》18卷、杨陆荣《三藩纪事本末》4卷、杜文澜《江南北大营纪事本末》以及黄鸿寿《清史纪事本末》80卷。再加上《通鉴纪事本末》所记时限上推的清马骕《绎史》160卷、沈朝阳《通鉴前编纪事本末》100卷、宋章冲《春秋左氏传事类始末》5卷、马骕《左传事纬》12卷、高士奇《左传纪事本末》55卷，等等，从古贯串至今，纪事本末体独自形成一个体系。

[①] （清）纪昀总纂：《四库全书总目》卷49《史部五·纪事本末类》，河北人民出版社2000年版，第1339页。

[②] 梁启超：《中国历史研究法补编》，中华书局2016年版，第38页。

清乾隆帝"钦定《四库提要》于史部立纪事本末一门"①。这都归功于袁枢《通鉴纪事本末》开创的先河。《四库全书总目》卷49尊之为"前古之所未见也",亦可证明其地位的重要。显而易见,自上古至清代,历代都有纪事本末史体以记其事,聚而观之,我国数千年历史上的大事,特别是政治性的大事,大致搜罗无遗、荟萃眼底。由于这个以"事"为纲的本末群书系列的建立和发展,加上以"人"为纲的纪传群书系列,以"时"为纲的编年群书系列,以及以"制"为纲的典制群书系列,我国文明古国的历史面貌,便基本展现出来了,在世界文明史上占有十分重要的地位。

三

　　袁枢的《通鉴纪事本末》史学体裁,革新了中国历史编纂学、摆脱了旧传统形式的束缚,是中国历史编纂学的创新,是记录了我国古代中世纪历史编纂学的里程碑。然而对于袁枢创立的新的史学编纂体裁,究竟是出于作者有意识、有目的的创造活动,抑或是无意识的、偶然抄合而成,清人章学诚在他的《文史通义·书教》中说:"在袁初无其意,且其学亦未足与此,书亦不尽合于所称。"章氏对袁枢开创的纪事本末体,认为事先无所得,只是偶然获得,而且还贬低袁枢本人的学术成就。近代学者梁启超在他的《中国历史研究法》中,也持此种观点,说:"枢之著《通鉴纪事本末》……不过为读《通鉴》之方便法门,著此以代钞录云尔。虽为创作,实则无意识之创作。故其书不过为《通鉴》之一附庸。"其实,章、梁二人之语都是偏颇之论,他们没有从袁枢所处的社会历史环境去深入的考察。

　　首先,袁枢创立本末史体,与宋代社会经济的发达是分不开的。马克思主义告诉我们,社会物质生活资料的生产以及随之而来的产品交换,是"一切社会制度的基础",是"整个历史的基础"。②马克思在阐述历史的前后关系和发展时,明确指出:"人们不能自由选择自己的生产力——这是他们的全部历史的基础,因为任何生产力都是一种既得的力量,以往的活动的产物。"③列宁也说:"自然界中一切现象都有物质原因作基础,同

---

① 郑鹤声编:《宋袁机仲先生枢年谱》,王云海主编《新编中国名人年谱集成》(10),台湾商务印书馆1980年版,第147页。
② 《马克思恩格斯选集》第3卷,第424页;第1卷,第43页。
③ 《马克思恩格斯选集》第4卷,第321页。

样，人类社会的发展也是由物质力量即生产力的发展所决定的。"① 宋代社会各方面所出现的发展变化以及由此而形成的新特点，都是隋唐以来难以比拟的。宋代社会经济的发展，表现在农业、手工业、商业、户口以及封建国家剥削收入等方面都超越前代。"宋代生产力的顺利进展，很可能产生资本主义的萌芽。"② 由于宋代社会经济的空前发展，社会生活的内容也空前丰富和复杂，这就开阔了宋代史学家的眼界，开阔了他们的思路，使史学研究范围的扩大、新的史书体裁的创立，成为必要和可能。袁枢的《通鉴纪事本末》这一崭新史书体裁就在这种环境下应运而生了。

其次，南宋前期严峻的政治军事现实是促进袁枢从事和开创新史体的主观原因。南宋前期的最高统治集团，虽然对金采取逃避和妥协投降的政策，但对于国内的纳税户、广大的百姓，总是以大敌当前为借口，向他们进行残酷的压榨。南宋的统治阶级借用抗金的名义把民脂民膏胺削无余，实际却不肯认真把武装力量用在抗金斗争上，以致长江以南的不少地方遭受金人的蹂躏、屠杀惨祸。从前线溃败下来的散兵逃将，公开奸淫掳掠、打家劫舍。当时有人把这种情况概括描述为："金人未到，而溃散之兵先之。金人既去，而袭逐之师继至。官兵盗贼，劫掠一同，城市乡村，搜索殆遍。盗贼既退，疮痍未苏，官吏不务安集而更加刻剥。兵将所过纵暴，而唯事诛求。嗷嗷之声，比比皆是，民心散畔，不绝如丝。"③ 上述种种，说明南宋前期，尽管民族矛盾是主要矛盾，但阶级间的矛盾也日益严重。宋孝宗统治时期，政府的横征暴敛和官僚地主对土地的兼并等情况并无改变。再加上乾道七年（1171），孝宗任用佞臣张说，"委以签书枢密"，掌握着南宋军事大权，对金一味妥协，不去进行认真的抵抗。对此，袁枢极力净谏，认为不可委以张说重任，但孝宗"容纳而色不怡"，对袁枢的一番忠谏，始终听不进去。袁枢感到非常气愤，他责问当时的宰相虞允文说："么不耻与等伍邪？"到了乾道九年（1173），他即"求外补"，出为严州教授。这个时期，袁枢仿佛同司马光当年闲居洛阳一样，过着"却怜广文官舍冷，只与文字相周旋"④ 的生活。由于袁枢一向抱有"爱君忧国

---

① 《列宁选集》第1卷，第88页。
② 范文澜：《中国通史简编》（修订本），第一编，人民出版社1964年版，第19页。
③ （宋）李心传：《建炎以来系年要录》卷41，绍兴元年正月癸亥，第781页。
④ （宋）朱熹：《晦庵先生朱文公文集》卷4《读通鉴纪事本末用武夷唱和元韵寄机仲》，《朱子全书》（20），第367页。

之心，愤世疾邪之志"①，因而也像司马光一样，拿起史笔，把司马光的《资治通鉴》改编为《通鉴纪事本末》，来抒发自己的报国忧民之情。显然，当时现实政治的直接刺激，是袁枢编纂《通鉴纪事本末》一书的主观原因。

袁枢的《通鉴纪事本末》一书，并不是完美无缺的，也存在不少问题。众所周知，袁枢是以司马光的《资治通鉴》作为他的抄书之本，司马氏之书，向以取材宏富、记事详明、文字洗练而著称。但司马光是站在汉族封建统治者的政治立场来修史的，用意在于以史为鉴，求有资于"治道"，其最终目的乃是巩固封建政权的统治。从这个总目标出发，所以他所记载的历代王朝和邻国诸族的关系，就不能不是大国主义的态度；对于长期生息在中华大地上的兄弟民族的历史，不能没有歪曲和诬蔑，在他笔下描述反抗封建地主阶级统治的农民起义，农民战争，也不能不是站在敌对的立场。并且他记事的重点在"治乱之迹"，对于经济制度的因革，如均田、府兵等制度，记载很少，文学艺术和宗教等方面的记载则更少。袁枢把《资治通鉴》中一千余年间的大事，归纳成二百多个题目，全书层次清楚，每事来龙去脉清晰，易读便检，他对史料的整辑比勘之功是值得肯定的。但其书的内容全部抄撮司马光之书，虽是以事为纲，但又把同类材料抄在一起，这样《资治通鉴》的各种问题：如大国主义、大汉族主义、敌视农民起义的思想观点、宣扬封建正统思想和封建道德观念、英雄创造历史的唯心主义观点等，显得更为突出。加以编者在标题的用字上，是有意识地在表示褒贬，往往用"讨""平"之类的字，"某某之乱"的字样，对待农民起义，对待封建王朝与邻国之间的战争、与兄弟民族之间的战争，这就使得这本书维护封建地主阶级统治的政治色彩更加浓厚了。袁枢在照抄《资治通鉴》时，他不可能将司马光之书所有的史实囊括无遗，这样，《资治通鉴》详政治，略经济、文化、宗教等内容的毛病，在《通鉴纪事本末》中同样明显存在，因此，《通鉴纪事本末》也只是"记述'治乱兴衰'的表面现象，就连与'治乱'密切相关的某些制度和措施，也没有能（为君主治国安邦）提供多少资料"②。看来这样的批评也是公正的、符合事实的。

---

① （宋）真德秀：《西山先生真文忠公文集》卷36《跋袁侍郎机仲奏议》，《宋集珍本丛刊》（76），第358页。

② 顾士铸：《通鉴纪事本末·前记》，中华书局2015年版，第3页。

"嘉祐之治"
——一个叫不响的命题

四川师范大学历史文化与旅游学院　张邦炜

西汉的"文景之治"与唐代的"贞观之治"系我国帝制时代响当当的两大治世，人们素来津津乐道，少有异议。至于宋仁宗的"嘉祐之治"，从前鲜为人知，近期论著较多。有的论者将仁宗时期称为"大宋的巅峰""中古世界的黄金时代"，断言当时"天地一团和气、百姓安居乐业"，甚至以"盛世"相称。[1] 人们在惊讶之余，不免怀疑历史上是否果真有此一说。毋庸置疑，"嘉祐之治"一词在史籍中依稀可见，与"仁宗之治""仁祖之治""昭陵之治"系同义语。某些宋人认为："仁祖之治，前有庆历，后有嘉祐。"[2] 于是又称"庆历、嘉祐之治"或"至和、嘉祐之治"。庆历、至和、嘉祐均为宋仁宗年号，昭陵是其陵墓名。"嘉祐之治"一说始见于北宋中后期，仅畅行于南宋时期，此后始终未曾叫响。为何"嘉祐之治"叫而不响，本文拟略抒浅见。偏颇错讹之处，恳请批评纠正。

一　"至治"：被宋仁宗否决的谀辞

宋仁宗时期堪称"太平治世"吗？当时如此称颂者确实有之，但遭到多数士大夫反对，即使宋仁宗本人也难于认可。请看下面两件事。

其一，《宋史·五行志》载："庆历三年（1043）十二月，澧州（治今湖南澧县）献瑞木，有文曰'太平之道'。"[3] 时任谏官的欧阳修是个明

---

[1] 郭瑞祥：《宋仁宗和他的帝国精英》，现代出版社2019年版，封面、封底。
[2] 不著撰人：《群书会元截江网》卷4《法祖·结尾》，文渊阁《四库全书》本，台湾商务印书馆1983年版。
[3] （元）脱脱等：《宋史》卷65《五行志三·木》，中华书局1977年版，第1416页。

眼人，他即刻将此事判定为澧州知州冯载的献媚邀宠行径，赓即上疏，痛斥冯载"不识事体，便为祥瑞，以媚朝廷"。他说："前世号称太平者，须是四海晏然，万物得所。方今西羌叛逆，未平之患在前；北敌骄凌，藏伏之祸在后。一患未减，一患已萌。加以西则泸戎，南则湖岭，凡与边庭连接，无一处无事。而又内则百姓困敝，盗贼纵横。""四海骚然，万物失所，实未见太平之象。"在欧阳修看来，岂止"未见太平之象"，而且不见"太平之道"："臣视方今，但见其失，未见其得也。"简言之，"太平"二字无从谈起。宋仁宗采纳欧阳修的建议，断然拒绝冯载所献祥瑞，"诏诸祥瑞不许进献"①。

其二，《宋史·仁宗本纪》载：嘉祐四年（1059）"六月己巳，（宰臣富弼等率）群臣请加尊号，曰'大仁至治'，表五上，不许"。②富弼请加尊号，是遵照宋仁宗授意，复行从前故事。知谏院范师道、知制诰刘敞起而反对。刘敞尤其激烈，其主要理由是："今天下未可谓至治也！"仁宗回应刘敞，话语模棱两可："朕意亦谓当如此。"富弼"怃然"，做为难状，告知刘敞："乃是上意欲尔，不可止也。"刘敞不听劝告，"密奏三疏"③，连连直言。其《上仁宗乞固辞徽号》第一状称："今百姓多困，仓廪不实，风俗未清，贤否混淆，狱讼繁多，盗贼群辈，水旱继有。四夷虽粗定，然本以重赂厚利羁縻而服之，非畏威慕义者也，未可谓至治。"④仁宗终于认可刘敞谏言，谢绝新增"大仁至治"尊号。另有记载称，仁宗于宝元元年（1038）十一月"抑尊号"。他先引用唐穆宗之言："强我懿号，不若使我为有道之君；加我虚尊，不若处我于无过之地。"然后说："朕每爱斯言。"南宋史学家吕中评论道："仁宗以四夷未服而不敢言至治。"⑤照此看来，仁宗生前一再拒绝"至治"尊号，始终"不敢言至治"。在他死后的冗长谥号"体天法道极功全德神文圣武睿哲明孝皇帝"中，美妙辞藻虽多，但无"至治"二字。

由上述两事可见，其时士大夫勇于直言，宋仁宗开怀纳谏，实属可圈

---

① （宋）李焘：《续资治通鉴长编》卷145，庆历三年十二月，上海师范学院古籍整理研究室、华东师范大学古籍整理研究室点校，中华书局1985年版，第3516—3517页。
② （元）脱脱等：《宋史》卷12《仁宗本纪四》，第244页。
③ （宋）李焘：《续资治通鉴长编》卷189，嘉祐四年六月己巳，第4569页。
④ （宋）朱熹：《三朝名臣言行录》卷4之4《集贤学士刘公（敞）》，《四部丛刊》初编本。
⑤ （宋）吕中：《宋大事记讲义》卷12《仁宗皇帝》50《抑尊号》，张其凡、白晓霞整理，上海人民出版社2013年版，第240页。

可点。同样值得称道的是，仁宗不无自知之明。他不以明君英主自命，下诏公开承认自己治国能力有限，朝政多有失误："朕躬阙失，左右朋邪，中外险诈，州郡暴虐，法令非便民者。"他尚能正视严峻时局，谢绝粉饰太平："间者西陲御备，天下绎骚，趣募兵师，急调军食，虽常赋有增而经用不给。累岁于兹，公私匮乏。"①

二 危机：时人奏议中的严酷真相

宋仁宗之世的时局确实相当严峻，绝非"天地一团和气、百姓安居乐业"的"黄金时代"，而是问题成堆、危机四伏的多难之秋。众所周知，当时人才辈出。且看这批才俊如何述说他们的时代。对于当时的形势，欧阳修概述道："方今夷狄外强，公私内困，盗贼并起，蝗旱相仍。"对于当时的朝政，他很是不满："方今之弊，纪纲之坏非一日，政事之失非一端。"蔡襄、余靖忧心如焚，先惊呼："方今天下之势至危矣！"接着指出："夷狄骄暴，陵胁中国；盗贼纵横，惊劫州县；养兵至冗，择将不精；科配频繁，公私匮竭。内外之官，务为办事而少矜恤之心；天下之民，急于供亿而有流离之苦。治道至此，未闻救之之术。"并称："恩泽不及于下，此陛下之失也。"②韩琦所上奏疏要巧妙些："今陛下绍三圣之休烈，仁德远被，天下大定，民乐其生者八十余载矣。而臣窃观时事，谓可昼夜泣血，非直恸哭太息者，何哉？盖以西、北二虏，祸衅已成，而上下泰然，不知朝廷之将危，宗社之未安也。""天下大定，民乐其生"云云，显然是言不由衷的引子。"朝廷之将危，宗社之未安"等等，才是他要说的实情。包拯与韩琦相似，先恭维："陛下天纵宽仁，海纳谋议。"再直言："方今万姓饥馑，诸路流离，府库空虚，财力匮乏，官有数倍之滥，廪无二年之蓄，兵卒骄惰，夷狄盛强，即不幸继以凶年，加之外寇，则何人可以倚仗而枝梧哉？"③这类警世之言在当时士大夫的奏议中比比皆是，举不胜举。

---

① （宋）李焘：《续资治通鉴长编》卷163，庆历八年二月甲寅，第3922页。
② （宋）赵汝愚：《宋朝诸臣奏议》卷75《百官门·戒勒》、卷41《天道门·灾异五》、卷39《天道门·灾异三》，北京大学中国古代史研究中心校点整理，上海古籍出版社1999年版，第813、414、395—396页。
③ （宋）赵汝愚：《宋朝诸臣奏议》卷134《边防门·辽夏六》、卷148《总议门·总议四》，第1493、1689—1691页。

当时面临四大危机：一是边境危机，西、北两面楚歌；二是财政危机，"三冗"泛滥成灾；三是民生危机，贫民衣食不济；四是治安危机，社会动荡连绵。据何竹淇先生早年不完全统计，北宋的民变、兵变凡203起①，其中仁宗一朝57起②，比徽、钦两朝还多17起③，为北宋九朝之最。欧阳修不禁感叹："今盗贼一年多于一年，一火强于一火（伙），天下祸患，岂可不忧！"④ 至于民变、兵变的起因，除百姓困苦外，便是吏治败坏。宋仁宗下诏求直言："朕躬之阙遗，执事之阿枉，政教未臻于理，刑狱靡协于中，在位壅蔽之人，具官贪墨之吏。"⑤ 其中罪己之意显而易见。关于仁宗时期的危机，邓广铭、吴天墀先生等诸多前辈史家论述颇多⑥，早为人所熟知，不必多说。

　　正因为宋仁宗之世危机深重，后来才有宋神宗、王安石主持的熙丰变法。吕中指出："元昊所以敢于凭陵者，人皆以为宝元、康定积弱之故。"⑦《宋史·林广传》"论曰"：神宗"锐焉有为，积财练兵，志在刷耻"。⑧ 四库馆臣称："（王）安石之意，本以宋当积弱之后，欲济以富强。"⑨ 何谓"刷耻"，为仁宗挽回颜面之意也。在漆侠先生看来，仁宗之世不是"大宋的巅峰"，而是从"小康局面"跌落，陷入积贫积弱的困境。他说："积贫的形势在宋仁宗时期完全形成了。积弱的形势亦同样地在宋仁宗时期完全显现出来。"⑩

---

① 何竹淇：《两宋农民战争史料汇编》上编《北宋》第4卷《仁宗时代》，第1分册，第1—364页；上编《北宋·附存》，第2分册，第365—649页，中华书局1976年版。

② 何竹淇：《两宋农民战争史料汇编》上编第7、8、9卷《徽、钦时代》，第2分册第157—254页；上编《北宋·附存》，第2分册，第640—643页。

③ 何竹淇：《两宋农民战争史料汇编》第2册，中华书局1976年版，第381—635、647—649页。

④ （宋）欧阳修：《欧阳修全集》卷100《再论置兵御贼札子（庆历三年）》，李逸安点校，中华书局2001年版，第1538—1539页。

⑤ 李焘：《续资治通鉴长编》卷121，宝元元年正月丙午，第2851页。

⑥ 可参看邓广铭《辽宋夏金史讲义》第二章第二节《北宋中叶的社会矛盾》，《邓广铭全集》第6卷，河北教育出版社2005年版，第237—247页；吴天墀：《北宋庆历危机述论》，《吴天墀文史存稿（增订本）》，北京师范大学出版社2016年版，第74—101页。

⑦ （宋）吕中：《宋大事记讲义》卷12《仁宗皇帝》57《元昊（西夏）》，第248页。

⑧ （元）脱脱等：《宋史》卷334《林广传》"论曰"，第10739页。

⑨ （清）永瑢等：《四库全书总目》卷19《经部十九·礼类一·周礼新义》，中华书局1965年版，第149—150页。

⑩ 漆侠：《王安石变法（增订本）》，《漆侠全集》，河北大学出版社2008年版，第2卷，第13、21页。

需要说明的是，在同行印象中，我是个北宋"积贫积弱"论的反对者。其实，对于"积贫积弱"论，本人不是全盘否定，而是大体认同，稍有疑义而已。不错，我从前曾说："北宋弱而不贫。"其出发点无非是担心"积贫"一说被无限引申，误认为北宋社会生产不发达。其实当时社会经济相当繁荣，"足以同汉、唐两朝前后辉映、相互争妍"①。按照我的理解，所谓"贫"应当是指底层民众贫困，朝廷财政在某些时段相当困难。宋仁宗时期处于三司理财阶段，当时朝廷财政困难主要是就三司之财而言。被称为"天子私财"的内藏库则较宽裕。谏官孙甫指出："近岁诸路物帛，多入内库。"②《文献通考·市籴考》称："仁宗留意兵食，发内藏库金帛，以助籴者，前后不可胜数。"③ 据《宋史·仁宗本纪》记载，当时出内藏库财物助军需，赈灾荒，赐三司者达22次之多。这些记载表明内库之财并不困难，同时反证三司之财窘迫。从这个意义上称仁宗时期积贫，绝无不妥。如将"积贫积弱"改为"积弱不振"，或许更确当些。至于邓广铭先生为什么既力主宋代贫弱论，又力赞宋代造极说。宁可先生在《邓广铭〈辽宋夏金史讲义〉序》中有很好的阐释："这两种看法各有其事实依据，其实是着眼点不同，看待历史的角度有别。造极说更多的是从经济文化着眼，强调的是两宋经济繁荣，思想进步，科技发达，社会稳定。贫弱说，更多是从政治军事和对外关系着眼，强调的是财政紧张，军力孱弱，保守拖沓，因循苟且。"④ 近期有学者认为："'积贫积弱'与'造极之世'是宋朝历史的一体两面，既不应该过分贬低，也不需要过度美化。"⑤ 所言极是。

三　重塑：宋仁宗形象前后迥异

有学者新近提出一个值得探究的问题："赵祯（即宋仁宗）时代也被誉为'盛治'，是治世的楷模。一个显然并不完美的君主及其时代，为什

---

① 张邦炜：《北宋租佃关系的发展及其影响》，《西北师大学报》1980年第3期。
② （宋）李焘：《续资治通鉴长编》卷145，庆历三年，第3518页。
③ （元）马端临：《文献通考》卷21《市籴考二》，中华书局1986年版，第207页。
④ 邓广铭：《辽宋夏金史讲义》序，中华书局2013年版。
⑤ 朱永清：《"积贫积弱"抑或"造极之世"——民国以降两宋评价的嬗变与纠结》，《惠州学院学报》2019年第2期。

么却得到宋代士大夫众口一词的称赞？"① 愚以为，宋仁宗受到称赞多半不是在他生前，而是在他死后。仁宗其人其时，前后形象迥异，其身后形象分明是经过重塑的。下面仅以苏轼（1037—1101）、苏辙（1039—1112）兄弟作为例证。苏氏兄弟在仁宗晚年崭露头角，嘉祐二年（1057）同登进士，六年同策制举。他们是仁宗时期特别是嘉祐年间的亲历者、见证人。

苏辙策制举时，在宋仁宗近前"极言得失"："今海内穷困，生民愁苦。"他年少气盛胆量大，竟然直称仁宗是个"无事则不忧，有事则大惧"，且"好色于内"②的皇上。他指责仁宗："宫中贵姬，至以千（一作'十'）数，歌舞饮酒，优笑无度"，"宫中好赐，不为限制，所欲则给，不问有无"，并声讨达官："司会不敢争，大臣不敢谏。"这几乎是当面骂皇帝"好色"。难怪考官胡宿"以为不逊，力请黜之"。知制诰王安石认为此乃"右宰相（而）专攻人主"，"不肯撰词"。好在仁宗唯恐留下拒谏恶名，苏辙才勉强被置于第四等。外人怎知深宫事，人们难免怀疑苏辙所言系虚假信息。但《宋史·仁宗本纪》载："（宝元二年四月）乙丑，放宫女二百七十人。""（嘉祐四年六月）辛卯，放宫女二百十四人。秋七月丁未，放宫女二百三十六人。"③仅据此推算，仁宗盛时后宫人数当在千人以上。须知，"（宋）太祖时，宫人不满三百人，犹以为多"④。至于"贵姬千数"，显系夸张之词。苏辙登制科刚两年，仁宗便盖棺。苏辙此后在《龙川略志》中转而盛赞"仁宗性畏慎"，告诫宋哲宗："陛下诚以仁宗为法，天下之幸！"⑤在《龙川别志》中称颂"仁宗性宽厚"，"以至仁御物"，"恭俭仁恕"，并借他人之口颂扬道："仁宗在位岁久，德泽在人，人所信服。"⑥在苏辙的各种著述中，"仁宗仁圣，清心省事"⑦；"仁宗博求

---

① 吴钩：《宋仁宗为何被士大夫所称道》，《北京日报》2020年4月20日，第16版《理论周刊·读书》。
② （宋）苏辙：《苏辙集·栾城后集》卷12《颍滨遗老传上》，陈宏天、高秀芳点校，中华书局1990年版，第1014—1015页。
③ 《宋史》卷10《仁宗本纪二》，第205页；卷12《仁宗本纪四》，第244页。
④ （宋）司马光：《涑水记闻》卷1《太祖出宫人》，邓广铭、张希清点校，中华书局1989年版，第19页。
⑤ （宋）苏辙：《龙川略志》卷4《契丹来议和亲》、卷9《议除张茂则换内侍旧人》，俞宗宪点校，中华书局1982年版，第21、57页。
⑥ （宋）苏辙：《龙川别志》卷上、卷下，俞宗宪点校，中华书局1982年版，第78、87、98、91页。
⑦ （宋）苏辙：《苏辙集·栾城后集》卷15《叙·元祐会计录叙》，第1050页。

多士，以绥靖四方"；"仁祖优养正士，开受直言"；"仁祖敦睦九族，以和万邦"。① 这类赞语不一而足，并称："天下皆咏歌仁宗之圣!"② 在苏辙笔下，仁宗的形象可谓大翻转。

苏辙太尖刻，苏轼较温和。但苏轼在策制举时，对宋仁宗仍颇有微词。如他将当时的形势判定为："有治平之名，而无治平之实；有可忧之势，而无可忧之形。"指出："天下有二患，有立法之弊，有任人之失。"建议从长计议，力行改革："居今之世而欲纳天下于至治，非大有所矫拂于世俗，不可以有成也。何者？天下独患柔弱而不振，怠惰而不肃，苟且偷安而不知长久之计。"苏轼制举策，篇名为《进策五篇》或《策略五篇》。《历代名臣奏议·治道》将其误作熙宁四年（1071）权开封府推官时上。《经进东坡文集事略》收录时称："此系就制科时所上进卷。"③《进策五篇》可称为改革建议书，其中隐含批评仁宗较柔弱、欠果断之意。仁宗死后，苏轼后悔："臣尝逮事仁宗皇帝，其愚不足以测知圣德之所至。"④ 从此在其著述中对仁宗一片赞颂声："于皇仁宗，恭己无为，以天为心，以民为师"；"仁宗一代，盛德之事，入人至深，及物至广"；"当是之时，天人和同，上下欢心"⑤；"仁宗皇帝在位四十二年，搜揽天下豪杰，不可胜数"，"以致太平"；"仁宗在位之久，有同成、康，得士之盛，不减武、宣"。苏轼同乃弟一样，切盼宋哲宗"追复仁宗圣政，慰答民心"⑥。

苏轼、苏辙兄弟的前言后语迥然不同，不是业已就木的宋仁宗变了，而是苏氏兄弟变了。二苏之变同北宋中后期的政情之变关系极大。仁宗时士大夫阶层尚未公开分裂并固化为两大集团，熙宁年间形成新、旧两党。从此争斗不休，轮番辅政，政局多变。陈瓘在宋徽宗即位之初指出：

---

① （宋）苏辙：《苏辙集·栾城集》卷31《西掖告词·范纯仁三代·父》、卷27《西掖告词·刘挚右丞》、卷32《西掖告词·李玮三代·曾祖》，第540、464、548页。

② （宋）苏辙：《苏辙集·栾城后集》卷23《神道碑·欧阳文忠公神道碑》，第1134页。

③ （宋）苏轼撰，郎晔选注，庞石帚校订：《经进东坡文集事略》卷15《进策五篇》，文学古籍刊行社1957年版，第213、220、223、211页。

④ （宋）苏轼：《苏轼文集》卷27《辩试馆职策问札子二首》、卷11《仁宗皇帝御飞白》，孔凡礼点校，中华书局1986年版，第790、343页。

⑤ （宋）苏轼：《苏轼文集》卷20《仁宗皇帝御书颂》、卷35《缴进免五谷力胜税钱议札子》、卷27《辩试馆职策问札子二首》，第583、1101、790页。

⑥ （宋）苏轼：《苏轼文集》卷14《张文定公墓志铭》、卷38《制敕·韩维三代妻八首》、卷35《缴进免五谷力胜税钱议札子》，第444、1102、1085页。

"自熙宁以来，至今三十余年，天下之事已经四次更改，熙宁改治平，元丰改熙宁，元祐改神宗，绍圣改宣仁。"①"熙宁改治平"或当作"熙宁改嘉祐"，"元丰改熙宁"则系小改。此后又有建中改绍圣，崇宁改建中。"主嘉祐"抑或"主熙丰"，成为北宋中后期新、旧党争的焦点。新党以神宗及其熙丰变法为偶像，而仁宗及其嘉祐之治则是新党进行政争的法宝。所谓嘉祐之治在很大程度上系旧党所塑造。苏氏兄弟作为具有旧党倾向的士人也难免加入重塑仁宗形象、渲染嘉祐之治的行列。随着新、旧党争的激化，旧党重塑、渲染的力度加大。南宋晚期人编《群书会元截江网·法祖》称："《法仁宗五事》者有之（哲宗）；进《仁宗十事》者有之（高宗）。"② 编者敏锐地抓住了旧党在关键时刻重塑仁宗形象、渲染嘉祐之治的两件要事。下面说说这两件事，借以粗略展示旧党如何塑造嘉祐之治。

四　败北：旧党法宝失灵

先说"《法仁宗五事》"。这件事是指翰林学士兼侍讲范祖禹（1041—1098）元祐七年（1092）三月《上哲宗乞法仁宗五事》。范祖禹在宋哲宗时长期担任侍读、侍讲，他自述道："臣侍经筵八年，日望一日，岁望一岁，期陛下为令德之主，唯恐有纤毫之失，故不避讳拂圣意，数进苦切之言。"③ 苏轼称赞范祖禹"为今经筵讲官第一，言简而当，无一冗字，无一长语，义理明白，而成文粲然"④。范祖禹的学问与为人几乎无可挑剔，见解与主张亦多有可取之处。其政治愿景系仁宗之政，他反对调停新、旧两党，属旧党中人。旧党元老富弼晚年，"杜门罕与人接，待祖禹独厚，疾笃，召授以密疏，大抵论（王）安石误国及新法之害，言极愤切"。富弼亡故，"人皆以为不可奏，祖禹卒上之"⑤。

---

① （宋）陈瓘：《乞以四次改更前事为鉴》，曾枣庄、刘琳主编：《全宋文》卷2783《陈瓘二》，上海辞书出版社、安徽教育出版社2006年版，第129册，第45页。
② 不著撰人：《群书会元截江网》卷4《法祖·偶句》。
③ （宋）赵汝愚：《宋朝诸臣奏议》卷63《百官门·内侍下》，第701页。
④ （宋）朱熹：《三朝名臣言行录》卷13之1《内翰范公（祖禹）》，《四部丛刊》初编本。
⑤ （元）脱脱等：《宋史》卷337《范镇传附从孙祖禹传》，第10794页。

元祐年间，哲宗在位，宋英宗高皇后（谥号宣仁圣烈）以太皇太后身份垂帘，用旧党，行旧法，断然推倒熙丰变法。旧党人士欢呼："拯溺救焚，改弦易辙，天下凛凛庆历、嘉祐之治"①；"庶几嘉祐之风矣！"② 欢庆之余，忧心忡忡，唯恐高后病故，哲宗亲政，改元祐为熙丰。为避免熙丰变法重启，范祖禹尽心竭力，开导哲宗："陛下今日学与不学，系天下他日之治乱"；"今天下之大、生民之众系在陛下，陛下俭于上则百姓富于下，陛下奢于上则百姓贫于下"③。他为哲宗树立的榜样不是别人，正是仁宗。范祖禹在先朝"一祖五宗"中突出仁宗，宣称："唯是仁宗，在位最久，德泽深厚，结于天下，是以百姓思慕，终古不忘。"④ 在他的言辞中，"仁宗之政"近乎"祖宗之法"的代名词。他强调"法祖宗"，主旨在于"法仁宗"。

范祖禹为"专法仁宗"，频频上奏。其中最具代表性的奏疏有二，一是前举《法仁宗五事》："其事有五，畏天、爱民、奉宗庙、好学、听谏。仁宗能行此五者于天下，所以为仁也。"范祖禹此时列"畏天"为第一，强调："畏天者莫如仁宗。""圣人无一日而不事天，天无一日而不佑圣人。"这分明是针对王安石"天变不足畏"一说。二是元祐七年（1092）十二月《上哲宗乞专法仁宗》："陛下诚能上顺天意，下顺民心，专法仁宗，则垂拱无为，海内晏安，成、康之隆不难致也。"⑤ 美化仁宗，范祖禹操劳最勤，用力尤多。除奏疏外，他编著专书两种。一种是元祐八年（1093）正月进呈的《仁皇训典》。此书采集仁宗圣政327事，分为六卷，已佚，仅自序尚存。序云："祖宗以圣继圣，其治尚仁，而仁宗得其粹焉。""仁宗言为谟训，动为典则，实守成之规矩，致治之准绳。"⑥ 另一种是元祐五年（1090）八月奉上的《帝学》："八卷，集帝王学问及祖宗讲读故事，上起伏羲，下讫神宗。"⑦ 此书今存，其中仁宗事迹篇幅最大，达三

---

① （宋）林駉：《古今源流至论》续集卷5《宰相下》，文渊阁《四库全书》本。
② （宋）朱熹：《三朝名臣言行录》卷13之1《内翰范公（祖禹）》。
③ （宋）赵汝愚：《宋朝诸臣奏议》卷5《君道门·帝学上》、卷11《君道门·恭俭》，第47、99页。
④ （宋）赵汝愚：《宋朝诸臣奏议》卷12《君道门·法祖宗》，第109页。
⑤ （宋）赵汝愚：《宋朝诸臣奏议》卷12《君道门·法祖宗》、卷44《天道门·灾异八》、卷12《君道门·法祖宗》，第108、456、109页。
⑥ （宋）王应麟：《玉海》卷49《艺文·元祐仁皇训典》，江苏古籍出版社、上海书店1988年版，第939页。
⑦ （宋）王应麟：《玉海》卷26《帝学·元祐帝学》，第517页。

卷之多。范祖禹借进献《帝学》之机，歌颂仁宗："视天下皆吾赤子，仁宗皇帝之心可谓一矣，造次不违于仁。"劝诫哲宗："陛下欲法尧舜，唯法仁宗而已。法仁宗则可以至天德矣。"① 范祖禹或可称为重塑仁宗形象第一人。

高后去世前后是新、旧党争的关键时刻。"中外议论汹汹，人怀顾望，在位者畏惧，莫敢发言。"② 新党人士跃跃欲试，他们宣扬："神宗皇帝以天纵之才，大有为之志，其所设施，度越前古，盖有百世而不可改者矣。"③ 并密奏哲宗："神宗皇帝更法立制，以垂万世，乞赐讲求，以成继述之道。"④ 哲宗顿时成为两党争夺的对象。范祖禹警惕性极强，在这千钧一发之际，他再三劝戒哲宗辨邪正、明是非："若皇帝陛下圣心晓然，明于邪正、是非，他日众说不能惑，小人不能进，则万事定矣。""天下治乱，未有不由君子、小人。君子在位，必无恶政；小人在位，必无善政。"⑤ "小人"者，旧党词语中，新党之代称也。如苏辙有言曰："王介甫（即安石），小丈夫也。"⑥ 不出范祖禹所料，元祐八年（1093）九月，高后去世，哲宗亲政，用新党，行新法，改宣仁为绍圣，政局陡然巨变。范祖禹屡遭贬逐，元符元年（1098）十月死于贬所。苦心不得善报，这位第一经筵讲官失败了。

如果说范祖禹系重塑仁宗形象第一人，那么陈师锡（1057—1125）应是"嘉祐之治"第一倡言者。从现存史料看，首先明确提出"嘉祐之治"这一命题的是陈师锡。他系熙宁某年进士第三名，曾为欧阳修《五代史记》即《新五代史》作序。小小文学青年居然敢为堂堂文坛巨匠作序，大致出于其文章受到神宗夸奖，他自视甚高。王安石讥讽道："释迦佛头上不堪着粪。"⑦ 陈师锡的《闲乐奏议》一卷凡15篇，已佚。其现存奏议中有两篇，主旨为朝政当法仁宗。

---

① （宋）范祖禹：《帝学》卷6《仁宗皇帝下》"臣祖禹曰"，《影印文渊阁四库全书》本。
② （元）脱脱等：《宋史》卷337《范镇传附从孙祖禹传》，第10797页。
③ （宋）彭百川：《太平治迹统类》卷24《元祐党事本末下》，江苏广陵古籍刻印社1990年版，第418页。
④ （宋）陈均：《皇朝编年纲目备要》卷23"元祐八年十一月杨畏入对"，第579页。
⑤ （宋）赵汝愚：《宋朝诸臣奏议》卷3《君道门·君道三》、卷16《君道门·用人四》，第32、149页。
⑥ （宋）苏辙：《苏辙集·栾城三集》卷8《杂说九首·诗病五事》，第1230页。
⑦ （宋）祝穆：《古今事文类聚》别集卷5《文章部·讥〈五代史〉序》，文渊阁《四库全书》本。

一篇见于《宋史》本传，篇名不详，系陈师锡元丰六年（1083）任监察御史后所上。当时，宋神宗施政道路早已选定，陈师锡试图劝请神宗回心转意。此奏先称颂仁宗："宋兴，享国长久号称太平者，莫如仁宗。""（仁宗）不次擢用杜衍、范仲淹、富弼、韩琦，以成庆历、嘉祐之治。"再劝谏神宗："愿稽皇祖纳谏、御臣之意，以兴治功。"史称"帝善其言"，分明是句套话。神宗是个有决断的皇帝，一心"励精图治，将大有为"，"终不觉悟"①，依然坚持变法。这封奏疏同前举范祖禹转呈的富弼"密疏"一样，石沉大海无实效。其意义仅仅在于提出了"嘉祐之治"这个新命题。

　　另一篇系元符三年（1100）五月任殿中侍御史所上，题为《上徽宗论任贤去邪在于果断》。此时宋徽宗刚即位，正是选择施政道路的关键时刻。此奏与前奏意思相同："宋兴一百五十余载矣，号称太平，飨国长久，遗民至今思之者，莫如仁宗皇帝。""（愿陛下）近法仁祖纳谏、御臣之意，则太平之盛指日可见。"内中有句云："庆历、嘉祐之治为本朝甚盛之时，远过汉、唐，几有三代之风。"②其调门之高，甚至超过范祖禹。为阻止宋徽宗重用蔡京，再造熙丰变法，陈师锡与陈瓘一道愤然弹劾蔡京，"章凡四五上而不已"。陈师锡痛陈："若果用（蔡）京则治乱自此分，祖宗基业自此隳。臣非自爱而忧之，盖为陛下忧，为社稷忧，为天下贤人君子忧。"③陈师锡、陈瓘合称"二陈"，前陈比后陈更激进。后来叶适评述道："观陈师锡《答陈瓘书》，天下不知王安石之罪而尊其圣者皆是也，天下安得不亡？瓘之所知，亦不过蔡京兄弟而已，悲夫！"④陈师锡进而声讨王安石"变天下之法"，"力扫痛荡，一切颠倒之"⑤。结果适得其反，二陈惨遭贬逐。宣和七年（1125），靖康之难前夕，陈师锡死于贬所。

　　北宋后期，旧党双重败北。就其个人命运来说，范祖禹、陈师锡、陈瓘以及苏氏兄弟都失败了。他们均名列"元祐党籍碑"，子孙惨遭禁锢，

---

　　①（元）脱脱等：《宋史》卷346《陈师锡传》、《宋史》卷16《神宗本纪三》"赞曰"，第10972、314页。
　　②（宋）赵汝愚：《宋朝诸臣奏议》卷17《君道门·用人五》，第159—160页。
　　③（宋）李光：《闲乐先生奏议序》，《全宋文》卷3316《李光十一》，第222—223页。
　　④（宋）叶适：《习学记言》卷50《〈皇朝文鉴〉四·书》，中华书局1977年版，第735页。
　　⑤（宋）陈师锡：《与陈莹中书》，《全宋文》卷2031《陈师锡》，第258—260页。

死后才得以平反昭雪。更重要的是，就其施政主张来说也失败了，嘉祐之治法宝失灵，未能成功阻止变法，变法反而向"恶"的方向极度发展，直至北宋灭亡。宋人所谓"崇宁变法""蔡京变法"[①]，当属熙丰变法的邪恶版。尽管均称变法，其实并不相同。北宋末年，执政大臣孙傅一语破的："熙丰法惠国，崇观法惠奸。"言简意赅，"时谓名言"[②]。大观系崇宁之后宋徽宗的又一个年号。

五　成功：与失败二而一

再说"进《仁宗十事》"。《仁宗十事》的著者王居正（1087—1151），师从理学家杨时（1053—1135），宣和三年（1121）进士第二名。他力主："祖宗之法万世不可改易。"[③]《建炎以来系年要录》载：建炎四年（1130）九月，"迪功郎、新徽州州学教授王居正入对"，"居正参以今日所宜行，各有论著。上甚喜"[④]。高宗说：王居正《仁祖十事》"言极可采。祖宗以来，率用故事为法"[⑤]。王居正《竹西集》十卷已佚，《仁祖十事》不知其详。绍兴初期官至宰相的赵鼎与王居正见解相近，其说可资参考。赵鼎说："（仁宗皇帝）仁恩渗漉，四十二年号称至治，至今虽田夫野老，言及必流涕。""陛下以仁宗皇帝为法，此乃中兴之基本。""仁宗皇帝勤俭，积累四十二年，府库盈溢，下无贫民。"[⑥]"下无贫民"云云，一看便知，不是事实。六七十年之后，赵鼎、王居正等人如此美化宋仁宗及其时代，绝非徒发思往忆旧之幽情，而是具有极强的现实性和目的性。

两宋之际又是施政道路选择的关键时刻，新、旧党争再度激化。叶适

---

① 《群书会元截江网》卷4《法祖·诸儒至论》有"崇宁变法之弊"一语。陈傅良《湖南提举荐士状》称："蔡京变法，实为咎根。"（陈傅良《止斋集》卷20《奏状札子》，文渊阁《四库全书》本）

② （元）脱脱等：《宋史》卷353《孙傅传》，第11137页。

③ （宋）李心传：《建炎以来系年要录》卷77，绍兴四年六月辛酉，辛更儒点校，上海古籍出版社2018年版，第1295页。

④ （宋）李心传：《建炎以来系年要录》卷37，建炎四年九月癸未，第730—731页。

⑤ 不著撰人：《群书会元截江网》卷4《法祖·皇朝事实》。

⑥ （宋）李心传：《建炎以来系年要录》卷83，绍兴四年十二月乙亥、卷93，绍兴五年九月乙未、卷106，绍兴六年十月己未，第1395、1599、1783—1784页。

后来回顾道："宣和之末，靖康之初，士大夫争法之新旧，辨党之邪正，鼓为烈焰，涨为洪流而已。"① 虽然仍有"为熙丰之说，以（王）安石为大贤"者，但因蔡京等人显然应对祸乱担责，新党人士狼狈不堪。尽管宋钦宗"屡降德音，欲尽复祖宗之旧"，但杨时以及余应求、崔鶠、李光等旧党人士仍不断上疏，要求"分别邪正，消除党羽"②。这场争论延续到高宗初期，倾向旧党的新进士人加入粉饰仁宗的行列。其代表性人物除王居正之外，还有张戒。张戒宣和六年（1124）进士，曾是赵鼎门客。绍兴五年（1135）九月，国子监丞张戒"因轮对辄撰成书一封"。高宗说："（张）戒因面对，携此书来上，几万八千言，朕熟览之。"③ 又说："因张戒上书，朕见仁祖在位四十二年，德洽民心，至今天下诵之。朕心仰慕如尧舜、文武，故当时立政用人之事，朕常置之左右，朝夕以为法。"④

宋高宗初期，法祖尤当法仁宗，已经成为整个统治阶层的共识。更有甚者，称仁宗为"万世之贤君"⑤。连秦桧也说："数十年来，止是臣下互争胜负，致治道纷纷，今当平其胜负之端，以复庆历、嘉祐之治，乃国家之福。"他趁机谄媚高宗："陛下英武如太祖，惠爱如仁宗，其致中兴必矣。"⑥ 高宗早在建炎三年（1129）四月，便下诏："举行仁宗法度，录用元祐党籍。即嘉祐法有与元丰不同者，赏格听从重，条约听从宽。"并再三表态："朕若不取法仁宗，为天下计，何以慰在天之灵。"⑦"祖宗制度，自朕家法。至于仁宗临御最久，恩泽及人最深。朕于政事间，未尝不绎思仁祖，庶几其仿佛也。""朕于政事，专以仁祖为法。""此嘉祐

---

① （宋）叶适：《叶适集·水心别集》卷10《外稿·始议二》，刘公纯、王孝鱼、李哲夫点校，中华书局1981年版，第759—760页。
② （宋）赵汝愚：《宋朝诸臣奏议》卷108《财赋门·茶法》、卷83《儒学门·学术》、卷76《百官门·朋党》，第1170、901、832页。
③ （宋）李心传：《建炎以来系年要录》卷93，绍兴五年九月壬辰、乙未，第1598、1599页。
④ 不著撰人：《群书会元截江网》卷4《法祖·皇朝事实》。
⑤ （宋）李心传：《建炎以来系年要录》卷25，建炎三年七月庚寅，第527页。
⑥ （宋）李心传：《建炎以来系年要录》卷152，绍兴十四年九月庚申、卷144，绍兴十二年二月辛未原注，第2594—2595、2438页。
⑦ （宋）李心传：《建炎以来系年要录》卷22，建炎三年四月乙卯、卷45，绍兴元年六月戊子，第488、839页。

著令，仁宗盛德也，举而行之。"① 史称："争议纷然，卒无定论，至是始决。"② 绍兴初期以后，新旧党争告终，终南宋一代，再无新法、旧法之分，旧党、新党之别。南宋君臣一致认同："庆历、嘉祐之治，上参唐虞，下轶商周，何其盛哉！"③ 如有"南宋英主"之称的宋孝宗宣告："祖宗法度乃是家法，不合变更。"④ 孝宗朝宰相陈俊卿强调："本朝之治，唯仁宗为最盛。""专以仁宗为法，而立政任人之际，必稽成宪而行，则庆历、嘉祐之治不难致也。"⑤ 南宋时期赞美仁宗成为时尚，只要时局较好便与仁宗之政挂钩。如史称："隆兴、乾（道）、淳（熙）之间（即孝宗时），东南之生齿繁庶，吏称民安，熙然有庆历、嘉祐之治。"⑥ 统治集团争斗的焦点从新与旧转向和、战、守。如前面提到的张戒便是个标准的主守派，他主张："以和为表，以备为里，以战为不得已"；"外则姑示通和之名，内则不忘决战之意，而实则严兵据险以守"⑦。张戒后来遭贬黜，与新法、旧法无关，主要原因是主守。

南宋士人歌颂宋仁宗及其嘉祐之治，势必鞭挞王安石及其熙宁变法。因宋神宗是北宋王朝的"一祖八宗"之一，南宋士人不敢亵渎。他们将王安石与神宗切割：王安石"上误神宗皇帝"，熙丰变法"非神宗之意"⑧。前面提到的杨时、王居正师徒便既是仁宗形象的重塑者，又是王安石的谴责者。靖康元年（1126），杨时上奏宋钦宗，声讨王安石："致今日之祸者，实安石有以启之也。"⑨ 与王安石《三经新义》针锋相对，杨时著

---

① （宋）李心传：《建炎以来系年要录》卷65，绍兴三年五月癸亥并原注、卷132，绍兴九年九月癸未，第1134、2209页。

② 洪业、聂崇岐等编纂：《琬琰集删存》卷3《王荆公安石传（实录）》，上海古籍出版社1990年版，第374页。

③ 佚名：《宋史全文》卷26上《宋孝宗五》淳熙元年四月，李之亮校点，黑龙江人民出版社2005年，第1772页。

④ 不著撰人：《群书会元截江网》卷4《法祖·偶句》。

⑤ （宋）朱熹：《赠太师谥正献陈公（俊卿）行状上》，《全宋文》卷5666《朱熹二三九》，第252册，第279页；杨万里：《丞相太保魏国正献陈公（俊卿）墓志铭》，《全宋文》卷5366《杨万里八二》，第240册，第157页。

⑥ （宋）林駉：《古今源流至论》前集卷10《恤刑》，《影印文渊阁四库全书》本。

⑦ （宋）李心传：《建炎以来系年要录》卷122，绍兴八年九月乙巳、卷121，绍兴八年七月乙酉，第2045、2025页。

⑧ （宋）李心传：《建炎以来系年要录》卷79，绍兴四年八月戊寅，第1323页。

⑨ （宋）吕祖谦：《赠左通议大夫王公（居正）行状》，《全宋文》卷5895《吕祖谦二九》，第262册，第55页。

《三经义辨》十卷。宋高宗对读两书后，厚此薄彼："杨时之学能宗孔孟，其《三经义辨》甚当理。""以《三经义辨》观之，具见安石穿凿。"杨时吩咐其弟子王居正："吾举其端，子成吾志。"① 王居正遵师命，著《辨学》，全面攻击王安石。《辨学》又称《三经辨学》，凡42篇，分为7卷。"其一曰：蔑视君亲，亏损忠义，凡所褒贬，悉害名教；其二曰：非圣人，灭天道，诋诬孔孟，崇尚佛老；其三曰：深惩言者，恐上有闻；其四曰：托儒为奸，以行私意，变乱经旨，厚诬天下；其五曰：随意互说，反复皆危；其六曰：排斥先儒，经术自任，务为新奇，不恤义理；其七曰：《三经字说》自相抵牾。"② 王居正听说宋高宗"深恶安石之学久矣"，绍兴五年（1135）三月面对时，他趁机询问："其弊安在？"高宗回答道："安石之学，杂以霸道，取商鞅富国强兵。今日之祸，人徒知蔡京、王黼之罪，而不知天下之乱生于安石。"王居正接着说："安石所学，得罪于万世。"③他将高宗此语置于《辨学》卷首。史称：杨时、王居正师徒"二书既行，天下遂不复言王氏学"④。其实未必。杨时的三传弟子朱熹后来评论道："龟山长于攻王氏，然《三经义辨》中亦有不必辨者，却有当辨而不曾辨者。"后学称杨时为龟山先生。朱熹又说："王氏《新经》尽有好处，盖其极平生心力，岂无见得着处？"并指出："三舍士人守得荆公（即王安石）学甚固。"⑤

王安石之学虽然仍行于世，但终南宋之世再无变法。南宋"更化"虽多，但并非改革。当时有人说："所谓更化者，不过下一诏书，易一宰相而已。""徒立为虚言无实之名，而谓之更化。""有更化之名，无更化之实。"⑥ 刘子健先生认为：南宋"极少讲求改革"⑦。曹家齐教授指出：南宋君臣"把'嘉祐之治'看成施政楷模，作为政治指归"，其后果是"一

---

① （元）脱脱等：《宋史》卷376《陈渊传》、卷376《王居正传》，第11629—11630、11736页。
② （宋）朱彝尊：《经义考》卷242《群经四·王氏（居正）〈三经辨学〉》，文渊阁《四库全书》。
③ （宋）杨时：《上钦宗皇帝疏七》，《全宋文》卷2675《杨时一》，第124册，第96页。
④ （元）脱脱等：《宋史》卷376《王居正传》，第11737页。
⑤ （宋）黎靖德编：《朱子语类》卷130《本朝四·自熙宁至靖康人物》，王星贤点校，中华书局1986年版，第3099页。
⑥ 黄淮、杨士奇：《历代名臣奏议》卷313《灾祥》"宋理宗淳祐六年秘书郎高斯得日食应诏上奏曰"、卷309《灾祥》"嘉定九年著作郎赵崇鼎因闵雨上奏曰"，第4047、4009页。
⑦ 刘子健：《两宋史研究汇编》引言，台北联经出版事业有限公司1987年版，第7页。

次又一次地在关键时刻错过和放弃改作的机会"①。对于此说，本人高度赞同。从表象上看，北、南两宋的嘉祐之治塑造者的命运迥异。前者双重失败，后者大获全胜。其实，王居正、张戒等人只怕很难称为成功人士。在他们那里，成功与失败二而一，归根到底是失败的。他们塑造嘉祐之治的后果是"成功"地关闭了改革之门。从这个角度看，嘉祐之治不宜宣扬。

六　结语：三个大不相同

近期论者阐述嘉祐之治，往往与文景之治、贞观之治相提并论。此说源于宋人，如陈瓘曰："仁祖之治，多似汉文。"②杨时云："贞观、嘉祐之治，几至三代。"③然而回归常识与常理，不难发现，文景之治与贞观之治相似之处较多，而所谓嘉祐之治与前两者则有三个大不相同之处。

其一，背景不同。西汉、唐代、北宋三王朝均建立于战乱之后，晚唐五代之乱近百年之久，时间之长超过秦汉之交、隋唐之际。但五代后期北方经济恢复、南方经济发展④，北宋建立之初的景象与汉初、唐初大不相同。《汉书·食货志》曰："汉兴，接秦之敝，诸侯并起，民失作业，而大饥馑。凡米石五千，人相食，死者过半。"⑤这些人们耳熟能详，不必多引。唐初与汉初相似，整个社会一派凋敝惨状。《宋史·食货志》则云："太祖兴，削平诸国，除藩镇留州之法，而粟帛钱币咸聚王畿；严守令劝农之条，而稻、粱、桑、枲务尽地力。至于太宗，国用殷实。"⑥《续资治通鉴长编》亦称："自宋兴，而吴、蜀、江南、荆湖、南粤皆号富强，相继降附，太祖、太宗因其蓄藏，守以恭俭简易。方是时，天下生齿尚寡，而养兵未甚蕃，任官未甚冗，佛老之徒未甚炽，外无夷狄金缯之遗，百姓

---

① 曹家齐：《"爱元祐"与"遵嘉祐"——对南宋政治指归的一点考察》，《学术研究》2005年第11期，第103—107页。
② （宋）陈瓘：《进故事奏》，《全宋文》卷2784《陈瓘三》，第129册，第81页。
③ （宋）杨时：《上渊圣皇帝》，《全宋文》卷2675《杨时一》，第124册，第82页。
④ 参见陈守忠《形成北宋统一的社会物质基础》，《宋史论略》，甘肃文化出版社2001年版，第1—8页。
⑤ 金少英集释，李庆善整理：《汉书食货志集释》上，中华书局1986年版，第92页。
⑥ （元）脱脱等：《宋史》卷173《食货志上一·农田》，第4156页。

亦各安其生，不为巧伪放佚，故上下给足，府库羡溢。"① 漆侠先生将北宋初期认定为"四十年的小康局面"②。与汉初、唐初相比，北宋初期景象独好。

其二，措施不同。面对凋敝惨状，西汉文、景二帝恢复社会生产的主要措施是轻徭薄赋，予民休息。唐朝初期则是再度推行均田制，安集流民。宋仁宗时虽有复行均田制之议，但既无必要，这时盛行的租佃制优于从前施行的均田制，更无可能，土地私有权深化，已经没有大量的无主荒地。至于赋税，总体而论，有增无减。富弼上奏称："国家用度至广，规求无节，赋税过太半之暴，徭役有竭作之苦。"③ 据《建炎以来朝野杂记》记载，财政岁入，宋真宗天禧末年（1021）为2650余万缗，宋仁宗嘉祐年间（1056—1063）增加到3680余万缗。商税一项，景祐年间（1034—1038）为450余万缗，庆历年间（1041—1048）增加到1975万余缗。④ 财政收入直线上升，既显示社会经济发展，又表明百姓负担加重。

其三，效果不同。文景之治成效卓著，"民半出田租，三十而税一"，"以农为务，民遂乐业"。到汉武帝时，更上一层楼，号称"武帝盛世"："民人给家足，都鄙廪庾尽满，而府库余财。京师之钱累百巨万，贯朽而不可校。太仓之粟陈陈相因，充溢露积于外，腐败不可食。"⑤ 贞观之治见效特快，可谓立竿见影。《新唐书·食货志》称："贞观初，户不及三百万，绢一匹易米一斗。至四年，米斗四五钱，外户不闭者数月，马牛被野，人行数千里不赍粮，民物蕃息"，"号称太平"。开元年间再接再厉："海内富实，米斗之价钱十三，青、齐间斗才三钱，绢一匹钱二百。道路列肆，具酒食以待行人，店有驿驴，行千里不持尺兵。"⑥ 有"开元盛世"之誉。庆历、嘉祐年间与文景、贞观两大治世相比，实属天差地别，怎能同日而语。《宋史·食货志》称："仁宗之世，契丹增币，夏国增赐，养兵两陲，费累百万。"⑦ 思想家李觏面对眼前危机，不免牢骚满腹。其《感

---

① （宋）李焘：《续资治通鉴长编》卷100，天圣元年正月壬午，第2310—2311页。
② 漆侠：《王安石变法》（增订本），《漆侠全集》，第2卷，第13页。
③ （宋）赵汝愚：《宋朝诸臣奏议》卷101《儒学门·武举》，第891页。
④ （宋）李心传：《建炎以来朝野杂记》甲集卷14《财赋一》，徐规点校，中华书局2000年版，第289—290页。
⑤ 金少英集释，李庆善整理：《汉书食货志集释》上，第94—95页。
⑥ （宋）欧阳修、宋祁：《新唐书》卷51《食货志一》，中华书局1975年版，第1344、1346页。
⑦ （元）脱脱等：《宋史》卷173《食货志上一·农田》，第4156页。

事》诗曰:"庙算何时胜,人生到处难。役频农力耗,赋重女工寒。"《村行》诗云:"产业家家坏,诛求岁岁新。""朱户仍奢侈,柴门转窭贫。"①汪圣铎教授认为:"真宗在位时期是宋朝的全盛时期(鼎盛阶段)。"② 此说不无道理,如能成立,宋朝的全盛时期不在仁宗之后,而在之前。这是所谓"嘉祐之治"与开创盛世的两大治世又一个大不相同之处。"嘉祐之治"叫而不响,被包括宋史研究者在内的绝大多数人集体遗忘,自在情理之中,不足为怪。

---

① (宋)李觏:《李觏集》卷36《感事》《村行》,中华书局1981年版,第407、408页。
② 汪圣铎:《两宋财政史》,中华书局1995年版,第14页。

南宋吴氏子弟抗金与降金

西北师范大学历史文化学院　刘建丽

靖康二年（1127）北宋灭亡后，金军驱掳宋徽、钦二帝与宫廷数千人北上，并且集结大军，节节向南、向西推进，企图攻灭南宋。于是甘肃陇南成为宋金军事争夺的重要地区之一，在这里进行了激烈的仙人关、饶凤关等战役。本文对吴氏家族中的吴玠、吴璘、吴挺的抗金以及吴曦终归属金的活动略作阐述与分析。

一　南宋初期秦陇局势

北宋灭亡后，金兵撤退，但金灭宋的策略并未改变。南宋之初建炎年间（1127—1130），金军曾连续三次向宋遣兵南攻，展开大规模的攻略，穷追宋高宗至海上，几乎倾覆南宋。与此同时，金军也向西北地区不断发动进攻。原北宋鄜延、秦凤、环庆、泾原、熙河五路大部在今甘肃境内，战略地位重要。"天下若常山蛇势，秦、蜀为首，东南为尾，中原为脊……将图恢复，必在川、陕。"[①] 而且山势高峻，进退皆宜，毗邻四川，物产丰富，财力雄厚。这一地区也是宋朝市马之地，西夏、吐蕃等向宋朝供给马匹，民众勇悍善战，吃苦耐劳，遂有"天下精兵健马皆在西北"[②] 的赞誉。正因如此，西北五路成为女真金国进攻的重点之一，宋金争夺西北五路的斗争异常激烈。

宋建炎元年（金天会五年，1127）十二月，金军分三路南下，西路军

---

① （清）毕沅：《续资治通鉴》卷105《宋纪》，中华书局1957年版，第2763页。
② （元）脱脱等：《宋史》卷358《李纲传上》，中华书局1977年版，第11257页。

统帅宗翰率兵向洛阳进军，并命娄室率军指向"关、陕重地，卿等齐戮力"①。因北宋灭亡，军队分崩离析，南宋尚无一支能抗击金人的力量，致使金人进军顺利，所到之处，没有遭遇抵抗。建炎二年（金天会六年，1128）二月，娄室军攻下同州（治今陕西合阳县）、华（治今陕西华县）、京兆（治今陕西西安市）、凤翔（治今陕西凤翔县）等地。此次出兵时，因东、西两路次发生分歧，河北诸将主张停止陕西用兵，河东诸将反对，认为"陕西与西夏为邻，事重体大，兵不可罢"②。宗翰认为"河北不足虞，宜先事陕西，略定五路，既弱西夏，然后取宋"③。在争执不决的情况下，金太宗两用其策，"康王构当穷其所往而追之。俟平宋，当立藩辅如张邦昌者。陕右之地，亦未可置而不取"④。于是命娄室率军攻打陕西。八月，娄室等败宋军于华州（治今陕西华县），讹特剌破宋军于渭水，遂取下邽（治今陕西渭南市东北故市镇故县村），十二月，鹘沙虎败宋兵于巩州（治今甘肃陇西县）。宋建炎三年（金天会七年，1129）二月，宋安抚使折可求以麟（治今陕西神木县北）、府（治今陕西府谷县）、丰（治今内蒙古河曲县西）三州附金。十月，京兆府降，巩州降。

1. 富平战败

富平县位于耀州（治今陕西耀县）"东南五十里，有荆山、郑白二水"⑤，此地无形胜险扼可据守。正如宋将吴玠所言："兵以利动，今地势不利，未见其可。"⑥宋建炎四年（金天会八年，1030）二月，宗弼领兵在杭州大掠北还时，先后在镇江、建康遭到宋军阻击，金将兀术率领的金军主力在黄天荡（长江下游的一段，在今南京市东北）遭受痛创，锐气大挫，金军进攻江南的战争至此告一段落，金军将重点进攻的矛头指向陕西。建炎四年七月，先遣娄室经略陕西，所下城邑"叛服不常"，元帅府召集诸将商议，皆以为"兵威非不足，绥怀之道有所未尽。诚得位望隆重、恩威兼济者以往，可指日而定"⑦。以前南下攻宋时，以东路军为主，

---

① （元）脱脱等：《金史》卷3《太宗纪》，中华书局1975年版，第62页。
② （元）脱脱等：《金史》卷74《宗翰传》，第1698页。
③ （元）脱脱等：《金史》卷74《宗翰传》，第1698页。
④ （元）脱脱等：《金史》卷74《宗翰传》，第1698页。
⑤ （宋）王存：《元丰九域志》卷3《陕西路》，中华书局1984年版，第112页。
⑥ （元）脱脱等：《宋史》卷366《吴玠传》，第11409页。
⑦ （元）脱脱等：《金史》卷3《太宗纪》，第62页。

西路军配合，宗翰在提出增兵陕西时说："前讨宋，故分西师合于东军，而陕西五路兵力雄劲，当并力攻取。今挞懒抚定江北，宗弼以精兵二万先往洛阳。以八月往陕西，或使宗弼遂将以行，或宗辅、宗干、希尹中以一人往。"① 太宗采纳宗翰意见，遣右副元帅宗辅去陕西。

建炎四年（金天会八年，1130）九月，宋川陕宣抚处置使张浚调诸路军队，集骑兵六万，步兵十二万，进至富平（今陕西富平县），欲与金军决战。宗辅至陕西洛水治兵，以娄室为左翼，宗弼为右翼，两军并进攻富平。此时宋军屯于富平，而金兵屯于下邽（富平县东，治今陕西渭南市东北故市镇故县村），娄室的军队还在绥德（治今陕西绥德县），未与主力会合。宋军诸将要求乘此机发动攻势，被张浚拒绝。而在设营布阵上又犯了军事错误，当时宋朝运送军需的人到达营地后，他们就围绕军营结成小寨，用车马做围墙，寨寨相连而驻。吴玠等认为如此做法会堵塞军队出入之路，建议把军队移至高地，张浚又不采纳。正当张浚盲目轻敌时，娄室派出精兵三千，用土袋填平沼泽，然后直冲乡民小寨。百姓惊恐，奔入军营，宋军营顿时大乱。是役"自日中至于昏暮，凡六合战"②，虽双方混战厮杀，一度不分上下，但毕竟宋军弱点明显，人心不一。当金兵进攻环庆军时，其他各路不去援救，时逢赵哲撤离部队，将士见尘土飞扬，误以为战败，于是皆溃散逃亡，导致全军大败。随后耀州（治今陕西耀县）、凤翔府（治今陕西凤翔县）相继附金。

2. 五路失陷

富平之战的失败，形成了西北五路危机。而张浚在战后处置又不讲究策略，轻率地杀死赵哲与曲端，又直接导致五路失陷，金人占领西北地区。

赵哲的临阵先逃，引起全军惊溃。对于他的处分是必要的，必须采取妥善措施，以稳定军心为主。张浚却匆忙召集诸将，将赵哲斩于堠下。结果造成众语喧哗，舆论不服。张浚遣散诸路军队，"令方出口，诸路之兵已行，俄顷兵尽"③。赵哲被杀后，在张浚幕客刘子羽的指使下，孙恂又杀

---

① （元）脱脱等：《金史》卷19《世纪补》，第409页。
② （元）脱脱等：《金史》卷19《世纪补》，第409页。
③ （宋）徐梦莘：《三朝北盟会编》卷142《炎兴下帙》，文渊阁《四库全书》，第351册，台湾商务印书馆1986年版，第307页。

死统领官张忠、乔泽。统制官慕洧等不满，孙昫恫吓道："尔等头亦未牢。"① 慕洧为环州大族，闻此语恐被杀，便发动兵变，反攻环州（治今甘肃环县）。张浚遣统制李彦琦援救环州，又命经略使刘锜追击慕洧。刘锜临行，留部将张中彦、赵彬守渭州（治今甘肃平凉市），二人相谋"逐锜而据泾原"②。在军事形势日益严峻的形势下，张浚将屡立战功、享有威望的曲端处死于恭州（治今重庆市）。远近士民闻曲端死，皆心怀不满，于是"军民益解体"③。

在金军的强大攻势下，宋军无力抵抗，节节败退，从兴元（今陕西南郑县）退至秦州（治今甘肃天水市秦城区），再从秦州到兴州（治今陕西省略阳市）。建炎四年（金天会八年，1130）十一月，宗辅率军攻下泾州（治今甘肃泾川县）、渭州（治今甘肃平凉市），败宋经略使刘倪军于瓦亭（今甘肃泾川县东），原州（治今甘肃镇原县）降，撒离喝破德顺军静边寨，宋泾原路统制使张中孚、知镇戎军李彦琦以城降。十二月，宗辅攻宋熙河路副总管军，熙州（治今甘肃临洮县）降。宋秦凤路都统制吴玠军于陇州境上，被招讨都监马五击走，降一县。宗辅进兵降甘泉等三堡，取保川城（为会州治，即今甘肃靖远县），破宋熙河路副总管军三万，获马匹千余，拔安西等二寨，熙州降。娄室病死后，以阿卢补为左翼都统，宗弼为右翼都统，分别招降尚未攻下的城邑。建炎五年（金天会九年，1131）正月，"遂得巩、洮、河、乐、西宁、兰、廓、积石等州，定远、和政、甘峪、宁洮、安陇等城寨，及镇堡蕃汉营部四十余"④。十月，撒离喝攻下庆阳府（治今甘肃庆阳市），慕洧以环州（治今甘肃环县）降。于是西北五路尽为金朝占领。建炎四年（1130）九月，金朝立刘豫为"大齐皇帝"，将西北五路的统治权交给刘豫。刘豫派张中孚守平凉，张中彦守秦州，赵彬守庆州，慕洧守环州。从此，西北五路地区长期处于金朝的统治下。

---

① （宋）李心传：《建炎以来系年要录》卷38，建炎四年冬十月庚寅，文渊阁《四库全书》，第325册，第557页。
② （宋）李心传：《建炎以来系年要录》卷38，建炎四年冬十月庚寅，文渊阁《四库全书》，第325册，第557页。
③ （宋）徐梦莘：《三朝北盟会编》卷147《炎兴下帙》，文渊阁《四库全书》，第351册，第336页。
④ （元）脱脱等：《金史》卷19《世纪补》，第409页。

二　吴氏兄弟英勇抗金

吴玠（1093—1139），字晋卿，吴璘（1102—1167），字唐卿，祖籍宋德顺军陇干（治今甘肃静宁县东）人，因父死葬水洛城（今甘肃庄浪县），故迁居水洛。吴氏先世事迹《宋史》本传不载，无从详考。据《陇右金石录·吴玠墓碑》与李心传《建炎以来朝野杂记》乙集卷十二《吴玠福不逮吴璘》所载，得知其曾祖为吴谦，祖父为吴□，父亲为吴扆。①吴扆曾在德顺军任地方"军校"，吴扆有璘、玠、珙三子。玠、璘为扆正妻刘氏所生，珙系玠之"庶弟"，为吴扆婢妾所生。史载吴玠年少时，即"沉毅有志节，知兵善骑射，读书能通大义。未冠，以良家子隶泾原军"②。政和、靖康中，抗夏御边，屡立战功。吴玠因军功累官为"开府仪同三司，迁四川宣抚使"，成为与岳飞齐名的西北地区抗金名将。吴璘"代兄为将，守蜀余二十年，隐然为方面之重，威名亚于玠"③。也因军功"拜太傅，封新安郡王"。吴珙在西北地区的声望、地位与影响，虽远不如其兄玠与璘，"然珙为人颇类玠，屡历行阵，亦得军士心"④。晚年也因军功，与吴璘子挺同为管军节度使。吴玠、吴璘"智勇忠实，戮力协心，据险抗敌，卒保全蜀，以功名终"⑤。吴氏兄弟与璘子挺，皆倾毕生精力进行抗金斗争。

富平战败后，吴玠、吴璘奉张浚之命，收集几千散兵，重新进行组织与训练，一支精锐的军队在秦陇地区迅速成长，这就是吴玠、吴璘率领的"吴家军"。从此吴氏家族兄弟父子扼守蜀口三关，与金人长期在这里周旋，守卫秦陇地区前后约六十二年（1131—1193）。

1. 和尚原之战

由陕入蜀有三座门户，即和尚原、饶凤关、仙人关。和尚原是从渭水流域越秦岭入汉中的重要关隘之一，位于陕西宝鸡县"西南四十里"，"原

---

① 张维：《陇右金石录》卷4《吴玠墓碑》："公曾祖讳谦，赠太子太保，妣李氏，永宁郡夫人，祖讳日赠太子太保。妣齐氏普宁郡夫人。考讳扆赠少保，妣刘氏，嘉国夫人。自少保而上，世居德顺之陇干，以公贵追荣三世。"民国三十二年甘肃省文献征集委员会校印本。
② （元）脱脱等：《宋史》卷366《吴玠传》，第11408页。
③ （元）脱脱等：《宋史》卷366《吴璘传》，第11420页。
④ （宋）李心传：《建炎以来朝野杂记》乙集卷13《吴玠福不逮吴璘》，文渊阁《四库全书》，第608册，第552页。
⑤ （元）脱脱等：《宋史》卷366《吴璘传》，第11424页。

在大散关东"①，乃是"商、秦州险要之地，并系川蜀紧急门户"②，显然是控扼川口之必争之地。大散岭在宝鸡县西南五十二里，岭上设关，即大散关，"当秦陇之会，扼南北之交"③，是秦蜀襟喉之地。两山关控斗绝，出可以攻，入可以守，实为表里形势要地。和尚原距大散关"才咫尺"，显然地形险要与大散关相似。据《宝鸡县志》载："形边仰中凹，广袤约有千亩。"正如宋将杨存中所言："和尚原，陇右之藩要也。敌得之，则可以睥睨汉川；我得之，则可以下兵秦雍。"④ 若屯兵其间，"则可以下窥秦雍，而于函洛之路未绝也"。⑤ 显然，和尚原的地理位置极其重要，是战略形胜之地，通往四川的第一道关隘。若弃和尚原，退守仙人关，"则蜀之险要，所失过半"⑥。金军既到仙人关，习知险隘，必分兵数道并进，一军自阶、成趋文、政，一军自梁、洋经米仓山入巴、阆，一军自均、房由达州山路入夔峡，再以一二千人攻仙人关以缀吴玠，"势分形散，所备皆急"⑦，一处破坏，则处处震动。

富平战败后，陕西大部被金军占领。张浚退至兴州（治今陕西略阳市），派刘子羽至秦州召集溃散的宋军，有十多万人会集，军势复振。但在金军不断进攻的压力下，张浚再次退至阆州（治今四川阆中县），形势十分严峻。张浚随即任命王庶知兴元府、利夔两路制置使、节制陕西诸军。王庶招集溃散的宋军与抗金义军二万。此时，吴玠招集散亡数千人，在和尚原积蓄粮食，整顿军队，建立山寨，准备与金人决战死守。绍兴元年（1131）三月，金太宗从侄完颜没立开始进攻和尚原，被宋军击败。五月，金军两路进犯，完颜没立攻箭筈关（在今陕西千阳县南箭筈岭），乌

---

① （清）刘於义：《陕西通志》卷10《山川三·凤翔府宝鸡县》，文渊阁《四库全书》，第551册，第542页。
② （宋）宇文懋昭：《大金国志》卷11《熙宗孝成皇帝三》，文渊阁《四库全书》，第383册，第893页。
③ （清）胡渭：《禹贡锥指》卷9《华阳黑水惟梁州》，文渊阁《四库全书》，第67册，第486页。
④ （元）脱脱等：《宋史》卷367《杨存忠传》，中华书局1977年版，第11438页。
⑤ （宋）李心传：《建炎以来系年要录》卷94，绍兴五年十月己巳，文渊阁《四库全书》，第326册，第324页。
⑥ 不著撰人：《宋史全文》卷19中《宋高宗八》，文渊阁《四库全书》，第330册，第811页。
⑦ 不著撰人：《宋史全文》卷19中《宋高宗八》，文渊阁《四库全书》，第330册，第812页。

鲁与折合自阶州（治今甘肃陇南市阶州区）与成州（治今甘肃成县）绕道出大散关（即散关，今陕西宝鸡市西南），约日会师和尚原，企图夹攻吴玠军。吴玠指挥吴璘等出战，击退二路金军，"生获首领蕴遭，斩千户泼察胡"。乌鲁与折合再次合兵进攻，又被击败。这两次获胜振奋人心，揭开了和尚原大战的序幕。十月九日，金将兀术亲率大军自宝鸡县界入渭河谷，自谷口至神岔。初十日午时，直犯驻兵地和尚原。吴玠"指授诸将，选劲弓强弩，期以必死，分番迭射"。金兵稍退，又"以奇兵乘险据隘，横攻夹击"①，激战三日，大败金军，杀俘数以万计，兀术"后心连被两箭"，狼狈逃遁，"所统大军勦杀几尽"②，金军遭遇到自南侵以来前所未有的战败。正如李心传所评价：金军"盖自入中原，其败衄未尝如此也"③。

2. 饶凤关之战

饶凤关，亦写作饶凤，关为蜀之门户，系由陕入蜀的重要关隘之一。饶凤关置于陕西石泉县与西乡县交界的饶凤岭上。《大清一统志》卷一八八《兴安府》谓饶凤岭"在石泉县西五十里，南枕汉江，与汉中府西乡县接界。险峻倚天，石径盘纡，为秦、楚、蜀往来必由之路，下有饶凤河"。又谓"饶凤岭在西乡县东北一百五十里，汉江北岸，与兴安州石泉县接界"。饶凤关位于凤州之东，兴元之西，褒斜谷在此。谷口三山翼然对峙，南曰褒，北曰斜，在唐为驿路，所以通巴汉。此地势险陡，"入粮运难至，独倚饶凤，以控商、虢，由武休以达长安，固当关为蜀之咽喉"④。清严如煜纂修的《汉中府志》明确记载："饶凤岭在西乡县东北一百八十里，宋吴玠镇守于此……今名十二峰岭。东南相连百余里，寂无人迹，山路崎岖，险于栈道。"显然，饶凤关是位于陕西石泉县与西乡县东北交界之处的一个形胜险要关隘。

完颜兀术率部退回北方后，金朝又命令完颜撒离喝为陕西经略使，与

---

① （宋）徐梦莘：《三朝北盟会编》卷196《炎兴下帙·吴武安公功绩记》，文渊阁《四库全书》，第352册，第82页。
② （清）徐松辑：《宋会要辑稿》第179册《兵》14之23，中华书局1957年影印本。
③ （宋）李心传：《建炎以来系年要录》卷48，绍兴元年十月乙亥，文渊阁《四库全书》，第325册，第658页。
④ （宋）祝穆：《方舆胜览》卷69《利州西路·凤州》，文渊阁《四库全书》，第471册，第1059页。

伪齐四川招抚使刘夔合兵攻打四川。金军回避对和尚原（今陕西宝鸡市西南35里）的正面进攻，在绍兴二年（1132）十二月，金将撒离喝企图攻取"剑外十三州"，派部分金军西进至仙人关、熙河地区，牵制宋军主力吴玠部，又避开了吴璘驻守的和尚原；自己亲率金军主力，采取迂回战术，从长安出兵，攻破商州（治今陕西商县）。绍兴三年（1133）正月，向南经上津（治今湖北郧西县西北上津堡），再向西进攻洵阳（治今陕西旬阳县北洵河北岸），击败宋军王彦部的抵抗后，又沿汉水向西占领金州（治今陕西安康市），进逼洋州（治今陕西洋县）。

宋兴元府知府刘子羽遣兵驻守饶凤关（今陕西石泉县西、西乡县东北），并向吴玠告急。吴玠即率部自河池（今甘肃徽县）昼夜行三百里，驰援至饶凤关御敌。为了挫败金人锐气，吴玠遣人送黄柑至金营，说"大军远来，聊用止渴"。撒离喝大惊，以杖击地说"尔来何速耶？"于是双方大战饶凤岭。金人披重铠，登山仰攻，一人先登，皆有二人随后，前者战死，后者继攻。吴玠军弓弩乱发，大石摧压，连战六昼夜，金兵死者如山积而进攻仍不停。金兵出巨资募敢死士，欲夹攻硬冲。这时因有一"壕寨将走降金人，告以虚实"，于是一小股金军遂从祖溪间路，绕道关后，居高临下，配合关前金军夹攻，宋军战败，致使饶凤关失守。于是金军乘机占领洋州，进入兴元府（治今陕西汉中市），直抵三泉县东的金牛镇（今陕西宁强县东北60里），一时四川大震。金军虽然获胜，但也伤亡过半。宋军实行坚壁清野，金军"野无所掠，杀马而食，马且尽，遂杀两河签军食之，又春疠方作"[①]。金军遂于四月间，自兴元府经斜谷向凤翔撤退，吴玠乘机在武休关（今陕西留坝县南）遣兵邀击其后军，"金人尽弃其辎重及所掠人畜而去，后军为我军掩击及堕溪涧死者数千计，其后王俊于饶凤关下得马革万七千余"[②]。这次金人深入梁州、洋州、兴元府三地，仍得不偿失，川陕战局又转危为安。

3. 仙人关之战

仙人关（今甘肃徽县东南10里嘉陵江畔）位于陕西凤县南一百二十里，接徽县界，也与略阳县界邻近，既是入川重要关口，也是入秦陇要

---

① （宋）熊克：《中兴小纪》卷14，文渊阁四库全书，第313册，第935页。
② （宋）吴泳：《鹤林集》卷15《绍兴吴玠守蜀关二事》，文渊阁《四库全书》，第1176册，第137页。

隘。"仙人关路分左右，自成州经天水出皂角堡直抵秦州，此左出之路；自两当趋凤州直出凤翔大散关至和尚原，此右出之路。"① 正如宋将吴玠所言"关外蜀之门户，不可轻弃"②。饶凤关战后，宋、金双方都做了新的战略部署。宋将吴玠虑及和尚原远离四川，粮运给养困难，难以长久坚守，于是放弃和尚原，另在川口仙人关处右侧筑垒，号"杀金坪"，严阵以待。吴玠部署仙人关第二线防御后，仍留吴璘率一部人马屯守和尚原。绍兴三年（1133）十一月，金朝元帅左都监完颜兀术再次率所部南下，"将士乏食自溃，吴璘拔寨弃去"③，金军遂占领和尚原。完颜兀术夺取和尚原后，又与撒离喝、刘夔等合兵南攻。绍兴四年（1134）二三月间，金军与吴玠军在仙人关再次进行激战。仙人关之战可分为以下两个阶段。④

二月二十七日、二十九日、三十日和三月一日，这四天，金军处于攻势，宋军处于守势，特别是后两天，恶战达到白热化的地步。金兀术、撒离喝等自二月二十一日，率大军十余万，抵达仙人关杀金坪后，在仙人岭上扎营四十余座。六天后进行交锋，二十七日，一拥前来，"自铁山凿崖开道循岭东下"⑤，直攻吴玠军，吴玠自以万人当其前。弟吴璘不待令，率轻兵由七方关（今甘肃康县东北、成县南，在白马关东）倍道入援其兄，与金兵转战七昼夜，始与吴玠会合。双方血战三十余阵，杀死不少金兵。二十九日，金军又至吴玠军营前，立炮数十座，炮击吴玠军营。吴玠令营中守兵用神臂弓，施放炮石，打死金军无数。三十日，金军发兵万余攻击宋军营寨，吴玠军迎战杀退。金军又增加兵力，再来攻击五十余番，并推拥洞子、云梯直前，搭上城角。吴玠军勠力向前捍御，用炮石打折洞子，并用杆撞折云梯。金人又缚虚棚战楼，另遣将领拥锐卒万余，一发乘城。吴玠命统制官杨政领长枪、陌刀手，深入刺打隔断，金人不能上城。鏖战百阵，杀死金兵无数，大获全胜。三月一日，撒离喝号令诸军合力只攻吴玠军营一楼，自寅至午，十分危急。姚仲为统领，只在楼上酣斗，楼已倾侧，姚仲以绢为绳，拽使复正。金兵用火焚楼柱，姚仲以酒壶击灭火。金人在东岭下布神臂弓，吴玠也发神臂弓五百张，与金兵对射。金兵后退，

---

① （清）顾祖禹：《读史方舆纪要》卷56《陕西五》，中华书局2005年版，第2689页。
② （元）脱脱等：《宋史》卷370《刘子羽传》，第11507页。
③ （元）脱脱等：《宋史》卷27《高宗纪》，第502页。
④ 王曾瑜：《岳飞和南宋前期政治与军事研究》，河南大学出版社2002年版，第378页。
⑤ （元）脱脱等：《宋史》卷366《吴玠传》，第11412页。

吴玠即组织宋军主动出击，遣王万年、刘钤辖等分紫、白旗入金营追击，金军阵乱，皆奔溃。

三月一日夜至二日夜三更，系宋军反攻阶段。金军这次南攻，倾巢出动，受到宋军捍御，虽然攻势衰竭，但仍然不肯退兵，企图继续相持，或由他路冲突入川。吴玠抓住战机，发兵反攻。抵夜，吴玠别遣五将分更劫寨，昼夜数十回合，金军困惫，死伤以万计，即敛兵宵遁，杀死千户、万户、甲军万余，得傍牌、衮枪、金鼓、旗帜数千件。经历两夜一日连续苦战，金军终于大败而逃。吴玠又遣统制官王俊设伏河池，扼金人归路，生擒百余人，斩首千级，得甲马、旗帜无数。金军"本谓蜀可图"，然而在仙人关遭遇大败，"既不得逞，度玠终不可犯"①，于是退回凤翔，"自是不妄动"②，再也不敢大举进攻川蜀。四月，宋军收复凤、秦、陇三州。

三　绍兴末年父子抗金

南宋初期，经南宋军民的殊死抵抗，宋金双方力量已发生变化，金军兀术部遭受宋军的沉重打击。兀术自天会七年（1129）秋离燕山，率众南征……加之往返万里，首尾二年，其徒销折，十存三、四，往往扶舁呻吟而归。至于兀术，尚以箭疮，帛攀其臂。"兀术始行，有从马数百，至是宿六马而还。平阳守肖庆以三马奉之，兀术之众自是不振。"③ 其他如娄室、挞懒、撒离喝等军，也在战争中实力受到削弱。此时形势已发生变化，正如金将韩常所说："今昔事异，昔我强彼弱，今我弱彼强，所幸者南人未知北间事耳。"④ 尽管战争形势发生了有利于南宋的变化，但南宋政府向金求和、纳贡称臣的投降路线占据主导地位，而金统治者征服南宋的主旨不变，南宋军民的抗金斗争贯串始终。

1. 金海陵王举国攻宋

金朝完颜亮夺取皇位后，继承和发展熙宗时恢复与发展生产以及继续

---

① （元）脱脱等：《宋史》卷366《吴玠传》，第11412页。
② （明）冯琦原编，张邦瞻增辑：《宋史纪事本末》卷16《吴玠兄弟保蜀》，文渊阁《四库全书》，第353册，第439页。
③ （宋）宇文懋昭：《大金国志》卷7《纪年·太宗文烈皇帝五》，文渊阁《四库全书》，第383册，第868、869页。
④ （宋）宇文懋昭：《大金国志》卷27《开国功臣传·韩常》，文渊阁《四库全书》，第383册，第997页。

打击守旧势力的政策，但在对宋关系上，却违背了熙宗已取得的南北议和的有利条件①，欲南下伐宋，进而统一江南，于是在宋绍兴二十三年（金贞元元年，1153）迁都燕京后，积极备战。

海陵为做好南迁伐宋的准备，加紧营建汴京宫室，作为南下攻宋的基地。又关闭榷场，宋绍兴二十九年（金正隆四年，1159）正月，除泗州（治今江苏盱眙县西北）一处榷场保留外，关闭其余全部宋金贸易榷场。二月，举国调兵，调发诸路猛安谋克军，凡年二十五岁以上、五十岁以下，全部编入军籍。绍兴三十年（1160）七月，完颜亮下诏签发诸路汉军。又督造战船、兵器，命工部尚书苏保衡在通州（治今北京通州区）督造战船，接着又遣使赴诸总管府督造兵器，并将诸路旧存兵器全部集中到中都（今北京市），其制造费用皆由人民负担。完颜亮为发动对宋战争，大括天下骡马，官至七品的准留马一匹，所调诸路马以户口为率，富室多至六十匹，凡调马五十六万匹，仍令由本家饲养，以待师期。下诏河南州县所储粮米，以备大军，不得他用。与此同时，"征发诸道工匠至京师，疫死者不可胜数"②。这是一场全国性的大浩劫，为了筹措南攻经费，预收五年赋税，劳力被摧残，农田被践毁，加上繁重的徭役，致使百姓民不聊生，"天下始骚然矣"③。

绍兴三十一年（金正隆六年，1161）春，完颜亮前往开封，随之政府也迁地此。九月，兵分四路南下攻宋，金军的主力东路军，由完颜亮海陵亲自率领三十二总管兵，从淮西南攻，进军寿春（治今安徽寿县）；西路军由徒单合喜、张中彦率领，从凤翔攻大散关（今陕西宝鸡市西南），以取四川；中路军由刘萼、仆散乌率领，从蔡州（治今河南汝南县）南攻荆襄；另遣苏保衡、完颜郑家率水军经由海道进趋临安（治今浙江杭州市）。四路金军企图一举攻灭南宋。

2. 吴璘吴挺秦陇抗金

绍兴九年（1139）六月，吴玠因病卒于仙人关（今甘肃徽县东南10里嘉陵江畔），于是其弟吴璘担负起领导秦陇人民抗金的重任，先后率军进行扶风、凤翔、百通坊、陇州刘家圈、剡湾、腊家城等战役，胡世将在

---

① 张博泉：《金史简编》，辽宁人民出版社1984年版，第154页。
② （元）脱脱等：《金史》卷129《李通传》，第2785页。
③ （元）脱脱等：《金史》卷129《李通传》，第2785页。

上奏剡湾克捷状文中言："臣询究众论，皆谓璘此战比和尚原、杀金坪，论以主客之势，险易之形，功力数倍。……臣猥以书生，误膺重寄，上赖朝廷指授，璘等为国宣力，川陕用兵以来，未有如此之胜。"①

伴随着绍兴三十一年（1161）爆发的宋金战争的演进，双方投入的兵力及战争争夺的重点逐渐从东部战场移向西部战场。同年十一月，完颜亮被杀，东路宋军获得采石（即采石矶，又名牛渚矶，今安徽马鞍山市西南采石街道江滨）大捷，继之又在十二月初，乘金军退走之际，收复了两淮地区。中路宋军亦在茨湖（今湖北老河口市东南）击败了金军的进攻，并在抗金义军的配合下，收复了洛阳、嵩州、长水、永宁、寿安等县。而西部战场在战争初期，面临着众多不利因素。在绍兴十二年（1142）的和议中，南宋曾将具有战略意义的和尚原（陕西宝鸡市西南35里）等地割让给金人，以致"一失和尚原，便自弃地三百余里，又顿失险要，其间入川路径散漫不一，为害甚大"②。此时的吴璘年岁已高，在长期征战中，身染重病，"日饵丹砂数十百粒。……每疾剧时，也颇危殆，几至死"③。然而大敌当前，国难当头，他不顾个人疾苦，率军奋战。由徒单合喜、张中彦率领西路金军在向川陕进攻中，在秦陇地区遭受宋四川宣抚使吴璘军痛击。

（1）德顺之战

绍兴三十一年（金正隆六年，1161）秋，完颜亮遣西元帅徒单合喜以兵扼大散关，游骑攻黄牛堡。当时吴璘已患重病，肩舆上杀金坪，驻军青野原（今陕西略阳市北140里），增调内郡兵分道而进，授以方略，开始了收复失地的战斗。又传檄契丹、西夏及山东、河北等地，声讨金人罪行，伸张正义。九月，先后收复秦州、洮州、陇州等地。十月，姚仲率军破金军于东谷口，吴挺率军败金人于德顺军治平寨（今甘肃静宁县西南80里治平乡）。至十一月，宋军已先后一度收复秦、陇、洮、兰州，并遣王彦东取商、虢州。十二月，吴璘遣将复水洛城（今甘肃庄浪县）。宋绍兴三十二年（金大定二年，1162）二月，宋军复河州（治今甘肃临夏市），

---

① （清）毕沅：《续资治通鉴》卷124，绍兴十一年十月癸巳，中华书局1957年版，第3296页。
② （宋）李心传：《建炎以来系年要录》卷139，绍兴十一年正月，文渊阁《四库全书》，第326册，第859页。
③ （宋）李心传：《建炎以来系年要录》卷194，绍兴三十一年十月己丑，文渊阁《四库全书》，第327册，第791页。

取来羌城。后又"攻打大散关"①。在经历了最初的紧张后，西部军很快从交战之初的防守转入进攻。《金史》卷八七《徒单合喜传》记载："是时，宋吴璘侵占古镇，分据散关、和尚原、神叉口、玉女潭、大虫岭、石碧寨、宝鸡县，兵十余万，陷河州、镇戎军。"在这种军事形势下，对德顺城的争夺，成为宋金双方汇聚的焦点。

德顺军（治今甘肃静宁县）位于今甘肃东南，北宋时属秦凤路，南宋后为金人占领，改为德顺州。宋绍兴三十二年（金大定二年，1162）正月，吴璘遣姚仲以东路兵自秦州出攻巩州（治今甘肃陇西县），"围之三日夜，不能兑，乃舍之"。遂退守甘谷城，留统制官朱刚等驻巩州。宋将姚仲攻德顺时已逾四旬，久攻不下。在这种情况下，吴璘恐将士斗志懈怠，亲临督战。自秦州率兵至德顺城下，以李师颜取代姚仲，并以其子吴挺节制军马。但德顺金军十分强大，宋军无法攻克，双方呈僵持态势。吴璘按行营垒，别栅要害，治夹河战地以预宋军之便，而致金人不利。斩不用命者，然后指挥军队大战。既战，先以数百骑尝战，敌一鸣鼓，锐士跃出驰突宋军，遂空壁与宋军激战交锋。宋军因先治战地，骑兵皆以一当十，人益奋搏。翌日，宋军再出兵，金人坚壁不战，时逢大风雪，金军引众夜遁，宋军收复德顺。吴璘入城，"市不改肆，父老拥马迎拜不绝"②。不久，吴璘返回河池（治今甘肃徽县西北银树乡）。

德顺之战，金军兵力达五万，宋军仅三万，但吴璘亲临战场后，能根据德顺城地形、敌我双方的形势修置栅栏，使宋军在战斗中拥有地利，并在激战中，审时度势地调兵遣将，对金军形成一种战无不胜的气势，金兵必然败遁。德顺之战是这一时期宋金西部战场上投入兵力最多的战役，其后宋军又乘胜收复了环州、熙州、巩州、华州。就西部战局总形势而言，"三大将之出也，兴元路得秦、陇、环、原、熙、河、兰、会、洮州、积石、镇戎、德顺军，凡十二郡；金州路得商、虢、陕、华州，凡四郡；独渭北以重兵扼凤翔，故散关之兵未得进"③。此时收复大片失地的宋军成为战争中的主动方。在这种情况下，宋军面临新的抉择：如要北伐，就必须巩固新收复的陕西州军，而"陕西五路新复州县又系于德顺之存亡，一旦

---

① （清）徐松辑：《宋会要辑稿》第179册"兵"14之41。
② （元）脱脱等：《宋史》卷366《吴璘传》，第11418页。
③ （清）毕沅：《续资治通鉴》卷137，绍兴三十二年五月甲子，第3643页。

弃之，则窥蜀之路愈多，西和、阶、成，利害至重"①。显然，德顺对于南宋巩固新复州军，继而北伐收复失地，具有重要的战略意义。德顺至仙人关，地势平坦，极其有利于善于倚靠骑兵作战的金军，如果宋军失去德顺之险，其新收复州军则会因失去屏障而易被金军重新占领，更为关键的是，宋军若失去新复州军，则西部宋军后勤供应线就被切断，其处境被动。②而宋军占领了德顺，就化解了西部宋军所面临的困境，既可东进与中、东部宋军遥相呼应，亦可就地取给粮草，增强自身的战斗力，并对金军形成强大的压力。因此，若丢弃德顺军，实际上就是放弃了新收复的可以补充兵源与粮草的大片土地，使固有的西部边防亦处窘境。金军也敏锐地觉察到这点，不断地增兵，誓要夺回对德顺军的控制权。

吴璘亦识破了金人意图，知其"志在德顺"，必再争夺，于是从河池（治今甘肃徽县西北银树乡）率兵急驰赴德顺城下。金元帅左都监徒单合喜亲自率兵四万来赴，合完颜悉烈等军十余万果然来攻，随后万户豁豁也率精兵从凤翔继至增援。因此，宋金双方在德顺展开了殊死搏斗，极力争夺，互有攻守，但宋军在吴璘的指挥下，渐占主动。"敌自是失三路形胜，粮运迂险。"③吴璘调诸将益出兵至秦州，布置诸将分屯要塞，在东山筑堡坚守，而且"益出蜀口之师，分德顺兵历阵内外相合以击之"④。金人极力争夺，杀伤大半，终不能克。随着西部战争的演进，德顺战场已成为决定宋金双方胜负的关键。但由于吴璘军总兵力少于金，且宋军收复失地越多，兵力分散的情况就越严重，以致不能在占据德顺后乘胜推进，只能捍御收复的州军。尽管如此，德顺军的宋军在吴璘的指挥下，多次转危为安，并形成了新的进攻态势，总战局形势有利于宋军。

但是非战场的因素却主导着战局的发展。这时，南宋主和派再居上风，议者以为"兵宿于外，去川口远，则敌必袭之"⑤，朝廷随欲弃三路。这年十二月，孝宗"诏弃德顺城，徙兵民于秦州以里屯住"⑥。这意味着宋

---

① （元）脱脱等：《宋史》卷383《虞允文传》，第11795页。
② 王智勇：《论宋、金德顺军之战》，《四川大学学报》2003年第4期。
③ （宋）杜大珪编：《名臣碑传琬琰之集》上卷14《吴武顺王璘安民保蜀定功同德之碑》，文渊阁《四库全书》，第450册，第124页。
④ （清）徐松辑：《宋会要辑稿》第83册"职官"42之66。
⑤ （明）冯琦原编，陈邦瞻增辑：《宋史纪事本末》卷16《吴玠兄弟保蜀》，文渊阁《四库全书》，第353册，第442页。
⑥ （元）脱脱等：《宋史》卷33《孝宗纪》，第620页。

朝廷不仅放弃了北伐收复失地的大好时机，而且更为不断增兵德顺、凤翔等地的金军邀击退师的吴璘军创造了条件。吴璘部属力主："将在军，君命有所不受。此举所系甚重，奈何退师？"①但在孝宗即位的非常时刻，深谙宋廷祖宗家法的吴璘，深知"顾主上初政，璘握重兵在远，有诏，璘何敢违！"②吴璘不敢违抗，于是弃德顺军，仓促退兵，金人乘机背后袭击，吴璘军"亡失者三万三千，部将数十人，连营痛哭，声振原野"③。宋廷"将从中御"的结果，导致了西部战场的形势急转直下，于是"秦凤、熙河、永兴三路新复十三州、三军，皆复为金取"④，金军最终取得了西部战场的控制权。时人评论宋军德顺军之败曰："徒以人言，万里遥度，亟诏班师，大军未旋，而兵烽复满于四郊，向所得诸郡随而沦陷，两京五路，恢复愈远，至今人以为失策。"⑤可谓一针见血，切中时弊。德顺军之败，宣告了南宋北伐中兴大计梦想的彻底破灭，并最终决定了南宋中后期宋、金关系发展的基本格局⑥。

（2）原州之战

宋绍兴三十二年（金大定二年，1162）三月，金人引兵与西蕃官杏果同围原州（治今甘肃镇原县）。原州位于德顺州之东，治临泾（今甘肃镇原县），取其高平曰原为名。东北至宁州七十里，西至镇戎军界，南至渭州界，北至庆州界均为一百三十里。原州守将段义彦率忠义统领巩铨领兵，集合城中官吏、军民登城坚守。金人依城建寨，昼夜攻击。原州城虽高，而忠义兵皆无甲，于是遣使至镇戎军求援。此时原州受围已久，金兵增加大炮十四所，更用鹅车、洞子拥迫城下，矢石乱发，军民死伤甚众，形势十分危急。守将段义彦、巩铨对镇戎军秦弼说"原州、镇戎，唇齿相依。原州失守，镇戎必孤"⑦。秦弼奏报宣抚司后，令秦弼尽领四将兵应援。此时，原州围兵已增至七万，原州势急，而泾、渭州距德顺、镇戎地

---

① （清）毕沅：《续资治通鉴》卷138，隆兴元年正月壬子，第3660页。
② （清）毕沅：《续资治通鉴》卷138，隆兴元年正月壬子，第3660页。
③ （明）陈邦瞻：《宋史纪事本末》卷16《吴玠兄弟保蜀》，文渊阁《四库全书》，第353册，第442页。
④ （清）毕沅：《续资治通鉴》卷138，隆兴元年正月壬子，第3660页。
⑤ （宋）李流谦：《澹斋集》卷9《上张魏公论时事札子三首》，文渊阁《四库全书》，第1133册，第671页。
⑥ 王智勇：《论宋、金德顺军之战》，《四川大学学报》2003年第4期。
⑦ （清）毕沅：《续资治通鉴》卷137，绍兴三十二年四月甲戌，第3637页。

远，吴璘命姚仲以德顺（今甘肃静宁县）军增援，于是"姚仲并河池、秦州兵九千至德顺，余兵留屯甘谷、摧沙、镇戎军"①。姚仲自德顺至原州，由九龙泉上北岭，令诸军弓弩尽满引行前，辎重队居后。以卢士敏兵为前锋，所统兵六千为四阵，姚志兵为后拒，随地便利列阵，与金人鏖战数十回合。但逢辎重队随阵乱行，遭遇金人攻击，于是军队大败，此役"武显大夫、兴州前军同统制郑师廉，与统领官七，将官三十，队将七十有三，并死于阵"②。

3. 吴挺继承父志抗金

吴挺（1138—1193），字仲烈，吴璘子，以荫补官，从吴璘为中郎将，部西兵诣行在。宋绍兴三十一年（1161），金人渝盟，吴璘以宣抚使率三路兵抵御，吴挺"愿自力军前"③，于是吴璘命其担任中军统制。宋军收复秦州后，金将徒单合喜与张中彦"以兵来争"，吴挺破其治平砦。不久南市城金人也掎角为援，双方"转战竟日"④。吴挺命前军统制梅彦属部直接占据城门，属部不应，梅彦也惧力不敌。在吴挺督促下，梅彦率众殊死搏斗，吴挺率背嵬骑兵，并改用黄旗，绕到金军背后，占据高地，自上而下激战。金人哗然喊道"黄旗儿至矣！"遂惊败。

宋绍兴三十二年（1162），吴挺与都统制姚仲率东、西两路兵攻德顺（治今甘肃静宁县）。金军左都监率平凉驻军倾城而出援合喜，又遣精兵数万从凤翔来会合。姚仲军驻六盘山，吴挺率军独自趋瓦亭（即瓦亭关，今宁夏固原市南70里瓦亭村），身冒矢石，士兵也随其冲锋陷阵，舍身拼搏。金人舍骑操短兵器奋斗，吴挺另遣将领"尽夺其马，金众遂溃"⑤。吴挺率兵追击，擒获金人首领、士兵三百七十人。金人不甘失败，悉兵趋德顺。吴璘从秦州前来督军，"先壁于险，且治夹河战地"⑥。金人大队人马果然到来，吴挺诱金兵进入宋军所伏阵地，"盛兵蹙之，敌不能支，一夕遁去"⑦。

---

① （清）毕沅：《续资治通鉴》卷137，绍兴三十二年四月甲戌，第3637页。
② （清）毕沅：《续资治通鉴》卷137，绍兴三十二年四月壬寅，第3640页。
③ （元）脱脱等：《宋史》卷366《吴挺传》，第11421页。
④ （元）脱脱等：《宋史》卷366《吴挺传》，第11421页。
⑤ （元）脱脱等：《宋史》卷366《吴挺传》，第11421页。
⑥ （元）脱脱等：《宋史》卷366《吴挺传》，第11421页。
⑦ （元）脱脱等：《宋史》卷366《吴挺传》，第11421页。

巩州（治今甘肃陇西县）久攻不下，吴挺率领先锋军至城下，诸将皆主张分兵各当一面，向城西北面坡陀地进攻。吴挺说："西北虽卑而土坚，东南并河多沙砾善圮。且兵分则少，以少当坚城，可得而下乎？"① 于是命全军攻击城东南角落。不到二日，楼橹俱尽。半夜，金人雷千户约降，黎明时，攻破巩州城。吴璘估计金人必再争德顺，至自河池，金人果然集兵十多万列栅以拒。有一金人大首领率数千骑侧击东山，吴挺率骑兵击退，占领东山，筑堡坚守。金人争夺不下，便修治攻城器械，"为大车匿战士其中，将填隍而进"②。吴挺命令在道路中植大木为障，致使金军大车不能前进。

吴挺25岁时，就以战功升为武昌军承宣使，不久又为龙神卫四厢都指挥使、熙河路经略安抚使中军统制。时逢南宋朝廷与金人议和，"诏西师解严，于是父子遂旋军"③。乾道元年（1165），升为本军都统制。乾道三年（1167），以父命入奏，拜侍卫亲步军指挥使，节制兴州军马。其父死后，复为金州都统、金房开达安抚使，后又为利州东路总管。吴挺有自己的军事思想，"尝论两淮形势旷漫，备多力分，宜择胜地扼以重兵，敌仰攻则不克，越西南又不敢，我以全力乘其弊，蔑不济者"④。

吴璘在世时，吴挺累从其父征讨，功效卓著，其父死后，继承父志，继续坚守秦陇之南川口地，为南宋偏隅江南、保全四川做出贡献。

四　策反吴曦叛宋降金

吴曦（1162—1207），吴璘之孙，吴挺次子，以祖荫补右承奉郎。淳熙五年（1178），换武德郎，除中郎将，后改武翼郎，累迁高州刺史。绍熙四年（1193）五月，其父挺病故，吴曦起复濠州团练使，庆元元年（1195）冬，由建康军马都统制除知兴州兼利西路安抚使。宋开禧二年（金泰和六年，1206），"朝廷议出师，诏曦为四川宣抚副使，仍知兴州"⑤。开禧二年五月，韩侂胄请宋宁宗下诏出兵北伐，金章宗也正式出师

---

① （元）脱脱等：《宋史》卷366《吴挺传》，第11421页。
② （元）脱脱等：《宋史》卷366《吴挺传》，第11422页。
③ （元）脱脱等：《宋史》卷366《吴挺传》，第11422页。
④ （元）脱脱等：《宋史》卷366《吴挺传》，第11422页。
⑤ （元）脱脱等：《宋史》卷475《叛臣传上》，第13812页。

应战，以平章政事仆散揆兼左副元帅，陕西兵马都统使充为元帅右监军，知镇定府事乌古论谊为元帅左监军，又以枢密使完颜匡为右副元帅，金对宋展开全面的防御性战争，宋金之间战火重燃。十月，仆散揆督诸道兵对宋展开全面的反击，分兵九路进军，其中有四路是从甘肃出兵，即右都监蒲察贞以岐、陇兵一万出成纪（治今甘肃天水市秦州区）；蜀汉路安抚使完颜纲以汉蕃步骑一万出临潭（治今甘肃临潭县）；临洮路兵马都总管石抹仲温以陇右步骑五千出盐川（即盐川寨、盐川镇，今甘肃陇西县西南50里）；陇州防御使完颜璘以本部兵五千出来远（即来远寨，今甘肃武山县西南滩歌乡）。金章宗总共动员十四万五千兵力投入战争，金已从防御转为进攻，战争形势对金有利。在西北甘肃战场上，金军也取得全线胜利，十一月，完颜纲攻下祐川（今甘肃岷县东南）、岷州荔川（今甘肃宕昌县北）等城，蒲察贞攻下西和州（治今甘肃西和县）。十二月，蒲察贞攻下成州（治今甘肃成县）。在金军大举反攻，宋军节节败退之际，开禧二年（金泰和六年，1206）十二月二十七日，吴曦接受金所颁诏书、金印及所封蜀王，并在兴州（治今陕西略阳）的置口召集幕僚谓："东南失守，车驾幸四明，今宜从权济事"①，宣布叛宋投金。开禧三年（1207）正月，吴曦遣将利吉引金兵入凤州（治今陕西凤县），以四郡付金，以铁山为界。吴曦乘黄屋左纛，在兴州即王位，"即治所为行宫，称是月为元年"②，议行削发左衽之令。遣董镇至成都治宫殿，欲迁居。并将所统军七万并程松军三万，分隶十统帅，遣禄祁、房大勋戍万州，乘船下嘉陵江，声称要与金人夹攻襄阳。

吴曦的叛宋降金，引起南宋爱国军民的极大愤慨，其属下多人拒不接受，弃官而去，甚至谋举义兵。兴州合江仓官杨巨源倡议讨伐，遂与随军转运安丙共谋诛曦。二月甲戌夜，杨巨源、李好义率勇敢七十人斧门以入，李好义兄李贵即入曦室斩其首，裂其尸，并将曦首献于南宋朝廷。

虽然吴曦叛宋降金、称蜀王仅维持了四十多天，但这一事件却有其深刻的政治、军事及金朝政策等多方面的原因。

---

① （元）脱脱等：《宋史》卷475《吴曦传》，第13812页。
② （元）脱脱等：《宋史》卷475《吴曦传》，第13812页。

1. 南宋政府行压制政策

入宋后，为了"惩创五季，而矫唐末之失策"①，统治阶级开始反思五代的弊端，认为"五代之变，皆因于兵"②。因此北宋统治者采用赵普的建议，"稍夺其权，收制钱谷，收其精兵"③，以削弱藩镇政权、财权、兵权。重文轻武，文人任州县长官，甚至统军的主帅也换成文人。这一政策的执行，对于维护北宋的稳定，加强中央集权有积极意义。南宋时，由于金朝的入侵，武将地位有显著提高，"自渡江以来，沿边之兵尽归诸大将，帅臣反出其下"④，虽然南宋政府也设置都督府之类的机构，节制各大军，但实际上并不能有效地统辖，所以朝廷政策由"重文轻武"逐渐发展为"以文制武"⑤。在吴曦父吴挺时，吴氏集团的权势已难以与吴玠、吴璘时相比，由于南宋统治者虑"吴氏四世专蜀兵，非国家之利"⑥，对吴氏集团的影响深表忧虑，"虑吴氏世将，谋去之"⑦。所以吴挺时，其家族势力已在一定程度上受到限制。吴挺病重时，吴曦尚在和州（治今安徽和县）任职。对吴曦的安排，"兵权不可复付其子"⑧，再次显示了宋政府对其的压制，唯恐他回四川接管其家族势力。吴挺死后，宋朝廷"选他将代之，仍置副帅，别差兴州守臣，并利州西路帅司归兴元，以杀其权。挺长子曦勿令奔丧，起复知和州，属总领杨辅就近节制诸军，檄利路提刑杨虞仲往摄兴州"⑨。以张诏代挺，以李仁广为副，以削减吴氏兵权，"遂革世将之患"。

就在吴氏势力出现断层后，宋朝廷内部形势也出现了很大变化。庆元元年（1195），韩侂胄发动庆元党禁，一些力主抑制吴氏家族的朝内高官被政治斗争所驱逐。一心想回四川的吴曦抓住这一时机，进行了一系列的

---

① （宋）叶适：《水心集》卷3《法度总论二》，文渊阁《四库全书》，第1164册，第73页。
② （宋）吕祖谦：《历代制度详说》卷11《兵制·详说》，文渊阁《四库全书》，第923册，第982页。
③ （宋）李焘：《续资治通鉴长编》卷2，建隆二年七月戊辰，中华书局1979年版，第49页。
④ （宋）李心传：《建炎以来系年要录》卷112，绍兴七年七月丁卯，文渊阁《四库全书》，第326册，第526页。
⑤ 王继东：《吴曦叛宋探因》，《商丘师范学院学报》2005年第1期。
⑥ （元）脱脱：《宋史》卷392《赵汝愚传》，第11982页。
⑦ （元）脱脱：《宋史》卷391《留正传》，第11974页。
⑧ （元）脱脱等：《宋史》卷398《丘崈传》，第12110页。
⑨ （元）脱脱等：《宋史》卷398《丘崈传》，第12111页。

活动，先与另一军事集团郭氏联姻，增强吴氏政治声势；后与韩侂胄在北伐对金开战达成共识，使韩侂胄看来，一旦北伐，川陕是其用兵的重点地区，如无吴氏领兵，后果不堪设想。最终韩侂胄同意吴曦回蜀，命其为兴州驻扎御前诸军都统制，兼知兴州、利州西路安抚使。显然南宋政府对吴氏集团采取的压制政策，使吴曦与宋朝廷产生了矛盾，这为他后来叛宋提供了政治上的因素。

2. 地理军事与家族优势

四川历来为易守难攻之地，李白的《蜀道难》形容其难与险，"危乎高哉！蜀道之难，难于上青天！蚕丛及鱼凫，开国何茫然！尔来四万八千岁，不与秦塞通人烟。西当太白有鸟道，可以横绝峨眉巅。地崩山摧壮士死，然后天梯石栈相勾连"①。四川东面有巫山，南面有大娄山，又紧邻云贵高原，西有龙门山，再西有横断山脉，北边有米仓山和大巴山。南宋时，宋政府布置重兵以防备西夏和金朝的进攻。宋高宗绍兴元年（1131），宋军曾在和尚原、大散关打败金军，让金人领略了"蜀道之难，难于上青天"的真正含义。吴曦叛宋后，驻兵四川万县（治今四川万州市），控扼出入四川的长江咽喉要道，又守瞿塘，扼夔门，宋朝廷竟无力对他征讨，皆充分显示了地理位置的优势。

此时的"吴家军"经过吴玠、吴璘、吴挺兄弟祖孙三代的经营，在军事上已占据优势。至乾道（1165—1173）末，在兵员数量上，当时四川都统司共"有名籍凡九万七千三百三十八人，马一万三千一百四十二匹"②。仅吴挺军就有官兵六万人③，军马一万匹。吴挺并在宕昌（今甘肃宕昌县）军中自置互市，招徕羌马，于是"西路骑兵遂雄天下"④。到吴曦时，吴家军在四川已首屈一指，具有自己的军事优势，成为四川军事力量的主要支柱。正如左丞相留正所言："西边三将，唯吴氏世袭兵柄，号为'吴家

---

① （唐）李白：《李太白文集》卷2《蜀道难》，文渊阁《四库全书》，第1066册，第228页。

② （宋）李心传：《建炎以来朝野杂记》甲集卷18《关外军马钱数》，文渊阁《四库全书》，第608册，第415页。

③ （宋）李心传：《建炎以来朝野杂记》乙集卷17《沔州十军分正副两司事始》载："沔州诸军自昔为天下同，盖御前诸军唯蜀中有关陕之旧，而武兴之众至六万人，分为十军，其间摧锋、踏白二军又沔军之最劲者也。"

④ （元）脱脱等：《宋史》卷366《吴挺传》，第11422页。

军',不知有朝廷。"① 这就成了吴曦叛宋的军事资本。

  吴氏家族长期以来经营四川与陇南地区,为南宋朝廷扼守入蜀关口,并采取多种措施恢复与发展生产,加强战备。吴玠率领秦陇地区人民与金抗衡,对垒且十年,常苦远饷劳民,于是裁减冗员,节约不必要开支。据《建炎以来朝野杂记》甲集卷十六《关外营田》载,绍兴六年(1136),吴玠为川陕宣抚使与营田使时,曾命梁州、洋州守将修治褒城废堰,灌溉土地,民以为生,于是愿归业者数万家。又大兴营田,率军民"治废堰营田六十庄,计田八百五十四顷,岁收二十五万石以助军储"②。绍兴中,吴璘至汉中,继续修治褒城古堰,溉田数千顷,使百姓大获其利。并且实行屯田,招募百姓垦田。吴璘镇守阶、文二州时,积极推行军屯,并实行茶马贸易。吴挺为知兴州、利州两路安抚使时,所在兴州东北有两座山谷常发洪水,吴挺动用民力做两堤防止山洪暴发。至绍兴末,吴璘为宣抚使时,所储钱帛数为"钱引八千九万缗,金五千三百两,银一万一千两,帛八千五百匹皆有奇"③。自吴璘任宣抚使时,就积累了大量钱物。至淳熙二年(1175)六月,吴挺为兴州都统制置使时,"利源多为所擅,前后二十年,财帛不胜计矣"④。吴曦更是善于敛财,除了雄厚的家底外,还依靠皇帝赐田、买田、占田,掌握了大量田地。正如李心传所言:"剑外诸州之田,绍兴以来,久为诸大将吴、郭、田场及势家豪民所擅,赋入甚薄。"⑤经过吴玠、吴璘、吴挺二代经营,至吴曦时已积蓄了雄厚财力,具有强大的经济基础。吴曦凭借这种经济实力,利用多资金、善交结的优势,结交权贵,使自己左右逢源,立于不败之地,既为他回蜀开辟道路,又为日后叛宋奠定了经济基础。

  总之,四川与陇南地区自然地理、军事及其家族优势,为吴曦叛宋提供了得天独厚的条件。

---

  ① (元)脱脱等:《宋史》卷391《留正传》,第11974页。
  ② (元)脱脱等:《宋史》卷176《食货志上四》,第4272页。
  ③ (宋)李心传:《建炎以来朝野杂记》乙集卷17《绍兴至淳熙四川宣抚司钱帛数》,文渊阁《四库全书》,第608册,第610页。
  ④ (宋)李心传:《建炎以来朝野杂记》乙集卷17《绍兴至淳熙四川宣抚司钱帛数》,文渊阁《四库全书》,第608册,第611页。
  ⑤ (宋)李心传:《建炎以来朝野杂记》乙集卷17《关外经量》,文渊阁《四库全书》,第608册,第608页。

3. 战争形势与金朝诱降

当时宋金双方交战形势及金朝的政治诱降政策，也是吴曦叛宋的一个重要外部因素。金朝是用军事武力建立的帝国，随着女真族封建化及汉化程度的加深，其军事力量逐渐削弱，至金章宗时，虽"宇内小康，乃正礼乐，修刑法，定官制，典章文物灿然成一代治规"①，但金朝已开始走上衰落的进程，"向之所谓维持巩固于久远者，徒为文具，而不得为后世子孙一日之用，金源氏从此衰矣"②。在金朝对南宋发动的多次战争中，由于南宋人民自发的抗金斗争，导致金朝的军事进攻受到有效的抵御。开禧北伐后，金章宗就及时地调整了对宋的战争策略，以和议佐攻战。战争一开始，金朝就对吴曦进行策反。战争初期的吴曦还雄心勃勃，"出兵兴元，有窥关陇之志"③，遣诸将出秦、陇间，与金军相拒。但金章宗十分清楚吴氏家族与南宋朝廷之间的矛盾，他认为"韩侂胄忌曦威名，可以间诱致之，梁、益居宋上游，可以得志于宋"④。于是，暗中对吴曦实行诱降。

由于金国在战争前期缺乏足够的准备，所以南宋在战争初期尚占据优势，但后期，南宋连续遭到失败，致使"师一出涂地，不可收拾"。竟出现"百年教养之兵，一日而溃；百年葺治之器，一日而散；百年公私之盖藏，一日而空；百年中原之人心，一日而失"⑤的局面。吴曦也遭受了一连串的失败：宋开禧二年（金泰和六年，1206）六月，吴曦攻盐川，被完颜王喜击败；七月，吴曦率兵五万袭秦州，被金陕西都统副使承裕、完颜璘击败，斩首四千余级；九月，吴曦遣将冯兴、杨雄、李珪等入秦州，又被承裕等击败，杨雄、李珪被杀，金军占领成州（治今甘肃成县），直逼河池（治今甘肃徽县西北银树乡）。十月，金军大举反攻，平章政事仆散揆督诸道兵伐宋，其中有四路进攻西线：右都监蒲察贞率岐、陇兵一万出成纪（治今甘肃天水市秦州区），蜀汉路安抚使完颜纲率汉、蕃步骑一万出临潭（治今甘肃临潭县），临洮路兵马都总管石抹仲温率陇右步骑出盐川（即盐川寨，属通远军，后改为镇，今甘肃陇西县西南50里），陇州防

---

① （元）脱脱等：《金史》卷12《章宗本纪四》，第285页。
② （元）脱脱等：《金史》卷12《章宗本纪四》，第286页。
③ （元）脱脱等：《金史》卷98《完颜纲传》，第2178页。
④ （元）脱脱等：《金史》卷98《完颜纲传》，第2178页。
⑤ （宋）程珌《洺水集》卷2《丙子论对札子其二》，文渊阁《四库全书》，第1171册，第232页。

御使完颜璘率本部兵五千出来远（今甘肃武山县西南滩歌乡）。吴曦军也受到金军的大规模进攻，十一月，金军又连续攻克祐川、荔川、间川、宕昌、天水、西和州①等甘肃陇南地区，吴曦只好退守青野原（今陕西略阳县北140里），凭险拒守。此时的吴曦清楚自己的处境，深怕步江淮战场三路败绩将领郭倬、李汝翼、皇甫斌等被杀的后尘。

这时，金章宗亲自写给吴曦的劝降诏书起了很大作用。金章宗极力赞扬吴氏世代捍卫四川，功盖天下，应当世做四川大帅，永久为蜀地藩王。然而自古以来都是"威略震主者身危，功盖天下者不赏"。并诱降说，吴氏家族"专制蜀汉，积有数年，猜嫌既萌，进退维谷，代之而不受，召之而不赴，君臣之义已同路人，譬之破桐之叶不可以复合，骑虎之势不可以中下矣"②。并以宋高宗听信谗言杀害岳飞的事警告他，"飞之威名战功暴于南北，一旦见忌，遂被叁夷之诛，可不畏哉"③。又劝他顺时而动，因机而发，转祸为福，建万世不朽之业。同时向吴曦承诺，"你若按兵闭境不为异同，使我师并力巢穴而无西顾之虞，则全蜀之地卿所素有，当加册封，一依皇统册构故事"④。除了保证吴曦做王之外，如"更能顺流东下，助为掎角，则旌麾所指尽以相付"⑤。此时，金章宗的这份劝降诏书对吴曦产生了极大作用。于是当年十二月，吴曦在兴州（治今陕西略阳县）正式宣布降金称王，金朝的政治诱降政策取得了成功。

虽然吴曦叛宋称蜀王仅维持了40余天，但通过这一事件，我们可以透视到宋政府专制主义的腐败，这种腐败就是长期以来对有才干的武将的猜忌、压制、打击，使他们难以建功立业。总之，吴曦叛宋正是宋朝统治阶级长期以来奉行"以文制武"政策的产物。

五 吴玠吴璘战略战术

北宋与南宋交替之际，宋军在对金作战中，处于怯战兵败的弱势中，但吴玠、吴璘正是从失败与挫折中吸取教训，学习战争，探索克敌制胜的

---

① 参见（元）脱脱等《金史》卷12《章宗本纪四》，第278、279页。
② （元）脱脱等：《金史》卷98《完颜纲传》，第2178页。
③ （元）脱脱等：《金史》卷98《完颜纲传》，第2178页。
④ （元）脱脱等：《金史》卷98《完颜纲传》，第2179页。
⑤ （元）脱脱等：《金史》卷98《完颜纲传》，第2179页。

战略战术。吴玠"用兵本孙、吴,务远略,不求小近利,故能保必胜"①,而"选用将佐,视劳能高下先后,不以亲故、权贵挠之"②。吴玠死后,胡世将询问玠所以制胜的原因,吴璘说:"璘从先兄有事西夏,每战,不过一进却之顷,胜负辄分。至金人,则更进迭退,忍耐坚久,令酷而下必死,每战非累日不决,胜不遽追,败不至乱。盖自昔用兵所未尝见,与之角逐滋久,乃得其情。盖金人弓矢,不若中国之劲利;中国士卒,不及金人之坚耐。吾常以长技洞重甲于数百步外,则其冲突固能相及。于是选据形便,出锐卒更迭挠之,与之为无穷,使不得休暇,以沮其坚忍之势。至决机于两阵之间,则璘有不能言者。"③吴璘所言反映出吴玠已清醒地认识到宋金双方的不同优势,以我之长制敌之短。

宋高宗曾问胜敌之术,吴璘回答说:"弱者出战,强者继之",显然这是"孙膑三驷之法,一败而二胜也"④。吴璘所著《兵法》三篇予以总结:"金人有四长,我有四短,当反我之短,制彼之长。四长曰骑兵,曰坚忍,曰重甲,曰弓矢。吾集蕃汉所长,兼收而并用之,以分队制其骑兵;以番休迭战制其坚忍;制其重甲,则劲弓强弩;制其弓矢,则以远尅近,以强制弱。布阵之法,则以步军为阵心、左右翼,以马军为左右肋,拒马布两肋之间;至帖拨增损之不同,则系乎临机。"⑤女真重甲骑兵,长于弓矢远射,短于白刃近战,能进行"更进迭退"式的连续作战,这是金军的基本特点与优势,而宋军因马源缺乏等诸多原因,只能以步兵为主。

在残酷的战争实践中,吴玠逐步探索出一套以步制骑、行之有效的战略战术。

一是创制新"布阵式"。吴玠兄弟长期生长在西北边地,自幼习知山川利便、风土民情,在长期的征战中积累了丰富的军事学知识,并在继承前人的基础上,创造出新的"布阵式"。据《建炎以来系年要录》卷一九六记载:

> 凡布阵之式,以步军为阵心,为左右翅翼。马军为左右肋,拒马

---

① (元)脱脱等:《宋史》卷366《吴玠传》,第11413页。
② (元)脱脱等:《宋史》卷366《吴玠传》,第11413页。
③ (元)脱脱等:《宋史》卷366《吴玠传》,第11413页。
④ (元)脱脱等:《宋史》卷366《吴璘传》,第11420页。
⑤ (元)脱脱等:《宋史》卷366《吴璘传》,第11420页。

环于左右肋之内，以卫步军，以一阵约计之。主管敌阵统制一，统领四，主阵拨发各一，正副将、准备将、部队将，则因其队为多寡，阵兵三千二百六十有三，步军居阵之内者一千二百有七，为阵心者一千有六（甲军枪手五百有二，神臂弓二百有二，平射弓二百有二）。舆拒马者二百，居阵外，分两翅，副翼者五百六十有六，左翼二百八十有三（主阵将官二，平射弓二百一十有七，神臂弓六十四），右翼亦如之。马军居阵外为左肋者二百六十有一（将官二，训练一，管队十，队兵乘骑二百四十有八），右肋亦如之。虽其间有贴拨补阵增益之不同，而大略可类见矣。①

显然，吴玠扬长避短，以宋军步兵为主力，充分发挥宋军步兵的潜能，以宋军步兵之长制金人骑兵之短。

二是进行纵深防御。设置要塞，构筑坚垒，在敌军锐气旺盛之时，暂时回避锋芒是明智之举。富平之战前夕，吴玠曾认为"兵以地动，今地势不利，将何以战？宜徙据高阜，使敌马冲突，吾足以御之"②。张浚不肯采纳，结果在平原会战，一败涂地。和尚原与仙人关之役获胜，就是依托要塞坚垒，严重损耗金兵的进攻能力，先防后攻。面对金军的猛攻，吴玠等人逐渐认识到不能囿于一城一寨的得失，必须层层设防。和尚原大捷后，吴玠与刘子羽等人商议，及时在仙人关部署第二线防御。在仙人关之战前，吴璘写信给吴玠，"杀金坪之地去原上远，前阵散漫，谓须第二阵作隘，牢其限隔，期必死战，则可取胜。"③ 在战斗中，金人虽死伤过半，但仍存锐气，宋军长久苦战，"遂敛第二隘以致敌"④，吴璘夜布火鼓、易旗帜，迨晓，军阵精采一变，乐声震山谷，于是人人"自励有死志"，奋勇杀敌。"洎敌再搏我第二隘"，反复多次较量，历经"几百余战，而敌攻

---

① （宋）李心传：《建炎以来系年要录》卷196，绍兴三十二年春正月戊子，文渊阁《四库全书》，第327册，第818页。
② （宋）李心传：《建炎以来系年要录》卷37，建炎四年九月癸亥，文渊阁《四库全书》，第325册，第547页。
③ （宋）杜大珪：《名臣碑传琬琰之集》上卷14《吴武顺王璘安民保蜀定功同德之碑》，文渊阁《四库全书》，第450册，第120页。
④ （宋）杜大珪：《名臣碑传琬琰之集》上卷14《吴武顺王璘安民保蜀定功同德之碑》，文渊阁《四库全书》，第450册，第121页。

垒，兵殆尽，遂走入壁"①。正因为吴玠、吴璘部署纵深防御，前后斩首俘获不可胜计，使金军难以获胜，自是不敢窥蜀。

三是以宋强制金弱。针对"金人弓矢不若中国之劲利"的弱点，"制其重甲，则劲弓强弩，制其弓矢，则以远克近，以强制弱"，宋军"常以长技洞重甲于数百步外，则其冲突固不能相及"②。和尚原之战时，吴玠命诸将选劲弩强弓，"分番迭射，号'驻队矢'，连发不绝，繁如雨注"③。仙人关之战时，宋军也"以驻队矢迭射，矢下如雨，死者层积，敌践而登"④。金军攻第二隘时，则人披两铠，铁勾相连，鱼贯而上。吴璘"督士死战，且射其两腋"⑤，以宋军的强劲弓弩制其重甲，发挥了很大威力。

四是采用多种战法。鉴于"中国士卒不及金人之坚耐"，于是"选据形便，出锐卒更迭挠之，与之为无穷，使不得休暇，以沮其坚忍之势"⑥。在和尚原战役中，在强弩迭战攻势下，金军稍有退却，吴玠即以"奇兵旁袭，绝其粮道"⑦，设伏以待，纵兵夜袭。在杀金坪战役中，金军极力攻宋军所置第二隘，吴璘"夜布火鼓、易旗帜，迨晓，军阵精采一变，乐声震山谷"⑧。这种奇兵旁袭、番休迭战、夜战、白刃战等战略战术的正确与巧妙的运用，打击了金军锐气，起了消耗金军的作用。

吴玠、吴璘所创立的"布阵式"、正确战略战术的实施及临战的巧妙指挥，是南宋绍兴（1131—1162）年间，宋军在秦陇地区抗金获胜的重要原因，也是吴氏兄弟军事战略思想的体现。

南宋初绍兴（1131—1162）年间，吴玠、吴璘领导的抗金斗争，是在中原、两河与秦陇人民武装抗金的影响和推动下进行的，在宋金战争的全局中，具有非常重要的作用与意义。吴玠、吴璘通过大小数十次战役，不仅有力拒金兵于蜀口之外，扭转了宋军接连溃败的局面，而且消灭和拖垮

---

① （宋）杜大珪：《名臣碑传琬琰之集》上卷14《吴武顺王璘安民保蜀定功同德之碑》，文渊阁《四库全书》，第450册，第121页。
② （元）脱脱等：《宋史》卷366《吴玠传》，第11413页。
③ （元）脱脱等：《宋史》卷366《吴玠传》，第11410页。
④ （元）脱脱等：《宋史》卷366《吴玠传》，第11412页。
⑤ （宋）杜大珪：《名臣碑传琬琰之集》上卷14《吴武顺王璘安民保蜀定功同德之碑》，文渊阁《四库全书》，第450册，第121页。
⑥ （元）脱脱等：《宋史》卷366《吴玠传》，第11413页。
⑦ （元）脱脱等：《宋史》卷366《吴玠传》，第11410页。
⑧ （宋）杜大珪：《名臣碑传琬琰之集》上卷14《吴武顺王璘安民保蜀定功同德之碑》，文渊阁《四库全书》，第450册，第121页。

了金朝的精锐兵力，彻底打乱了金朝统治者窥陇望蜀、东下灭宋的进攻计划，保卫了偏居江南一隅的南宋朝廷，保护了川蜀与整个南宋统治区人民的生命与财产的安全。吴玠、吴璘领导的抗金斗争符合南宋军民反对掠夺、捍卫国家的强烈愿望，因而人民全力以赴地支持。"绍兴和议"后，宋金西部疆域长期以大散关为界，这与吴玠、吴璘领导的抗金斗争有密切关系。

六　获胜因素及其意义

绍兴年间（1131—1162），吴玠、吴璘在秦陇地区与金军进行了数十次大小战役，特别是在和尚原与仙人关之战中，金军遭遇重创，这两次大捷是金军自灭辽破宋以来所遇到的首次与二次惨败①。金军自破宋灭辽后，所向披靡，攻无不克，但是进攻和尚原的金军兵力有数万人，进攻仙人关的金军有十多万，其中"半是马军"，系金军精锐。然而吴玠最早屯守和尚原时，兵力仅有几千。仙人关之战时，吴玠兵力最多不超过三万八千人②。由此可知，这二次战役均是以少胜多的硬仗与恶仗。在金军兵力占明显优势的情况下，吴玠、吴璘率领的宋军多次获胜，这是有多方面的因素的。

第一，经济暂居优势。金朝初期，金军虽然占据了许多地区，但大多处于北方与西北地区。而宋朝的经济命脉却在东南与四川一带，这里虽有战乱，但与北方相比，显然受战争影响较少，社会生产仍能在不断扩大的规模上继续进行，而且战乱中，大量北方人口迁入南方，因而有充足的人力资源，这就使南宋初期的抗金斗争有了富庶稳固的人力与物力资源。反之，金人远道而来，深入中原腹地，供给不足，消耗巨大，即便打了胜仗，也面临诸多困难，在溃败情况下，更难保证军需供给，因而处于被动境地。所以在南宋初期，宋朝一方在经济条件上暂居优势，处于有利地位。

---

① 王曾瑜：《岳飞和南宋前期政治与军事研究》，河南大学出版社2002年版，第379页。
② 据《建炎以来系年要录》卷111"绍兴七年五月壬午条"载，至绍兴六年（1136），"官兵共计六万八千四百四十九人"。《建炎以来朝野杂记》甲集卷18《关外军马钱数》载，"其后卢立之为宣抚使，尚有兵三万，立之死，亦为玠所并"。显然，仙人关之战时，吴玠兵力最多不过三万八千余人。

第二，占据地理之优。金人自言入中原十五年，尝一败吴玠，"以失地利而败"①。金军在"难于上青天"的蜀道上，精悍的金军骑兵无驰突的余地。金军初攻和尚原时，"山谷路狭多石，马不能行，金人舍马步战"②，金军骑兵强势在此无法展现，因而被击败。显然，地理条件的优越，是吴玠军队获胜的因素之一，但不是决定胜负的主要因素。

第三，人民大力支援。金军南侵，务在掳掠，给宋金双方均带来极大的灾难，必然激起广大人民的反抗，特别是秦陇地区的人民更是直接遭受战争祸害。吴玠、吴璘的抗金行动主要是出于保卫宋王朝，但与人民抗金的宗旨、目的有原则的不同。但客观上吴玠、吴璘兄弟的抗金斗争，在某种程度上的确与人民群众利益相一致，因而在宋金鏖战的时刻，得到了广大人民的支持，不仅给予人力、物力的支援；而且还自动组成"义兵"与宋军一起战斗，充分显示出正义战争的强大威力。人民的支持是获胜的一个重要因素。

第四，士气盛斗志强。自古迄今，军队的士气与斗志，是影响战斗力的重要因素之一，吴玠军队获胜的主要因素，是军队旺盛的士气与顽强的斗志。当金军进入中原之际，挟灭辽之威，先声夺人，腐败的宋军往往谈金色变，一触即溃，或不战而溃，显示出宋军的怯战。但是在这两次大战中，虽然金军能征善战，每逢战时，必"被重铠，登山攻险，每一人前，辄二人拥其后，前者死，后被其甲以进，又死，则又代之如初，其为必取，计盖如此！"③金军攻势的猛烈，前仆后继，显示出其屡战屡败的顽强战斗作风。但宋军士气旺盛，斗志昂扬，誓死坚守，坚不可摧。在仙人关战役中，当金人以云梯攻垒壁时，吴璘"拔刀画地，谓诸将曰：'死则死此，退者斩！'"在杀金坪战役中，金军极力攻宋军所置第二隘，宋军人人"自励有死志"④，奋勇杀敌，显示出宋军血战到底的气概与誓死坚守的斗志。这成为超越和战胜金军的重要因素，两次大捷标志着宋军素质的提升，开始超越金军。

---

① （宋）徐梦莘：《三朝北盟会编》卷202《炎兴下帙》，文渊阁《四库全书》，第352册，第128页。
② （元）脱脱等：《宋史》卷366《吴玠传》，第11410页。
③ （宋）徐梦莘：《三朝北盟会编》卷158《炎兴下帙》，文渊阁《四库全书》，第351册，第423页。
④ （宋）杜大珪：《名臣碑传琬琰之集》上卷14《吴武顺王璘安民保蜀定功同德之碑》，文渊阁《四库全书》，第450册，第121页。

第五，爱兵民共甘苦。吴玠、吴璘爱护兵民，同甘共苦的优良作风，使他们得到了兵民的拥护与支援，这也是获取胜利的重要因素之一。他们在日常行军打仗中，常告诫将士"勿践毁民舍，勿掠民财"①。《建炎以来系年要录》卷七五记载：

> 玠素不为威仪，既除宣抚副使，简易如故。常负手步出，与军士立语。幕客请曰："今大敌不远，安知无刺客。万一或有意外，则岂不上负朝廷委任之意，下孤军民之望哉。"玠谢曰："诚如君言，然玠意不在此，国家不知玠之不肖，使为宣抚，玠欲不出，恐军民之间冤抑而无告者，为门吏所隔，无由自达。玠所以屡出者防有此耳。"②

这段记载反映了吴玠、吴璘兄弟对军民的关心与爱护，与军民同甘共苦的优良作风。人民群众的支援，是吴玠、吴璘抗金获胜的根本因素。

南宋初绍兴（1131—1162）年间，吴玠、吴璘领导的抗金斗争，是在中原、两河与秦陇人民武装抗金的影响和推动下进行的，在宋金战争的全局中，具有非常重要的作用与意义。吴玠、吴璘通过大小数十次战役，不仅有力地拒金兵于蜀口之外，扭转了宋军接连溃败的局面，而且消灭和拖垮了金朝的精锐兵力，彻底打乱了金朝统治者窥陇望蜀、东下灭宋的进攻计划，保卫了偏居江南一隅的南宋朝廷，保护了川蜀与整个南宋统治区人民的生命与财产的安全。吴玠、吴璘领导的抗金斗争符合南宋军民反对掠夺、捍卫国家的强烈愿望，因而人民全力以赴支援。"绍兴和议"后，宋金西部疆域长期以大散关为界，这与吴玠、吴璘领导的抗金斗争有着密切关系。

---

① （宋）李心传：《建炎以来系年要录》卷196，绍兴三十二年春正月戊子，文渊阁《四库全书》，第327册，第817页。

② （宋）李心传：《建炎以来系年要录》卷75，绍兴四年夏四月庚辰，文渊阁《四库全书》，第326册，第54页。

北宋儒学复兴，要"复兴"什么？

四川大学历史文化学院 刘复生

引 言

2018年8月在兰州召开的宋史年会上，对"儒学复兴"的问题展开了讨论。北宋儒学复兴运动到底要"复兴"什么？其实这就是儒学复兴运动的核心问题。会期短促，无法进行充分的讨论。此前学界对这一问题有过多方面的论述，特别是在有关理学的著作中多有论及：如钱穆在《朱子学提纲》中说，理学兴起之前的一大批宋儒已多与汉儒不同，"早可称为是新儒"①。这里所说的"新儒"，就是北宋中期担当儒学复兴使命的先行者，与汉儒之学不同，我们是在这个意义上定义的"新儒学"（Neo‐Confucianism），不然就会陷入田浩所说的"相当含糊不清"②的境地。陈植锷著《北宋文化史述论》，从"宋学"的发展视角讨论，以"义理之学"和"性理之学"区别宋学发展的两个阶段③，这个"义理之学"也就是儒学复兴运动的核心问题。包弼德在他研究"唐宋思想转型"的著作中，"将文学作为核心的讨论角度，许多主要的思想家，首先被当作文学家来对待"④，自是另辟理路。余英时在《朱熹的历史世界》之《绪说》中追溯

---

① 钱穆：《朱子新学案》，巴蜀书社1986年版，第7—11页。钱穆于1969年撰成《朱子新学案》，因念牵涉太广而于20世纪70年代初夏撰《朱子学提纲》，撮述书中要旨。
② ［日］吾妻重二：《美国的宋代思想研究》，［美］田浩编：《宋代思想史论》，杨立华等译，社会科学文献出版社2003年版，第10页。文中说的"我们"，是基于国内治学者，多半已经达成了这一共识。
③ 陈植锷：《北宋文化史述论》，中国社会科学出版社1992年版。
④ ［美］包弼德：《斯文：唐宋思想的转型》，刘宁据哥伦比亚大学出版社1992年版译出，江苏人民出版社1992年版，第6页。

了宋代理学的起源,特别关注到"宋古文运动中道统意识"[①]。陈来著《宋明理学》第一章《宋明理学的先驱》,谈到了中唐儒学复兴运动的两个代表人物——韩愈和李翱,进而在"北宋前期的社会思潮"一节中讨论了崇道抑文、尊经、排佛的问题[②];漆侠著《宋学的发展与演变》中,从学术思想的层面,梳理了"宋学"的形成和发展,对其代表人物做了逐一分析[③],等等。总体说来,学界从"宋学"的角度来探讨这段时期的学术文化成果丰富,而直接对理学产生之前的北宋中期儒学复兴运动,学界或多或少有些忽略,特别是20世纪早期的宋代思想史研究更是如此。笔者曾论述北宋中期儒学复兴问题[④],但未明确讨论其核心问题。相对而言,学界对北宋儒学复兴的先河——中唐的儒学复兴,以及与儒学复兴密切相关的疑经思潮和古文运动的问题关注更多,这里不一一介绍了。本文中,"宋学"与"儒学复兴"不是等同的概念,前者主要是从学术思想的层面而言,后者则可涵盖前者。由于所谓"儒学复兴"的内涵十分丰富,各家侧重点和视角有所不同,看法也不尽一致,但是挈其关键,可及其余。"儒学复兴"本质上是一场思想革新运动,这是儒学思想史上的新旧之争。新儒学"新"在何处?它的核心内容是什么?这里略陈管见,希望识者指正。

一 儒学复兴运动的发端

在北宋的儒学复兴运动之前,唐代也有一次类似的运动,而且与宋代的这场思想运动关系甚大,故而这里先来谈谈中唐的儒学复兴运动,可以从两个方面来理解。

众所周知,唐太宗曾集诸儒对流传繁杂的儒家经典进行重新整理,称为《五经正义》,以之作为科举考试的标准,重死记硬背的"贴经墨义"之法。此后士子皆谨守此书,莫敢异议,清代经学大师皮锡瑞在《经学历史》中将这一时期称为"经学统一时代"。治经承东汉经古文学多详章句

[①] 余英时:《朱熹的历史世界》,生活·读书·新知三联书店2004年版,第36页。
[②] 陈来:《宋明理学》第一章《宋明理学的先驱》,华东师范大学出版社2004年版,第17—32页。
[③] 漆侠:《宋学的发展和演变》,河北人民出版社2002年版,第3页。
[④] 刘复生:《北宋中期儒学复兴运动》,台北文津出版社1991年版,第16—23页。

训诂的传统，故被称为"汉学"。唐代中期，社会危机日渐暴露，似乎突如其来的"安史之乱"打破了"盛世"场景，而主流学术与这一切似乎不相关。一些儒者希望从儒经中找到治国治民之法，并不遵循定于一尊的"正义"。《新唐书·啖助传》载：大历（766—779）年间，有啖助、赵匡、陆质考论《春秋》三家短长，开"蹈空说经"之风，或说《诗》，或说《礼》，或论《易》，或讲《论语》，"皆自名其学"，形成一股强劲的疑经之风：啖、赵以前，"皆专门名家，苟有不通，宁言《经》误"，其后学者"喜援《经》击《传》，其或未明，则凭私臆决"①，这场"疑经思潮"成为唐宋儒学复兴运动的起点。稍后，儒者吕温（771—811）指责旧经学未能体现圣人之旨，声言那些"不与于君臣父子之际，虽欲博闻，不敢学矣"，公开与既行经学传统决裂。他认为："夫学者，岂徒受章句而已，盖必求所以化人，日日新，又日新，以至乎终身。夫教者，岂徒博文字而已，盖必本之以忠孝，申之以礼义，敦之以信让，激之以廉耻，过则匡之，失则更之，如切如磋，如琢如磨，以至乎无瑕。"② 这是吕温心目中的儒学，是用来塑造社会伦理关系和个人的完美人格的，是于社会有用的，而非徒受章句追求博闻而无益于社会。

另一方面，唐朝佛道二教均有发展而至于大盛。唐高宗（650—683）时期，有僧尼六万余人，寺院三千；玄宗（712—755）时期僧尼数达十二万多，寺院五千多；武宗会昌五年（845）灭佛时，还俗僧尼竟至二十六万多，拆毁大小寺院佛堂近四万五千所③。统治者崇信佛教，宪宗元和十四年（819）和懿宗咸通十四年（873），朝廷两迎佛骨，皆备极华侈。道教之于李唐也深受尊崇，皇室自认源出道教教主李老君，大事张扬。高道杜光庭于唐中和四年（884）所上进表中说："从国初以来，所造官观，约一千九百余所，度道士计一万五千余人。其亲王贵主及公卿士庶，或舍宅舍庄为观，并不在其数。则帝王之盛业，自古至于我朝，莫得而述也。"④

---

① （宋）晁公武：《郡斋读书志》卷3《春秋微旨六卷、秦秋辨疑一卷》，孙猛校证本，上海古籍出版社1990年版，第109页。
② （唐）吕温：《与族兄皋请学春秋书》，《全唐文》卷627，上海古籍出版社1990年版，第2805页。
③ 参见汤用彤《隋唐佛教史稿》第一章第七节《隋唐之僧伽》，中华书局1982年版，第52—65页。
④ （唐）杜光庭：《历代崇道记》，杜光庭撰、罗争鸣辑校：《杜光庭记传十种辑校》，中华书局2013年版，第373页。

数量虽不及佛教,然尊崇却有过之,道先释后为李唐的既定国策。这种现象引起一些儒者的强烈反弹,宪宗迎佛骨时,韩愈即以《论佛骨表》上进朝廷说:"佛本夷狄之人,与中国言语不通,衣服殊制。口不言先王之法言,身不服先王之法服,不知君臣之义、父子之情。"① 强调华夷之辨,维护儒家之道。韩愈又有《原道》,追寻"道"的本原,企图建立尧舜禹汤文武周公孔孟一脉相传的儒家道统,从根本上否定佛老之道②,后世把韩愈、吕温和啖助、陆淳等不苟同于世的儒者称为新儒。

从以上可以看出,唐代的儒学复兴运动,从儒学内部来讲,是希望重新解释儒家经典,以便有用于社会和塑造个人的完美人格;从外部来讲,是希望用儒学来抵御佛老二教的冲击。但是,唐代有这样认识的人并不多,也未获得主流社会的认可,虽然抨斥旧的治经方式和佛老二教的危害的声音从未间断,但谨守注疏的习气在终唐之世没有得到改变,皮锡瑞总结说:"唐至宋初数百年,士子皆谨守官书,莫敢异议。"③ 佛老二教也依旧昌炽,这种状况一直延续至北宋仁宗初年。

二 用义理之学取代章句之学

北宋政权在五代走马灯似的政权替换的基础上建立,新的统治者极力避免重蹈覆辙,一改"君弱臣强"的局面,强化中央集权。同时,朝廷标榜行黄老"清静无为"之术,笃守"祖宗家法"。宋太宗说:"先皇帝创业垂二十年,事为之防,曲为之制,纪律已定,物有其常。谨当遵承,不敢逾越。"④ 七八十年间,因循守旧、不知变化的"俗儒"之气弥漫在整个官场,形成政治风尚的最大特色。由此而造成危机四起、内外交困的局面,如欧阳修所言:"国家自数十年来,士君子务以恭谨静慎为贤。及其弊也,循默苟且,偷堕宽弛,习成风俗,不以为非。至于百职不修,纪纲

---

① (唐)韩愈:《昌黎先生集》卷39《论佛骨表》,四部丛刊本,第241页。
② (唐)韩愈:《昌黎先生集》卷11《原道》,四部丛刊本。陈寅恪有《论韩愈》一文,揭示了韩愈复兴儒家之道的努力,载陈寅恪、陈美延:《金明馆丛稿初编》,生活·读书·新知三联书店2001年版,第320页。
③ (清)皮锡瑞:《经学历史》第七章《经学统一时代》,同予同注释,中华书局1989年版,第146页。
④ (宋)李焘:《续资治通鉴长编》(下称《长编》)卷17,开宝九年十月乙卯,上海师大、华东师大古籍所点校,中华书局分册推出,1979年至1995年第1版,第382页。

废坏。"① 这是北宋中期政治的大背景。儒学复兴运动在这一时期再掀高潮，这不是偶然的，而且取得了持续的成果。

虽然中唐新儒的主张并未被当时的主流接受，但新的思想一直在士人中间流传和追寻。北宋前期的柳开（947—1000），"凡诵经籍，不从讲学，不由疏义，悉晓其大旨。注解之流，多为其指摘"②。宋太宗时即入朝讲解儒经的孙奭（962—1033），"患《五经》章句浮长，删为《节解》数百篇，取《九经》之要，著《微言》五十篇"。③ 景德四年（1007），宋真宗对辅臣说："近见词人献文，多故违经旨以立说，此所谓非圣人者无法也。俟有太甚者，当黜以为戒。"④ 可见不囿于旧说发表己见，已经难以制止，随着"新学"的发展，逐渐成为时代风尚。与唐代一样，对传统学术的怀疑风潮，比中唐来得更为猛烈，范围更广，影响更为深远。传统的义疏章句之学受到了普遍的质疑和抨击，宋儒不独不迷信传注，进而对流传的经文是否是"真经"也进行了大胆的怀疑，直抒胸臆，发明经旨，汇而成为强劲的洪流一发而不可止。其中如孙复、石介、欧阳修、刘敞、王安石等新儒，最具代表性。

孙复（992—1057）以治经闻名，被擢于太学教授，讲说多异先儒。著有《春秋尊王发微》，"不惑传注，不为曲说以乱经。其言简易，明于诸侯大夫功罪，以考时之盛衰，而推见王道之治乱，得于经之本义为多"。他为仁宗讲《诗》，也被旧儒指为"多异先儒"。⑤ 孙复向前代的权威注疏提出了全面挑战，认为王弼等解《易》，三传等解《春秋》，毛苌、郑康成讲《诗》，孔安国讲《书》，皆"不能尽于圣人之经，而可藏于太学行于天下哉？又后之作疏者，无所发明，但委曲踵于旧之注说而已"。所以他要求对旧注"重为注解"，"讲求微义，殚精极神，参之古今，复其归趣，取诸卓识绝见大出王、韩、左、谷、公、杜、何、范、毛、郑、孔之右者，重为注解，俾我《六经》廓然莹然如揭日月于上，而学者庶

---

① （宋）李焘：《长编》卷189，嘉祐四年三月己未，第4556页。
② （宋）张景：《柳开行状》，柳开《河东集》附录，影印文渊阁《四库全书》，台北商务印书馆1986年版，第347页。
③ （宋）宋祁：《景文集》卷58《孙奭墓志铭》，影印文渊阁《四库全书》，台北商务印书馆1986年版，第557页。
④ （宋）李焘：《长编》卷66，景德四年七月壬申，第1472页。
⑤ （宋）欧阳修：《居士集》卷30《孙明复先生墓志铭》，据《欧阳修全集》，中国书店据世界书局1936年版影印，1986年版，第457页。

乎得其门而入也"①。石介（1005—1045）传孙复之学，对旧传注的否定立场是一样的，他撰有《忧勤非损寿论》驳"康成之妄"，有《与张洞进士书》言《春秋》三传"不能尽得圣人之意"，又言"汉大儒董仲舒、刘向，晋杜预，唐孔颖达，虽探讨甚勤，终亦不能至《春秋》之蕴"②。与孙、石二人共称为"宋初三先生"的胡瑗亦说："章句细碎，不足道也。"③ 这三位先生在北宋中期的疑经思潮中发挥着重要作用，后来被追尊为理学先驱。

欧阳修（1007—1072）在疑经思潮中发挥着重要作用。《易经》历来艰深，注家很多，对《易经》的最早注本称为《周易大传》或《十翼》，七种十篇，相传为孔子本人所作。欧阳修撰《易童子问》，认为《系辞》而下"皆非圣人之作"，一口气就把十翼中的六篇给否定了，这当然是一件石破天惊的事情。《诗经》注有西汉毛亨、毛苌所传称为《毛诗》流传，东汉郑玄作《毛诗传笺》，故而毛、郑被视为《诗》学权威。欧阳修有《诗本义》，他批评"毛、郑之学"说："其说炽辞辩固已广博，然不合于经者亦不少，或失于疏略，或失于谬妄。"故而他"欲志郑学之妄，益毛氏疏略而不至者合之于经"④。四库馆臣谓："《诗》有四家，《毛诗》独传，唐以前无异论，宋以后则众说争矣。"又指出："自唐以来说《诗》者未敢议毛、郑，虽老师宿儒亦谨守小《序》，至宋而新义日增，旧说弃废，推原断始，实发于修。"可见欧阳修是《诗》学解放的引领者。其在翰林学士任上上奏《论删去九经正义中谶纬札子》说：《六经》乃"士之所本"，"自暴秦焚书，圣道中绝"，"至唐太宗时，始诏名儒撰定《九经》之疏，号为《正义》，凡数百篇。自尔以来，著为定论。凡不本《正义》者，谓之异端。则学者之宗师，百世之取信也。然其所载既博，所择不精，多引谶纬之书以相杂乱。怪奇诡僻，所谓非圣之书，异乎《正义》之名也"。要求恢复《九经》本来面目，去其"诡异驳杂"，使"经义纯

---

① （宋）孙复：《孙明复小集·寄范天章书二》，文渊阁《四库全书》，第172页。
② （宋）石介：《徂徕石先生文集》卷11、14，陈植锷点校，中华书局1984年版，第121、164页。
③ （清）黄宗羲等：《宋元学案》卷1《安定学案·语录》，陈金生等点校，中华书局1986年版，第38页。
④ （宋）欧阳修：《毛诗本义》卷15《诗解统序》，据《摛藻堂四库全书荟要》卷858。句中"志"疑为"去"之误。

一"①，要求对旧经学进行彻底的清算，这是疑经思潮中最富代表性的文字之一。

孙复、欧阳修前后相继，集中体现了重新解释儒家经典这个时代主题。另如长于《春秋》的刘敞（1019—1068）批评《春秋》三传"其善恶相反，其褒贬相戾"，他有《七经小传》以己意解经，宋国史说："庆历以前，学者尚文辞，多守章句注疏之学。至刘原父为《七经小传》，始异诸儒之说。王荆公修经义，盖本于原父。"②可见刘敞（字原父）也是北宋疑经思潮的代表人物。熙丰变法时，王安石（1021—1086）主持了《周礼》、《书》和《诗》三部经书的重新注释，称为《三经新义》，用以作为考试的标准。对于《春秋》等经废置不用，又以己意解经，备受反对派的责难。北宋中期的疑经思潮在王安石变法时期，臻于鼎盛。以己意解经的"新儒"取代了固守章句注疏之学的"旧儒"，直追儒经义理，所以又被称为"义理之学"。在学术史上，又把新儒的治经方式称为"宋学"③。这是"与汉学迥然不同的一种新思路、新方法和新学风"④，宋学成为儒学发展史上具有里程碑意义的重要阶段，理学由此发轫而发展形成，特重修身养性，钱穆视前者为"新儒"，后者为"新儒中的新儒"⑤。

三　用儒家之道取代"异端"

无论唐代和北宋，儒学复兴运动的起因，皆有激于佛老二教的昌炽。在新儒看来，佛老二教就是异端。前面说到，唐代佛老势力昌炽，统治者崇祀二教，引起了韩愈等新儒的强力反弹。佛教经唐会昌五年（845）法难和五代周世宗显德二年（955）之毁佛而衰，而道教五代时亦趋微弱，

---

① （宋）欧阳修：《奏议集》卷16《翰苑》，《欧阳修全集》，中国书店1986年版，第1707页。
② （宋）吴曾：《能改斋漫录》卷2"注疏之学"条引旧《国史》，上海古籍出版社1984年版，第28页。
③ 对"宋学"的解释历来各有不同，早期多将宋学与理学等同起来，也有视之为"宋代学术"的总称。邓广铭先生《略谈宋学》中说："应当把宋学和理学加以区别"，"理学是从宋学中衍生出来的一个支派"（载1984年宋史年会编刊《宋史研究论文集》，浙江人民出版社1987年）。
④ 漆侠：《宋学的发展和演变》，河北人民出版社2002年版，第3页。
⑤ 钱穆：《朱子新学案·朱子学提纲》，巴蜀书社1986年版，第13页。陈植锷称前者为"义理之学"，后者为"性理之学"，见陈植锷著《北宋文化史述论》，中国社会科学出版社1992年版，第218—219页。

"星弁霓襟，难逃解散。经籍亡佚，宫宇摧颓"①。

入宋之后，统治者为了社会秩序的稳定，提倡儒释道"三教"并隆的政策，佛道二教因此有了长足的发展。宋太祖对佛教采取保护和加强控制的政策，虽然解除了后周毁佛之令，但又诏令已废佛寺不得复兴。太祖注重佛经，曾两派求经使团西游，又派人到益州（治今成都）雕刻大藏经板，同时下令出家求度须试"经业"，限制度僧名额，显示了注重管理的势态。对道教也大体如此，要求"肃正道流"，试学业，禁私度，禁"寄褐"②。太宗一朝佛教势力膨胀，这是基于其认为"浮屠氏之教有神政治"之故。宋太宗对翻译佛经颇为热心，建成译经院，改变了唐元和以后不复译经的状况。太宗两次普度特放僧众，数量达十七万到二十四万之众。太宗晚年对僧人的增加也感到惊骇，也看到了其中的弊病，他说："东南之俗，连村跨邑，去为僧者，盖慵稼穑而避徭役耳。泉州奏：未剃僧尼系籍者四千余人，其已剃者数万人，尤可惊骇。"③ 太宗借助道士张守真弄神，在"烛影斧声"一幕中继位，故对道教尊崇有加，大修宫观，搜集道典，陈抟以"协心同德、兴化致治"为言，甚得太宗欢心④。宋真宗认为："道释二门，有助世教"，"三教之设，其旨一也"⑤，自觉借助二教来为自己的统治服务，有过于前两朝。真宗时亦多度僧尼道士，又大搞"天书"降临一类的闹剧，佛老二教势力臻至极盛。据当时的数据，天禧五年（1021），僧尼总数已近四十六万人，道士计有两万零三百三十七人⑥，皆为宋代统计的最高数量。王公士庶，往往陷于其说而不能自拔。

面对如此事态，一些儒者深以为忧。宋初就有柳开立志要开辟"圣道之途"，他指斥那些生在中国却"溺为佛老之徒，淫于诞妄之说"者，认为只有那些"笃道而育德，怀仁而含义"的儒者才属于"生而幸者"⑦。王禹偁更于端拱二年（989）、至道三年（997）两度上疏朝廷，揭指"僧

---

① （宋）孙夷中：《三洞修道仪·序》，收入《正统道藏·正乙部》。
② （宋）李攸：《宋朝事实》卷7《道释》，中华书局据商务印书馆"国学基本丛书本"原版重印，1955年版，第107页。"寄褐"是只穿道服而非真道士之谓。
③ （宋）李焘：《长编》卷27，雍熙三年（986）十一月末附注，第624页。
④ （元）脱脱等：《宋史》卷457《陈抟传》，中华书局标点本，1977年版，第13421页。
⑤ （宋）李焘：《长编》卷63，景德三年八月；卷81，大中祥符六年十一月，第1853页。
⑥ （宋）章如愚：《群书考索后集》卷63，文渊阁《四库全书》，第936册，第868页。
⑦ （宋）柳开：《河东集》卷5《上大名府王祐学士书》，文渊阁《四库全书》，第1085册，第265页。

道蠹人"的现实，建议"沙汰僧尼，使民无耗"①。北宋中期，抨斥佛老的声音再度大作，范围广，时间长，这是自中唐以来儒学复兴运动自身的客观要求，也可以说是北宋前期特别是真宗时期佛老昌炽的反响。为数众多的秉持复兴儒家之道信念的士人纷纷发声，从不同角度揭示佛老对政治的危害，汇而成为强大洪流。

韩愈首次提出了儒家的"道统"，追寻儒家之道的本原，成为唐宋儒学复兴运动的关键文字："吾所谓道也，非向所谓老与佛之道也。尧以是传舜，舜以是传之禹，禹以是传之汤，汤以是传之文、武、周公，文、武、周公传之孔子，孔子传之孟轲。轲之死，不复其传焉。"② 宋儒秉承儒家道统大旗，纷纷攘斥"异端"，其中孙复的《儒辱》篇最有代表性。是篇说："儒者之辱始于战国，杨朱、墨翟乱之于前，申不害、韩非杂之于后，汉魏而下则又甚焉。佛老之徒横乎中国，彼以死生祸福虚无报应为事，千万其端，绐我生民。……观其相与为群，纷纷扰扰，周乎天下，于是其教与儒齐驱并驾，峙而为三，吁可怪也。"孙复不能容忍佛老与儒家"齐驱并驾"的现象，究其原因，认为是"圣人不生，怪乱不平"之故，"故杨墨起而孟子辟之，申韩出而杨雄距之，佛老盛而韩文公排之"。高度称颂韩愈排佛之功。石介指责以佛老与儒"三教皆可尊"的论调说："自伏羲、神农、黄帝、尧、舜、禹、汤、文、武、周公、孔子至于今，天下一君也，中国一教也，无他道也。今谓吾圣人与佛、老为三教，谓佛、老与伏羲、神农、黄帝、尧、舜俱为圣人，斯不亦骇矣！"③ 这简直是公开和上引真宗所说"作对"了。石介在《怪说》一文中，呵斥佛老破碎了"圣人之道"，甚至在《中国论》一文中斥佛老为坏乱中国的"夷"④，激愤之情，溢于言表。欧阳修称赞石介"大论叱佛老，高声诵虞唐"⑤，予以很高评价。

为何要辟斥以佛老为代表的异端呢？一位年轻的民间学者王令（1032—1059）就说道："道之不行，自文、武而来，其已远矣！然仲尼之

---

① （宋）李焘：《长编》卷30，端拱二年正月乙未；卷42，至道三年十二月甲寅，第899页。
② （唐）韩愈：《昌黎先生集》卷11《原道》，四部丛刊本，第96页。
③ （宋）石介：《徂徕石先生文集》卷13《上刘工部书》，陈植锷点校，中华书局1984年版，第153页。
④ （宋）石介：《徂徕石先生文集》卷5《怪说》、卷10《中国论》，第60页。
⑤ （宋）欧阳修：《镇阳读书》，《居士集》卷2，《欧阳修全集》，第14页。

后，数十年而墨，墨数年而秦，秦数十年而老，老数百年而佛，佛今千有余年矣！而共间特力独抗，拨邪说而自正者，财孟与韩二人尔。然又身立无由，道不及天下，财空言以待后世。"① 在王令诸人眼中，这个"后世"已经来临了，复兴儒家之道，就在眼前。稍后大程程颢说得好："道之不明，异端害之也。昔之害近而易知，今之害深而难辨。昔之惑人也乘其迷暗，今之惑人也因其高明。自谓之穷神知化，而不足以开物成务，言为无不周遍，实则外于伦理，穷深极微，而不可以入尧、舜之道。天下之学，非浅陋固滞，则必入于此。自道之不明也，邪诞妖妄之说竞起，涂生民之耳目，溺天下于污浊，虽高才明智，胶于见闻，醉生梦死，不自觉也。是皆正路之榛芜，圣门之蔽塞，辟之而后可以入道。"② 异端邪说如榛芜，堵塞了进入"圣门"的"正路"，故必辟之。后来理学在建构自己的理论体系的时候，吸收了佛道中的某些思想，但毕竟与佛老有本质上的区别，这是不可混为一谈的。

四 复兴经世致用的"有为"之学

如果说，儒学复兴仅仅是以义理之学取代旧儒的章句之学，以儒家之道取代佛老之道，也不是完整的解释。还要复兴什么？所复兴者是用来干什么的？回答是"有为"，也就是有所作为，要对天下国家民生"有用"，以有用之学取代无用之学。

韩愈《原道》中说："古之所谓正心而诚意者，将以有为也。"新儒提倡的恢复"正心诚意"传统，是要有所作为的。王令在一封答友人书中说道："自章句之学兴，天下之学者，忘所宜学而进身甚速。忘所宜学，则无闻知；进身甚速，则谋道之日浅，甚者不知诵经读书何以名学，徒日求入以仕。"③ 钱穆指出："汉儒多尚专经讲习，纂辑训诂，著意所重，只在书本文字上。所谓通经致用，亦仅是于正事而牵引经义，初未能于大大法有建树。"④ 唐代亦然，如冯友兰指出，唐代《五经正义》在当时不过作为

---

① （宋）王令：《王令集》卷13《书墨后》，沈文倬校点，上海古籍出版社1980年版，第246页。
② （元）脱脱等：《宋史》卷427《程颢传》，中华书局点校本，1977年版，第12717页。
③ （宋）王令：《王令集》卷17《答刘公著微之书》，第306页。
④ 钱穆：《朱子新学案·朱子学提纲》，巴蜀书社1986年版，第8页。

书本知识来传播的，"他们并没有把儒家的经典和当时政治、社会、人生各方面的问题结合起来，他们并不准备这样做，唐太宗也不要求他们这样做"①。北宋中期的新儒们显然不愿意继续这种状态了。他们继承韩愈所昭示的有为精神，要以儒家所谓的三代社会"王道"政治作为理想，以《六经》义理为指导来治理和改造社会现实。

孙复就说，"舍《六经》而求虞夏商周之治，犹泳断潢污渎之中望属于海也"，要求对《六经》重为注解的目的，认为可使学者"得其门而入"，"如是则虞夏商周之治可不日而复矣"②，是要用《六经》义理来指导国家的治理。胡瑗在湖州教授任上，创苏湖教学法，立"经义"和"治事"两斋，前者重理论，学习《六经》；后者研究致用之学，"如治民以安其生，讲武以御其寇，堰水以利田，算历以明数是也"③。其在太学时，也分类讲习，结合"当时政事"的实际，不放空言。弟子多及千人，其中"为政"者，"多适于世用"，为推动经世致用学风的流行做出重要贡献。其弟子刘彝说："圣人之道，有体，有用，有文，君臣父子，仁义礼乐，历世不可变者，其体也。《诗》《书》史传子集，垂法后世者，其文也。举而措之天下，能润泽斯民，归于皇极者，其用也。"进而批评了取士之弊并盛赞其师之功："国家累朝取士，不以体用为本，而尚其声律浮华之词，是以风俗媮薄。臣师瑗当宝元、明道之间，尤病其失，遂明体用之学以授诸生。夙夜勤瘁二十余年，专切学校，始于苏、湖，终于太学，出其门者无虑一千余人。故今学者明夫圣人体用以为政教之本，皆臣师之功。"④ 这就是为宋人盛称的胡瑗的"明体达用"之学。

新儒学所要强调的，不仅是从学理上而言，更强调用之于社会，有所作为。《宋史·石介传》中说："石介尝患文章之弊、佛老为蠹，著《怪说》《中国论》，言去此三者，乃可以有为。"去除"异端"，才可能有所作为。儒家认定的经典是用来做什么的？不同的人可能有不同的回答，新儒陈舜俞（？—1076）撰《说用》开篇就说："《六经》之旨不同而其道同归于用，天下国家所以道其道而民由之，用其用而民从之，非以华言单

---

① 冯友兰：《中国哲学史新编》第五册，人民出版社1988年版，第47页。
② （宋）孙复：《孙明复小集·寄范天章书二》，文渊阁《四库全书》，第1090册，第171页。
③ （清）黄宗羲等：《宋元学案》卷1《安定学案》，陈金生等点校，中华书局1986年版，第24—25页。
④ （宋）朱熹：《宋名臣言行录前集》卷10，文渊阁《四库全书》，第449册，第118页。

辞殊指奥义为无益之学也。"① 民间学人李觏著《周礼致太平论》五十一篇，自序称："岂徒解经而已哉！唯圣人君子知其有为言之也。"② 通经致用，这是新儒的共同呼声和追求的目标。范仲淹的"庆历新政"和王安石的"变法"运动，都是通经致用的典型事例。

刘彝所说的体即"君臣父子，仁义礼乐"是儒家共同遵循而不可动摇的伦理原则。班固在《汉书》中给予的定义是："儒家者流，盖出于司徒之官，助人君顺阴阳、明教化者也。游文于六经之中，留意于仁义之际，祖述尧舜，宪章文武，宗师仲尼，以重其言，于道最为高。"③ 儒家的志业是要有助于朝廷来安定社会、治理天下的，追寻尧舜的王道政治，可见儒家从一开始就是要有所作为的，这就是后人说的"外王"之业。可见从一开始，儒学就没有叫你去寻章摘句做"纯学问"。而唐代不同，科举要求通经，但仅此而已，如前引冯友兰所指出的那样，《五经正义》在当时不过是作为书本知识来传播的。宋代新儒学追求的，就是要恢复到儒家的"本来"面目，有用于社会和国家。

结　语

宋代的儒学复兴运动由中唐发其端，以疑经思潮为起点，衰而到北宋中期复振，声势浩大，理学由此而生，从这个意义而言，可谓长盛不衰了。如上所述，笔者认为，儒学复兴思潮的核心问题有三点，一是从儒学内部而言，是用义理之学取代章句之学，这是经学史上的一场革命，也是宋学与汉学的分界线。二是从儒学外部来讲，是要用儒学之道取代以佛老为代表的各种异端，力图使儒学重新获得独尊地位。三是要用有为之学取代无用之学，这点往往被人忽略。复兴之儒学我们称之为新儒学，它不仅是一个解释体系，更是新儒用以经世致用的大法。只有将这三点结合起来，才是北宋儒学复兴运动完整意义上的核心内容，所以说这是三位一体而不可分的。

还有就是，如果不把"疑经思潮"和"古文运动"看作是儒学复兴运

---

① （宋）陈舜俞：《都官集》卷6，文渊阁《四库全书》，第1096册，第455页。
② （宋）李觏：《周礼致太平论·序》，《李觏集》卷5，王国轩校点，中华书局1981年版，第67页。
③ （汉）班固：《汉书》卷30《艺文志》，中华书局1962年版，第1728页。

动的根本追求，那么他们在这场运动中的作用如何评价呢？这里只能简单说几句："疑经思潮"与儒学复兴运动伴生伴长，须臾不可离，它的作用自然不可忽视。它打破了固有的思维模式，它是儒学复兴运动的起点，治经不墨守成规，另辟蹊径，始则涓流，终成洪流。"疑经"的作用是先锋，是战士，勇往直前，直接孕生了追求经典大义为宗的宋学。"古文运动"也是与儒学复兴思潮伴生伴长而密不可分的，开篇提到的一些作者即将这一问题置于北宋中期思想史中最重要的内容来看待。的确，儒学复兴的鼓吹者，一般也是古文运动的倡导者，现今学者讲论儒学复兴，都离不开古文运动，著作之家莫不如此。北宋新儒认为，当时流行的文体——骈俪文体不能正确地传播儒家之道，柳开说："古文者，非在辞涩言苦，使人难读诵之，在于古其理，高其意，随言短长，应变作制，同古人之行事，是谓古文也。"① 本来作为文体的"古文"只是工具，是表达思想的载体，新儒赋予了它一身二任的功能，这就文道合一了。新儒同时也认识到，内容比形式更为重要，智圆就说："今其辞而宗于儒，谓之古文可也；古其辞而倍于儒，谓之古文不可也。虽然，辞意俱古，吾有取焉尔。"② 可见，把古文运动看作儒学复兴运动的工具更为恰当。古文家韩愈早就说得很明白："愈之为古文，岂独取其句读不类于今者邪？思古人而不得见，学古道则欲兼通其辞。通其辞者，本志乎古道也。"③ 北宋新儒与韩愈这个看法是一脉相承的。

还需要说明的是，上面所论宋儒说的"有为""致用"，有两个层面，外王之业只是宋儒追求的一个层面，另一个层面则是要求养成完善的人格，修身养性，以达成最高的道德和人格修养，即所谓"内圣"的境界。中唐李翱鼓吹"性善情恶说"："人之所以为圣人者，性也；人也所以惑其性者，情也。"④ 人性本善，由于"情"的惑乱，使人性昏而不明。这就需要"复性"，使性由恶变为善，前引唐吕温所言也已表达了新儒的这一诉

---

① （宋）柳开：《应责》，《河东先生集》卷1，此据曾枣庄、刘琳主编《全宋文》卷126，上海辞书出版社2006年版，第366页。

② （宋）智圆：《闲居编》卷29《送庶几序》。智圆是僧而儒者，漆侠先生在《宋学的发展和演变》中，第四章即专论智圆对儒学思想的认识和重要作用。

③ （唐）韩愈：《题欧阳生哀辞后》，（清）董诰等编《全唐文》卷568，上海古籍出版社1990年版，第2543页。

④ （唐）李翱：《复性书》，（清）董诰等编《全唐文》卷637，上海古籍出版社1990年版，第2849页。

求。但是，这并不是北宋中期新儒们的共识，虽然当时已有许多学者强调"养性"的重要性，但儒学复兴运动的主将欧阳修却说《六经》皆"不言性"，其所载"皆人事之切于世者"，并说："夫性，非学者之所急，而圣人之所罕言也。"斥之为"无用之空言"①。司马光也说"性、命"是孔子所"罕言"者，并批评当时的举人"发言秉笔，先论性命"②的现象。欧阳、司马所言，代表了北宋中期新儒的主流，强调养性或复性这一层面的倾向发展至理学才做了淋漓尽致的发挥，这当另论了。

---

① （宋）欧阳修：《居士集》卷47《答李诩第二书》，《欧阳修全集》，北京市中国书店影印本1986年版，第670页。
② （宋）司马光：《司马公文集》卷45《论风俗札子》，此据《全宋文》第28册，卷1200，四川大学古籍所编，巴蜀书社1992年版，第190页。

信息渠道的通塞
——从宋代"言路"看制度文化

北京大学历史学系 邓小南

信息是历朝历代决策的依据,在国家政治事务中更是如此。对于信息的搜集、处理、掌控、传布,统治者从来不曾掉以轻心。在历代史料中,我们都会注意到相关的制度化举措,以及君臣之间长期持续的若干"热点"议题。其中,有关防范壅蔽、穷尽实情、言路通塞等话题,始终处于聚焦的中心。

所谓"言路",广义上是指传统社会实现下情上传的制度化渠道,狭义则特指官员上呈消息、意见的途径。就宋代朝廷而言,获取信息并在此基础上决策,进而下达、反馈,是一个复杂的系统;牵涉到整体的层叠式布局、内外机构的设置、相关人员的选用、政务文书的运行、多途消息的汇总核验、文牍邸报的散发、上下之间的互动沟通等。种种表象背后,关系到施政者的意图、官僚体系运转的内在机制;制度运作的实态,也让观察者注意到当时的"制度文化"氛围。

宋人将制度视为"纲纪"。应该说,在章奏、面奏等历代类似的制度安排下,宋代对于信息的搜集汇聚方式有其独特之处。例如百司官员的"转对""轮对",对地方官员在任表现的巡视"按察",强调实地调查的"察访"闻奏,鼓励多方询访体问的"访闻",专人专项覆实事由的"体量",比对核验信息的"会问""照勘",等等。此外,君主御用的渠道及伺察手段愈益广泛,诸如扼守信息沟通要路的通进制度与阁门司,亲从近臣掌控、在京师侦伺讥察的皇城司,宦官任职、传递内廷信息的御药院,作为"廉访使者"、按刺物情的走马承受,博访外事的军校、密探,登闻鼓检院的设置;亦有帝王出行时偶然兴起与民庶的接触……诸如此类,无不反映出帝王面对政事民情的渴求与焦虑。

对于上述内容，学界已经有所研究。① 本文关注的重点在于：（1）作为重要信息通进渠道的宋代"言路"建设，（2）"言路"上的活动与滞碍，（3）言路通塞与制度文化的关联。

一　信息与言路：防范壅蔽的努力

（一）中古时期的"信息"

中古时期的"信息沟通"，发生于当时各类人际交往活动中，包括君臣之间、朝廷与地方、官方与民间、敌对势力之间、各类关系网络内部及相互之间的往复传达，消息探访、递送与交换。可以说，信息是时人思考的依据和产物，也是一切政务决策的基础。

说到"信息"，需要注意的至少有两层含义：首先是指音信，指命令、消息、数据、符号等传递的内容与包含的知识；其次，信息大多具有时效性、流动性，凡提及"信息"，大多与"通""塞""传递""隔绝"相关联，显示出其沟通传播的本性及渠道途径的重要。②

在中古时期，"信息"一词作为音信、消息的概括语，至少在唐代已经频频出现。类似的说法，宋代则更为常见。臣僚章奏、官府文书、私人信函诗作中，常有"信息浓""信息稀""信息疏""无信息"一类表述。③当时人对于信息的渴盼，予人以深刻印象。信息承载的既是音讯，也是周边畅通与隔绝的表征；信息的沟通对于民情抚慰具有重要意义，而渠道的封闭阻断，则是人身禁锢或环境动荡的体现。学界通常讨论的社会网络，

---

① 参见朱瑞熙《决策的依据和信息传递渠道》，《中国政治制度通史·宋代卷》，社会科学文献出版社2011年版，第102—121页；平田茂树《宋代政治结构试论——以"对"和"议"为线索》，《宋代政治结构研究》，林松涛、朱刚等译，上海古籍出版社2010年版，第161—189页；邓小南主编《政绩考察与信息渠道》，北京大学出版社2008年版。

② 参见邓小南《宋代信息渠道举隅：以宋廷对地方政绩的考察为例》，《历史研究》2008年第3期。

③ 参见《苏轼文集》卷53《与王元直二首（黄州）》，孔凡礼点校，中华书局1986年版，第1587页；（宋）赵彦卫撰：《云麓漫钞》卷14引李清照：《上韩公枢密诗》"只乞乡关新信息"，傅根清点校，中华书局1996年版，第246页；（宋）王庭珪《卢溪先生文集》卷16《辰州僻远乙亥十二月方闻秦太师病忽蒙恩自便始知其死作诗悲之》，四川大学古籍整理研究所编《宋集珍本丛刊》，线装书局2004年影印本，第34册，第593页下栏b—第594页上栏a；《杨万里集笺校》卷36《寄陆务观》，辛更儒笺校，中华书局2007年版，第1866页；等等。

正是由有形的人群、观察可见的人际关系和无形的信息流动脉络组合而成。网络中的活动，既有物品人情的往来，也有大量消息、言论、品评的交流；网络中心，往往就是信息旋涡议论场。

对于国家政治而言，信息更具有特而重要的意义，历代朝廷对于军政信息、社情民意动向都十分关注。① 熙宁十年（1077）五月，宋神宗亲笔批示，令前线指挥战事的李宪"候董毡有信息，及措置鬼章见得次第，发来赴阙"。② 元丰七年（1084）正月辛亥，神宗手诏李宪，再度流露出对于前方"信息不通"的深切担忧。③ 靖康年间，东京"信息不通"，内外困敝，人心惶惑。④ 凡此种种，都证明了军政活动中信息通塞关系攸重。

宋代的疆域，是中国历史上主要王朝中最为拘狭的；而其统治所达到的纵深程度，却是前朝所难以比拟的。宋人在颂扬本朝集权成就时，称道"本朝之法，上下相维，轻重相制，如身之使臂，臂之使指"；⑤ 而联结这"身"—"臂"—"指"的脉络神经，显然包括流淌在其中的信息。朝廷对于实际权力的把握，对于地方官员的督核，对于民间动态的掌控，都是围绕着对信息的控制而展开的。⑥

渠道通塞，包括上下双向甚至多向流通的顺畅或阻滞；本文关注的"言路"，主要指信息的向上汇聚渠道，尤其是官员的进言途径。

（二）戒惕壅蔽的"言路"

中国古代文献中，无论政书会要、编年史籍还是人物传记，对于臣僚"言事"的记载史不绝书。宋人一向有"好谏纳言者，自是宋家家法"⑦

---

① 在《中国政治制度通史·宋代卷》中，朱瑞熙先生专门辟出"决策的依据和信息传递渠道"一节，对此予以讨论。第102—121页。
② （宋）李焘：《续资治通鉴长编》（以下简称《长编》）卷282，熙宁十年五月辛未，中华书局2004年版，第6918页。
③ （宋）李焘：《长编》卷342，元丰七年正月辛亥，第8222—8223页。
④ （宋）徐梦莘：《三朝北盟会编》卷81，靖康二年二月十八日，上海古籍出版社1987年影印本，第609页下栏b。
⑤ （宋）范祖禹：《太史范公文集》卷22《转对条上四事状》，四川大学古籍整理研究所编：《宋集珍本丛刊》，第24册，第276页下栏b。
⑥ 参见邓小南《关于宋代政绩考察中的"实迹"：要求与现实》，《李埏教授九十华诞纪念文集》，云南大学出版社2003年版，第118—132页。
⑦ （宋）晁说之：《嵩山文集》卷1《元符三年应诏封事》，《四部丛刊》续编本，上海书店1985年版，第41页b。

之说。好谏纳言，历来被认为是君主政治开明的反映，而其背后的深层关切，则在于防范壅蔽。所谓"防范壅蔽"，不仅是防范基层信息收集不及时不畅通，更是戒备高层臣僚的选择性报告或揽权阻塞。唐初魏徵向唐太宗解释"兼听"意义时，明确地说："人君兼听纳下，则贵臣不得壅蔽，而下情必得上通也。"① 话语中所指的戒惕对象，应该说十分清楚。②

宋王朝生于忧患，长于忧患，始终承受着来自北方的沉重压力。从培根植本、防患未然的意义出发，宋人对于开广言路尤为重视。孝宗朝名臣罗点曾说：

> 祖宗立国以来，言兵不如前代之强，言财不如前代之富；唯有开广言路，涵养士气，人物议论足以折奸柱于未萌，建基本于不拔，则非前代所及。③

南宋后期，张端义曾比较历代治政特点，称"周隋尚族望，唐尚制度文华，本朝尚法令议论"④。相对而言，宽容议论、鼓励进言，确实是宋代治国特点之一。欧阳修在其《镇阳读书》诗作中，自称"平生事笔砚，自可娱文章；开口揽时事，论议争煌煌"⑤。"言路之通塞，系乎人才之消长"⑥，这样的意见成为朝野共识。尽管后世有"（宋之）儒者论议多于事功"之讥⑦，而在当时，这既是士大夫报效社稷、建树风采的途径，也是君主宣导下情、补益聪明的方式。

---

① （唐）吴兢：《贞观政要》卷1《君道》，上海师范大学古籍整理组点校，上海古籍出版社1978年版，第2页。
② 北宋中期欧阳修、宋祁《新唐书》之《魏徵传》（卷97，中华书局1975年版，第3869页）中，此处表述作"君能兼听，则奸人不得壅蔽，而下情通矣"。从"贵臣"到"奸人"，显然是有意的更动：从道德判断上看，是缩小了圈子，划定了范围；从人员层次上看，不再限于"贵臣"，则扩大了警惕的对象面。
③ （宋）袁燮：《絜斋集》卷12《签书枢密院事罗公（点）行状》，《丛书集成》初编排印聚珍版丛书本，中华书局1985年版，第189页。
④ （宋）张端义：《贵耳集》卷中"古今治天下各有所尚"，《丛书集成》初编影印津逮秘书本，中华书局1985年版，第41页下。
⑤ 《欧阳修全集》卷2《古诗·镇阳读书》，李逸安点校，中华书局2001年版，第35页。
⑥ （宋）楼钥：《攻媿集》卷31《荐沈端叔王度札子》，《丛书集成》初编排印聚珍版丛书本，中华书局1985年版，第418页。
⑦ 《宋史》卷173《食货志·总序》，中华书局1977年版，第4157页。

信息渠道的通塞

吕中在《类编皇朝大事记讲义》中说：

> 祖宗纪纲之所寄，大略有四：大臣总之，给舍正之，台谏察内，监司察外。①

这种纪纲，很大程度上是靠言责来维持的。从执政臣僚、给舍、台谏到各路监司，对于朝政得失、官员臧否、内外物情，无疑都负有言责，这具有监察意义，也是朝廷信息来源所在。② 民意的把握、政策的制定、制度的调整，正应以此为据。

尽管历代都强调官员言责，但"言路"一说的集中出现，是在宋代。宋代的进言渠道应该说是多层多途的，也有各类临时性加急性的特别处置。南宋后期魏了翁曾回顾说：

> 所谓宰辅宣召、侍从论思、经筵留身、翰苑夜对、二史直前、群臣召归、百官转对轮对、监司帅守见辞、三馆封章、小臣特引、臣民扣匦、太学生伏阙、外臣附驿、京局发马递铺，盖无一日而不可对，无一人而不可言。③

这段话常被学者用来证明宋代君臣沟通的途径，所列举的方式，在历史上确实都能寻得例证。诸如御前会议、近臣宣召、官员入对、书疏章奏、经筵咨询、私下访谈，都为君主提供了了解外情的机会，也都曾行之有效；但这并不意味着"无一日而不可对，无一人而不可言"。魏了翁这一说法，即便在宋人引以为傲的"祖宗朝"，也是"非常"的现象；他出于对下情不通的忧虑，才以集萃的方式将"祖宗旧典"合并托出。

进言渠道中，首当其冲的言事者，应该是宰辅、侍从等，也就是吕中所说"大臣"。正因为如此，真宗朝的"圣相"李沆，才因其寡言而被批

---

① （宋）吕中：《类编皇朝大事记讲义》卷22《徽宗皇帝》"小人创御笔之令"，张其凡、白晓霞整理，上海人民出版社2014年版，第372页。

② 有关宋代多层多途的信息处理机制，参看邓小南《多面的な政治业绩と调查宋代の情报处理システム》，[日]平田茂树等编：《宋代社会の空间とコミユニケーション》，东京汲古书院2006年版，第97—130页。

③ （宋）魏了翁：《重校鹤山先生大全文集》卷18《应诏封事》，四川大学古籍整理研究所编：《宋集珍本丛刊》，第76册，第758页下栏b。

评为"无口匏"①。一般来说，宰辅进言、与皇帝对话，会有当时的记录；像王安石的《熙宁奏对日录》、曾布的《遗录》、李纲的《建炎时政记》、史浩所记《圣语》、周必大的《思陵录》《奉诏录》等，都是宰辅近臣对于政务对话情境、往复进言及皇帝旨意的笔录。"论思献纳，侍从之职"②，侍从臣僚亦"于事无不可言"③。我们在宋代史册中看到，每逢重要的人、事调整，政策变更之际，往往有这些大臣的若干章疏及连篇累牍的君臣对谈。

不过，在宋代，"言路"一说有其特指。所谓"言路"，是指官员向皇帝进言的专有途径，也是指担负言职的机构及官员。时人通常会说，"言路，台谏给舍也"④，这可以说是狭义或严格意义上的言路官职。所谓"台谏"，是宋代监察部门御史台、谏诤部门谏院的合称。有关二者的职任区分与关联，学界已有许多研究⑤，今不赘。就其突出的"言事"功能来说，二者责任有所区分，谏官职在论奏谏正，而台官则是弹举纠正。⑥ 所谓"给舍"，则是指从属于宰相机构中书省、门下省，担当草拟诏旨与审覆封驳职责的中书舍人与给事中。北宋元丰年间官制改革之后，二者分处两省，职事既有分工合作，亦有先后程序中相互防察处。中书舍人"掌行命令为制词……事有失当及除授非其人则论奏，封还词头"⑦；给事中"掌读内外出纳之事。若政令有失当，则论奏而驳正之"⑧。给舍的缴驳通常伴随进言，"先其未行而救正其失"⑨，给舍之言常被视为"公论之气"的代表。⑩

---

① 《宋史》卷282《李沆传》，第9540页。

② 《宋史》卷348《赵遹传》，第11045页。

③ 《苏轼文集》卷36《司马温公行状》，第487页。有关宋代侍从官员的范围，可参看王宇《试论宋代"侍从"内涵与外延的变化》，《浙江学刊》2011年第2期；张祎：《宋代侍从官的范围及相关概念》，《国学研究》第34卷，北京大学出版社2014年版。

④ （宋）赵升编：《朝野类要》卷2《称谓》，王瑞来点校，中华书局2007年版，第48页。

⑤ 参见贾玉英《宋代监察制度》，河南大学出版社1996年版；刁忠民：《宋代台谏制度研究》，巴蜀书社1999年版；虞云国：《宋代台谏制度研究》，上海社会科学院出版社2001年版。对于言路上信息的来源问题、相关机构设置、言路官的选任及考核等问题，亦可参见这几部著述。

⑥ 参见（清）徐松辑《宋会要辑稿》职官3之55，崇宁二年八月，刘琳等点校，上海古籍出版社2014年版，第3074页。

⑦ 《宋史》卷161《职官志（一）》，第3785页。

⑧ （宋）谢维新撰：《古今合璧事类备要》后集卷20《给舍门》"给事中"引《神宗正史·职官志》，文渊阁《四库全书》，第939册，第698页上栏a。

⑨ （清）徐松辑：《宋会要辑稿》职官1之80引《宋续会要》，第2981页。

⑩ （宋）高斯得：《耻堂存稿》卷2《经筵进讲故事》"七月二十八日进"，《丛书集成初编》排印聚珍版丛书本，中华书局1985年版，第28页。

元丰后即常见给舍、台谏并提:

> 朝廷者,命令之所自出也。设为给舍、台谏之官,以封驳、论列为职,所以弥缝其阙,纠正其非,归于至当也。①

也就是说,给舍掌管封驳,台谏职在论列。就时人心目中的理想状态而言,给舍、台谏在言路上发挥着前赴后继的接力递补作用:

> 政事归于庙堂,而言路通于天下。庙堂之有所失,给舍得言;给舍之有所不及,台谏得言;台谏之有所不能言,天下能言之矣。②

给舍与台谏,是性质不同的两类官员;前者位于行政体制之中,后者则属于监察规谏体系。③ 二者得以并提,与宋代"言路"的运行机制相关,既反映出二者在政治运作过程中的职能互补,也凸显出这些部门共有的进言作用,强调在其位者针对朝政发表意见的权利。朝廷重大事务的运行链条,离不开出令—审覆—执行—监督的关键环节。中枢决策形成过程中,给舍若有不同意见,或封还词头,或封驳诏令,是其进言机会;颁出的政策内容失当或朝政措置疏舛,台谏可以规谏廷辩。这些做法,既是为减少决策过程失误,也对居于"庙堂"之高的君王宰执构成某种牵制。

我们经常看到官员"极言时政""极论阙失"之类说法,一般是指不惮风险竭力陈说。宋人常说,"任言责者,知无不言,言无不尽"④。事实上,位于言路之上的官员,有刚劲者,亦有猥懦者。⑤ 谏说之难,自古以然。⑥ 司马光曾经比较裴矩在隋炀帝、唐太宗时期的表现,评议说:

---

① (宋)袁燮:《絜斋集》卷6《策问·封驳》,第71页。
② (宋)林駉、黄履翁编:《新笺决科古今源流至论》别集卷2"君权(揽权不必亲细务)",台北新兴书局1970年版,第994页。
③ 元丰改制后,谏官曾经分属中书、门下两省,"自中兴建炎间,诏谏院不隶两省"(徐松辑:《宋会要辑稿》职官1之78引《宋续会要》,第2980页),恢复为独立的言事机构。
④ (宋)林駉:《古今源流至论》续集卷六"谏垣",台北:新兴书局1970年版,第814—815页。
⑤ 参见(宋)司马光《资治通鉴》卷237,元和二年十一月,李绛语,中华书局2011年版,第7768页。
⑥ (宋)洪迈撰:《容斋随笔》卷13《谏说之难》,孔凡礼点校,中华书局2005年版,第165页。

> 古人有言，君明臣直。裴矩佞于隋而忠于唐，非其性之有变也。君恶闻其过，则忠化为佞；君乐闻直言，则佞化为忠。是知君者表也，臣者景也，表动则景随矣。①

总体上讲，宋代朝野风气相对开放，士人意识到对于国家社会的责任，亦追求清誉。当时"虽庸庸琐琐之流，亦为挺挺敢言之气"，以致"失在谏垣，救在缙绅"②。即便不在言路的官员，像翰林学士、六曹长贰，也是"职在论思"，"虽非言责，亦未尝不因事献言也"③；其他官员也会利用朝廷求言、轮对等机会进言。士人间的清议评骘，亦是朝廷得知外情的途径。

为防范来自"在位者"之壅蔽，宋代帝王容忍甚至鼓励朝廷上"异论相搅"④。绍圣四年（1097）五月，枢密院奏事时，亲政数年却仍涉世不深的哲宗，询问知枢密院事曾布："大臣所见，岂可不言？言之何害？"老于官场世故的曾布，顺势谈起"先帝"神宗皇帝的御臣之术：

> 臣自初秉政即尝奏陈，以谓先帝听用王安石，近世罕比。然当时大臣异论者不一，终不斥逐者，盖恐上下之人与安石为一，则人主于民事有所不得闻矣。此何可忽也！……愿陛下以先帝御安石之术为意。⑤

按照这一逻辑，允许上下之人持有"异论"，是为避免"人主于民事有所不得闻"。

尽管如此，广开言路在宋代并非自然而然、顺理成章。政争中控制言路，封锁消息；灾伤时"递相蒙蔽，不以上闻"⑥；日常事务中大事化小，敷衍应对……利益驱动使得官员们瞒报虚报的动力从来不曾缺乏；君王态度的好恶，更成为群僚窥伺的焦点。围绕言路通塞问题，朝廷之上始终呈

---

① （宋）司马光：《资治通鉴》卷192，武德九年末，第6142页。
② （宋）林駉：《古今源流至论》续集卷6"谏垣"，第815页。
③ （宋）魏了翁：《重校鹤山先生大全文集》卷18《应诏封事·贴黄》，四川大学古籍整理研究所编：《宋集珍本丛刊》，第76册，第754页下栏a。
④ （宋）李焘：《长编》卷213，熙宁三年七月壬辰，第5169页。
⑤ （宋）李焘：《长编》卷488，绍圣四年五月，曾布语，第11581—11582页。
⑥ 张田编：《包拯集》卷7《请差灾伤路分安抚》，中华书局1963年版，第84页。

现着拉锯战般的状态。元符三年（1100），面对登基伊始的徽宗，目睹多年朝政翻覆的晁说之带有几分激愤地说：

>言路之通塞，岂一夫独鸣之力哉！臣愿陛下询诸廷之臣，其由谏诤而进者几人，其以面折庭诤称者几人，其博古今、达治体、善议论者几人，其骨鲠谅直、不反覆变改者又几人？①

南宋初建，被召为宰相的李纲，回顾北宋末年的情形，也指出："靖康间虽号开言路，然议论鲠峭者皆远贬，其实塞之也。"②

（三）广植"耳目"的努力

信息征集背后，是控制效力的问题。无论从君主或是朝廷的角度，掌控信息来源都是严峻的挑战。以朝廷君王为体，"耳目"作为视听的器官与途径，成为与信息沟通分不开的关键词。广植耳目成为"明目达聪"的重要方式，即仁宗所说"善治之主不自任其聪明，以天下耳目为视听"③。

不仅"台谏给舍皆耳目之任"④，执政、侍从、讲读官与京都长官等，都被视为帝王耳目。元祐三年（1088），时任翰林学士兼侍读的苏轼，苦口婆心地提醒太皇太后与哲宗：

>自祖宗以来，除委任执政外，仍以侍从近臣为耳目，请间论事殆无虚日。今自垂帘以来，除执政、台谏、开封尹外，更无人得对。唯有迩英讲读，犹获亲近清光，若复瘖默不言，则是耳目殆废。⑤

两年之后，苏辙陈诉本朝故事说：

>每当视朝，上有丞弼朝夕奏事，下有台谏更迭进见；内有两省、

---

① （宋）晁说之：《嵩山文集》卷1《元符三年应诏封事》，第44页a。
② （宋）李心传：《建炎以来系年要录》卷6，建炎元年六月甲子，胡坤点校，中华书局2013年版，第172页。
③ （宋）佚名：《宋大诏令集》卷194《政事（四七）》"诫约台谏诏"，司义祖整理，中华书局1962年版，第712页。
④ （宋）李焘：《长编》卷489，绍圣四年七月甲寅，曾布语，第11609页。
⑤ （宋）李焘：《长编》卷414，元祐三年九月戊申，第10057页。

侍从、诸司官长以事奏稟，外有监司、郡守、走马承受辞见入奏。凡所以为上耳目者，其众如此。然至于事有壅蔽，犹或不免。①

除台谏外，兄弟二人先后列举了宰执、在内两省、侍从、诸司官长、在外监司、郡守、走马承受等众多的君主耳目。这些耳目，遍布朝廷、地方。

"耳目"服务的对象不言而喻。当政者都利用耳目，也控制耳目。宋人会在章奏中提醒皇帝，言路乃圣上耳目之官，不能作执政鹰犬之用。②实际上，言路不仅可能是执政鹰犬，更是君主鹰犬，挟主上之势纵威逞虐，攻击不肯驯顺之人。宋代党禁等政治整肃中，此类事例颇多。君主不愿意直接出面罢斥臣下时，也会诱使台谏官上言。英宗授意傅尧俞弹劾蔡襄、哲宗授意陈次升再劾章惇③，尽管并未如愿，仍可看出，言路的作用绝非限止于"耳目"，帝王意欲用作喉舌、鹰犬。而此类作用的强化，必然会打破君主—行政体制—监察体制之间的制衡关系④，使制度沦为权势意志的附庸。

南宋蔡戡曾经说，"夫监司者，号为外台，耳目之寄"⑤；其沟通内外的功能，不仅在于入奏之际。来自地方路级监司、州郡长贰的上报讯息，对于地方事务、地方官员"访察""体量"的消息呈递，都是事实上的言路。官方的民政系统、巡视、探报、邮递进奏，都围绕信息上传下达而有所建设。

帝王御用的"耳目"，并不限于体制之内、"言路"之上的正规职任。"掌宫城出入之禁令"⑥的皇城司，"每遣人伺察公事，民间细务一例以

---

① （宋）苏辙：《栾城集》卷45《论用台谏札子》，曾枣庄、马德富点校，上海古籍出版社2009年版，第995页。

② 参见（宋）李焘《长编》卷437，元祐五年正月己丑，第10538页。

③ 参见《杨时集》卷11《语录·余杭所闻》，林海权校理，中华书局2018年版，第324页；李焘：《长编》卷510，元符二年五月戊辰，第12148页。

④ 王夫之鉴于明代亡国教训，曾经回溯宋代中叶的上书言事，愤懑批评"以赏劝言之害，较拒谏而尤烈"［（清）王夫之《读通鉴论》卷10，舒士彦点校，中华书局2013年版，第303页］。

⑤ （宋）蔡戡：《定斋集》卷2《乞选择监司奏状》，王德毅主编《丛书集成续编》，台北新文丰出版有限公司1989年版，第22页下栏a。

⑥ 《宋史》卷166《职官志（六）》"皇城司"，第3932页。

闻"①,以致被呼为"察子"②。仁宗年间,臣僚进奏称,"皇城司在内中最为繁剧,祖宗任为耳目之司"③。宦官入内内侍省,"通侍禁中,役服亵近"④,亦会通进讯息。仁宗曾问入内内侍省都知王守忠:

> 曰:"卿出入中外,闻有甚议论?"守忠曰:"皆言陛下仁慈圣德;但朝廷好官美职及清要差遣,皆是两府亲旧方得进用,陛下不曾拔擢一孤寒之臣置于清近。又曰天下事皆由宰相,陛下不得自专。"上默然良久。⑤

在宫廷中"掌按验秘方,以时剂和药品以进御及供奉禁中之用"的御药院⑥,搜讨进呈消息、沟通内外⑦,"素号最亲密者"⑧。此外,太祖太宗朝信用的史珪、丁德裕、柴禹锡、赵镕等军校亲随、藩府旧僚,伺察外事,侦人阴私,也被用作耳目之职、鹰犬之任。孝宗朝,士大夫曾经强烈批评皇帝对侧近佞臣的宠遇,事实上,这正与他对此类私人消息渠道的倚信有关。

历代都有许多敏感信息是靠正式体制之外的方式,靠皇帝"私人"打探传递的。貌似繁复重叠的信息来源各有其特殊意义。这些讯息通常不经正式途径,不公之于众,类似清代的秘密奏折,是皇帝个人的"直通"信息渠道。这类情形之所以在宋代被视为正常,如苏辙所说:

> 盖人君居高宅深,其势易与臣下隔绝。若不务广耳目,则不闻外事,无以预知祸福之原。⑨

---

① (清)徐松辑:《宋会要辑稿》职官34之21,天禧元年八月十五日,第3860页。
② (宋)吴曾:《能改斋漫录》卷2《事始》"探事察子",上海古籍出版社1979年新1版,第21页。
③ (宋)李焘:《长编》卷162,庆历八年正月,第3913页。
④ 《宋史》卷166《职官志(六)》"入内内侍省",第3939页。
⑤ (宋)张纲:《华阳集》卷22《进故事》,文渊阁《四库全书》,第1131册,第135页下栏a。
⑥ (清)徐松辑:《宋会要辑稿》职官19之13"御药院"引《两朝国史志》,第3553页。
⑦ 参见[日]友永植《御药院考》,《别府大学短期大学部纪要》第6号,1987年;程民生:《宋代御药院探秘》,《文史哲》2014年第6期。
⑧ (宋)李心传:《建炎以来系年要录》卷146,绍兴十二年八月丙子,第2755页。
⑨ (宋)李焘:《长编》卷448,元祐五年九月丁卯,苏辙语,第10767页。

"广耳目"以"闻外事",随其意旨拓宽信息来源,看上去是人君特有的地位优势;而实际上,"居高宅深"决定着他们在信息获取中根本性的劣势,也迫使他们多方寻求获得外情的机会。

(四) 召对咨访与经筵赐坐

从面对面"询访"与"进言"的角度来看,宋代的百官转对轮对无疑是富有特色的制度。参与转对轮对者并非严格意义上的"言官",这种进言的途径在宋代亦不被直接归为"言路";但其议政意义却不容小觑。学界对此已有不少研究[①],本文不赘。在常程制度之外,宋代君王与臣僚的面谈,也是值得注意的现象。

就帝王而言,侍从近臣皆系亲擢,"时赐召对,从容讲论,以尽下情"[②]理应是常态,时间、场合亦不受限制。但君臣之间"从容讲论"的情形,显然并非普遍。从留至目前的材料来看,北宋的太祖、太宗、神宗,南宋的孝宗、理宗等,与臣僚直接讲论较多;谈话的对象,包括宰辅之外的切近臣僚。政事得失、外廷是非、民间情伪……凡皇帝牵念系怀而在庙堂之上未便公开从容议论之事,往往利用各类机会探询。宰辅重臣无不关注这些对话内容,对话者通常也有所记录,以便留此存照。

孝宗赵昚,是南宋历史上最为注意君臣沟通的帝王。不仅正式上朝理政与臣属直接对话,晚间也会个别宣召咨访。[③]胡铨绍兴年间因力主抗金被贬,孝宗即位后召回。在其《经筵玉音问答》中,详悉记载了隆兴元年(1163)五月三日晚"侍上于后殿之内阁"的情形。孝宗优渥礼遇,嘱其修订答金人书稿,当晚赐酒宴唱曲词,谈话直至凌晨。次日胡铨对朋友称,有"归自天上"之感。[④]乾道年间,胡铨再以侍讲夜对,孝宗嘱咐他

---

① 例如[日]平田茂树:《宋代政治结构试论——以"对"和"议"为线索》,《宋代政治结构研究》,第161—189页;陈晔:《北宋政情、政风下的转对制》,《史学月刊》2010年第11期;徐东升:《从转对、次对到轮对——宋代官员轮流奏对制度析论》,《厦门大学学报》2009年第5期;朱瑞熙:《中国政治制度通史·宋代卷》,第110—112页。

② (宋)魏了翁:《重校鹤山先生大全文集》卷17《封事奏体八卦往来之用玩上下交济之理以尽下情(七月二日)》,四川大学古籍整理研究所编:《宋集珍本丛刊》,第76册,第748页下栏a。

③ 相关情况参见王化雨《宋朝的君臣夜对》,《四川大学学报》2010年第3期。

④ (宋)胡铨:《澹庵文集》卷2《经筵玉音问答》,文渊阁《四库全书》,第1137册,第25页下栏b—29页下栏b。

说:"卿直谅,四海所知,且留经筵。事无大小,皆以告朕。"① 反复叮咛,让人感觉到君王心中难以排解的隐忧。翰林侍读学士刘章夜对时:

> 上(孝宗)从容问曰:"闻卿监中有人笑朕所为者。"公初不知端倪,徐对曰:"圣主所为,人安敢笑!若议论不同,则恐有之。"上意顿解,亦曰:"止是议论不同耳。"②

对于信息阻滞的警惕,对于外朝讥笑的担心,成为孝宗"访问不倦"的动力。楼钥在为其舅父汪大猷写的行状中,说到汪大猷乾道(1165—1173)年间兼权给事中的时候,君臣间"造膝启沃"的情形:

> 孝宗厉精民事,访问不倦。宿直玉堂,夜宣对选德殿,赐坐,从容导公使言。……公首以一言移主意。自尔每遇夜对,上多访以时事。尝曰:"卿为侍从,天下之事无所不当论。朕每厌宦官女子之言,思与卿等款语,正欲知朝政阙失、民情利病,苟有所闻,可极论之。"公悉进所欲陈者,奏对明白,曲尽情伪,上多耸听而行之。③

君王对于政务的急切,对于臣僚的赏识及笼络,产生了明显的回馈效应。理宗朝,吴泳曾经回顾孝宗"故事",不无渲染地说:

> 故事,禁从讲读官及掌制学士更直递宿,以备咨访。或问经史,或谈时事,或访人才,或及宰执所奏,凡所蕴蓄靡不倾尽。……恩意浃密则就澄碧殿锡燕,职业修饬则上清华阁赐诗,从容造膝过于南衙面陈,先事献言加于路朝显谏。④

当时的兵部尚书宇文价、中书舍人陈骙、直学士倪思、侍讲金安节和

---

① (宋)周必大:《文忠集》卷30《资政殿学士赠通奉大夫胡忠简公神道碑》,文渊阁《四库全书》,第1147册,第337页下栏b。
② (宋)楼钥:《攻媿集》卷77《跋刘资政游县学留题》,第1049页;《宋史》卷390《刘章传》,第11959页。
③ (宋)楼钥:《攻媿集》卷88《汪公行状》,第1194页。
④ (宋)吴泳:《鹤林集》卷19《论今日未于孝宗者六事札子》,文渊阁《四库全书》,第1176册,第181页上栏a—b。

马骐、侍御史周操等人,都曾经在夜对时就朝政提出建议。由于君王特示宠渥,场合比较随意,彼此态度放松,对话也相对从容深入。当时即有人援引李贺的诗句,称进言者"帝前动笏移南山"①。尽管如此,对话中的引导者显然是君主,君主意旨所向,常在臣僚观察揣摩之中。

宋代的经筵讲读,也是君臣沟通的机会。②讲读官并非严格意义上的"言官",但经筵进读完毕后,通常"复坐赐汤而从容焉"③。真宗咸平时,置翰林侍读侍讲学士,"日给尚食珍馔,夜则迭宿,多召对询访,或至中夕焉"④,利用此类机会"亲近老成"。杨亿在杨徽之的行状中描述讲读时的情景,说:

> 执经待问,前席畴咨。上从容言天下事甚众,借箸之画莫非沃心,更仆之谈或至移晷。然奏稿多削,温树不言,其慎密也如此。⑤

看来君臣之间的谈话内容既深且广,有涉机密者。

其后的君主,也经常利用经筵之机询访讲读官员的意见。宝元(1038—1040)年间,李淑在经筵,仁宗皇帝即"访以进士诗赋策论先后,俾以故事对"⑥。南宋建炎时,高宗接受翰林学士朱胜非的建议,允许侍读官"读毕具札子奏陈"⑦。光宗时,黄度进言,"乞令侍从讲读官反复议论治忽所系"⑧。淳祐(1241—1252)年间徐元杰在经筵讲读《论语》,赐茶

---

① (宋)楼钥:《攻媿集》卷77《跋刘资政游县学留题》,第1049页。
② 有关宋代经筵及经筵官人选等问题的研究,可参看朱瑞熙《宋朝经筵制度》,钱伯城主编:《中华文史论丛》第55辑,上海古籍出版社1996年版;邹贺《宋朝经筵制度研究》,博士学位论文,陕西师范大学,2010年。
③ (宋)邹浩:《道乡集》卷39《苏公行状》,影印文渊阁《四库全书》,第1121册,第522页下栏b。
④ (宋)陈均编:《皇朝编年纲目备要》卷6,咸平二年七月"置翰林侍读侍讲学士",许沛藻等点校,中华书局2006年版,第120页。
⑤ (宋)杨亿:《武夷新集》卷11《杨徽之行状》,四川大学古籍整理研究所编:《宋集珍本丛刊》第2册,第300页下栏a。
⑥ 《宋史》卷155《选举志(一)》,第3612页。
⑦ (宋)李心传:《建炎以来系年要录》卷11,建炎元年十二月丙子,第292页。绍兴十二年以后,秦桧把持朝政,"每除言路,必兼经筵"成为其控制进言途径的举措。参见(宋)李心传《建炎以来朝野杂记》乙集卷13《官制一》"祖宗时台谏不兼经筵",徐规点校,中华书局2000年版,第716页。
⑧ (宋)袁燮:《絜斋集》卷13《龙图阁学士通奉大夫尚书黄公行状》,第212页。

之后，理宗与其一番对话，君臣之间的问答往复达47次之多。①

司马光的《手录》中，保留着他与宋神宗谈话的原始记录。熙宁元年（1068）至三年（1070），司马光任翰林学士兼侍读学士、知审官院，在迩英阁为神宗讲授《资治通鉴》。课后，神宗经常征询他对于朝廷事务的意见，不仅问及擢用台谏州县官、赈灾、郊赉等事，也常问及对于新法乃至对当政诸臣的意见，甚至"历问群臣"，询问"朝廷每更一事，举朝汹汹，何也"；司马光应对无所顾忌，甚至当面指教皇帝说：

> 此等细事皆有司之职所当讲求，不足以烦圣虑。陛下但当择人而任之，有功则赏，有罪则罚，此乃陛下职耳。②

有学者认为"他们之间的谈话十分坦率、诚恳，简直像朋友一样"③。

南宋后期留至今日的相关材料更多。目前存世的有曹彦约《昌谷集》、真德秀《西山集》、魏了翁《鹤山集》、刘克庄《后村集》、徐元杰《楳埜集》、姚勉《雪坡集》等，记录了大量的君臣对话，场景栩栩如生。即如真德秀文集中，不仅有任职地方时的章奏，有应诏所上封事，也有面对君主直接上呈的上殿奏札、轮对奏札、内引札子、直前奏事札子、朝辞奏事札子、召还上殿奏札，更有与皇帝对话的记录（如"得圣语申省状""得圣语申后省状""奏对手记"等）。对话时，包括前线战事、敌使礼仪、地方安危、官员选任、财用窘困、军籍虚额、福建盐法、楮币得失，乃至诚意正心等，都在君臣议题之中。端平初（1234），真德秀在讲筵进读四书章句并进呈故事，随后理宗问及与蒙古议和事：

> 赐茶毕，上问"虏人议和未可轻信"，奏曰："臣适尝言之矣。"李侍御奏："臣得杨恢书，云在襄阳闻虏酋元不晓'和'字，只是要人投拜，而其臣下乃将投拜之语改为讲和。"其说颇详。上然之。奏云："朝见一节如何？"上曰："且候使人到来商量，待从吉后引见。"

---

① 参见徐元杰《楳埜集》卷1《进讲日记》"四月十二日进讲"，四川大学古籍整理研究所编：《宋集珍本丛刊》，第83册，第667页上栏a—第669页上栏a。

② 参见司马光《手录》"吕惠卿讲咸有一德录"，李裕民、佐竹靖彦编《增广司马温公全集》卷1，东京：汲古书院1993年版，第27页下栏a；罗从彦：《遵尧录·司马光》，《罗豫章集》卷7，《丛书集成初编》排印正谊堂全书本，中华书局1985年版，第79页。

③ 李裕民：《司马光日记校注》，中国社会科学出版社1994年版，"前言"，第11页。

李奏："虏兵已取蔡了，忽然都去；攻息方急，亦忽然都去；其情叵测。"奏云："此臣所谓鸷鸟将击之形也。"遂退。[①]

这些对话，明显体现出身居九重的帝王之深切忧虑。当时的经筵讲读，似乎并非君臣着意的重点，反而是读毕之后的赐茶对谈，才反映出皇帝关注的重心，也是讲读臣僚期待进言的时刻。

二 端点与关节：窒碍的关键

在帝制社会中，帝王显然高居于权力顶端，制度设计、人事安排、官员驱策，无不围绕这一核心构成。而正因其处于"顶端"，相对明智的帝王自有"高处不胜寒"的感觉。政治上的独尊，并不能保证充分的知情与驾驭。信息通进的路径不断增加，技术手段愈益多样，投注的心思缜密繁复，但沟通中阻滞仍旧，渠道通塞不常。

进言渠道的延展卯合方式，大体上契合于帝国时期的行政与信息网络。[②] 网络中的次第关节控御着开闭的可能，位于不同位置的言者，有活动有顾忌，从中亦可观察到当时的政治秩序与权力格局。南宋程珌曾经说，"今天下利害所当施置罢行者，人皆能言之；所患者在于其言未必上闻，闻之未必下行耳"[③]。前一"未必"，滞碍出在言路关节，九重之内的君主最终获取的信息，实际上是次第筛选的结果；而后一"未必"，则显示出君主的态度与抉择。这里需要关注的是，这"筛选"与君主态度是否相关，渠道自下向上的窒碍究竟如何形成。

---

① （宋）真德秀：《西山先生真文忠公文集》卷18《讲筵进读手记（二十六日）》，四川大学古籍整理研究所编：《宋集珍本丛刊》，第76册，第94页下栏a。
② 有关宋廷与进言渠道相关的行政与信息网络设置，可参看朱瑞熙：《决策的依据和信息传递渠道》，《中国政治制度通史·宋代卷》，第101—121页；以及邓小南：《略谈宋代对于地方官员政绩之考察机制的形成》，《邓广铭九十华诞祝寿论文集》，河北教育出版社1997年版，第239—247页；"访闻"与"体量"：宋廷考察地方的路径举例》，《邓广铭教授百年诞辰纪念论文集》，中华书局2008年版，第900—924页；《从"按察"看北宋制度的运行》，载柳立言主编《近世中国之变与不变》，台北"中央研究院"2013年版，第53—104页。
③ （宋）程珌：《洺水集》卷13《上执政书》，文渊阁《四库全书》，第1171册，第398页下栏b—第399页上栏a。

（一）制度与人事

王安石在为《周礼义》所作序言中，说，"制而用之存乎法，推而行之存乎人"①。也就是说，制度规定与人事操作二者密不可分。这里的"人事"，是指人的主观作用，包括君主的意向，官员对君主旨意的领略、对朝廷趋向的忖测，以及官场交际网络对于制度的影响。进言制度是否能够按照设想实施，除去必要的机会安排与技术手段外，起作用的重要因素是官员面对可能的效果与风险之考虑；更有许多情况下的制度变异失灵，并非由于贪鄙者作弊、怠惰者失职，而是朝廷政治取向、官僚层级操控下的必然结果。

朝廷能够得到的信息，显然并非完全；在很多情形下，也并非真实。考虑到信息上达带来的效应，各层官署、官僚从来不乏欺瞒的动力。例如，财物账目稽违侵隐②；"内外之官虽有课历，率无实状"③；"法出奸生，令下诈起"④；各级官员利害相关，上司巡视，下级"刷牒"，因而"检按失实"⑤。军机要事，同样有此类情形。韩侂胄北伐前派陈景俊使金，本为审敌虚实，金人强硬告诫"不宜败好"，陈自强却窥探上峰意志，"戒使勿言"⑥。

平田茂树在《宋代的言路》一文中，曾经讨论以言路官为中心形成的政治势力作为"政治促进者"的作用，他认为"几乎可以明确以宰相、言路官为政治之两极，以两者的结合为核心形成的元祐时代政治结构"⑦。这两极之间的互动，确实是值得关注的问题。研究者通常注意到宋代台谏对于宰相的牵制，而所谓牵制，从来都不是单方单向的。宋人对庆历、元祐

---

① （宋）王安石：《临川先生文集》卷84《周礼义序》，四川大学古籍整理研究所编：《宋集珍本丛刊》，第13册，第695页上栏b。
② （宋）李心传：《建炎以来系年要录》卷70，绍兴三年十一月癸亥，第1363页。
③ （宋）庞籍：《上仁宗答诏论时政》，赵汝愚编《宋朝诸臣奏议》卷146，北京大学中国中古史研究中心校点整理，上海古籍出版社1999年版，第1666页。
④ （宋）张方平：《乐全先生文集》卷22《论点选河北强壮事》，四川大学古籍整理研究所编：《宋集珍本丛刊》，第5册，第498页下栏b—第499页上栏a。
⑤ 监司按察本路州县时，经常事先通知下属即将"按行""指摘""点检"的事由，号称"刷牒"。州县官吏接到通报，必然预先做好准备，这就为下级敷衍上级按察造成了方便。
⑥ 《宋史》卷394《陈自强传》，第12035页。
⑦ ［日］平田茂树：《宋代的言路》，《宋代政治结构研究》，第67—75页。

的言路评价甚高，回顾本朝故事会说"本朝给舍台谏，庆历元祐时实赖其力"①。而求诸史事，欧阳修庆历时批评"朝廷欲人不知以塞言路"，"聋瞽群听，杜塞人口"②；元祐年间苏辙更说："今陛下深处帷幄，耳目至少"，"唯有台谏数人"却"又听执政得自选择，不公选正人而用之"。③如此看来，言路官得以独立进言的机会，即便庆历、元祐也非寻常；言路受到干预限制、政治运行"不正常"的状态，帝制时期反而属于常态。

南宋淳熙十一年（1184），时任敕令所删定官的陆九渊在轮对时，精心准备了五份奏札，阐述个人建议，其中直截了当地批评孝宗：

(陛下)临御二十余年，未有（唐）太宗数年之效。版图未归，仇耻未复，生聚教训之实可为寒心。④

进言之时，君臣之间有从容的对话，陆九渊感觉甚好。后来他对友人说：

去腊面对，颇得尽所怀。天语甚详，反复之间不敢不自尽。至于遇合，所不敢必，是有天命，非人所能与也。⑤

两年之后的十一月，陆九渊又近转对之日，忽被改命为将作监丞，因而失去了面奏的机会。对于此事，陆九渊自己后来说：

某去冬距对班数日，忽有匠丞之除。王给事遂见缴。既而闻之，有谓吾将发其为首相爪牙者，故皇惧为此，抑可怜也。⑥

预先将可能不利于己的进言者调离，恰恰是当政者密切关注既往信息，予以及时反应的结果，通向君主的信息链条由此阻断。正如南宋史家李心传在其《建炎以来朝野杂记》"百官转对"条所说：

---

① （宋）袁燮：《絜斋集》卷13《黄公（度）行状》，第219页。
② （宋）欧阳修：《上仁宗论台谏论列贵在事初》，赵汝愚编《宋朝诸臣奏议》卷51《百官门》，第561页。
③ （宋）苏辙：《栾城集》卷45《论用台谏札子》，第996页。
④ （宋）陆九渊：《陆九渊集》卷18《删定官轮对札子》，钟哲点校，中华书局1980年版，第221页。
⑤ （宋）陆九渊：《陆九渊集》卷7《与詹子南》，第96页。
⑥ （宋）陆九渊：《陆九渊集》卷10《与李成之》，第129页。

> 士大夫不为大臣所喜者，往往俟其对班将至，预徙它官。至有立朝踰年而不得见上者。盖轮其官而不轮其人，此立法之弊。①

执掌朝政"大臣"的这种做法，利用了制度法规的漏洞，手段颇为高明。某些骨鲠敢言的臣僚因此失去了面奏机会，而当政者刻意壅蔽的努力，却被遮掩在制度如常、轮对依旧的表象背后。

（二）"玉音"与"玉色"

谈及信息的"壅蔽"，不能只将问题归咎于逐级官僚。"防范壅蔽"说法的潜在前提，显然预设君主和朝廷是真正希望了解各类实情的——无论"信息"带来的是喜是忧。但事实上，君主与朝廷的执政倾向，可能助成或者说导致了某些实情的滞碍乃至隐瞒。宋人文集、笔记中，有大量关于君主言谈（"玉音""圣语"）、神情（"玉色"）的细致描述，反映出臣僚的小心观望。

早在建隆三年（962）二月，太祖就曾表示"渴听谠言，庶臻治道"，要求百官"无以逆鳞为惧"。② 真宗天禧元年（1017）二月的诏书中，也明确表示，谏官奏论、宪臣弹举时，"虽言有过当，必示曲全"；并且安抚群僚说："是为不讳之朝，岂有犯颜之虑。"③ 这样的说法，被包拯、刘随、陈次升等人多次征引、称颂的同时，是希望"圣朝广开言路，激昂士气，不以人言失当为虑，而患在人之不言也"。④

"言路通塞，天下治乱系焉。"⑤ 多数情况下，君主出于对信息的关注、对舆论风向的在意，会表示容受意见的姿态；但对臣僚影响更为直接的，显然是姿态背后君主对于进言的实际态度。征诸史实，即便勤政如太宗者，当田锡任职谏垣时，也在其章奏《论军国要机朝廷大体》中批评说，今来谏官寂无声影，御史不敢弹奏，给事中不敢封还，"给谏既不敢违上

---

① （宋）李心传：《建炎以来朝野杂记》甲集卷9"百官转对"，第170页。
② （清）徐松辑：《宋会要辑稿》职官60之1，第4665页。
③ （宋）刘随：《上仁宗缴进天禧诏书乞防泄漏》注文，赵汝愚编《宋朝诸臣奏议》卷51，第556页；又见《宋会要辑稿》职官3之51，第3068页。
④ （宋）陈次升：《谠论集》卷1《上哲宗乞留正言孙谔疏》，文渊阁《四库全书》，第427册，第331页下栏a。
⑤ （宋）彭龟年：《止堂集》卷1《论优迁台谏沮抑忠直之弊疏》，《丛书集成初编》排印聚珍版丛书本，中华书局1985年版，第13页。

旨，遗补又不敢贡直言"；中书舍人于起居之日，"但见其随班而进，拜舞而回，未尝见陛下召之与言，未尝闻陛下访之以事"①。仁宗朝的谏官也曾批评"陛下虽喜闻谏争，然考其施用，其实无几"②。

君主初政或是政策调整之际，常有"诏求直言"之举。元符末年，徽宗即位，下诏求言，而"时上书及廷试直言者俱得罪。京师有谑词云：'当初亲下求言诏，引得都来胡道。人人招是骆宾王，并洛阳年少。'"③ 政治取向逆转导致的高层态度翻覆，不仅在当时直接阻塞了言路，而且示后来者以忌讳。

军政情势紧张时，君王对于信息的焦虑更为突出。但这种渴求并不等于对进言内容、通进渠道的真正重视。靖康年间，金军围困开封，钦宗"屡下求言之诏，事稍缓，则复沮抑言者。故当时有'城门闭，言路开；城门开，言路闭'之谚"④。一"开"一"闭"的状态，活脱脱勾勒出君王面对言路的复杂抉择。

孝宗朝是政治相对清明的阶段。乾道初，针对中书舍人洪适的缴奏，孝宗明确表示："如有出自朕意，事不可行者，卿但缴来。"⑤ 而时至淳熙，罗点还是痛切地指出：

> 国无尽心瘁力之臣则事不济，今皆悦夫背公营私者矣；国无危言极论之臣则德不进，今皆悦夫偷合苟容者矣；国无仗节死义之臣则势不强，今皆悦夫全身远害者矣。⑥

光宗朝，秘书省著作郎卫泾批评"言路尚壅"，"听纳虽广，诚意不加，始悦而终违，面从而心拒"⑦。理宗时的殿中侍御史杜范批评皇帝"外

---

① （宋）田锡撰：《咸平集》卷1《上太宗论军国要机朝廷大体》，罗国威点校，巴蜀书社2008年版，第12页。
② （清）徐松辑：《宋会要辑稿》职官55之7，至和二年，知谏院范镇言，第4500页。
③ （宋）龚明之：《中吴纪闻》卷5"陆彦猷"，孙菊园校点，上海古籍出版社1986年版，第112页。
④ （宋）陈均编：《皇朝编年纲目备要》卷30"靖康元年春正月朔诏求言"，第771—772页。
⑤ （清）徐松辑：《宋会要辑稿》职官3之19，乾道元年五月一日，第3037页。
⑥ （宋）袁燮：《絜斋集》卷12《签书枢密院事罗公（点）行状》，第189页。
⑦ （宋）卫泾：《后乐集》卷10《辛亥岁春雷雪应诏上封事》，文渊阁《四库全书》，第1169册，第603页下栏a。

有好谏之名，内有拒谏之实"①，表面崇奖台谏，实际阻抑直言。这正如刘子健先生在《南宋君主和言官》一文中指出的，南宋君主对于言官，除去控制之外，常用拖延敷衍的手段，或是调护、抑言奖身，虚伪应付；意欲利用言官名望，却不听从合理主张，结果是上下相蒙，人心涣散。②

帝制时期，尽管有对于信息渠道的建设，有对于纲纪制度的强调，但归根结底，"纪纲总于人主之威权"③。言路为人主所需，其"建设"必定要服从人主与官方的期待；言路既无法超越君主威权，"独立"言事、"开广"范围，就必定有其限制。南宋后期，吕中在讨论台谏职任轻重时，指出差异的关键在于"以天下之威权为纪纲"，还是"以言者之风采为纪纲"④。

统治者历来警惕言路批评"过度"，更不容其站到君王意志的对立面。台谏官员常有畏葸避事者，不敢"论天下第一事"，而"姑言其次"，借以塞责。⑤ 言官"沽名""陵犯"，皆涉大忌。仁宗亲口告诫御史中丞王拱辰说："言事官第自举职，勿以朝廷未行为沮己，而轻去以沽名。"⑥ 绍兴八年（1138）宋金议和，枢密院编修官胡铨等人出面抗议，朝廷下诏严厉指责说：

> 初投匦而未出，已誊稿而四传。导倡陵犯之风，阴怀劫持之计。倘诚心于体国，但合输忠；唯专意于取名，故兹眩众。⑦

引惹高宗、秦桧不满的原因，既是胡铨对和议的抵制，也是由于文稿四传，导致"陵犯之风"，触犯了朝廷忌讳。孝宗历来被认为是励精图治的君主，但他对于"议论群起"的警惕，与高宗如出一辙。隆兴元年，时任中书舍人的周必大、给事中金安节，因论列近臣龙大渊、曾觌等，被宰相

---

① 《宋史》卷407《杜范传》，第12282页。
② 刘子健：《南宋君主和言官》，《两宋史研究汇编》，台北联经出版事业有限公司1987年版，第11—19页。
③ （宋）吕中：《类编皇朝大事记讲义》卷8《仁宗皇帝》"正纪纲 抑内降"，第171页。
④ （宋）吕中：《类编皇朝大事记讲义》卷9《仁宗皇帝》"台谏"，第189页。
⑤ 《宋史》卷387《杜莘老传》，第11894页。
⑥ 《宋史》卷318《王拱辰传》，第10360页。
⑦ （宋）李心传：《建炎以来系年要录》卷124，绍兴八年十二月丙辰，第2327页；罗大经：《鹤林玉露》丙编卷5"胡忠简上书"，王瑞来点校，中华书局1983年版，第327页。

· 193 ·

呼召至都堂：

> 宣示御札，大略谓给舍论大渊等，并为人蛊惑，议论群起，在太上时岂敢如此。①

就统治者看来，即便需要"言路"，这进言的路径也只能是通向他们一端；若有溢出，则被认为是蛊惑眩众。这种戒惕，较之"壅蔽"，毋宁说更为切近肌肤，刻骨铭心。

言事禀承上司意图、人主风旨，本是台谏之戒忌。宋高宗曾经告诫张九成，台谏不可承宰相风旨；九成回答说："以臣观之，非特不可承宰相风旨，亦不可承人主风旨。"② 而事实上，御史"承望要人风指，阴为之用"的情形十分普遍③，台谏往往"取旨言事"④。在宋代史料中，常会看到官员由于"领会"上意、"体恤"上情而刻意迎合，乃至隐瞒实情的做法。朱熹曾经说：

> 今日言事官欲论一事一人，皆先探上意如何，方进文字。⑤

逢迎谄佞、畏缩不言之例皆非鲜见。更可喟叹的是，一些忠于职守的官员，也会出于避免朝廷困扰的立场，倾向于回避实情。哲宗元祐中期地方财政吃紧，朝廷派官员调查，范祖禹出面反对：

> 臣伏见近遣户部郎官往京西会计转运司财用出入之数。自来诸路每告乏，朝廷详酌应副，其余则责办于外计。今既遣郎官会计，必见阙少实数。若其数不多，则朝廷可以应副；若其数浩大，不知朝廷能尽应副邪？

---

① 参见（宋）周必大《文忠集》卷165《归庐陵日记》、卷99《同金给事待罪状》，文渊阁《四库全书》，第1148册，第778页下栏b、75页上栏a。
② （宋）谢采伯：《密斋笔记》卷1"张子韶在经筵"，《丛书集成初编》排印琳琅秘室丛书本，中华书局1985年版，第8页。
③ 《司马光集》卷76《太子太保庞公墓志铭》，李文泽、霞绍晖校点整理，四川大学出版社2010年版，第1542页。
④ 《宋史》卷247《宗室·赵子崧传》，第8744页。
⑤ （宋）黎靖德编：《朱子语类》卷112《论官》，王星贤点校，中华书局1986年版，第2733页。

他主张让地方自行处理，朝廷不宜过问"实数"，以免面对实际窘困带来尴尬。①

乾道时江西水灾，孝宗全不知情，事后追问，参政蒋芾解释说：

> 州县所以不敢申，恐朝廷或不乐闻。闻今陛下询访民间疾苦，焦劳形于玉色，谁敢隐匿！②

这就是说，在众多消息之中，地方官员选择"上传"的内容，取决于他们对君主"玉色"及朝廷态度的揣摩。这种对于"玉色""玉音"的小心观察与测度，记载中比比皆是。凡当奏闻之事引惹"上变色不悦"时，通常"同列皆止之"③。真德秀在《讲筵进读手记》中，曾经记录下他读"汉成帝荒淫一节"时，对于理宗态度的观察："敷陈之间语颇峻切，仰瞻玉色略无少怍。"④ 而遇到皇帝"玉音峻厉""玉色怫然"⑤ 之际，则少有敢于坚持进言的官员。

这种情形不能简单归结于官员个人素质问题，而是由制度周边的整体氛围、由深入脊髓的"奉上""唯上"文化所导致。尽管说"天视自我民视，天听自我民听"，制度设计的核心、官员取舍的依据、冲突周旋的落脚，却是效忠君主，顺从上峰。这是官僚文化根深蒂固的选择倾向。

余论：信息通塞与"制度文化"

信息渠道的路向、制度的针对性及运作形式，显然受到政治局势左右。宋代日常治理体系下有百官轮对转对，有给舍台谏进言、监司郡守禀报，庆历熙宁等变法活动期间则会集中出现成规模的按察巡视，不同方式

---

① （宋）范祖禹：《太史范公文集》卷15《论封桩札子》，四川大学古籍整理研究所编：《宋集珍本丛刊》，第24册，第237页下栏a—b。
② （清）徐松辑：《宋会要辑稿》食货68之127，乾道四年六月四日，第8030页。
③ （宋）高斯得：《耻堂存稿》卷2《经筵进讲故事》"七月二十三日进"，第27页。
④ （宋）真德秀：《西山先生真文忠公文集》卷18《讲筵进读手记（初八日）》，四川大学古籍整理研究所编：《宋集珍本丛刊》，第76册，第95页上栏b。
⑤ 参见（宋）岳珂《桯史》卷八"袁孚论事"、卷9"黑虎王医师（继先）"，吴企明点校，中华书局1981年版，第89页、109页；（宋）楼钥：《攻媿集》卷88《汪公行状》"玉色不悦"，第1198页。

并存互补。而信息的通达与否，并不仅仅在于是否有相应的输送呈递渠道；即便渠道设置周全，亦不意味着信息沟通流畅。①

一般说来，高踞于臣民之上的"人君"，明白居高宅深的不利，开广言路是其延展视听的重要手段；当政宰辅亦须了解内外信息，以便施政。有关"直言朝廷阙失"的表态及相应规定，正是在这种背景下出台的。但从现实中，我们看到，宋代既有"养臣下敢言之气"的呼吁，②也有对言者"沽名卖直"的反感；既有敢批逆鳞而得青睐的事例，也有言事忤旨谴谪贬斥的情形；既有"谏官御史为陛下耳目，执政为股肱；股肱耳目必相为用"的说法，也有"言事者数与大臣异议去"的状况③；既有"明目张胆"的危言正论，也有专意迎合的欺瞒诞谩；帝王与朝廷，既为信息焦虑，又惧怕面对"不乐闻"的现实……凡此种种，构成了一幅幅盘根错节的万象图。

信息渠道本身无所谓"通""塞"，造成通塞的是其中发挥作用的"人事"。渠道不畅、信息不实，当然与国家的实际能力有关，既有技术层面的原因，例如交通条件差、讯息收集传递不便等；也有措置安排的原因，例如言者得知讯息的途径有限、处理人手数量资质不足等。更值得注意的是，在纵横交错的等级体制下，渠道层级的接卯处或曰权力枢纽处，都是信息的筛选流失处。

本文讨论的"言路"活动，涉及各层级官员对态势消息的解读、对政策方针的建议。其中传递的信息，通常经过筛选提炼加工，以供决策。构成这一路径的诸多环节上，少有原始消息，多是经由处理的信息；既有信息收集迟滞片面、缺漏模糊带来的影响，又是特定制度环境下官员主观抉择造成的结果。言路的阻滞、信息的扭曲，往往并非出于忽视，反而出于官员对其重要性的体认；不仅来自权相佞臣，也来自顾及仕宦前途的各层级官员。庸散不职者、作伪蒙蔽者、奉承逢迎者，无不在信息申报选择上下功夫。判断抉择与官员追求相关，仕途生涯的选拔任免虽有规矩准绳，而长官举荐、君相赏识无疑起着关键作用；前程既然操控在上，规避个人

---

① 孔飞立针对清代"叫魂"事件，对于清政府"内部通讯体系"进行了分析，见［美］孔立飞《叫魂：1768年中国妖术大恐慌》，上海三联书店2012年版；社会学意义上的相关讨论，可参考周雪光《运动型治理机制：中国国家治理的制度逻辑再思考》，《开放时代》2012年第9期。
② 楼钥：《攻媿集》卷27《缴林大中辞免权吏部侍郎除直宝文阁与郡》，第382页。
③ 《宋史》卷311《吕公弼传》，第10213页。

风险自然要向上窥伺。

　　有关言路的规定，提供着施行的可能性，一定程度上制约着事态的走势；而施行的实态，则受到多种因素的影响。设计者通常希望制度便于把控，而任何制度一经推出，其弹性空间，其内在罅隙，都会在施行过程中逐次显现，其溢出效应与潜在风险可能是制度推出者始料不及的。史籍记载所呈现的，往往是被当作"国家之典法"被记录的应然状态，希望以此"垂劝戒、示后世"①，我们不能仅依据条目规定及二三范例，就认为制度实施有效；同时，也不能因为制度的扭曲，就以"具文"一语草率交代。制度实施的"万象图"，应该说与环绕制度的政治文化氛围直接相关。

　　环绕制度的政治文化氛围，或可径称为"制度文化"。② 笔者所谓"制度文化"，不是单纯指特定时代创制的规范体系，而是指制度实施的环境，指多种因素互动积淀产生的综合状态。观察制度文化，不能忽视制度设计者、执行者、干预者、漠视者、抵制者的意识、态度、行为与周旋互动。朝廷意志并非唯一的决定因素，围绕言路有着不同的认知与多方实践。张力与转圜的结果，可能深化制度的影响力，可能消解制度的权威性和执行力，也可能导致制度的更新。从这一角度，或许能观察到影响制度走向的多种因素。一方面，特定制度的实施会影响到文化的趋向，制度上包容言者，台谏才会养成"元气"；另一方面，制度也为"制度文化"所包裹，例如对于进言利害的认知、进言者的声望、纳言者的公信力、以往进言的影响等因素，都左右着制度的预期和运行的结果。制度文化可以说是一种弥漫性的政治生态环境，浸润渗透于制度之中，影响着制度的生成及其活动方式。纵观历史上的各个时期，几乎没有任何制度按照其设计模式原样施行；调整修正甚至于变异走形，大致是其常态。或许可以说，制度面临的生态环境，决定着制度实施的基本前景。真正有意义的问题，不在于当时是否制订过相关的制度，而是被称作"制度"的那套规则和程序，在现实中如何实践并且发挥作用；当时的官僚体系如何执行（或曰对待）这套制度，当时的社会人群如何感知这套"制度"。

　　中国古代的制度文化显然是与官场文化交叉迭合的。"官场"是制度

---

①　《欧阳修全集》卷111《论史馆日历状》，第1687页。
②　参见柳立言对于"动态的法律文化"的界定与说明，见柳立言：《宋代的社会流动与法律文化：中产之家的法律？》，《唐研究》第11卷，北京大学出版社2005年版，第117—158页。本节讨论受其启发。

相关者集中活动的场合,是官僚文化存在的载体和基本空间。与官僚制度、官僚生存状态相关的惯例习俗、潜在规则,其特有的能量气息、风气的浸染与传播方式,都体现出官场作为"场"的辐射及感应特征。

信息制度的建设,无疑是政治权衡的结果;利害取舍、轻重缓急,取决于判断与抉择。制度注重程序,而许多背离流程的逆向措置,可能被包装在顺势的外表中。即便被认为成功的制度,其路径中亦可能有诸多变形,可能看上去端点与初衷形似,也可能勉强达致表面目标而伤及深层。有些看似被制度"防范"的做法,事实上可能是体制习用而不可或缺的运行方式。对于某些制度的"空转",观察者批评其"空",体制内注重其"转";今天的研究者批评其渠道不畅,当年的操控者在意这系统格套俱在,可供驱使。

官方"言路"的节点留有层级式的阀门,掌握开关者,既有不肯尽职甚至刻意壅蔽者,也有忠于体制小心行事者。即便是后者,对于节门启闭的方式程度无疑也需要斟酌,除去触逆鳞带来的风险之外,上下之间失察不报是风险,打破安宁平衡同样是风险。其间深层的考虑往往在于预期的"政治秩序"(尽管实际上可能带来民情不安甚至社会动荡),而这些判断与抉择,正与抉择者身处的制度文化环境相关。

进言事,从来被认为是"朝政之大者"[①]。宋廷有关言路建设的意向不乏清晰表述,但作为加强专制皇权的手段,这"建设"的指向性十分明显。言路承载着言论开放与意见进呈的特定方式,是士大夫政治参与的重要途径;但从根本上讲,其运行从属于政权的需求。研究者会注意到,宋代官员的进言活动及其效应,有明显的运行曲线,其波峰高下与政治生态环境密切相关。[②] 当轴者关切的,主要是控御的维系及朝政的安宁;作为言路及其延展,如给舍台谏之封驳进言,轮对、经筵等君臣对话机会,按察、体量等信息搜讨途径,节门启闭、开放程度,都被制约在这一限度之内。有制有度,这正是"制度"一语的另一方面意义所在。

[①] (宋)楼钥:《攻媿集》卷99《端明殿学士致仕赠资政殿学士黄公墓志铭》,第1390页;《宋史》卷393《黄裳传》作"朝廷之大者",第12005页。

[②] 参见虞云国《宋代政治生态视野下台谏监察信息渠道的通塞》,北京大学人文社会科学研究院"菊生学术论坛:7至16世纪信息沟通与国家秩序"主题报告,北京,2017年11月4日。

近四十年辽宋夏金史研究学术回顾

中国人民大学历史学院 包伟民

1978 年 12 月召开的中共十一届三中全会,标志着中国的历史进入改革开放的新时期,社会生活从此逐渐走向正常,学术研究也首次获得了正常发展的机会。关于中国古代历史的学术研究,由此得以迅速发展。辽宋夏金史领域也是如此。

不过,相比于中国古代的各个断代而言,40 年来辽宋夏金史领域的学术推进尤其明显,最重要的表现就在于,国人对公元 10—13 世纪——尤其是赵宋王朝——历史的看法,产生了近乎逆转性的变化。

一 时代背景

任何学术研究的推进,都会受到时代背景的制约,历史学尤其如此。因为史家观察历史,于技术、资料等外部条件之外,在思想认识与分析方法等许多方面,更受到他所生活时代的影响与制约。史学的研究对象虽然恒定不变,不同时代的人们对历史却都会有自己不同的理解。归纳而言,40 年来,影响辽宋夏金史领域发展的内外部因素,大致可有如下四个方面。

第一,随着改革开放的推进,学术领域的思想禁锢逐步被打破,引领学者观察历史社会的分析方法产生了明显的弃旧扬新现象。传统的经典理论虽然一直被学界所尊奉,不过主要出于对理论教条主义弊病的警惕,尤其在年轻一代学者中间,其实际影响力无疑是减弱了。国门打开之后,在海外学界的影响之下,一些当代社会科学理论渗透日深,其中当数经济学、社会学与政治学等学科的范式与分析方法,最受本领域学者们的关注。表现在具体的研究工作中，除了对于一些历史现象的解释与性质判定产生差异外，最为明显的是研究议题的移易。一些新的研究议题受到关注，传统的、根据经典理论所提出的一些关于中国历史的核心议题，明显受到冷落。

第二，学术思想的弃旧扬新，主要是通过研究人员的更替换代表现出来的。

40年来，在本领域大致有四个代次的学者先后登临学术舞台。第一代是成熟于1949年之前、复经20世纪五六十年代思想改造洗礼的老一辈学者，在本阶段前期，他们引领了学术研究的走向，辽宋夏金各个领域都是如此。同时，一大批在五六十年代接受专业训练的中年学者，作为学术研究的生力军，在经过政治运动的长期压抑之后，迸发出惊人的学术创造力，促使史学研究很快呈现繁荣景象。他们是第二代学者，大致到90年代中期开始占据主导地位。第三代学者则以1977、1978届毕业生为主，在"文化大革命"后经高考进入高校学习，复经研究生课程的训练，在90年代开始崭露头角，成为学界的生力军。进入21世纪后，更进一步成为本领域学术研究的主导者。紧接着，第三代学者薪火传人，在高校扩招政策的助力下，每年又训练出来相当数量的辽宋夏金史方向的研究生。近十余年来，学界在各方面都明显感受到了这一大批学术"新新人类"——第四代学者——的影响。

在讨论议题与研究方法方面，由于受教育背景、政治环境以及中外学术交流条件等因素的综合影响，学者代际之间存在着比较明显的差异。前期在第一代学者的引领下，20世纪五六十年代以来的一些主流学术观念与讨论议题仍占主导地位，例如强调辩证唯物主义与历史唯物主义的指导，重视阶级对立立场与阶级分析方法，坚持社会结构分析中的经济基础决定论等。落实到具体的研究领域，早先的一些中心议题仍然受到不少学者的热捧，例如宋代在"长期延续"的中国封建社会发展进程中的地位，资本主义萌芽是否在宋代产生，宋代社会的阶级结构、土地制度、租佃关系、农民战争，宋初中央集权强化与中后期的政治改革，思想史领域的唯心主义与唯物主义的对立，等等。辽、夏、金史等领域与此类似，例如一如既往地强调作为它们奴隶制国家的性质，并在此基础之上提出议题。从第二代学者开始，议题与方法已经出现某些弃旧扬新的态势，及至第三代学者进入主导地位，新旧之间的更替则成定势。第四代学者基本上是追随其师长的学术路径，而有所拓展。

总体看，本领域前后之间的学术面貌有较大改观。一些旧议题逐渐被以社会史、文化史为中心的新议题所取代。以至近年来有学者综述本领域的研究状况，屡屡提及作为传统研究议题之基础的经济史研究"不容乐观，至少在成果数量上持续走低，后备的研究力量明显不足"[1]；或者经济史中"有新见的论文不多，重复、细碎性研究日趋严重"[2]。与此同时，士人阶层、家族宗法、性别观念、民间信仰、社会生活、基层社会、地域文化、民族关系、思想流派等议题，开始成为新的学术热点。核心概念与分析取向也有不少调整。例如，年轻学者更倾向于使用"精英"这样相对正面的概念，来取代此前"地主豪强""猾吏劣绅"之类明显具有贬责意味的用语，以指称地方社会中的权势人物；对于文献中所见之"盗""寇""贼""匪"之类记载，此前大多不加分辨地归为"农民起义"，新近的论著则往往更为审慎地以"民变"一词来做指称。又如讨论历史人物，也更多地将研究目的从此前的"肯定"或"否定"等功过评判与道德审视，调整为对于其多重历史影响的具体分析。

第三，40年来中国经济持续奇迹般地发展，国力大幅度提升，使得国人对民族历史的自豪感大增，直接促使了学界调整对辽宋夏金时期——尤其是宋朝——历史的看法。

长期以来，根据人类历史发展五阶段说的理论框架的界定，10—13世纪处于中国封建社会中期末端或后期开端，被认为已经走下发展高峰，开始进入衰退期。可是在现实社会经济发展的刺激之下，随着中国与世界列强并驾齐驱进入21世纪，以及国际学界出于反思欧洲中心论的目的，开始重新认识中国帝制后期在世界历史上的地位，这使得中青年学者越来越不满足于只把宋代的高度发展定位在中国封建社会内部的认识，而是"希望将其置于当时的世界历史背景下给予新的评价"（李华瑞语）。尤其是，正如有学者早已研究证明，差不多已经成为国人共识的、关于宋代国势积贫积弱的看法，是近代学人鉴于当时中华民族饱受列强欺凌，反观历史，出于对汉唐盛世的怀恋，以及对赵宋王朝国势不振之史的自惕，在积郁着强烈的民族情感背景之下归纳出来的。近年来国力

---

[1] 梁建国：《2011年宋史研究综述》，《中国史研究动态》2016年第6期。
[2] 李华瑞：《2014年辽宋西夏金元经济史研究综述》，《中国史研究动态》2016年第1期。

的增强，使得学者们慢慢摆脱了那种情绪化的心境，得以相对平静、全面地来观察两宋历史，以充分认识它在经济、文化、学术、技术等许多方面空前的成就。

支持宋朝国力积贫积弱看法的一个关键"史实"，是它的武功不振，对外妥协，依靠向周边民族政权交纳岁币来维持边境的和平。近年来，不少论点有明显调整。例如关于北宋向辽国交纳岁币问题，就有学者通过具体分析澶渊之盟的历史影响下，例如宋朝从宋辽双方榷场贸易中赢得了超过岁币的商贸收入，中原、契丹人民从此得以和平相处等，来否定此前的一些看法。

比较典型的案例，是国人对南宋历史看法的转变。如果说"积贫积弱"是国人对于宋朝的一般性看法的话，那么相比较而言，长期以来，国人对于南宋历史的看法则更为不堪。长期以来加给南宋的标志性指称"偏安小朝廷"，就是一个完全贬义的概念。进入新世纪以后，南宋历史的这种负面形象发生了令人称奇的变化，地方政府开始将其视为难得的文化资源，设立机构，投入巨资，来推动南宋历史的研究。也有不少学者开始重视南宋历史的意义，强调"南宋在传承中华文明中所做出的巨大贡献"（何忠礼语）[①]。

第四，支撑学术研究的外部条件明显改善，这里主要指可能直接影响学者研究条件的资料提供与数码技术的应用。

随着经济的起飞，出版行业也开始快速发展，大量古籍被影印或经整理出版，为学者提供了最为基本的研究条件。由于从宋代起存世古籍成倍增加，其中多为孤本善本，各地馆藏情况不一，所以它们对于宋元以下各个断代的研究来说，确实比隋唐以前各个断代的关系更为密切。例如作为研究宋史最主要史籍之一的北宋编年体史书《续资治通鉴长编》，直至它在1986年由上海古籍出版社影印出版，各地学者才得以比较方便的应用。古籍影印与整理工作的推进，使得一些原本相当稀少罕见的古籍成为学者们案头的常备书，京沪之外的各地研究人员才逐步在基本资料方面具备了相对方便的条件。同时，因为各地大兴土木，作为它的"副产品"，本阶段所发现的辽宋夏金时期地下历史文物相当丰富，这也在很大程度上刺激了学术研究的深入，其中尤以城市考古领域为突

[①] 何忠礼：《略论南宋的历史地位》，《浙江社会科学》2008年第9期。

出。另外，一些重要历史资料从域外的引进出版，例如俄藏黑水城西夏文书的出版等，其对相关领域的促进作用，可为显例。这一切，若非社会经济明显改善，是不可能实现的。

与此同时，近几十年计算机信息技术的发展，也深刻地影响到了本领域的学术研究，例如学术期刊数据库的广泛应用，大规模古籍全文数据库的建设等。正所谓福祸相依，新技术的应用难免也带来了一些反作用。综合起来看，尤其在近一二十年以来，学科的发展已经在相当程度上感受到了它的推力。在相当大程度上，新技术使得研究者搜寻资料更为方便，数十百倍地扩大了他们搜寻资料的数量与广度，也帮助了年轻学者得以迅速进入具体专题的学术场景。一些相当冷僻的文献，现在频繁地在硕博士研究生毕业论文的参考文献目录中露面。如果应用得法，必然对研究带来相当正面的影响。例如学者得以依据更多、更为全面的论据来对史事做出归纳分析，一些原本比较不容易讨论的议题，也有可能变得相对轻松。近年来涉及统计分析的议题，犹如某一词汇在文献中出现的频率等，明显增多，可为明证。某些历史现象最早见诸记载的时间，就变得比较容易确定了。

时代背景对于史学研究的影响是全方位的，例如研究者基本的生活条件如何，无疑也是一个不可回避的因素。国家政治、就业市场、学术管理机制、现实生活中各种"后现代"观念的流行等，更不容忽视。不过相对而言，前面所述是比较重要的几个方面，它们对本领域研究的影响当然不是一直平铺展开，而是在不同阶段各有侧重的。

二 概况归纳

在内外各种因素的影响与推动之下，辽宋夏金史领域的发展增长差不多是全方位的。对其中的主要表现做一番概览式的梳理，就可以相当清晰地呈现出来。

首先是关于研究人员与研究机构。

40年来，辽宋夏金史领域的专业研究人员增长了数倍，这是本领域学术增长的一个明证，也是它的基础。由于研究者的学术领域常有跨界，人数的精确统计并不现实。不过如果以宋史领域的例证看，参加1980年首届年会者60余人，目前注册的学会会员近500人，其中经常参加学会学术活动的近 400 人，数十年间增长了约 6 倍有余。辽夏金史领域的情况不会完全平衡，不过可以肯定的是当与此约略相近。

辽宋夏金各个专史都成立作为学术交流平台的全国性学术组织，明显推进了各自领域的学术研究。在中国古代各断代史领域中，宋史于 1980 年首先成立了全国性的研究会，组建理事会，指导会员们的研究工作。作为本领域最主要的学术交流平台，研究会按每两年一次的频率召开学术年会，并编辑出版年会论文集。自 1980 年至今，已经总共召开了 17 次大规模的学术年会，出版了 17 卷《宋史研究论文集》。辽夏金史领域与此相似。1982 年 6 月成立中国辽金史学会，定期组织召开学术年会。2003 年，转为中国民族史学会辽金暨契丹女真史分会。从 1987 年出版《辽金史论集》以来，至 2016 年，总共已经出版了 14 辑。西夏史则基本是通过中国民族史学会展开学术活动。西夏史领域主要的学术出版物，有李范文自 2005 年起主编出版的《西夏研究》，前后共计出版了 8 辑。自 2010 年起改为由宁夏社会科学院编辑出版的学术季刊。此外，各地还成立有一些地域性的学术组织，例如于 1984 年成立的辽宁省辽金契丹女真史研究会，迄今已经 30 余年，会员从 40 来人扩展到 300 余人，定期召开学术年会。在宋史领域，也成立有岭南宋史研究会。

这些专史领域的各种研究会，作为学术共同体，是学界不可或缺的学术交流平台，它们所编辑出版的专史论文集，则是重要的学术阵地。虽然近年来由于行政原因，各学术机构大多重期刊轻专集，其影响力有所下降，但在学者们的心目中，某种程度上它们仍然起着学术导向标的作用。

40 年来辽夏宋金史领域也成立了不少重要的专史研究机构，其中最为引人注目的，就是由教育部设立、作为"人文社会科学重点研究基地"的几个研究机构。其中有最初由教育部批准、成立于 1982 年的北京大学中国中古史研究中心，辽宋夏金史研究为其中重要的组成部分。2000 年纳入教育部人文社会科学重点研究基地系列，改名为北京大学中国古代史研究中心。此外还有宁夏大学西夏研究中心（2000 年；2009 年改名为西夏学研究院）、河北大学宋史研究中心（2001 年）。

与此同时，不少学术单位也成立有不少与本领域相关的学术机构，重要的如中国社会科学院西夏文化研究中心、河南大学宋代研究所、宁夏社会科学院西夏研究院、吉林大学民族研究所、中国人民大学唐宋史研究中心、浙江大学宋学研究中心、杭州市社科院南宋史研究中心等。

这些研究机构大都编辑出版有相应的学术专刊，重要的如河北大学宋史研究中心自1990年起编集《宋史研究论丛》，迄今已经出版了20辑；宁夏大学西夏研究中心（西夏学研究院）于2006年起编集《西夏学》，迄今已经出版了12辑；杭州市社科院南宋史研究中心自2006年起组织学者撰写"南宋史研究丛书"，迄今已经出版了67种。

其次，论著的数量增长惊人。

40年来，总共刊布了多少关于辽宋夏金史研究的论著无法统计，也不一定有意义，唯一可以肯定的是数量惊人，逐年增长，近年尤多。这在一定程度上反映了研究推进的事实，更印证了数量化的研究人员考核制度之推波助澜作用。例如2013年，据估计在宋史领域大约出版有论文集和专著50部，发表论文600余篇；[1] 在辽夏金史领域，全年出版、发表著作和论文约1200余部（篇）[2]。如果以20世纪八九十年代的情况与之相比较，当然是瞠乎其后了。

比较具有指示意义的现象是近一二十年来各领域博士学位论文数量的增长。根据中国知网"中国博士学位论文数据库"的统计，以"宋代"为主题的博士学位论文，1999年仅2篇，2000年10篇。此后直线增长，到2007年超过百篇，此后一直持续在80、90篇左右，直至2015年后才略有下降。这里反映了高校扩招政策的直接影响（参见图1）。

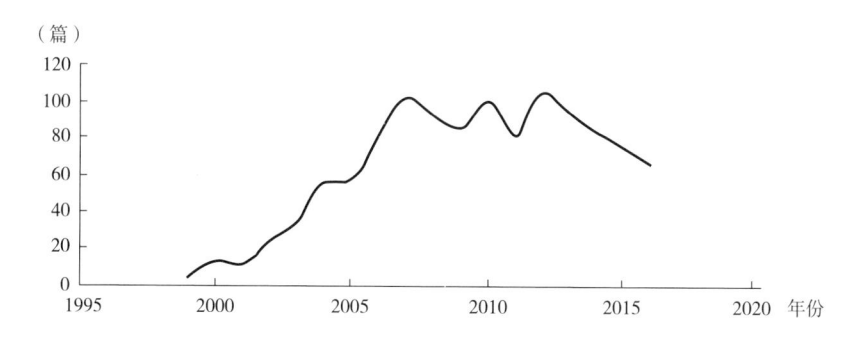

图1 1999—2016年以"宋代"为主题的博士学位论文增长曲线图

---

[1] 梁建国：《2013年宋史研究综述》，《中国史研究动态》2014年第3期。
[2] 周峰：《2013年辽金西夏史研究综述》，《中国史研究动态》2014年第6期。

辽夏金史领域的博士学位论文数量与之相同，2000 年仅 2 篇。后来持续增长，到 2011 年遂渐超过了 20 篇（参见图 2）。

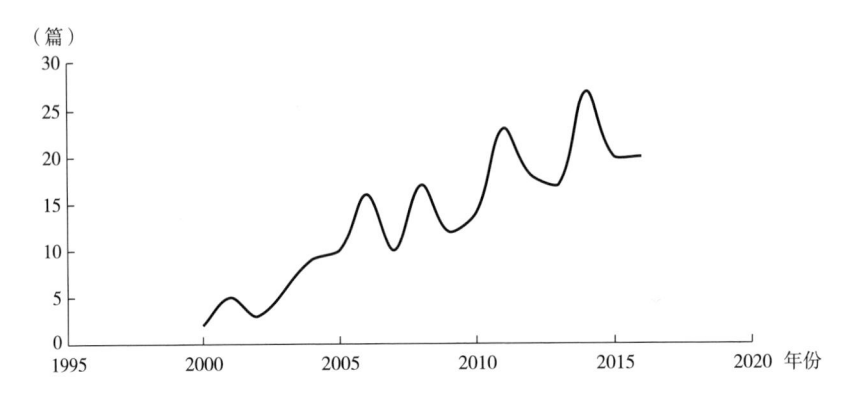

图 2 2000—2016 年以 "辽代" "金代" "西夏" 为主题的
博士学位论文增长曲线

数量当然绝非等于质量，不过由此展示的学术大跃进的态势则是十分明晰的。

最后，断代史陆续问世，相关专题研究全面铺开。

通史式的全面铺叙与专题式的深入探讨，是观察史事的两种有效方式。这两种方式相互之间又是密切联系的，前者须以后者一定程度的积累为基础，一部编纂得当的断代史往往是某一时期相关领域综合水平的指示器。40 年来，辽宋夏金史领域断代史的陆续问世，比较直观地展示了学术推进的过程。

早在 20 世纪 70 年代末至 80 年代，辽宋夏金各个领域都陆续出版了几部断代史。1979 年，蔡美彪等编《中国通史》第 6 册由人民出版社出版，此书分 3 章分别叙述辽、西夏、金三朝历史。这既是通史著作中最早以较多篇幅为辽、金各自单独设立专章来作完整叙述的，更是第一次将西夏史作为一个独立的政权，为之设立一个单独章节的。同年，张正明所著《契丹史略》由中华书局出版。也是在同一年，钟侃、吴峰云、李范文等编写出版了第一部西夏史《西夏简史》（宁夏人民出版社 1979 年版）。次年，吴天墀《西夏史稿》由四川人民出版社出版。此书积作者数十年之功，所搜集的汉文史料相当丰富，还提出了很多有价值的观点，深得学术界好评。

宋史方面，第一部断代史直至 1985 年才问世，即由周宝珠、陈振主编的《简明宋史》（人民出版社）。此书关于两宋时期在中国古代历史中地位的论述，以及将阶级斗争视为认识宋代历史的主线的结构安排，可以说是当时相关领域研究水平的一个归纳总结。在南宋史方面，则差不多在 30 年后，由何忠礼等编写了八卷本《南宋全史》，由上海古籍出版社出版。

20 世纪 80 年代后，各种断代通史出版渐多，主要是在辽金西夏史领域。例如 1984 年辽宁人民出版社出版了张博泉的《金史简编》、杨树森的《辽史简编》等。与此同时，在邓广铭先生关于打通辽宋夏金、构建"大宋史"理念的影响下，学者们试图重新搭建历史的架构，从一个更为全面的视角来叙述 10—13 世纪的历史，于是出现了通述辽宋夏金史的努力。1986 年，杨树森、穆鸿利等编著出版了《辽宋夏金元史》（辽宁教育出版社）。到 2010 年，河北大学宋史研究中心出版了由漆侠主编、380 万字的鸿篇巨著《辽宋西夏金代通史》（人民出版社），集中反映了相关领域学术研究的新进展。

在辽宋夏金史的各个专题领域，相关研究论著的数量则不可胜数。可以说，举凡存世资料相对充沛、足以展开讨论的议题，差不多都已经有学者撰写了专书，更不必说数量无法统计的专文了。一些热门的议题，例如核心的国家制度、重要的历史人物、著名的文艺作品、主要的思想流派等，专书专文更是集中，其中免不了就有相当比例的重复现象。

例如，关于沈括的生平，除张家驹最早出版于 1962 年的《沈括》评传被不断重印出版外，据国家图书馆馆藏目录统计，1980 年后，被列为"专著"的《沈括》、《沈括传》或《沈括评传》等，就有 18 种。除全国性议题外，一些地方性的史事、人物与建置等都有了专著讨论。例如关于南宋行都临安城的研究专著，仅仅收入"南宋史研究丛书"中的，就有 10 种由不同作者撰写的专著问世。[①] 除各领域名人外，一些相对次要的历史人物或者他们的群体也开始进入学者关注的视野。例如关于南宋的历史人物，就有丁式贤讨论南宋初年的宰相吕颐浩，沈如泉讨论鄱阳洪氏，王三

---

① "南宋史研究丛书"所收入的这 10 种专著是：顾志兴《南宋临安典籍文化》，唐俊杰、杜正贤《南宋临安考古》，徐吉军《南宋都城临安》，王勇、郭万平《南宋临安对外交流》，方建新《南宋临安大事记》（以上均由杭州出版社 2008 年出版）；林正秋《南宋临安文化》、鲍志成《南宋临安宗教》、何兆泉《南宋名人与临安》、徐吉军《南宋临安社会生活》（以上均由杭州出版社 2010 年出版）；以及徐吉军《南宋临安工商业》，人民出版社 2009 年版。

毛讨论南宋文学家与经学家王质，方勇关注南宋遗民诗人群体，丁楹关注南宋遗民词人群体，陈书良关注南宋的平民诗人群体，等等。①

一个比较具有指示意义的现象就是，一些范围较小或相对冷僻的议题，也开始有学者为之撰写研究综述，分析其学术史的展开与研究现状，由此可以证明在那些领域都已经有了不少的学术积累。例如南宋的《平江图》，虽然是研究当时城市史的重要资料，但议题空间毕竟有限。据中国学术期刊网的统计，从20世纪80年代以来，已有16篇专题讨论《平江图》的论文问世，以至许文刚得以为之撰写专题的学术综述。②又如"买扑"，是宋代官府市场经营（征榷、和买等）中的一个制度环节，自从1984年裴汝诚、许沛藻发表第一篇专文《宋代买扑制度略论》以来③，至今已刊布有20多篇专文，更有专著一种，对它展开讨论。杨永兵还撰有研究综述专文一篇，归纳了这一议题的学术史。④议题相对冷僻的，例如合灿温综述近30年高丽遣使金朝问题的讨论，征引研究文献49种。⑤郑玲分析河西回鹘与西夏关系史的研究状况，列出相关研究文献32种。⑥武婷婷归纳关于辽、宋、夏、金婚礼服饰及其礼俗内涵的研究，列出的今人所撰参考文献达70种。⑦此外类似的例子还有不少，不再一一赘述。

三 研究举例

在议题全面铺开、论著数量成倍增长的同时，40年来我们对辽宋夏金史的认识也大大地深化了，尽管深化的程度未能与数量增长成正比。

---

① 以上参见丁式贤《南宋贤相吕颐浩研究》，浙江古籍出版社2011年版；沈如泉《传统与个人才能：南宋鄱阳洪氏家学与文学》，巴蜀书社2009年版；王三毛《南宋王质研究》，凤凰出版社2012年版；方勇《南宋遗民诗人群体研究》，人民出版社2011年版；丁楹《南宋遗民词人研究》，凤凰出版社2011年版；陈书良《江湖：南宋"体制外"平民诗人研究》，中国广播电视出版社2013年版。
② 许文刚：《〈平江图〉研究综述》，《江苏地方志》2015年第5期。
③ 裴汝诚、许沛藻：《宋代买扑制度略论》，《中华文史论丛》1984年第1辑。
④ 杨永兵：《近30年来宋代买扑制度研究综述》，《中国史研究动态》2009年第10期。
⑤ 合灿温：《近三十年来国内高丽遣使金朝研究述评》，《赤峰学院学报》（汉文哲学社会科学版）2015年第3期。
⑥ 郑玲：《河西回鹘与西夏关系研究综述》，《西夏研究》2016年第2期。
⑦ 武婷婷：《辽、宋、夏、金婚礼服饰及其礼俗内涵研究综述》，《黑龙江史志》2013年第3期。

总体观察起来，学术范式的推陈出新、研究领域的拓展与新议题的提出，多领域、多学科融合研究之受重视与一些视野更为宽广的核心概念（例如"宋学""大宋史"等）的推出，考古资料、文书档案等新史料的大量发现与整理研究，制度史等重要史事研究的精深化等，这些研究深化的具体表现，尽管不一定绝对平衡，却无疑是辽宋夏金各个专史领域的共同现象。内容相当丰富，下文在不同领域略举几例，予以说明。

研究范式的推陈出新，无疑是本阶段最令人瞩目的学术进展之一。在坚持尊奉经典理论的同时，学界借引了不少当代社会科学的分析方法与学术范式，其中主要来自社会学、经济学与政治学等学科，这使得研究者得以从更宽广的视野，用更多元的分析方法，来讨论不同的研究对象，从而进一步展示历史的复杂面相。

例如在宋代思想史领域，学术史上存在着以唯心主义与唯物主义为分野，给具体的思想与人物贴标签、划线站队的现象，将"学统四起"、精彩纷呈的宋代思想史领域，描写成了失真而又乏味的两条路线斗争战场。经过多年的努力，这种现象大为减少了。相反，深入历史文献内部、深入历史上客观存在的话语体系、深入人物主观世界的立体研究大大丰富起来。此前，很多人物和流派被认为是缺乏研究价值的，在历史上起到了开倒车的负面效应，譬如理学派的二程和朱熹、陆九渊及其学派，客观的研究很少，仅有者也主要基于批判的立场。40年来，情况被根本扭转，对程朱理学、陆九渊心学的研究禁区不但无形取消，而且在生平研究、思想研究两方面都取得了极大的成果。陈来、张立文、束景南的朱熹、朱子学研究是其中的佼佼者。此外，对于李觏、范仲淹、司马光、王安石的研究也得到了大大的深化。40年来，研究者在面对思想史文献时不但重视思想者在文献中主观上"说了什么"，也重视他的主观思想表述是否被他人、被社会所接受，是否影响或在多大程度上影响了历史进程，客观考察思想观点的历史后果，因此也使得我们对宋代思想史的理解，更加贴近历史实际了。

尽管如前所述，本阶段从前期到后期，经济史受关注的程度减轻，其在整体研究中所占的比重下降，但它同时又是学界借引当代社会科学的分析方法与学术范式的努力比较明显的领域之一，近年来不少研究成果在深度上有许多推进。例如关于宋代的土地制度、租佃制与地租形态等问题，传统的观察大多强调地主与农民之间的阶级对立，从土地占有制的发展、租佃关系中人身依附减轻与否、地租形态之从劳役转向实物、租佃契约的内容与性质等来展开讨论。近一二十年来，这些议题明显受到经济学等学术范式的影响，效益、产权、风险控制与交易成本等核心概念与分析方法开始在讨论中扮演重要角色。

如对于在10—13世纪占主导地位的分成租与定额租这两种主要地租形态，传统的分析聚焦在它们所反映的地主与佃农之间阶级关系的差别，在定额租之下，地主对佃农的人身控制可能有所减轻，以及这种变化可能蕴含的社会形态的变迁。近一二十年来的研究则更多从佃农与地主双方的利益关系与经济动因来做观察。有研究者认为，社会生产力发展低、佃农经济条件差、缺乏基本生产资料和风险承受能力的环境，比较适合采用分成制的契约安排。① 而对于官田来说，它们之所以更多地采用定额租的经营方式，则是因为对佃农生产管理监督不便，是为了减少交易成本。同样的，宋代官田之所以被大量、持续地出卖，在很大程度上，也是出于节减经营成本的考虑。②

如从两宋时期开始，土地关系日趋复杂，土地出售中的以典就卖、租佃关系中的一田二主与永佃权等现象开始出现，新近的研究在关注到这些现象可能影响到社会阶级关系的同时，更多地将分析的立足点落脚在产权关系方面。有学者指出，北宋时官田佃户的永佃权事实上已经形成。民田方面，佃农则已经拥有稳固的租佃权，永佃权尚处于发育成长阶段，只在局部地区出现。土地产权这种多元化的发育成长，对于进一步激发产权权能所属各方的经营和生产的积极性，提升经济发展的内在动力，具有积极意义，并对后代产生深远影响。对于宋代土地买卖中存在着的典卖现象，学者们在深入梳理产权多元化趋势，强调田主、典主、佃农三者依托市场交易构筑的共享地权的新格局的同时，还注意到国家赋税和户口登记制度视田产的出典为财产转移，并不将出典田地作为财产来登记。在国家管理制度中实行的这种"一元制"产权形态，与流通领域存在的"一田两主

---

① 参见张锦鹏《宋朝租佃经济效率研究》，《中国经济史研究》2006年第1期；张明《唐中叶至宋代租佃契约思想研究——基于规避风险视角下的契约安排的选择》，《天府新论》2015年第3期。

② 参见梁太济《两宋阶级关系的若干问题》第七章第二节《官田的民田化和官田的出卖》，河北大学出版社1998年版；姜密《宋代官田契约租佃制及地租选择的经济学意义》，《河北学刊》2010年第2期；姜密《宋代"系官田产"产权的无偿转化和佃权转移》，《河北学刊》2015年第6期。

制"形态不同，它是国家从降低社会管理成本出发，行使财税和行政管理职能的结果。[①]

实际上，差不多在辽宋夏金史的所有领域，我们都可以感受到学术范式转换的影响。例如政治文化分析工具被应用于关于"祖宗之法"这样的观念与政治的相互关系[②]，在辽宋夏金各政权关系的讨论中跳出传统的华夷分野与中原正统观念，以现代国际政治的一些基本概念（如"外交"）与分析工具着手讨论，等等。当然也有一些学者，因为疏于分辨历史与现实之间的落差，甚至将现代社会生活中流行的一些概念，直接应用到辽宋夏金史领域的分析之中，例如外向型经济、市场化、人才培养之类；或者模仿社会心理学的方法，来揣摩历史人物行为的心理动因，等等。

似此学术推进有不少也许并非是跨越式的，不可能全面重构学术史，有些范式调整与新概念、新分析方法的引入，更可能尚显生硬，不过其所代表的学术发展方向令人鼓舞。

研究领域的拓展与新议题的提出，则无疑是重塑本领域学术史概貌最重要的推动力。尤其对于第三、四代次的学人来说，20 世纪五六十年代以来主要根据经典理论提出的那些议题，不再具有往日的主导地位；随着国门开放，西方新史学等史学流派的著作被大量译介进来，恰好回应了他们的需求。于是，议题重心从传统的国家政治与阶级结构，转向社会史与思想文化史，也就是顺理成章的了。地方社会、精英阶层、婚姻家族、社会性别、日常生活、物质文化、民间信仰、疾疫灾害、理念认同等方面的议题，慢慢成为新的研究热点。在一些专史领域，例如历史地理学，也开始讨论起历史上的环境与生态等问题。

有的时候，研究议题的更替并不一定以"新"覆盖"旧"的方式呈现出来。在社会史、思想文化史特有的视角及研究方式的引领之下，不少"旧"领域得到了有意义的拓展。例如作为传统国家制度重要组成部分的礼仪制度，日渐成为新的研究热点。仅从近年来本领域博士论文的选题看，明堂、朝会、祭祀、丧葬、乐制、服制，乃至礼器等，都被纳入了讨论的范围。

[①] 参见戴建国《宋代的民田典卖与"一田两主制"》，《历史研究》2011 年第 6 期；《从佃户到田面主：宋代土地产权形态的演变》，《中国社会科学》2017 年第 3 期；龙登高、温方方、邱永志《典田的性质与权益——基于清代与宋代的比较研究》，《历史研究》2016 年第 5 期。

[②] 参见邓小南《祖宗之法：北宋前期政治述略》，生活·读书·新知三联书店 2006 年版。

这也说明，历史研究的对象恒定不变，尤其是对于像辽宋夏金这样文明高度发达的历史时期，其中一些凸显的社会现象，从来都是人们关心与研究的重点。10—13世纪相比与其他历史时期的一些突显的现象，如多民族政权并存、赵宋政权文官制度的发达与武功之不振、经济与技术的突破性发展、思想文化领域新气象的形成，等等，是任何时期的观察者都不能忽视，必须予以悉心分析的。议题虽旧，其命常新。于是在这里，视角的"高下"有时就要比议题的"新旧"更为重要了，端看研究者能否透过表象观察到历史的真相而已。正因为此，有学者就开始关心如何从旧议题中发现新意义。邓小南就明确提出了政治史研究"再出发"的口号。① 近年来不少学者展开了对国家管理中信息流通渠道的研究，成绩斐然；包伟民对宋代城市史的研究，也是旧题新作的显例。②

正如礼制与信息渠道等议题所展示的，前者主要涉及国家制度与文化思想两个不同的领域，后者虽然以国家管理制度为主要讨论对象，与传统的观察有所不同的是它更强调各个部门、各种层级之间的联系。如果从一个更为宏观的层面来归纳，可以发现40年来多领域、多学科融合，是推动辽宋夏金史研究的一个相当重要的因素。其中显例，可举一些通贯性大概念的提出与民族语言学研究对辽夏金史等领域的重要意义来做说明。

邓广铭先生在为中国宋史研究会1982年年会编刊撰写前言时，就曾明确提出，后来并一再强调，应该视辽、宋、夏、金各王朝史为一个整体展开来研究，打破"严格划分此疆彼界，而相互不越雷池一步"的学术史现状。并且特别指出，应该按各王朝建立的时间顺序，将"宋辽金夏"调整为"辽宋夏金"。这就是他的"大宋史"理念，旨在强调当时前后并存的辽、宋、夏、金各王朝相互之间的联系与影响，揭示在这种联系与影响之下社会生活的各个方面。数十年来，这个"大宋史"理念已经对学界产生了深刻的影响，不仅推动了诸如《辽宋夏金代通史》那样的鸿篇巨著的出版，而且推动许多专题研究各个政权相互之间关系的著作问世③，更重要的是，多数研究者在讨论辽宋夏金各王朝的具体专题时，它已经本能地成为一种内在的观察视角。此外，在两宋思想史领域，邓广铭先生对传统学术史上以"理学"来涵括所有思想流派的做法展开自我批评，提出了"宋

---

① 邓小南：《宋代政治史研究的"再出发"》，《历史研究》2009年第6期。
② 包伟民：《宋史城市研究》，中华书局2014年版。
③ 李华瑞：《宋夏关系史》，河北人民出版社1998年版。

学"这样一个核心概念,大大拓展了研究者的视野。近40年来,"宋学"逐渐成为两宋思想史的标志,凸显了其在方法论上的重要意义。①

关于辽夏金等王朝,旧学术史一向主要依靠汉文资料展开研究,存在着明显的不足。自19世纪以来,随着各民族语言的资料相继被发现,对契丹、女真与西夏语的研究也随之开始。由于资料情况不同,各自的推进水平有前后差异,不过都在40年来取得重大进展,这是辽夏金史领域学术进步的最主要表现之一。例如20世纪70年代以来,清格尔泰、刘凤翥等民族语文学者以汉语借词为突破口,并利用汉文文献所记契丹语词,解读契丹小字获得成功。其研究报告《契丹小字研究》于1985年由中国社会科学出版社正式出版,成为具有里程碑意义的契丹语言文字研究著作。此后,民族语文学者利用这一成果,并结合蒙古语、达斡尔语等契丹语的亲属语言,对一批新出的契丹小字资料加以研究,成效显著,同时对于契丹大字的研究也取得突破。与此同时,国内女真语言文字研究也取得长足进步,先后有几部重要的研究著作问世②,大大推进了女真语言文字的研究。在这些研究的基础之上,还有几部重要的工具书被编纂出来③,极大地便利了学者们对民族语言资料的应用。与此同时,利用民族语言研究的最新成果,将其真正与历史研究相结合,充分利用契丹、女真文字资料,给辽金契丹女真史研究带来新的机遇,重要成果迭出。刘浦江关于阻卜与鞑靼、契丹父子连名制等问题的研究最具代表性。④

40年来,历史资料的整理与研究的主要成就体现在古籍整理、出土文物与历史文书等新资料的发现与整理研究方面。

由于学术发展本身的推动与国家制度的保障,40年来古籍整理工作成绩巨大,在辽宋夏金史领域范围内,大量善本孤本被影印出版,传世四部

---

① 参见邓广铭《略谈宋学——附说当前国内宋史研究情况》,原作为"前言",刊于《宋史研究论文集》(1984年第三届年会编刊),浙江人民出版社1987年版,后收入《邓广铭全集》第七卷,河北教育出版社2005年版;漆侠《宋学的发展和演变》,河北人民出版社2002年版。

② 参见金光平、金启孮《女真语言文字研究》,文物出版社1980年版;道尔吉、和希格《女真译语研究》,《内蒙古大学学报》1983年增刊;孙伯君《金代女真语》,辽宁民族出版社2004年版等。

③ 例如金启孮:《女真文辞典》,文物出版社1984年版;刘浦江:《契丹小字词汇索引》,中华书局2014年版。

④ 参见刘浦江《再论阻卜与鞑靼》,《历史研究》2005年第2期;《契丹名、字初释——文化人类学视野下的父子连名制》,《文史》2005年第3辑;《再论契丹人的父子连名制——以近年出土的契丹大小字石刻为中心》,《清华元史》2011年第1辑。

书之中除经部被整理者相对较少外,其他三部中的主要史籍差不多已经全被校勘出版。本领域卷帙最大的史书《宋会要辑稿》已经出版有一种点校本,新的点校工作正在全力推进。近年来整理工作的对象已经转向一些相对次要的史籍。新大型史籍图书的编纂也成绩斐然,《全宋文》《全宋诗》《全宋词》《全辽文》《全辽金文》等已经出版,计划达 10 编、100 册的《全宋笔记》已经出版了 8 编,剩下 2 编也接近完成。

新资料是史学工作永远的追求。在辽宋夏金史领域,它们大致上可以分为非文字类的出土文物与新发现的历史文书两个方面。在存世文献相对丰富的宋史领域,除城市、建筑、物质生活等议题外,出土文物在多数情况下起着作为文献资料佐证的作用。2012 年被整理出版的南宋官员徐谓礼的告身印纸等文书①,是宋史领域首次出土的历史文书。近年来不少学者致力于传世以及新出土的碑铭资料与书背文书等的整理利用,对某些具体专题的研究也有重大意义。新资料对学术史产生结构性影响的是在传世文献相对匮乏的辽夏金史领域,尤以西夏史研究为典型。

20 世纪初,数量惊人的多数为西夏文、少量为汉文等文字的西夏文书在黑水城遗址中被发现,这使得西夏史研究进入了一个全新的阶段。不过在 20 世纪七八十年代以前,由于黑水城文书主要被收藏在海外,国内学者仍不得不主要利用传世的汉文资料、辅以极少量海外公布以及国内发现的西夏文资料来做研究。40 年来,情况发生了根本的转变。除传世汉文等资料被进一步整理、利用外②,一方面,关于西夏语言文字的研究取得了巨大成就,李范文所编 150 万字的《夏汉字典》可为其代表。③ 一些基础性的西夏文献被译成汉文出版,如西夏法典《天盛改旧新定律令》等。④ 同时,以西夏王陵为中心的考古工作全面展开,为西夏史研究提供了丰富的出土文物。另一方面更为重要的,是域外黑水城文书陆续被整理出版。主要是经中俄双方合作整理研究、从 1996 年起由上海古籍出版社陆续出版的《俄藏黑水城文献》,迄今已经出版了 26 卷,计划共出版 32

---

① 包伟民、郑嘉励编:《武义南宋徐谓礼文书》,中华书局 2012 年版。
② 参见韩荫晟编《党项与西夏资料汇编》,宁夏人民出版社 2000 年版。
③ 李范文:《夏汉字典》,中国社会科学出版社 1997 年版。
④ 史金波、聂鸿音、白滨译注:《天盛改旧新定律令》,科学出版社 1994 年版。

卷。此外，还有国内及其他国家所收藏的不少西夏文文献也被整理出版。① 这为西夏史研究的全面铺开，打下了充实的基础。在此之后研究论著的数量快速增长，一些具有代表性的研究专著的问世，充分证明了新资料对学术史直接的推进作用。例如主要利用《天盛改旧新定律令》，关于西夏法律制度及其与中原汉族法系关系的讨论遂得以深入展开。② 史金波、雅森·吾守尔两位学者综合利用出土文物与传世文献，解决了我国活字印刷术在历史上早期传播的关键问题。③ 同时，利用黑水城文书中汉文字资料的研究工作也取得了喜人的成果。④ 迄今，关于西夏王朝的研究已经在西夏语言、文字、社会、历史、文学、艺术、宗教、法律、文物、文献等方面全面展开，形成了一个综合性的学科——西夏学。为了全面总结西夏学研究的成就，据报道，宁夏大学西夏学研究院正在推进由杜建录领衔主编、400 万字《西夏通志》的宏大项目。

最后，在上述各种因素影响下，许多重要史事研究趋向精深化，可以说是辽宋夏金史领域的普遍现象，无论在经济生活、思想流派、宗教信仰、人物群体、民族关系、文学艺术、科学技术、区域社会等各个方面都是如此，尤以关于国家制度的部分，表现最为突出。其代表著作就难以枚举了。一个显眼的结果就是，主要在宋史领域，随着社会进步的史实不断得到论证，在时代背景的推波助澜之下，人们对宋代的认识终于从"积贫积弱"这样负面的贬斥，转向了正面的推崇。前贤关于"华夏民族之文化，历数千载之演进，造极于赵宋之世"的看法，终于得到多数人的认同。社会上大量的所谓"宋粉"，正是在这样的背景之下涌现的。

1980 年，邓广铭先生在为宋史研究会第一届年会论文集撰写的"前言"中，曾指出："从我国史学界对各个断代史的研究情况看来，宋史研究是较为落后的。……因此，关于宋代史事的研究，还亟须我们继续尽最大努力，去生产成品，去培育人才，去追赶国内各断代史的研究水平，并

---

① 例如有史金波等编《中国国家图书馆藏西夏文献》（上海古籍出版社 2005 年版）、谢玉杰等编《英藏黑水城文献》（上海古籍出版社 2005 年版）、塔拉等编《中国藏黑水城汉文文献》（北京图书馆出版社 2008 年版），以及武宇林等编《日本藏西夏文文献》（中华书局 2011 年版）等。

② 参见孙效武《近二十年来〈天盛律令〉研究综述》，《西夏研究》2016 年第 4 期。

③ 史金波、雅森·吾守尔：《中国活字印刷术的发展和早期传播——西夏和回鹘活字印刷术》，社会科学文献出版社 2000 年版。

④ 参见孙继民《俄藏黑水城所出〈宋西北军政文书〉整理与研究》，中华书局 2009 年版。

夺取国际上宋史研究的最高水平。"[1] 今天，我们可以自豪地宣布，邓广铭先生在40年前提出来的这个目标，应该已经基本达到。在"大宋史"范围内的辽、西夏、金等王朝历史研究的领域，也是如此。但是，这绝非意味着我们可以就此故步自封。

四　推进展望

有意思的是，研究进步带来的更多却是临深履薄之感。归纳40年持续扩张的辽宋夏金研究学术史，可以发现它的另一个结果，是带给了这一领域学者们一种普遍的焦虑心态。那就是本领域如何百尺竿头更进一步，在论著数量增长的同时如何提升研究的质量。

这种焦虑有几方面具体的表现。

其一，研究方法的缺失感。自从新中国史学形成以来，老一辈学者大多强调学习经典理论的重要性。除了政治原因之外，这在很大程度上也是因为，他们最为娴熟的以文献考据为中心的传统研究方法，已无法满足新型社会科学化的史学工作要求了。20世纪八九十年代以来，这样的强调呼声虽从未中断，由于各种可以理解的原因，年轻学者们却更多地转向了当代社会科学以寻求帮助。但实际的研究工作提醒他们，某些新颖的概念与时髦的方法，并不能总是那样地令人满意。于是，追求"有用"的理论方法，就成为本领域不同代次学者的共同特征。本人此前曾称这种现象为"理论饥渴症"。

其二，对时代定位的困惑。按照经典理论的解释，辽宋夏金时期大致位于中国封建社会后期的开端。新一代学者对经典理论日渐疏离，可是具有说服力的、对于那一个时代框架性的新认识体系则未能产生，以致许多研究者在处理具体的历史议题时，常常有难以把握其时代定位的困惑。20世纪90年代以来，日本东洋史学界在20世纪初年提出来的"唐宋变革"说曾大行其道，并出现了明显的泛化现象，某种程度上就是这种困惑的一种反映。近年来，有一些学者试图通过强调历史的某一侧面，来综合归纳其时代特征，例如认为中国历史自两宋时起进入所谓"富民社会"，也有人称之为"农商社会"等。这些极富勇气与雄心的尝试，值得赞赏。我们

---

[1] 邓广铭、程应镠主编：《宋史研究论文集》（1980年年会编刊），上海古籍出版社1982年版。

期待这些论点的进一步周全与成熟。

其三，平面推进与议题枯竭的矛盾。毋庸讳言，40年来，平面梳理历史现象的讨论，仍占论著的大多数。经过一段时间的扩张，这样的方式自然会碰到存世历史资料不足的瓶颈。新议题难以发掘，旧议题则大多已经有了许多学术积累的困境，现实地摆在了研究者的面前。简单重复遂成为一种可行的选择。在学术评价机制存在各种不足的现实面前，泥沙俱下、劣币驱逐良币现象遂不可避免。

其四，作为双刃剑的新技术。以全文检索数据库为代表的数字化新技术的应用，在给本领域研究以巨大方便与推动的同时，也在相当程度上造成了新一代学者研究习惯与分析能力的改变。长于通过检索工具来搜集历史资料的表面信息，拙于经过深入阅读来发现隐藏于历史文本背后的历史真实，这种情况已非罕见。被调侃为"检索体"的那些硕博士学位论文，正是这种现象的产物。

这些令人焦虑的问题，虽然不能说比较全面地反映了当前本研究领域的不足之处，但可以肯定均属倾向性现象。今后本领域学术研究的推进，必然在这几个方面形成焦点，这也是可以预期的。

数年前，笔者在一篇小文中曾归纳数十年来本领域学术进步的主要表现，认为所谓进步，既不在于有哪些旧貌换新颜般的弃旧扬新，也不一定指许多令人惊异的创见，而是表现在有越来越多的研究者开始自觉地审视、理性地思考研究方法问题。"越来越多的学者已经认识到，从更为综合的视域与更加多样化的取向，去追求更为敏锐的抽象能力，是改进史学研究方法的必由之路。这正是学术史所给予我们的启迪。"今天，笔者仍坚持此说。

本文写作过程中承蒙杜建录、程妮娜、余蔚、王宇、邱靖嘉等先生提出宝贵意见，特此致谢。本人平生研学，局于江南一隅，唯此小文，虽然绝无研究之实，也许稍稍涉及对西北史地的一些思考，谨以此全文纪念陈守忠先生百年诞辰。

宋代瓦子勾栏新探

河南大学历史文化学院 程民生

在开放的城市新格局中,宋代诞生出一个新事物,这就是瓦子勾栏。瓦子勾栏是宋代新型城市街市制取代坊市制的产物,确切地说是新型的市场、业态、内容、形式、营业时间等,都与传统封闭的市场不可同日而语。瓦子勾栏引起了学者的兴趣,不同学科多有关注,尤以文学史、艺术史、建筑史、民俗学界以及史学界多有论著,取得了很多成果。但学脉不同,旨趣各异,论说纷杂,且学无止境,或深入,或扩展,或视角改变,皆能有新的发现和见解。本文试作新的探讨,冀希一得,以为求教。

一 瓦子勾栏的概念与源流

1. 瓦子勾栏的概念

瓦子又称瓦舍、瓦肆、瓦市,简称瓦。虽有众多名称,但究其具体含义和使用频度,却是不同。言瓦肆,主要指其店铺;言瓦市,主要指其市场;言瓦舍,主要指其建筑。检索《中国基本古籍库》,在宋代史籍专指市场意义的名称中,瓦肆仅见一例,瓦舍六例,瓦市二十二例,瓦子最为常见,使用普遍。本文即用瓦子。

像瓦舍有时指与茅屋对称的瓦房一样,瓦市也不全指瓦子。如:"东京相国寺乃瓦市也,僧房散处,而中庭两庑可容万人,凡商旅交易,皆萃其中,四方趋京师以货物求售转售他物者,必由于此。"[①] 所言的瓦市,其

---

① (宋)王栐撰,诚刚点校:《燕翼诒谋录》卷2,中华书局1981年版,第20页。

实是定期集市的意思①,该佛寺地处开封中心区域,每月五次面向大众开放贸易活动:"相国寺,每月五次开放,万姓交易。"② 这是瓦市的本意:"聚则瓦合,散则瓦解。"③ 开放时是集市,此外就不是市场,不是泥灰砌的砖墙那样牢固不变,而是像屋顶瓦片一样有序组合而成,拆分仍是完整的瓦片。也即瓦市是个市场形态,瓦子是个市场场所。瓦市可以包括瓦子,但并不一定都是瓦子,显然,相国寺就不是瓦子,瓦子是永久市场的称呼。本文论述的主题就是瓦子。

瓦子的灵魂是勾栏,又称勾阑或构栏、勾肆。原意简单地说就是栏杆,引申为由栏杆搭建的有顶棚子围起来的半固定演艺场所,是早期的剧院。之所以说是半固定,是因为并非砖石、砖木结构建筑。勾栏是演艺场的概称,具体某座勾栏又各有其名,常以棚为称,如"莲花棚""象棚"等。这是野台撂地演出的升级版,前者是临时的、随时随地的,受季节、天气、场地的制约,且无法保证每位观众支付观赏费;后者是固定的、封闭的剧场,能遮风避雨、保暖聚音,有戏台、乐池、观众席,有把门收费人员,保证商业演出的收益。这是前所未有的面向市民的演艺场所,观众成群结队聚集在瓦子之内。也就是说,瓦子与勾栏是连为一体的,故而有"瓦子勾栏"的提法。由于勾栏是瓦子的主体部分,所以常以瓦子代替或包括勾栏。再者,史籍中并无"瓦肆勾栏""瓦市勾栏""瓦舍勾栏"连用的词组,可见瓦子一词最具代表性。仅见话本中有"勾栏瓦舍"一处,更未见将勾栏前置的"勾栏瓦子""勾栏瓦市""勾栏瓦肆"等说法。

宋代以后,由于年代久远以及瓦子勾栏变异,学术界对宋代的瓦子勾栏产生错误认识。如明代方以智有言:"宋有京瓦,通谓勾栏,其始名则犹栏杆也。"④ 其错误一是将京瓦(在京瓦子)当成一词,二是将瓦子、勾栏误为一体,以勾栏代瓦子。明代徐渭说:"宋人凡勾栏未出,一老者先

---

① 杨宽先生言:"用来泛指一般的临时集市,是'瓦市'的原意。"参见杨宽《中国古代都城制度史研究》,第315页。
② (宋)孟元老著,尹永文笺注:《东京梦华录笺注》卷3《相国寺内万姓交易》,中华书局2006年版,第288页。
③ (宋)潜说友:《咸淳临安志》卷19《市行(瓦子附)》,《宋元方志丛刊》,中华书局1990年版,第3549页。
④ (明)方以智:《通雅》卷38《宫室》,中国书店1990年版,第468页。

出，夸说大意，以求赏，谓之打野呵。"① 此处的勾栏，又成了戏剧的代称。更有甚者，把勾栏当作妓院：在《中国古代名物大典》中，勾栏与粉坊一样，"犹妓院"②，不知宋代与后代的区别；在《中国风俗大辞典》中，宋代勾栏"或指娼妓住所……元以后往往特指妓院"③。台湾地区中国文化学院编纂的《中文大辞典》，把"瓦舍"当作"宋时妓院之称"④，更是完全错误的。

同时要指出的是，瓦子勾栏以外还有勾肆。北宋节庆活动期间，游人密集的地方搭建有临时的勾肆。如每年春季，皇家园林金明池向公众开放，在其中心供皇帝休息的五殿旁，"不禁游人。殿上下回廊，皆关扑钱物、饮食伎艺人作场，勾肆罗列左右。……临水近墙皆垂杨，两边皆彩棚幕次，临水假赁，观看争标。街东皆酒食店舍，博易场户，艺人勾肆"⑤。这些勾肆就是艺人演出场所。又如开封旧封丘门外"坊巷院落，纵横万数，莫知纪极。处处拥门，各有茶坊酒店，勾肆饮食"⑥。这些勾肆有固定的，有临时的，与瓦子里的勾栏相比，应是小型的演艺场所。南宋则未见此称呼。本文所述，专指瓦子内的勾栏。

要之，宋代的瓦子勾栏，指城市中集娱乐、文化、贸易为一体的综合场所。

2. 瓦子的源流

瓦子是宋代新生事物，对其产生的时间，学界有多种说法。如"它最早出现于11世纪初叶宋仁宗朝的都城汴京"⑦；或认为出现在宋仁宗中期

---

① （明）徐渭：《南词叙录》，中国戏曲研究院编《中国古典戏曲论著集成》第3册，中国戏剧出版社1959年版，第246页。"打野呵"也理解错误，宋代指演艺水平差的撂地路岐人。周密撰，范荧整理：《武林旧事》卷6《瓦子勾栏》（大象出版社2017年版第8编第2册，第80页）载："或有路岐，不入勾栏，只在要闹宽阔之处做场者，谓之'打野呵'，此又艺之次者。"

② 华夫主编：《中国古代名物大典》（下卷），济南出版社1993年版，第265页。

③ 申士垚、傅美琳主编：《中国风俗大辞典》，中国和平出版社1991年版，第620页。

④ 中文大辞典编纂委员会：《中文大辞典》第22册，台北中国文化研究所1976年版，第84页。

⑤ （宋）孟元老著，尹永文笺注：《东京梦华录笺注》卷7《三月一日开金明池琼林苑》，第643—644页。

⑥ （宋）孟元老著，尹永文笺注：《东京梦华录笺注》卷3《马行街铺席》，第312页。

⑦ 刘彦君：《东西方戏剧进程》，文化艺术出版社2005年版，第196—197页。

到宋神宗前期的几十年间①；或者说"至晚在神宗熙宁初年以前"②。究竟何时？随着研究的深入，笔者看到了更早记录瓦子的文献，需要从头梳理。

在文学作品的故事里，最早出现瓦子勾栏的是唐高祖武德年间。明代作品《大唐秦王词话》写尉迟敬德叱骂张、尹二妃之父二太师，说他们："家住汾州榆次县，勾栏瓦舍是家门。全凭鼓板为活计，专靠吹弹过此生。落胎赴集寻钱钞，怀抱琴筝谒富门。按时酒熟何曾饮，碗舀瓢盛背后吞。自从盘古分天下，乐户何曾出好人。"③揭露其出身于瓦子。但从所言背景可知，这是文学创作：唐朝榆次县属太原府，榆次历史上从来没有属于过汾州；宋以前，历史上也无钱钞概念；宋代勾栏艺人罕见有乐户之说，更不要说乐户历史与盘古开天地一起了。无论从哪个角度说，唐初不可能有瓦子勾栏，至少不会有此名称，这些明人的说法想当然不足为据。

就历史条件而言，有可能的是五代。源自宋元话本小说的《史弘肇龙虎君臣会》，载有后唐时郭威的遭遇："这郭大郎因在东京不如意，曾扑了潘八娘子钗子。潘八娘子看见他异相，认作兄弟，不教解去官司，倒养在家中。自好了，因去瓦里看，杀了构栏里的弟子，连夜逃走。走到郑州，来投奔他结拜兄弟史弘肇。"下文又言"郭大郎到西京河南府"。④所言东京显然不是后唐首都洛阳，而是宋朝东京开封，郭威早年曾在东京瓦子勾栏里看戏。杨宽先生的研究证明，唐代中后期长安的东西市中已经有了"杂戏""小说""傀儡"等演艺。⑤所以，因战乱更无礼法约束的五代京城，有瓦子也在情理之中。但仅此尚不可确认。

可靠的源头史料，始自宋太祖时。文盲将军党进曾"徼巡京师市井间"，一日"过市，见缚栏为戏者，驻马问：'汝所诵何言？'优者曰：'说韩信。'进大怒，曰：'汝对我说韩信，见韩信即当说我，此三面两头

---

① 廖奔：《中国古代剧场史》，第42页。
② 张莉、郝敬：《论瓦舍勾栏的兴废与说话艺术》，《民俗研究》2013年第4期。
③ （明）诸圣邻著，杜维沫校点：《大唐秦王词话》卷8，第五十七回《二妃殴死有功臣敬德武请皇国丈》，辽宁古籍出版社1996年版，第407页。
④ （明）冯梦龙编，许政扬校注：《古今小说》卷15《史弘肇龙虎君臣会》，人民文学出版社1984年版，第237—238、243页。文末（第254页）云："这话本是京师老郎流传"，可见出自北宋开封。
⑤ 杨宽：《中国古代都城制度史研究》，第312、313页。

之人。'即令杖之"①。宋初尚沿袭坊市制，此处设在"市"中的"缚栏"戏场，大概是一个说书的演出台子，比较简陋，党进骑着马就可以和艺人谈话，只是个没有门的小勾栏，正是瓦子勾栏雏形的特点。史料的来源为宋太宗时士大夫杨亿，是比党进稍晚的同时代人，且长期在京师任职，所言相当可靠。

出自宋代话本小说的故事，对开封一个著名瓦子有最早的记载：

> 赵正便把王秀许多衣裳着了，再入城里，去桑家瓦里，闲走一回，买酒买点心吃了。走出瓦子外面来。却待过金梁桥，只听得有人叫"赵二官人!"……那时节东京扰乱，家家户户，不得太平。直待包龙图相公做了府尹，这一班贼盗，方才惧怕，各散去讫，地方始得宁静。②

赵正是苏州盗贼，进开封城就直奔桑家瓦子，目的一是"闲走"游玩消遣，二是吃喝。关键在于这个时间节点，故事出自宋仁宗嘉祐二年（1057）包拯任开封府长官之前，时间应当是宋初。具体时间，还需考证推论。其一，故事中"赵正打个地洞，去钱大王土库偷了三万贯钱正赃"，多次出现的钱大王，只能是宋初归顺宋朝的吴越国王钱俶，再无二人。他自宋太宗太平兴国三年（978）入京，先后被封为淮海国王、汉南国王、南阳国王，改封许王，进封邓王，端拱元年（988）卒。其二，故事中多次出现"顺天新郑门"，是民间一个不规范的称呼，这是开封外城的西门，原名"迎秋门"，宋太宗太平兴国四年（979）改名顺天门，因向西通郑州且与内城郑门相对，故俗称新郑门，此即开封现在正在建设的"顺天门（新郑门）遗址博物馆"。新旧名重叠相称，只可能发生于改名之后，也即故事发生在宋太宗朝中后期。再从话本中的用钱方式及商品价格、对开封桑家瓦子附近金梁桥等地名③、真实市井熟悉程度等分析，不可能是明人杜撰，背景反映的宋代社会状况比较真实，可为佐证。

---

① （宋）杨亿口述，黄鑑笔录，宋庠整理，李裕民辑校：《杨文公谈苑·土厚水深无病》，上海古籍出版社2012年版，第155—156页。

② （明）冯梦龙编，许政扬校注：《古今小说》卷36《宋四公大闹禁魂张》，第576、584页。

③ （宋）孟元老著，尹永文笺注：《东京梦华录笺注》中，孟元老三次提到汴河上的金梁桥、金梁桥街，分别见卷1《河道》、卷2《酒楼》、卷3《大内西右掖门外街巷》，第25、176、275页。

另一确切的史料,出自宋代画史著作:

> 龙章,字公绚,京兆人,性淳静好古,居尝冠带。善画虎兔,亦攻佛道及冕服等,尤长于装染。祥符中,玉清昭应宫成,召令彩绘列壁,……诏入画图院,非其好也。常求食于京师,乐游坊市,药人杨氏(里瓦下货虎骨,南阛杨家是也)锁活虎于肆,章熟视之,命笔一挥而成,识者惊赏之。平生所画止有六虎而已,今少有及者。①

本书作者刘道醇是开封人,完成于宋仁宗嘉祐二年(1057),距大中祥符40余年。开封里瓦南阛杨家的药肆,为了招徕顾客,表明虎骨等药材是真材实料,饲养活体老虎供参观,以做广告。善于画虎的画家龙章是宋真宗时期人,经常到此观摩其虎,成就了画虎的名声。该材料很具体地证明,在大中祥符年间,开封就有"里瓦"存在,其中的药肆颇有名声,当非短期在此所致。

无独有偶,地方州郡在宋代故事里出现瓦子的,最早也是宋真宗朝:

> 这大宋第三帝主,乃是真宗皇帝。景德四年秋八月中……这个官人在一座州,谓之江州……当下把些钱,同顾一郎去南瓦子内寻得卦铺,买些纸墨笔砚,挂了牌儿,拣个吉日,去开卦肆。取名为白衣女士。……本道起身,去瓦左瓦右都看过,无甚事。走出瓦子来,大街上但见一伙人围着。②

景德四年(1007),江南东路的江州(今江西九江)已经有了临大街的瓦子,其中有算卦铺子。既言以城市方位命名的"南瓦子",江州当非一座瓦子,还有其他瓦子以示区别。该材料出自宋代话本小说,具有一定

---

① (宋)刘道醇撰,邓乔彬整理:《宋朝名画评》卷2《蕃马走兽门·龙章》,《四库家藏》,山东画报出版社2004年版,第186—187页。
② (明)冯梦龙编:《警世通言》卷39《福禄寿三星度世》,人民文学出版社1956年版,第391、395、396页。明代编撰的《三言两拍》保存了许多宋代的话本小说,漆侠先生和王曾瑜先生都认为可以当作宋代史料参考(漆侠:《〈三言二拍〉与宋史研究》,《河北大学学报》1988年第3期;王曾瑜:《开拓宋代史料的视野与〈三言〉〈二拍〉》,《四川大学学报》2005年第1期)。程毅中将此以及上引《史弘肇龙虎君臣会》改名《史弘肇传》、下引《宋四公大闹禁魂张》等编入《宋元小说家话本集》,齐鲁书社2000年版。

史料价值。

概括而言，至晚在宋太祖朝，东京开封就出现了勾栏雏形，宋太宗时出现了瓦子，有可能在五代时出现了瓦子的源头。

到了宋神宗朝，有两例瓦子出现。张师正的《括异志》记载了熙宁初年（1068）荆州有瓦市：

> 毛郎中晦，熙宁初年唯一妻一子，处家于荆州。常有一女厉朝夕在其家，语言历历可辨，……常曰："我今往瓦市游看。"毛密遣仆，使探其伎艺者。归而询之，一皆符合。①

张师正是北宋中后期官员，屡任荆湖地区地方长官。该书成书于熙宁年间，所言湖北路荆州的瓦市，有艺人的演出。这是瓦子里有演艺的最早的明确史料。

王明清记载了同期开封的瓦子：

> 熙宁中，王和父尹开封。忽内降付下文字一纸云："武德卒之于宫墙上，陈首有欲谋乱者姓名凡数十人。"和父令密究其徒，皆无踪迹。独有一薛六郎者，居甜水巷，以典库为业。和父令以礼呼来，至廷下，问之云："汝平日与何人为冤？"薛云：……"有族妹之子沦落在外，旬日前忽来见投，贷资不从，怒骂而去，初亦无他。"和父云："即此是也。"令释薛而追其甥，方在瓦市观傀儡戏，才十八九矣。捕吏以手从后拽其衣带，回头失声曰："岂非那事疏脱邪？"既至，不讯而服。②

王明清是南宋史学家，但这条史料的年代有误。南宋另一位史学家李心传已经指出，王安礼出知开封府的时间不是熙宁年间，而是元丰五年（1082）以前③，确切地讲是元丰四年十一月至元丰五年四月任权知开封

---

① （宋）张师正撰，白化文、许德楠点校：《括异志》卷9《毛郎中》，中华书局1996年版，第95页。
② （宋）王明清：《挥麈录·后录》卷6，上海书店出版社2001年版，第119页。
③ （宋）李心传撰，崔文印点校：《旧闻证误》卷2，中华书局1981年版，第32页。

府。[1] 其史料价值在于，所言元丰时期开封的瓦市，有傀儡戏表演，应当在勾栏之内。

这两例珍贵的瓦市史料，有两个共性。一是都是笼统言瓦市，不像前面所言都是有具体名称的瓦子。可以肯定的是，这两处瓦市因可以长期娱乐，有固定的勾栏，都不是像开封相国寺那样的临时瓦市，而是瓦子。二是都记录了瓦市内的演艺，突出了瓦子娱乐活动，仅从零星史料看，瓦市的业态在京师内外发展较为丰富了。

二 瓦子在东京开封的兴盛

宋代开封瓦子之所以引起世人瞩目，主要是因为宋徽宗朝开封人孟元老的大量记载。北宋瓦子的史迹，以该时期最多最集中，其他人、其他地方的记载在宋徽宗朝竟未见一例。

1. 瓦子的数量与分布

北宋东京开封城格局宏大，分外城（又称新城、罗城）、内城（又称里城、京城）、皇城三重，瓦子分布于居民区、商业区的内城和外城。

内城四处。

东角楼附近三处："街南桑家瓦子，近北则中瓦、次里瓦。"[2] 东角楼位于皇城正门宣德门外东南角。在都城的核心地带分布三处邻近的瓦子，可谓密集。

内城东南一处："街西保康门瓦子。"[3] 又名东瓦子，靖康时"保康门里瓦子延街西延宁宫……延宁宫火，（太后）自东瓦子经五楼归私第"[4]。保康门是内城南门之一："南壁其门有三：正南曰朱雀门，左曰保康门，右曰新门。"[5] 位于朱雀门的东边。因属于"大内前州桥东街巷"，故而在距离皇宫不远处的内城。

---

[1] 开封博物馆藏：《开封府题名记碑》；李焘：《续资治通鉴长编》卷325，元丰五年四月甲戌，第7825页。
[2] （宋）孟元老著，尹永文笺注：《东京梦华录笺注》卷2《东角楼街巷》，第144页。
[3] （宋）孟元老著，尹永文笺注：《东京梦华录笺注》卷3《大内前州桥东街巷》，第284页。
[4] （宋）徐梦莘：《三朝北盟会编》卷90，靖康二年四月五日，上海古籍出版社1987年版，第672页。
[5] （宋）孟元老著，尹永文笺注：《东京梦华录笺注》卷1《旧京城》，第19页。

外城五处。

东城两处："出旧曹门，朱家桥瓦子"①；"宋门外瓦子"②。曹门是俗称，因通往东部的曹州得名。宋门在曹门南边不远处，因通往东部的宋州而有此俗称。至今开封城墙仍有此两门，一直沿用此名称。

北城一处："马行北去，旧封丘门外袄庙斜街，州北瓦子。"③ 封丘门也是俗称，通往北部的封丘县。

西城一处：梁门即阊阖门外的"州西瓦子"④。

南城一处："其御街东朱雀门外，西通新门瓦子。"⑤ 如前引孟元老言，新门位于内城正南门朱雀门的西边。

据此可知，宋徽宗朝开封共有桑家瓦子、中瓦、里瓦、朱家桥瓦子、州北瓦子、州西瓦子（又称西瓦子、梁门外瓦子）、宋门外瓦子、新门瓦子、保康门瓦子（又称东瓦子），凡九处。有学者认为"东京城大小瓦子有几十处"⑥，属于随口一说。杨宽先生认为当时开封有六处瓦子，"到北宋末年，东京共有六处瓦子"，即桑家瓦子、西瓦子、朱家桥瓦子（即州东瓦子）、州北瓦子、新门瓦子、保康门瓦子。之所以未统计里瓦、中瓦，是因为孟元老原文里"州西瓦子，南自汴河岸，北抵梁门大街亚其里瓦"。杨先生认为："'亚'通'淹'，深藏之意。这是说州西瓦子所占地位，南自汴河堤岸，北到梁门大街把里瓦深藏在后面，有一里多长。说明这个瓦子也有中瓦子和里瓦子两部分。"⑦ 其实中瓦、里瓦在内城，州西瓦子在外城，隔着一道城墙，且相距甚远，不可能包括里瓦、中瓦。实际漏掉的是宋门外瓦子。建筑学界有论者认为："据《东京梦华录》记载，北宋东京共有瓦舍七处。"⑧ 更不知是如何统计的。也有论者认为有十处瓦子，则是

---

① （宋）孟元老著，尹永文笺注：《东京梦华录笺注》卷2《潘楼东街巷》，第164页。
② （宋）孟元老著，尹永文笺注：《东京梦华录笺注》卷8《七夕》，第780页。
③ （宋）孟元老著，尹永文笺注：《东京梦华录笺注》卷3《马行街铺席》，第312页。
④ （宋）孟元老著，尹永文笺注：《东京梦华录笺注》卷3《大内西右掖门外街巷》，第275页。
⑤ （宋）孟元老著，尹永文笺注：《东京梦华录笺注》卷2《朱雀门外街巷》，第99—100页。
⑥ 宁欣：《唐宋都城社会结构研究——对城市经济与社会的关注》，商务印书馆2009年版，第62页。
⑦ 杨宽：《中国古代都城制度史研究》，第370、371页。此说为有的学者沿用，如李世英主编：《中国戏曲艺术思想史》："宋后期都城汴梁有瓦舍6座，南宋仅都城临安就有瓦舍23座，比北宋增加了四倍。"（人民文学出版社2015年版，第109页）
⑧ 胡臻杭：《论南宋临安勾栏建筑之官式因素》，《建筑与文化》2019年第1期。

将"州西瓦子"与"州西梁门外瓦子"误为两处①,其实是一个地方。孟元老载:"直至梁门,正名阊阖。出梁门西去,街北建隆观,观内东廊于道士卖齿药,都人用之。街南蔡太师宅,西去州西瓦子。"② 出梁门(西门)外往西的瓦子,有两个互用的名称,容易混搅。

从上可以看到,瓦子的分布宏观上均匀,适应着人口居住密度规律。中心地带三处,实为流动人口最密集之处;外城四面都有瓦子,东城因为是汴河、五丈河东来经流到达、出发之处,客流量大,以至于宋门、曹门外相距不远的地方竟有两处瓦子。最早见于史籍的里瓦、桑家瓦子位于中心地带,想来瓦子不会是同期形成,应当是随着城市发展扩容,其他瓦子陆续扩散建成,至宋徽宗朝数量达到最多。

2. 瓦子的业态与规模

达到北宋巅峰状态的开封瓦子,业务经营的形式、状态如何呢?

(1)经营种类

瓦子综合性强,业态非常丰富,但大类主要有两种。

正像勾栏是瓦子的主要场所一样,娱乐业是瓦子的主业。东角楼附近瓦子中密布着五十余座勾栏,有艺人名角长期坐镇演出:"自丁先现、王团子、张七圣辈,后来可有人于此作场。"③ 意思是此前并没有名角。丁先现曾任朝廷教坊使多年,是著名杂剧演员。孟元老列举了宋徽宗一朝著名的瓦子艺人:"崇、观以来,在京瓦肆伎艺,张廷叟、孟子书主张。小唱李师师、徐婆惜、封宜奴、孙三四等,诚其角者。嘌唱弟子张七七、王京奴、左小四、安娘、毛团等。教坊减罢并温习。张翠盖、张成、弟子薛子大、薛子小、俏枝儿、杨总惜、周寿奴、称心等。般杂剧,枝头傀儡任小三……悬丝傀儡张金线、李外宁。药发傀儡张臻妙、温奴哥、真个强、没勃脐、小掉刀,筋骨、上索、杂手伎、浑身眼。李宗正、张哥,球杖、踢弄。孙宽、孙十五、曾无党、高恕、李孝详,讲史。李慥、杨中立、张十一、徐明、赵世亨、贾九,小说。王颜喜、盖中宝、刘名广,散乐。张真奴,舞旋。杨望京,小儿相扑。杂剧、掉刀、蛮牌董十五、赵七、曹保

---

① 梁淑芬:《北宋东京勾栏瓦子研究》,硕士学位论文,河南大学,2006年,第21页。
② (宋)孟元老著,尹永文笺注:《东京梦华录笺注》卷3《大内西右掖门外街巷》,第275页。
③ (宋)孟元老著,尹永文笺注:《东京梦华录笺注》卷2《东角楼街巷》,第145页。

义、朱婆儿、没困驼、风僧哥、俎六姐。影戏丁仪，瘦吉等弄乔影戏。刘百禽弄虫蚁、孔三传耍秀才诸宫调、毛详、霍伯丑商谜。吴八儿合生。张山人说诨话。刘乔、河北子、帛遂、胡牛儿、达眼五重明、乔骆驼儿、李敦等杂班外入。孙三神鬼，霍四究说《三分》，尹常卖《五代史》，文八娘叫果子，其余不可胜数。"① 总约69人，可谓百花齐放，名家辈出，艺术门类多样，令人眼花缭乱。瓦子成为市民百姓固定的、集中的娱乐场所，这是前所未有的。

第二类是商业。如桑家瓦子、中瓦和里瓦，"瓦中多有货药、卖卦、喝故衣、探搏、饮食、剃剪、纸画、令曲之类"②。仅此就有医药、占卜、服装、赌博、饮食、理发、绘画、写作演唱小令等八类，吃喝玩乐购，有满足基本需求的饮食、理发等服务业，有刺激的博彩业，有高雅的纸质绘画作品和令曲作品，适应着各色人等，招徕游客和顾客。其中药品店铺，出有传世的验方，如"夺命大青金丹，治小儿诸惊。此东京西瓦内出瓷马儿粟家方"③。节庆时种类更丰富，增加了应景热卖的时令物品。如七月七夕，瓦子里卖泥偶磨喝乐："潘楼街东宋门外瓦子、州西梁门外瓦子、北门外、南朱雀门外街及马行街内，皆卖磨喝乐，乃小塑土偶耳。"④ 七月十五日中元节，"先数日市井卖冥器：靴鞋、幞头、帽子、金犀假带、五彩衣服，以纸糊架子盘游出卖。潘楼并州东西瓦子，亦如七夕"。⑤ 瓦子里还卖纸糊的冥器，以供焚烧祭献亡故的先人。瓦子也是一个开放的大百货商场。

（2）经营时间

由于瓦子娱乐活动众多，设施和各种服务齐全，游客"终日居此，不觉抵暮"⑥。一天的时间很快就过去了，让游客觉得人生苦短。既说明内容丰富，也说明全天开放。夜市在此有充分展现。勾栏的利用率很高，甚至在夜深人静的后半夜就开演："每日五更头回小杂剧，差晚看不及矣。"看来所演要么是连本戏，一个故事一回一场演完至少需要一天的时间，所以

---

① （宋）孟元老著，尹永文笺注：《东京梦华录笺注》卷5《京瓦伎艺》，第461—462页。
② （宋）孟元老著，尹永文笺注：《东京梦华录笺注》卷2《东角楼街巷》，第144页。
③ （宋）不著撰人，吴康健点校：《小儿卫生总微论方》卷5《夺命大青金丹》，人民卫生出版社1990年版，第139页。
④ （宋）孟元老著，尹永文笺注：《东京梦华录笺注》卷8《七夕》，第780—781页。
⑤ （宋）孟元老著，尹永文笺注：《东京梦华录笺注》卷8《中元节》，第794页。
⑥ （宋）孟元老著，尹永文笺注：《东京梦华录笺注》卷2《东角楼街巷》，第145页。

五更就要开始，到晚上才能结束；也可能是诸多班子排队轮流登台，只好把所有的时间都利用起来。无论如何，演出是定点按时的，晚到的观众就错过。就全年而言，勾栏观众始终饱满："不以风雨寒暑，诸棚看人，日日如是。"[1] 保障着业主和艺人的收入。瓦子里同样如此："大抵诸酒肆瓦市，不以风雨寒暑，白昼通夜，骈阗如此。"[2] 无论冬夏，不避风雨，通宵达旦，全天候营业，全年无休，可谓娱乐无极限，交易无止境。

（3）经营规模

东京开封作为人口百万的大都会，瓦子多达九处，那么，每处瓦子的规模即占地面积多大呢？

孟元老给出了一个比较具体的面积：梁门外"西去州西瓦子，南自汴河岸，北抵梁门大街，亚其里瓦，约一里有余"。[3] 西瓦子南界为汴河岸边，北到梁门大街，长达一里余，宽度不详，通常按长度的30%计。宋代"今法五尺为步，三百六十步为里"[4]，按宋代常用官尺计算，一尺合今31.4厘米[5]，一里为565.20米。"一里有余"按600米计，宽度约180米，面积约108000平方米，约161亩。

孟元老认为西瓦面积"亚其里瓦"，即小于里瓦，则里瓦应当是最大的，面积超过西瓦。

之所以说里瓦最大，标志是其中的勾栏最多。位于核心地带的里瓦等三所瓦子："街南桑家瓦子，近北则中瓦、次里瓦，其中大小勾栏五十余座。内中瓦子莲花棚、牡丹棚；里瓦子夜叉棚、象棚最大，可容数千人。"[6] 三处瓦子，共有大小勾栏五十余座，平均每处将近二十座。而其中的大勾栏四座，可以容纳数千人，按四千左右计，大约每座千人左右，容量之大，即便在近代也属于大的剧院。最大的里瓦按二十座勾栏计，其中大部分应是中小勾栏，平均按四百人计，也有八千人，每天的观众流量数万人。

---

[1] （宋）孟元老著，尹永文笺注：《东京梦华录笺注》卷5《京瓦伎艺》，第462页。

[2] （宋）孟元老著，尹永文笺注：《东京梦华录笺注》卷2《酒楼》，第176页。

[3] （宋）孟元老著，尹永文笺注：《东京梦华录笺注》卷3《大内西右掖门外街巷》，第275页。原标点作"北抵梁门大街亚其里瓦，约一里有余"，似不妥。

[4] （元）脱脱：《宋史》卷149《舆服志一》，中华书局1977年版，第3493页。

[5] 丘光明、邱隆、杨平：《中国科学技术史·度量衡卷》，科学出版社2001年版，第370页。有学者直接按现代的计量1市里500米计（见刘彦君：《东西方戏剧进程》，文化艺术出版社2005年版，第197页），不妥。

[6] （宋）孟元老著，尹永文笺注：《东京梦华录笺注》卷2《东角楼街巷》，第144页。

（4）经营管理

如此规模、如此大量的瓦子，如何管理、何处管理是个大问题。可惜的是，史料中连瓦子是官府还是私人所建、规划形成还是自发形成都没有记载。只有一些蛛丝马迹，可推知是官方管理的。

其一，孟元老言京瓦伎艺，开头先说的是管理人："崇、观以来，在京瓦肆伎艺，张廷叟、孟子书主张。"主张就是主持的意思，张廷叟身份不详，但孟子书于史籍有记载，在靖康二年（1127）仍担任"乐官"[①]。张廷叟应是同类身份，且职责、年龄比孟子书大。孟子书排名在后，而且从崇宁（1102—1106）时就主管勾栏，20余年后的靖康二年仍是乐官，可知其当年很年轻。

其二，艺人中有"教坊减罢并温习"，而且"教坊、钧容直，每遇旬休按乐，亦许人观看。每遇内宴，前一月，教坊内勾集弟子小儿，习队舞作乐，杂剧节次"[②]。据此可推知三点：一是朝廷教坊淘汰或退休的艺人可转到勾栏演艺，丁仙现就是一例；二是教坊和军方乐队每旬休时到勾栏演奏排练——"温习"；三是朝廷内宴时的伴奏、歌舞演出，也是教坊从勾栏中调集艺人排练前往。这就证明了勾栏里的艺人是由朝廷教坊乐官管理，统一调配朝廷优伶和民间艺人，勾栏也常被官方占用。官方人员为何在旬休时来此呢？当时勾栏演员每十天休息一天，空出勾栏，他们才得以在此排练，不影响正常商业演出。但瓦子的其他行业管理情况，尚不得而知，一些问题到南宋临安才明确。

三　瓦子在南宋临安的继承与发展

北宋灭亡，汴京沦陷，宋室南迁到临安。新都城在模仿开封、"直把杭州作汴州"的进程中，"虽市肆与京师相侔"[③]。瓦子也成功移植，在新的地理环境和历史环境中落地生根，并有了大的发展和变异。

[①] （宋）徐梦莘：《三朝北盟会编》卷78，靖康二年二月四日："奉圣旨根括金银应付大金，已具了绝事状。却有取回军前内官蓝沂、医官周道隆、乐官孟子书等，经元帅投状，称有金银在家窖藏，乞取前来。"第588页。

[②] （宋）孟元老著，尹永文笺注：《东京梦华录笺注》卷5《京瓦伎艺》，第461—462页。

[③] （宋）耐得翁撰，汤勤福整理：《都城纪胜·序》，《全宋笔记》，大象出版社2017年版，第8编第5册，第5页。

1. 瓦子为官方建设与管理

绍兴和议以后，大批的护卫部队囤聚在临安无所事事，容易发生变故，殿前司长官杨沂中便创建了瓦子："绍兴和议后，杨和王为殿前都指挥使，以军士多西北人，故于诸军寨左右营创瓦舍，召集伎乐，以为暇日娱戏之地。其后，修内司又于城中建五瓦，以处游艺。今其屋在城外者，多隶殿前司，城中者隶修内司。"① 由此可知四点：一是瓦子的大规模兴建始于绍兴十一年（1141）的宋金绍兴和议之后。二是建瓦子的初衷是为西北军人服务的，类似军人俱乐部，是募兵制的副产品，也说明北宋时北方（宋人通常以西北代表北方）瓦子较普遍，军人习以为常或有所依赖。三是这些瓦子都归官方所有并管理，最早在城外的瓦子归军方殿前司，新建在城内的归修内司。城内瓦子是为广大市民等服务的，里面甚至混杂有大量民居和皇家祠宫：淳祐四年（1244）春，朝廷建奉祀感生帝的龙翔宫于中瓦，"拆居民屋宇，三除之二"②，还保留三分之一的民居。四是最初城外瓦子的主要业态是娱乐，即使有点商业也是为娱乐业服务的附庸。

现在可以认定两点：第一，南宋临安瓦子继承了北宋开封瓦子的基因，甚至叫卖声也多模仿开封口音："中瓦子前卖十色糖。更有瑜石车子卖糖糜乳糕浇，亦俱曾经宣唤，皆效京师叫声。"③ 第二，南宋临安瓦子都是官办的，业态也与开封不相同，具有人为统一建造的特点，军队娱乐特点，军方和朝廷管理特点。因绍兴末撤销教坊，朝廷的礼乐娱乐等活动多从瓦子艺人中召集，如："大礼毕，车驾登楼，有司于丽正门下肆赦，即立金鸡竿盘，令兵士捧之。在京系左右军百戏人，今乃瓦市百戏人为之。盖天文有天鸡星明，则主人间有赦恩。"④ 南宋临安瓦子勾栏艺人与官府的关系，比北宋密切。从皇宫中于"丁未年拨入勾栏弟子嘌唱赚色"⑤ 可知，演员可由官方调配，与开封的瓦子勾栏相同。

一个重要问题是：杭州此前有没有瓦子？答案是肯定的。

建炎三年（1129），宋高宗"初欲幸明州，用吕颐浩计复还杭州，乃下诏亲征。百司有到曹娥江者，有到钱清堰者，御史中丞赵鼎力谏，以为

---

① （宋）潜说友：《咸淳临安志》卷19《市行（瓦子附）》，第3549页。
② （宋）佚名撰，王瑞来笺证：《宋季三朝政要笺证》卷2，淳祐四年，第143页。
③ （宋）吴自牧：《梦粱录》卷13《夜市》，第120页。
④ （宋）赵升撰，王瑞来点校：《朝野类要》卷1《金鸡》，中华书局2007年版，第31页。
⑤ （宋）周密撰，范荧整理：《武林旧事》卷6《诸色伎艺人》，《全宋笔记》，第90页。

众寡不敌,不可以战,不若为避狄之计。会有边报至,遂复召百司回越州。市井间不时虚惊,有云蕃人已到腰棚瓦市,至有夺路而出,被践踏而死者。"① 所谓"腰棚瓦市",吴自牧载临安诸名店时,曾提到"南瓦子北卓道王卖面店,腰棚前菜面店,熙春楼下双条儿划子店"②,则是该腰棚在南瓦,是勾栏的一种名称。南宋吴潜有《秋夜雨(依韵戏赋傀儡)》词云:"腰棚傀儡曾悬索,粗瞒凭一层幕,呈精妙处解,幻出蛟龙头角。谁知鲍老从旁笑,更郭郎摇手,消薄歧路,难准托田稻熟,只宜村落。"③ 描绘了南宋明州腰棚内表演傀儡戏的情景。表明至少在两宋之际,杭州原有勾栏瓦子,只是数量和功能不适应都城和军队等北方流寓者的需要,才大规模增建。修内司所建的城内南瓦,应是在原有"腰棚瓦市"基础上的扩建。

2. 瓦子数量的剧增

耐得翁言:"自高宗皇帝驻跸于杭,而杭山水明秀,民物康阜,视京师其过十倍矣。虽市肆与京师相俟,然中兴已百余年,列圣相承,太平日久,前后经营至矣,辐辏集矣,其与中兴时又过十数倍也。"④ 所谓绍兴年间杭州繁华超过东京十倍,南宋后期又超过前期十余倍,只是夸张的修辞,就瓦子而言,数量比开封翻一番倒是实情。

关于临安瓦子的数量,有四组数据,反映着百余年间动态的变化。周密记载了宋孝宗时期的二十三处瓦子。⑤ 约为宋宁宗时的西湖老人载,临安有"南瓦、中瓦、大瓦、北瓦、蒲桥瓦","城外有二十座瓦子","余外尚有独勾栏瓦市,稍远"⑥。前言的南瓦等五瓦,就是修内司建在城内的瓦子,总共二十五瓦。但所言城外二十瓦,实际列出的加上独勾栏瓦市为十七瓦,疑有缺漏,或数字有误,实为二十二瓦。宋度宗朝的吴自牧载:咸淳年间,"其杭之瓦舍,城内外合计有十七处"。但蒲桥瓦、钱湖门瓦子两处标明已经"废为民居",⑦ 实际上只有十五处。同时的《咸淳临安志》

---

① (宋)徐梦莘:《三朝北盟会编》卷132,建炎三年闰八月二十四日,第692页。
② (宋)吴自牧:《梦粱录》卷13《铺席》,第117页。
③ (宋)梅应发等撰:《开庆四明续志》卷12《诗余下》,《宋元方志丛刊》,中华书局1990年版,第6册,第6056页。
④ (宋)耐得翁撰,汤勤福整理:《都城纪胜·序》,第5页。
⑤ (宋)周密撰,范荧整理:《武林旧事》卷6《瓦子勾栏》,第79页。
⑥ (宋)西湖老人撰,黄纯艳整理:《繁胜录》第8编第5册,大象出版社2017年版,第327、328页。
⑦ (宋)吴自牧:《梦粱录》卷19《瓦舍》,第180页。

也载十七处瓦子，但其中东瓦"废为民居"，钱湖门瓦等四处"仅存勾栏一所"①。瓦子数量呈缩减态势。

随着经济、政治的变化，瓦子数量的增减起伏理所当然，幅度并不大。但比北宋开封增加了一倍左右是可以肯定的，临安继承并大力发展了瓦子，在南宋中期达到历史最高峰。即使在同一时期，不同瓦子内部与瓦子之间，兴废现象也是存在的。如宋理宗淳祐四年（1244），朝廷"建龙翔宫于中瓦，奉祀感生帝君"②，将庄严肃穆的朝廷祠庙建在红尘喧闹的瓦子里，实际上提高了瓦子的地位。在宋度宗朝，中瓦于咸淳六年（1270）"更创三元楼"，说明生意兴隆。中瓦位居皇宫门前的御街旁："临安中瓦在御街中，士大夫必游之地"③，有着独特的政治、文化地位。而钱湖门瓦、赤山瓦、北郭瓦、米市桥瓦四瓦，或"今唯存勾栏"，或"仅存勾栏一所"④，其他商业等功能全部丧失。兴少废多，符合宋朝垂暮的历史境况。

至于临安瓦子的规模多大，由于缺乏宋代史料，不妨借用元初的数据。马可波罗记载：杭州"城内，除了各街道上有不计其数的店铺外，还有十个大广场或市场。这些广场每一边长八百多米，大街在广场的前面……每个市场，一周三天，都有四万到五万人来赶集，人们把每一种大家想得到的物品提供给市场"⑤。按其明确数据，每个市场约640000平方米，合960亩，远大于北宋开封的瓦子。不过这些市场的数量、业态与南宋差距很大，广场式的市场显然是空心的，没有多少建筑，十处市场的面积也不可能统一规范。但考虑到这些市场不会是元朝凭空新建的，应当是在宋朝瓦子基础上改造而成，仅供参考。

3. 瓦子的业态及变化

临安瓦子大多仍以勾栏演艺为主业。如城内五瓦中，"唯北瓦大，有

---

① （宋）潜说友：《咸淳临安志》卷19《市行（瓦子附）》，第3549页。
② （宋）佚名撰，王瑞来笺证：《宋季三朝政要笺证》卷2，淳祐四年，中华书局2010年版，第143页。
③ （宋）张端义撰，许沛藻、刘宇整理：《贵耳集》卷下，《全宋笔记》第6编第10册，大象出版社2013年版，第351页。
④ （宋）潜说友：《咸淳临安志》卷19《市行（瓦子附）》，第3549页。
⑤ [意]马可波罗口述，鲁思梯谦笔录，陈开俊等译：《马可波罗游记》，福建人民出版社1981年版，第176页。

勾栏一十三座……十三（应）[座]勾栏不闲，终日团圆"①。说北瓦大，就是因为勾栏多。从咸淳年间有四处瓦子仅存勾栏可以看出其在瓦子里的中心地位：有勾栏就有瓦子，没有勾栏就没有瓦子。其艺术种类更多，名角纷呈，勾栏的演艺生意兴旺，日常上座率饱满。北瓦的十三座勾栏中，"常是两座勾栏，专说史书，乔万卷、许贵士、张解元。背做蓬花棚，常是御前杂剧，赵泰、王葵喜、宋邦宁、何宴清、锄头段子贵……小张四郎一世只在北瓦占一座勾栏说话，不曾去别瓦作场，人叫作小张四郎勾栏"。② 勾栏之间有艺术分工，有名角长期坐镇演出，相当稳定，说明了演出市场的成熟。尤应注意的是小张四郎：常言道"老戏新书"才吸引人，他必须不断创作变换内容，才能数十年只在一勾栏演出，足见艺术水平之高。但北宋开封桑家瓦子、中瓦、里瓦三地，"其中大小勾栏五十余座"，平均每瓦十七八座勾栏，临安瓦子的勾栏显然不如开封多。那么是否说明其演艺业有所收缩呢？尚不能如此武断。从上文可知，临安有"独勾栏瓦市"，宋末有四处瓦子仅存勾栏，可知勾栏代表的演艺业生命力强，能够单独生存。与开封相比，合适的解释是临安的演艺业相对分散，且有脱离瓦子的倾向。

  商业活动也很兴隆。吴自牧列举"向者杭城市肆名家有名者"即著名商铺十四家，出自瓦子的有中瓦前皂儿水，大瓦子水果子，中瓦前职家羊饭、彭家油靴，南瓦子宣家台衣、张家元子，大瓦子邱家筚篥，③ 凡七家，占据了名店总数的半壁江山。周密列举著名酒楼，排在前两位的就是南瓦熙春楼、中瓦三元楼。④ 足见瓦子在临安商业中举足轻重和占有领先地位。这是北宋开封瓦子所达不到的，因历史记载限制，开封瓦子罕见具体店铺资料传世，更无酒楼在内。众多的瓦子业态虽大同小异，也形成一定的功能分工，所谓"四山四海，三千三百，衣山衣海（南瓦），卦山卦海（中

---

  ① （宋）西湖老人撰，黄纯艳整理：《繁胜录》，第327页。原标点作："惟北瓦大有勾栏一十三座"，引者更改。后文原作"十三应勾栏"，"应"为"座"之误。有学者言："从当时的文献记载来看，临安瓦舍的范围和规模，大小并不相同，多者有五十多座勾栏或乐棚、露台。"（徐吉军：《南宋全史》，上海古籍出版社2016年版，第56页）恐误以北宋开封的三处瓦子的勾栏数量为临安一处。

  ② （宋）西湖老人撰，黄纯艳整理：《繁胜录》，第327页。
  ③ （宋）吴自牧：《梦粱录》卷13《铺席》，第116页。
  ④ （宋）周密撰，范荧整理：《武林旧事》卷6《酒楼》，第80页。

瓦），南山南海（上瓦），人山人海（下瓦）"①。南瓦服装多（上文有"南瓦子宣家台衣"可证），中瓦卦师多，上瓦即大瓦、西瓦大概是佛教的东西多，下瓦即北瓦勾栏最多，所以观众如海。这四处瓦子都在城内，除了北瓦外，商业比重很大，可能超过勾栏演艺。

临安瓦子一个突出业态是娼妓业。其开创时的初衷，就是"招集妓乐，以为军卒暇日娱戏之地"，自应包括妓院。瓦子酒楼里也有妓女："每楼各分小阁十余，酒器悉用银，以竞华侈。每处各有私名妓数十辈，皆时妆袨服，巧笑争妍，夏月茉莉盈头，春满绮陌，凭槛招邀，谓之'卖客'。"②在酒店里陪酒卖笑。其间"俱有妓女，以待风流才子买笑追欢耳"③。有一次"两宫幸聚景园，夜过万松岭，索火炬三千"。临安长官赵从善"命取诸瓦舍伎馆芦帘，实以脂，卷而绳之，系于夹道松树左右，照耀如同白日"④。瓦舍伎馆的门总挂芦帘遮蔽，以为标志，可证瓦子里有不少妓馆汇聚。北宋开封的瓦子内未见有此痕迹，妓院分布在瓦子附近，瓦子内的妓院应该是南宋临安的新发展。城外军方的瓦子与城内修内司的瓦子，业态有较大的不同：城外瓦子妓院多，城内瓦子商业、演艺多。我们还应注意到，城外的瓦子呈明显的萎缩趋势：如前文所言，宋末城外的钱湖门瓦、赤山瓦、北郭瓦、米市桥瓦四瓦"仅存勾栏一所"，则是瓦子娼妓业的萎缩，说明驻军减少以及城外供军人消遣的瓦子里也有演艺业。

临安瓦子的经营时间与开封相同，日夜营业，风雨无阻。尤以夜市最为兴盛："其夜市除大内前外，诸处亦然，唯中瓦前最胜，扑卖奇巧器皿、百色物件，与日间无异。……隆兴间高庙与六宫等在中瓦相对，今修内司染坊看位观。孝宗皇帝孟享回，就观灯买市，帘前排列内侍官袄行，堆垛见钱，宣押市食歌叫，支赐钱物，或有得金银钱者。"⑤皇家慕名前来观灯，也是北宋没有的情况。勾栏夜间也有演出，如"独勾栏瓦市"于"中夜作场"⑥。瓦子的酒楼里，"歌管欢笑之声，每夕达旦，往往与朝天车马相接，虽风雨暑雪，不少减也"⑦。通宵灯火辉煌，一直到次日清晨早朝时

---

① （宋）西湖老人撰，黄纯艳整理：《繁胜录》，第330页。
② （宋）周密撰，范荧整理：《武林旧事》卷6《酒楼》，第80—81页。
③ （宋）吴自牧：《梦粱录》卷16《酒肆》，第141页。
④ （明）李贽：《初潭集》卷27《君臣七》，北京燕山出版社1998年版，第453页。
⑤ （宋）耐得翁撰，汤勤福整理：《都城纪胜·井市》，第6页。
⑥ （宋）西湖老人撰，黄纯艳整理：《繁胜录》，第326页。
⑦ （宋）周密撰，范荧整理：《武林旧事》卷6《酒楼》，第81页。

分客人才散去。冬季游玩比较萧条,但瓦子依然热闹:"深冬冷月无社火看,却于瓦市消遣。"① 不受季节气候影响。

总之,临安的瓦子是开封瓦子的升级版,被放大增强,发挥得淋漓尽致,多有创新。

四 瓦子的漫延及与勾栏的分离

1. 瓦子的漫延

瓦子在京城的巨大成功与影响,空间上势必蔓延到地方州郡。北宋时期,已知江州、荆州有瓦子,南宋有更多的州郡瓦子见诸史籍。

两浙路中瓦子较多。如湖州,宋宁宗时州城有义井:"在湖州府四十四所。旧编载处所",其中有"瓦子巷西"②。因瓦子而有巷名。开庆年间,明州"楼店务地"的"第一等地"中,"自四明桥南取行衙前,至君奢桥并旧瓦子内""五通巷新瓦子"③。可知明州的两个瓦子是官府所有的,其房地产管理归楼店务。前文提到南宋明州腰棚内表演傀儡戏的情景,证明其中有勾栏。宋宁宗嘉定中,绍兴州城第四厢"领坊二十",其中有"北市、瓦市"。④ 宋理宗宝庆年间第四厢所辖,仍有"北市、瓦市"等。⑤ 元朝嘉兴府州城的美俗坊,原名"瓦子,故立是名,欲以美污俗也";移风坊原名"西瓦子,故立是名,欲移风易俗也"⑥。所谓瓦子的坊名,无疑是宋朝所有。江东路镇江有瓦子地名:城内巷名,"则有……南瓦子巷、北瓦子巷"⑦,反映出当地有南北两处瓦子。庆元年间,鄱阳有女觋"持所得

---

① (宋)西湖老人撰,黄纯艳整理:《繁胜录》,第 326 页。
② (宋)谈钥撰:《嘉泰吴兴志》卷 18《井》,《宋元方志丛刊》,中华书局 1990 年版,第 4851 页。
③ (宋)梅应发等撰:《开庆四明续志》卷 7《楼店务地》,第 6001 页。
④ (明)萧良幹修,张元忭、孙鑛纂,李能成点校:《万历绍兴府志点校本》卷 1《疆域志·坊里》,宁波出版社 2012 年版,第 6 页。
⑤ (宋)张淏纂:《宝庆会稽续志》卷 1《坊巷》,《宋元方志丛刊》,中华书局 1990 年版,第 7 册,第 7096 页。
⑥ (元)徐硕撰:《至元嘉禾志》卷 2《坊巷》,《宋元方志丛刊》,中华书局 1990 年版,第 5 册,第 4426 页。
⑦ (宋)卢宪撰:《嘉定镇江志》卷 2《坊巷·丹徒县》,《宋元方志丛刊》,中华书局 1990 年版,第 3 册,第 2336 页。

器物偯之瓦市作场"①，在瓦市中作法事。另如严州、苏州、镇江、湖州乌青镇、汀州、泸州等地，都有瓦市、瓦子、勾栏的痕迹。②

宋代地方瓦子勾栏传世文献有限，综合考虑可以得出两个结论：一是瓦子不限于这些地方，二是瓦子没有全国普及，甚至只存在于少数城市。毕竟瓦子需要的经济、文化条件较高，能够达到的不多。

瓦子勾栏在时间上也蔓延至宋朝之后。北宋灭亡后，金朝开封仍有瓦子：楼钥出使金国路过开封，发现宋朝接待辽国使臣的都亭驿"犹是故屋。但西偏已废为瓦子矣"③。显然是一处新改建的瓦子，面积有限。同样有勾栏，如金朝末年《汉钟离度脱蓝采和》一剧中，蓝采和言："俺在这梁园勾栏里做场，昨日帖出花招儿去，两个兄弟先收拾去了。"④ 这里的勾栏则是金南京开封的勾栏。著名的《庄家不识勾栏》并非元曲，是杜善夫早年在金末开封居住期间创作的作品，反映的是金末开封杂剧演出和勾栏形制。⑤ 元初的真定有瓦子："真定路之南门曰阳和，其门颇完固，上建楼橹，以为真定帑藏之巨盈库也，上作双门，而无枨臬，通过而已。左右挟二瓦市，优肆倡门、酒垆茶灶、豪商大贾，并集于此。大抵真定极为繁丽者。盖国朝与宋约同灭金，蔡城既破，遂以土地归宋，人民则国朝尽迁于北。故汴梁、郑州之人多居真定，于是有故都之遗风焉。"⑥ 金朝灭亡后，开封等地的居民被迁徙到北方的真定路，随即将瓦子习俗带了过去，在南门楼两旁新建了两处瓦子，仍是原有的业态，位于最繁华地带，或者说将此地带动成最繁华地带。可见，真定原来并没有瓦子，是开封移民传去的。

有学者据元初女真杂剧作家李直夫《武元皇帝虎头牌》第二折："则俺那生盆忤逆的丑生，有人在中都曾见。伴着伙泼男也那泼女，茶房也那酒肆，在那瓦市里串，几年间再没个信儿传"，认为元初继承了金中都的

---

① （宋）洪迈撰，何卓点校：《夷坚志·三志辛》卷2《彭师鬼孽》，中华书局2006年版，第1399页。
② 参见张莉、郝敬《论瓦舍勾栏的兴废与说话艺术》，《民俗研究》2013年第4期。
③ （宋）楼钥撰，顾大明点校：《攻媿集》卷119《北行日录上》，浙江古籍出版社2010年版，第2094页。
④ 徐征、张月中、张圣洁、奚海主编：《全元曲》卷9《汉钟离度脱蓝采和》，河北教育出版社1998年版，第6608页。
⑤ 参见程民生《〈庄家不识勾栏〉创作年代与地点新考》，《中州学刊》2017年第1期。
⑥ （元）纳新撰：《河朔访古记》卷上《常山郡部》，《丛书集成初编》，中华书局1991年版，第5页。

瓦子。① 事实正是如此，当年金人灭北宋后，将大量宋室财宝和宋朝伎艺人掳掠北上，半数留到了中都，朝廷的刻意效仿和汴京遗民的有意怀旧，很快把燕京改造成又一座汴京，"每年燕山市井，如东京制造"②。以至于有城市史家断定："金中都是北宋首都东京城的翻版。"③ 瓦子勾栏自应建立。学者已经考证出元代瓦舍勾栏分布"是极其广泛的"，除了黄河、长江中下游外，"主要集中地带则是从大都到江浙的运河沿岸城镇"④。确切地讲主要是勾栏分布广泛。

至明朝，渐行渐远的瓦子依稀尚存，或者仅仅是地名。如正德年间松江府上海县的平康坊内，"中亭桥，西有瓦市在焉"⑤。仍有瓦市。嘉靖时，杭州仁和县尚有北瓦："今惟北瓦犹有酒肆一二存焉。"⑥ 仅有酒店残存。万历时温州的茶场五显庙，"在府学巷。民家轮祀，瓦市、谯楼、百里坊、石埠、宝珠坊，各有庙"⑦。在瓦市内有座五显庙。嘉靖赣州有瓦子地名，地方志在介绍州城主道路时，提到"瓦市，县西方，天一阁左"⑧，这里瓦市是街道名。

瓦子是宋代特产，宋朝以后瓦子的盛况就逐渐消失，余绪残留明中期以后也烟消云散。⑨

2. 瓦子勾栏的分离、变异与消失

在两宋都城红极一时的瓦子，为什么衰落了？吴晟先生归纳了官方戏剧政策、剧作家队伍的变化、城乡戏班的分流三个原因⑩，诚为高见。然

---

① 廖奔：《中国古代剧场史》，第44页。
② （明）冯梦龙编：《喻世明言》卷24《杨思温燕山逢故人》，人民文学出版社1958年版，第364页。参见傅惜华选注《宋元话本集·郑意娘》，四联出版社1955年版，第308页。
③ 叶骁军：《中国都城发展史》，陕西人民出版社1988年版，第216页。
④ 廖奔：《中国古代剧场史》，第45页。
⑤ （明）顾清：《正德松江府志》卷9《坊巷·上海县坊九十八》，《天一阁藏明代方志丛刊续编》，上海书店1990年版，第466页。
⑥ （明）沈朝宣撰：《嘉靖仁和县志》卷1《市镇》，《四库全书存目丛书》，齐鲁书社1996年版，史部第194册，第20页。
⑦ （明）汤日昭：《万历温州府志》卷4《祠祀志·永嘉》，《四库全书存目丛书》，史部第210册，第541页。
⑧ （明）董天锡：《嘉靖赣州府志》卷5《厢里·赣县》，《天一阁藏明代方志选刊》，上海古籍书店1982年版，第7页。
⑨ 更多事例参见张莉、郝敬《论瓦舍勾栏的兴废与说话艺术》，《民俗研究》2013年第4期。
⑩ 吴晟：《瓦舍文化与宋元戏剧》，第197—203页。

仅是戏剧角度，从史学角度考察，或另有发现。

　　瓦子有两大行业支柱，即演艺业和商业（后来加上娼妓业），或云勾栏与店铺，二者相辅相成，互助人气。商业自古即有，商业演出的勾栏即固定的大型剧场却是宋代才有，社会环境条件要求比较高，只有人口众多、经济文化发达的城市才能有，需要大量四季有闲、有钱的观众捧场才能生存，"又不是迎神赛社、不住地擂鼓筛锣"，农村、农民不具备这个条件，故而"庄家不识勾栏"①。瓦子作为浓缩的城市，为商业演出提供了场地和人流量，为勾栏提供了观众和生长的肥沃土壤。而众多观众直接的、被诱发的消费，也促进了商业发展。从这一线索出发，我们看到瓦子勾栏从合二为一到一分为二的变化。

　　如前文提及，咸淳年间临安有四处瓦子业态发生巨变，即钱湖门瓦"仅存勾栏一所"，赤山瓦"今惟存勾栏"，北郭瓦"今惟存勾栏"，米市桥瓦"今惟存勾栏"②。此外，宋宁宗朝另有"独勾栏瓦市"③。商业功能全部剥离，唯有勾栏能够独立生存，遂成为以后的趋势。最先消失的就是瓦子。

　　元初杭州的十大市场中，并无勾栏。马可波罗看到："这十个方形的市场，每一个都被高楼大厦环绕着，大厦的下层是商店，经营各种制品，出售品种齐全的货物，如香料、药材、小装饰品和珍珠等。"④没有任何娱乐活动的字眼，是单纯的物资贸易市场，而且这种广场式的市场之中，也没有容纳娱乐业的固定建筑；况且每周才三次开放贸易，只是定期集市，难以养活艺人。

　　商场是永久存在的，变动的是勾栏，勾栏变动主要是戏剧变动的结果。北宋是中国戏剧形成的最重要时期。作为新型城市的代表，北宋开封是座充满活力与自信的不夜城，使得戏院广泛分布和夜场演出成为可能。作为世界历史上第一个典型的市民城市，代表城市文化的市民文艺应运而生。固定的民间剧场是戏剧产生的一个硬件标志，最早在宋代开封呈现的瓦子勾栏，正是其具体的诞生场地。宋杂剧是中国戏曲的最早形式，其三

---

① （元）杨朝英选：《朝野新声太平乐府》卷9，杜善夫：《庄家不识勾栏》，中华书局1958年版，第335页。
② （宋）潜说友：《咸淳临安志》卷19《市行（瓦子附）》，第3549页。
③ （宋）西湖老人撰，黄纯艳整理：《繁胜录》，第328页。
④ ［意］马可波罗口述，鲁思梯谦笔录，陈开俊等译：《马可波罗游记》，第177页。

个源头即优伶的喜剧小品、民间喜剧小品杂扮、诸宫调，均离不开东京开封。北宋后期的开封，杂剧涌现出一大批名角，演出地点多样，有剧情复杂的大型戏，标志着杂剧的诞生。① 瓦子勾栏孕育了杂剧等市民文艺，戏剧呱呱坠地后，逐渐长大，就不能再在襁褓、摇篮里了。戏剧的正式形成与发展，促使其脱离瓦子独立。宋以后我们看到的勾栏等演艺，都是单独存在的。

金朝末期官员杨宏道，有诗记载了金末汴京的市井演艺变迁实况：

东京有台高百尺，北望惊吁半天赤。……鹧鸪为乐犹古乐，大定明昌事如昨。

风时雨若屡丰年，五十年来人亦乐。勿言郑卫乱雅歌，人乐岁丰如乐何。

朱门兵卫森弥望，门外闻之若天上。隗台梁苑烟尘昏，百年人事车轮翻。

倡家蝇营教小妓，态度纤妍浑变异。吹笛击鼓阓阓中，千百聚观杂壮稚。

昔时华屋馨浓欢，今日乐棚为贱艺。白头遗士偶来看，不觉伤心涕沾袂。②

他揭示了一个明显的变化：金末汴京的演艺界从过去多为上层表演，变为日趋下层，面向普通市民，或是妓院小娟在街道市井演出，或是著名演员沦入乐棚勾栏。带来的两大影响是，戏剧大普及和艺人地位进一步下降，演员与妓女合流。这时的勾栏和演出已不在瓦子内了。如《庄家不识勾栏》所示：农夫"来到城中买些纸火。正打街头过，见吊个花碌碌纸榜、不似那答儿闹穰穰人多。见一个人手撑着椽做的门、高声地叫请请。道迟来的满了无处停坐"③。该勾栏就在街头。而元初松江府有座勾栏就位

---

① 程民生：《论汴京是中国戏剧的发祥地》，《中原文化研究》2015 年第 5 期。
② （金）杨宏道：《鹧鸪》，薛瑞兆、郭明志编《全金诗》卷 107，南开大学出版社 1995 年版，第 477 页。
③ （元）杨朝英选：《朝野新声太平乐府》卷 9，杜善夫《庄家不识勾栏》，中华书局 1958 年版，第 335—336 页。

于府衙之前。① 更多的勾栏演出在妓院，遂有金代戏曲院本之形成：院本即"行院之本也"，"行院者，大抵金元人谓倡伎所居，其所演唱之本，即谓之院本云尔"②。院本成为金代戏剧的代表样式。

元朝戏剧更加发展，勾栏随之普及性地大发展，金末显露的艺人低贱的态势加剧。宋末元初的赵孟頫论道："良家子弟所扮杂剧，谓之'行家生活'；娼优所扮者，谓之'戾家把戏'。良人贵其耻，故扮者寡，今少矣，反以娼优扮者为'行家'，失之远也。"明人因而言："杂剧，俳优所扮者，谓之'娼戏'，故曰'勾栏'。"③ 优伶沦为娼优，勾栏与娼戏等同。元代词曲作家夏庭芝指出："内而京师，外而郡邑，皆有所谓勾栏者，辟优萃而隶乐，观者挥金与之。"④ 姿态更低的勾栏脱离瓦子，遍布全国各地。前文所说秀州瓦子坊名被元朝改为美俗坊、西瓦子坊改名移风坊，"欲以美污俗也""欲移风易俗也"。瓦子作为地名，宋人以为荣，元人以为耻，恐怕不仅是价值观有着很大差别，滚滚红尘的瓦子变得乌烟瘴气、日趋下流、伤风败俗才是主要原因。试想如果仍是演艺、贸易，何至于此？其中除了南宋末年瓦子里黑恶势力存在外，很大程度上是因为南宋娼妓业的加入，现代有学者甚至认为瓦子就是宋代的官妓娼寮。⑤ 宋以后道德嫌弃的社会舆论，虽然矛头主要针对娼妓业，但难免有及乌池鱼之祸，挤压了瓦子勾栏的生存空间，它们只好分道扬镳，不再沆瀣一气。

勾栏脱离商业单独发展，是戏剧成熟普及的体现。勾栏只有改规模经营为分散经营，才能普及；而只有脱离瓦子才能自由发展，不受场地等限制。勾栏是瓦子的主体，瓦子因只剩下商业业态，不再是娱乐场所，名不副实，完成了历史使命，退出历史舞台。确切地说，是回归了原有的市场形态和名称。站在更高的位置俯瞰历史，看到的是瓦子功成身退。宋以后的瓦子勾栏实际上并非灭亡，只是改头换面分别发展而已。瓦子勾栏经历了有益无害、益大于害、害大于益的变化，其堕落也是消失的内在因素之一。

---

① （元）陶宗仪撰，李梦生校点：《南村辍耕录》卷24《勾阑压》，上海古籍出版社2012年版，第262页。
② 王国维：《宋元戏曲史》，上海人民出版社2014年版，第44页。
③ （明）朱权：《太和正音谱》卷13《杂剧十二科》，《中国古典戏曲论著集成》，第3册，第24页。
④ （元）夏庭芝：《青楼集》，《中国古典戏曲论著集成》，第2册，第7页。
⑤ 王书奴：《中国娼妓史》，湖南大学出版社2014年版，第84—89页。

五　瓦子的历史意义与社会形象

宋代瓦子作为一种全新的历史现象，使城市面貌焕然一新，市民生活水平明显提高。瓦子是中国城建史、文化史、娱乐史、商业史上一个关键节点，它的出现意义重大，犹如激素，促进了传统文化的代谢更新。

1. 瓦子是城市近代化的标志

瓦子是沿袭千余年的坊市制崩溃后的城市新天地。宋代新型城市的居住区、商业区和娱乐区混为一体，与传统的空间封闭、时间有限的坊和市大不相同，全面的开放使城市充满活力。最初的瓦子应当是在原有市场的空间里形成的，是商品经济的文化产物，商业气息浓郁，勾栏里的艺术又为商品经济的发展欢呼辩解，观念解放。瓦子作为专门开辟的多处集中娱乐区，单独的文化市场，城市史上前所未有，是市民的饕餮盛宴，标志着平民娱乐业的兴起。作为"第三产业"的一种新形式、增长点，瓦子使"第三产业"的比重增加，优化了产业结构和城市发展的质量维度。城市最欢乐热闹的地方，不是短期的庙会，不是帝王将相的宫室，而是有众多市民的地方。城市的建设发生功能性变化，娱乐不再是富贵人家的享受，普及下移到广大市民之中，大众休闲娱乐文化由奢侈品变成日用品、必需品。或者说市民打造了适宜于本阶层的娱乐形式，使娱乐日常化、商品化。这种大众娱乐消费的专门区域，增强了城市的吸引力，展示了城市建设人性化，城市生活舒适化，社会文化平民化，人民生活有了更多的精神、物质享受，给城市发展和文化更新注入了激素。瓦子是新型城市的浓缩版。

2. 瓦子是市民文化的渊薮

瓦子勾栏的涌现及其盛况，在文化史上具有划时代的意义。它是梨园由唐代宫廷走向民间的硕果，也是文艺走向市场的硕果，形成文艺市场。瓦子与瓦子之间、勾栏与勾栏之间的高度密集，整合的资源形成集约化经营，具有规模效应和集聚优势，带来竞争和吸引力，故而有着很强的传播力。全年日夜演出的勾栏，填补、丰富了市民社会性的夜生活，提高了市民的文化素质，为规范化的市民文艺创造了优良的物质条件和专业场地，造就着一批批高质量、职业化的演艺人才。都市发达的世俗生活造就了多样化的艺术需求，瓦子作为创新的场所，滋生出一系列新的具有鲜明市民色彩的艺术形式。如取笑进城老农的喜剧小品"杂扮"，源自叫卖声的清唱"吟叫"，以及诸般杂剧、说书、商谜、杂技、说诨话、影戏等。最典型的是戏剧重要源头之一的诸宫调，它就是在开封瓦子里诞生的：孟元老记录"京瓦伎艺"有"孔三传耍秀才诸宫调"①，吴自牧载："说唱诸宫调，昨汴京有孔三传编成传奇灵怪，入曲说唱。"② 勾栏之间丝竹歌舞与咳唾风云相闻，诸多新老艺术在这个巨大的培养皿中完善提高、整合融汇，大大提升改变了民间文化面貌，影响深远。综合也是创造，市民文艺既非阳春白雪，也非下里巴人，而是二者的融合：艺术化的氓之蚩蚩，市民化的才子佳人。综合艺术杂剧在开封勾栏里的形成，意味着中国戏剧的诞生。勾栏说话人说书的底本——话本，成为元明清白话历史小说的基础，《水浒传》《三国志演义》《西游记》等文学名著都是宋元话本发展的产物。小说在宋代瓦子中走向平民化，受众多为市民。如新淦市民王生，"虽为闾阎庶人，而稍知书。最喜观《灵怪集》《青琐高议》《神异志》等书"③。白话文小说的影响力大大强化，开辟了中国文学发展的新格局。杭州曾"有三市井人好谈今古，谓戚彦、樊屠、尹昌也。戚彦乃皇城司快行，樊屠乃市肉，尹昌乃佣书。有无名人赋诗曰：'戚快樊屠尹彦时，三人共坐说兵机。欲问此书出何典，昔时曾看王与之。'（原注：与之，乃说书史人）"④ 可知他们的军事知识等，主要都来自瓦子里的说书人。瓦子勾栏形成的市民文化，以及可贵的思想、价值观念的转型⑤，因而成为民间文化的主流，引导着文化向俗文化方向发展⑥。

3. 瓦子是抵制礼教的染缸

瓦子作为娱乐特区，以张扬的感性力量调节对抗着刻板的理性力量，远离政治权力，涵容多元，较为自由开放。演艺可以嘲弄官员（参军戏）、

---

① （宋）孟元老著，尹永文笺注：《东京梦华录笺注》卷5《京瓦伎艺》，第461—462页。
② （宋）吴自牧：《梦粱录》卷20《妓乐》，第193页。
③ （宋）洪迈撰，何卓点校：《夷坚志·三志己》卷2《程喜真非人》，第1315页。
④ （宋）张仲文撰，胡绍文整理：《白獭髓》，《全宋笔记》第8编第3册，大象出版社2017年版，第22页。
⑤ 吴晟：《瓦舍文化与宋元戏剧》，第151页。
⑥ 参见程民生《略论宋代市民文艺的特点》，《史学月刊》1998年第6期。

嘲弄秀才（耍秀才）、嘲弄农民（杂扮），贬"士农"而扬"工商"，颠倒了四民顺序，实质就是嘲弄礼教。因而在南宋以来官方和士大夫的心目中，社会形象很糟糕。

吴自牧说："瓦舍者……顷者京师甚为士庶放荡不羁之所，亦为子弟流连破坏之门。……今贵家子弟郎君，因此荡游，破坏尤甚于汴都也。"[1] 在他们看来，瓦子里吃喝嫖赌的设施和业态乌烟瘴气、诲淫诲盗，强大的吸引力，使诸多纨绔子弟流连忘返，沉沦堕落。其间的卑劣习性甚至还会传染，胡颖在一首判词中披露道："监税以世禄入官，本亦粗识趋向，今其所为悖缪赃污狼藉者，皆其妻有以致之也。阿除久居中瓦，耳濡目染，岂复有廉洁之行。帷薄既不能修，则簠簋宁复能饬邪！执状趋庭，诡诡长舌，无非路岐杂剧人口中言语。昔也闻而知之，今也见而知之矣。此等人若留在仕途，决无改过自新之日，即限两日取寻医状申。如违，径上按章也。"[2] 这位恩荫入仕的官宦子弟，之所以行为悖缪、赃污狼藉，是其出身于瓦子内的妻子影响教唆导致的，不宜再担任职官。市民文艺属于消费文化，突出的是追求感官享受的娱乐性，难免泥沙俱下，敢于突破禁忌，甚至于是非颠倒，具有反抗清规戒律、嘲弄官员、侵蚀礼教的叛逆性。娼妓业的发展，使瓦子中出现黑恶行径，如："阛阓瓦市专有不逞之徒，以掀打衣食户为事，纵告官治之，其祸益甚。五奴辈苦之，切视其所溺何妓，于是敛金以偿其直，然后许以嫁之，且俾少俟课钱足日取去。然所逋故尔悠悠，使延引岁月，而不肖子阴堕其计中，反为外护，虽欲少逞故智，不可得矣。其名曰打聚。"[3] 南宋后期的瓦子中存在的坑蒙拐骗，祸害不浅。

大概正是如此，在 360 册、收文 17 万余篇的《全宋文》中，宋人避嫌似的对于瓦子勾栏只字不提。但这并不说明他们不进瓦子勾栏，"临安中瓦在御街中，士大夫必游之地，天下术士皆聚焉"[4]。所有在京、进京的官员都进过瓦子。连皇帝也知晓勾栏行话，如宋徽宗被俘到北方时，曾于

---

[1] （宋）吴自牧：《梦粱录》卷19《瓦舍》，第179页。
[2] 中国社会科学院历史研究所宋辽金元史研究室点校：《名公书判清明集》卷2，（宋）胡石壁：《脏污狼藉责令寻医》，中华书局1987年版，第40页。
[3] （宋）周密撰，吴企明点校：《癸辛杂识·续集》卷下《打聚》，中华书局1988年版，第205页。
[4] （宋）张端义撰，许沛藻、刘宇整理：《贵耳集》卷下，第351页。

一个清明日"戏作小词云:孟婆孟婆,你做些方便,吹个船儿倒转。(孟婆,宋汴京勾栏语,谓风也)"① 其影响已达深宫最高层。故而在元代就以瓦子勾栏为污名而更改地名,演艺者与娼优等同。

尽管瓦子对道德礼法具有腐蚀性,劣迹斑斑,大度的宋政府仍包容不舍,从未有过关闭或整顿的做法。毕竟宋代拥有其他朝代尤其是后代不具备的两大社会条件,一是社会有着较多的自由度②;二是瓦子的娱乐功能符合"从民欲"的祖宗家法③,这一治国理念体现在游乐活动中,历朝秉承:"本朝诸圣,特徇民心与人同乐耳。"④ 瓦子给人们以视觉、听觉、味觉、感觉等心情愉悦的多重享受,给人以有限的发泄,能够促进生产、促进心智发育,也能消融诸多社会矛盾。但宋以后随着文化品格和道德形象的下降,龌龊的潜流超过了原有的欢乐和创造力,化整为零的藏匿在所难免。

结　语

瓦子勾栏无疑出自北宋。或规模呈现的瓦子勾栏是商场中诞生的文化实体,是商品经济的文化现象。瓦子勾栏的历史,时间上以宋朝为中心,空间上以都城为中心。换言之,瓦子勾栏是宋代的特产,都城为其提供了最佳生态环境,从而成为现象级的历史存在。瓦子无疑是历史的创新,具有极强的活力和滋生力,特点是娱乐、文化、商业的综合,犹如百川归海,并创出诸多文艺新种类。离开了宋朝特殊的历史环境和理念,加以瓦子勾栏自身发育的蝶变以及堕落,这一形态的名称渐渐偃旗息鼓。其本身生命有限,但其创造的精神财富不但持续发展而且愈演愈烈,却也造福于世,成为无限。宋代瓦子不仅是娱乐、购物专区,还可以说是中华文化的一个增压转换站,是市民的公众教育场所,也是吃喝嫖赌的污秽之地,在中国历史上有着重要而特殊的意义。以娱乐业、演艺业为代表的瓦子兴

---

① (明)陈耀文:《正杨》卷四《孟婆》,文渊阁《四库全书》,第856册,第124页。
② 程民生:《宋代社会自由度评估》,《史学月刊》2009年第12期。
③ (宋)李焘:《续资治通鉴长编》卷147,庆历四年三月己卯,中华书局2004年版,第3566页。
④ (宋)陈元靓:《岁时广记》卷11《徇人心》,《丛书集成》初编,中华书局1985年版,第110页。

起，使人们在此寻求精神和身体的解放，仿佛以解放人为实质的"文艺复兴"，迸发出一丝人文主义的曙光。

单从文化史上看，瓦子是传统文化世俗化的地标。从过去官方的雅文化占统治地位、民间的俗文化不成气候，到宋代开封和杭州俗文化强劲崛起，开启了雅俗共赏时期。正是这种大俗大雅的碰撞合成，造就了宋文化的辉煌与隽久。

现实应对与精神抵触

——宋代主流意识支配下的武力战争观及其实践

西北大学宋辽金史研究院 陈峰

战争是人类社会挥之不去的魔咒，和平与战争也是人类社会永恒的话题。古往今来，人们常常面临战争与和平的二难选择，也不能不思考如何看待武力战争。在中国历史上，王朝政权总是面临如何维护自身统治和应对内外军事威胁的问题，战争常常被视为至高无上的万灵之神，一再被祭出来终决一切。而宋代却逐渐发生了引人注目的变化，即形成了以和止战的应对外部威胁的趋势。本文即以宋朝这一断面为考察对象，探究主流意识对待武力战争手段的态度与变化，及其对现实政治实践的影响。[①]

一 先秦以来重视武备的传统

长期以来，中国古代王朝在治国的过程中，为了满足内政外交的需要，都不能不注重文治武功之间的互相配合。孔子即云："有文事者必有

---

① 目前，一些论著中，虽涉及宋廷对军队与边防的看法，如：刘子健《略论宋代武官群在统治阶级中的地位》（载《两宋史研究汇编》，台北联经出版事业公司1987年版）、黄宽重《中国历史上武人地位的转变：以宋代为例》（载于《南宋军政与文献探索》，台湾新文丰出版公司1990年版）、陈峰《北宋武将群体与相关问题研究》（中华书局2004年版）等，但偏重于从武将地位下降所产生的影响角度论述。陈峰《试论宋朝"崇文抑武"治国思想与方略的形成》（载于《10—13世纪中国文化的碰撞与融合》，上海人民出版社2006年版），从治国思想的走向方面初步考察了宋朝对武力因素的怀疑；王明荪《宋初的反战论》（载于《国际宋史研讨会论文集》，河北大学出版社1992年版），则从特定阶段的反战言论方面，涉及宋初部分官员对用兵的态度；还有一些论述宋与辽、金关系的论著，探讨了和战主张的交锋。但在本文关注的主旨问题上，尚缺乏全面、深入的探究。

武备，有武事者必有文备。"① 这一认识可谓奠定了中国王权古代政治运作的基本范式。唐太宗更著有"阅武第十一"与"崇文第十二"两篇文章，进一步概括了文武的意义及其关系："斯二者递为国用。至若长气亘地，成败定乎锋端，巨浪滔天，兴亡决乎一阵，当此之际，则贵干戈，而贱庠序。及乎海岳既晏，波尘已清，偃七德之余威，敷九功之大化，当此之际则轻甲胄，而重诗书。是知文武二途，舍一不可。与时优劣各有其宜，武士、儒人焉可废也。"② 战时军事手段和武将发挥重要作用，平时文治与建设中，文臣则居于主导地位。而军队作为维护政权安全的重要力量，也从来受到高度重视，并常常通过武力战争手段实施其对内对外的政治目的，如西方近代军事鼻祖克劳塞维茨的名言："战争是政治的继续。"

先秦之时，随着华夏中心观念的形成，无论是三代名义统一的格局下，还是诸侯纷争的岁月中，围绕捍卫自身文明与安全利益的目的，中原政权产生了"尊王攘夷"的对外战争观念；与此同时，因对内维护统治的需要，又有"大刑用兵"的认识。如唐代史家所说："三皇无为，天下以治，五帝行教，兵由是兴。所谓大刑用甲兵，而陈诸原野。"③ 于是，"国之大事，在祀与戎"之说盛行，即一方面注重血缘宗法祭祀维系统治的意义，另一方面充分强调兵戎征伐手段的作用和价值。尤其是春秋、战国时代，无论是诸侯争霸还是列国称雄，现实政治都离不开武力方式的推动，战争成为助推滚滚历史车轮的强有力手臂。孙子即指出："夫将者，国之辅也，辅周则国必强，辅隙则国必弱。"④ 虽然墨、儒家尤其墨家有"非攻""兼爱"的反战主张，儒家有仁政的见解，但由于与列国交战、图存的现实需求相抵触，都难以大行其道。而法家、兵家更能适应时代的要求，如孙武"合于利而动，不合于利而止"⑤ 的用兵主张，商鞅"以战去战，虽战可也"⑥、尉缭"故兵者，所以诛暴乱、禁不义也"⑦ 的战争观，

---

① （汉）司马迁：《史记》卷47《孔子世家》，中华书局1959年版，第1915页。
② （唐）李世民：《帝范》卷4，文渊阁《四库全书》本。
③ （唐）杜佑：《通典》卷148《兵·序》，文渊阁《四库全书》本。
④ （春秋末年）孙武：《孙子·谋攻第三》，林伊夫等译注《武经七书新译》，齐鲁书社1999年版，第12页。
⑤ （春秋末年）孙武：《孙子·火攻第十二》，林伊夫等译注《武经七书新译》，齐鲁书社1999年版，第48页。
⑥ （秦）商鞅：《商子》卷4《划策第十八》，《四部丛刊初编》本。
⑦ （秦）尉缭：《尉缭子·武议第八》，林伊夫等译注《武经七书新译》，齐鲁书社1999年版，第142页。

都将武力战争视作维护自身安全、打击对手的必要手段，并蕴含其正义的精神，从而满足了统治者的现实利益需要，因此军事竞赛成为各国的必然选择。正因为如此，当时出现的弭兵运动也难以为继。战国后期真实的历史便诠释出这样的事实：秦自商鞅变法确立了走"农战"的强国之路，建立起了高速运转的国家机器，其军事实力迅速崛起，终于用战争手段逐群雄而统一天下。

秦朝的统一，标志着东亚地区空前强盛的中央集权帝国的建立。就地缘背景而言，秦帝国一改以往"小国寡民"的地理格局，东临茫茫大海，西接青藏高原，南靠崇山峻岭，北面广袤草原，形成以黄河中下游为重心的辽阔疆域。从国防形势来看，秦朝拥有相对封闭的簸箕形地理环境，其东、西和南面拥有阻隔外部的自然屏障，唯有北部相对开放。再从周边部族的分布而言，由于地理和生产方式的差异，只有北部广阔草原地区能够集中人力、物力资源，形成强大的军事力量。当代学者在研究全球人类通史后认为："在地处大草原西部的印欧各族和地处大草原东部的蒙古—突厥人之间，有一条最早的分界线，这就是阿尔泰山脉和天山山脉。这条分界线以东的大草原，地势较高、较干燥，气候通常也更恶劣……这一地理上的不平衡造成相应的历史上的不平衡，即出现了一个持久的、影响深远的、由东向西的民族大迁徙。""这些东方的游牧部族，由于其地理位置，不仅能进入欧洲、中东和印度，也能抵达中国；只要有机会，它们就不时地侵入中国。"[①] 这里所说的中国，当然应是历史上的中原王朝。事实上，长期以来也唯有北方的游牧势力能够对中原的农耕政权造成军事威胁，所以御北成为秦朝及之后王朝的边防重点。这也决定了中原政权不得不依靠军事武力抗击北方游牧势力的必然性，耗费巨大的万里长城的出现也不是偶然。

汉武帝以降，大一统的观念不断深化，以汉族为主体的中央王朝从维护边防和统一国家的需要出发，都必须依靠强大的武装力量，强军卫国的主流意识遂长期贯穿于王朝政治中。汉、唐帝国强盛时，还追求运用武力手段开疆拓土，并力图将边防线推进到塞外，以积极防御的战略压制北方游牧政权势力，削弱其铁骑的威胁。个别时期统治者欲望超过了极限，甚

---

① ［美］斯塔夫里阿诺斯：《全球通史——1500年以前的世界》，吴象婴、梁赤民译，上海社会科学院出版社1999年版，第151页。

至出现"穷兵黩武"导致祸国殃民的后果。大一统时期的隋炀帝，割据时期的三国、东晋、十六国、南北朝和五代，战争频仍，大小政权对军事武装的依赖更为强烈，一时武力因素在国家政治生态中占据突出的位置，给社会和百姓的生产生活带来了深重的灾难。民间反战的呼声、文人控诉战乱的诗文，如汉代乐府中的民间古诗《战城南》、唐朝杜甫的《兵车行》等，不胜枚举，以致"铸剑为犁"还成为某些思想家及政治家的梦想。但统治集团及主流意识出于各方面的需要，都无法放弃对武力的倚重，战争手段不仅是现实的必要选择，而且成为立国御边的重要精神支柱，没有也不可能在价值上对其加以怀疑和动摇。所谓："非兵不强，非德不昌。"①汉代以来儒家学说虽然成为官方思想，然而"王道"的精神总是被现实中的"霸道"理由所支配，"仁政"的理念也总要服从王朝统治天下的现实需求。如汉宣帝对其子所告诫："汉家自有制度，本以霸王道杂之，奈何纯任德教，用周政乎？"②

二　宋初对待武力战争态度的变化

如所周知，唐末、五代经历了长达百余年的藩镇割据、战乱动荡，这是武力因素超强干预甚至主导政治的必然结果。可以说，这是一个崇尚暴力和"枪杆子里出政权"的时代，"重武轻文"的价值观也日渐在社会中积淀下来。此时，不仅国家"文治"荒疏，社会经济遭到破坏，文官集团受到武将群体的压制，而且皇权也趋向式微。后晋时，军阀安重荣断言："天子，兵强马壮者当为之，宁有种耶！"③ 相当深刻地总结了这个时代的政治特点。

宋初，面临着内外交困的严峻局面。从外部的地缘状况而言，由于后唐末年燕云十六州地区被辽占领，中原失去了传统上最重要的国防生命线——东段和中段长城，使御北边防陷于艰难境地。如宋人所说："自飞狐以东，重关复岭，塞垣巨险，皆为契丹所有。燕蓟以南，平壤千里，无

---

① （汉）司马迁：《史记》卷130《太史公自序》，中华书局1975年版，第3305页。
② （汉）班固：《汉书》卷9《元帝纪》，中华书局1995年版，第277页。
③ （宋）薛居正：《旧五代史》卷98《安重荣传》，中华书局1976年版，第1302页。

名山大川之阻，蕃汉共之。"① 辽突破长城阻隔后，不仅挥师南下更为便利，还因拥有长城以内农业区的各种经济资源，为骑兵行动提供充足的补给，从而极大地增强了军事优势。这种此消彼长的形势，使宋朝丧失了以往秦汉隋唐帝国有利的国防地理条件。与此同时，南方各地诸割据政权依然存在，五代以来战乱的局面亟待结束，混乱的统治秩序更有待改变。

宋太祖君臣探讨以往长期动乱的关键所在时，一致认为系君弱臣强、藩镇割据所致②，而又突出地表现为武力因素超强干预政治。"大抵五代之所以取天下者，皆以兵。兵权所在，则随以兴；兵权所去，则随以亡。"③于是，在使用武力战争手段剿灭割据政权的同时，对内需要采取收兵权举措，并解决以往长期存在的文、武之间关系严重失衡的问题，消弭社会意识中"枪杆子里出政权"的观念和广泛存在的"重武轻文"风气。从宋太祖朝开始，便一方面对骄兵悍将逞强的状况进行整顿；另一方面则提高文官及士大夫的社会地位，提倡儒家道德伦理，培植崇文的社会风气，以重振纲纪、加强皇权。宋太祖朝的一系列崇儒举动，包括亲自为孔子作赞文、拜谒孔庙，并率群臣幸临国子监，发展科举制度，要求武臣读书等，便旨在向天下传递重文的信息。宋人范祖禹对此评说道："儒学复振，是自此始，所以启佑后嗣，立太平之基也。"④ "崇文抑武"的治国思想由此发端。⑤ 也就是说，虽然统一天下是宋王朝的急切任务，使用武力战争手段也是现实的选择，但从国家更高的政治追求来说，则在于儒家文化设定的统治秩序与国家气象，因此"文治"高于"武功"。值得一提的是，宋太祖不仅在收兵权的过程中，没有像以往汉高祖以及后世明太祖那样杀戮功臣，主要是采取怀柔的赎买手段解决，而且对所推翻的后周皇室优礼有加，对所灭诸国的亡国之君也一律赐以爵号，将其举家安置于京城，以礼相待。这种开明的做法，也体现了宋朝开国政治的某种趋向。

从统一的行动部署上看，宋太祖君臣确定了"先南后北"的用兵方略，先征服南方诸割据政权，然后再剿灭北汉、收复幽云，即实施先易后

---

① （宋）李焘：《续资治通鉴长编》（以下简称《长编》）卷30，端拱二年正月乙未，中华书局2004年版，第667页。
② 《长编》卷2，建隆二年七月戊辰，第49页。
③ （宋）范浚：《香溪集》卷8《五代论》，文渊阁《四库全书》本。
④ （宋）范祖禹：《帝学》卷3，文渊阁《四库全书》本。
⑤ 参见陈峰《试论宋朝"崇文抑武"治国思想与方略的形成》，《10—13世纪中国文化的碰撞与融合》，上海人民出版社2006年版，第350—370页。

难的原则。宋太祖对于处理被辽朝控制的幽云问题，也考虑过优先采用经济手段赎买的办法，其次才是运用武力方式解决。① 事实上，宋太祖后期已尝试缓和与辽的紧张关系。开宝七年（974），宋主动遣使"请和"，辽也派地方官"与宋议和"②。此后，宋辽双方使臣往来逐渐频繁，彼此还互致国书、礼物，互贺正旦和对方皇帝生辰。③ 但宋辽虽然缓和了关系，不过在北汉问题上却仍然存在矛盾，即宋试图统一河东，而辽不愿放弃牵制宋朝的北汉傀儡政权。开宝九年（976）八月，宋军大将党进率军对太原发动进攻时，辽继续出兵增援北汉，挫败宋军的攻势。④

宋太宗即位后，继续执行"先南后北"的统一方略，并很快完成了南征和消灭北汉的任务。由于宋太宗是通过非常手段登上帝位⑤，因此意欲建立超越乃兄的武功，遂在对辽关系上采取了主动进攻的战略。但随后的两次收复幽云的伐辽行动却惨遭失败。文官执政群体对北伐战争先是少数人反对，之后则基本上持批评态度，并对宋太宗不断施加影响。⑥

早在太平兴国四年（979）讨伐北汉呼声兴起之际，宋太宗征求大将、枢密使曹彬的意见，得到肯定的答复，但宰相薛居正等人则委婉表示应当从缓。⑦ 第一次宋军北伐幽州失败后的次年，宋太宗一度又试图出兵幽州，文臣张齐贤便上疏反对继续对辽用兵，理由是："臣闻家六合者以天下为心，岂止争尺寸之事，角强弱之势而已乎？是故圣人先本而后末，安内以养外。人民，本也；疆土，末也。五帝三王，未有不先根本者也。"⑧ 在第二次北伐的筹备阶段，宋太宗"独与枢密院计议，一日至六召，中书不预

---

① 宋太祖曾设立封桩库，储积金帛，并告诉近臣：此库金帛是专用于向辽朝赎买幽云地区，如果遭到拒绝，再以此项经费支持武力收复行动。有关记载见于《长编》卷19，太平兴国三年十月乙亥，第436页。
② （元）脱脱：《辽史》卷8《景宗纪上》，中华书局1974年版，第94页。
③ 《长编》卷16，开宝八年三月己亥、七月庚辰、八月壬戌，第337、343、344页；《宋史》卷3《太祖纪三》，第44—47页；《辽史》卷8《景宗纪上》，第94—96页。
④ 《宋史》卷3《太祖纪三》，第48页；《辽史》卷8《景宗纪上》，第95—96页。
⑤ 参见邓广铭《宋太祖太宗皇位授受问题辨析》，《邓广铭治史丛稿》，北京大学出版社1997年版，第475—502页。
⑥ 参见王明荪《宋初的反战论》，邓广铭、漆侠主编《国际宋史研讨会论文选集》，河北大学出版社1992年版，第483—485页。
⑦ 《长编》卷20，太平兴国四年正月丁亥，第442页。
⑧ （元）脱脱：《宋史》卷265《张齐贤传》，中华书局1977年版，第9151—9156页；《长编》卷21，太平兴国五年十二月辛卯，第484—485页。

闻"①，则说明中书大臣的反对意见给宋太宗一定的压力，才使其抛开中书仅与枢密院合谋。当第二次北伐失败后，以重臣赵普为首的执政群体便激烈批评北伐行动。赵普认为："远人不服，自古圣王置之度外，何足介意"，"岂必穷边极武，与契丹较胜负哉？"他指出小人（主要指武将）好战，"事成则获利于身，不成则贻忧于国"；又从维护皇帝个人利益出发，特别提出"兵久则生变"的告诫，深得宋太宗的认同。② 在内外形势的压力下，宋太宗不得不对负责军事的枢密院大臣"推诚悔过"③。端拱（988—989）初，御辽前线形势紧张，宋太宗诏文武群臣"各进策备御"。宰相李昉"引汉、唐故事，深以屈己修好、弭兵息民为言，时论称之"④。不久，知制诰田锡又上奏反对北上用兵，认为："欲理外，先理内，内既理则外自安。"⑤ 淳化四年（993），宋太宗与宰臣吕蒙正讨论到战争议题，吕氏以隋、唐动武之害为例，认为隋唐两朝数十年间，四次讨伐辽东，人不堪命。隋炀帝全军覆灭，唐太宗亲自指挥作战，也无功而返。因此治国的关键在于内修政事，才能边境安稳，"且治国之要，在内修政事，则远人来归，自致安静"。宋太宗当即表示："炀帝昏聩，诚不足语。唐太宗犹如此，何失策之甚也。且治国在乎修德尔，四夷当置之度外，"又对以往的伐辽战争表达了追悔之意。⑥ 此时，边境相对平静，宋太宗君臣的讨论应当是理性而清醒的。文官大臣的以上见解，固然有息兵休民的意思，同时表明对武力战争手段的作用开始怀疑。他们的主张被"时论称之"，并影响了宋太宗的态度，则说明这种认识在宋太宗朝后期已渐成主流意识。

宋人李攸《宋朝事实》卷三《圣学》称"太宗笃好儒学"，并举例加以说明，宋太宗阅览兵法《阴符经》后叹道："此诡诈奇巧，不足以训善，奸雄之志也。"而在读《道德经》后则表示："朕每读至兵者，不

---

① 《长编》卷27，雍熙三年六月戊戌，第618页。
② 赵普的议论，见于《宋史》卷256《赵普传》，第8934—8936页、《长编》卷27，雍熙三年五月丙子，第614—617页。第一次北伐期间，曾发生了部分将领试图拥戴宋太祖之子称帝的事件，宋太宗对此一直耿耿于怀。此事见于（宋）司马光：《涑水记闻》卷2，中华书局1989年版，第36页。
③ 《长编》卷27，雍熙三年六月戊戌，第618页。
④ 《宋史》卷265《李昉传》，第9137页。
⑤ 《长编》卷30，端拱二年正月乙未，第678页。
⑥ 《宋史》卷265《吕蒙正传》，第9147页；《长编》卷34，淳化四年十一月甲寅，第758—759页。

祥之器，圣人不得已而用之。未尝不三复以为规戒。王者虽以武功克敌，终须以文德致治。朕每日退朝不废观书，意欲酌先王成败而行之，以尽损益也。"在宋太宗眼中，兵家讲求诡诈奇巧，势必容易诱发"奸雄之志"，自然是"不祥之器"；王者非不得已不可用兵，"武功"手段也只能服从"文德"目的。由此可见，在维护现实统治需要的情况下，宋太宗虽然离不开军队，但在精神上却已对武力战争手段产生怀疑。宋太宗对动武及兵家学说的贬损态度，其实正是两次北伐失败后方针路线转变的结果。

  北宋第二次北伐的失败，成为一个重要的转折点，从此宋统治集团放弃武力收复幽云的目标，也停止了开疆拓土的活动，其军事思想转为保守，积极防御的战略被消极防御的战略所取代。于是，北宋在对辽前线全面布置防御体系，所谓"今河朔郡县，列壁相望，朝廷不以城邑小大，咸浚隍筑垒，分师而守焉"①，还通过开挖河塘的方式弥补失去长城带来的地形缺陷。当政者从此眼光向内，采取"守内虚外"之策②，换言之可称为"攘外必先安内"，追求内部统治稳定和"文治"功业成为施政的重心，边防则退为次要问题。宋太宗晚年对身边人所说"外忧不过边事，皆可预防。唯奸邪无状，若为内患，深可惧也。帝王用心，常须谨此"③的话，便透露出实施这一政策的心机所在。因此，"崇文抑武"的治国方略遂得到确立，即：侧重于以儒家思想文化治国，推崇文治而排斥武功，有意抑制武力因素在国家政治生活中的影响，朝廷主要不是依赖军队，而是凭意识形态化的儒家的纲常伦理来控制社会，维系世道人心，以求长治久安。为了防止军事将领干扰其主导方针，又对武将处处设防，实施"将从中御"之法。

  总之，历史上高度重视和依赖军事武力的传统从宋太宗朝后期开始发生转变，强军强国的意识逐渐被追求文治和稳定的思想取代。正因为如此，宋太宗朝后期遂尝试通过议和的手段缓和与辽朝的紧张关系，但未能成功。如淳化五年（994），宋廷曾先后两次遣使入辽议和，不过都遭到辽

---

① 《长编》卷30，端拱二年正月乙未，第667页。
② 参见漆侠《宋太宗与守内虚外》，《宋史研究论丛》第3辑，河北大学出版社1999年版，第1—17页。
③ 《长编》卷32，淳化二年八月丁亥，第719页。

朝的拒绝。① 甚至面对西北一隅的党项势力也消极应对，当军事重镇灵州遭到长期围攻后，还曾一度打算放弃。②

三 宋代主流意识抵触武力战争态度的发展与延续

宋真宗即位初，完全继承了以往的治国方略和御辽战略部署。但面对辽军的不时南犯，却一筹莫展，河北、河东前线形势持续紧张。咸平二年（999）年底和咸平六年（1003）四月，辽军先后两次南攻，爆发了瀛洲之战、望都之战，宋军都惨遭失败。咸平五年（1002）三月，军事重镇灵州城被党项军攻陷，北宋对西北地区的统治受到很大威胁。可以说，宋廷陷于极大的边防困境，茫然不知出路何在。

景德元年（1004），辽太后与辽圣宗率军大举南下，大有问鼎中原之意。宋朝在走消极防御之路不通的情况下，只能被迫发动全面抗战，宋真宗也赴澶州亲征。当辽军在黄河北岸遭到宋军有力抗击，双方交战僵持不下时，虽然宰相寇准等人希望坚持抗战，用武力手段彻底解决对辽问题，但宋真宗和多数朝臣却无意恋战，主张抓住辽朝有意和谈的机会，通过议和达到休战的目的。于是，以付出经济代价换取辽军停战的"澶渊之盟"就此缔结。其实，这也是宋太宗朝以来国防战略转变后宋廷及主流意识的现实选择。

"澶渊之盟"的订立，使宋统治集团避免了与辽朝的一场殊死决战，更重要的是双方依照条约放弃武装敌对，维持现有边界，结为兄弟之邦，并互通边境官方贸易。随后，对冲突不断的西北前线，宋统治者也转为议和的方式解决。就在"澶渊之盟"订立的同年，党项首领李继迁死，其子李德明即位，宋廷又借机主动与之议和，承认其割据现状，缓和了双方紧张的敌对关系。

如果说此前宋朝因为连续两次的北伐失败，挫伤了自己的锐气，宋真宗登基初又不断遭到辽军的打击，形势迫使北宋像西汉初年对待匈奴、唐初对待西突厥那样，也暂时采取守势，以财货换取对方撤军，然后着手聚集力量，待国力强盛后再适时发动反击，则属于审时度势下的权宜之计。

---

① 《辽史》卷13《圣宗纪四》，中华书局1974年版，第145页。
② 《长编》卷39，至道二年五月壬子，第838页。

但"澶渊之盟"订立后，宋朝却延续了这一对外消极防御的思路，则标志着走上了与以往王朝不同的发展路线。

宋朝与辽、夏议和后，调整了军事部署，裁减了前线驻军，减免了对地方的征调。其中在对辽前线，"放河北诸州强壮归农，令有司市耕牛给之"，"罢诸路行营，合镇、定两路都部署为一"，"罢北面部署、铃辖、都监、使臣二百九十余员"，"省河北戍兵十之五，缘边三之一"①。在西北前线，"缘边屯戍量留步兵，余悉分屯河中府、鄜州、永兴军，以就刍粟"②。为了表示和平的诚意，宋真宗还下诏将前线原敌对性的地名改为有通好之意的名称，如威虏军（治所在今河北徐水西）改为广信军，破虏军（治所在今河北霸县东北）改为信安军，定羌军（治所在今陕西府谷南）改为保德军，等等。③

分析当时的各种记载，不难发现宋统治者显然从议和中获得了一种启示，即：通过金帛赎买的办法也能够消弭边患，并且代价比用兵更小。据以后宋人自己承认：本朝虽然向辽支付了岁币，但相较于辽交战的军费开支，不足百分之一、二。④ 因此，宋真宗君臣认为突破了长期无法解决的边防困境，为内部的统治和建设创造了稳定的外部环境，巩固了"崇文抑武"的治国方略。可以说，从宋真宗朝以后，主和、反战的主张长期占据了庙堂的主导地位，成为朝廷的主流意识，并有意引导社会意识的趋向。虽然某些官员和许多在野的士人都认为澶渊之盟是"城下之盟"，并不完全认同议和政策，但却不能左右主政者的走向。

景德二年（1005），宋真宗在幸临国子监时对文教繁盛的局面表示赞美，并说："国家虽尚儒术，然非四方无事，何以及此。"⑤ 而宋人曹彦约对此指出："臣前读《符瑞篇》固已略举用兵之害矣，上而为君不免宵衣旰食，下而为臣不免罢于奔命。此古之圣贤所以偃武而后修文，息马而后论道也。真宗皇帝四方无事之语发于景德二年，是时澶渊之盟契丹才一年耳，而圣训已及此，则知兵革不用，乃圣人本心，自是绝口不谈兵矣。"⑥

---

① 《宋史》卷7《真宗纪二》，第127页。
② 《长编》卷64，景德三年十月辛巳，第1429页。
③ 《长编》卷58，景德元年十二月甲辰，第1301页。
④ （宋）富弼：《上仁宗河北守御十三策》，赵汝愚编，北京大学中国古代史研究中心点校：《宋朝诸臣奏议》卷135，上海古籍出版社1999年版，第1501页。
⑤ 《长编》卷60，景德二年五月戊辰，第1333页。
⑥ 曹彦约：《经幄管见》卷1，文渊阁《四库全书》本。

即说明宋真宗对澶渊之盟深表满意,对用兵动武则表示怀疑和抵触。宋真宗曾对身边的近臣说:"自契丹约和以来,武臣屡言敌本疲困,惧於兵战,今国家岁赠遗之,是资敌也……武臣无事之际,喜谈策略,及其赴敌,罕能成功。好勇无谋,盖其常耳。"① 大中祥符五年(1012),宋真宗亲自撰写了《崇儒术论》,向全社会表明尊崇儒学的坚定决心。宋真宗还对臣僚说明写作此文的动机,其意大致是:儒术渊深,当发扬光大,国家理应尊崇。以往历代凡崇儒者则国运盛,凡抑文者则王业衰。本朝太祖、太宗"崇尚斯文",才改变五代流俗。朕继承先帝遗业,"谨遵圣训,礼乐交举,儒术化成"。在宰相王旦的建议下,御撰《崇儒术论》被刻碑立于国子监。②

在此形势下,主张加强边防的呼声和官员都受到压制,武将群体也进一步被边缘化。如力主压制党项的西北守将曹玮、孙全照等,先后被调回内地。③ 大中祥符三年(1010),当有将领反映西夏"颇不遵守誓约"时,宋真宗询问宰相王旦道:"方今四海无虞,而言事者谓和戎之利,不若克定之武也。"王旦则说服道:"止戈为武。佳兵者,不祥之器。祖宗平一宇内,每谓兴师动众,皆非获已。先帝时,颇已厌兵。今柔服异域,守在四夷,帝王之盛德也。"宋真宗深以为然。④ 大中祥符九年(1016),河西节度使石普以天象变化为由上书,请求主动对党项用兵。结果,石普被逮捕下狱,遭到撤官和监管的处分⑤。

宋真宗朝后期,君臣从事的大规模封禅活动,劳民伤财,遭到后世的批评,但其实也是宋朝运用神道为自己正统地位与"主和"路线所做的一场全民宣传动员。因此,宋辽、宋夏议和后,当政者在沿袭以往"守内虚外"思想的同时,又极其现实地将议和作为处理边患的一种手段,这便进一步对宋朝以后的主流意识和边防战略产生了很大的影响。

到宋仁宗朝,在推行"崇文抑武"方略的力度上更甚以往。历经长期文治建设,以至于连当时的僧人也认为:"文儒之昌盛,虽三代两汉无以

---

① 《长编》卷68,大中祥符元年二月丁卯,第1528页。
② 《长编》卷79,大中祥符五年十月辛酉,第1798—1799页。
③ 《宋史》卷258《曹彬传附曹玮传》,第8985页;卷253《孙行友传附孙全照传》,第8874页。
④ 《长编》卷73,大中祥符三年五月癸卯,第1672页。
⑤ 《长编》卷88,大中祥符九年十一月戊申,第2027页。

过也。"① 因此，虽由于元昊称帝触犯了宋廷的政治脸面，使得北宋不得不对西夏采取打压行动，但战场上被动挨打与劳民伤财的结果，却再度引发宋统治者的厌战情绪。如知谏院张方平所反映："今自陕西四路、河东麟府，远近输挽供给，天下为之劳弊，而解严息甲，未可以日月期也。"② 以后宋人也指出："昔仁宗皇帝覆育天下，无意于兵。将士惰偷，兵革朽钝，元昊乘间窃发，西鄙延安、泾原、麟府之间，败者三四，所丧动以万计。"③ 庆历四年（1044），宋与西夏签订标志性的"庆历和议"的妥协做法，其实与"澶渊之盟"精神相通。至于对辽关系，则长期依赖议和条款为保障，在北部边防上未做出任何变动。庆历二年（1042），辽朝利用宋夏战争僵持不下的机会，派使臣以索要关南之地为名向宋朝进行要挟，宋廷仍力求通过和谈解决。最终北宋同意每年再向辽纳白银十万两、绢十万匹。④ 在宋仁宗朝后期，因为边防压力舒缓，使当政者得以维持内部相对安宁的形势，而这一时期还被宋人美誉为"嘉祐之治"⑤。由此可见，至此宋朝对武力战争持抵触态度的主流意识，可谓已根深蒂固，并成为巨大的惯性思维。

北宋中后期，统治集团基本维持以往的内政外交路线，特别是消极防御的思想，并视其为祖宗之法⑥。虽然在个别阶段有所调整，但其主体与精神却基本上未被放弃，对西夏采取的主动"开边"举措，不过是有限的军事行动。值得注意的是，宋神宗时代，试图通过实施变法措施，缓和社会矛盾，扭转已然下降的国势，并达到理财整军、改变对外屈辱状况的目的，但遭到人数众多的传统派官员反对。其中在边防问题上，传统的主流意识仍具有很大影响。如宋神宗征求元老大臣富弼、文彦博及张方平对经营边防的意见时，都遇到抵触。富弼更直接告诫道：希望天子二十年"口不言兵"。司马光、范纯仁、郑獬等一批官员也先后上奏批评对西夏用兵

---

① （宋）释契嵩：《镡津集》卷9《万言书上仁宗皇帝》，文渊阁《四库全书》本。
② 《长编》卷134，庆历元年十月壬寅，第3192页。
③ （宋）苏轼：《苏轼文集》卷37《代张方平谏用兵书》，中华书局1996年版，第1050页。
④ 《长编》卷137，庆历二年九月癸亥、乙丑，第3291—3293页。《辽史》卷19《兴宗纪二》则称宋每岁向辽增加银绢各十万，"贡"于辽，第227页。
⑤ 参见曹家齐《"嘉祐之治"问题探论》，《学术月刊》2004年第9期，第60—66页。
⑥ 宋朝祖宗之法历经发展，其说法和做法又不尽相同，但无疑对宋代政治具有极大的影响力。参见邓小南《祖宗之法：北宋前期政治述略》，生活·读书·新知三联书店2006年版。

的企图。① 甚至宋神宗与王安石也对此存在一定的分歧,血气方刚的宋神宗有意走汉唐之路,主张积极对西夏采取攻势,而王安石虽对强国抱有期望,但对用兵作战之事则持慎重的态度。② 因此,熙宁年间除了对河湟地区松散的吐蕃等诸族实施控制活动外,重大边防战争不到不得已通常不为之。如宋军对交趾的自卫反击战,便是战火燃遍南疆后被迫采取的行动,并最终主动撤军。王安石对保持与辽盟约关系也持肯定态度,如熙宁五年（1072）讨论有关应对辽朝挑衅问题时,王安石明确要求宋神宗坚守双方盟约,"臣愿陛下于薄物细故,勿与之校,务厚加恩礼,谨守誓约而已"③。元丰时期,宋神宗亲自主导变法后,抛开朝臣的反对意见,一度对西夏发动攻势,主要支持与参与者则为武将和宦官,却都以失败告终。宋神宗信心大受打击,史称"深自悔咎,遂不复用兵,无意于西伐矣"④。宋神宗还因此忧愤成疾而死,主动用兵的主张遂宣告终止。

宋哲宗元祐年间,主政者在废除变法举措的同时,也将此前对夏"开边"活动视为弊政,全面加以清算,如将统军对夏作战的宦官李宪以"贪功生事"之罪,予以贬官监管⑤,实施"弃地"议和,将获得的缘边部分土地及城寨退回西夏⑥等。可以说,宋统治集团继续了排斥武功的趋向,立足维持内部的稳定。这一时期被以后的宋人奉为全盛岁月之一,其内政外交路线正集中代表了宋朝的价值取向和时代特征。如朱熹不满地指出:"本朝全盛之时,如庆历、元祐间,只是相共扶持这个天下,不敢做事,不敢动。被夷狄侮,也只忍受,不敢与较,亦不敢施设一事,方得天下稍宁。"⑦ 宋哲宗亲政后的数年里,虽在西部前线有所举动,其影响却未超出局部"蚕食"的范围。

宋徽宗时代,统治日趋腐朽混乱,在政坛投机风气的冲击下,传统的治国思想虽然根深蒂固,但相关举措以及许多制度却遭到破坏,武备更为涣散。在大宦官童贯的主导下,宋与西夏发生时断时续的交战,这在当时

---

① 参见李华瑞《宋夏关系史》,河北人民出版社1998年版,第82—84页。
② 参见漆侠《王安石变法》,上海人民出版社1979年版,第222—223页。
③ 《长编》卷236,熙宁五年闰七月己巳,第5752页。
④ 《宋史》卷334《徐禧传》,第10724页。
⑤ 《宋史》卷467《宦者二·李宪传》,第13640页。
⑥ 见司马光:《上哲宗乞还西夏六寨》,范纯仁《上哲宗答诏论西事》,《宋朝诸臣奏议》卷138,第1552—1556页。
⑦ （宋）黎靖德编:《朱子语类》卷127《本朝一》,中华书局1986年版,第3051页。

和后世都遭到正统士大夫的抨击。正如宋人所说："士大夫多以讳不言兵为贤，盖矫前日好兴边事之弊。"①北宋末，统治集团还利用辽朝即将灭亡的机会，仓促导演了联金攻辽的投机举动，试图假手他人收复燕云，体现出灭亡"世仇"的用心，也遭到许多官员的批评。②至靖康时，面对金军的两次围城，宋钦宗与主和派仍抱议和幻想，试图以和谈方式换取对方撤军。当幻想破灭后，宋廷有限的抗战力量终于无法挽救覆灭的结果。

通览南宋历史，不难发现：虽然宋廷长期处于外患的巨大压力下，民间要求抗金的呼声不断，许多文官武将也不甘屈辱现状，如辛弃疾与陆游的诗词、陈亮及真德秀的上疏，都集中体现了强烈抗战的愿望。但在长期惯性思维与制度的推动下，主和仍然成为影响朝廷的主流意识，抗战主张受到压制，被动求和成为边防不力下的无奈之举。南宋主和派长期当政，他们在维护统治与抵抗女真、蒙古军队进攻时，不能不现实地选择战争手段反抗，然而在精神上却继续怀疑、抵触武力，不敢也无力主动用军事方式收复北方失地，只能满足于偏安江南。

宋高宗君臣甚至不惜借杀害岳飞之举，压制主战派力量，促成与金朝的"绍兴和议"。宋高宗赞扬秦桧的话"尽辟异议，决策和戎"③，反映了当时朝廷当政者主和避战的态度。秦桧死后，宋高宗还特别告诫执政大臣延续既定路线："两国和议，秦桧中间主之甚坚，卿等皆预有力，今日尤协心一意，休兵息民，确守勿变，以为宗社无穷之庆。"④其后，唯有在宋孝宗、宁宗朝，抗战主张曾一度冲击了传统的主和意识，并有过两次主动北伐行动，反映了在野强烈的抗战要求，不过北伐既短暂，又告失败。战场的失利再度引发失败主义弥漫庙堂，主和派很快又占据主政地位，遂先后出现"隆庆和议""嘉定和议"。揆诸其时其势，不满现状的宋孝宗虽心有不甘，也不免最终厌战。如宋人诗云："自胡马窥江去后，废池乔木，犹言厌兵。"⑤据记载，开禧北伐开始时宋宁宗便心存疑虑，事后他对大臣

---

① （宋）叶梦得：《避暑录话》卷下，文渊阁《四库全书》本。
② 《宋史》卷335《种世衡传附种师道》，第10751页；（宋）徐梦莘：《三朝北盟会编》卷8，宣和四年六月三日庚寅，上海古籍出版社1987年版，第52—55页。
③ （宋）李心传：《建炎以来系年要录》卷160，绍兴十九年九月戊申，文渊阁《四库全书》本。
④ 《建炎以来系年要录》卷170，绍兴二十五年十二月乙未。
⑤ （宋）姜夔：《白石道人歌曲》卷4《扬州慢》，文渊阁《四库全书》本。

说道："恢复岂非美事？但不量力。"① 以宋宁宗名义下达给将士的诏书云："岂不知机会可乘，仇耻未复，念甫伸于信誓，实重要起于兵端。故宁咈廷绅进取之谋，不忍绝使传往来之好，每示固存之义，初无幸衅之心。"② 说明之所以坚守议和盟约，关键在于不愿引发战祸。这其实表达的正是当时主政者及朝廷主流意识的主张。如南宋名臣真德秀所批评："以忍耻和戎为福，以息兵忘战为常，积安边之金缯，饰行人之玉帛。金邦尚存，则用之于金邦，强敌更生，则施之于强敌，此苟安之计也。"③

南宋后期，内外交困，江河日下，统治者面对空前强大的蒙古军的猛烈进攻，更难以应对，只能一面抵抗，一面继续寻求议和的解决之道，于是又产生了贾似道与忽必烈达成的议和密约。南宋末，在元朝大军兵临城下的情况下，宋廷已经失去和谈的资本，依旧寄希望于议和，最终因遭到拒绝而亡国。

四 宋代主流意识抵触武力战争的社会根源及影响

从宋代历史的发展来看，朝廷主导下的主流意识也经历了由初步怀疑武力和战争的态度，到认识不断加深、并最终加以抵触的变化过程。宋朝这一现象的产生，毫无疑问是与宋初北伐战争失败后消极边防思想盛行有关，也与推行上述"崇文抑武"的方略及其内政外交路线密不可分。但之所以能够如此，还有更深层次的社会历史根源所在。

第一，宋朝统治集团的构成发生重要变化。如所周知，唐宋之际社会发生重大变迁，宋初门阀世族已经消亡，而极端化加强皇权和收兵权的结果，又抑制了军功贵族的崛起。事实上，宋朝建国不久，军功集团势力在政坛就迅速消解，以后始终也没有复兴，这也是与以往王朝所不同的时代特点。宋朝代表地主阶级的整体利益，自然也要依靠他们的支持。而对于人数众多、分散各地的地主，不可能像以往对待少数贵族、世族那样都给予政治特权，只能通过不断选拔或流动的办法，由其代表人物组成国家的政治中坚力量。于是，相对开放并具有相对公平性的科举制度迅速发展，成为选官制度的主体，从而造就了科举出身的官僚士大夫执政集团。如当

---

① 《续编两朝纲目备要》卷16，嘉定十七年闰八月丁酉，中华书局1995年版，第303页。
② 《续编两朝纲目备要》卷15，嘉定十年六月庚戌，第283页。
③ 真德秀：《西山文集》卷3《直前奏事札子》，文渊阁《四库全书》本。

代研究者指出：宋太祖"并非出于偏爱而将士大夫单独挑选出来，但是他创造了形势和先例，这些形势和先例能够部分解释为什么他的继任者太宗的确提高了士的利益"①。

大致而言，到宋太宗朝后期，科举官僚便居于统治集团的核心地位，随后则影响力日益扩大，至宋真宗朝以后，已完全成为统治集团的主体。通过《宋史·宰辅年表》，可以清楚地看到宋朝宰执大臣基本由科举出身构成的事实。如北宋宰相共有 71 人，其中 64 人出身进士。其余非科举出身的 7 人中，仅有 3 人为开国功臣，而所有的宰相竟无一人出身武臣。②南宋时期的情况也大体如此，共有宰相 62 人，其中 51 人出身科举，其余非科举出身的 11 人中，6 人出身太学生，唯有 1 人为武臣。③ 就宋代文官士大夫在政坛的位置而言，确已达到前所未有的地位。北宋中叶人即指出："今世用人，大率以文词进。大臣文士也，近侍之臣文士也，钱谷之司文士也，边防大帅文士也，天下转运使文士也，知州郡文士也，虽有武臣，盖仅有也。"④ 宋钦宗也承认："祖宗涵养士类垂二百年，教以礼乐，风以诗书，班爵以贵之，制禄以富之，于士无负。"⑤ 宋朝以儒家思想文化为背景的科举文官集团长期执政，武将群体受到压制，制约了尚武的力量对政治生活的影响，使得以往历史上盛行的"出将入相"现象消失，从而导致统治集团内军功观念的弱化。这便影响到国家政治的走向，即：摆脱了以往强军强国、盛世开疆的路线，转而推崇文治和内部建设。

第二，宋朝的统治思想发生变化。宋代之前，儒家虽然长期成为官方的舆论工具，但并未取得完全的思想统治地位，多种思想文化和价值观都反映到统治集团内部。如汉初的黄老思想，三国的兵家影响，两晋的玄学流行，南北朝、隋唐佛教以及北方游牧文化渗透的特点，等等，儒、释、

---

① 参见［美］包弼德（Peter K. Bol）《斯文：唐宋思想的转型》，刘宁译，江苏人民出版社 2001 年版，第 58 页。
② 《宋史》卷 210—212《宰辅年表》，第 5416—5531 页。
③ 据《宋史》卷 213—214《宰辅年表》（第 5543—5655 页）记载，可知 57 人出身情况。其余沈该、曾怀、钱象祖、留梦炎和吴坚等 5 人出身背景，则考诸其他史籍获知，见：（宋）陈骙：《南宋馆阁录》卷 7《官联上》，中华书局 1998 年版，第 77 页；《宋史》卷 34《孝宗纪二》，第 653 页；（宋）陈耆卿：《赤城志》卷 33《人物门·本朝》，文渊阁《四库全书》本；《宋史》卷 43《理宗纪三》，第 830 页；陈骙：《南宋馆阁录·续录》卷 8《官联二》，中华书局 1998 年版，第 308 页。
④ （宋）蔡襄：《端明集》卷 22《国论要目》，文渊阁《四库全书》本。
⑤ （宋）李纲：《梁溪集》卷 34《戒励士风诏》，文渊阁《四库全书》本。

道三家之间的关系还出现紧张和对立，因此国家的政治倾向不免受到多元文化的影响。宋统治者建国后，在极端重文政策的推动下，不仅儒家文化的教化功用得到高度重视，而且其价值观也进一步获得提倡和宣扬，这都使儒家思想赢得了前所未有的传播。据记载，宋初功臣赵普居宰相位后，在宋太祖的要求下做出率先读儒经的姿态，但因缺乏学养，最终不出孔子的《论语》。① 这便从侧面折射出当时重文、崇儒的气氛。史称：宋太宗"引缙绅诸儒，讲道兴学，炳然与三代同风矣"②。现存《宋会要》中"崇儒"的大量篇幅和内容，便记述了宋王朝推崇儒学的大量事例。随着儒学重要载体科举制的日益发展和影响，以及儒、释、道三家长期的渗透，遂出现了三教合流的趋势。儒家汲取了佛、道思想的精华，从而登堂入室，真正成为宋代国家的统治思想。朱熹指出："国初人便已崇礼义，尊经术，欲复二帝三代，已自胜如唐人，但说未透在。直至二程出，此理始说得透。"③ 大致到宋仁宗时代，儒学逐渐还引发思想变革，讲求"义理"的宋学（特别是其中的理学）兴起。儒家注重君臣关系的礼仪秩序认识，讲求仁政、反对暴政的政治理念，重义轻利的价值取向，强调以三纲五常为主的伦理道德观，这些核心价值观渗透到宋朝的统治思想之中，虽然不可能都获得实现，许多内容还常常成为虚伪的遮羞布，但却无疑推动了国家发展及价值评判的趋向。

就政治理想而言，主流宋儒们追求的是三代"圣王"之道，而非秦汉以降的"霸道"。如北宋中叶的石介、欧阳修、尹洙和李觏等有影响的思想家，"在政治思想方面，他们都同有超越汉、唐，复归'三代'的明显倾向"④。苏轼反映：当今士大夫，"仕者莫不谈王道，述礼乐，皆欲复三代，追尧舜"⑤。王安石劝告宋神宗不必效仿唐太宗，而应直追尧舜⑥；理学家二程批评周代以下已无圣王，"先王之世，以道治天下；后世只是以法把持天下"⑦；朱熹则认为自尧舜至周公是内圣与外王合一的理想时代，他还在与对立派关于王霸义利的争辩中，将汉、唐与尧舜、三代剥离开

---

① 《宋史》卷256《赵普传》，第8940页。
② 《长编》卷116，景祐二年五月庚子，第2733页。
③ 《朱子语类》卷129，第3085页。
④ 参见余英时《朱熹的历史世界》，生活·读书·新知三联书店2004年版，第191—194页。
⑤ （宋）苏轼：《苏轼文集》卷48《应制举上两制书》，中华书局1996年版，第1393页。
⑥ 《宋史》卷327《王安石传》，第10543页。
⑦ （宋）朱熹编：《二程遗书》卷1《端伯传师说》，文渊阁《四库全书》本。

来，反对把汉唐与先王时代"合而为一"①。欧阳修、司马光及范祖禹等史家则通过修史，批判汉唐黩武追求，如他们虽承认唐太宗的功业超越以往许多帝王，但对其征伐活动却予以谴责，"好大喜功，勤兵于远，此中材庸主之所常为"②。"太宗于天下，无事不知用之于礼仪，而唯以战胜为美也……兵威无所不加，四夷震慑，而玩武不已，亲击高丽，以天下之众困于小夷，无功而还，意折气沮，亲见炀帝。"③宋儒对秦汉至隋唐社会及其帝王将相的否定，固然隐含有改造现实的用意，但主流意识从理论上否定汉、唐"盛世"，便意味着反对追求"霸道"和武功，同样具有为现实"崇文抑武"方略服务的意义。而宋朝儒学家的思想观念与倾向，也深入国家的意识形态之中，必然会与使用武力战争的政治追求产生冲突，其结果便是武力战争的手段逐渐遭到质疑、抵触。事实上，宋初以来主流执政者对汉、唐动武教训的批判，也与宋儒的价值取向始终发生着互相推动的影响。至于一些民间士大夫阐述《春秋》大义，提倡尊王攘夷，特别是如陈亮等南宋士人倡导效法"汉唐"，主张"义利双行，王霸并用"④，但这些激进的思想却处于非主流的地位，未能被朝廷所接受。

需要指出的是，宋代皇帝还出现了显著的儒学化倾向。"太宗崇尚儒术，听政之暇，观书为乐。"⑤如果说宋太宗本人此举属故作姿态的话，那么从宋太宗开始，高度重视皇族的教育却是事实，从而使其受教育的程度远胜于前朝，其皇储自幼读写儒经的情况，较之与以往则更为突出。所谓："太宗、真宗其在藩邸，已有好学之名，作其即位，弥文日增。自时厥后，子孙相承，上之为人君者，无不典学。"⑥因此，宋朝储君在成长过程中受到儒家更大的影响。宋哲宗即位初，范祖禹在经筵为年幼的帝王讲解治国之道时，献《帝学》一书。从《帝学》的各项内容，可以清楚地看出儒家学说及其价值观对宋朝帝王思想形成的巨大影响，也可以窥见"崇文抑武"在天子观念中延续、发展的基础。范祖禹认为："本朝累圣相承百三十有二年，四方无虞，中外底宁，动植之类蒙被涵养，德泽深厚，远

---

① （宋）朱熹：《晦庵集》卷36《答陈同甫》（第八书），文渊阁《四库全书》本。
② （宋）欧阳修：《新唐书》卷2《太宗纪》"赞曰"，中华书局1987年版，第48—49页。
③ （宋）范祖禹：《唐鉴》卷6《太宗四》，文渊阁《四库全书》本。
④ （宋）陈亮：《龙川集》卷20《又甲辰答书》，文渊阁《四库全书》本。有关陈亮的激进思想，可参见邓广铭所著《陈龙川传》，生活·读书·新知三联书店2007年版。
⑤ （宋）范祖禹：《帝学》卷3。
⑥ 《宋史》卷439《文苑传》叙，第12997页。

过前世，皆由以道德仁义、文治天下，主无不好学故也。"①特别是像宋仁宗，被士大夫认为是"以尧舜为师法，待儒臣以宾友"②。被儒学彻底熏陶出来的大多数宋朝皇帝，在观念上通常对武力战争存在疑虑，在现实中更容易选择温和的解决之道，也更容易退缩到"化干戈为玉帛"的幻想中。

第三，宋朝环境下的募兵制度盛行，进一步影响了社会风尚的变化。宋朝在唐中后期、五代的基础上，大规模实行了募兵制度，特别是实施"荒年募兵"的举措。③而在宋代盛行租佃经济的背景下，募兵队伍主要由被土地排挤出来的破产农民组成，另外也包括充军的罪犯，因此其社会地位便低于以往征兵制下的军人，这从士兵面部刺字这一与罪犯共有的标记可以说明。如宋人指出："往往天下奸悍无赖之人，苟其才行足以自托于乡里者，未有肯去亲戚而从招募者也。"④士兵被视作"贱隶"的结果，极大地削弱了军人的社会地位和尊严。

宋初以来，在"崇文抑武"的政治环境之下，文官士大夫的政治影响力持续高涨，形成了文尊武卑的格局，包括在政坛产生"文不换武"的现象⑤。宋人田况说道："状元登第，虽将兵数十万恢复幽蓟，逐强敌于穷漠，凯歌劳还，献捷太庙，其荣亦不可及也。"⑥当军人遭到社会普遍歧视后，从"文"便成为宋代世人追求的目标，如宋人所言："今也举天下之人，总角而学之，力足以勉强于三日课试之文，则嚣嚣乎青紫之望盈其前，父兄以此督责，朋友以此劝励"⑦，所谓"满朝朱紫贵，尽是读书人"⑧。投军则很难受到世人的赞许，如著名理学家张载，"当康定用兵时，年十八，慨然以功名自许，上书谒范文正公（范仲淹）。公一见知其远器，

---

① （宋）范祖禹：《帝学》卷8。
② （宋）范祖禹：《帝学》卷6。
③ 参见邓广铭《北宋募兵制度及其与当时积弱积贫和农业生产的关系》，《中国史研究》1980年第4期。
④ （宋）王安石：《王文公文集》卷1《上皇帝万言书》，上海人民出版社1974年版，第7页。
⑤ 参见陈峰《从"文不换武"现象看北宋社会的崇文抑武风气》，《中国史研究》2001年第2期。
⑥ （宋）田况：《儒林公议》，文渊阁《四库全书》本。
⑦ （宋）叶适：《水心别集》卷13《科举》，《叶适集》点校本，中华书局1961年版，第799页。
⑧ （宋）张端义：《贵耳集》卷下，《丛书集成初编》本。

欲成就之，乃责之曰：'儒者自有名教，何事于兵！'因劝读《中庸》"①。可见即使在国家用兵之际，这种观念仍然在产生影响。所以，王安石指出："先王之时，士之所学者，文武之道也。……今之学者，以为文武异事，吾知治文事而已，至于边疆、宿卫之任，则推而属之于卒伍。"② 与以往相比，宋代社会风尚发生重要变化，尚武精神沦落，军功的感召力和影响力大为削弱，从而间接地制约了朝廷和主流意识对武力战争手段的运用，反战的呼声也更容易得到宋朝执政集团的关注。

第四，宋朝军事决策和统率体制发生变化。宋代之前，实施军事决策和统军作战主要由将帅承担，但到宋代，这一局面却逐渐发生变化。宋朝开国后，为了防止军权旁落、武人干政，设置枢密院掌管最高军事决策和机要，正副长官由武官、文臣出身的亲信大臣担任。随着"崇文抑武"方略的不断推行，这一机构中科举出身的文官逐渐在人数上占据优势。"澶渊之盟"后，文官基本上控制了枢密院。到宋仁宗朝，武臣很快从枢密院退出，直到北宋灭亡，枢密院都几乎是文臣掌管。③ 南宋时期，枢密院的地位逐渐下降，由宰相兼任枢密使往往成为定制。再从各地军事统率组织来看，大约在宋太宗后期、真宗朝，出现了文臣参与统率和指挥方面军的现象。到宋仁宗时代遂形成了文臣担任主帅、武将充当副将的制度，如宋哲宗朝人所说："臣窃闻祖宗之法，不以武人为大帅专制一道，必以文臣为经略以总制之。武人为总管，领兵马，号将官，受节制，出入战守，唯所指麾。"④

值得注意的是，前代由于文武官员之间没有鸿沟阻隔，许多文臣自愿"投笔从戎"，还出现"出将入相"现象。因此，无论是职业武将还是弃文从武的将帅，都能安心军职、投身沙场，从事专职性的军事决策和统军作战，以博取功业。与以往相比，宋代文武之间产生了巨大的隔阂，文臣通常不愿从武。而以科举为背景的宋代官僚队伍虽拥有文化优势，精于文辞与儒经，熟悉典章制度，然而因为多不愿投笔从戎，缺乏军旅和战场锻

---

① （宋）吕大临：《横渠先生行状》，载于朱熹《伊洛渊源录》卷6，文渊阁《四库全书》本。
② （宋）王安石：《王文公文集》卷1《上皇帝万言书》，第7页。
③ 陈峰：《从枢密院长贰出身变化看北宋"以文驭武"方针的影响》，《历史研究》2001年第2期。
④ （宋）刘挚：《上哲宗论祖宗不任武人为大帅用意深远》，《宋朝诸臣奏议》卷65，上海古籍出版社1999年版，第724—725页。

炼，即使出任帅职，也依旧保持文官资格，因此普遍存在欠缺军事技能的缺陷，拙于用兵。与此同时，由于武职受到歧视，社会精英多不愿踏入军门，导致武将群体素质普遍下降，其政治影响力进一步下滑。纯粹的文官主掌军事决策、统军体制，在边防上只能是越来越保守，这便进一步加剧了执政集团对武力手段的怀疑和抵触，缺乏足够的能力和信心应对战争。如韩琦、范仲淹被当世称为御边良帅，清人王夫之却中肯地评说道："韩、范二公，忧国有情，谋国有志，而韬钤之说未娴，将士之情未浃，纵之而弛，操之而烦，慎则失时，勇敢则失算。"①

第五，宋代商品经济的发展，对统治集团处理边防问题产生了前所未有的影响。如所周知，宋代商品经济的发展及其影响不断扩大，并直接作用到宋朝政府的收入方面，其中突出的表现为货币在税收中的比重加大，商税和专卖的收入在财政中的比例逐渐超过农业收入。② 而这种变化对宋朝统治者的决策，包括考虑边防问题，会产生潜移默化的影响，即计算成本的意识增强。如前所述，宋太祖在收复燕云的问题上已有经济赎买的考虑。宋仁宗朝，素有名望的富弼在《条上河北守御十二策》中指出："真宗皇帝嗣位之始，专用文德，于时旧兵宿将，往往沦没，敌骑深入，直抵澶渊，河朔大骚，乘舆北幸。于是讲金帛啖之之术，以结欢好。自此河湟百姓，几四十年不识干戈。岁遗差优，然不足以当用兵之费百一二焉。则知澶渊之盟，未为失策。"③ 富弼在此承认了这样的事实：因澶渊之盟向辽支付的岁币较交战的军费开支，不过百分之一二，因此认为不算失策。还有许多执政大臣也持类似的看法，如王安石在《澶州》诗中，有"欢盟从此至今日，丞相莱公功第一"的诗句④，即持此观点；两宋之际的抗战领袖李纲也对此抱有肯定态度，如其《喜迁莺——真宗幸澶渊》一词云："虏情詟，誓书来，从此年年修好。"⑤ 这说明宋代许多执政者在计算得失的思考下，满足于以经济手段而非武力方式应对边患的结果。南宋时期，长期遭到女真、蒙古军队的战争压迫，军费开支极为浩大，百姓的生产和

---

① （宋）王夫之：《宋论》卷4《仁宗》，中华书局1964年版，第93页。
② 参见汪圣铎：《两宋财政史》下册，中华书局1995年版，第688—694页。
③ （宋）富弼：《上仁宗河北守御十三策》，《宋朝诸臣奏议》卷135，上海古籍出版社1999年版，第1501页。
④ （宋）王安石：《王文公文集》卷47《澶州》诗，第532页。
⑤ 唐圭璋编：《全宋词》第2册，中华书局1998年版，第901页。

生活因此受到无穷的影响，统治集团既不敢也无心抗战，计算经济得失往往又成为其主和的一项重要理由。

事实上，不战而胜的思想在中国古代早已存在，即使是兵家鼻祖的孙子也指出："是故百战百胜，非善之善者也。不战而屈人之兵，善之善者也。"① 宋朝固然并非是主动从大战略的角度考虑，妥善处理和与战的关系，但被动地以和罢战的做法，却为自己寻找到"不战而屈人之兵"的理论依据，并以现实主义的经济换算对战争方式加以否定。西方学者因此认为：宋王朝"是以高度的现实主义政治为特征的"，"依靠军事手段不能打败契丹人的国家"，便与辽议和，"宋辽缔结的澶渊之盟成了处理日后冲突的一个样板"。②

综上所述，中国古代传统重视边防和武备的强国意识到宋代发生了重要变化。宋朝从太宗后期开始，即不再以积极防御、开疆拓土为能事，军队转而以维护域内统治为首要任务，其讨伐的对象主要限于篡逆反叛者和造反百姓，而不是以强大的游牧政权势力为主，因此军队与边防的意义和价值也就随之降低。宋朝统治集团为了维护自身的存在和安全，虽然在现实中依赖军队的支持，也不得不选择用兵的方式抵抗边患，但是，因为"崇文抑武"治国思想与方略推行的结果，主流意识逐渐对武力战争手段产生怀疑和抵触的态度。澶渊之盟的缔结，似乎也证明了在战争与和平之间，有选择和平的可能性和现实性。这个二难选择的成功，使宋朝统治者自认为一劳永逸地寻找到了"化干戈为玉帛"之路，从此更倾向于以和的方式解决边患威胁。其外交政治既然以和为主轴，则战争手段便不能更多地为这种政治而继续与服务了。总体而言，宋朝主流意识中的以和缓战、以和止战的理念，又大致包含了三种表现：其一，攘外必先安内，暂时放弃主动对外用兵，而集中力量稳定内部；其二，审时度势，在对外形势不利的情况下，高扬反战旗帜；其三，政治投机，以君主和既得利益集团厌战的意志为转移，满足于苟且偷安。就宋朝发展的历史来看，也大体经历了这样的过程。

现代英国著名军事家利德尔·哈特认为："战争的目的是要获得一个较好的和平，这当然是从你自己一方的愿望来说的……一个国家，如果它

---

① 《孙子·谋攻第三》，林伊夫等译注《武经七书新译》，齐鲁书社1999年版，第12页。
② ［德］傅海波、［英］崔瑞德主编：《剑桥中国辽西夏金元史》导言，史卫民等译，中国社会科学出版社1998年版，第21—22页。

把自己的力量消耗殆尽,那它也就不会有能力继续推行自己的政治,因而必然使其前途不堪设想。"① 如果说这一深刻的认识,是在日益理性和多边制约的现代国际关系下,告诫人类要正确处理战争与和平之间的关系,包含着丰富的历史经验和强烈的现实关怀。毋宁认为,宋代主流意识支配下的和平与战争观,便过于早熟。在历史的复杂演进过程中,宋朝过早而被动地走上了这条脱离扩军、强权的道路。因为那还是一个武力战争不受任何约束的时代,多少先进的文明都在惨烈的战火中毁灭,种族灭绝的悲剧也不会引发野蛮征服者心灵的战栗。宋朝片面总结了历史的经验教训,矫枉过正,不能保持自身必要的军事强势,对外长期采取守势,其军队和边防也就不足以维持长久的和平局面,一旦内外平衡被破坏,就只能陷于被动挨打的境地。

由此,两宋虽然经济、文化、科技独领风骚,如现代史学家陈寅恪先生所称:"华夏民族之文化,历数千载之演进,造极于赵宋之世"②,并在全球首先发明了火药武器,但先进的生产和雄厚的经济力量没有转化为强大的国防实力,火器这种巨大革命性技术的投入,也未能引发军事变革和应有的效用,遂不免长期被动挨打,先后亡于边患,终以"积弱"而为后世所诟病。南宋学者吕祖谦即沉痛地指出:本朝"文治可观而武绩未振,名胜相望而干略未优"③;宋人又总结道:"汉唐多内难而无外患,本朝无内患而有外忧"④;元代人修宋史时则评价道:"宋恃文教,而略武卫"⑤,即明确地意识到宋朝国运与以往时代不同的史实。也可以说,中国古代经历的唐宋社会转型,就包含了这一重要的方面。然而,和比战难。今天自应站在更高的平台看待过往发生的一切,过犹不及。穿越宋代演进中的迷雾,探究其行程的路径与覆辙,都可为今天提供难得的历史经验和教训。

---

① [英]利德尔·哈特:《战略论》第二十二章《大战略》,中国人民解放军军事科学院译:战士出版社1981年版,第494页。
② 陈寅恪:《邓广铭宋史职官志考证序》,《金明馆丛稿二编》,上海古籍出版社1982年版,第245页。
③ 《宋史》卷434《吕祖谦传》,第12874页。
④ (宋)吕中:《宋大事记讲义》卷1"序论",文渊阁《四库全书》本。
⑤ 《宋史》卷493《蛮夷一·序》,第14171页。

论宋代民间养马制度

宁夏大学西夏学研究院　杜建录

养马于民是宋代马政的一大特点。那么，宋代为何要养马于民？养马于民的主要内容是什么？我们如何去认识它？这不仅是宋代马政研究中的问题，也是整个宋代历史研究中的问题，本文试就这一问题略陈管见，以期抛砖引玉。

一

宋代推行民间养马制度，有其深刻的原因。首先，辽、夏少数民族政权相继崛起于北方和西北，使北宋王朝失去宜于养马之地，导致监马不振。群牧使欧阳修曾指出："唐世牧地，皆与马性相宜，西起陇右、金城、平凉、天水，外暨河曲之野，内则岐、豳、泾、宁，东接麟、夏，又东至于楼烦，此唐养马之地也。以今考之，或陷没夷狄，或已为民田，皆不可复得。"[1] 因此，养马监只能设在河南、河北一带。然而，这一地区多有"河防塘泺之患，而土多泻卤，戎马所屯，地利不足"。加之管理不善，故虽设监众多，耗费甚巨，马却"未尝孳息"，或不堪任用，每"驱至边境，未战而冻死者十八九"[2]。另据中书省、枢密院报告，河南北十二监，从神宗熙宁二年（1069）至五年（1072），每年出马一千六百四十匹，可供骑兵之用者仅二百六十四匹，"余止堪给马铺，两监牧岁费及所占牧地约租钱总五十三万九千六百三十八缗，计所得马为钱三万六千

---

[1] （宋）李焘：《续资治通鉴长编》卷192，嘉祐五年八月甲申，中华书局2004年版，第4642页。
[2] 宋祁：《景文集》卷29《论复河北广平两监澶郓两监》，文渊阁《四库全书》。

四百九十六缗而已"①。还不到成本的零头，每年亏损高达五十多万缗。号称养马最多的沙苑监，"占牧田九千余顷，刍粟、官曹岁费缗钱四十余万，而牧马止及六千，自元符元年至二年，亡失者三千九百"②。因此，必须更弦易张。

其次，与农业争地的影响。宋代凡监马"牧地自京畿及诸州军，皆遣使臣检视水草善地标占，诸坊监总四万四千四百余顷，诸班诸军又三万九百余顷，以为定制"③。多达七万余顷的草场牧地，大多为汉唐以来的良田沃土，由使臣以皇命的形式圈占或逐渐从民间侵夺。皇祐元年（1049），户部副使包拯给仁宗的奏折中指出："臣闻顷岁于郓州、同州置二马监，各侵民田数千顷，乃于河北监内分马往逐处牧养，未逾一岁，死者十有七八，迄今为二州之害。"④又，漳河以北良田，被水淹没毁坏十分之六，其余四分中的三分又被马监圈占。⑤

嘉祐年间（1056—1063），这种农牧争地矛盾更为严重，当时大臣韩琦提出，诸监牧地除留牧外，余听下户耕佃。于是遣高访等括河北牧地，"得闲田三千三百五十顷募佃，岁约得谷十一万七千八百石，绢三千二百五十匹，草十六万一千二百束"。既而群牧司上言，诸监草地除放牧外，大致每监还割白草数万束，以备冬饲，"今悉赋民，异时监马增多，及有水旱，无以转徙牧放"。仁宗又诏，"除先被侵冒已根括出地权给租佃，余委群牧司审度存留"。嘉祐五年（1060），进一步重申河北、京东路马监在籍草地"自今毋得纵人请射，犯者论以违制"⑥。但过了不久，农牧争地之议再起，至熙宁年间（1068—1077），直接罢去牧监，"以田募民出租"，元祐年间（1086—1093）又恢复牧马监。这样翻来覆去，一直到北宋灭亡。

再次，监马不振，而沿边市马又弊端丛生，以券马为例，"每蕃汉商人聚马五七十匹至百匹，谓之一券。每匹至场支钱一千，逐程给以刍粟，首领续食至京师，礼宾院又给十五日，并犒设酒食之费，方诣估马司估所

---

① （宋）李焘：《续资治通鉴长编》卷262，熙宁八年四月己丑，第6411页。
② 《宋史》卷198《兵十二·马政》，中华书局1977年版，第4945页。
③ （清）徐松辑：《宋会要辑稿》兵二四之一，上海古籍出版社2004年版，第9109页。
④ （宋）李焘：《续资治通鉴长编》卷166，皇祐元年三月庚子，第3993页。
⑤ （宋）包拯：《包孝肃公奏议》卷7《请将邢洺州牧马地给人户依旧耕佃》。
⑥ 《宋史》卷198《兵十二·马政》，第4937页。

直，以支度支钱帛。又有朝辞分物锦袄子、银腰带。以所得价钱市物，给公凭免沿路征税，直至出界。计其所直，每匹不下五六十千，然所得之马，皆病患之余，形骨低弱，格尺止及，四尺二寸以下谓之杂支，然于上品良马固不可得"①。鉴于这种情况，嘉祐（1056—1063）以后，罢券马而专于省马（招市），但省马纲运死亡率又太高，"券马死不及厘，而纲马之死十倍"②。

除此之外，沿边市马还有一个问题就是"外敌旅拒，马不可买"③，即宋朝一旦对沿边少数民族用兵，他们就拒绝出售马匹。如宝元年间（1038—1039）宋夏陕西之战爆发，西夏及沿边"生户"拒绝卖马给宋朝，以致国内战马奇缺，仁宗只好下诏括市民间马、驴以应急④。又如，熙宁四年（1071），神宗派王韶经营熙河，在河湟吐蕃居地发生了一系列重大战役，以致和西北沿边少数民族关系再度紧张，"马道梗绝"，战马告急⑤。因此，宋廷亟须找出一个积极而又稳妥的解决战马供给的办法。

最后，解决辽、夏政权的军事压力的需要。宋朝强兵，首先要解决军马配备，正如时人虞允文指出的："臣闻用兵，不可以无马，市马不可以非其地。有百万之兵，无马以壮军势，而用其胜力于追奔逐北之际，与无兵同。……今日之事，虏以多马为强，我以无马为弱。强弱之所以异，三尺之童皆知之。马政其可以不议哉？"⑥

综上所述，有宋一代监马不振，且占有大片良田沃土，与农业争地矛盾相当严重。同沿边少数民族市易，又弊端丛生，"罢之则绝戎人，行之则困中国"⑦。宋朝统治者一直在寻找一个既能弥补监马不振的缺憾，又能解决券马枉费钱帛、省马死亡率太高的办法，寻来找去，最终找出一个民间养马法，并以王安石变法为契机，在全国范围大规模推广开来。

---

① （清）徐松辑：《宋会要辑稿》兵22之5，上海古籍出版社2014年版，第9071页。
② 《宋史》卷198《兵十二·马政》，第4951页。
③ （宋）李焘：《续资治通鉴长编》卷262，熙宁八年四月己丑，第6430页。
④ （宋）李焘：《续资治通鉴长编》卷133，庆历元年八月甲申，第3161页。
⑤ 杜建录：《宋代沿边市马贸易述论》，《固原师专学报》1991年第3期。
⑥ （宋）虞允文：《请损文黎马额尽力西边之马疏》，《宋代蜀文辑存》卷57，新文丰出版有限公司1974年版。
⑦ （宋）李焘：《续资治通鉴长编》卷112，明道二年七月癸未，第2625页。

二

宋代民间养马制度的推行是一个历史过程，早在王安石变法之前，就已开始尝试和探索在民间进行养马。太平兴国六年（981），宋太宗下诏："蕃部鬻马，官取良而弃驽，又禁其私市，岁入数既不充，且无以怀远人，自今委长吏谨视马之良驽，驽即印识之，许民私市焉。"① 这是政府允许民间收市牧养马匹的最早记载，不过，当时让民间收养驽马的目的不是为了补充战骑，而是为了"以怀远人"。

真宗时，知秦州曹玮"立马社，一马死，众出钱市马"②，依靠民间马社组织买马养马。天圣四年（1026），仁宗与辅臣讨论监牧，王曾对曰："当今比五代马多数倍，计刍秣费岁不下数百万，盖措置利害失其要，若以陕西蕃部入中马立定数，余听民间市易，二三年间必有蕃息，此与畜之外厩无异也。"③ 曹玮的"立马社"与王曾的"对言"，虽都在买马上做文章，但比太平兴国年间的诏令，其目的由羁縻戎人演变为补充战马之不足。

在仁宗与王曾等辅臣讨论监牧的前后，其他大臣也纷纷要求改革马政，养马于民间。如宋祁提出不仅在产马的陕西、河东、河北令民户养马，就是在不产马的京东、京西、淮北一带，也令民户养马，只有这样，"朝廷缓急，差可济用"④。叶清臣则进一步提出具体措施："赋马于河北、河东、陕西、京东、西五路，上户一马，中户二户一马，养马者复其一丁，如此则坐致战马二十万匹"，使政府"不费而马立办"⑤。在一片改革马政、养马于民的呼声中，仁宗遂令"河北民户以物力养马，备非时官买"⑥。这些养马于民的构想与实践，为王安石变法期间大规模推行保马、户马法准备了思想基础与实践经验。

神宗即位，"尝患马政不善"，对枢密使文彦博说："群牧官非人，无

---

① 《宋史》卷198《兵十二·马政》，第4933页。
② 《宋史》卷258《曹玮传》，第8988页。
③ （宋）李焘：《续资治通鉴长编》卷104，天圣四年九月戊申，第2421页。
④ （宋）宋祁：《景文集》卷29《又论京东西淮北州军民间养马》。
⑤ 《宋史》卷295《叶清臣传》，第9854页。
⑥ （宋元）马端临：《文献通考》卷160《兵考·十二》，第4784页。

以责成效，其令中书择使，卿举判官，冀国马蕃息，以给战骑。"于是以比部员外郎崔台符权群牧判官，接着又命群牧判官刘航和崔台符参照唐朝监牧制度，"删定群牧敕令"①。尽管如此，但由于监牧弊端积重难返，收效甚微，在这种情况下，群牧使李中师再度提出废掉"河南、北监牧，省国费而养马于民"②。由于当时变法刚刚起步，保甲法还未推行，李中师的这个建议没有被神宗采纳。

熙宁四年（1071），保甲法开始在全国范围实施，为民间养马制度（保马法）的推行创造了条件。次年五月，神宗"诏开封府界诸县保甲愿养马者听，仍令提点司于陕西所买马除良马外，选骁骑以上马给之，岁毋过三千"。③ 十二月，又从河东经略监牧使刘庠之请，诏义勇愿养马者，"如开封府界保甲例，以下户税籴折充草粟，不足即通折别户"；如果义勇愿意自己买马，或者愿将私马烙印入官，"亦如府界给价钱，其养马之数，毋过本监旧额"④。

熙宁六年（1073），随着变法进一步深入，颁布了曾布拟定的保马法条例，自开封府界推广到京东、京西、河北、河东、陕西五路，其主要内容如下。

1. 五路义勇、保甲愿养马者，每户一匹，家产多的准许养两匹。所养之马或由牧马监配给，或由官府给钱自己购买。采取自愿原则，不许强配。养马总额开封府界不得超过三千匹，其他五路不得超过五千匹。

2. 保甲除乘马追捕盗贼外，骑乘不得越过三百里。

3. 开封府界养马户免纳二百五十束粮草，另外还给以钱币。五路养马户则免去每年"折变"和"沿纳"。

4. 凡养马户户等在三等以上者，每十户为一保，四五等每十户为一社。保户独自养马，马死则独自赔偿。社户养马死掉，则由同社诸户共同均摊，按半价赔偿。官府每年检查一次，验视马的肥瘠。

《五路义勇保甲养马法》颁布后，兵部上言："河东正军马九千五百匹，请权罢官给，以义勇保甲马五千补之以合额。侯正军马不及五千，始行给配。"枢密院则认为，若以五千为限，恐官吏强行摊派，并非百姓自

---

① 《宋史》卷198《兵十二·马政》，第4939页。
② 《宋史》卷331《李中师传》，第10645页。
③ （宋）李焘：《续资治通鉴长编》卷233，熙宁五年五月丙戌，第5649页。
④ （宋）李焘：《续资治通鉴长编》卷241，熙宁五年十二月乙酉，第5878页。

愿，况且立即减少河东正军官马五千，"边防事宜何所取备"。宜"存官军马如故，渐令民间从便牧马，不以五千为限"，神宗采纳了枢密院的意见。① 由此可见，保马法的推行是积极而又稳妥的。

保甲养马实施后，监牧逐渐废去。熙宁五年（1072），废太原监，七年（1074），废东平、原武监，八年（1075），除沙苑监外，其余八监皆废。诸监废除后，国家所需战马，主要仰给市易。"而义勇保甲马复从官给，朝廷以乏马为忧"②。为了解决这一问题，又大规模推行户马。

所谓户马，即以物力养马。早在仁宗庆历年间，"尝诏河北民户以物力养马，以备官买"③。熙宁二年（1069），河北察访使曾孝宽"以为言，始参考行之"，到元丰三年（1080）大规模推广。《宋会要辑稿》兵二四之二〇载："元丰三年二月二十八日诏，以国马未备，令开封府界、京东西、河北、陕西、河东路州县物力户，自买马牧养。坊郭户家产及三千缗，乡村及五千缗养一匹，各及一倍增一匹，三匹止。须四尺三寸以上及八岁以下，令提举司注籍。仍先下逐路具民户家业等第及合养马数以闻。"六月二十六日，根据诸路提举司上报的当时养马数额，神宗又诏开封府界户马四千六百九十四匹，河北东路六百一十五匹，西路八百五十四匹，秦凤等路六百四十二匹，永兴军等路一千五百四十六匹，河东路三百六十六匹，京东东路七百一十七匹，西路九百二十二匹，京西南路五百九十九匹，北路七百一十六匹。同年八月，神宗认为诸路户马法既有期会，必为猾商乘机射利，以高价要养马户。遂"令群牧司拣骁骑以上马千匹，定价与民交易，毋得市与不养马户"④，以期平准马价，保证户马法的顺利进行。

保马和户马虽都属民间养马，但在具体内容上是有区别的。一是保马是由义勇保甲（即民兵）来养；户马则是根据城乡民户等来养，由政府统一规定。二是保马由官府配给或官府出钱自己购买；户马则由民户自己出钱市易。三是保马为民养的国有马，死亡后由保户独偿，或由社户半价偿之，战争期间由政府统一征调；户马则为官府注册的民马，以备战争期间国家括买或调发，"借者给还，死则偿直"⑤。

---

① 《宋史》卷198《兵十二·马政》，第4947页。
② 《宋史》卷198《兵十二·马政》，第4949页。
③ 《宋史》卷198《兵十二·马政》，第4949页。
④ （清）徐松辑：《宋会要辑稿》兵24之21，第9121页。
⑤ 《宋史》卷198《兵十二·马政》，第4949页。

元丰七年（1084），根据河东东路提点刑狱霍翔的建议，宋廷对保马、户马法进行了较大的改革。其实早在两年前霍翔就提出改革方案，"诸路乡村户不拘等第高下，如愿养马并许。经官投状，除依条分番教阅及觉察同保违犯并句（聚）集追捕贼盗外，与免十事……其牡马须四尺二寸以上，牝马四尺三寸以上。大县毋过五百匹，小县毋过三百匹"①。由于牵扯面较大，经过一年多讨论，直到元丰七年二月才"诏京东西路保甲免教阅，每都保养马五十匹，匹给钱十千，限京东以十年，京西十五年而数足"。同时罢乡村以物力养马令，"尚养户马者免保马"，凡养马免大小保长催税、支移、甲头、春夫、盗贼敷出赏钱、保丁巡宿等十事，"于是京东西户马更为保马矣"②。

在将京东西户马更为保马的同时，神宗还令河东、鄜延、环庆等路各发户马两千匹以配正军，河东就地配给本路，鄜延配给永兴军及京西路，环庆配给秦凤路及开封府界。"户马既配兵，后遂不复补，京东西既更为保马，诸路养马指挥至八年亦罢"③。

户马法之所以如此短命，关键在于王安石罢相后，神宗主持变法期间，改变了王安石原来的宗旨，把变法改革引入加强军事力量和夺取对西夏战争胜利的方面上。一切为这一目的服务，一旦军事需要就不惜破坏户马法。④ 另外，就户马法本身而言，虽然以物力养马"比官中养马所费刍秣不多，然而不有所免，则无以为劝，缘民之所欲免者，在于支移、折变、春夫、贼盗敷出赏钱、保正、保副、大小保长、催税甲头、保丁巡宿十事"⑤。一旦这些负担免去，户马就与保马同，户马法自然就破坏了。

元丰八年（1085），宋神宗死，不满十岁的哲宗即位，宣仁太后主政，打着"以母改子"的旗号，废掉所有新法。《宋史·兵十二·马政》载："言新法之不便者，以保马为急。"乃诏以两路保马分配诸军，余付太仆寺，"不堪支配者斥还民户而责官直"，保马遂罢。同时，应王岩叟之请，恢复了洛阳、单镇、原武、淇水、东平、安阳诸监。

监牧制度虽然恢复，但原有的弊端不仅没有解决，而且随着北宋末年

---

① （清）徐松辑：《宋会要辑稿》兵24之22，第9131页。
② 《宋史》卷198《兵十二·马政》，第4950页；《文献通考》卷160《兵考十二》，第4785页。
③ 《宋史》卷198《兵十二·马政》，第4950页。
④ 漆侠：《王安石变法》，河北人民出版社2001年版，第222—226页。
⑤ （清）徐松辑：《宋会要辑稿》兵24之22，第9131页。

政治的腐朽，反而愈加严重。尤其是反对变法派唯以罢"元丰、熙宁之政"为务，"夺已佃之田而复旧监，桑枣井庐多所毁伐，监牧官吏为费不赀，牧卒扰民，棚井抑配，为害非一"。曾布自叙其事曰："元祐中，复置监牧，两厢所养马止万三千匹，而不堪者过半。"① 在这种形势下，一部分官员开始对这种做法有所反省，更为重要的是元祐八年宣仁太后病死，哲宗亲政，政局再度发生急剧变化，以章惇为首的变法派上台，打着"绍述先帝"的名义，恢复新法。保马、户马法则演变为给地牧马法，"凡授民牧田一顷，为官牧一马而蠲其租，县籍其高下、老壮、毛色，岁一阅，亡失者责偿，已佃牧田者依上养马"②。由于当时的新法已经变质，故民户响应者寥寥无几。崇宁元年（1102），诸路给田牧马总共一千八百余匹，而河北西路占一千四百，其他路自二百匹以下，至于"开封府界、京西南路、京东东路皆无应募者，盖法虽已具，而犹未及行也"③。

大观元年（1107），在熙河兰湟牧马司的建议下，又募民养牝马以收驹，每收三驹，两驹归官，一驹充赏。或许养牝马不用调发，还可以得到奖赏的缘故，"蕃汉人户往往愿养骒马出驹纳官"④，当年就在熙河路取得了较大的成绩，仅岷州一处"应募养马者至万余匹"。次年，徽宗为了"州县协力赴功，以底成绩，可令县、镇、城、寨、关、堡官衔内，并带兼管勾给地牧马事，佐官同管勾，庶使人各知任责"⑤。

给地牧马除熙河有点成效外，内地诸路举步维艰，大观四年（1110），罢京东西路给地牧马，复东平监。政和二年（1112），又诏诸路复行给地牧马，复罢东平监。五年（1115），提举河东给地牧马尚中行因推行不力，被徽宗贬官，于是"人皆趣令"，两年后，"有司言给地增牧，法成令具，诸路告功"⑥。

宣和（1119—1125）初，蔡京罢政，"新用事者，更言其不便"。二年（1120），罢政和以来给地牧马条令，将民间牧养的九万余匹马悉配诸军，"应募田及置监处并如旧制"。由于护养不善，配军马匹"道毙者十八九"。

---

① 《宋史》卷198《兵十二·马政》，第4944页。
② 《宋史》卷198《兵十二·马政》，第4943页。
③ 《宋史》卷198《兵十二·马政》，第4944页。
④ （清）徐松辑：《宋会要辑稿》兵21之30，第9063页。
⑤ （清）徐松辑：《宋会要辑稿》兵21之31，第9064页。
⑥ 《宋史》卷198《兵十二·马政》，第4945页。

宣和六年（1124），宋金关系紧张，"始悟阙马，乃复给地牧马，既无马以给民，又不得元田，州县强民出马以牧，取文具而已"①。一年多后，金兵进入开封，俘获徽、钦二帝。翻来覆去的民间养马制度，随着北宋灭亡而宣告结束。

三

宋代民间养马制度的确立，首先，解决了监牧的一些弊端，如减省政府财政开支，降低马匹死亡率，等等。就省费而言，熙宁年间保马法实施后，据官方统计，"官养一马，以中价率之，岁为钱二十二千，募民养马，可省官刍秣及傔衣粮岁为钱八万余缗"②。同时，因保马死掉由民户赔偿，比监牧奖惩制度更为明确，从而大大降低了马匹的死亡率，所谓"官马死倍于保甲马"。

其次，加强了北宋的国防力量和对人民的镇压，巩固了封建统治。北宋是中国历史上有名的"积贫积弱"王朝，所谓积弱，包括两方面的含义：一是对内日益镇压不了人民的反抗斗争，二是对外日益不能抵抗辽、夏的进攻。就对内镇压而言，保甲制的确立为保马法（民间养马法）的实施创造了条件，反过来保马法又促进了保甲力量的加强。"保甲有马则可习骑战，平时可使袭逐盗贼"③。就对外抵抗而言，民间养马法既在内地实施，又在西北沿边地区实施，大抵河东主要招募义勇养马，环庆、鄜延、秦凤、泾源、熙河诸路除招募义勇保养马外，还"令诸将蕃官等劝诱属户养马"④。从而使沿边汉族组成的义勇、义保和蕃部属户组成的蕃兵力量有所加强，再加上对正军的整顿，使宋朝不仅阻挡住了辽、夏王朝的进攻，而且有能力频频出击，夺取对西夏战争的主动权。

最后，民间养马制度的实施，较好地解决了农牧争地的矛盾。宋代劳动人民与山水争田，创造了围田（圩田）、山田、淤田、架田等，这一方面反映出农业生产的发展与人口的增长，同时也反映出疆域缩小后土地问题的严重，特别是监牧设在农业区，更加剧了它的严重性，故朝廷虽多次

---

① 《文献通考》卷160《兵考·十二》，第4791页。
② （宋）李焘：《续资治通鉴长编》卷262，熙宁八年四月癸未，第6405页。
③ （宋）李焘：《续资治通鉴长编》卷262，熙宁八年四月癸未，第6405页。
④ （清）徐松辑：《宋会要辑稿》兵24之21，第9221页。

"严侵冒之法"，但牧地被贫民侵佃或被豪民隐占的情况有增无减。据有司统计，熙宁二年（1069），河南、河北监马草地原来为六万八千顷，现存五万五千顷，"余数皆隐于民"①。熙宁五年（1072），河北"牧田没于民者五千七百余顷"②。而民间养马法实施后，将七八万顷牧田草场变为农田，用较为妥善的办法处理了农牧争地的矛盾。如果能够坚持下去，必将推动宋代农业乃至整个社会经济的繁荣发展。

宋代民间养马制度分为前后两个阶段，王安石变法以前及变法期间，为第一阶段，其积极意义是很明显的。神宗死后，哲、徽二帝期间为第二阶段，这一时期推行的给地牧马法，实际上是熙丰年间户马、保马法的继续或变异，其目的虽然也是想通过民间养马来解决军马供给问题，并在徽宗时一度取得了一些成绩，但由于统治集团的腐朽与新法的变质，所给土地"多缘土豪侵冒，官司失实，牙吏欺隐，百不得一"③。给地牧马法本身也"因缘骚扰，为害不一"，遂由利国利民之法，变为害国害民之法。

---

① 《宋史》卷198《兵十二·马政》，第4940页。
② 《宋史》卷198《兵十二·马政》，第4941页。
③ （清）徐松辑：《宋会要辑稿》兵21之31，第9064页。

宋王朝边疆民族政策的创新及其历史地位

云南大学历史与档案学院 林文勋

在中国历史上,两宋王朝多被看成"积贫积弱"的王朝。受此观念影响,不少学者在讲到宋王朝的民族政策时,多认为其因循守旧、穷于应付、苟且为之;具体讲到唐宋两代王朝的民族政策时,又多"褒唐抑宋"。其实,入宋之后,随着商品经济的发展以及由此而来的周边各少数民族卷入中原的市场体系,宋王朝审时度势,充分利用市场这只"看不见的手",形成了以"互市"为中心的民族政策体系,对我国古代边疆民族政策做出了重要创新。本文拟将经济史的研究与民族史的研究有机结合起来,从商品经济史的视角,对宋王朝边疆民族政策的创新及其历史地位做一简要分析,以期推动对中国民族政策史更为全面和深入的认识。不妥之处,敬请专家批评指正。

一

唐宋时期是我国古代社会经济发展进程中一个十分重要的阶段。其重要性的表现之一是,这时不仅中原的社会经济得到巨大发展,达到前所未有的高度,而且周边民族地区社会经济的发展也盛况空前,进入了新的阶段,从而呈现了中原与边疆共同大发展的崭新局面。

唐宋两代,随着生产工具和耕作技术的进一步提高,社会生产力取得明显的进步。特别是江南的开发和发展,大大拓宽了经济成长的空间,增强了社会经济发展的整体实力。所有这一切,促进了唐宋时期商品经济的发展和繁荣,形成了我国古代商品经济发展的第二个高峰。与之俱来,唐宋两代的国内贸易迅速发展,市场处于强劲的扩张之中。早在唐代,中原大地通过无数条水陆交通干道,已较为紧密地联系在一起,构成商道交织、贾贩如潮的历史画卷，一张全国性的市场网络正在形成。[1]

入宋以后，社会经济在唐代的基础上有了进一步发展，商业发展的基础更为坚实和广阔，唐代已处于形成之中的全国性市场网络更进一步发展。欧阳修在《初食车螯》一诗中描述道："累累盘中蛤，来自海之涯。坐客初未识，食之先叹嗟。五代昔乖隔，九州如剖瓜。东南限淮海，邈不通夷华。于时北州人，饮食陋莫加。鸡豚为异味，贵贱无等差。自从圣人（宋太祖）出，天下为一家。南产错交广，西珍富邛巴。水载每连舳，陆输动盈车。溪潜细毛发，海怪雄须牙。岂唯贵公侯，闾巷饱鱼虾。"[2] 这里，欧阳修将宋代国内市场的发展归功于宋太祖平定天下，主要是为了颂扬宋室的功绩。实际上，虽然宋王朝的统一有力地促进了全国范围内商业贸易的发展，但主要还是社会经济的进步使然。从诗中的内容不难看到，东西南北商品已大规模交互流通，形成一个庞大的全国性商品市场，呈现出"天下一家"的局面。对此，宋人石介也有描述："夫朝持货而出者，曰金珍，曰珠玉，曰犀象，曰绮縠，曰丝枲，曰布币。犀象、马牛、羊豕、犬雉、虾鳖之属，鱼蟹之细，米盐之品，范醯之多，东暨日际，西极月窟，南极丹崖，北极朔陲，相会而凑于五都之市，朝而聚，夕而虚，大小无不用也，巨细无不取也，贵贱无不纳也，短长无不收也。"[3] 石介对当时全国商品流通的勾勒，使我们感受到，商品流通因市场发展而繁荣，市场因商品流通而进步。这反映了宋代的全国性市场较唐代又有进一步发展。

市场是一个开放的系统，扩张是市场发展的基本特性。在唐宋时期社会经济发展强有力的推动下，全国性市场不仅在中原呈现扩张之势，沟通各个地区之间的联系，使区域间的商贸往来不断加强，而且还向周边民族地区扩展。这种扩展突出地表现在商品流通半径大大延长方面。如东南地区所产的茶叶，唐代已大量输往吐蕃和西北少数民族地区，宋代则以更大

---

[1] 参见（唐）杜佑撰《通典》卷7《食货七·历代盛衰户口》，中华书局1996年版，第142—153页；（后晋）刘昫等撰：《旧唐书》卷94《崔融传》，中华书局1975年版，第2996—3000页。

[2] （宋）欧阳修著，李逸安点校：《欧阳修全集·居士集》卷6《初食车螯》，中华书局2001年版，第98页。

[3] （宋）石介：《石徂徕文集》卷上《代张顾推官上铨主书》，中华书局1984年版，第200—201页。

规模"转致于西北,以致散于夷狄"①。再如中原生产的绢帛,当唐之世就已大量销往回纥,形成有名的"绢马贸易"。又如宋代福建的荔枝,"水浮陆转,以入京师,外至北戎、西夏,其东南舟行新罗、日本、流求、大食之属"②。可见商品从中原向周边民族地区的流动已不是偶然的交换行为,而是一种大规模、持续不断的经济活动。

与此同时,唐宋王朝周边的少数民族地区社会经济也处于大发展之中。日本学者宫崎市定曾将这一时期称为东亚民族的觉醒时代。③ 虽然这一观点还可以讨论,但它无疑说明了边疆民族地区社会经济的大发展以及这种发展所具有的划时代意义。在这一时期,周边各少数民族纷纷建立起自己的政权。唐代,北方的突厥、回纥等少数民族都建立了强大的汗国,西南的吐蕃则建立了吐蕃王朝,云南的少数民族建立了南诏政权。进入宋代,虽然一些周边民族政权瓦解,但一批新政权又相继建立。东北的契丹建立了辽朝、女真建立了金朝,西北的党项建立了西夏,云南的少数民族建立了大理国。不仅如此,这些少数民族政权都长期而立甚至与中原王朝形成对峙,不断进行大规模的战争。战争是经济的继续和集中表现④,没有周边民族社会经济的大发展,这种局面是根本不可能出现的。在这些周边民族地区,虽然畜牧业仍占有重要地位,但普遍而言,农业、手工业已有较大发展。在此基础上,商业也不断进步,呈现方兴未艾之势,市场处于形成和发展过程之中。周边民族地区的商品经济发展也迈出了重要的步伐。

中原王朝和周边民族地区社会经济的同时大发展,为双方的贸易交换提供了可能。这种可能性为双方经济结构的差异所作用,最终变成了一种现实性。虽然中原王朝和周边民族地区的社会经济同时处于大发展之中,但各自的发展程度及经济结构却又不同:中原总体上已处于高度发达的农业经济之中,而周边民族地区主要还处于畜牧经济或从畜牧经济向农业经济的转变之中。这样,双方的经济互补性较强,有较强的发展贸易交换的内在动力。北宋时期,司马光在讲到与西夏的贸易时说:"西夏所居,氏

---

① (元)马端临:《文献通考》卷18《征榷考五·榷茶》,中华书局2011年版,第507页。
② 蔡襄:《荔枝谱》,文渊阁《四库全书》第845册,第156页。
③ 参见[日]宫崎市定《世界史序说》,中国科学院历史研究所翻译组编译《宫崎市定论文选集》(下卷),商务印书馆1965年版,第3页。
④ 参见《列宁选集》第4卷,人民出版社1972年版,第441页。

羌旧壤，地所产者，不过羊马毡毯，其国中用之不尽，其势必推其余与他国贸易。其三面皆戎狄，鬻之不售。唯中国者，羊马毡毯之所输，而茶彩百货之所自来也。故其民如婴儿，而中国乳哺之矣。"① 即揭示了这种经济发展的差异性和互补性。正是这种差异性和互补性，使中原成为周边民族发展贸易的必然选择。

一方面是中原市场的向外扩张，另一方面是周边民族地区市场发展的需要。这两股经济力量最终相遇，变成了双方频繁的贸易交换。唐宋人将这种交换关系称为"互市"，笔者以为是较为准确的。所谓"互市"，就是双方互为市场，互相开展商品的贸易交换。唐宋时期，中原王朝与周边民族大规模的贸易，完全是双方社会经济发展的必然结果。通过"互市"，中原与边疆少数民族地区的两个市场较为联系起来，进而形成了更大的全国性市场。这是唐宋社会经济发展的一个重要特点。

二

市场是一个网络体系，处于较高发展程度和发展层级的地区必然是市场的中心。随着中原市场的扩张和与之相伴的商品流通半径延伸到少数民族地区，必然在一定程度上将这些少数民族地区卷入宋王朝的全国性市场体系之中。历史的发展正是如此。

首先，宋王朝与边疆各少数民族的贸易呈多层次发展态势，贸易规模扩大，贸易频率增加。早在汉唐之世，中原王朝与周边民族已有贸易关系，但总体来说，发展较为有限。进入宋代，情况为之一变。这时，宋王朝与周边民族的贸易渠道增多，主要有榷场贸易、和市贸易、走私贸易和朝贡贸易四种形式。所谓榷场贸易，就是宋王朝和周边民族在双方交界的地带设置榷易场，设官管理，开展双方的互市交换。这是一种官方贸易。《金史·食货志》曾说："榷场，与敌国互市之所也。皆设场官，严厉禁，广屋宇，以通二国之货。"和市贸易可以说是一种半官方贸易，它往往是在汉族与周边民族经常交易的地方设置的交易场所。这种交易场所，多由民间贸易点发展而来，并为官府所认可，只不过规模不如榷场贸易那样大

---

① （宋）赵汝愚：《宋朝诸臣奏议》卷138《上哲宗乞还西夏六寨》，上海古籍出版社1999年版，第1554页。

而已。走私贸易则完全是一种官府不承认的民间非法贸易。这种贸易，因双方边民的直接交易和往还而发生，为一种经常性的经济行为，史书上多有"私易无所畏惮""私贩不能止"的记载。① 至于朝贡贸易，古已有之，但宋代以前更多的是一种宗藩关系的体现，政治意义极为明显；到了宋代，在经济发展的推动下，赋予了朝贡以明显的经济意义而变成一种重要的贸易渠道。北宋，司马光曾以西夏为例，说周边民族"所以依旧遣使称臣奉贡者，一则利于每岁所赐金帛二十余万，二则利于入京贩易，三则欲朝廷不为之备也"②。南宋，宋高宗明确指出："彼云进奉，实利贾贩。"③ 多种贸易形式的存在和发展，形成了从官方到半官方再到民间的多层次、多渠道贸易格局。这说明双方的经济联系不再是一种偶然的行为，而是一种经常性的活动。

双方的贸易活动在多层次、多渠道发展的同时，交易规模也显著扩大。北宋元祐二年（1087），苏轼曾针对宋与西夏的贸易说："每一使至，赐予、贸易无虑得绢五万余匹，归鬻之，其直匹五六千，民大悦，一使所获率不下二十万缗。"④ 时人范纯粹对宋夏贸易也做过一个估计，他说："累番使人货贩，滋广通约，所得不减三数百万。"⑤ 贸易规模的扩大既是经济联系加强的结果，同时又是经济联系不断发展的动力。

贸易的频率也是反映经济交换关系紧密程度的重要指标。为便于说明，兹以朝贡贸易为例。当时，周边民族向宋王朝的朝贡非常频繁，有的一年一贡，甚至一年数贡。如西夏，自赵德明称藩之后，"岁遣人至京师贸易，出入民间如家"⑥。由于朝贡需给予回赐，频繁的朝贡使宋王朝感到巨大的经济压力。为此，不得不对朝贡的频繁度做出限制。一是限制朝贡的次数，如地处西南的一些少数民族，宋王朝曾限制其五年方得一贡；二是限制朝贡使团在宋朝境内停留的时间及活动范围，如苏辙就曾经建议：

---

① （宋）李焘：《续资治通鉴长编》卷364，元祐元年正月辛亥，中华书局2004年版，第8725页；《宋史》卷186《食货下八》，中华书局1977年版，第4564页。
② （宋）李焘：《续资治通鉴长编》卷206，治平二年十二月甲辰，第5009页。
③ （宋）李心传：《建炎以来系年要录》卷69，绍兴三年十月，中华书局1988年版，第1168页。
④ （宋）苏东坡著，毛德富等主编：《苏东坡全集》卷45《因擒鬼章论西羌夏人事宜札子》，北京燕山出版社1998年版，第2479页。
⑤ （宋）李焘：《续资治通鉴长编》卷372，元祐元年三月壬申，第9007页。
⑥ （宋）苏舜钦：《苏学士集》卷16《赐紫金鱼袋赠太子太保韩公行状》，《宋集珍本丛刊》，线装书局2004年版，第6册，第388页。

"西人诣阙贺正旦、圣节，到许住二十日；非泛一十五日；西人到阙，随行蕃落将不许出驿，或有买卖，于本驿承受使臣处出头，官为收买；西人到京买物，官定物价，比时估低小，量添分数供卖，所收加抬纳官。"① 这从反面说明了周边民族朝贡之频繁。

其次，周边民族地区对中原产生了巨大的依赖性。如北方和西北地区的民族，"不可一日无茶以生"②，对中原的茶叶依赖甚巨；四川西南部的少数民族"仰此（互市）为衣食"③；荆湖南北路边疆的民族，"常以山货、沙板、滑石之属，窃与省民博盐米"④；海南岛的民族，"处不毛之地，盐酪、谷帛、斤斧器用，悉资之华人，特以沉香、古贝易之"⑤。这样，"蛮贼生理所资，悉仰给于汉（内地），若岁犒既止……而互市又绝……则其部族之内即自窘困，自然悔恨，怀不自安"⑥。互市犹如一只无形的手牢牢地控制着周边民族。互市之所以能成为宋王朝处理民族关系的重要工具和手段，正是以此为客观基础的。

应该指出的是，当时周边民族对宋王朝国内市场的依赖并非简单的一种经济生活上的依赖，而且还是一种经济发展上的深层依赖。最能说明这一问题的就是铜钱这种特殊商品向边疆民族地区的流散。宋哲宗时，苏辙出使辽国，使还即上疏云："臣等窃见北界别无钱币，公私交易，并使本朝铜钱。沿边禁钱条法虽极深重，而利之所在，势无由止。本朝每岁铸钱以百万计，而所在常患钱少，盖散入四夷，势当尔也。"⑦ 继辽而起的女真金国，其市场上流通的也是宋王朝的铜钱。宋孝宗时，出使金国的使臣范成大在出使途中即写道："金本无钱，唯炀王亮尝一铸正隆钱，绝不多，余悉用中国旧钱，又不欲留于河（黄河）南，故仿中国楮币，于汴京置局造官会，谓之交钞，拟见钱行使，而阴收铜钱，悉运而北，过河即用见

---

① （宋）苏辙：《栾城集》卷46《乞裁损待高丽事件札子》，中华书局1990年版，第802页。
② 傅增湘原辑，吴洪泽补辑：《宋代蜀文辑存校补》卷61《论宜贵茶以市马疏》，重庆大学出版社2014年版，第1993页。
③ （宋）李焘：《续资治通鉴长编》卷153，庆历四年十一月壬午，第3721页。
④ （元）马端临：《文献通考》卷328《四裔考五》，第9025页。
⑤ （宋）苏过：《斜川集》卷5《论海南黎事书》，《宋集珍本丛刊》，线装书局2004年版，第32册，第132页。
⑥ 傅增湘原辑，吴洪泽补辑：《宋代蜀文辑存校补》卷74《请绝南蛮岁犒互市疏》，第2365—2366页。
⑦ （宋）苏辙：《栾城集》卷42《北使还论北边事札子五道》，中华书局1990年版，第747—748页。

钱，不用钞。"① 此外，中原与少数民族地区间的走私贸易亦颇能说明这一点。宋哲宗时，宋廷封锁与辽国的贸易，一些商人不惜转道高丽前去辽国贸易。"据临海军状申……据泉州纲首徐成状称，有商客王应升等，冒请往高丽国公凭，却发舡入大辽国买卖。寻捉到王应升等二十人及舡中行货，并是大辽国南铤银丝钱物，并有过海祈平安将入大辽国愿子二道。本司看详，显见闽浙商贾，因往高丽，遂通契丹。"② 宋、金间的走私贸易更为发达。宋方禁卖茶入金国，但"茶于蒋州私渡"；禁卖牛入金国，"牛于郑庄私渡，每岁春秋三纲，至七八万头"③。何以重禁而不能制止铜钱外流和走私贸易？当是因为这些地区已在一定程度上卷入了宋王朝国内的市场体系之中。铜钱外流和走私贸易正是这种"卷入"的合乎规律的经济运动，它们是不以统治者的意志为转移的。

或问当宋之世，周边民族地区卷入宋王朝的市场体系会有如此高的程度吗？笔者认为，这种卷入程度是不可低估的。北方的辽、金、西夏政权莫不在很大程度上卷入宋王朝的市场体系。以西夏来说，宋人庞籍曾说："夏人仰吾和市，如婴儿之望乳。"宋仁宗嘉祐七年（1062），张宗道出使西夏，"迎者曰：二国之欢，有如鱼水。宗道曰：然。天朝，水也；夏国，鱼也；水可无鱼，鱼不可无水"④。这些话，虽用了比喻的手法，但确实表明了这种依赖性和卷入程度。进一步来看，当时，市场的反应是非常灵敏的。据苏轼说，在西夏境内，平常绢、布的价格很低，而一旦宋王朝关闭互市，则物价立即暴涨，"民间尺布至钱数百"，"一绢之直八九千"，有时甚至高达"五十余千"⑤。如果双方经济联系没有达到较高程度，市场的反应绝不会这样灵敏。这是以前所不曾有过的历史新变化、新现象。正是这种新变化、新现象，引起了宋代民族关系的新变化。

三

对于经济关系的这种变化，宋王朝的君臣显然注意到了，并认为可用

---

① （宋）范成大：《揽辔录》，中华书局2004年版，第12页。
② （宋）苏东坡著，毛德富等主编：《苏东坡全集》卷47《奏议集·乞禁商旅过外国状》，北京燕山出版社1998年版，第2637页。
③ （宋）李心传：《建炎以来系年要录》卷186，绍兴三十年九月，第3117页。
④ （宋）李焘：《续资治通鉴长编》卷196，嘉祐七年六月癸未，第4763页。
⑤ （宋）李焘：《续资治通鉴长编》卷405，元祐二年九月丁巳，第9863页。

宋王朝边疆民族政策的创新及其历史地位

于控制周边民族。但究竟如何用于对周边民族的控制，则意见并不完全一致。限于篇幅，这里主要围绕宋夏关系做一论述。

一种意见认为，既然周边民族对互市贸易依赖甚大，应该用禁绝互市的方式作为制裁周边民族的重要手段。持有此观点的人认为，一旦周边民族有不臣之意和发动战争，宋王朝应坚决断绝与这些民族的互市关系。宋太宗淳化三年（992），党项首领李继迁扰边，陕西转运副使郑文宝即建议："银，夏之北，千里不毛，但以贩青白盐为命尔。请禁之，许商人贩安邑、解县两池盐于陕西以济民食。官获其利，而戎益困，继迁可不战而屈。"① 当时，西夏境内青白盐产量较大，是西夏输入中原王朝的重要商品，为西夏主要的经济支柱。郑文宝正是针对这种情况，主张禁止青白盐的互市，以达到使李继迁"不战而屈"的目的。这完全是一种经济战。宋真宗咸平（998—1003）中李继迁攻陷清远军，兵围灵州，宋王朝围绕对夏之策展开讨论。知镇戎军兼泾、源、仪、渭四州钤辖李继和上言："又朝廷比禁青盐，甚为允惬。或闻议者欲开其禁。且盐之不入中土，困贼之良策也。今若谓粮食自蕃界来，虽盐禁不能困贼，此鬻盐行贿者之妄谈也。蕃粟不入贼境，而入于边廪，其利甚明。况汉地不食青盐，熟户亦不入蕃界博易，所禁者非徒粮食也，至于兵甲皮杆之物，其名益多。以朝廷雄富，犹言摘山煮海，一年商利不入，则或阙军须。况蕃戎所赖，止在青盐，禁之则彼自困矣。望固守前诏为便。"② 李继和的意见与郑文宝一样，主张禁青白盐互市而困西夏。包拯也主张以禁互市作为制裁西夏的手段，他说："臣伏见西贼，再遣杨守素诣阙请命，而朝旨方议纳其诚款，此亦安民御边之长策也。风闻道路云，元昊欲岁纳青盐，贸易茶货，然未审虚实。缘元昊数州之地，财用所出，并仰给于青盐，自用兵以来，沿边严行禁约者，乃困贼之一计尔。今若许以岁进数万石，必恐禁法渐弛，奸谋益炽，不唯侵夺解盐课利，亦虑浸成大弊，关防或未能制。若稍行捉捕，则弃前恩结后怨，此亦必然之势也。议者复欲令运于关东支用，或许客人裨贩，则又不免配率车乘，转成骚扰，固朝廷所宜慎重。此举如不获已，则不若于前来许赐帛缯茶货数，量与增加，亦可以弭亡厌之求。兼此剧贼，

---

① 《宋史》卷277《郑文宝传》，第9426页。
② 《宋史》卷257《李处云附子继和传》，第8973页。

猖狂难保，沿边寨栅备御之具，亦不可少懈。"①

如果说郑文宝、李继和、包拯等人主要是针对青白盐问题提出自己的看法，那么司马光等人则是就整个互市关系提出自己的主张。元祐元年（1086）二月，针对如何解决西夏问题，司马光上疏说："以臣虑，愚于今为之，止有二策：一者返其侵疆；二者禁其私市。"为什么要禁其私市？是因"西夏所居氐羌旧壤，地所产者不过羊马毡毯，其国中用之不尽，其势必推其余与他国贸易"②。这样，只要"明敕边吏严禁私市"，那么，"俟其年岁之间，公私困弊，使自谋而来，礼必益恭，辞必益逊。然后朝廷责而赦之，许通私市，待之如初"③，从而达到边陲安宁。元祐二年（1087）八月甲戌和九月丁巳，苏辙与苏轼都详细分析过西夏对宋的经济依赖性，并主张以禁绝互市达到制服西夏的目的。④

另一种意见认为，既然周边民族在经济上对中原产生巨大依赖性，应以开放互市作为怀柔的手段。这种意见以李至为代表。至道三年（997）三月，宋真宗即位后，曾就西北边疆灵武问题询问工部尚书、参知政事李至。李至上疏说："昨郑文宝绝青盐使不入汉界，禁粒食使不及羌夷，致彼有词，而我无谓，此之失策，虽悔何追。今若复禁止不许通粮，恐非制敌怀远、不战屈人之意。昔唐代宗虽罪田承嗣而不禁魏盐，陛下宜行此事，以安边鄙。使其族类有无交易，售盐以利之，通粮以济之，彼虽远夷，必然向化，互相诰谕。一旦怀恩，舍逆效顺，则继迁竖子孤而无辅，又安能为我蜂虿哉！"⑤按李至之言，如果开放互市，西夏从中得利，就会怀恩而服，不为边患。

对于宋王朝来说，两种手段皆各有利弊。以互市作为怀柔周边民族的手段，虽可换取与周边民族的相安无事，但宋王朝担心周边民族从互市中得到大量物资和经济利益，力量会不断壮大于宋不利；而以禁绝互市作为制裁周边民族的手段，虽可达到对周边民族进行经济封锁以困之的目的，

---

① （宋）包拯：《包孝肃奏议集》卷9《论杨守素》，文渊阁《四库全书》本，第427册，第171—172页。
② （宋）赵汝愚：《宋名臣奏议》卷138《上哲宗乞还西夏六寨》，第1554页。
③ （宋）李焘：《续资治通鉴长编》卷365，元祐元年二月壬戌，中华书局2004年版，第8753页。
④ 参见（宋）李焘《续资治通鉴长编》卷404，元祐二年八月丙午，第9850—9851页；卷405，元祐二年九月丁巳等，第9862—9866页。
⑤ 《宋史》卷266《李至传》，第9177—9178页。

但禁绝互市常引起周边民族扰边,且引发战争。如施昌言为环庆路经略使时,"亦禁私市,西人发兵压境,昌言遣使问其所以来之故,西人言:无他事,只为交易不通。使者惧其兵威,辄私许之"①。在这种情况下,对于宋王朝来讲,二者相较,只能取其利之大者。总体而言,从宋王朝利用互市处理民族关系的具体实践来看,宋王朝对周边民族的制裁取得了明显的成效。政和二年(1112)六月,西夏王乾顺命大臣直言朝政得失,御史大夫谋宁克任就说:"治法之要,不外兵刑;富国之方,无非食货。国家自青白两盐不通互市,膏腴诸壤,浸就式微,兵行无百日之粮,仓储无三年之蓄,而唯恃西北一区与契丹交易有无,岂所以裕国计乎?"②正因如此,在上述两种意见中,以前者始终占据主导地位。据史料记载,庆历五年(1045)十一月癸未,仁宗曾与侍读高若讷讨论国策的得失:"上曰:真宗时,李至言郑文宝建议禁西界青盐为失策,如何?侍读高若讷奏青盐之禁,西人至今失其厚利,乃策之得,(李)至言殆偏见也。上然之。"③由此可看出,宋王朝更倾向于以禁绝互市作为制裁周边民族的手段。

值得注意的是,上述两种意见虽然出发点和政策取向并不一致,但在本质上都是利用互市这种市场交换关系来控制周边民族,只不过在具体方法上有所分歧而已。由此我们可以得出结论,到了宋代,运用经济手段控制周边民族已成为一种选择。

四

当宋之时,宋王朝国力不振,单靠武力和政治手段并不能有效地控制周边民族,这更加促成了朝廷对经济手段的依赖。因为相对于周边民族,毕竟宋王朝经济发达,处于优势地位。从总体上来讲,宋王朝在对互市的利用上是恩威并施,既利用禁止互市作为制裁周边民族的手段,又利用互市作为怀柔周边民族的手段。不过,二者相较,当以制裁为主,即从经济上封锁各少数民族,使其臣服。这是宋王朝适应商品经济的发展,在民族政策上的重要创新。

---

① (宋)李焘:《续资治通鉴长编》卷365,元祐元年二月壬戌,第8754页。
② (清)吴广成撰,龚世俊等校证:《西夏书事校证》卷32,甘肃文化出版社1995年版,第371页。
③ (宋)李焘:《续资治通鉴长编》卷157,庆历五年十一月癸未,第3805页。

入宋以后，北方和西北地区的几个少数民族迅速崛起，力量较强，并建立了本民族的政权，不断侵扰宋王朝的边境，时常与宋王朝处于敌对状态。由于宋王朝"积弱"，单纯地依靠军事和政治手段并不能有效地制服这些民族，因此在这些地区，宋王朝利用互市作为军事、政治的辅助手段。其具体办法是：每当某民族与宋王朝交战或某民族表示不臣之意时，宋王朝立即停止互市，以此迫使该民族停止战争或归顺。

居住于东北地区的契丹族，在宋王朝建立前就已成立了自己的政权辽朝。宋王朝刚一建立，由于主要力量放在消灭内地各割据势力上，无暇北顾，因而"听沿边市易"，积极发展与辽政权的贸易。太平兴国二年（977），宋廷"始令镇、易、雄、霸、沧州各置榷场，辇香药、犀象及茶与交易"，对互市加以管理。太平兴国四年（979），宋方出兵攻辽，互市"罢不与通"。雍熙三年（986），宋方再次主动出击，与此同时，宋廷诏"禁河北商是与之贸易"。但上述两次主动攻辽均以失败告终，"时累年兴师，千里馈粮，居民疲乏，太宗亦颇有厌兵之意"。于是，端拱元年（988），宋、辽双方通好，同时，宋廷诏"许边疆互相市易"。淳化二年（991），宋方"令雄、霸州、静戎军、代州雁门砦置榷场如旧制"。此后，随着双方关系的时紧时缓，互市时废时复。至真宗景德元年（1004），辽大举侵宋，宋方旋即罢互市。不久，宋、辽双方订立"澶渊盟约"。翌年，宋方才"令雄、霸州、安肃军置三榷场"，后又置广信军榷场，与辽互市。"终仁宗、英宗之世，契丹固守盟好，互市不绝。"[1]

居住于西北地区的党项，自宋王朝建立后，即与宋发生贸易关系。宋太祖朝曾遣使贡马并有夏州首领李继捧献土入朝之事。至宋太宗太平兴国年间，李继迁反宋，宋王朝立即下令禁止与夏州政权的贸易。战争的破坏和互市的中止，对夏州政权的经济产生了重要影响。为摆脱困境，李继迁上表言："王者无外，戎夷莫非赤子？乞通互市以济资用。"[2] 鉴于战事渐趋平息，宋王朝同意了李继迁的请求，并赐予大量物品。太宗朝末年，李继迁挥师兴、灵地区，宋王朝立即停止互市，特别禁止了青白盐贸易，于是"戎人乏食，相率寇边，屠小康堡，内属万余帐亦叛"，且"关陇民无盐以食，境上骚扰"[3]，宋王朝被迫取消盐禁和贸易限制。真宗朝，总体来

---

[1] 《宋史》卷186《食货下八》，第4563页。
[2] （清）吴广成撰，龚世俊等校证：《西夏书事校证》卷5，第56页。
[3] 《宋史》卷277《郑文宝传》，第9426页。

说，宋夏关系比较平稳，所以互市有很大发展。宝元元年（1038），元昊正式称帝，建立西夏政权。翌年，元昊表示不臣之意，揭开宋夏战争的序幕。宋廷诏"削夺官爵、互市"，"陕西、河东缘边旧与元昊界互市处，皆禁绝之"①。元昊虽屡战获胜，但因困于财力，庆历四年（1044）上誓表臣服，宋王朝随即复其官爵，"置榷场于保安军及高平寨"，进行互市。嘉祐二年（1057），元昊子谅祚扰边，宋方示谕，"要以违约则罢和市，自此始定"，后以其不恭，宋方罢去榷场。英宗治平（1064—1067）初年，西夏"求复榷场"，宋方不许。四年（1067）上章谢罪，乞通和市，"乃复许之"。自神宗时起，宋廷经营西北边疆，战争连绵，双方互市时罢时复，极不稳定。②

兴起于东北地区的女真族，1115年建立了金政权。金灭辽前，宋遣使入金，商议夹攻辽朝，并约定事成之后，宋方开设榷场与金贸易。金灭辽后，宋、金之间发生冲突，战争绵延，互市关系随战争状况时断时续。日本学者加藤繁先生曾对宋金贸易关系进行总结：宋室南渡之初，宋、金通商，因金南下，一度断绝，但宋在淮南方面于绍兴初年准许贸易，继而在泗州、楚州等地设市易务，官方也自行贸易。绍兴十一年（1141），宋、金达成和议，双方公开设置榷场，宋在盱眙军、楚州、安丰军等设榷场，起初由官方独自进行贸易，不久则准许商人贸易，形成官民交相贸易；金也相应地在泗州和其他地方设置榷场。绍兴二十九年（1159），金为南下侵宋，除泗州外，把其余榷场完全封锁，宋也立即废掉了盱眙军以外的榷场；继而金军南伐，通商废绝。到孝宗隆兴二年（1164），双方和议告成，又设置了和以前大体一致的榷场。宁宗开禧二年（1206），双方交战，榷场停罢；嘉定元年（1208），和议再次达成，贸易同时恢复原状。③

南方和西南地区的各民族，终宋一代，与宋王朝的关系较为和睦。宋王朝片面吸取"唐亡于黄巢，而祸实基于桂林"的教训，放弃对南方和西南各民族积极经营的策略，施以羁縻之道，"树其酋长，使自镇抚，始终蛮夷遇之"④。然而，正如宋人所言，这种方法并不是控制各民族的"经久

---

① （宋）李焘：《续资治通鉴长编》卷122，宝元元年十二月甲戌，2004年版，第2888页。
② 参见《宋史》卷485《外国一》，第13981—14003页。
③ 参见［日］加藤繁《宋代和金国的贸易》，吴杰译，《中国经济史考证》，台北华世出版社1981年版。
④ 《宋史》卷493《蛮夷一》，第14171页。

之策"。① 各民族"或以仇隙相寻，或以饥馑所逼，长啸而起，出则冲突州县，入则负固山林，致烦兴师讨捕。虽能殄除，而斯民之荼毒深矣"②。在这种情况下，宋王朝利用互市作为羁縻制度的一项重要补充形式。终宋一代，宋王朝在四川边疆、荆湖南北路边境、广南西路边境的各州军开设众多的互市榷场，与各民族互市。③ "凡遇蛮贼作过，必先止其岁犒，绝其互市，发兵增戍"，待各民族"屈膝请命"，"乃赦其罪"，"与边吏歃血，申立信誓，自今以后永不犯边，方与放行岁犒及通互市，渐次撤警班师，各使夷汉安于无事"④。从上面的论述可以看出，在北方和西北地区，宋王朝是利用互市作为政治或军事上控制各民族的辅助手段；在南方和西南地区，宋王朝是利用互市作为羁縻制度的重要补充形式，情况不尽相同。但就其实质而言，则都是利用互市对各民族实行经济控制。当时，这种政策在一定程度上确实达到了宋王朝君臣们的主观愿望。以西夏为例，宋仁宗宝元、康定年间（1038—1041），宋夏长期交战。当时，宋军"师惟不出，出则丧败；寇（西夏）惟不来，来必得志"⑤。军事上宋王朝显然不能制服西夏，但是，宋王朝的经济封锁却在一定程度上改变了这种军事上的不利局面。由于宋王朝断绝互市，致使西夏国内"赐遗、互市久不通，饮无茶，衣帛贵"⑥，元昊被迫停战，向宋称臣。元丰（1078—1085）年间，宋王朝乘西夏国内大乱，主动出击。但是，宋军在军事上又遭到惨重失败。宋王朝故伎重演，断绝互市。这样，"既绝岁赐，复禁和市，羌中穷困，一绢之直至十余千"，加之边境一带"皆弃不敢耕，穷守沙漠，衣食并竭，老少穷饿，不能自存"⑦，西夏又被迫向宋称臣议和。在与辽、金的互市中，也存在同样的问题，只不过效果不如对待西夏那么明显。在南方和西南地区，其收效更为突出。如居于川西南黎州边境的邛部川蛮，自淳化二年（991）"至黎州求互市"以后，世代谨奉朝贡，成为宋王朝控制西南各民族的一支重要力量。南宋末年，邛部川蛮降于大理，宋王朝遂"失西南

---

① 《宋史》卷493《蛮夷一》，第14171页。
② 《宋史》卷493《蛮夷一》，第14171页。
③ 参见林文勋《宋代西南地区的市马与民族关系》，《思想战线》1989年第2期。
④ 傅增湘原辑，吴洪泽补辑：《宋代蜀文辑存校补》卷74《请绝南蛮岁犒互市疏》，第2365页。
⑤ （宋）李焘：《续资治通鉴长编》卷133，庆历元年八月乙巳，第3170页。
⑥ （宋）李焘：《续资治通鉴长编》卷138，庆历二年十二月乙丑，第3330页。
⑦ （宋）李焘：《续资治通鉴长编》卷404，元祐二年八月戊申，第9855页。

一藩篱矣"①。在川东一带的各民族，"无他求，所欲唯盐耳"，宋王朝针对这一情况，决定与这些民族开展盐粮互市。这一消息传到当地后，"群蛮感悦，因相与盟约：不为寇钞，负约者，众杀之。且曰：天子济我以食盐，我愿输与兵食"②。由此看来，宋王朝利用互市对各民族施以控制的政策在一定程度上确实达到了目的。

此外，在宋代对战争问题的解决也出现了新的形式。这一形式就是签约议和。终宋一代，不论是北宋政府抑或南宋政府，均与自己的劲敌签订了一系列和约。姑且不论这些和约的是与非，仅从和约本身的内容看，主要的一项即是宋王朝每年要付给这些民族或政权一笔数额可观的"岁币"，通常为银若干、绢若干、茶若干。对此，过去有不少人将岁币简单地看成宋王朝向周边民族购买和平。如刘子健先生说："宋王朝统一了唐帝国的大部分农耕地区，但不是唐帝国的全部疆域。它采取亚洲定居国家遭受马背民族威胁时的通常对策，向北方好斗的邻居——契丹帝国缴纳岁币，来购买和平。"③ 实际上，事情并非如此简单。十分明显，这项内容是受互市这种经济活动影响的。可以说，它乃互市的一种"变种"或"派生形式"。所以，和议的出现，同样反映了经济力量向民族关系方面的渗透。

即使就传统的羁縻制度来看，宋王朝同样引入了经济力量，如宋王朝加大了对周边民族首领的赏赐力度。西南蕃部的龙、罗、方、石、张五姓，每次入贡，"所贡毡、马、丹砂，朝廷支赐锦、衫、银带，与其他费，凡二万四千四百余缗，回答之物不与焉"。韦蕃，每次入贡，"宜州受其方物，回答之费凡一千二百余缗"④。

有一种观点认为，我国古代的民族政策在唐代以后没有什么发展和创新。如熊铁基先生说："纵观古今，唐代的民族政策优于其前代与后代，唐以后的宋、明两朝虽是汉族建立的王朝，但契丹人的辽和女真人的金，先后与宋对峙，故宋人朝野都强调'华夷之辨'；明代先后受到漠南蒙古和辽东满族的威胁，始终汲汲于备兵'九边'，都不可能建立规模宏远的

---

① 《宋史》卷496《蛮夷四》，第14235页。
② 《宋史》卷493《蛮夷一》，第14175页。
③ 刘子健：《中国转向内在：两宋之际的文化内向》导言，赵冬梅译，江苏人民出版社2002年版，第2页。
④ （宋）周去非著，杨武泉校注：《岭外代答》卷3《外国门下》，中华书局2006年版，第121页。

民族政策。"① 事实上，宋王朝君臣面对商品经济发展所带来的市场关系的变化，引入经济力量，以市场这只"无形之手"控制边疆民族，就是宋朝民族政策重要的创新和发展。

五

在对民族政策进行创新的同时，宋王朝也对传统的民族政策进行了扬弃，和亲现象的消失即是表现之一。

和亲，作为一种部族或政权间处理相互关系的手段，早在先秦时期就已存在，但以联姻作为处理与周边民族关系的重要方式则始于西汉。首倡此策的是汉高祖的谋臣刘敬。自刘敬献和亲之策后，历代和亲不绝。据张正明先生的研究，西汉时期各类和亲至少有16起，其中西汉王朝与边疆民族的和亲有11起，主要是汉王朝与匈奴和亲，不同民族之间的和亲至少有5起。东汉至西晋，虽有袁绍与乌桓和亲以及莎车与于阗之间的和亲，但这时和亲较少，且规格远不如西汉。十六国和南北朝时期，共有和亲29起，其中25起发生在不同民族政权之间，有4起发生在汉族与边疆民族之间，即北燕与柔然和亲2起，东魏权臣高氏与柔然和亲2起。隋唐两代，共有和亲45起，其中12起发生在西部边疆民族之间，其余33起发生在中原王朝与周边民族之间，具体是：隋代和初唐有13起，主要发生在隋唐王朝与突厥之间；中唐有13起，唐王朝与东起契丹和奚、西至吐蕃和于阗的多个少数民族发生了和亲；晚唐有7起，主要发生在唐王朝与回纥之间。五代，目前可检得和亲1起，即南汉与西南大长和国和亲。宋代以后，和亲共计37起，即辽朝与西夏和亲3起，辽朝与回鹘和亲1起，辽朝与吐蕃别部和亲2起，西辽与乃蛮和亲1起，西夏与吐蕃别部和亲1起，回鹘与吐蕃别部和亲1起，金朝与蒙古和亲1起，西夏与蒙古和亲1起，蒙古（元朝）与高昌和亲4起，清太祖和太宗两朝与蒙古和亲22起。② 很显然，在汉至唐时期，中原王朝与边疆民族之间的和亲非常盛行，而从宋代以后，以汉族为主体的中原王朝与边疆民族之间的和亲作为一种历史现象退出了历史舞台。

---

① 熊铁基：《唐代民族政策初探》，《历史研究》1982年第6期。
② 参见张正明《和亲论》，《中国古代边疆政策研究》，中国社会科学出版社1990年版。

欧阳修的《再和明妃曲》诗云:"汉宫有佳人,天子初未识。一朝随汉使,远嫁单于国。绝色天下无,一失难再得。虽能杀画工,于事竟何益。耳目所及尚如此,万里安能制夷狄。汉计诚已拙,女色难自夸。明妃去时泪,洒向枝上花。狂风日暮起,飘泊落谁家。红颜胜人多薄命,莫怨春风当自嗟。"① 诗中"汉计诚已拙"一语,准确反映出和亲政策已经不是中原王朝民族政策的一项重要内容了。宋人欧阳修的诗与宋代以来以汉族为主体的中原王朝与边疆民族之间的和亲消失并非历史的巧合,而是有着内在的必然联系。

对于中国古代为什么会出现和亲,学术界做了深入探讨和分析,但对宋代以后和亲政策的变化则没有认真研究。这是一个颇为值得重视的问题。从和亲的具体背景来看,虽然有的和亲是战争前的缓兵之计,有的是两次战争间的过渡,有的是战争的最终结局;但从观念和动机来看,和亲主要是想通过婚姻关系,造成华夷一统和天下一家的局面,以维持中原王朝与边疆民族之间的和好关系。可以说,和亲是基于华夷一统、天下一家观念条件下推行的政策,也是这种观念的具体实践和运用。汉与匈奴的和亲,就是想通过和亲,使冒顿为汉室子婿,形成汉匈一家的局面。唐代与吐蕃等族的和亲也是这样。深究其原因,汉唐之际,中原王朝对边疆民族经济的影响有限,要达到此种局面,只有借助于婚姻关系。而到了宋代,互市的发展加强了中原内地与边疆民族地区的经济联系,经济联系的加强和双方经济发展一体化趋势的出现,事实上已形成了新的层面上的华夷一统和天下一家的局面。这样,华夷一统、天下一家的观念在实际中已得以充分体现。在这种情况下,和亲政策的影响就大为弱化。

六

中国古代的边疆民族政策,总体来说是一种羁縻制度,是在羁縻中实现对边疆民族的统治,在羁縻中求得中原王朝与边疆民族友好相处。关于羁縻制度,或说渊源于魏晋,或说渊源于唐代。不过,不论它渊源于何时,在宋代以前,它的内容主要是"树其酋长,使自镇抚"。在羁縻制度

---

① (宋)欧阳修著,李逸安点校:《欧阳修全集·居士集》卷8《再和明妃曲》,中华书局2001年版,第132页。

下,中原王朝对周边民族"服则怀之以德,叛则震之以威"①;而周边民族对中原王朝则是"弱则畏服,强则侵叛"②。毋庸置疑,这项政策要取得成功,必须以强大的武力为后盾。上文谈到的和亲,本质上也是一种羁縻制度,它同样也必须取决于武力。贞观十五年(641),唐朝打败薛延陀之后,其首领夷男于次年遣使请婚。唐太宗开始表示同意,说:"朕为苍生父母,苟可以利之,岂惜一女?"③但紧接着又以聘礼不足为借口,拒绝和亲。对此,大臣褚遂良曾批评唐太宗"失口于人"④,而唐太宗却说:"君等知古而不知今。昔汉家匈奴强而中国弱,所以厚饰子女,嫁与单于;今中国强而北狄弱,汉兵千人堪击其数万。延陀所以扶服稽颡、恣我所为、不敢骄慢者,以新得立为君长,杂居非其本属,将倚大国,用服其众。彼同罗、仆骨等十余部落,兵各数万,足制延陀,所以不敢发者,以延陀为我所立,惧中国也。若今以女妻之,大国子婿,增崇其礼,深结党援,杂姓部落,更尊服之。夷狄人岂知恩义?微不得意,勒兵南下,所谓养兽自噬也。今不许其女,使命颇简,诸姓部落知吾弃之,其争击延陀必矣。"⑤唐太宗考虑与薛延陀的和亲,完全是从双方力量对比的角度考虑问题的。张正明先生通过对和亲的全面研究,就曾一针见血地指出:"不但和亲的规格是由双方的力量对比决定的,而且是否和亲也决定于双方的力量对比","和亲的双方都是从实力地位出发的"⑥。可见,汉唐时期,中原王朝边疆民族政策的核心是武力。这是一个以武力为核心的政策体系时期。对此,宋人司马光曾总结说:"盖上世帝王之御夷狄也,服则怀之以德,叛则震之以威。"⑦即强调武力为此前王朝边疆民族政策的显著特征。

入宋以后,由于南方和西南边境各民族"其人物犷悍,风俗荒怪,不可尽以中国教法绳治"⑧,宋王朝继续采用传统的羁縻政策对其加以控制。然而,由于宋王朝在这些地区的军事力量较弱⑨,因此,传统羁縻政策的

---

① (宋)袁枢:《通鉴纪事本末》卷2下《匈奴和亲》,中华书局1979年版,第132页。
② 《晋书》卷56《江统传》,中华书局1974年版,第1530页。
③ 《旧唐书》卷199下《铁勒传》,中华书局1975年版,第5346页。
④ 《旧唐书》卷80《褚遂良传》,第2732页。
⑤ (唐)杜佑:《通典》卷199《边防典十五·薛延陀》,中华书局1996年版,第5466页。
⑥ 张正明:《和亲论》,《中国古代边疆政策研究》,中国社会科学出版社1990年版。
⑦ (宋)司马光:《资治通鉴》卷12,高帝九年,中华书局1956年版,第383页。
⑧ (宋)范成大撰:《桂海虞衡志·志蛮》,中华书局2002年版,第134页。
⑨ 参见拙文《宋代西南地区的少数民族义军》,《思想战线》1990年第1期。

收效不是太大，故宋人评价它并不是控制少数民族的"经久之策"①。可见，时至宋代，宋王朝要想控制各边疆民族，就不得不去探索较为合乎当时历史情况的新政策。如前所述，宋代随着商业的发展以及随之而来的国内市场的扩展，边疆民族已对中原产生了巨大的依赖性，他们迫切需要与中原互市。当时，宋王朝的君臣们清楚地看到了这一点，因而他们将互市这种经济关系纳入王朝民族政策体系之内，使互市成了处理民族关系的重要工具和手段。不论是就宋王朝利用互市控制各民族的政策本身来讲，抑或是就宋王朝之所以能达到控制目的的原因来讲，它们都反映了经济力量向封建王朝民族关系渗透这一问题。由于这种渗透适应了社会经济发展的要求，所以它在当时收到了巨大成效，且对后世封建王朝的民族政策也产生了重要影响。也就是说，这种渗透使得我国古代的民族政策以及民族关系的发展都具有某种转折性的变化。明王朝即广泛利用互市控制边疆各民族，故《明史》在记述茶马贸易的历史时说："番人嗜乳酪，不得茶则困以病，故唐、宋以来，行以茶易马法，用制羌、戎，而明制尤密。"②后人在总结宋王朝的周边民族政策时即说："宋之待遇亦得其道，厚其委积而不计其贡输，假之荣名而不责以烦缛；来则不拒，去则不追；边圉相接，时有侵轶，命将致讨，服则舍之，不黩以武。先王柔远之制岂复有加于是哉！"③"不黩以武"充分反映了宋王朝周边民族政策的时代特征。由此来看，宋代是中原王朝民族政策由以武力为中心向以经济力量为中心转变的一个转折点。其转变动因就是商品经济的发展及由此而来的市场网络的扩张。

与武力相比，经济力量的影响无疑程度更深，影响面更大，影响力更为持久。因此，宋代民族关系和宋王朝民族政策的这种变化具有重要的历史意义。

中国是一个凝聚力很强的国家，边疆民族很早就对中原王朝产生了强烈的向心力。不过在宋代以前，这种向心力主要是由中原高度发展的经济文化的影响力而引起的。宋代，伴随着各民族在一定程度上卷入内地的市场体系，经济发展的直接影响力无疑大大增加，这样，各民族的向心力就更为增强。至道元年（995），"环州熟仓族乩遇掠夺继迁牛马三十余，继

---

① 《宋史》卷493《蛮夷一》，第14171页。
② 《明史》卷80《食货四》，中华书局1974年版，第1947页。
③ 《宋史》卷485《外国一》，第13983页。

迁令人招抚之，乩遇答云：吾一心向汉，誓死不移。（宋廷）诏以遇为会州刺史，赐帛五十匹、茶五十斤"①。乩遇的话，具有典型性，代表了周边民族的普遍要求。因周边民族"一心向汉"，很多边疆民族纷纷内迁并向中原王朝献地纳土。如在西北地区，"河西回鹘多缘互市家秦、陇间"②，不断向内地迁徙。不唯如此，边疆民族还不断向宋王朝献地纳土，愿意置身于宋王朝的直接统治之下。当时，这种献地纳土现象在西北和西南地区均有。以西南地区为例，熙宁八年（1075）十一月，"夷人献长宁等十州地，隶泸州淯井盐"③；绍圣四年（1097）五月，时播州夷人首领杨光荣乞献土④；大观三年（1109）六月，"泸南夷纳土"，九月，"黔南、安化、上三州及南、思诸峒并湖北辰、靖等州诸蛮及涪州、夔州、南平军夷人并纳土，幅员二万七千余里"⑤。因宋代周边民族献地纳土较为普遍，所以在宋王朝的周边，出现了大量的"熟户"。所谓"熟户"，是与"生户"相对而言，为归附宋王朝的边疆民族，故宋人又称之为"熟户"。"生熟户"在宋代的出现，实际上反映了周边民族融入中原步伐的加快。从某种意义上来说，宋代中原与周边民族地区经济联系加强的过程，也就是中原王朝对周边民族控制强化的过程。这样一种状况，无疑有利于民族的融合，有利于各民族社会经济的发展。更为重要的是，它大大增强了周边民族对中原王朝的向心力和认同感。继宋而起的元王朝，能够将原来处于羁縻控制之中的边疆民族第一次纳入中原王朝的直接统治之下，建立起空前统一的多民族国家，这并非偶然，实与宋代以来新的变化有深刻的内在联系。

简言之，在中国民族关系史上，宋代是一个经济力量向民族政策和民族关系各方面渗透的时代。这种渗透，符合社会发展的要求，有利于民族团结，有利于各民族自身的发展以及我国统一的多民族国家的发展。这是宋代以后元、明、清几代王朝空前统一大发展的重要原因。

---

① 《宋史》卷491《党项传》，第14142页。
② （宋）李焘：《续资治通鉴长编》卷111，明道元年七月甲戌，第2584页。
③ （宋）李焘：《续资治通鉴长编》卷271，熙宁八年十二月丁巳，第6654页。
④ （宋）李焘：《续资治通鉴长编》卷488，绍圣四年五月辛巳，第11592页。
⑤ （清）黄以周等辑注，顾吉辰点校：《续资治通鉴长编拾补》卷28，大观二年六月戊申，中华书局2004年版，第948页。

"苏学盛于北"说再考察

四川大学历史文化学院　粟品孝

一　问题的提出

金朝在灭掉辽国和北宋后，占有北中国的大部分地区，与南宋形成长期对峙之势。这一新的政治格局，对于北宋中期以来兴起的宋学各派在区域空间上的发展传播带来深刻影响。其中有一种流传广泛的说法，认为以三苏父子特别是以苏轼为代表的苏氏之学，在金朝统治的北方地区具有广泛而深刻的影响力，以致明清学者有"苏学行于北""苏学盛于北"的概括。当代一些著述也对此力加论证[①]，其中魏崇武《也论"苏学盛于北"》一文虽然主要是从"苏学盛于北"说的来龙去脉的角度讨论，但最后仍是强调苏轼曾对金元文学产生了"重大影响"。这些讨论有一个共同点，那就是把这里的"苏学"限定在苏氏的文学以及书画艺术的范围，这也是学界多数学者的共识。不过，也有一些学者，认为这里的"苏学"不限于文学艺术，还包括苏氏的经学著作、哲学思想。也就是说，不仅苏氏的文学、书画，其经学著作和思想也对金朝学者产生了重要影响。以笔者所见，最早明确提出这一观点的大约是日本学者吉川幸次郎。他在20世纪70年代的一篇主要讨论金朝朱子学的论文中虽然没有直接引用"苏学盛于

[①] 参见胡传志《"苏学盛于北"的历史考察》，《文学遗产》1998年第5期；曾枣庄《"苏学行于北"：论苏轼对金代文学的影响》，《阴山学刊》2000年第4期；刘明今《"程学盛南苏学北"解》，王水照主编《首届宋代文学国际研讨会论文集》，复旦大学出版社2001年版，第383—391页；张惠民《从金源文论看"苏学行于北"》，《乐山师范学院学报》2007年第4期；魏崇武《也论"苏学盛于北"》，《民族文学研究》2008年第1期；胡梅仙《苏学盛于北与金词的发展历程》，《长安大学学报》2013年第1期；徐传法《"苏学盛于北"与金代初期书风之关系》，《书法研究》2017年第4期。

北"之说，但有这样的表述："苏轼在北方不仅仅作为一个'文学之神'而存在，同时作为一个儒家学者，其著作如《东坡易传》《书传》，还有今日已经失传的《论语解》，乃至其弟苏辙的《诗集传》，都在北方盛极一时。"① 不过在深入研究金朝儒学的美国学者田浩（Hoyt Cleveland Tillman）和包弼德（Peter K. Bol）看来，此论未必成立。田浩指出："金代学者显然是欣赏苏轼的文学艺术成就，而不一定是他的文化哲学。"② 观其全文，这里的"文化哲学"是指超越苏轼之"文"的儒家之"道"。包弼德的语气更加肯定："苏轼在金朝一般被当作'文学性'人物来对待，并且'文学性'而不是'哲学性'才是这场知识复兴运动的中心。"③ 二人对吉川幸次郎观点的修正似乎没有引起学界足够的重视和肯定，相反，一些学者还加以反驳。如刘辉在《金代儒学研究》中就说："田浩先生所论固然有一定道理，但亦不尽然。观赵秉文、王若虚、李纯甫对苏氏之学的议论，足见他们已经把握住了苏氏哲学的精髓，他们对苏学的认同，很大程度上是由于它们在学术旨趣上的趋同所致。"④ 杨珒在最近出版的关于金代儒学的专著中没有提到上述观点，但她在引用翁方纲"苏学盛于北"之说后指出："苏学对金地域内文人士大夫的影响颇深。"接着又写道："从儒学方面来看，以苏轼为代表的蜀学著述主要有《苏氏易传》《论语说》《书传》，苏辙的《诗集传》《春秋集解》，蜀学的经学注疏等"，⑤ 显然杨珒对翁氏"苏学"的理解，是包括了苏氏的经学著述和思想的。另外，由于晚

---

① ［日］吉川幸次郎：《朱子学北传前史——金朝と朱子学》、宇野哲人先生白寿祝贺纪念会编：《宇野哲人先生白寿祝贺记念东洋学论丛》1974年版，第1247页。

② ［美］田浩：《金代的儒教——道学在北部中国的印迹》，中国哲学编辑部《中国哲学》第十四辑，人民出版社1988年版，第113页。此文现已收入［德］苏费翔、［美］田浩著，肖永明译的《文化权力与政治文化：宋金元时期的〈中庸〉与道统问题》（中华书局2018年版，第319页）一书中，但观点和表述一仍其旧。

③ Peter K. Bol, "Seeking Common Ground: Han Literati under Jurchen Rule," *Harvard Journal of Asian Studies*, Vol. 47, No. 2, (Dec. 1987), p. 468. 按：包弼德此文的发表时间虽较田浩一文早，但写作则稍晚，他文章中还特别提到了田浩一文的英文版（名为"Confucianism Under the Chin Dynasty: The Introduction of Sung Confucian Tao-hsueh"）。又，包弼德此处所谓的"知识复兴"（intellectual revival），是指1190年代以来一批具有自觉意识的金儒如赵秉文、李纯甫、王若虚等人推动建立起来的"可以自立的知识文化"（self-sustaining literati intellectual culture），其核心是复归北宋那种重文崇儒的传统。

④ 刘辉：《金代儒学研究》，中国社会科学出版社2017年版，第97页。

⑤ 杨珒：《女真统治下的儒学传承——金代儒学及儒学文献研究》，四川大学出版社2014年版，第65—66页。

清经学家皮锡瑞（1850—1908）在其《经学历史》中也有"金、元时，程学盛于南，苏学盛于北"的表述，以至当代学者周良霄等在《元代史》中谈"金代的儒学概况"时就说："三苏之学盛行于金，清人翁方纲、皮锡瑞都早便指出。"① 韩钟文在《中国儒学史·宋元卷》中论及宋金时期儒学在北方的传播与演变时也说："三苏之学盛行于北方，皮锡瑞在《经学历史》中早已有评述。"②

现在的问题是，清人翁方纲、皮锡瑞所谓的"苏学盛于北"是否可以理解为苏氏（尤其是苏轼）的经学著作和思想在金朝得到了广泛传播呢？或者说，"苏学盛于北"的"学"是否有更宽泛的指称，不仅包括文学、艺术，也包括经学、哲学思想呢？要回答这一问题，有必要先来回溯一下"苏学盛于北"说法的由来及其具体内涵。

二 "苏学盛于北"说的由来及其具体内涵

关于"苏学盛于北"，学界一般喜欢引用清儒翁方纲（1733—1818）的表述。翁氏在其著作中多次指出："有宋南渡后，程学行于南，苏学行于北""（金朝）当日程学盛于南，苏学盛于北"③，并有"程学盛南苏学北"的诗句。④ 这些说法概括力强，为学界津津乐道。但实际上，翁方纲的说法远有端绪。前述魏崇武《也论"苏学盛于北"》一文已有很好的论述，下面在此基础上做进一步梳理。

（一）明朝初年宋濂所谓"洛学在南，川学在北"及其表述渊源

魏崇武指出，后世流行的"程学盛于南，苏学盛于北"的说法，"肇始"于元末明初的大儒宋濂（1310—1381）。⑤ 宋氏在《跋东坡所书眉山石砚歌后》中写道：

---

① 周良霄、顾菊英：《元代史》，上海人民出版社1993年版，第695页。
② 韩钟文：《中国儒学史·宋元卷》，广东教育出版社1998年版，第597页。
③ （清）翁方纲著，陈迩冬校点：《石洲诗话》卷5，人民文学出版社1998年版，第九则，第153页；第四十五则，第162页。
④ （清）翁方纲：《复初斋诗集》卷4《药洲集三·雷州道中读道园学古录忆甲申冬曾读于此用录中韵作诗寄择石蕴山未窥其旨也爱为改作时丁亥七月廿四日》、卷六七《石画轩草十·又书遗山集后三诗》，清乾隆五十八年刻本。
⑤ 魏崇武：《也论"苏学盛于北"》，《民族文学研究》2008年第1期。

>自海内分裂，洛学在南，川学在北。金之慕苏，亦犹宋之宗程，又不止宝爱其书而已。呜呼！士异习则国异俗，后之论者，犹可即是而考其所尚之正偏，毋徒寘品评于字画工拙之间也。①

这里的"川学"，即是"苏学"。诚如魏先生所揭示的，宋濂的说法与元末明初程朱理学地位不断强化的思想环境和宋氏自身的以程朱理学为正统的思想倾向密切相关，因此他继承了朱熹扬程抑苏的立场，从学术偏正的角度批评了苏学的不正。② 我们现在要进一步追问的是，除了这种学术环境之外，单从这一学术概括来说，宋濂的说法是否还可以追溯呢？

应该说，在宋金分裂时期，以二程洛学为奠基的理学主要流行于南方而不是北方，当时南北双方学者、宋金以来的学者对此都是公认的；但苏氏之学并不限于北方，在南方同样流行，这一点宋末元初学者就有观察和总结。如四明（今浙江宁波）人袁桷（1266—1327）就说："方南北分裂，两帝所尚，唯眉山苏氏学"，"宋金分裂，群然师眉山公，气盛意新，于科举为尤宜"。③ 事实也正是如此，三苏尤其是苏轼在金朝和南宋都有很大的势力和影响，曾枣庄等著的《苏轼研究史》对此有集中的论述。④ 南北双方均推崇的"眉山苏氏学"为什么后来就变成了宋濂的"川学在北"这一局限于北方区域的说法呢？

这一问题或许与元代学者认为北方文学胜过南方文学这一较普遍的看法有关。元儒这一看法，邱轶皓在《吾道——三教背景下的金代儒学》一文中已有初步揭示⑤，兹不赘述。这里要补充的是元儒虞集（1272—1348）在《庐陵刘桂隐存稿序》中的分析。这是一篇讨论宋金元时期文学演进的长篇序文，大意是说北宋欧阳修、苏轼文道合一，达到了文学的最高成就，但是到了南宋，理学太盛，"说理者鄙薄文词之丧志，而经学、文艺判为专门"，文学、文风衰败不堪；而在北方地区则呈现出另外一番景象："中州隔绝，困于戎马，风声气习，多有得于苏氏之遗，其为文亦曼衍而

---

① （明）宋濂著，黄灵庚辑校：《宋濂全集》卷42《跋东坡所书眉山石砚歌后》，人民文学出版社2014年版，第2册，第926页。
② 魏崇武：《也论"苏学盛于北"》，《民族文学研究》2008年第1期。
③ （元）袁桷著，杨亮校注：《袁桷集校注》卷21《乐侍郎诗集序》、卷22《曹伯明文集序》，中华书局2012年版，第3册，第1117、1157页。
④ 曾枣庄等：《苏轼研究史》，江苏教育出版社2001年版，第79—176页。
⑤ 邱轶皓：《吾道——三教背景下的金代儒学》，（台北）《新史学》2009年第4期。

浩博矣。"承袭此风,元朝文学也有"雄浑之气",并出现了理辞兼胜、文道合一的刘桂隐。① 大约正是由于虞集等人认为"多有得于苏氏之遗"的金朝文学胜于南宋文学,后人遂有"川学在北"的进一步概括和提炼。

这里要特别说明的是,上引袁桷、虞集和宋濂的话,都是在讨论文艺、文风时说的,似乎没有涉及苏氏的经学和哲学思想。

(二) 明朝前期张弼提出"苏学行于北"说,后成为流行说法

比宋濂晚数十年的张弼(1425—1487),在谈到金朝蔡松年等人的书法有苏轼笔意时指出:"当时程学行于南,苏学行于北,金之尊苏与孔子并,故习其余风,皆有类耳。"② 不难看出,张弼的说法脱胎于宋濂,他把宋氏的"洛学在南,川学在北"改为"程学行于南,苏学行于北",把宋氏的"金之慕苏,亦犹宋之宗程"改为"金之尊苏与孔子并"。不过在价值观上已大变,张弼是尊苏的,同时又是理学家,因此没有学术偏正的价值判断立场。

尽管宋濂和张弼的价值立场完全不同,但他们均是从书法艺术这一角度入手,以对称性的手法来表示程学和苏学在南北两大区域的流行情况,而且都特别强调金人对苏轼的尊崇和仰慕。尽管他们没有界定"川学"或"苏学"的内涵,但从他们行文入手情况来看,这里的"学"更多还是文学艺术、风格气质的层面,而非儒家经学,当更接近事实。

较张弼更有名望的丘濬(1420—1421)则在弘治年间(1488—1505)为宋儒杨时争取孔庙从祀的奏疏中写道:"在宋金分裂之时,程学行于南,苏学行于北,虽伊洛之间不复知有程氏之学。"③ 丘濬这里重点是说二程之学之所以盛行于南宋,杨时是很有贡献的,北方没有杨时,以至理学中断,甚而二程长期讲学的"伊洛之间"也没有程学的传播,可见杨时在理学发展史上至关重要。无疑,丘氏言说的核心是在褒崇杨时,为杨

---

① (元)虞集:《道园学古录》卷33《庐陵刘桂隐存稿序》,王颋点校《虞集全集》上册,天津古籍出版社2007年版,第500页。

② (明)张弼:《张东海诗文集》卷4《跋东坡书太白逸诗卷》,明正德十三年周文仪福建刻本。

③ (明)丘濬:《大学衍义补》卷66《治国平天下之要·秩祭祀·释奠先师之礼下》"正统中以宋胡安国蔡沈真德秀元吴澄从祀"条,影印文渊阁《四库全书》,台北商务印书馆1986年版,第712册,第758页。关于丘濬的上疏时间,清初高世泰在《道南列传叙》中有"直至弘治年间丘文庄特疏补入"语。参见(清)高廷珍编:《东林书院志》卷16,清雍正十一年刻本。

时争取孔庙从祀。因此这里虽然提到了与"程学"相对的"苏学",但通篇文字再无有关苏学的情况。可以说,丘濬只是对当时流行说法"程学行于南,苏学行于北"的引述而已,从中看不出他对"苏学行于北"有什么特别的看法,也没有明确说苏氏的经学盛行于北方。后来章潢(1527—1608)编纂类书《图书编》,也只是将丘濬的奏疏摘编入内,没有任何阐释。[①]

晚于张玮、丘濬一百多年,也比章潢晚数十年的冯从吾(1556—1627),生活在明朝理学大盛之时,他用心编撰《元儒考略》,旨在表彰元朝理学。他在为北传理学的赵复作传时写道:"先是,南北道绝,载籍不相通,洛闽之学惟行于南,北方之士惟崇眉山苏氏之学。"[②] 这里前一句的"南北道绝,载籍不相通"出自《元史·赵复传》,后一句"洛闽之学惟行于南,北方之士惟崇眉山苏氏之学",应该是对前贤"程学行于南,苏学行于北"的另一种表述。他这里特别使用了"惟"字,显然不符合事实,意在夸大北方理学的荒芜情况,以此来突出赵复北传理学之功。应该说,冯从吾这里所谓"北方之士惟崇眉山苏氏之学"也只是对前贤"苏学行于北"的变通性表述,并没做特别的诠释,也不能说他的意思就是苏氏的经学盛行于北方。

(三)清朝初年王士禛改提"苏学盛于北",后来翁方纲反复宣扬

到清朝初年,学者王士禛(1634—1711)在一段诗歌评论中,把"苏学行于北"改为"苏学盛于北","(宋室)南渡以后,程学盛于南,苏学盛于北。金元之间,元裕之其职志也,七言妙处,或追东坡而轶放翁"[③]。王士禛虽仅一字之改,但程度明显加深。他这里虽然还是将程学与苏学对举,但着重强调的是苏学在北方金朝的盛传情况,并正面肯定苏轼对元好问(字裕之)文学成就的重要影响。其"苏学"之"学",明显是指文学。王说为学者少见,以致有学者说"苏学盛于北"是从翁方纲开始的[④],从而把"苏学盛于北"之说缩短了一百多年,这是应予以纠正的。

[①] (明)章潢辑的类书《图书编》(卷一〇四)"程学行于南"表述为"程学分于南"(文渊阁《四库全书》,第972册,第257页),或是误刻一字。
[②] (明)冯从吾:《元儒考略》卷1,文渊阁《四库全书》,第453册,第764页。
[③] (清)王士禛:《带经堂诗话》卷4,清乾隆二十七年刻本。
[④] 魏崇武:《也论"苏学盛于北"》,《民族文学研究》2008年第1期。

"苏学盛于北"说再考察

当然，后来翁方纲所说的"苏学盛于北"最有影响。从目前的梳理情况来看，翁氏只有一处沿用了明朝诸儒"苏学行于北"的说法，前已引述。他更多的还是说"苏学盛于北"，如在《石洲诗话》中就说：

> 当日程学盛于南，苏学盛于北，如蔡松年、赵秉文之属，盖皆苏氏之支流余裔。遗山（按指元好问）崛起党、赵之后，器识超拔，始不尽为苏氏余波沾沾一得，是以开启百年后文士之脉。
>
> 尔时苏学盛于北，金人之尊苏，不独文也，所以士大夫无不沾丐一得，然大约于气概用事，未能深入底蕴。①

"金人之尊苏，不独文也"，是说不仅苏氏的诗文得到推崇，还包括苏氏的豪放风格或忠义之气，即所谓"气概用事"，前引元朝虞集说金朝文人"风声气习，多有得于苏氏之遗，其为文亦曼衍而浩博矣"，也是此意，绝不是指苏氏的经学或哲学思想。

除了诗话以外，翁氏在实际的诗歌创作中也多次使用"苏学盛于北"的说法，如在《斋中与友论诗五首》之一中就写道：

> 苏学盛于北，景行遗山仰。谁于苏黄后，却作陶韦想。②

在一首题为《再题》的长诗中也有这样几句：

> 当时苏学盛于北，明昌未出遗山翁。
> 谁言党禁所勒毁，尚与墨本追沈雄。
> 苏门果有忠臣在，藏锋百态谁与穷？③

我们知道，翁氏的诗学出于黄叔琳，而叔琳得自王士祯，翁、王二人之间是有学术上的"血缘关系"的④，因此可以肯定翁氏"苏学盛于北"说有着王士祯的影响。他在《复初斋外集》诗卷第十七的《代杨钝夫作》

---

① （清）翁方纲：《石洲诗话》卷5，第九则，第153页；第二十三则，第156页。
② （清）翁方纲：《复初斋诗集》卷62《斋中与友论诗五首》之一，清乾隆五十八年刻本。
③ （清）翁方纲：《复初斋外集》诗卷22《再题》，《嘉丛堂丛书》本，民国九年（1920）版。
④ 陈迩冬校点：《谈龙录 石洲诗话》，人民文学出版社1998年版，第254—255页。

一诗中所谓的"古云'苏学盛于北'"的"古",至少就包含已经作古的王士祯。

从翁氏多次使用的情况来看,他所说的"苏学",主要是指苏氏的文学方面,包括文风(所谓"气概"),绝没有扩大到苏氏的经学层面。大约正因为如此,所以清末光绪七年(1881)方戊昌在为遗山先生元好问文集作序时,明确写道:

> 尝论宋自南渡后,疆宇分裂,文章学术,亦判为两途。程氏之学行于南,苏氏之学行于北。行于南者,朱子集其大成;行于北者,遗山先生衍其统绪。①

这里就把程氏之学和苏氏之学的"学"分得很清楚,分别是指"学术"和"文章",对应的主要就是经学与文学。

但是,晚清经学家皮锡瑞在其《经学历史》的"经学积衰时代"一节中有一段总论汉学、宋学流行区域的话:

> 汉学至郑君而集大成,于是郑学行数百年。宋学至朱子而集大成,于是朱学行数百年。……朱学统一,惟南方最早。金、元时,程学盛于南,苏学盛于北。北人虽知有朱夫子,未能尽见其书。元兵下江汉,得赵复,朱子之书始传于北。②

由于这是在讨论"经学"历史,所以这段"金、元时,程学盛于南,苏学盛于北"的话,很容易让人觉得皮锡瑞所谓的"苏学"是指苏氏的经学,并加以沿用。前述周良霄等的《元代史》、韩钟文的《中国儒学史·宋元卷》就是这样。不过在明白了"程学盛于南,苏学盛于北"说的由来后,我们只能说这是不恰当的。皮锡瑞未必有此意,他只是沿用前贤说法而已,重点是谈朱学如何由南而北,最后完成全国的统一,对"苏学"没有任何展开性的论述。

综合上述情况,"苏学行于北"说起自明代,宋濂是肇始者,张弼则

---

① 《光绪本方戊昌序》,(金)元好问著,周烈孙、王斌校注《元遗山文集校补》下册附录一,巴蜀书社2013年版,第1378页。

② (清)皮锡瑞著,周予同注释:《经学历史》,中华书局1989年版,第281页。

是最早明确说出"苏学行于北"五字的儒者,之后丘濬、冯从吾等明儒和翁方纲等清儒都使用过。而清初的王士禛则最早提出"苏学盛于北"说,经一百多年后的翁方纲反复宣扬,形成巨大影响,甚至清末的皮锡瑞在《经学历史》中也加以沿用,近些年学界还连续出现好几篇专门论文。从这些论说的语境来看,有两方面:一是在儒学史、经学史著作中谈,给人以苏学的学是与程学相对应的儒学、经学的印象,但实际很难说就是如此;二是在诗文书画和文学史研究中的讨论,显然主要是指苏氏的文学、艺术和风格层面。从这些梳理来看,传统的"苏学盛于北"的"学"实际限于文学艺术,以及相关的文风、气象,很难说有经学、哲学思想的意涵。

虽然明清学者在说"苏学行于北"或"苏学盛于北"时,其"学"都没有儒学、经学的内容,但在今天使用时,是否可以扩大到经学和哲学思想层面呢?这就要看当时苏氏的经学和哲学思想是否真正盛行于北方金朝地区。下面我们再就此展开讨论。

三 苏氏经学在北方金朝地区的传播概况

关于苏氏经学在北方金朝地区的传播情况,过去一直缺乏梳理。这里打算从以下两个方面来观察。

(一)从苏氏经学著作的版本和宋金之间书籍交流上看

苏氏的著作在金朝初期就受到特别重视,金朝灭亡北宋时还专门加以搜罗。史载:宋靖康元年(1126)十二月,金军攻下开封后,即在城内搜取"苏、黄文"。[①] 这里的"苏、黄文"是否包括苏氏的经学著作,我们不得而知,但即便有,应该也不多。因为受元祐党禁的影响,北宋当时只刻印有苏氏的《易传》《书传》,其他经学著作都没有单独出版。[②] 而且,从现存的文献资料来看,金朝初期还未见学者重视苏氏的《易传》《书传》等经学著作的研读。

---

① (宋)丁特起:《靖康纪闻》,《丛书集成初编》,中华书局1985年版,第17页。参见(宋)徐梦莘《三朝北盟会编》卷73《靖康中帙四十八》,靖康元年十二月二十三日甲申,上海古籍出版社1987年版,第548页。
② 参见舒大刚、李文泽主编《三苏经解集校》,四川大学出版社2017年版,第8、184页。

那么金朝人自己是否刻印过苏氏的经学著作呢？从我们已见的资料来看，金朝确实刻印过苏轼的一些著作，如《东坡奏议》，史载：金世宗曾问丞相耶律履（字履道）：宋名臣中谁最优秀？履道答道：苏轼最优。并说："世徒知轼之诗文人不可及，臣观其论天下事，实经济之良才。求之古人，陆贽而下，未见其比。"世宗遂诏国子监刊印《东坡奏议》。① 同时金朝也刻印过苏轼的文集，《金史》载：章宗明昌二年（1191）四月己亥："学士院新进唐杜甫、韩愈、刘禹锡、杜牧、贾岛、王建，宋王禹偁、欧阳修、王安石、苏轼、张耒、秦观等集二十六部。"② 另外，张秀民的《中国印刷史》中说题为王十朋辑撰的《集注东坡先生诗》也有金刻本。③ 这些都属于苏轼的诗文部分。我们目前并没有见到苏轼和他的弟弟苏辙所撰的任何一部经学著作在金朝得到了刻印。苏辙的《老子解》（又名《道德真经注》）一书虽然被金朝后期大儒赵秉文的《道德真经集注》全文引用④，且放在每一卷的开头，可见其重要地位，但他所依据的究竟是什么版本，我们并不清楚。

不但金朝方面未见刻印，南宋刻印的苏氏经学著作，目前我们也未见明确的材料说有流传至金地的，或金朝方面有求购苏氏经学著作的情况。关于南宋著述流入金朝地区的情况，孔凡礼、刘浦江等已有一些梳理，可以否定清儒赵翼所谓"南宋人著述罕有入中原者"一说，实际情况是已有很多南宋刻印的著作流传到了北方。⑤ 但目前还没有资料显示南宋刻印的苏氏经学著作（包括《老子解》）传播到了金朝地区。

没有见到，不等于没有。但目前未见苏氏经学著作在金朝刻印或从南宋流入金朝的任何一条材料，那至少说明即便金朝有刻印，南宋有传入，数量和传播也是极为有限的，这与吉川先生所谓苏轼经学著作"在北方盛极一时"的说法相去甚远。

---

① （金）元好问著，萧和陶点校：《中州集》壬集第九，华东师范大学出版社2014年版，第579页。

② 《金史》卷九《章宗本纪一》，中华书局1975年版，第218页。

③ 转引自孔凡礼《南宋著述入金述略》，《文史知识》1993年第7期。

④ 《老子解》一书是明儒焦竑《两苏经解》的组成部分之一，本文也以其为经学著作。

⑤ 孔凡礼：《南宋著述入金述略》，《文史知识》1993年第7期；刘浦江：《文化的边界——两宋与辽金之间的书禁及书籍流通》，张希清、田浩、黄宽重、于建设主编《10—13世纪中国文化的碰撞与融合》，上海人民出版社2006年版，第143—145页。

(二) 从金朝科举考试科目和金朝本身儒家经学的发展来看

众所周知，词赋科而非经义科长期是金朝主流进士科目①，以至有"金以词赋举进士"之说②，这自然是"苏学盛于北"中苏氏文学部分的内容大行于金朝的制度因素。③ 但笔者认为，这实际上又是造成苏氏经学内容不能在金朝地区广泛传播的制度障碍。

事实上，由于基础薄弱，加之科举制度重词赋轻经义的影响，金朝儒学发展长期不理想。关于金朝儒学发展的简略情况，学者喜引《金史·文艺传》开头的一段话：

> 金初未有文字。世祖以来渐立条教。太祖既兴，得辽旧人用之，使介往复，其言已文。太宗继统，乃行选举之法，及伐宋，取汴经籍图，宋士多归之。熙宗款谒先圣，北面如弟子礼。世宗、章宗之世，儒风丕变，庠序日盛，士繇科第位至宰辅者接踵。当时儒者虽无专门名家之学，然而朝廷典策、邻国书命，粲然有可观者矣。④

这里将金朝文明的演进分阶段进行了描述，虽然可见其由低到高的序列，但金朝儒者一直缺乏"专门名家之学"的倾向则是明确的。相对于北宋和南宋来说，这也应是事实。

虽然没有两宋那样一批又一批的"专门名家"，但儒学在金朝仍有其地位，"金以儒亡"可能言过其实⑤，但本身就说明儒学在金朝有相当的势

---

① 详见薛瑞兆《金代科举》，中国社会科学出版社2004年版，第46—51页。
② （元）袁桷著，杨亮校注：《袁桷集校注》卷29《滕县尉徐君墓志铭》，中华书局2012年版，第4册，第1374页。
③ 参见刘辉《金代儒学研究》，第96页；赵宇：《金元时期北方汉地理学接受史研究》，博士学位论文，北京大学，2018年，第48页。
④ 《金史》卷25《文艺传》，第2713页。
⑤ "金以儒亡"说最早见于《元史·张德辉传》，学界对其认识还存在很大分歧。或认为是很有道理的，如刘浦江《女真的汉化道路与大金帝国的覆亡》（袁行霈主编：《国学研究》第七卷，北京大学出版社2000年，现收入刘浦江：《松漠之间——辽金契丹女真史研究》，中华书局2008年版，第264—271页）；或认为不可信，如宋德金《大金覆亡辨》（《史学集刊》2007年第1期）。

力。这方面近二三十年陆续有一些重要的通贯性研究成果①，其中邱轶皓立足儒释道三教背景的讨论尤为精彩，而最新的成果则是刘辉的《金代儒学研究》一书。刘书虽然没有儒释道三教背景的视野，但其对金朝儒学发展三阶段的划分则令人信服。所谓三个阶段，一是"借才异代"阶段，即金太祖、太宗时期。所谓"借才异代"，是说金朝初期儒学人才匮乏，主要是对辽宋人才的借用。二是制度的儒家化阶段，即熙宗至章宗统治前期，包括礼仪制度、教育制度和科举制度三方面的儒家化。三是学术繁荣阶段，即章宗统治前期到金朝灭亡，出现了一批以儒名家的代表人物，如赵秉文、李纯甫、王若虚等。前两个阶段金朝儒学本身发展有限，没有出现以儒名家的代表人物，我们也没有见到哪位学者重视和研读苏氏的经学著作。那么第三阶段出现的这些以儒名家的代表人物又是如何对待苏氏经学著作的呢？

赵秉文（1159—1232）"主盟吾道将四十年"②，在金朝后期具有长期的影响力。他著述甚多，但保存有限，不过其文集还是有相当数量的文章流传至今。可惜的是，我们从中很难看到他对苏氏经学著作的研读情况。其文集卷首的《大学》部分是他最重要的学术论著之一，有几处引用到苏氏的论说，但经学著作只提及苏辙的《老子解》，而且还是持批评的态度，苏氏其他经学著作或文章并没有被述及。

李纯甫（1177—1223）对苏氏之学要更为推崇一些，以至清儒编的《宋元学案》将李氏视为"苏氏支流余裔"。比较而言，李氏确实在很多方面与苏氏相类，如公开嗜佛、倡言三教合一。李氏曾明确将孔子、老子和佛祖列为三圣人，指出："三圣人者，同出于周，如日月星辰之合于扶桑之上，如江河淮汉之汇于尾闾之渊，非偶然也。其心则同，其迹则异；其道则一，其教则三。"③ 这种公开宣扬佛道长处、公开宣扬三教合一的立

---

① 姚大力：《金末元初理学在北方的传播》，元史研究会编《元史论丛》第二辑，中华书局1982年版，第217—224页；魏崇武：《金代儒学发展略谈》，《赣南师范学院学报》1995年第5期；宋德金：《金代儒学述略》，徐振清主编《金史国际学术研讨会专集》，中州古籍出版社1996年版；晏选军：《金代儒学发展路向考论》，《北京师范大学学报》2004年第6期；以及前引田浩、包弼德、邱轶皓的文章，刘辉和杨珨的著作。

② 姚奠中主编，李正民增订：《元好问全集》卷17《闲闲公墓铭》，山西古籍出版社2004年版，第404页。

③ （金）李纯甫：《程伊川异端害教论辨》，（元）释念常《佛祖历代通载》卷19，元至正七年释念常募刻本。李文标题依据清人张金吾辑《金文最》卷30（清光绪二十一年重刻本）。

场，在北宋新儒学各派中，最突出的就是王安石父子和苏氏兄弟；理学诸儒思想的形成虽然也受到佛道很大的影响，但他们不愿意公开承认，甚而还要极力排斥佛道。正由于此，李氏在论述历代学术思想发展特别是宋代新儒学的发展轨迹时这样写道：

> 四圣人（按指老子、孔子、庄子、孟子）没……一千五百年矣……诸儒阴取其说（按指佛学）以证吾书（按指儒、道两家之书），自李翱始。至于近代，王介甫父子倡之于前，苏子瞻兄弟和之于后，《大易》《诗》《书》《论》《孟》《老》《庄》皆有所解，濂溪、涑水、横渠、伊川之学踵而兴焉，上蔡、元城、龟山、横浦之徒又从而翼之，东莱、南轩、晦庵之书蔓衍四出，其言遂大。①

显然，由于王氏父子和苏氏兄弟在三教关系立场上更为接近李氏，所以他完全不顾实际的自然时间序列，而是从他自己设定的逻辑时间出发，把王氏父子和苏氏兄弟放在理学诸儒之前，认为正是王氏、苏氏的大力倡导，才掀起了大规模的援引佛教学说来发展新儒学的浪潮，才有后来"其言遂大"的理学诸儒的崛起和前赴后继的巨大发展。

李氏这里实际上在建立区别于理学诸儒尤其是朱熹一派的道统，认为接续孟子的不是周程诸儒，而是王氏父子和苏氏兄弟。基于此，他在反驳张载和谢良佐的反佛言论时又分别写道：

> 自孔孟云亡，儒者不谈大道，一千五百年矣，岂浮图氏之罪耶？至于近代，始以佛书训释《老》《庄》，浸及《语》《孟》《诗》《书》《大易》，岂非诸君子所悟之道，亦从此入乎？张子翻然为反噬之说，其亦弗仁甚矣！谓圣人不修而至，大道不学而知，夫子自道也欤？诐淫邪遁之辞，亦将有所归矣。所谓有大过人之才者，王氏父子、苏氏兄弟是也。②

> 中国学士大夫，不谈此事者，千五百年矣！今日颇有所见，岂非

---

① （金）李纯甫：《鸣道集说序》，《鸣道集说》卷首，《频伽大藏经》编委会编《频伽大藏经续编》，台北九洲图书出版社2000年版，第195册，第581—582页。
② （金）李纯甫：《鸣道集说》卷1，《频伽大藏经》编委会编《频伽大藏经续编》，第195册，第598页。

王氏父子、苏氏兄弟之力欤？①

这两段话进一步表明李纯甫独特的道统立场，他认为王氏父子、苏氏兄弟在宋代新儒学的发展史上有开创之功，理学诸儒实际是接续他们的思路来发展的。

尽管李氏有如此立场，但我们在李氏现存的著作中仍然很难见到他对苏氏经学著作特别重视和特别研读的情况，目前只在他的《鸣道集说》中见到了他引用苏辙的《老子解》，以及苏氏的一些单篇文章。至于苏氏的其他经学著作，目前仅知他有"（王氏、苏氏对）《大易》《诗》《书》《论》《孟》《老》《庄》皆有所解"的说法，究竟是否真有所见、所读，不得而知。

相比于上面两位，王若虚（1174—1243）似乎对苏氏的经学著作更为重视，有更多的讨论，在其文集中涉及苏氏《论语说》《论语拾遗》《书传》的论评甚多，有褒有贬，但苏氏的《易传》《诗集解》《春秋集解》则完全没被提到。②

由上观之，我们从金朝儒学发展情况的梳理中，实在看不出苏氏经学著作在北方有多流行。可以说，苏氏的经学在北方地区长期没有得到重视，直到晚金时期，才见有以儒名家的代表人物如赵秉文、李纯甫、王若虚等人研读苏氏的经学著作，但重视程度有限。这样的状况，自然不能体现出苏氏的经学"盛行"于北方地区。

这里提出一个疑问，有著作说金朝孔庙配祀有苏轼、苏辙兄弟，③ 但

---

① （金）李纯甫：《鸣道集说》卷4，《频伽大藏经》编委会编《频伽大藏经续编》，第195册，第632页。

② 参见（金）王若虚著，胡传志、李定乾校注《滹南遗老集校注》，辽海出版社2006年版；舒大刚、李文泽主编：《三苏经解集注》，四川大学出版社2017年版。

③ 此说在前引吉川幸次郎一文中是这样表述的："在金朝孔庙的从祀者当中，恐怕也包括有苏轼苏辙兄弟，甚至在南宋被逐除从祀行列的王安石王雱父子，或许在金朝也还占有一席之地"（吉川幸次郎：《朱子学北传前史——金朝と朱子学》，宇野哲人先生白寿祝贺纪念会编：《宇野哲人先生白寿祝贺记念东洋学论丛》，第1245页），语气并不肯定。但前引田浩一文则据此表述为："金朝的孔庙还配祀苏轼、苏辙和王安石（在南宋则不如此，因为南宋道学风行，对于这些道学的对头是排斥的）"（田浩：《金代的儒教——道学在北部中国的印迹》，中国哲学编辑部《中国哲学》第十四辑，第112页），语气已转为肯定。方旭东在为《中国儒学史》的"宋元卷"部分撰写《金代儒学述略》一章中也说："终金一代，朱熹所建构的道统谱系都未能得到响应，被朱熹排除于道统谱系之外的那些人物（如王安石、苏轼父子）在金的孔庙里却享受配祀的殊荣"（汤一介、李中华主编：《中国儒学史·宋元卷》，北京大学出版社2011年版，第504页），方先生没有说明他的依据，很可能源于田浩一文。

并没有提出明确的史料依据，我们在《金史》和《大金集礼》等文献中也没有见到。因此此说是否可信，还需要进一步考究。

四　金朝晚期北方地区的理学与苏学势力的比较

由上一节论述可知，金朝中前期苏氏的经学没有得到重视，直到晚期才有学者对其有所重视。值得注意的是，金朝晚期也是理学在北方地区"复兴"的重要时段。① 现在的问题是：理学和苏氏的经学都在金朝晚期得到儒者的重视，比较而言，究竟是理学更盛还是苏学更盛呢？从我们目前的梳理来看，似乎理学的发展势头在苏学之上。下面继续以金末三大儒为例来说明。

赵秉文对苏氏的文学才华固然十分欣赏，也认为苏学在儒家之道上是有成就的，反对南宋朱熹等人把苏氏列为"不知道"的类别。② 但是，从整体的学术倾向上看，赵氏偏向理学而不是苏学。从他的一系列论文来看，他在道统上、学理上都认同儒家理学。如在《性道教说》一文中，认为周、程接续孔孟绝学；其系列论文也展示出他在哲学思想上的理学面相，声言要"存天理，灭人欲"。正因为他对理学更为倾服，所以在将理学与欧苏之学比较时，明确指出："欧、苏长于经济之变，如其常，自当归周、程。"③ 即欧阳修、苏氏只是长于经邦济世之说，若论儒道的思想深度，则理学更为高迈，所以赵秉文宣称归依"周程"发展起来的理学。

不仅如此，赵氏还像南宋正统理学家那样，对苏氏"杂佛"的一面加以批评。他在《中说》的引言中开头就引苏辙《跋老子道德经》的话："苏黄门云：'喜怒哀乐之未发谓之中，即六祖所谓不思善恶之谓也；发而皆中节谓之和，即六度万行是也。'"之后则详细区分了儒、佛、道三家的中论，明确指出佛老所谓"中"，"非吾圣人所谓大中之道也"；儒家圣人所谓"中道"，乃是"天道也，即尧舜禹汤文武周孔之道也"，是"位天

---

① 详见［美］田浩：《金代的儒教——道学在北部中国的印迹》，中国哲学编辑部《中国哲学》第十四辑，第107—141页；魏崇武：《金代理学发展初探》，《历史研究》2000年第3期。

② （金）赵秉文著，马振君整理：《赵秉文集》卷20《书东坡〈寄无尽公书〉后》："近世尚有以温公为奸党，以欧、苏为不知道，此皆处己太过、责人太深之弊也。"（黑龙江大学出版社2014年版，第390页）

③ （金）赵秉文著，马振君整理：《赵秉文集》卷1《性道教说》，第2—3页。

地、育万物，非外化育、离人伦之谓也"。基于此，赵氏对苏辙儒佛混溶的中论非常不满，直斥"苏黄门言不思善不思恶，与夫李习之（翱）灭情以归性，近乎寒灰槁木，杂佛而言也"①。

至于李纯甫，他固然嗜佛，且在三教合一上与苏氏相同，并在儒家道统上认为苏氏兄弟和王安石父子一起具有开创之功，还专门针对南宋传来的理学丛书《诸儒鸣道集》中理学诸儒的反佛言论进行批评，著成《鸣道集说》。这些都显示出他与理学家很不相同甚至相反的立场。但不应该把李纯甫完全视为理学的对立面，在宋代新儒各派中，李氏认为只有理学才达到了最高成就。上节所引那段文字，李氏认为直到出现理学诸儒，才形成"其言甚大"的局面，就是明证。而且，即便是批评理学诸儒言论的《鸣道集说》，其重点也只是批驳他们反对佛老的言论，而不是彻底否定理学。所以他在《鸣道集说》卷五最后的综述中提醒读者：他与理学家的全部分歧都已表现在这部著作中了，而《诸儒鸣道集》中的其他内容以及理学家们的各种经解著作，"嗣千古之绝学，立一家之成说"，自非汉唐诸儒可及，也是非理学家的宋代诸儒（当然包括王安石父子、苏氏兄弟）不可以比肩的。② 这里也明显把理学看得比苏学、王学更高。

而且，在各种各样的人性论上，李纯甫是赞同孟子性善论的，对包括苏学在内的其他人性论进行了批评。他明确指出："吾自读书，知孟子为圣人也。孟子曰性善，荀子曰性恶，杨子曰善恶混，韩子曰有性有情，苏子曰有性有才，欧阳子曰性非学者所急也。吾从孟子，不得不与诸子辨。"③ 苏氏不从孟子，还专门有八篇与孟子辨的文章，而理学诸儒都认同孟子，认同孟子的性善论，其成为他们主敬立诚、克己复礼修养论的重要基础。因此李氏宣称"从孟子"，实际是认同理学人性论的表现。

与李纯甫生年相若而更为长寿的王若虚，对苏氏的文学固然佩服，但在对待苏氏的儒家思想上，几乎就是南宋正统理学家态度的翻版。比如在三教关系上，王若虚以儒为本，坚决排斥佛老二教，明确指出："苏氏溺

---

① （金）赵秉文著，马振君整理：《赵秉文集》卷1《中说（并引）》，第4—5页。
② （金）李纯甫：《鸣道集说》卷5，《频伽大藏经》编委会编《频伽大藏经续编》，第195册，第656—657页。方旭东对此亦有揭示，参见方旭东《金代儒学述略》，汤一介、李中华主编《中国儒学史·宋元卷》，北京大学出版社2011年版，第523—524页。
③ （金）李纯甫：《鸣道集说》卷末《杂说》，《频伽大藏经》编委会编《频伽大藏经续编》，第195册，第659页。

于佛老，每以闻大道自矜，而时持害教之说，不为无罪于吾门也。"① 这与赵秉文一般性地批评苏氏学说"溺于佛老"不同，而是认为它危及儒家的地位，苏氏实际是儒家的罪人。另外他批评苏辙所记"道人犯罪，不可加刑"之论，认为不仅仅是"屈法容奸"，而且"有害正理"②，也显示出他维护儒家正统的鲜明立场。

基于维护儒家正统地位的思路，王氏对苏学所包含的纵横之学的内容进行指责，甚至像一些宋儒如朱熹那样斥责苏氏"不知道"③。他写道："老苏《谏论》曰：'苏秦、张仪，吾取其术，不取其心；龙逢、比干，吾取其心，不取其术。'予谓挟仪、秦之术者，必无逢、干之心，存逢、干之心者，固无事乎仪、秦之术也。苏氏喜纵横而不知道，故所见如此。"④

在历史人物的评价上，王若虚也是站在儒家卫道士的立场上。他从儒家道德史观出发，对臣事二主的荀彧、冯道等人深致不满，认为"人臣至于荀彧、冯道，其邪正、逆顺不待辨矣"⑤，二人是不容争辩的"邪""逆"之徒。但苏轼兄弟却不这样认为，苏轼以为荀彧是"圣人之徒"，苏辙对冯道也奖饰有加。⑥ 对二苏的看法，王若虚认为简直是奇谈怪论，他特别指出："冯道忘君事仇，万世罪人，无复可论者。"而苏辙反驳"曲为辨说，以为合于管、晏之不死，虽无管仲之功，而附于晏子，庶几无愧"。对苏辙此论，王若虚视为"有害于名教"的"谬戾之见"，无法容忍，是"不知道"的表现："吾尝论之，士大夫诵先王之书、食人主之禄，而敢昌言以冯道为是者，皆当伏不道之诛也。"⑦ 所谓"有害于名教""当伏不道

---

① （金）王若虚著，胡传志、李定乾校注：《滹南遗老集校注》卷28《臣事实辨中》，第320—323页。

② （金）王若虚著，胡传志、李定乾校注：《滹南遗老集校注》卷30《议论辨惑》，第339页。

③ 关于朱熹的斥苏情况，可参见粟品孝《朱熹与宋代蜀学》，高等教育出版社1998年版，第33—38页。

④ （金）王若虚著，胡传志、李定乾校注：《滹南遗老集校注》卷30《议论辨惑》，第337页。

⑤ （金）王若虚著，胡传志、李定乾校注：《滹南遗老集校注》卷27《臣事实辨上》，第312页。

⑥ 参见（宋）苏轼著，孔凡礼点校《苏轼文集》卷五《论武王》，中华书局1986年版，第1册，第138页；（宋）苏辙著，曾枣庄、马德富校点：《栾城集·后集》卷11《历代论五·冯道》，上海古籍出版社1987年版，第1275—1277页。

⑦ （金）王若虚著，胡传志、李定乾校注：《滹南遗老集校注》卷29《臣事实辨下》、卷30《议论辨惑》，第333—334、338页。

之诛",均显示出王若虚维护儒家道德史观的强硬立场。

同样从儒家道德史观出发,王若虚还批评那种只计成败得失不顾道德伦理的行为,进而对肯定这种行为的苏氏予以谴责:"李希烈攻宁陵,刘昌令守陴内顾者斩。昌孤甥张俊居西北,未尝内顾,而捽下斩之,士有固志,故能解其围。杜牧之所记如此。呜呼,无罪而杀其所亲,以之警众,虽云成功,害理甚矣!故宋子京不取,以为好事者傅会。此盖有功于昌,而东坡讥笑之。信苏氏之学驳而不醇也。"① 所谓"驳而不醇",与朱熹斥责苏学为"杂学"②,实际是一样的。

上述几方面的批评均显示出理学与苏学"道不同"的原则分歧。另外对孟子的思想,苏轼有多方面的指责,而王若虚进行了坚决的反驳。他明确指出:"苏氏解《论语》,与孟子辨者八,其论差胜,自以去圣人不远。及细味之,亦皆失其本旨。"并具体对苏轼的四条论辨进行了驳斥,或言"其说近于释氏之无善恶,辨则辨矣,而非孟子之意也",或言"苏氏几于不解事"③。虽然不能说王若虚的论辨完全是从理学立场出发的,但理学家在道统上号称继承孟子学说,在思想上也多是宗仰和维护孟子,这是众所周知的事实。因此王若虚在孟子问题上对苏轼的反驳,实际上是带有理学背景的。

通过对金末三大儒思想倾向的以上分析,我们不得不承认,当时北方的理学势力明显在苏氏经学之上。④

结　语

综合以上论述,我们认为,"苏学盛于北"的"学"自然可以有不同的理解,但在明清时期的言说者那里,主要还是指文学艺术,以及相关的文风、气象层面。虽然一些儒学史著作如明之《元儒考略》、清之《经学

---

① (金)王若虚著,胡传志、李定乾校注:《滹南遗老集校注》卷29《臣事实辨下》,第327页。
② 朱熹斥苏学为"杂学"的情况,详见粟品孝《朱熹与宋代蜀学》,第51—67页。
③ (金)王若虚著,胡传志、李定乾校注:《滹南遗老集校注》卷8《孟子辨惑》,第96—101页。
④ 田浩甚至认为金末三大儒的"思想发展总方向,是从苏氏之学转向道学",参见[美]田浩《金代的儒教——道学在北部中国的印迹》,中国哲学编辑部《中国哲学》第十四辑,第140页。

历史》也加以使用，但它们基本上是对传统流行说法的套用，并没有加以专门的阐发，不能说它们就把"苏学"理解为苏氏的儒家经学。现代研究者在讨论金朝儒学发展情况时，或继续加以套用，或则有具体的论述。但那种试图把"苏学盛于北"的"学"扩大到儒家经学层面的做法，并不符合金朝时期苏氏经学的传播实况。我们从苏氏经学著作的刊刻、宋金文化的交流、金朝科举的主流、金朝儒学发展的阶段性，以及金朝晚期理学与苏学在北方地区的势力比较来看，发现苏氏的经学及其哲学思想在北方长期得不到重视，晚期虽然受到一些代表性大儒的青睐，但同时理学也"复苏"过来，二者"道不同"，在一些学者那里明显形成了张力，比较而言，理学势力远在苏氏经学之上。基于这些观察，我们认为应当重视田浩和包弼德的观点，"苏学盛于北"必须有限制地使用，它只适用于文学艺术方面，而不能说在儒家经学和哲学方面也可以应用。

略论宋代医学方书的形成、传播与影响

中国科学院自然科学史研究所 韩毅

方书是在中医学理论的指导下,研究治法与方剂的配伍规律及其临床运用的一种著作。宋代是中国古代方剂学发展的辉煌时期,不仅官、私医学方书的数量大为增加,而且在方书种类、方剂分类、临证主治和处方用药等方面取得了显著的进步。宋朝君臣普遍认为,"救恤之术,莫先方书"[1],"治病良法,仁政先务"[2]。因此,重视新方书著作编纂和推广传播是宋政府发展医学采取的一项重要措施,在中国医学史上产生了深远的影响。

关于宋代医学方书,笔者在《宋代医学方书的形成与传播应用研究》一书中进行了深入的探究。[3] 本文利用宋代文献、考古学资料和传播学"5W"理论,重点探究与国家正统政治和"仁政"思想密切相关的医学方书,在宋代不同社会阶级的重视与支持下是如何形成与传播的,解决和回答宋代官、私医学方书产生、传播与应用的史实和机制,揭示宋代在方剂学方面取得的重要成就和影响。

一 宋代医学方书的编撰者、传播者与受众者

医学方书著作形成以后,从作者手中到广大读者手中,还要有一个中

---

[1] (宋)陈承、裴宗元、陈师文原撰,(宋)许洪增广,[日]橘亲显、细川桃庵、望月三英等校正,任廷苏、李云、张镐京等点校:《增广太平惠民和剂局方》卷首《进表》,海南出版社2012年版,第3页。

[2] (宋)赵佶敕编,郑金生、汪惟刚、犬卷太一校点:《圣济总录》卷195《符禁门》,人民卫生出版社2013年版,第2240页。

[3] 韩毅:《宋代医学方书的形成与传播应用研究》,广东人民出版社2019年版,第1—744页。

介环节，即流通或统称为传播环节。医学方书的传播，在不同的时代有不同的传播方式；传播方式的不同，其作用和效果又有差异。因此，作为传播的主体，方书编撰者和传播者对医学知识的选取、传播与应用具有重要的意义。宋代医学方书的编撰者、传播者、受众者、传播载体、传播途径、传播地域与传播成效等，呈现出了鲜明的时代特征。如果从传播学上著名的"5W"的传播模式来看，宋代医学方书的形成与传播具备以下五个完整的环节。参见图1。

```
传播者        内容          媒介              受众         效果
(Who) →   (Says what) → (Which channel) → (To whom) → (What effect)
```

图 1　宋代医学方书传播模式

美国著名传播学家哈罗德·拉斯韦尔（HaroldLasswell）在《社会传播的结构与功能》（*The Structure and Function of Communication in Society*）一书中提出了著名的"5W"传播模式和社会功能的三功能说。如果我们要描述宋代医学方书的传播行为，必须要回答以下五个问题：谁（Who），即传播者；说什么（Says what），即传播内容；通过什么渠道（In which channel），即传播媒介或传播载体；对谁说（To whom），即受众；取得什么效果（With what effect），即传播的成效，亦即方书的接受和应用情况。①

宋代医学方书在其形成与传播过程中，皇帝、政府官吏、医学家、儒家士人、僧人、道士、外交使节和书商等发挥了积极的作用，改变了以往仅靠医学家传播的局面。

（一）医学方书的编撰者与传播者

1. 皇帝和中央政府官吏

宋朝最高统治者对医学的态度，无疑对医学方书的形成与传播起到关键性作用，并成为各种方书知识推广和传播的核心与主体。宋朝政府官修的医学方书，主要有《太平圣惠方》100卷、《神医普救方》1000卷、《庆历善救方》1卷、《简要济众方》5卷、《熙宁太医局方》3卷、《校正和剂

---

① ［美］哈罗德·拉斯韦尔：《社会传播的结构与功能》，何道宽译，中国传媒大学出版社2015年版，第35—36页。

局方》3 卷、《政和圣济总录》200 卷、《增广校正和剂局方》5 卷、《增注太平惠民和剂局方》10 卷、《增广太平惠民和剂局方》10 卷，以及官修兽医学方书《景祐医马方》1 卷、《绍圣重集养马方》2 卷、《蕃牧纂验方》2 卷等。

宋朝政府极为重视医学方书的推广与传播。如雍熙四年（987）《神医普救方》完成后，冬十月壬子宋太宗下诏"宣付史馆，令刊板流布天下。（贾）黄中等赐器币有差"①。淳化三年（992）《太平圣惠方》完成后，五月己亥宋太宗发布《行圣惠方诏》，规定"其《圣惠方》并《目录》共一百卷，应诸道州府各赐二本，仍本州选医术优长治疾有效者一人，给牒补充医博士，令专掌之，吏民愿传写者并听。先已有医博士即掌之，勿更收补"②。天禧二年（1018）八月丁未，宋真宗将郑景岫《四时摄生论》、陈尧叟《集验方》，"示辅臣，上作序，纪其事，命有司刊板，赐广南官，仍分给天下"③。庆历八年（1048）春二月癸酉，宋仁宗下诏"颁《庆历善救方》"④。皇祐三年（1051）五月乙亥，宋仁宗下诏"颁《简要济众方》，俞州县长吏按方剂以救民疾"⑤。元丰八年（1085），宋神宗下诏将《熙宁太医局方》"模本传于世"⑥。绍兴二十一年（1151），宋高宗下诏"将太平惠民局监本药方印颁诸路"⑦，此方书即《增广校正和剂局方》，后更名为《太平惠民和剂局方》。

宋代出现了许多以皇帝命名的方剂，大多为当时的奇方、秘方或验方。如《苏沈良方》卷五载"苏合香酒""苏合香圆"，原出唐玄宗撰《开元广济方》，经宋真宗颁赐和推广，始盛行于世。此药"大能安气血，

---

① （宋）钱若水修，范学辉校注：《宋太宗皇帝实录校注》卷42，雍熙四年冬十月壬子，中华书局2012年版，第514—515页。

② （宋）宋太宗：《行圣惠方诏》，《宋大诏令集》卷219《政事七十二·医方》，中华书局1997年版，第842页。

③ （宋）王应麟：《玉海》卷63《艺文·庆历善救方》，江苏古籍出版社、上海书店1987年版，第1197页。

④ （宋）李焘：《续资治通鉴长编》卷163，庆历八年春二月癸酉，中华书局2004年版，第3916—3917页。

⑤ （元）脱脱等：《宋史》卷12《仁宗本纪四》，中华书局2007年版，第231页。

⑥ （宋）晁公武撰，孙猛校证：《郡斋读书志校证》卷15《医家类·太医局方三卷》，上海古籍出版社1990年版，第729页。

⑦ （清）徐松辑，刘琳、刁忠民、舒大刚等校点：《宋会要辑稿》职官27之67，上海古籍出版社2014年版，第3745页。

祛外邪。凡疾自内作，不晓其名者，服此往往得效。唯治气痊气厥，气逆不和，吐利，荣卫阻塞，尤有神功"，后被收入官修《熙宁太医局方》之中，《政和圣济总录》亦收之。官修《御药院方》载"生犀丸"，宋真宗赐高相国，去痰清目，进饮食。张锐《鸡峰普济方》载"神助散"，宋仁宗赐名，治十水之病，四肢面目俱肿，喘急不得卧，小便涩，腹中气满。庞元英《文昌杂录》卷一载礼部王员外言今谓面油为"玉龙膏"，太宗皇帝始合此药，以白玉碾龙盒子贮之，因以名焉。明王肯堂《证治准绳》载"如圣汤"，宋仁宗赐名，加荆芥、防风、连翘，通治咽喉口舌诸病。

宋代还出现了许多以宰相、高官等所服方剂命名的医方。如许叔微《普济本事方》载"蔡太师所服香茸圆"，以蔡京命名，可补肾经。《普济本事方》载"王丞相常服定风饼子"，以王安石命名，预防风疾神验。刘信甫《活人事证方后集》载"许学士养血地黄圆""窦朝议经进仙酒方""薛氏桂辛汤""黄真君妙帖散""刘郡王倒流油乌髭发神方"等，以许叔微、窦材、薛古愚、黄希璋、刘光世等姓氏或官职命名。王璆《是斋百一选方》载"范忠宣公方"，以范纯仁命名，壮气养真，莫甚于此。元罗天益《卫生宝鉴》载"司马温公解毒膏"，以司马光命名，治诸疮及杖疮，尤宜贴之。

总之，宋朝皇帝、宰相和中央各级官吏对医学的重视及其支持编撰医学方书，有利于营造社会上重视方书的氛围，有利于各科方书的形成与知识的传播。

2. 地方各级官吏

宋代地方官吏一方面积极地宣传、推广官修医学方书《太平圣惠方》《神医普救方》《庆历善救方》《简要济众方》《太平惠民和剂局方》等，尤其在瘟疫流行期间，通常会张榜公示官修方书中的实用医方，宣传正统医学知识；另一方面，又按照各地实际和常见病、多发病流行情况，亲撰实用方书或专科方书，介绍疾病病证和药物学知识。如钱塘酒官王衮撰《王氏博济方》5卷，邵州邵阳县主簿刘元宾撰《神巧万全方》，信阳军知军王寔撰《伤寒证治》《局方续添伤寒证治》，西京左藏库使丁信臣撰《丁左藏方》，宗室右监守卫大将军、忠州防御使赵士纡编《九龠卫生方》，岳州平江县令吉撝之撰《吉氏家传方》等，是宋代地方官吏撰写的有名方书。

宋代地方官吏极为重视医学方书的推广与应用。如景德年间，邵晔

(949—1011）任官广南西路，应其请求，宋真宗赐《太平圣惠方》与药材之费，"以幸一路"①。天禧年间，周湛（990—1060）任梓州路戎州（治今四川宜宾）通判，"其俗尚巫，有病辄不医，皆听巫以饮食，往往不得愈"，周湛"严禁俗之习为巫者，又刻方书于石"②。此后，戎州"其俗尚巫"的习俗发生变化，"自是始用医，病者得活"③。

庆历四年（1044），蔡襄以右正言、直史馆出知福州。庆历六年（1046）秋，改任福建路转运使。鉴于"闽俗左医右巫，疾家依巫作祟，而过医之门，十才二三，故医之传益少"的状况，蔡襄一方面亲撰《太平圣惠方后序》，下令刻碑立于"府堂右"，"录旧所赐书以示于众"；另一方面又让何希彭选编《圣惠选方》，得6096方，"取其本誊载于版，列牙门之左右"④，教人专门学习医学知识，依方治病。

皇祐元年（1049）二月，王安石任两浙路明州鄞县（治今浙江宁波鄞州区）县令，将庆历八年（1048）政府刚刚颁布的《庆历善救方》，"谨以刻石，树之县门外左，令观赴者自得而不求有司"⑤，积极在鄞县推广官方医学知识。嘉祐六年（1061），兵部员外郎、福州知州范师道发布牒文："乃牒诸县，各以其方雕板，揭于县门。"⑥ 牒文即公文，文书名，用于平级官司之文书。此牒文命令福州所辖闽县、侯官、福清、连江、永泰、长溪、长乐、古田、永贞、闽清、宁德、怀安十二县，将《庆历善救方》刻于石板，立于县衙门口。范师道的这一做法，再一次促进了《庆历善救方》在福建地区的传播。

南宋绍兴二十六年（1156），太医局刊行佚名撰儿科学著作《小儿卫生总微论方》论述"小儿疳病"的病证和病因时，对巫医"非科学"的

---

① （宋）曾敏行著，朱杰人校：《独醒杂志》卷3《广南人多死于瘴疠》，上海古籍出版社1986年版，第27页。
② （宋）张镃：《皇朝仕学规范》卷15《莅官》，《北京图书馆古籍珍本丛刊》，书目文献出版社1998年版，第68册，第604页。
③ （宋）李元纲：《厚德录》卷3，民国十六年（1927年）武进陶氏涉园刻南宋左圭辑《百川学海》本，第9页。
④ （宋）蔡襄撰，陈庆元、欧明俊、陈贻庭校注：《蔡襄全集》卷26《〈圣惠方〉后序》，福建人民出版社1999年版，第583页。
⑤ （宋）王安石撰，宁波等校点：《王安石全集》卷84《善救方后序》，吉林人民出版社1999年版，第886页。
⑥ （宋）梁克家纂修：《淳熙三山志》卷39《土俗类一》，《宋元方志丛刊》，中华书局2006年版，第8册，第8244—8245页。

认识和治疗方法——"飞禽致病说"进行了批判,认为"是必巫觋假以鬼名而伪言者也,今详其证而对其病,实乃瘖疾之候耳,特为破其邪说,以祛惑乱"①。淮南东路徽州歙县县丞胡权,撰有《治痈疽脓毒方》1卷,用此方治愈京师患背疡70余人,"其他效验甚多,真神仙济世之宝也"②。

3. 医学家

宋代医学家既是方书的编撰者,也是官、私方书的传播者。他们一方面积极宣传、接受和应用官方医学知识,另一方面又撰写了大量的方书著作,记载本人行医经验和临证医方。如关于脉诊,治平三年(1066)医家萧世基撰《脉粹》1卷,其内容来源于王怀隐敕撰《太平圣惠方》之《脉诊法》、王叔和《脉经》《脉诀》等,分27节介绍脉理和脉法,对后世产生一定的影响。南宋崔嘉彦撰《脉诀秘旨》、施发撰《察病指南》等,大量引用了《脉粹》中的内容。关于舌诊,南宋医家敖继翁撰《敖氏伤寒金镜录》1卷,简称《伤寒金镜录》《金镜录》,是中国现存最早的一部舌诊专著。该书将临床常见舌象绘成12种图谱,每图之下附有文字说明,颇有发明。后元代医家杜清碧在敖氏12图基础上,增加24图,全书共36图,这本书在临床诊断方面有积极的指导意义。

北宋医家孙尚,字用和,河北路卫州(治今河南汲县)人,后避事居于京西路孟州河阳(治今河南孟县),"善用张仲景法治伤寒,名闻天下"③,著有《传家秘宝方》3卷。高若讷,字敏之,河东路并州榆次人,后徙家卫州,进士及第,皇祐五年(1053)为观文殿学士,"因母病,遂兼通医书"。鉴于"张仲景《伤寒论诀》、孙思邈方及《外台秘要》久不传,悉考校谬讹行之"④,著有《素问误文阙义》1卷和《伤寒类要》4卷。许希,开封人,"以医为业",补翰林医学,著《神应针经要诀》1卷行于世。⑤ 庞安时,字安常,善治伤寒病、温病和杂病,撰《伤寒总病论》

---

① (宋)佚名:《小儿卫生总微论方》卷12《五瘖论》,《中国医学大成》,上海科学技术出版社1990年版,第32册,第4页。

② (宋)洪迈撰,何卓点校:《夷坚丙志》卷16《异人痈疽方》,中华书局1981年版,第505页。又见(宋)周守忠原撰,邵冠勇、邵文、邵鸿续编注释《历代名医蒙求》,齐鲁书社2013年版,第58页。

③ (宋)邵伯温撰,李剑雄、刘德权点校:《邵氏闻见录》卷2,中华书局1997年版,第15页。

④ (元)脱脱等:《宋史》卷288《高若讷传》,第9684—9686页。

⑤ (元)脱脱等:《宋史》卷462《方技传下·许希传》,第13520页。

6卷。① 张扩，字子充，江南东路徽州新安（治今安徽歙县）人，少时喜欢医学，著有《医流论》和《伤寒彻要》。② 张锐，字子刚，任成州团练使，"以医知名"，撰《鸡峰普济方》30卷。③ 史堪，字载之，成都府路眉州（治今四川眉州）人，撰《史载之方》2卷。④ 宋道方，字毅叔，"以医名天下"，撰《全生集》一书。⑤ 王贶，字子亨，开封府考城（治今河南民权）人，善针灸，治愈商贾吐舌，"翕然名动京师"，撰《全生指迷方》3卷，"医者多用之"⑥。石藏用，字用之，蜀人，针灸学家，常灸膏肓穴治病，时人称其为"高医"，"喜用热药"⑦，与丁德用合绘《经穴图》。陈承，两浙路杭州余杭（治今浙江杭州余杭）人，"亦以医显"，"好用凉药"⑧，奉宋徽宗诏旨编撰《校正和剂局方》一书。朱肱，两浙路湖州吴兴（治今浙江湖州）人，"进士登科，喜论医，尤深于《伤寒》"，潜心20余年撰《南阳活人书》，宋人方勺称赞"肱之为此书，固精瞻矣"⑨。杨介，字吉老，扬州名医，"其术甚著"⑩，撰《存真图》1卷。钱乙，字仲阳，精小儿科，"始以《颅囟方》著名，至京师，视长公主女疾，授翰林医学"⑪，撰有《伤寒论发微》5卷、《婴孺论》百篇、《钱氏小儿方》8卷、《小儿药证直诀》3卷。唐慎微，字审元，成都府路华阳（治今四川成都）人，"好医，求治者不论贵贱必往。每于经史中得一方一论，必录之"⑫，撰《经史证类备急本草》30卷，开创了中国医学史上本草附方的先河。

---

① （宋）周守忠原撰，邵冠勇、邵文、邵鸿续编注释：《历代名医蒙求》，齐鲁书社2013年版，第76页。
② （宋）周守忠原撰，邵冠勇、邵文、邵鸿续编注释：《历代名医蒙求》，第62页。
③ （宋）周守忠原撰，邵冠勇、邵文、邵鸿续编注释：《历代名医蒙求》，第87页。
④ （宋）鲁应龙：《闲窗括异志》，《丛书集成初编》本，中华书局1985年版，第18页。
⑤ （宋）王明清撰，燕永成整理：《挥麈后录余话》卷2，《全宋笔记》第6编，大象出版社2013年版，第2册，第47页。
⑥ （宋）王明清撰，燕永成整理：《挥麈后录余话》卷2，《全宋笔记》第6编，大象出版社2013年版，第2册，第48页。
⑦ （宋）陆游撰，薛玉坤校注：《老学庵笔记校注》卷3，钱忠联、马亚中主编《陆游全集校注》第11册，浙江教育出版社2011年版，第38页。
⑧ （宋）方勺撰，许沛藻、杨立扬点校：《泊宅编》卷5，中华书局1997年版，第27页。
⑨ （宋）方勺撰，许沛藻、杨立扬点校：《泊宅编》卷7，中华书局1997年版，第41页。
⑩ （宋）洪迈撰，何卓点校：《夷坚支景》卷10《茅山道士》，中华书局1981年版，第940页。
⑪ （元）脱脱等：《宋史》卷462《方技传下·钱乙传》，第13522—13524页。
⑫ （明）徐春甫撰，崔仲平、王耀廷校：《古今医统大全》卷1《历世圣贤名医姓氏·唐慎微》，人民卫生出版社1991年版，第12页。

南宋医家张永，洛阳人，以医术授翰林医学，著有《卫生家宝方》和《小儿方》。① 许叔微，字知可，淮南东路真州（治今江苏仪征县）白沙人，绍兴二年（1132）中进士，历任徽州、杭州府学教授及集贤院学士，人称许学士。许叔微著述颇丰，著有《类证普济本事方》10 卷、《类证普济本事方续集》10 卷、《伤寒百证歌》5 卷、《伤寒发微论》2 卷、《伤寒九十论》1 卷、《辨类》5 卷、《翼伤寒论》2 卷、《伤寒治法八十一篇》和《仲景脉法三十六图》等。② 陈自明，字良甫，抚州临川人，精于医。其所撰《妇人大全良方》24 卷，"采摭诸家方书，附以家传验方，编茸成书，凡八门，门数十余体，总二百六十余论，论后列方"③。杨士瀛，字登父，号仁斋，"世业医学，至父尤精，每以活人为心"④，撰《仁斋直指方论》《仁斋直指小儿方论》《医学真经》《伤寒类书活人总括》等行于世。方导，字夷吾，两浙西路严州桐庐（治今浙江桐庐）人，于宋宁宗庆元元年（1195）撰《方氏编类家藏集要方》2 卷，"乃以数十年家藏名方之得效者，与一二良医是正。分门编类以备检阅，或可疗人之疾"⑤，庆元二年（1196）刊行于世。

关于食疗养生著作，医家陈直于元丰元年（1078）撰《养老奉亲书》1 卷，充分肯定了《太平圣惠方》"食治门"的内容，论述了老人摄养之道、用药之法和食治养老之方，指出"凡老人有患，宜先食治；食治未愈，然后命药，此养老人之大法也"⑥。元代邹铉在陈直原书基础上，续增为《寿亲养老新书》4 卷，于大德十一年（1307）刊行于世。

4. 儒家士人和隐士

受国家的重视和支持，某些生活在民间的儒家士人和隐士，亲撰医学方书，宣传医学知识。这些新型的儒医群体，撰写了大量的方书著作。如

---

① （宋）周守忠原撰，邵冠勇、邵文、邵鸿续编注释：《历代名医蒙求》，齐鲁书社 2013 年版，第 80 页。
② （宋）洪迈撰，何卓点校：《夷坚甲志》卷 5《许叔微传》，中华书局 1981 年版，第 38 页。
③ （宋）周守忠原撰，邵冠勇、邵文、邵鸿续编注释：《历代名医蒙求》，齐鲁书社 2012 年版，第 71 页。
④ （宋）周守忠原撰，邵冠勇、邵文、邵鸿续编注释：《历代名医蒙求》，齐鲁书社 2012 年版，第 71 页。
⑤ （宋）方导撰，王大妹校注：《方氏编类家藏集要方》卷上，陈仁寿、曾莉主编《台北故宫珍藏版中医手抄孤本丛书》，第 9 册，上海科学技术出版社 2014 年版，第 1 页。
⑥ （宋）陈直：《寿亲养老新书》卷 1《养老奉亲书·食治养老序第十三》，裘沛然主编《中国医学大成三编》第 2 册，岳麓书社 1994 年版，第 122 页。

初虞世编《古今录验养生必用方》，太湖钓叟栖真子撰《婴童宝鉴》，少室山无梦茅先生撰《茅先生方》，许昌阎季忠编《保生信效方》，张涣编《张涣方》，拱州宋道方撰《全生集》，东平隐士董汲撰《旅舍备急方》《疮疹论》，谭永德撰《谭氏殊圣》，彭城刘洙撰《刘洙疮疹诀》，吴兖撰《吴氏家传》，赵栩撰《赵氏家传》，长沙士人胡晰撰《胡氏家传》，朱不倚撰《朱氏家传》，郭坦撰《十便良方》，刘信甫撰《活人事证方》《活人事证方后集》，以及佚名撰《汉东王先生方》等。①

宋代士人在其撰写的目录学、提要类、地方志著作中，设有专门的"医家类"或"医书类"，介绍官、私方书的作者姓名、目录卷数、序跋题写和刊刻流传情况。如王尧臣撰《崇文总目》、陈振孙撰《直斋书录解题》、晁公武撰《郡斋读书志》、尤袤撰《遂初堂书目》、章如愚撰《群书考索》、郑樵撰《通志》、王应麟撰《玉海》等，记载并介绍了大量前代和宋朝医学方书。

宋代士人撰写的文集、笔记、诗词中，也记载了大量的方书学知识。如南宋周煇《清波别志》记载了其治疗便血的医案："病必问药，药贵当病。煇苦下血十五年，盖因思虑损心，饮酒过量，百药俱尝，或暂止复作，或屡投不验。近有俾服平胃散，云得于绍兴国医王继先，主厚朴，厚肠也。以十五年之病，欲愈于此浅近之剂，固可笑。然日进一杯，固无反误，虽未保断除根本，似有近效。广求博访，徒费前劳，道在迩而求诸远，其斯之谓乎。"② 由于这是周煇本人的医案记录，因而可行性较高，受到后世医家的转引和介绍。

5. 僧人和道士

宋代某些僧人和道士，也是方书的编撰者和方书知识的传播者。如沙门应元撰《燕台要术》5卷，医僧释文宥撰《必效方》3卷，僧惠安撰《安师所传方》1部，释普济撰《广陵正师口齿论》1卷（《通志·艺文略》作唐僧普济），以及佚名撰《中兴备急方》2卷等。某些信仰佛教的居士也撰写了大量的医书，如黎民寿字景仁，"景定中参释氏，号黎居

---

① （宋）刘昉：《幼幼新书》卷40《近世方书第十四》，胡国臣总主编，李志庸主编《唐宋金元名医全书大成·钱乙刘昉医学全书》，中国中医药出版社2005年版，第974页。

② （宋）周煇：《清波别志》卷上，（清）鲍廷博辑《知不足斋丛书》，中华书局1999年版，第18册，第15页。

士"。初注《玉函经》，后作《简易方》《断病提纲》《决脉精要》，"俗谓之《医家四书》"①。

道士张伯端撰《八脉经》1部，甄栖真撰《还金篇》2卷，林灵素撰《大成全书》1卷，紫虚真人崔嘉彦撰《紫虚崔真人四原论》1卷、《脉诀秘旨》1卷，琼瑶真人撰《琼瑶神书》3卷（亦有作2卷、4卷）、《琼瑶真人八法神针紫芝春谷全书》2卷，佚名撰《太上天宝金镜灵枢神景内篇》9卷。南宋道士杨大均，京西北路蔡州（治今河南汝南）人，"善医，能默诵《素问》《本草》及两部《千金方》四书，不遗一字"。此外，茅山处士刘词集《混浴颐生录》，曾慥辑《道枢》，佚名辑《胎息抱一歌》《养生秘录》《太上保真养生论》等日常养生防病的方书。

6. 外交使臣和留学生

在中外医学交流活动中，宋代医学方书先后被传播到辽朝、西夏、金朝和朝鲜、日本等地，成为东亚地区通行的医学方书，其中外交使臣和留学生发挥了重要作用。如高丽使臣任懿、白可臣，日本留学生吉田宗桂等，在将宋代方书传入朝鲜、日本方面做出了积极贡献。大中祥符九年（1016），宋真宗赐高丽显宗王询"诏书七函，袭衣、金带、器币、鞍马及经史、历日、《圣惠方》等"②，《太平圣惠方》作为11世纪初中国医学方书的代表首次传播到高丽。天禧五年（1021）九月甲午，高丽显宗再次"表乞阴阳、地理书、《圣惠方》"，宋真宗"并赐之"③。

7. 书商

宋代坊、肆刻书业发达，刊刻了大量的医书，因此书商也是医学方书的编撰者和传播者。如无名氏辑《铜人针灸经》7卷，系元代书商抄录《太平圣惠方》卷九九《针经》，另附唐无名氏撰《针灸禁忌》而成，现收载于清乾隆年间官修《四库全书》之中。

王怀隐敕撰《太平圣惠方》卷一〇〇《明堂》及其附录《小儿明堂》，具有极强的文献价值和临证实用价值。北宋末期被书商改编成《黄

---

① （明）熊宗立撰，姚惠萍、李睿校注：《医学源流·黎民寿》，陈仁寿、曾莉主编《台北故宫珍藏版中医手抄孤本丛书》，上海科学技术出版社2014年版，第3册，第31页。
② （元）脱脱等：《宋史》卷487《高丽传》，中华书局2007年版，第14044页。
③ （宋）李焘：《续资治通鉴长编》卷97，天禧五年九月甲午，中华书局2004年版，第2255页。

帝明堂灸经》1卷流行，南宋时被王执中收入《针灸资生经》，元代时被窦桂芳析为三卷收录于《针灸四书》之中。

(二) 受众者

受众者是传播链条的第二个环节。如果从接受方书的受众层面来考察的话，可以按阶级分为政府官吏、医学家、儒家文人、社会民众、外交使节等五个受众层。他们既是官、私医书的传播者，也是官、私医书的受众阶层。

宋代官、私方书及其医学知识，在两宋、金朝、西夏、辽朝、元朝、明朝和清朝时期受到相当的重视、传播和接受。如官修《增广太平惠民和剂局方》卷一载"四斤圆"，治体虚气弱，风寒湿毒客于经络，血脉凝滞，腰腿沉重，筋骨缓弱，四肢酸疼，麻痹不仁，间或肿痒，脚膝无力隐痛拘挛，不能履地，一切久新诸肿脚气，悉治之。"宣州木瓜（去穰，切，焙干），牛膝（去芦，剉，焙），苁蓉（洗净，切，焙），天麻（去芦，细锉。各一斤）。以上四味，如前修事了，用无灰酒五升浸，春秋各五日，夏三日，冬十日足，取出焙干，再入虎骨（一两）（一本云：'涂，酥炙，二两'），附子（二两，炮，去皮、脐）。上同为细末，用浸前药酒打面糊为圆，如梧桐子大。每服三五十圆，空心，煎木瓜酒下；或盐汤吞下，食前服（'食前服'三字，一本作'亦得'）。此药常服，补虚除湿，大壮筋骨。"[1] 南宋叶大廉撰《叶氏录验方》引之，名"增添四斤圆"，于本方（虎骨八两，余同）去附子，加没药（四两）、川乌头（四两），炼蜜和圆。杨倓撰《杨氏家藏方》名"五斤圆"，于《叶氏录验方》加山药。严用和《严氏济生续方》名"加味四斤圆"，于《叶氏录验方》加乳香。陈言撰《三因极一病证方论》名"加味四斤丸"，见痿门，主治同上。[2] 这些医家方书中的方剂，有很大一部分是在官府方书方剂的基础上加减化裁而成。

---

[1] （宋）陈承、裴宗元、陈师文原撰，（宋）许洪增广，〔日〕橘亲显、细川桃庵、望月三英等校正，任廷苏、李云、张镐京等点校：《增广太平惠民和剂局方》卷1《诸风》，海南出版社2012年版，第34页。

[2] ［日］丹波元坚编纂，李洪涛等校注：《杂病广要》卷5《外因类·脚气》，中医古籍出版社2002年版，第137页。

(三) 传播者和受众者的价值

在传播学中,有一个著名的"把关人"(gatekeeper)理论。这一理论是由美国著名社会心理学家、传播学的奠基人之一库尔特·卢因(Kurt Lewin,1890-1949)在《群体生活的渠道》(Channels of Group Life: Social Planning and Action Research)一文中提出的。他认为,在群体传播过程式中,存在着一些"把关人"。"把关人"在信道里可以控制信息流通,可以扣压信息、构成信息、扩展信息或重复信息。①

宋代医学家在新撰方书中,对传统医学经典中有关疾病的发展、病因、病证、治疗及方药等进行了详细的阐发。但医学家同时作为传播者和受众者,往往会根据疾病种类和患者症状,对治疗方剂进行适当的加减化裁,甚至研发创新。如唐孙思邈《备急千金要方》卷七《风毒脚气》载:"问曰:风毒中人,随处皆得,作病何偏著于脚也。答曰:夫人有五脏,心肺二脏,经络所起在手十指;肝肾与脾三藏,经络所起在足十趾。夫风毒之气,皆起于地,地之寒暑风湿,皆作蒸气,足当履之,所以风毒之中人也,必先中脚。久而不瘥,遍及四肢腹背头项也。微时不觉,痼滞乃知,经云次传、间传是也。"② 宋代医家在注解孙思邈有关脚气病原由时,出现了不同的解释。陈言在《三因极一病证方论》中说:"中风寒暑湿,得之顿而浅,脚气得之渐而深,以其随脏气虚实寒热发动,故得气名。"③ 严用和在《严氏济生方》中却提出不同的看法:"以此观之,寒暑风湿,皆能致此,非特风毒而已矣。"④ 张锐在《鸡峰普济方》中则说:"脚气毒湿多风少。"日本汉医学家丹波元坚评论陈言和严用和的解释时说:"今推真人意,盖寒暑风湿,郁蒸伤人,皆名风毒,非别有风毒者。陈、严二说,恐是抵牾。"⑤ 这种医家之间围绕前代医学名著中有关疾病病原、病

---

① [美] 库尔特·卢因:《群体生活的渠道》,《人际关系》1947 年第 1 卷第 2 期,第 143—153 页。
② (唐) 孙思邈:《备急千金要方》卷 7《风毒脚气》,王国辰总主编,张印生、韩学杰主编《唐宋金元名医全书大成·孙思邈医学全书》,中国中医药出版社 2009 年版,第 147 页。
③ (宋) 陈言:《三因极一病证方论》卷 3《叙脚气论》,胡国臣总主编,王象礼主编《唐宋金元名医全书大成·陈无择医学全书》,中国中医药出版社 2005 年版,第 47 页。
④ (宋) 严用和:《重辑严氏济生方·脚气门》,胡国臣总主编,王道瑞、申好真主编:《唐宋金元名医全书大成·严用和医学全书》,中国中医药出版社 2006 年版,第 66 页。
⑤ [日] 丹波元坚编纂,李洪涛等校注:《杂病广要》卷 5《外因类·脚气》,中医古籍出版社 2002 年版,第 118 页。

因、病症的争论，有力地促进了疾病理论的发展。

作为传播者和受众者的宋代医家，在接受前代医方和宋朝当代医方时，非常重视传播过程的有效性和技术手段，往往会新创出大量的方剂。如张仲景《伤寒论》载"甘草附子汤"，唐孙思邈《备急千金要方》名"四物附子汤"，指出体肿者，加防己四两。悸气小便不利，加茯苓三两。南宋医家陈言在《三因极一病证方论》中将其合为一方，新创"六物附子汤"，治风气流注于足太阴经，骨节烦疼，四肢拘急，自汗短气，小便不利，恶风怯寒，头面手足时时浮肿，深得明代医家张介宾、清代医家陈念祖的推崇。

总之，编撰者和传播者宣传医学方书具有一定的目的性，那就是极力宣扬"医乃仁政"的思想。他们的技艺有时是相当高超的，极为重视传播过程的有效性，通过宋朝政府强力推广、公布医方、发放药物、科举考试等手段，以及通过医家在临证实践中的广泛应用，官、私医学方书知识在受众者那里得到了非常强烈的反响。而受众者的自发性宣传、方剂应用与创新，以及再传播，又使方书中的医学知识向社会基层、民间等广为扩散。

二 宋代医学方书的主要内容与传播载体

（一）主要内容

宋代医学方书，主要包括医学基础理论、伤寒金匮、临床诊法、针灸推拿、临证各科、医学本草、延年养生、医案、医话、医论和医史等，涵盖了当时宋朝政府划分的大方脉科、风科、针灸科、小方脉科、眼科、耳科、产科、口齿科、咽喉科、疮肿科、折伤科、金镞科和书禁科等领域。医学方书确立了"逐病分门，门各有方，据经立论，论皆有统"[①] 的新型知识分类体系，每一种疾病大多据经立论，阐述病源，后列各种方剂和主治，间附各种验效医案和大量秘方、验方、效方等。

宋代医家、地方官吏、士人、僧人和道士等撰写的方书，数量众多，

---

① （元）焦养直：《大德重校〈圣济总录〉序》，（宋）赵佶敕编，郑金生、汪惟刚、犬卷太一校点《圣济总录》附录，人民卫生出版社2013年版，第2342页。

内容丰富，涵盖了当时医学发展的所有门类，不仅包含医家搜集的有名验方、效方和秘方，而且也包含医家临证疾病诊疗的丰富医案和处方用药情况，其中最突出的变化就是专科方书大量涌现，提出了许多新的理论和治疗原则。宋代医学方书贯彻了政府提倡的"夫处方疗疾，当先诊知病源，察其盈虚，而行补泻"①和"去疾之功，无先于药"②的思想，汇辑了大量验方、效方、奇方和家藏秘方等，在方剂理论总结、药物炮制技术革新、历代名方荟萃、临证疾病治疗、医学教育和打击巫术等方面取得了显著的成就。如庞安时提出伤寒病和温病"治别有法"③的主张，朱肱提出"治伤寒先须识经络"④的重要观点，陈言提出"究明三因，内外不滥，参同脉证，尽善尽美"⑤的分类学思想，齐仲甫提出"产褥尤为急务，命系须臾"⑥的急诊学方法，陈自明提出"凡痈疽之疾，比他病最酷，圣人推为杂病之先"⑦的观点，丰富了中医病因学、临床诊断学和治疗学等内容。宋代某些方书，如《南阳活人书》《类证普济本事方》《严氏济生方》等，经医家本人或门人多次增补，屡收验效之方。

（二）传播载体

传播载体也称传播媒介，是人们用来传递信息和取得信息的工具，其中"物体、符号、信息三者是构成传播媒介的核心要素"⑧，它们相辅相成，缺一不可。宋代医学方书的传播载体，主要有刊本、钞本、节选本医书，碑刻或木版，医案病案，医学教材，考试试卷，墓葬壁画，以及朝

---

① （宋）王怀隐、王光佑、郑彦等编，郑金生、汪惟刚、董志珍校点：《太平圣惠方》卷2《论处方法》，人民卫生出版社2016年版，第24页。

② （宋）王怀隐、王光佑、郑彦等编，郑金生、汪惟刚、董志珍校点：《太平圣惠方》卷2《论用药》，第27页。

③ （宋）庞安时：《伤寒总病论》卷1《叙论》，胡国臣总主编，田思胜主编《唐宋金元名医全书大成·朱肱庞安时医学全书》，中国中医药出版社2006年版，第151页。

④ （宋）朱肱：《南阳活人书》卷1，胡国臣总主编，田思胜主编《唐宋金元名医全书大成·朱肱庞安时医学全书》，中国中医药出版社2006年版，第21页。

⑤ （宋）陈言：《三因极一病证方论》卷2《五科凡例》，胡国臣总主编，王象礼主编《唐宋金元名医全书大成·陈无择医学全书》，中国中医药出版社2006年版，第33页。

⑥ （宋）齐仲甫著，杜惠兰、王亚利、陆车等校注：《女科百问》卷首《女科百问序》，牛兵占主编《中医妇科名著集成》，华夏出版社1997年版，第31页。

⑦ （宋）陈自明：《外科精要》卷首《外科精要序》，胡国臣总主编，盛维忠主编《唐宋金元名医全书大成·陈自明医学全书》，中国中医药出版社2005年版，第244—245页。

⑧ 邵培仁：《传播学》，高等教育出版社2000年版，第148页。

鲜、日本版刊本、钞本医书等，包含不同的信息知识。

1. 刊本方书

印刷术的发明及其被广泛应用于医学书籍刊刻，极大地改变了中国古代医学知识的传播方式。宋代正是从手抄本转向刊刻本印刷的时代，其在书籍刊刻与装帧方面创立的原则和方法，极大地影响了医学书籍内容的表现形式。由于刻本方书内容准确，且可以重复印制，因而其传播更为简便、快速，宋以后成为中国古代医学著作中最重要的载体。宋代官修医学方书，除《政和圣济总录》因金朝掠夺未来得及颁行外，《太平圣惠方》《神医普救方》《庆历善救方》《简要济众方》《熙宁太医局方》《校正和剂局方》《太平惠民和剂局方》等，均由皇帝下诏国子监刊刻颁行。宋代医家、地方官吏和儒家士人等所撰方书，绝大多数也由地方州府郡斋、转运司、常平司、书商、个人等刊刻行世。

由于官修方书卷帙浩繁，宋代也较为重视编撰节选本医书。如庆历六年（1046），何希彭选编《圣惠选方》60卷。皇祐三年（1051），翰林医官使周应编《简要济众方》5卷。此外，佚名编《圣惠经用方》1卷、《太平圣惠单方》15卷，实际上节选自王怀隐等敕撰的《太平圣惠方》一书。

2. 钞本方书

钞本即抄本，指按原书抄写的书籍，唐以前称写本，宋以后称钞本，通常也写作抄本。宋代方书在流传过程中，除刊本外，还出现了大量的钞本。如薛古愚撰《女科万金方》1卷，明崇祯钞本2册。温大明撰《温隐居海上仙方》1卷，清经钮堂钞本1册。陈自明撰《新编妇人大全良方》24卷，朝鲜钞本。杨倓撰《杨氏家藏方》20卷，日本钞本，4册，小岛尚质校并跋。陈言撰《三因极一病证方论》18卷，影元钞本，6册，森立之跋。

3. 石碑或木板方书

宋代地方官吏有时会将官修方书中的某些内容刻在石碑或书写在木板上，立于州县衙门两侧或通衢之地，供民众选用。如皇祐元年（1049），两浙路明州鄞县县令王安石将官修《庆历善救方》刻于石碑，立于县衙大门左侧，供百姓传抄。嘉祐六年（1161），兵部员外郎、福州知州范师道发布牒文，下令福建路福州所辖12县将《庆历善救方》刻于石板，立于县衙大门外。嘉祐七年（1062）正月，陕西路凤翔府签书判官苏轼

（1037—1101）将《简要济众方》书写在木板上，立于"通会"之地。宣和四年（1122）三月，提举广南西路常平等事吕渭，将道士刘景所传《广南摄生论》载《养气汤方》，刻于广南西路桂州南溪山刘仙岩正洞前壁摩崖上。宣和六年（1124），徽猷阁直学士、华州知州郭思将其所撰《千金宝要》刻于石碑，立于华州公署，共收录方药960余个。

此外，宋代刻于石碑的医方还有《洛阳县兴国寺无际禅师传流药方换骨丹》《泰山石刻一宗七道》《华山口齿方》《龙门药寮石壁医方》等，系僧人、道士、地方官吏等所刊。①

4. 医学教育教材和考试试题

北宋时期，官修医学方书《太平圣惠方》等医书成为中央医学机构太医局和地方州县医学教育的教材。如嘉祐五年（1060）四月二十六日，宋仁宗采纳太常寺的建议，详细地规定了太医局的学生人数、考试范围、医学分科和升迁等，"自来考试，唯问《难经》《素问》《巢氏》《圣惠方》大义十道。今详《神农本草》于医经中最为切用，自来多不习读。欲乞自今后每遇考试，于问义十道中兼问《本草》大义三两道。如虽通他经，于《本草》全不通者，亦不预收补。仍令本局常切讲习。又眼、疮肿、口齿、针、书禁五科，所习医全少，比之大、小方脉医书，颇为侥幸。欲乞今后对义及七通已上方为合格。其金镞、书禁、伤折并为一科"②。可见，最晚在嘉祐五年（1060）前，王怀隐等敕撰的《太平圣惠方》已成为太医局医学生学习和考试的教材。

元丰六年（1083）六月壬戌，宋神宗采纳京东东路登州知州赵偁的建议，在诸路州县增补医学人员，规定：大方脉"习《难经》《素问》、张仲景《伤寒论》兼《巢氏病源》二十四卷"；小方脉"习《难经》兼《巢氏病源》六卷、《太平圣惠方》十二卷"。③政和五年（1115）正月十八日，提举入内医官、编类《政和圣济经》曹孝忠等上奏朝廷，请求诸州县

---

① 康兴军、王妮编著：《中国石刻医方精要》，陕西科学技术出版社2015年版，第1—15页。
② （清）徐松辑，刘琳、刁忠民、舒大刚等校点：《宋会要辑稿》职官22之35，上海古籍出版社2014年版，第3633页。
③ （宋）李焘：《续资治通鉴长编》卷335，元丰六年六月壬戌，中华书局2004年版，第8084—8085页。

并置医学，隶于州县学提举学事司，并建立"诸路医学贡额"①制度，分医学生为三大科，将《太平圣惠方》等医书列为医学生必修的教材。宋徽宗"从之"，采纳了曹孝忠的建议，《太平圣惠方》成为中央医学教育机构太医局和地方州县医学教育中医学生必修的医书和出题教材之一。

宋宁宗嘉定五年（1212），宋政府颁布成安大夫、特差判太医局何大任编辑的《太医局诸科程文格》9卷，详细地规范了北宋后期以来至南宋时期医学考试的内容。其中从《太平圣惠方》中命题多首，如卷三《假令论方义一道》载："今《圣惠方》治肝肾虚风，眼生黑花，其方用丹砂、磁石、神曲。及观《千金方》亦载此剂，名曰神曲丸，以治眼目之疾。考之本草，丹砂恶磁石，不知古人处而为方者，何也？况神曲不治眼病，今用之以治眼者，又何也？古人制用立方，必有深意，愿尽陈之。"②学生回答问题时，也要引用《太平圣惠方》中的内容加以解答。

5. 墓葬壁画

墓葬壁画作为独特的语言艺术体裁，在某种特殊情况下也会成为传播医学知识的媒介。2008年11月至2009年2月，陕西省考古研究院在韩城市盘乐村考古发掘了一座保存完整的宋代壁画墓，首次发现了有关反映《太平圣惠方》的墓葬绘画作品。墓室内部东、北、西壁面上遍布壁画，正面即北面分为上、下两部分，其中上部分绘制巨石牡丹，下部分为整个墓室的主题画面，正中为草书屏风，屏风前男墓主人端坐于木椅上。画面左侧有一张方桌，桌后两男子在研究中医，一人双手分别托有大黄和白术两袋中药，另一男子手捧宋代著名的官修医学方书《太平圣惠方》。画像右侧为炮制中药的劳动场面，屏风两侧有侍者端水送药，整个画面反映出墓主生前至少有从医的经历。③ 这幅新发现的《太平圣惠方》墓葬壁画，在中国医学发展史上具有独特地位，不仅反映了宋代官修医学方书《太平圣惠方》在西北地区传播的情况，而且也真实地再现了医家应用《太平圣惠方》治疗各种疾病和炮制药物的内容。

---

① （宋）章如愚编：《群书考索后集》卷30《士门·医学》，影印文渊阁《四库全书》本，台北：商务印书馆1986年版，第937册，第405页。

② （宋）何大任辑，邢玉瑞、孙雨来校注：《太医局诸科程文格》卷3《假令论方义一道》，中国中医药出版社2015年版，第49页。

③ 杨永林：《陕西韩城宋代壁画墓揭开一幅历史画卷》，《光明日报》2009年4月11日第1版。

总之，传播载体是指介于传播者与受众者之间，用以负载、扩大、延伸、传递特定符号的物质实体，其中刊本和钞本成为宋代方书传播的最重要的媒介。

三 宋代医学方书的传播途径与传播地域

（一）传播途径

传播途径也称传播渠道，指传播过程中传播者和受众者双方沟通和交流信息的各种通道。不同的传播渠道需用不同的传播媒介相配合，而不同的传播媒介又对不同的传播渠道进行定型。[①] 宋代医学方书的传播途径，主要有以下几个方面。

1. 中央政府颁行

医事诏令是宋代皇帝发布的关于医学政策和医学活动的最高命令与行遣文书，其制定、决策与运行体现了国家的意志与需要，具有最高权威性、命令性和实行人治的特点。[②] 官修医学方书编撰完成后，宋朝皇帝通常下诏颁行全国。如淳化三年（992）五月己亥，宋太宗发布《行圣惠方诏》，正式向诸路州县颁赐《太平圣惠方》。绍兴二十一年（1151），《太平惠民和剂局方》校正完成后，宋高宗下诏将监本医方刊印并颁赐诸路。

2. 地方政府、转运司、常平司、书肆等翻刻

北宋时期，官府医书大多为国子监刊刻，地方州府刊刻的方书相对较少。南宋时期，诸路转运司、常平司、书肆和个人等刊刻方书的数量大为增加。如南宋绍兴十六年（1146），淮南路转运司在舒州（治今安徽安庆）刊刻《太平圣惠方》，这是宋代第三次刊印此书。绍兴十七年（1147）四月，福建路转运司在本司公使库刊行《太平圣惠方》，此即有名的南宋版《大宋新修太平圣惠方》。

3. 医学教育、医学教材和医学考试

北宋时期，官修医学方书《太平圣惠方》成为太医局医学生和州县医学

[①] 邵培仁：《传播学》，高等教育出版社 2000 年版，第 147 页。
[②] 韩毅：《政府治理与医学发展：宋代医事诏令研究》，中国科学技术出版社 2014 年版，第 1 页。

生的教材。南宋绍熙二年（1191），宋光宗下诏太医局编撰《太医局诸科程文格》，将《太平圣惠方》等方书列为太医局医学生考试出题的教材，"医学则赴礼部贡院，三场选试，于《难经》《素问》《脉经》《本草》《仲景伤寒论》《圣惠方》《病源》此七经内出题"①。此后，《太平圣惠方》逐渐上升为医经的地位，通过医学教材和医学考试的方式，广泛流传于宋代社会。

4. 外交使臣传往国外

宋代中外交流频繁，外国使节在求赐、购买中国典籍的同时，也常常将医学方书著作带往国外。如嘉祐八年（1063）四月丙戌，宋英宗以国子监所印医书，"赐夏国，从所乞也"②。西夏使者带回的医书，可能是《太平圣惠方》③。建中靖国元年（1101）五月甲申，高丽使者尚书王嘏、起居郎兵部郎中吴延宠等"入宋贺等极"④。任懿、白可信等使者回国时，宋徽宗赐《神医普救方》1部。

总之，宋代极为重视医学方书的传播技巧，通过有效熟练地运用不同的传播途径，达到传播医学方书及其知识的目的，进而弘扬"医乃仁政"的思想。

（二）传播地域

宋代医学方书的传播活动，必然要依赖一定的环境来进行。其传播地域，不仅遍布宋朝辖区，而且也传播到邻近的西夏、辽朝、金朝、蒙古乃至高丽、日本等地。

1. 京城、地方州县、军营、河堤等地

宋代，官修方书常常被颁赐到京城及京畿所辖县份，地方诸路所辖州、府、军、监、县，军营驻地，河堤和巩县宋陵等地区。如淳化三年（992）五月己亥，宋太宗发布《行圣惠方诏》，规定"《圣惠方》并《目

---

① （宋）赵升撰，王瑞来点校：《朝野类要》卷2《医卜·试补》，中华书局2007年版，第61页。

② （宋）李焘：《续资治通鉴长编》卷198，嘉祐八年四月丙戌，中华书局2004年版，第4802页。

③ 聂鸿音：《西夏译本〈明堂灸经〉初探》，《文献》2009年第3期；聂鸿音：《俄藏4167号西夏文〈明堂灸经〉残叶考》，《民族语文》2009年第4期。

④ ［朝］郑麟趾：《高丽史》卷96《吴延宠传》，云南大学图书馆藏明景泰二年朝鲜木活字本，《四库全书存目丛书·史部》，齐鲁书社1997年版，第161册，第465—468页。

录》共一百一卷，应诸道州府各赐二本"①。景德四年（1007）九月壬申，宋真宗下诏赐开封府所辖 17 个畿县《太平圣惠方》。②庆历四年（1044）春正月丙子，韩琦上奏陕西路德顺军城初建，"屯集师旅，而极边之地，人皆不知医术"，宋仁宗于是下诏"赐德顺军《太平圣惠方》及诸医书各一部"③，《太平圣惠方》因而成为陕西路军中防治疫病的指导方书。

2. 太医局、国子监医学和州县医学

太医局，宋初名太医署，淳化三年（992）改名为太医局，主要负责中央医学教育，以医学教养学生、试选医官为主，兼以选派太医局学生为在京三学和诸军治病，或应皇帝诏命赴灾区治病、送药。此外，崇宁三年至宣和二年（1104—1120）设置的国子监医学亦是教育机构。医学生学习的教材有《黄帝内经素问》《黄帝八十一难经》《诸病源候论》《太平圣惠方》等。

北宋时期，中央政府在地方州县推行医学教育，并在人员编制、课程设置、学生考核等方面制定了详细的管理措施。如元丰六年（1083）六月壬戌，宋神宗采纳京东东路登州知州赵偁的建议，在诸路州县增补医学人员，地方医学学习和考试的内容：大方脉科为《黄帝八十一难经》1 部、《黄帝内经素问》1 部和《诸病源候论》24 卷；小方脉科为《黄帝八十一难经》1 部、《诸病源候论》6 卷、《太平圣惠方》12 卷。④

3. 京城和地方药局

自宋神宗熙宁年间建立太医局熟药所以后，官修方书《熙宁太医局方》《校正和剂局方》《太平惠民和剂局方》等成为京城和地方药局制造成药的法定处方集，药局实际上已成为推广和传播官修方书的又一重要机构。如绍兴二十一年（1151）二月，宋高宗下诏诸州"置惠民局，官给医书"⑤。同年十二月，宋高宗下诏将"监本药方颁诸路"⑥，正式将绍兴本《太平惠民和剂局方》推广到各路州县。

---

① （宋）宋太宗：《行圣惠方诏》，《宋大诏令集》卷 219《政事七十二·医方》，中华书局 1997 年版，第 842 页。
② （元）脱脱等：《宋史》卷 7《真宗本纪二》，中华书局 2007 年版，第 134 页。
③ （宋）李焘：《续资治通鉴长编》卷 146，庆历四年春正月丙子，第 3532—3533 页。
④ （宋）李焘：《续资治通鉴长编》卷 335，元丰六年六月壬戌，第 8084—8085 页。
⑤ （元）脱脱等：《宋史》卷 30《高宗本纪七》，第 572 页。
⑥ （宋）王应麟：《玉海》卷 63《艺文·熙宁太医局》，江苏古籍出版社、上海书店 1987 年版，第 1198 页。

4. 辽、夏、金、蒙古等地

宋代医学方书还传播到辽、夏、金、蒙古等地。如嘉祐八年（1063）四月丙戌，宋英宗以国子监所印医书"赐夏国"①。金朝皇统四年（1144），医学家杨用道用辽朝乾统年间刊刻的葛洪的《肘后备急方》为底本，将北宋唐慎微《经史证类备用本草》中的医方，以"附方"的形式列于《肘后备急方》每一卷之末，名《附广肘后方》，并刻本问世。蒙古定宗四年（1249），平阳张存惠刊刻唐慎微原著、曹孝忠校订《重修政和经史证类备用本草》一书，并将寇宗奭《本草衍义》中的内容随文补入书中，在北方地区流传。

这样，通过金刊本《肘后备急方》和蒙古刊本《重修政和经史证类备用本草》的转引，宋代《太平圣惠方》《简要济众方》《御药院方》《王氏博济方》《孙兆方》《孙兆口诀》《孙用和方》《养生必用方》《杜壬方》《张潞大效方》《张咏方》《灵苑方》《苏学士方》《谭氏小儿方》《席延赏方》《支太医方》《高供奉方》《杨尧夫方》《秦运副方》《十全博救方》《续十全方》《新续十全方》《钱氏箧中方》《文潞公药准》等二三十部方书中的内容，在金朝、蒙古和元朝辖区广泛流行。②

5. 朝鲜、日本等地

宋代医学方书传入朝鲜、日本后，随即出现木刻本、木活字刻本、铜活字刻本和钞本等，成为海外传播宋代方书及其知识的重要载体。如官修方书《太平圣惠方》，大中祥符九年（1016）宋真宗下诏赐高丽显宗王询《太平圣惠方》1部。天禧五年（1021）九月，高丽显宗再次"表乞阴阳、地理书、《圣惠方》"，宋真宗"并赐之"。该书传入日本后，宽永年间（1624—1643）松枝元亮"手亲书写《圣惠方》百卷"。官修《简要济众方》，有朝鲜成宗九年（1478）《御修医方类聚》活字本、日本文久元年（1861）喜多村直宽重刊丹波元坚辑《医方类聚》本、日本辑钞本1卷1册等。官修《太平惠民和剂局方》，有朝鲜铜活字本、日本正保四年（1647）村上平乐寺刊本、亨保十五年（1730）刊本等。官修《政和圣济总录》元大德刊本，嘉靖二十九年（1550）由日本留学生吉田宗桂传播到

---

① （宋）李焘：《续资治通鉴长编》卷198，嘉祐八年四月丙戌，第4802页。
② （宋）唐慎微等撰，陆拯、郑苏、傅睿等校注：《重修政和经史证类备用本草》卷首《〈证类本草〉所出经史方书》，中国中医药出版社2013年版，第1—4页。

日本，随后有大量的刊本和钞本问世。

总之，宋代医学方书的传播活动，必然要以某种形式处于一定的环境之中，而一定的环境因素也必然要以某种方式影响、规定、制约着传播者的传播活动。尤其是宋朝皇帝和政府对医学的重视与态度，为宋代方书的传播创造了良好的政治环境和文化氛围。

四 宋代医学方书的传播成效与影响

（一）医学方书的应用

宋代医学方书的应用相当广泛，在普通疾病治疗、瘟疫防治、药品生产、打击巫术和传播官方正统医学知识方面发挥了积极作用。医家和病人不仅可以"据证检方，即方用药"，而且还有力地推动了中医学史上"辨证论治""方证对应"和"依方用药"等诊疗模式的发展。在医学基础理论、本草学、方剂学、临床诊断学、妇产科学、儿科学、眼科学、耳鼻咽喉口腔科学、针灸治疗科学和中医各家学说等方面取得突出的成就，出现了大量影响深远的专科医书、临床医案和验效名方，有力地促进了宋代医学学术思想的发展、伤寒论研究的兴盛、瘟疫研究的突破、医家流派的萌芽和方剂诗词歌诀的出现。

（二）医学方书的传播成效

重视方书及其知识的传播效果，是宋代所有传播者的共同追求。关于医学方书的传播成效，笔者以英国学者丹尼斯·麦奎尔（Denis McQuail）在《大众传播理论》（*McQuail's Mass Communication Theory*）一书中提出的传播成效理论和绘制的媒介效果类型图，解释有关传播成效的问题。参见图2。

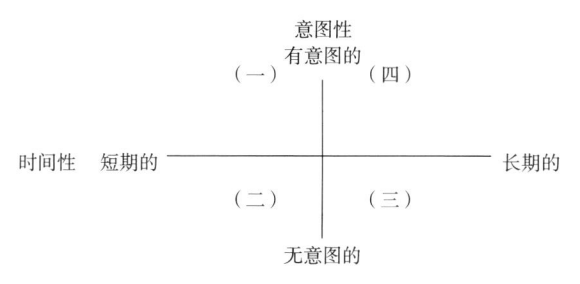

图 2 宋代官修医学方书传播成效

图 2 横轴表示效果的时间性,即短期效果和长期效果;纵轴表示效果的意图性,即有意图的效果和潜移默化的效果。① 图中传播效果的种类,主要有四大部分。

第一部分是有意图的短期效果。从个人的反应来看就是受众对医学方书的喜好或厌恶;从宣传者来看就是他要对受众施加什么样的影响,如宋朝皇帝认为"救恤之术,莫先方书",编撰方书乃"仁政之急务"②。官修医学方书如《太平圣惠方》《神医普救方》《庆历善救方》《简要济众方》《熙宁太医局方》《校正和剂局方》《太平惠民和剂局方》等编撰后,宋朝皇帝通常会亲撰序言,御赐书名,命国子监刊刻,下诏颁行全国,成为儒学以外弘扬儒家仁政、打击巫术、推广正统医学知识和加强统治的又一重要载体。

第二部分是无意图的短期效果。包括集体性反射和个人反射。集体性反射指由于某种个人的水平效果(很可能是传播者)同时为许多人所体验而导致的集体性行动,如由医书引起的集体性的兴趣和情绪。个人反射指个人接触媒介刺激后产生的无计划的或难预测的效果,如王衮《王氏博济方》,何希彭《圣惠选方》,苏轼、沈括《苏沈良方》等,可能是在接触《太平圣惠方》后创作出的相似的医书。

第三部分是无意图的长期效果。如医学方书对社会习俗、文化、疾病、语言等方面的影响就属于此类。这是一种潜移默化的长期作用,即使传播者本身没有意识,传播行为当时没有体现出来,但是这种作用和产生的影响却是极其深远的。范仲淹提出"愿为良医"③ 的崇高追求,医家陈衍所说"愚读书之暇,尝从事于医"④ 的切身做法,代表了两宋时期士人对医学的普遍看法与态度。严用和指出:"古人不在朝廷之上,必居医卜之中。虽然医之为艺诚难矣,亦贵乎精者也","医者,意也。意在天地间一息不可间断,续此方所以续此生"。所以,"采古人可用之方,哀所学已

---

① [英]麦奎尔:《麦奎尔大众传播理论(第 5 版)》,崔保国、李琨译,清华大学出版社 2010 年版,第 373 页。
② (宋)宋徽宗:《求方书药法御笔》,《宋大诏令集》卷 219,中华书局 1997 年版,第 843 页。
③ (宋)吴曾:《能改斋漫录》卷 13《文正公愿为良医》,上海古籍出版社 1984 年版,第 381 页。
④ (宋)陈衍著,郑金生、张同君辑校:《宝庆本草折衷》卷首"序",郑金生整理《南宋珍稀本草三种》,人民卫生出版社 2007 年版,第 422 页。

试之效"①，是大多数医家撰写方书时遵循的原则。

第四部分是有意图的长期效果。官修医学方书的传播者特别是最初的皇帝、各级官吏对于医书推广是有目的的，最初是宣传仁政，推行官方正统医学知识，打击巫术，加强中央集权，后来逐渐为广大民众所接受，依方治病，据方用药，社会习俗随之发生变化。如官修医学方书《太平惠民和剂局方》颁行后，在宋、金、元、明、清时期产生了巨大的影响。南宋周密指出："若夫《和剂局方》，乃当时精集诸家名方，凡经几名医之手，至提领以从官内臣参校，可谓精矣。"② 元代医学家朱震亨指出："《和剂局方》之为书也，可以据证检方，即方用药，不必求医，不必修制，寻赎见成丸散，病痛便可安痊。仁民之意，可谓至矣。自宋迄今，官府守之以为法，医门传之以为业，病者恃之以立命，世人习之以成俗。"③ 明吕梁称赞："诚保命之丹经，医门之秘笈。"④ 朱葵称赞："此寿人有用之书，可与广陵散并绝哉。"⑤ 《太平惠民和剂局方》传入日本后，医官橘亲显给予了高度评价："此书之旨，巨细融通，岐贰毕彻，犹木末叶落，秋毫在目也。夫立方之意，斟酌临时，而施其确乎？对症之方，辟如鉴之照人，可谓医林方药之筌蹄乎？后进英髦，咸资准的，翕然为俗，赫尔晰世矣。"⑥

总之，医学方书的传播成效，从传播者和受众者两方面来看，有短期性和长期性、无意图和有意图，这正好反映了宋代皇帝、政府官吏、医学家和普通民众在方书传播与接受中所发挥的不同功用。

---

① （宋）严用和：《重辑严氏济生方》卷首《原序二》，胡国臣总主编，王道瑞、申好真主编《唐宋金元名医全书大成·严用和医学全书》，中国中医药出版社2006年版，第3—4页。
② （宋）周密撰，吴企明点校：《癸辛杂识别集》卷上《和剂药局》，中华书局1997年版，第225—226页。
③ （元）朱震亨：《局方发挥》，胡国臣总主编，田思胜主编《唐宋金元名医全书大成·朱丹溪医学全书》，中国中医药出版社2006年版，第33页。
④ （明）袁元熙：《重刻宋局方叙》，（宋）陈师文等撰《重刻太平惠民和剂局方》卷首，明崇祯十年朱葵、袁元熙刊本，第6页。
⑤ （明）朱葵：《重刻和剂局方序》，（宋）陈师文等撰《重刻太平惠民和剂局方》卷首，明崇祯十年朱葵、袁元熙刊本，第2页。
⑥ ［日］橘亲显《〈和剂局方〉序》，（宋）陈承、裴宗元、陈师文原撰，（宋）许洪增广，［日］橘亲显、细川桃庵、望月三英等校正，任廷苏、李云、张镐京等点校《增广太平惠民和剂局方》卷首，海南出版社2012年版，第11页。

五　结语

由于医学发挥了"仁政"教化和加强统治的功能，宋朝皇帝、政府官吏、医学家和儒家士人等对医书编撰与传播应用采取积极支持和重点发展的态度，先后编撰了1000多部医学著作，其中综合方书和专科方书占据了绝大多数，极大地促进了10—13世纪中国医学的进步、创新和发展，在中国方书学发展史上占有重要地位。宋代方书在大方脉科（内科）、小方脉科（儿科）、针灸科、风科、产科、眼科、耳科、疮肿科、口齿科、咽喉科、伤折科、金镞科、书禁科等方面取得了突出的成就，出现了大量产生深远影响的验效名方和临证医案。宋代方书不仅被广泛应用于疾病治疗、成药生产、医学教育之中，而且在北宋、南宋、西夏、辽、金、元、明、清时期得到广泛传播，甚至东传至朝鲜、日本等地，成为传播中华文明的重要载体。宋朝政府在相当长一段时间内，较多地参与到医学方书编撰和传播活动具体问题的制定与管理中，这些正是政府干预医学发展取得成就的主要动因。医学家、政府官吏和士人等的积极回应以及儒医的兴起，不仅促进了大量医学方书的产生，而且也促进了方书知识的传播应用。

1998—2001年在西北师范大学历史系攻读硕士研究生期间，我于1999年元旦前去看望陈守忠先生，收到他赠送的《河陇史地考述》和《甘肃古代史》两书。陈先生在《河陇史地考述》中重视区域史与民族史、历史专题探究和历史地理调查相结合的研究方法，给我留下了极为深刻的印象。谨以此文深切缅怀陈守忠先生！

南宋高宗朝科举试策中的"光武故事"

西北师范大学历史文化学院 何玉红

洪迈《夷坚志》记载南宋初年一个神奇的科举祈梦故事：

> 建昌李朝隐，字兼美，其家素事伍子胥之神甚谨，民俗呼为相王，有祷必应。李在太学，以寇至守城得免举，梦神遣驺卒示以赋一首，其题曰《光武同符高祖》。梦觉，不能记忆。次夜再梦，且使熟读，遂悉记之。绍兴辛亥，江东、西举子类试于饶州，正用前句作赋题，遂奏名。①

祈梦是举子在应试前向神祇祈祷，祈求以托梦的形式预知考题及吉凶。李朝隐祈梦，其家敬奉之神伍子胥在梦中示以《光武同符高祖》之赋题。神奇的是，次夜又梦到伍子胥，并叮嘱其"熟读"《光武同符高祖》。更神奇的是，这一年辛亥年即绍兴元年（1131）江西饶州类试即以此赋为题。之前"熟读""悉记"该题的李朝隐在考试中自然得心应手。

宋代科场竞争空前激烈，应举士子期望预知吉凶，以求神灵的保佑，类似祈梦、算命、看相、占卜等，尤为盛行。② 这在宋代笔记小说中很常见，李朝隐祈梦也是如此。笔者好奇之处在于，这一故事中为何《光武同符高祖》在梦中两次出现，而当年类试中正是以此为题，难道只是巧合？

笔者近来阅读相关文献发现，与光武帝刘秀中兴汉室有关的"故事"在南宋高宗朝的科举试策中频频出现，借由讲述光武中兴的"故事"来晓

---

① （宋）洪迈著，何卓点校：《夷坚支景》卷5《伍相授赋》，《夷坚志》，中华书局1981年版，第920页。
② 何忠礼：《略论宋代的科举迷信及其对士人的影响》，《浙江大学学报》2009年第1期。

喻现实政治中的"今事",成为这一时期士人试策中的一个模式化情节。究其原因,这与宋高宗借由"光武故事"的讲述进行中兴形象的塑造和政治宣传息息相关。看似离奇的科举祈梦,蕴含着高宗朝政治形象塑造和舆论宣传等深刻含义。通过试策中的光武叙事这一细节,也可窥见南宋时期科举、政治与士人生活等交互关系之一斑。①

一

殿试又称廷试、御试,是皇帝亲自主持礼部所取进士的考试。在命题中,皇帝做出虚心求治的姿态,向读书人询问治国理政的方略,并强调"朕将亲览"。高宗朝殿试命题与试策中,借"光武故事"来讨论"中兴宋室",是一个反复出现的话题。

建炎二年(1128)南宋首次殿试,高宗求治心切,向士子征询消弭忧患之策。胡铨策论曰:

> 慎择贤佐,惟断惟果,侧身忧虑如宣王,励精综核如孝宣,锄去乱略如光武,刚明果断如宪宗,复雠刷耻如勾践。②

胡铨策论以史为鉴,前朝君主中,尤为强调光武"锄去乱略"这一点,正是南宋建立伊始内忧外患现实的亟须。高宗即位之初权力不稳,胡铨对"陛下徒拥虚器"极为忧心,认为"光武推委二十八将而取天下则治,至其推委后族至于董吕二袁则乱",进一步追索,帝王集权是关键所在。③胡铨一则称效法光武"锄去乱略",再则以光武"推

---

① 学术界有关宋代科举的研究成果较为丰富,如何忠礼:《科举与宋代社会》,商务印书馆2006年版;祝尚书:《宋代科举与文学》,中华书局2008年版;[日]高津孝著,潘世圣译:《科举与诗艺:宋代文学与士人社会》,上海古籍出版社2013年版;[比]魏希德著,胡永光译:《义旨之争:南宋科举规范之折冲》,浙江大学出版社2015年版;梁庚尧:《宋代科举社会》,东方出版中心2017年版。有关宋代科举试策的最新研究,参见方笑一《皇帝之问:宋代殿试策问及其模式化焦虑》,《华东师范大学学报》2014年第5期;诸葛忆兵:《宋代应策时文概论》,《复旦学报》2016年第4期。

② (宋)胡铨:《澹庵文集》卷1《御试策一道》,文渊阁《四库全书》本,台北商务印书馆影印本1986年版,第1137册,第7页。

③ (宋)胡铨:《澹庵文集》卷1《御试策一道》,文渊阁《四库全书》本,第1137册,第4—19页。

委二十八将"建言重振权力中枢,击中高宗的要害。"高宗见而异之,将冠之多士"。①

绍兴二年(1132)第二次殿试,高宗咨以当世之务:

> 少康一旅而复有夏,宣王兴衰以隆成周,光武三年而兴汉祚,肃宗再岁而复两京,皆蒙前人之绪,拨乱反正,若此其易也。②

南宋建立后,同样面临"拨乱反正"的重任。高宗遂提出:"考前世中兴之主施为次序有切于今者。"③

高宗期望从"前世中兴之主"行事中寻求治国的经验,有具体的历史素材,又有明确的问题设定。进士"对策"就要对给定的材料,做出关照政治需求的解释。张九成《状元策》对"历考前古兴衰拨乱之君"行事,具体论述中,举出光武前例:

> 耿弇对光武以"定渔阳,取涿郡,还收富平,而东下齐",无一不如其言者,规模先定故也……陛下规模远大,知所以为中兴之本也。④

张九成还称:"中兴之主,大抵以刚德为上","赳赳雄断者,光武之刚也。陛下之欲中兴,当以刚德为主,去谗节欲,远佞防奸,此中兴之本也"。⑤ 张九成有意拈出光武"赳赳雄断"这一点,实则是期许高宗在危局下"刚德"有为。这一年进士及第的郑刚中,其《谢及第启》也曰:"以宣王光武之事望吾君。"⑥

绍兴五年(1135)八月,高宗第三次亲策进士,以"兴复大业"为问。⑦ 拔得头筹的汪应辰数次以光武为例论证:"光武之兴根本河内",

---

① 《宋史》卷374《胡铨传》,中华书局1977年版,第11580页。
② (宋)张九成著,杨新勋整理:《张九成集·横浦集》卷12《状元策一道》,浙江古籍出版社2013年版,第126页。
③ (宋)张九成著,杨新勋整理:《张九成集·横浦集》卷12《状元策一道》,第127页。
④ (宋)张九成著,杨新勋整理:《张九成集·横浦集》卷12《状元策一道》,第128页。
⑤ (宋)张九成著,杨新勋整理:《张九成集·横浦集》卷12《状元策一道》,第137页。
⑥ (宋)郑刚中:《北山集》卷4《谢及第启》,文渊阁《四库全书》,第1138册,第68页。
⑦ (宋)李心传著,胡坤点校:《建炎以来系年要录》卷92,绍兴五年八月癸亥条,中华书局2013年版,第1777页。

高宗当效法光武，以定根本之地；"光武下诏，减内外四百余员"，建议高宗省官为先；光武"招徕俊义……以成再造之业"，建言朝廷招徕贤才。①

议和是绍兴八年（1138）前后宋廷政治中的核心话题。在策论中挖掘光武故事中有助于宋金议和的情节与意义，就显得尤为重要。状元黄公度《解试和戎国之福》赋，把握时代主旋律，为宋金议和称颂，"闭玉关而谢质者，不闻世祖罢朱崖而切谏者，无复捐之殊。不知秦帝击胡，必底乱亡之患；武皇征虏，迄成虚耗之危"②。议和背景下，光武"闭玉关而谢质者"等被凸现出来，而秦皇汉武的事功则成为反面教材。

绍兴十二年（1142）殿试，高宗再以"振中兴之业"发问。状元陈诚之提出"休兵息民为上策"，为议和寻求历史依据："光武卑辞厚币，以礼匈奴之使，故马援称之曰'恢廓大度，同符高祖。'盖帝王之度量，兼爱中外之民，不忍争寻常，以毙吾之赤子也。陛下诚得金使如侯生，则梓宫可还，母兄可复……则振中兴之业，又何难乎？"③ 对光武"卑辞厚币"匈奴的称颂，切合当时宋金议和的政治氛围和时代语境。

绍兴十八年（1148）殿试，高宗对光武之钦慕可谓情不自已：

> 朕观自古中兴之主莫如光武之盛，盖既取诸新室，又恢一代宏模。巍乎与高祖相望，垂统皆二百祀，朕甚慕之。今子大夫通达国体，咸造于廷，愿闻今日治道，何兴补可以起晋唐之陵夷？何驰骤可以接东汉之轨迹？夫既抑臧宫之锐，谢西域之质，则柔道所理，必有品章条贯，要兼创业守文之懿，视夏康周宣犹有光焉。④

高宗明言"自古中兴之主莫如光武之盛"，光武"柔道所理"尤为其看重。"接东汉之轨迹"，将其效法光武的意图和盘托出。

高宗立场鲜明地发问，进士们自然明了其中用意。状元王佐策言称颂

---

① （宋）汪应辰：《汪文定公集》卷1《廷试策》，《宋集珍本丛刊》本，线装书局2004年版，第46册，第26—32页。
② （宋）黄公度：《知稼翁集》卷上，《宋集珍本丛刊》本，线装书局2004年版，第44册，第446页。
③ （宋）李心传著，胡坤点校：《建炎以来系年要录》卷145，绍兴十二年四月庚午，第2726—2727页。
④ （宋）佚名：《绍兴十八年同年小录》，文渊阁《四库全书》，第448册，第346页。

高宗:"光武之治,不足深羡。"① 进士第二董德元,"时圣策以汉光武为问,体仁(董德元字体仁)申其说曰:'光武取诸新室,则去间除险之时也。又恢一代之规模,则观文重明之时也。'"遂获重用。② 进士第三陈孺策言:"今日中兴之盛……东汉之事,未足慕也。愿申饬边郡守臣,俾两相抚辑,庶几边隙不生,远人益服。"③ 进士前三的策论,紧扣高宗已经点明的光武"柔道所理"之处,主张息兵安民,可谓洞晓时代之脉搏与高宗之心机。

绍兴二十七年(1157)三月,高宗亲策进士:"讲明推行之要。"此次殿试,王十朋"以法天揽权为对":

> 光武亦善法祖宗之君也,然其所以能守祖宗之法,建中兴之功者无他焉,以其能鉴西京不竞之祸,躬揽福威之权而已。观其总揽权纲,明慎政体,退功臣而进文吏,戢弓矢而散马牛,建武之政,号为止戈之武,系隆我汉,同符高祖者,盖本乎此也。④

"揽权"是王十朋策论的点睛之笔⑤,在他看来,"总揽权纲"是光武中兴的关键所在。据此,王十朋笔锋一转,"陛下惩前日权臣专政之久,收还福威之柄,运独化于陶钧,裁万几于独断,天下翕然称陛下为英主"⑥。此次殿试详定官定王十朋为第九,高宗因其对策"极有切直",擢为第一。⑦ 要之,绍兴二十五年(1155)秦桧去世,"揽权"之说,道出了高宗的心声,最能窥见帝王之心理。

绍兴三十年(1160)高宗最后一次殿试。名为楼钥者,"绍兴二十有九年解试为第七名,明年省试为第六名,三场俱高,而《尧仁如天》《光

---

① (宋)李心传著,胡坤点校:《建炎以来系年要录》卷157,绍兴十八年四月庚寅,第2983—2984页。
② (宋)曾敏行著,朱杰人标校:《独醒杂志》卷10,上海古籍出版社1986年版,第97页。
③ (宋)李心传著,胡坤点校:《建炎以来系年要录》卷157,绍兴十八年四月庚寅,第2983页。
④ (宋)王十朋:《梅溪先生廷试策并奏议》卷1《廷试策》,《四部丛刊初编》本,上海书店1989年版,第12页。
⑤ 何忠礼:《从王十朋夺魁看宋代的科举》,《中国史研究》2014年第3期。
⑥ (宋)王十朋:《梅溪先生廷试策并奏议》卷1《廷试策》,《四部丛刊初编》本,第12页。
⑦ (宋)李心传著,胡坤点校:《建炎以来系年要录》卷176,绍兴二十七年三月丙戌,第3375页。

武总揽权纲》二论尤为世所称述"①。光武"揽权"再次出现在进士策论中。

高宗朝殿试共 11 次，上述钩稽出的 8 次殿试中，以光武故事为话题这一点格外明显。

以史为题是殿试中常见的方式。选用哪个历史典故，直接关涉命题的旨趣，还折射出特定时期的政治主导趋向。取古典以喻今事，并非考察士子的历史知识，而是要从中寻求借鉴，为王朝统治服务，高宗期望应举者"切于时者言之"②。作为考生，需体察命题者的意图，围绕给定的问题对历史故事进行符合现实需要的阐发。我们看到，殿试中高宗"圣策以汉光武为问"，其中"振中兴之业"是核心要义。善于揣摩圣意的举子们，自然明了帝王的需要，挖掘出故事中有益于现实统治的情节和意义来：宋金战事未定时，光武"锄去乱略""拨乱反正""赳赳雄断"之精神与行事被着重强调；宋金议和，"和戎国之福"的策题下，光武"闭玉关而谢质者"自然成为焦点；"休兵息民"为现实国策，光武"柔道"遂成为时代的需要，光武成了"兼创业守文之懿"的典范；秦桧逝后，策论借光武"总揽权纲"阐述高宗"裁万几于独断"的意义，正中帝王的下怀。应举者在试策中因时因事制宜，对"光武故事"进行有针对性的筛选和解释，唯有切中题意者，才能榜上有名。

二

南宋高宗朝类省试、武举、太学试、馆职试等试策中，"光武故事"频频出现。

类省试是在京城外举行的类似于尚书省礼部省试的考试。建炎二年（1128）和绍兴元年（1131）宋廷举行过两次全国范围内的类省试。③ 刘一止《临安类试所策问》曰：

---

① （宋）楼钥：《攻愧集》卷 73《书从兄少虚教授金书金刚经后》，《四部丛刊初编》本，上海书店 1989 年版，第 673 页。

② （宋）胡铨：《澹庵文集》卷 1《御试策一道》，文渊阁《四库全书》，第 1137 册，第 4 页。

③ 何忠礼：《南宋科举制度史》，人民出版社 2009 年版，第 92—93 页。

南宋高宗朝科举试策中的"光武故事"

（光武）所与共起南阳者，固多一时亭长县吏，及天下稍定，以厚礼聘严光，以三公起卓茂，特见尊宠，则又或以人望为重，此其故何也？①

为治之道，在于人才。此次临安类试策问的核心就是如何选拔人才，然策问举出光武任用人才的先例。命题者的用意很明确，从光武故事中为当下人才选拔寻求借鉴。

南宋初年外患频仍，朝廷重视选拔军事人才的武举。武举不只是考核弓马、武力和骑射，试策环节也很重要。洪咨夔《武举殿试策》发问：

光武再造炎图，玺书明见，以服窦融，帻坐迎笑，以折马援，御豪杰之法然也。中原遗材，慕义来附，效智效勇，俾皆欢呼鼓舞于大受之中，而无养鹰之患、放虎之虞，其术何要？②

南宋初年，武将势力日益崛起，这是抵御外患的亟须。然，如何防止武将势力坐大难制，成为政治运行中的一大难题。《武举殿试策》就是围绕如何"御将帅"进行发问。命题者举出刘秀统御将帅的成功前例，要求应举者思考"其术何要"，希望能找到解决现实问题的良方。

南宋太学实行三舍法，太学生通过公、私试，积分合格后，依次由外舍升内舍，由内舍升上舍。上舍生积校已优而舍试又入优者，即可成为"释褐状元"，其他上舍生考入中等以上者，可直接参加省试或殿试。③王十朋绍兴十九年（1149）"试上舍为第一"④。当年的策题"特以光武发于清问"，同样是一个基于光武故事的命题。王十朋在其《上舍试策》中围绕"今日主上之有取于光武"之处展开论述。王十朋称，"至治之君不世出，汉唐之可称者止于十数君，而光武尤为盛德"；当今天子"抚中兴之运"，"或酌光武之仪以出处，或矫光武之失以示训"。一言之，就是效法

---

① （宋）刘一止：《苕溪集》卷9《临安类试所策问》，《宋集珍本丛刊》本，线装书局2004年版，第34册，第171页。
② （宋）洪咨夔：《平斋文集》卷16《武举殿试策》，《四部丛刊续编》本，上海书店1985年版，第12页。
③ 何忠礼：《南宋科举制度史》，第63页。
④ （宋）王之望：《汉滨集》卷15《故万氏夫人墓志铭》，《丛书集成续编》本，台北新文丰出版公司1989年版，第128册，第296页。

光武，以古鉴今。王十朋对光武以柔治国再三致意：

> 光武独能屈于名而当于实，故以艺文之讲而代干戈，以道义之论而代鞍马，以文雅之吏而代征伐之臣，闭玉关，谢西域，卑辞厚币以礼匈奴之使，而抵掌抚剑之臣皆不得逞志于当时，其治天下一出于柔道。①

王十朋对光武"柔道"的渲染，当然是宋金议和语境的映照。高宗以为，"光武治天下以柔，汉室复兴"②。就在绍兴十九年的四月戊辰，高宗与臣下讨论宋金议和之事："朕自始至今，唯以和好为念，盖兼爱南北之民，以柔道御之也。"③ 光武"柔道"是高宗论证宋金议和合理化的理论武器。王十朋《上舍试策》中"光武尤为盛德"和"其治天下一出于柔道"的言论，正是统治者所极力宣扬的。王十朋试策能脱颖而出，敏锐把握主流意识形态的脉动这一点尤为关键。

宋代三馆秘阁官通称为馆职。馆职皆为文学高选，除皇帝恩宠与赏功慰劳外，必经召试而后除授。馆职召试的内容大体不出诗赋策论，高宗初期"唯策一道"。④

绍兴初年（1131），綦崇礼《召试馆职题策》向应试者发问："光武以宗室子起田里，诛新莽，夷群盗，十余年间身致太平，功德之隆，同符高祖，何其盛欤？"⑤ 言外之意，探寻光武振兴汉朝的经验教训，以期为朝廷提供治国良策。

---

① （宋）王十朋：《梅溪先生前集》卷12《上舍试策三道》，《四部丛刊初编》本，上海书店1989年版，第143页。
② （宋）李心传著，胡坤点校：《建炎以来系年要录》卷70，绍兴三年十一月丁巳，第1362页。
③ （宋）李心传著，胡坤点校：《建炎以来系年要录》卷159，绍兴十九年四月戊辰，第3017页。
④ （宋）徐度著，尚成校点：《却扫编》卷下，上海古籍出版社编《宋元笔记小说大观》，上海古籍出版社2007年版，第4517页。
⑤ （宋）綦崇礼《北海集》卷33《召试馆职题策》载："今撰到召试馆职陈祖言等四人题策一道，于今月十二日引试，谨录进呈，如得允当，乞速降付学士院施行。翰林学士左奉郎知制诰兼侍读臣綦某进。"（《宋集珍本丛刊》本，线装书局2004年版，第38册，第302页）《建炎以来系年要录》卷58载："（绍兴二年九月）乙亥，御笔尚书兵部侍郎、兼直学士院綦崇礼为翰林学士。"（第1171页）《建炎以来系年要录》卷78载："（绍兴四年七月）壬戌，翰林学士、兼侍读、史馆修撰綦崇礼充宝文阁学士、知绍兴府。"（第1475页）

绍兴二年（1132）刘一止召试馆职，其《试馆职策》认为，与创业、守文相比，"中兴尤难"。以史为据，刘一止举出刘秀的例子："光武之初，百姓见司隶官属，且欢然相庆，以为不意复见汉官威仪，则是思汉之心既久而未忘也。"刘一止还建言高宗用人不疑，如"以邓禹之智略而遇光武之君"①。对刘一止之策，"高宗称善，且谕近臣以所言剀切知治道"。②

绍兴三年（1133）张嵲试馆职，策题以"辑成中兴之功者"发问，张嵲以"得人"作答。张嵲也同样以刘秀为例：光武"起南阳新野之众，用下江平林之兵，斩王寻、王邑于昆阳，破铜马王郎于河北，曾未一星终而高祖之土宇固已复于版籍矣，则业有大于此者乎？"究其原因，有寇恂、邓禹、耿弇、贾复辅翼而至成功者也。③ 张嵲的试策，赞扬刘秀用人之术，将之作为"辑成中兴之功"的典范。

绍兴四年（1134）朱松试馆职，"发策者以中兴事业之难易后先为问"④。朱松认为"光武与南阳故人因下江之众，屠寻邑百万之师于昆阳之下，遂夷大憝，不失旧物，而汉中兴"⑤。史载，高宗对朱松之策"览而异焉"⑥。

如上召试馆职中，题策围绕南宋如何"绍开中兴"的现实发问，对策者不约而同地采用以古喻今的方式作答。在选用"古典"时，光武帝刘秀中兴汉室的故事成为他们立论的"证据"。发问者摆出刘秀中兴汉室的先例，期待应举者就光武"何其盛欤"的原因展开论述。当然命题的最终义旨还是要回到现实政治中来，为南宋统治提供借鉴，所谓"考之于古，鉴之于今，则其所以得失之迹，正上之所欲闻也"⑦。应举者的回答，同样以

---

① （宋）刘一止：《苕溪集》卷9《试馆职策》，《宋集珍本丛刊》本，第34册，第169—170页。
② 《宋史》卷378《刘一止传》，第11673页。
③ （宋）张嵲：《紫微集》卷21《试馆职策》，《丛书集成续编》本，台湾新文丰出版公司1989年版，第127册，第532—533页。
④ （宋）朱熹：《晦庵先生朱文公文集》卷97《皇考左承议郎守尚书吏部员外郎兼史馆校勘累赠通议大夫朱公行状》，《四部丛刊初编》本，上海书店1989年版，第1735页。
⑤ （宋）朱松：《韦斋集》卷8《试馆职策一道》，《四部丛刊续编》本，上海书店1989年版，第2页。
⑥ （宋）朱熹：《晦庵先生朱文公文集》卷97《皇考左承议郎守尚书吏部员外郎兼史馆校勘累赠通议大夫朱公行状》，《四部丛刊初编》本，第1735页。
⑦ （宋）綦崇礼：《北海集》卷33《召试馆职题策》，《宋集珍本丛刊》本，第38册，第302页。

光武旧例为"话头"起讲，再将之与南宋的实情剪辑组合，最后针对时事提出意见和建议，这几乎成为一个命题和答题的"套路"。光武朝行政的往事旧例，成了应举者寻找思想资源和理论支撑的"资料库"，将之"有意挑选"出来，可以反复引用和阐述。

三

除上述正式科考试策外，"光武故事"在高宗朝士子"私试策"中同样屡屡出现。

私试是考生在正式考试前自发组织的模拟考试。往届策题与新科进士的策论，是读书人模拟学习和追捧的对象。宋人"拟……试""拟……问"等，就是仿照以往科举命题意向与要求而进行的模拟训练。如周紫芝《拟廷试策一道》，是对绍兴五年（1135）殿试策题的模拟作答。其中就论曰：光武"即位之初，未遑他事，但闻首减内外四百余县而已，意者其为斯民息黥补劓莫此为急乎？由是观之，陛下欲省官以息民，正今日之急务"①。绍兴二十七年（1157）王十朋凭"光武揽权"之策殿试夺魁，自然成为读书人的偶像；绍兴三十年（1160）省试楼钥以《光武总揽权纲》奏名。这不唯是一个效仿上届状元策论如法炮制的成功之例。

南宋文集中，收录了数量浩繁的士人平时学习训练自问自答的"策问"。在这些策问中，以光武中兴故事为例者，不胜枚举。如周紫芝关于创业、守成与中兴之难易的《策问》："光武珍攘群盗，戡定祸乱，曾不数年，遂光汉业……考古验今，以鉴既往之失，正今日朝廷汲汲于求言之意也。"② 再如王十朋，其《策问》认为光武创业、守成与中兴兼备，"主上以神圣之资，济艰危之运，德迈周宣，而俯比光武，兼三者之至难而取之"。另一《策问》评论"光武身济大业，中兴汉室"之功，思考"主上兴衰拨乱，绍复大业"③。如此等等，不一而足。王十朋上舍试策与殿试策，对"主上之有取于光武"与"光武总揽权纲"的典故信手拈来，熟练

---

① （宋）周紫芝：《太仓稊米集》卷47《拟廷试策一道》，文渊阁《四库全书》，第1141册，第330页。

② （宋）周紫芝：《太仓稊米集》卷48《策问》，文渊阁《四库全书》，第1141册，第339页。

③ （宋）王十朋：《梅溪先生前集》卷15《策问》，《四部丛刊初编》本，第167页。

化用，想来是平时围绕"光武故事"训练的结果。

高宗朝士人《策问》中，有关创业、守成与中兴难易的文字连篇累牍。实际上，绍兴二年（1132）与十八年（1148）殿试策题，就是关于历代中兴之主的比较。这一命题和当年中第者的成功对答，士子们平日必然用心琢磨。创业、守成与中兴难易之问，已成为策论训练中的"模版"。作为成功实现王朝振兴的典范，光武故事依旧成为发问者提问的"话头"和作答者用作支撑其观点的历史依据，为士子们青睐有加。

史尧弼《莲峰集》收录其十余篇"私试策问"等，其中如《光武以柔道理天下论》，题目即反映其主题。① 史尧弼"私试策问"中更多的是借光武故事评论时政，《采摭汉唐以来时君世主号令文章所以感动人心者以形容今日制诰之美焉》称："光武之中兴，其制诰之可以拟三代者亦屡矣，然未有善于举贤之诏也，其言曰吾德薄不明，寇贼为害，强弱相陵，何其言之切直至若是耶？"另一《私试策》明言："我主上聪明神武，汉光武、唐肃宗之所不逮也，则所谓功德固已万万于汉唐二君，则朝廷之上岂无如冯异辈安集关中乎？"② 鉴往而知来，试策由光武故事切入，回到为当下统治提出建议的正题。

史尧弼绍兴十四年（1144）眉州解试第二，绍兴二十七年（1157）进士。③ 其私试策正是这一阶段的产物。史尧弼之例，可看作高宗朝准备应举者在平时学习训练中反复模拟阐发光武故事的一个缩影。

词科中的"光武叙事"，同样蔚为可观。宋代博学鸿词科考试，大致有以历代故事借拟为题和就本朝故事、时事为题两种。刘一止《云台功臣记》明确注明为"拟词科题"，借光武保全功臣之事"以为后世之鉴"④。洪适绍兴十八年（1148）举博学鸿词科，《盘洲文集》卷二五、卷二六，《词科习稿》卷二七、卷二八《进卷》收录其习作，就有《汉云台功臣记》《汉麒麟阁名臣图赞》《汉赤伏符颂》等与光武故事有关者。

楼钥《攻媿集》有省试、别试、解试"拟问"和《试稿》十余篇，

---

① （宋）史尧弼：《莲峰集》卷8《光武以柔道理天下论》，文渊阁《四库全书》，第1165册，第753—755页。
② （宋）史尧弼：《莲峰集》卷5《私试策》，文渊阁《四库全书》，第1165册，第722—723页。
③ 傅璇琮主编：《宋登科记考》，江苏教育出版社2009年版，第846页。
④ （宋）刘一止：《苕溪集》卷23《云台功臣记》，《宋集珍本丛刊》本，第34册，第235—236页。

如《光武大度同高祖赋》等已佚失。现存《试稿》中,《光武乘时龙而御天赋》以"炎德继统,汉光得时"开篇,缕述光武中兴汉室之功绩,最后落脚于"吾皇复受天命,而远跨于汉光"。另一篇《天下可传檄而定赋》,以"世仰英主,威行普天"起头,称赞光武平天下之事功,最后称"方今檄书风驰,而人望中兴"。①

《东莱吕太史外集》收录吕祖谦《宏词进卷》23 篇和《试卷六篇》。其中《汉舆地图序》为博学鸿词科考题。② 该序借光武登城楼披舆地图之典故,评论"有一天下之志"的重要性:"其拨乱济世之枢极欤,故述之以告来者。"③《汉舆地图序》在南宋读书人中影响很大。王应麟将其作为"序"之范文,收录在以备词科应用的《辞学指南》中。与此性质相同的《十先生奥论注》,也将其收录在内,称"此篇论光武有恢复天下之志",并详加解释和分析。④ 该书有关"光武故事"者还有不少,如胡寅《历代论·东汉上》(此篇论光武明于料敌而长于用人)、张栻《汉晋论·高祖光武》(此篇论创业守文各有所长)、张栻《汉晋论·光武一》(此篇论保全功臣不使任职然于用人之道则有未尽)、张栻《汉晋论·光武二》(此篇论举遗逸以助成东京风俗之美)、陈傅良《杂论·天》(此篇论高祖光武之人事)等。南宋时,科举时文的编辑、刊印、研读和模拟蔚为成风⑤,不难想象"光武故事"为时人接受的程度和流传广度。可以说,"光武故事"像磁石一样吸引着读书人,成为追求仕进者钟爱的策论素材,他们为此而孜孜不倦地模拟写作,希冀能在未来正式的考场上应对自如。

四

"重复的材料正是故事流行的证明。"⑥ "光武故事"高频次出现在南

---

① (宋)楼钥:《攻媿集》卷 80《赋》,《四部丛刊初编》本,第 740—741 页。
② (宋)王应麟:《玉海》卷 204《辞学指南》,江苏古籍出版社·上海书店 1987 年版,第 3730 页。
③ (宋)吕祖谦:《东莱吕太史外集》卷 4,《丛书集成续编》本,台湾新文丰出版公司 1989 年版,第 128 册,第 703 页。
④ (宋)佚名:《十先生奥论注续集》卷八,文渊阁《四库全书》,第 1362 册,第 258—260 页。
⑤ 刘祥光:《宋代的时文刊本与考试文化》,《台大文史哲学报》2011 年第 75 期。
⑥ 顾颉刚:《〈孟姜女故事研究集〉第一册自叙》,《民俗周刊》1928 年第 1 期,后收入顾颉刚《孟姜女故事研究及其他》,商务印书馆 2014 年版。

宋高宗朝殿试、类省试、武举、馆职、三舍试以及"私试"等各个层次和类型的试策中，这与高宗君臣借由光武故事的讲述进行"中兴"形象的塑造和政治宣传密切相关。

靖康之变后，康王赵构称帝。内忧外患之际，如何凝聚人心，走出困境，是对高宗君臣的严峻考验。赵构即位伊始，就标举"中兴"的大旗，以期唤起民众对新政权的拥戴。光武中兴汉室的故事，成为其形象塑造和政治宣传的重要历史资源。[1] 高宗即位前，元祐太后告天下手诏："繇康邸之旧藩，嗣宋朝之大统。汉家之厄十世，宜光武之中兴。"[2]

刘邦建立西汉，后王莽篡汉而中辍。高祖九世孙刘秀建东汉，重振汉室，是为"光武中兴"。北宋灭亡，赵构重建宋室，在此时局下，光武故事成为蕴含中兴理念和期望的载体。身遭亡国之痛的宋人，祈盼新政权能够像光武中兴汉室一样，再造赵宋的统治。讲述光武故事，以光武中兴的"古典"来解读南宋重建的"今事"，对身处困境的臣民无疑具有强大的激励作用，成为朝廷政治动员的重要策略。

日常政治施为中，高宗也有意表明以刘秀为政治偶像。史载："（徐）俯尝劝上熟读《汉光武纪》，上书以赐之曰：'卿近进言，使朕熟看《世祖纪》，以益中兴之治。因思读十过，未若书一遍之为愈也。'"[3] 徐俯劝高宗"熟读""熟看"《汉光武纪》，希望他从光武朝历史中汲取经验教训，"以益中兴之治"。在南宋初年的特定背景下，读、写《汉光武纪》实际上是赵构以光武为政治楷模的公开宣示。

臣僚也建言高宗效法光武，为其树立中兴有为的政治形象。时人明确提出，"陛下绍开中兴……而以汉光武为法"[4]；"自昔中兴之君，唯汉光武可以为法"[5]。臣僚赞扬光武事迹，以此为高宗树立效法的对象，向天下表明朝廷谋求"中兴"的政治取向。

高宗对光武帝的统御之术赞颂有加，称光武"干戈鞍马之间，亦惟道

---

[1] 何玉红：《中兴形象的构建：光武故事与宋高宗政治》，《中国史研究》2017年第4期。
[2] （宋）李心传著，胡坤点校：《建炎以来系年要录》卷4，建炎元年四月甲戌，第121页。
[3] （宋）李心传著，胡坤点校：《建炎以来系年要录》卷61，绍兴二年十二月丁酉，第1213页。
[4] （宋）范浚：《范香溪先生文集》卷15《除盗》，《四部丛刊续编》本，上海书店1985年版，第11页。
[5] （宋）朱熹：《晦庵先生朱文公文集》卷97《皇考左承议郎守尚书吏部员外郎兼史馆校勘累赠通议大夫朱公行状》，《四部丛刊初编》本，第1735页。

艺，不废讲论，复汉中天之统，朕心慕焉"①。光武故事也成为高宗经筵讲读的重要内容。任侍讲者也认为，高宗"投戈讲艺，独追光武之遗风"②。借助经筵讲读，光武故事在朝中传播开来③。

光武故事的讲述和传播对南宋民众产生了强烈的感染力。朱熹晚年回忆其父朱松为其讲读《光武纪》一事：

> 为儿甥读《光武纪》，至昆阳之战，熹问"何以能若是？"为道梗概，欣然领解，故书苏子瞻《昆阳赋》畀之。子瞻作此赋时，方二十一二岁耳，笔力豪壮，不减司马相如也。绍兴庚申，熹年十一岁，先君罢官行朝来寓建阳，登高丘氏之居。暇日手书此赋以授熹，为说古今成败兴亡大致，慨然久之。

昆阳大捷，是刘秀中兴汉室的成名之战。嘉祐五年（1060）一二月间，苏轼路经昆阳，感慨古事，写下了气势磅礴的《昆阳赋》。绍兴庚申即绍兴十年，朱松为十一岁的朱熹读《光武纪》，并讲解昆阳之战的"梗概"及"何以能若是"的原因，儿子欣然领悟。父亲为朱熹手书苏轼《昆阳赋》，"为说古今成败兴亡大致，慨然久之"。此事给朱熹留下了深刻的印象，乃至59年后时年69岁的朱熹在病中"追念畴昔，如昨日事"，为之流涕而不能自已。④

从上可见，宋高宗自即位之日，就郑重地亮出效法光武这面旗帜，借由"光武故事"的讲述，向天下表明有志于"中兴"的意志。光武故事，帝王高倡于庙堂之上，朝野以多种形式应和，在此政治氛围下，高宗君臣

---

① （宋）沈与求：《沈忠敏公龟溪集》卷4《赐席益辞免侍讲不允批答》，《四部丛刊续编》本，上海书店1985年版，第11页。

② （宋）陈渊：《默堂集》卷12《代廖用中谢除吏部侍郎兼侍读》，《四部丛刊三编》本，上海书店1986年版，第4页。

③ 高宗朝经筵讲读中，借光武故事评论时政的事例较多，参见（宋）胡铨《宋龙图阁学士左中奉大夫提举江州太平观广平郡开国侯食邑一千四百户食实封一百户赠左通奉大夫程公瑀墓志铭》，（明）程敏政编《新安文献志》卷78，文渊阁《四库全书》本，台湾商务印书馆影印本1986年版，第1376册，第298页；（宋）张纲：《华阳集》卷21《进故事》，《四部丛刊三编》本，上海书店2015年版，第3—5页；（宋）卫博：《定庵类稿》卷1，文渊阁《四库全书》本，台湾商务印书馆影印本1986年版，第1152册，第132页。

④ （宋）朱熹：《晦庵先生朱文公续集》卷8《跋韦斋书〈昆阳赋〉》，《四部丛刊初编》本，上海书店1989年版，第1856页。

利用科举考试这一特殊的"场域"来讲述光武故事，就是自然中事。

进而言之，科举试策中的光武叙事，在助推光武故事的传播中，不断宣扬高宗中兴宋室的政治形象。

从最重要的殿试来看，它不只是单纯选拔人才的"考试"，而是王朝统治趋向的宣示，可视为政治宣传之一环。[①] 绍兴十五年（1145）廷试中，高宗就指出："策题盖欲入仕者皆知趋向之正。"[②] 殿试就是促使读书人在思想上与朝廷政治导向趋同，进而在之后的言论和行动中与朝廷保持一致，在具体施治中宣扬和维护它。

殿试命题具有象征性，是读书人日常学习的风向标。"科场尚谀佞，试题问中兴歌颂。"[③] 准备应举者，自然会根据以往殿试命题意向进行模拟训练。这个过程本身就是王朝政治舆论的宣传和强化。"私试策"等对光武故事的援引、化用以及相关词汇和典故的嵌入，不唯是浅层的艺术表现，在高压政治下对今上奉承谀颂的同时[④]，体现出他们对故事所隐含的中兴理念的宣扬和接受。"光武故事"已成为读书人平常"私试"和正式策论中的"宠儿"，高宗朝科举试策中深深地烙上"光武故事"的印记。可以肯定，正式省试和殿试前，士子们私试活动反复进行，同类试策的制作量非常庞大。科举竞争的日益激烈和印刷术的助推，使专门收集、刊印以往时文典范的考试用书得到广泛流传和阅读。前文说到的徐俯劝高宗"熟读"《汉光武纪》一事，就收入在"率辑旧文"以备科举之用者[⑤]的《群书会元截江网》[⑥]《古今合璧事类备要后集》[⑦] 中。高宗读写《汉光武纪》又变成士子科举试策的"素材"。

[①] 宁慧如：《南宋状元策试析》，浙江大学宋学研究中心编：《宋学研究集刊》第2辑，浙江大学出版社2010年版，第402—408页。

[②] （宋）李心传著，胡坤点校：《建炎以来系年要录》卷153，绍兴十五年三月戊辰，第2893页。

[③] 《宋史》卷459《徐中行传附徐庭筠传》，第13458页。

[④] 关于高宗朝高压政治下的文学生态，参见沈松勤《从高压政治到"文丐奔竞"——论"绍兴和议"期间的文学生态》，《文学遗产》2003年第3期。

[⑤] （清）永瑢等：《四库全书总目》卷135《群书会元截江网提要》，中华书局1965年版，第1150页。

[⑥] （宋）佚名：群书会元截江网》卷29《时政》，文渊阁《四库全书》，第934册，第427页。

[⑦] （宋）谢维新：《古今合璧事类备要后集》卷5《君道门·恢复》，文渊阁《四库全书》，第939册，第585页。

可以说，科举应试者既是"光武故事"的接受者，也是该故事的传播者和再生产者。在高宗中兴形象的构建中，"光武故事"进入考场，走进应举者的日常读书和学习生活中，是一种极富宣传效应的方式。借助科举之渠道，高宗君臣将光武故事及其塑造中兴形象的政治意图，渗透到这些未来的朝廷命官和文化精英中间。借此方式，在更为庞大的读书人群体中，将高宗的中兴形象传播开来。概言之，"光武故事"在不同"考场"与多种"策论"中的反复讲述，正是高宗"中兴"的"声音"与"形象"在读书人群体中获得广泛响应的表征。

借由光武故事的讲述、传播，来进行中兴形象的塑造和政治动员，是宋高宗君臣在统治中的一个重要"发明"。我们看到，在高宗朝科举试策中与"光武故事"有关的概念、词汇和典故高频率出现，某种意义上形成了一种模式化情节。"同符光武""效法光武"等近乎陈词滥调的公式化言论，充斥于试策的话语体系当中，成为时代的话语标签，在朝野形成一种特殊的言论氛围。用时人王十朋《代谢乡解》的话讲，"洋洋乎东汉之风"①，期盼通过科举走向仕途的读书人，不可避免地浸淫于这一思想与话语氛围之中。在此特殊时代风气的感染和影响下，渴望功名的举子们无法置身于外，甚至不知不觉地沦为其追随者，形诸梦寐也就不再奇怪。回到本文开头那个神奇的祈梦故事。日有所思，夜有所梦，在太学苦读准备应举的李朝隐，想必也是沉潜其中，对此朝夕揣摩和推敲。在其梦中神祇两次以《光武同符高祖》相示，看似神奇，实则乃当时政治舆论和主流意识形态的映照。李朝隐祈梦一事，形象地展示了高宗朝读书人群体对"光武故事"那种念兹在兹的情结。"光武叙事"在科举试策中看似是一个关乎文章技艺的细节，背后却隐藏着为帝王构建"中兴"形象的深刻用意。

---

① （宋）王十朋：《梅溪先生前集》卷16《代谢乡解》，《四部丛刊初编》本，第175页。

北宋兰州经略述论

西北师范大学历史文化学院 杨芳

兰州是黄河上游重镇，北连甘、凉，南通秦、渭，自汉代以来就成为丝路上的重要城市。唐广德（763—764）以后，河西、陇右陷于吐蕃，后经历唐末、五代，直至北宋初期，兰州始终游离于中央管辖之外。宋初"关中戍守不越秦、凤"，对秦、灵以西地区无意疆理，兰州诸羌虽依附宋朝，但朝廷对其管辖有限。随着西夏崛起，宋、夏在秦、陇一带展开争夺。宋仁宗景祐三年（1036），西夏取河西，后又举兵攻兰州诸蕃部，南侵至马衔山，"筑城瓦川、凡川会，留兵镇守"[1]。嘉祐八年（1063），王韶攻熙河，西使城（今甘肃定西市）禹藏花麻"以西使及兰州一带土地，举籍献夏国"[2]。兰州地处河湟与陇右地区的结合部，西夏占领兰州，阻断了宋朝内地与西北边疆的联系和交通。宋神宗继位后，任用王安石变法，意图富国强兵，恢复汉唐旧疆，制定了先取吐蕃、再图西夏的战略。元丰四年（1081），李宪收复兰州，使北宋在对峙中取得战备优势，意义重大。北宋收复兰州后，在兰州实行了一系列政治、军事、经济措施，巩固了北宋西北边防的安全，也为北宋拓边河湟打下基础。关于北宋时期兰州的研究，学界在讨论宋夏战争、宋夏关系等问题时都有所涉及[3]，为我们展开相关问题研究奠定了基础，但主要集中于北宋对兰州的收复过程、兰州之战，以及兰州的军事地位等方面，从总体上对北宋经营兰州的政治军事、

---

[1] （宋）李焘：《续资治通鉴长编》卷119，景祐三年十二月辛未条，中华书局2004年版，第2813页。

[2] （清）吴广成著，龚世俊等校证：《西夏书事校证》卷20，甘肃文化出版社1995年版，第238页。

[3] 相关研究有陈守忠：《河陇史地考述》，兰州大学出版社1993年版；李华瑞：《宋夏关系史》，中国人民大学出版社1993年版；曾瑞龙：《拓边西北——北宋中后期对夏战争研究》，北京大学出版社2013年版。

经济、文化措施等探讨较少，对兰州堡寨的修筑虽有所涉及，但其修筑与防御体系的构建过程还需进一步厘清。

一 修筑堡寨，构建防御体系

兰州堡寨进筑主要经历了三个时期。第一阶段在宋神宗元丰时期，这一时期兰州新复，主要围绕兰州城，加强了兰州东、西、南及其外围的防御，是防御体系初步构建的时期。

元丰四年（1081）九月，李宪收复兰州，为巩固兰州防御，加紧了城寨堡的修筑和防御体系的构建。李宪新复的兰州城"东西约六百余步，南北约三百余步"，据宋人沈括和种谔在1082年筑城的规格，"寨之大者，城围九百步；小者，五百步"①，兰州城的大小不及宋朝一个"大寨"的规模。因此，攻占兰州后，李宪就将兰州城的修筑和拓展作为首要任务。由于兰州的重要军事地位，李宪奏请建兰州为帅府，以镇洮为列郡，为兰州的未来发展做出定位。但帅府放在前线，也要考虑风险，再加上北宋财政拮据的考虑，宋朝决定"省版筑之费，使城小而坚，则易为守"。完成修筑任务后，李宪向宋廷汇报："见城兰州，内所以自固，外不妨敌。"②元丰七年（1084），李宪又增修兰州城，城址北扩，紧挨黄河南岸③，成为阻挡西夏渡过黄河渡口的军事壁垒。

宋廷在修筑兰州城的同时，又展开了西使城的防卫工作。西使城（今定西市安定区）是兰州以东外围重镇，或称西市城，是西夏西寿保泰监军司的驻地。西寿保泰监军司是西夏十二监军司之一，原驻天都山，后迁至西使城。西使城在禹藏花麻归附西夏后，成为西夏统治兰州蕃部，保障兰、会等黄河以南诸州安全的军事中心。西使城不仅是沟通熙河路、泾原路边面的重要军事据点和交通要冲，而且地接皋兰，土地肥沃，粮草充衍，是兰州军需的重要补给地。元丰四年年底，西市城修葺完成后，宋廷"赐名定西城"④，并批准"其间有须增置堡寨，通接道路"⑤。

---

① （宋）李焘：《续资治通鉴长编》卷328，元丰五年七月戊子，第7895—7896页。
② （宋）李焘：《续资治通鉴长编》卷316，元丰四年九月戊戌，第7642页。
③ （宋）李焘：《续资治通鉴长编》卷342，元丰七年正月癸丑，第8224页。
④ （宋）李焘：《续资治通鉴长编》卷321，元丰四年十二月甲戌，第7748页。
⑤ （宋）李焘：《续资治通鉴长编》卷321，元丰四年十二月丙寅条，7743页。

兰州北距黄河，南倚马衔山，北宋除了修筑兰州城、西使城外，还在兰州东西两面加强防御。元丰四年修筑龛谷寨（今榆中县小康营乡）、阿干堡（今兰州市七里河区阿干镇）、东关堡（1081年恭噶关改，今兰州市城关区东岗镇店子街）、皋兰堡（今兰州市西固区金沟乡山城梁堡）等；元丰五年（1082），置西关（今兰州市西固区西固城）、胜如（今榆中县清水驿乡东古城村东古城）、质孤堡（今榆中县来紫堡乡）、洛施、乢洛宗（今西固区东川乡祁家坪）等堡。① 堡寨的修筑加强了兰州及周边的防御能力，坚定了蕃部效顺之心，"自城兰州及展置戍垒之后，羌人相继降附者已数万帐，迨今效顺，接迹不绝"②。但在元丰六、七年的宋夏兰州之战中，许多堡寨亦遭毁弃。

元丰五年，李宪还建议在兰州以东与定西城之间修汝遮城（今定西巉口镇），认为汝遮"最为贼冲，城围须及千步，并接胜如堡，中间筑一通过小堡"，"如此，则折冲制胜之形成矣"③。在定西城与兰州之间修筑汝遮城的设想因宋神宗病逝而未克全功，直到哲宗绍圣时期（1098—110）汝遮城才最终得以建成。

第二个阶段是哲宗元祐、绍圣时期，主要修复了元丰时期兰州之战及元祐初年被西夏毁弃的堡寨，并以拉平熙河路与泾原路的边面为目标，进行了一系列进筑。

元祐初，主持朝政的反变法派大多主张息兵弃地，但因兰州战略地位重要，朝野内外有识之士大多认为兰州不可弃。因此，在宋廷争论不休的同时，熙河路帅和兰州将佐也逐步加强了对兰州诸堡寨的修复和防护。元祐六年（1091）六月，西夏数万人进攻定西城，熙河路经略使范育与通远军代理知军姚雄提出修筑李诺平、汝遮城以加强防御的主张。元祐七年（1092）四月，种谊开始修筑李诺平，至五月一日进筑完毕，历时二十四天，朝廷赐名"定远"。定远城的进筑具有重要意义，既可"保金城，扞熙州，控大川"④，据守要害，又可护卫龛谷、质孤、胜如附近居民，具有相互接应之作用。定远城修筑后，又在以东进筑了纳迷堡（约今榆中甘草店一带）。关于纳迷堡的位置，尚书左丞梁焘指出："汝遮去纳迷七十里，

---

① 《宋史》卷87《地理志三》，中华书局1977年版，第2165页。
② （宋）李焘：《续资治通鉴长编》卷319，元丰四年十一月辛卯，第7713页。
③ （宋）李焘：《续资治通鉴长编》卷331，元丰五年十二月癸丑，第7982页。
④ （宋）李焘：《续资治通鉴长编》卷470，元祐七年二月辛巳，第11230页。

李诺平去纳迷百余里。"①

哲宗亲政以后，北宋对夏战略由元祐时的妥协退让向军事扩张转变。绍圣四年（1097）四月，北宋趁西夏右厢主力鏖战葫芦河流域的时机，渡河在兰州对岸修筑金城关。钟传率领步卒二万、骑兵三千，在黄河上系桥渡河，仅用了六天时间就完成了金城关的修建。金城关修筑后，宋廷认为兰州防御已是牢固，于是提出了进筑会州、沟通熙河路与泾原路边面的战略计划。为实现这一目的，熙河兰会路经略使钟传将进筑重点转向了会州。在钟传集中精力进筑会州的同时，知兰州苗履对金城关进行了展筑，并增加驻军。金城关在兰州城北二里，黄河西北山要隘处，是黄河上游的主要古渡口，也是中原王朝经兰州跨过黄河进入甘凉以通西域的交通要道。宋代收复兰州"未有金城（关）以前，每岁河冻，非用兵马防托，不敢开城门"②，自钟传、苗履修筑金城关后，西夏右厢兵马再也无法威胁兰州了。

第三个阶段是元符及徽宗崇宁、政和时期，以夺取湟鄯地区，覆灭青唐政权为目标。宋军进筑湟水、浩门河（大通河）、喀罗川（庄浪河）流域，设立京玉关、震武军等堡寨。

元符、崇宁年间，朝廷以恢复湟鄯地区为先务，兰州作为紧靠湟鄯地区的西部边面军事州，对河湟之役的成功发挥了重要作用。元符元年（1098）九月，会州进筑成功，沟通边面之役完成。元符二年（1099）的河湟之役又使熙河兰会路西部边面西移至湟州地界。这样，修复湟水运输线以应付河湟馈运已刻不容缓。元符三年（1100）五月，北宋在宗河口进筑关城，赐名京玉关。京玉关位于"兰州城西九十里之小寺沟河交会处"③，处在湟水注入黄河的河口东岸。京玉关是湟水交通线上的重要结点，从京玉关出发，不仅有沿湟水南北谷地行进的陆路交通，亦有沿湟水漕运的水路古道，而且地势较为平坦，路途近，风险小，成为馈运湟鄯前线的主要关隘，亦有道路通往西夏右厢监军司，战略地位十分重要。京玉关进筑后，为进一步打通湟水交通，北宋在京玉关以西的湟水北岸又筑通川堡（今兰州红古区）。

---

① （宋）李焘：《续资治通鉴长编》卷483，元祐八年四月庚申，第11484页。
② （宋）李焘：《续资治通鉴长编》卷513，元符二年七月戊辰，第12203页。
③ （清）张国常：《光绪重修皋兰县志（二）》卷18《古迹上》，《中国地方志集成·甘肃府县志辑》，凤凰出版社2009年版，第4册，第485页。

宋徽宗崇宁时，又以绍述熙宁、元丰新政为名，对外政策也转向积极开拓。崇宁三年（1104）三月，王厚兵分三路进攻鄯州。① 四月，收复鄯州（今青海西宁市），唃厮啰政权瓦解。

政和四年（1114），为缓解西夏对湟鄯的军事压力，北宋向兰州黄河以北庄浪河流域推进，占领夏人据点古骨龙。政和六年（1116）六月，筑城古骨龙，赐名震武城（今永登连城镇西北），后改震武军。震武军辖有一城一桥三堡：一城即德通城，一桥即通济桥，三堡分别为善治堡、大同堡、石门堡。② 重和元年（1118），童贯派遣廓州防御使、知兰州何灌争夺割牛城（今永登县民乐乡西），赐名统安。③ 这样，兰州以西、黄河以北防御体系进一步完善。

北宋在修筑堡塞的同时，派驻军队，招抚沿边弓箭手，增强兰州防御力量。元丰五年（1082）四月，宋廷发在京拱圣、骁骑、云骑、武骑各一指挥，共四指挥骑兵，殿前司、步军司虎翼各五指挥赴兰州。④ 若以一指挥四百人计，十四个指挥共约五千六百人。同年七月，兰州置马军广锐两指挥、步军保捷两指挥，各以五百人为额；保宁两指挥，各以四百人为额；牢城一指挥⑤，共约三千二百人。元丰六年二月，宋廷以京西、河东、泾原、秦凤、熙河路团结厢军差赴兰州。⑥ 在这两次增兵之后，兰州守军超过八千人。元丰六年年底，由于面临西夏的大攻势，官员估算"兰州守御须及一万人，今在州总计六千六百余人，临事旋乞益兵，窃虑误事"。李宪认为兵力已够："本司契勘兰州依百步法，止合用六千四百五十六人，本州通计仅及八千人，自可有备。"⑦ 自此，兰州正规军的兵力大概维持在八千至一万人，由熙河路汉蕃第二将统领。绍圣四年（1097）筑金城关后，又增置守关将士二千人。⑧ 宋廷顶着财政和后勤的巨大压力，保持了兰州雄厚军力，起到了威慑西夏的战略作用。

北宋通过在兰州及其外围修筑城寨堡，派驻军队，沟通边面，军事防

---

① （宋）王偁：《东都事略》卷82《王厚传》，文渊阁《四库全书》，第382册，第533页。
② 《宋史》卷87《地理三》，第2169页。
③ （清）吴广成，龚世俊等校证：《西夏书事校证》卷33，第378页。
④ （宋）李焘：《续资治通鉴长编》卷325，元丰五年四月戊辰，第7821页。
⑤ （宋）李焘：《续资治通鉴长编》卷328，元丰五年七月壬寅，第7906页。
⑥ （宋）李焘：《续资治通鉴长编》卷333，元丰六年二月壬子，第8017页。
⑦ （宋）李焘：《续资治通鉴长编》卷341，元丰六年十一月己巳，第8204页。
⑧ （宋）李焘：《续资治通鉴长编》卷487，绍圣四年五月辛酉，第11568页。

御体系逐渐完善、巩固，为拓边西北打下了坚实基础，也为兰州的开发提供了相对安全、和平的环境。

二 招抚蕃部，巩固民族关系

兰州地处宋夏边境地区，居住着大量蕃部，如何争取边境民族的支持以巩固统治，是当时北宋统治者面临的重要问题。因此，招降蕃部，稳定民族关系，也是北宋拓边西北的重要举措。

宋神宗熙宁时王韶上《平戎策》，论述了经制河湟蕃部的重要性，认为河湟一带的吐蕃，自唃厮啰去世以后内部相争，实际上已由独立于宋夏间的一方政治力量变为不稳定或不确定的政治因素。宋朝应通过威服河湟吐蕃而实现孤立西夏的目的，所谓"国家必欲讨平西贼，莫若先以威令制服河湟，欲服河湟，莫若先以恩信招抚沿边诸族，盖招抚沿边诸族，所以威服置（唃）氏也，威服置（唃）氏，所以胁制河西也"①。

熙宁六年（1073）八月，北宋攻取河州，拓边二千余里，熙、河、洮、岷、叠、宕、通远军等尽为宋有，招抚大小蕃族三十余万帐。按照王韶《平戎策》的既定战略，兰州蕃部也在招服之列。"古渭州一带，至洮、河、兰、鄯之间，汉陇西、南安、金城三郡地，所谓湟中、阁覃、临羌、抱罕、邯中、大小榆，土地肥饶，宜谷者，皆在洮、河、兰、鄯之间，诚得而耕之，其利岂止威伏羌戎而已耶？"②熙宁八年（1075），马衔山蕃部锡丹族（乞当族）首领达克博脱离了鬼章和木征的阵营，归顺宋朝。锡丹族的归顺，是宋朝招抚兰州蕃部的开始，这使得宋朝在熙河的战局得到很大的改善。达克博不仅说谕木征弟巴毡角（赵醇忠）及母妻等来降，又诱洮州（今甘肃临潭县）巴凌酋首居岷州（今甘肃岷县）城北。宋朝因此下诏补达克博三班差使、巴凌巡检，赠邵州团练使。③

元丰年间收复兰州，兰州地区蕃部发挥了重要作用。元丰四年（1081）五月，禹藏花麻请宋朝发兵征讨西夏，并愿举族为内应。六月，宋朝五路伐夏，吐蕃首领董毡兵三万至新市城作战。九月二日，李宪攻占

---

① （宋）赵汝愚：《宋朝诸臣奏议》卷141《上神宗论进筑河州》，上海古籍出版社1999年版，第1590页。
② （宋）赵汝愚：《宋朝诸臣奏议》卷141《上神宗论进筑河州》，第1591页。
③ （宋）李焘：《续资治通鉴长编》卷262，熙宁八年四月甲申，第6408页。

兰州城，巴令谒三族归附。随后，蕃部首领巴令谒等三族，率所部兵攻夏人撒逋宗城。因巴令谒族助宋有功，宋神宗对其进行了加官与奖励。① 元丰四年十一月，宋廷又下诏："应行营蕃将士，作番次厚与犒设，仍大开恩信，广务招徕新土生羌，及密定置戍之所，计度版筑之具，以俟春暖兴作。"②

北宋收复兰州后，继续招抚西蕃族归降。元丰四年十一月，李浩奏言："兰州招到西使城界归顺西蕃注丁擦令归等三族大首领厮多罗潘等三百余户，千三百余口，内三百余人强壮，千余口老小妇女。已犒设，等给例物，各令依旧住坐。"③ 十一月十九日，李浩又汇报："兰州节次招到西使监军司管辖顺夏国西蕃刹毛鬼、驴耳、金星、啰述等四部族大首领，蕃铃辖约苏等二百三十余户，二千余口，寻犒设，等第支给例物，各令归族。"④ 这一时期宋廷招降蕃部的政策也取得了良好的效果，"自城兰州及展置戍垒之后，羌人相继降附者已数万帐，迨今效顺接迹不绝"⑤。

招抚蕃部、妥善安排蕃部也是北宋后期经略兰州的重要举措。如绍圣四年（1097），苗履代理兰州知州，兼管沿边公事，蕃官穆纳僧格闻宋廷出榜诏谕，遂来投奔，宋廷授穆纳僧格礼宾副使，充兰州部落子巡检。⑥又如元符二年（1099）六月，"夏国伪正钤辖格斡宁以所部挈畜并部落子隆登等投汉"。宋廷"诏格斡宁特与内殿崇班，仍赐银、绢、缗钱各三百"。⑦

配合招降蕃部工作的进行，北宋还在兰州城内设置纳质院，对蕃官子弟进行统一管理。如元祐七年（1092）六月庚午，枢密院奏言："近言者称兰州诸族蕃官以骨肉为质户，处之城中。自属汉后，颇安其业，请留质院，如愿归族下者，亦听从便。"但"时种谊相度，若各令归族下，缘与贼隔河，每岁冰合，复遣入城，徒恐疑惑，乞增展质院，且令依旧"⑧。北

---

① 《长编》卷316，元丰四年九月辛丑，第7646页。（宋）邹浩：《道乡先生邹忠公文集》卷15《蕃官巴令谒等转官制》："勅具官某等，尔以忠勇，奋然身先，冒敌摧锋，达于朕听，第功应赏，宠进尔官，勉对恩荣，益图报效。"《宋集珍本丛刊》，线装书局2004年版，第31册，第111页。
② （宋）李焘：《续资治通鉴长编》卷320，元丰四年十一月癸卯，第7725页.
③ （宋）李焘：《续资治通鉴长编》卷319，元丰四年十一月己亥，第7716页。
④ （宋）李焘：《续资治通鉴长编》卷320，元丰四年十一月辛丑，第7720页。
⑤ （宋）李焘：《续资治通鉴长编》卷319，元丰四年十一月辛卯，第7713页。
⑥ （宋）李焘：《续资治通鉴长编》卷491，绍圣四年九月丙辰，第11650页。
⑦ （宋）李焘：《续资治通鉴长编》卷510，元符二年六月己丑，第12164页。
⑧ （宋）李焘：《续资治通鉴长编》卷474，元祐七年六月庚午，第11307—11308页。

宋西北地区散居着大量的吐番、党项帐部落，宋在建国初期对少数民族地区实行武力征服同时，对其酋豪、首领、子弟、族帐以及人员进行纳质，设置纳质院，以达到稳定边境的目的。

北宋在开发兰州土地的过程中，也十分注重民族问题的妥善处理。如文彦博曾上言："或曰兰州宜如充国，可置屯田，添助食兵。今若有田，多属蕃族，不可尽夺。"① 说明北宋收复兰州后并未将兰州农田全部收归国有，而是承认归顺旧户和蕃族的田地所有权。除了将敌对蕃族的田地、无主荒田收归官有外②，还有向当地蕃族居民收购土地。到宣和七年（1125）三月，宋徽宗仍以"开拓以来，疆土虽广，而地利悉归属羌"为忧，于是诏各路经略使臣相度"以钱粮茶彩，或以羌人所嗜之物，与之贸易田土"③，可见在收购蕃部土地的过程中也给予其较好的回报。

招抚、优待蕃部的政策，不仅有利于争取蕃部的支持，削弱西夏在兰州的势力，而且对巩固民族关系，保持兰州的稳定和促进经济的发展有重要作用。

三　发展经济，缓解财政压力

兰州屯驻大军，财政开支浩大，加上修筑堡垒关寨，费用更多。哲宗元祐时，就有很多人认为经营兰州财政负担太重，希望弃地于西夏。如韩维认为："朝廷自得熙河之地，岁费缗钱五六百万，后得兰州，又费百万以上。所得愈多，所费愈广，拓地之无利，亦已明矣。"④ 文彦博也批评进筑兰州，劳民伤财，"唯是朝廷创筑城垒，屯兵戍守，岁费百万以上，困竭中国生民膏血，以奉无用之地"。又说"今闻转运判官节减兰州岁计，犹须一百余万，又当计会知州并帅臣保认可以足用否"⑤。除了每年一百多万缗的正常预算外，还有突发事件增加的临时支出，如元丰六年战事紧张，朝廷又拨京西提举司钱二十五万缗，"应付兰州市籴粮草"。由此可见

---

① （宋）李焘：《续资治通鉴长编》卷381，元祐元年六月甲寅，第9284页。
② （宋）李焘：《续资治通鉴长编》卷444载，范育言："质孤、胜如川，伪号'御庄'，自归本路，其土人皆走天都山及会州之境。"可知宋取兰州后，质孤、胜如一带抛荒田地甚多。元祐五年六月辛酉，第10684页。
③ 《宋史》卷190《兵四·乡兵一》，第4723页。
④ （宋）李焘：《续资治通鉴长编》卷360，元丰八年十月己丑，第8624页。
⑤ （宋）李焘：《续资治通鉴长编》卷381，元祐元年六月甲寅，第9283—9284页。

军费开支大，财政负担重是关系兰州经略的重要问题。

军粮不足的问题，很早就困扰着北宋陕西诸路。元丰四年（1081）收复兰州后，军需粮草需从关中或熙河路转运。如元丰五年（1082）七月，"李宪请发关中民运粮兰州"，因王安礼劝阻，宋廷改为"李宪自调"，李宪"改用卒夫，以时运之"①。元丰六年（1083）二月，"诏熙河兰会经略制置司计置兰州人万、马二千粮草，于次路州军划括官私骆驼三千与经略司，令自熙州摺运，事力不足，即发义勇、保甲"②。但兰州地处沿边，粮运不便，为减轻财政负担，北宋在兰州大力推行屯营田，发展农业生产。

招募弓箭手，开垦沿边荒地以增军储是北宋前期以来就推行的重要政策。元丰四年（1081），宋军以熙、河为起点向兰州推进，作为后勤补给方式的屯田也在熙河地区的基础上进一步向兰州拓展。兰州地区"田美宜稼""土曰沃壤"，适合屯田生产。宋朝统治者对兰州的农业发展相当重视，元丰四年九月兰州收复不久，熙河路都大经制司就以"兰州、西使城川原地极肥美，兼据边面"③为由，建议泾原、秦凤、环庆及熙河路弓箭手投换耕种。

北宋主要采取了两大措施来发展兰州农业。首先，是解决土地问题。宋廷承认兰州原住民的土地所有权，如元祐元年（1086）六月，文彦博所奏《论西事札子》载："兰州宜如充国，可置屯田，添助兵食；今若有田，多属蕃族，不可尽夺。"④解决屯田土地的办法，除了将敌对蕃族的田地、无主荒田收归官有外，还有向当地蕃族居民收购土地。如宣和七年（1125）三月，宋徽宗以"开拓以来，疆土虽广，而地利悉归属羌"为由，诏各路经略使臣相度"以钱粮茶彩，或以羌人所嗜之物，与之贸易田土"⑤，通过和平赎买方式增加官田的比重。其次，是大力引进农业人口。元丰四年十一月，权熙河兰会经略副使李浩指出，兰州及西使城界多荒闲地，招募弓箭手难得数足，希望朝廷许人开耕，宋廷诏熙河路都大经制司相度施行。元丰五年十一月，兰州、定西城等新复地新招弓箭手五千人。⑥元祐五年

---

① （宋）李焘：《续资治通鉴长编》卷328，元丰五年七月丁酉，第7902页。
② （宋）李焘：《续资治通鉴长编》卷333，元丰六年二月壬子，第8017页。
③ （宋）李焘：《续资治通鉴长编》卷316，元丰四年九月庚戌，第7652页。
④ （宋）文彦博撰，申利校注：《文彦博集校注》卷26《论西边事》，中华书局2016年版，第744页。
⑤ 《宋史》卷190《兵四·乡兵一》，第4723页。
⑥ （宋）李焘：《续资治通鉴长编》卷331，元丰五年十一月癸丑，第7982页。

六月，质孤、胜如二堡置弓箭手三千人等。弓箭手遂成为宋人开发兰州的重要力量。弓箭手多为"少壮堪耕战之人"①，不仅能垦种农田，以缓边郡馈运之劳，而且骁勇善战，能抵制西夏的侵扰。所谓"缘边弓箭手，乃守边之篱落，无事则耕，及战则为先锋，其驼马、器械，皆自备"②。这种兵农合一的制度具有军事防御和节省财用的双重作用。

在北宋的经营下，原属西夏的龛谷、质孤、胜如等农田区得到了进一步开发，并开垦了许多新的土地。至北宋中后期，兰州的可耕地已尽数开垦为农田。随着大量军民人口的迁入，宋徽宗崇宁三年（1104），宋朝在兰州下设兰泉县③，中断了三百多年的郡县制度也得到恢复。

除发展农业外，北宋还鼓励商业贸易，在兰州设市易司、榷货务等，征收商税，增加熙河路财政收入。自宋熙河开边后，熙州、河州等地便成为西域各国商人汇聚之地。元丰三年（1080）十月，于阗进贡使团就有乳香、杂物等十余万斤运到熙州南川寨。据宋人李复的上奏，回纥、于阗等国商人有居留熙、河达"十余年者"④。兰州作为熙河路管辖的一部分，也有西域商贾的活动。如元丰六年（1083），熙河兰会路制使司报告西夏侵犯兰州，"并掳略和雇运粮为阗人并橐驼"，宋廷下诏"优恤之"⑤。元祐七年（1084）六月枢密院的奏言中提到，兰州质纳院中还有蕃客可以居住的屋舍，并且宋廷还有在兰州修建蕃市的打算，但考虑"夏国疑惑，候边事宁息修展"⑥。可见，宋朝对丝路贸易采取保护和鼓励的政策。

北宋神宗时期推行市易法前，宋廷对沿边诸族采取"听与民通市"的自由贸易政策。熙宁五年（1072），宋廷接受李宪的建议，在古渭寨（镇洮军，后改为熙州、通远军）置市易司，其后又在秦州永宁寨、河州、岷州等地区设置市易司。元丰六年（1083）七月，兰州设置市易务，"支拨钱本，计置物货，应接汉蕃人户交易"⑦。行市易法的目的是由官府控制商业，根据市场情况决定价格，使富商不得上下其价，乘时射利，商旅得以畅通。市易法至元丰八年（1085）即废罢，其间私贩贸易受到一定限制，

---

① （宋）李焘：《续资治通鉴长编》卷441，元祐五年四月戊戌，第10610页。
② （宋）陈均：《皇朝编年纲目备要》卷27《徽宗皇帝》，中华书局2006年版，第679页。
③ 《宋史》卷87《地理三》，第2165页。
④ （宋）李复：《潏水集》卷一《乞置榷场》，文渊阁《四库全书》，第1121册，第5页。
⑤ （宋）李焘：《续资治通鉴长编》卷335，神宗元丰六年五月甲午，第8071页。
⑥ （宋）李焘：《续资治通鉴长编》卷474，元祐七年六月庚午，第11307—11308页。
⑦ （宋）李焘：《续资治通鉴长编》卷337，元丰六年七月丙辰，第8119页。

因此对兰州及沿边地区的大宗贸易影响不大。①

熙河路开辟后，宋朝为解决这些新复领土驻军的粮草补给问题，先后在熙州、河州、岷州、通远军设立折博务。兰州在元丰六年市易司设置后不久，也设置了折博务。② 折博大致是折价交易之意，也就是物品与物品之间（不包括货币）相互折算价格进行交换，主要是用银绢茶盐等各类杂物折博粮草。③ 在北宋熙河路的商品贸易中，虽然交易物品琳琅满目，但主要以茶、马、粮食交易为大宗。元丰六年（1083）四月，宋朝决定从熙、河二州桩管茶中调拨部分"充兰州博籴"④。同年十月，茶场司请求将熙州桩管茶一万驮"分四料"拨给，"每季支茶二千五百驮"，"充兰州博籴粮斛"。⑤ 可见兰州的折博贸易中，主要以茶博籴粮草，以供军需。关于折博务的作用，熙宁五年（1072）九月，权三司使薛向言设有折博务的延、秦、渭等州，"召商入刍粮钱帛，偿以解盐，岁收缗钱一百六十六万"，而古渭寨（通远军）及新城镇洮军（熙州）这时还没有设置折博务，"故商旅未"。史籍中有关兰州的折博务的记载很少，但结合折博务长期存在，且随着疆域的开拓不断增设来看，兰州折博务在军需粮草的购买中也起着十分重要的作用，并在一定程度上促进了兰州商业贸易的发展。

四 发展儒学教育，促进社会转型

陇右自唐代宗广德年间陷于吐蕃，大量的吐蕃人迁居在此生活。9世纪末，吐蕃王朝分崩离析，日渐衰落。生活在陇右的吐蕃酋豪纷纷自立，"族种分散，大者数千家，小者百十家，无复统一矣"⑥。宋夏时期，兰州地区分布有诸多蕃部，这些部族分布在西使城（定西城）、汝遮谷、龛谷川、马衔山、纳迷水、喀罗川和兰州城附近，过着部落化生活。

熙宁以后，北宋在熙河路推广蕃学，熙州（治今甘肃临洮县）、河州、岷州、洮州、西宁州都先后建有蕃学。入学的蕃酋子弟，"赐地十顷，岁

---

① 参见李华瑞《宋夏关系史》，中国人民大学出版社2010年版，第226—227页。
② 《宋史》卷186《食货志下》，第4564页。
③ 参见李晓《宋朝政府购买制度研究》，上海人民出版社2007年版，第214页。
④ （宋）李焘：《续资治通鉴长编》卷334，元丰六年四月甲戌，第8056页。
⑤ （宋）李焘：《续资治通鉴长编》卷340，元丰六年十月戊子，第8186页。
⑥ 《宋史》卷492《吐蕃》，第14151页。

给钱千缗"①，教授儒学经典，教科书都是标准的国子监书。以西宁州蕃学为例，"其蕃族子弟甚有能书汉字，通诵《孝经》，渐习《论语》，皆知向方慕义，化革犷俗"②。

北宋兰州也设有蕃学。《元一统志·兰州》载："兰州文宣王庙，在城东南隅，宋哲宗元祐六年州学，有碑，其年六月二十四日史天常撰。"史天常确有其人，雍正《陕西通志·选举》载："史天常，邠州人，熙宁九年徐铎榜。"《元大一统志·种谊》亦载："（种）谊在郡，审形势以制敌，简士卒、列器械以强兵，广仓廪、通输籴以足食，公赏罚以申军政，明听断以清民讼，又建立学校以崇教化。"种谊在元祐六年正任兰州知州兼沿边安抚司事，可知兰州州学是种谊在任时所建，史天常撰碑以记其事。种谊所建州学实际上是蕃学，本意是招收蕃酋子弟入学为质，西北沿边蕃学的创始者正是种谊之父种世衡。蕃学的建立推动了熙河路及兰州儒学文化教育的发展，亦促进了蕃部对中原文化的认同，正如王安石《次韵元厚之平戎庆捷》诗言："朝廷今日四夷功，先以招怀后殪戎。胡地马牛归陇底，汉人烟火起湟中。投戈更讲诸儒艺，免胄争趋上将风。文武佐时惭吉甫，宣王征伐自肤功。"兰州在崇宁三年（1104）设兰泉县，实行郡县制管理，亦与儒学教育的影响不无关系。

北宋在包括兰州在内的熙河路还实行了鼓励佛教发展的政策。兰州地处中西交通要道，汉唐时期一直是丝绸之路上的重镇，佛教很早就通过河西走廊传到了兰州，唐代兰州修建了许多佛教寺院，如庄严寺、普照寺和宝塔寺等③，成为宋代兰州佛教发展的重要基础。吐蕃很早就信仰佛教，据宋神宗元丰七年（1084）王钦臣撰《岷州广仁禅院碑记》载："西羌之俗，自知佛教，每计其部人多寡，推择其可奉佛者使为之。"兰州一度受西夏统治，党项人也十分笃信佛教。北宋收复兰州后，为笼络蕃部，巩固统治，继续实行鼓励佛教发展的政策，对损毁的佛教寺院进行了修复。随着交通的畅通，诸多西域蕃僧经过兰州龛谷城、定西城一带前往镇戎军贡使，蕃部聚集的龛谷城、西市城、马衔山、汝遮谷、纳迷水等地成为佛教发展的中心。

---

① （宋）李焘：《续资治通鉴长编》卷261，熙宁八年三月戊戌，第6357页。
② （宋）慕容彦逢：《摛文堂集》卷4《西宁州教授歙州进士黄庭赡……特与将仕郎仍疾速出给付身制》，文渊阁《四库全书》，第1123册，第340页。
③ 《（康熙）兰州志》卷1《寺观》，《中国地方志集成·甘肃府县志辑》（1），第85—86页。

北宋收复兰州后,道教亦恢复生机,在兰州不仅修有东华观、九阳观、清虚观等著名道教宫观,而兴隆山亦成为道教圣地。薛达《重修兴龙山东岳行宫募化疏引》载:"兴龙栖云二山焉,脉本马衔,……诚为榆中福地,兰垣之保障也。两山之上,庙宇林立,创自唐宋,年远无稽。"[①] 刘一明《栖云山香火地记》载:"栖云山朝元观,即古朝元庵,由来已久,为兰郡朝拜之名区,祈福之胜境。自唐宋迄明,称为福地。"[②]

综上所述,元丰时期北宋收复兰州,为兰州的开拓和经营写下重要一页。北宋收复兰州后,修筑堡寨,构建防御体系,进一步控制黄河上游,为拓边西北打下了重要基础。北宋进筑、开发兰州,主观上是发挥其军事价值,但客观上则大大推动了兰州社会经济的发展。宋廷在兰州迁入大批军民人口,设置州县,设立蕃学,进行儒学教育,中断了三百多年的郡县制度得到恢复。堡寨体系与州县制相表里,推动了部落化已久的基层社会组织转型。在此过程中,宋朝开设场务贸易,各族人口在政治、经济、文化方面广泛交流,相互依存,促进了民族交融的顺利进行。尽管困难重重,政局多变,北宋以兰州为黄河北立足点,开拓西北的战略目标最终得到坚持。

[①] (清)刘一明:《刘一明栖云笔记》,社会科学文献出版社2011年版,第257页。
[②] (清)刘一明:《刘一明栖云笔记》,第98页。

唐宋城市的"常"与"变"
——以北宋南京的城市空间演进与经济发展为例

兰州大学历史文化学院　何强

唐宋城市在我国古代城市发展史中无疑有重要的历史地位。自 20 世纪 30 年代日本学者加藤繁指出传统封闭式的坊市制奔溃是宋代城市发展的重要标志以来[①]，坊市制奔溃就逐渐成为唐宋城市发展的研究范式而被广为论说。[②] 近年包伟民《唐宋城市研究学术史批判》[③] 一文立足学术史，对唐宋城市史研究尤其是 20 世纪 80 年代以来唐宋城市史研究中的突出成绩与存在的主要问题做了深刻总结。在论及唐宋城市史研究的思路时，包伟民指出："迄今为止，我们关于唐宋时期城市发展的印象，主要来自一些全局性的讨论，其中当时全国等级最高、同时也是经济最为繁荣的城市——都城的影响尤其明显。区域性的城市研究虽已取得一定成就，总体看仍相当粗浅。这既有存世历史文献不平衡因素的制约，更为重要的原因，还在于大一统传统影响着我们的思路。"同时，还指明了日后的研究路径与期待，曰："如果能够做到在各个区域，对不同类型的城市都选取典型展开充分的个案研究，然后再在这些个案研究基础之上，作实证式的归纳，我们对唐宋城市全局的认识，必然会有实质性的提高。"以下就以北宋南京为个案，集中探讨其在唐宋时期的演进历程。

[①] 加藤繁的观点主要可参见《宋代都市的发展》及《唐宋时代的市》等，收入 [日] 加藤繁著：《中国经济史考证》，吴杰译，中华书局 2012 年版，第 248—316 页。

[②] 相关研究可参见宁欣、陈涛《唐宋城市社会变革研究的缘起与历程》的综述，收入李华瑞主编："唐宋变革"论的由来与发展》，天津古籍出版社 2010 年版，第 293—306 页。

[③] 包伟民：《唐宋城市研究学术史批判》，《人文杂志》2013 年第 1 期，后收入氏著《宋代城市研究》（中华书局 2014 年版）以为"绪论"。

宋代之南京（治今河南商丘）相传为陶唐氏火正阏伯所居之地，商祖相土封上，因之，是为商丘。西周初年，武王封商纣王庶兄微子启于宋，建都商丘，后更睢阳。秦统一六国，废封建行郡县，商丘属砀郡（郡治今永城市芒山镇）。宋州之名始见于隋，唐宋因之。五代后唐，改称归德军。宋太祖赵匡胤在后周曾任归德节度使，治所即在宋州。宋真宗景德三年（1006）升宋州为应天府，大中祥符七年（1014）升应天府为南京。关于北宋南京，学界已有相当的研究，研究重点主要集中在南京的建立、地位与作用[1]，南京应天府的经济与文化教育[2]等方面。对北宋南京城市空间结构的研究尚无专论，已有的研究多属商丘古城视域下粗线条式的梳理。[3]所据历代城图基本都来自中国社会科学院考古研究所和美国哈佛大学皮保德博物馆所组成的中美联合考古队关于东周城址的勘察报告[4]，而此勘察报告并未绘制出唐宋时期宋州城城址等的详细信息，而考古资料之于城市空间亦具有某种静态的、片面性的特点。[5] 因此，深入系统研究由唐入宋宋州城的城市空间结构演变，厘清北宋南京城市空间结构的形成与变化，具有重要的学术意义。

---

[1] 郭文佳：《试论商丘在宋代的历史地位》，《商丘师范学院学报》2010年第10期；白茹冰：《宋州在唐代中后期的地位与作用》，《商丘师范学院学报》2011年第7期；韩桂华：《宋代的发祥地：南京应天府研究——以建制为中心》，《史学汇刊》（台）2015年第34期。

[2] 郭文佳：《北宋时期应天府文化繁盛论》，《商丘师范学院学报》2003年第3期；郭文佳：《北宋南京应天府士人及文化成就》，《河南社会科学》2004年第1期；范艳敏：《应天府书院研究》，硕士学位论文，河南大学，2013年；郭晓岚：《范仲淹与应天府书院》，硕士学位论文，辽宁大学，2013年；贾光、徐泽源：《陪都南京对应天书院建立发展的作用及影响》，《邯郸职业技术学院学报》2016年第3期。

[3] 主要有吴鹏飞：《商丘古城发展研究——兼谈明代商丘城市的历史地理问题》，《商丘师范学院学报》2010年第2期；张庆：《黄河影响下的商丘古城空间格局探微》，硕士学位论文，郑州大学，2010年；陈道山：《"商丘古城"的概念界定及其科学意义》，《河南科技大学学报》2011年第4期；张涵：《明清商丘古城营建史》，博士学位论文，华南理工大学，2014年。

[4] 可详参中国社会科学院考古研究所、美国哈佛大学皮保德博物馆中美联合考古队《河南商丘县东周城址勘察简报》，《考古》1998年第12期。

[5] 考古之于城市史研究的局限，诚如刘易斯·芒福德所批评的，"他们力求从最深的文化层找到他们认为能以表明古代城市结构秩序的一些隐隐约约的平面规划"。详见［美］刘易斯·芒福德：《城市发展史——起源、演变和前景》，宋峻岭、倪文艳译，中国建筑工业出版社2004年版，第3页。按：刘易斯·芒福德此论主要针对的是城市起源的问题，但笔者认为勘察某些特定区域中的文化层的先后顺序是考古学的一般研究方法，因而这种批评之于城市史研究具有某种普遍性。

一 从三城到一城：唐宋时期宋州城市空间结构的演变

诚如上文所示，在北宋南京城这块土地上先后建有多个城池，后由于黄河的影响形成了典型的"城摞城"形态。唐时，此地称宋州，据唐初《括地志》载，宋州当时存有三个城，分别为宋州城、宋城县城，以及围二城于内的宋州外城，宋州城"古阏伯之墟，即商丘也"；宋州外城"本汉睢阳县，地理志云睢阳县，故宋国也"；宋城县城，"在州南二里外城中，本汉之睢阳县也"。[1] 引文"地理志"当指《汉书·地理志》，经查有"睢阳，故宋国，微子所封"[2]。而宋州外城和宋城县城都曰"本汉睢阳县"，似相互抵牾，其实不然。众所周知，至少在北宋以前，我国古代的州城管理一般是由治所所在的县负责的[3]，县城与州城比邻而居也不足为怪。因此，宋州外城，"本汉之睢阳县"，可理解为汉睢阳县所在的地方，乃梁国都城，也即前揭宋国故城也。宋城县城，"本汉之睢阳县也"，其实也就是汉之睢阳县城。当然，有理由来质疑唐前期所存城池是否还仍是汉代所筑之城池，但由此反映出的宋州城、宋城县城，以及宋州外城的基本结构布局还是非常清楚的。关于宋州州城，成书于唐宪宗元和八年（813）的《元和郡县图志》的记载亦与《括地志》相同，曰："（宋州）州城，古阏伯之墟，契孙相土亦都于此。春秋为宋国都。汉梁孝王广睢阳城七十里。开汴河，后汴水经州城南。"[4] "汴水经州城南"，这与宋人所载汴河与南京的相对位置关系一致，宋代孙升《孙公谈圃》曰："隋开汴河，其势正冲今南京，至城外迁其势以避之，古老相传为留赵湾，至艺祖以宋州节度使即帝位，乃其谶也。"[5] "留赵湾"之谶显系虚妄，但州城与汴河的相对位置无疑是非常清楚的。

---

[1] 参见（唐）李泰等著《括地志辑校》卷3《宋州》，贺次君辑校，中华书局1980年版，第153页。

[2] 《汉书》卷28下《地理志第8下·梁国》，中华书局1975年版，第1636页。

[3] 北宋时出现了所谓的由专门机构负责管理城市的"建制城市"，详见韩光辉《宋辽金元建制城市的出现与城市体系的形成》，《历史研究》2007年第4期。

[4] （唐）李吉甫撰：《元和郡县图志》卷7《河南道三·宋州》，贺次君点校，中华书局1983年版，第180页；（宋）乐史：《太平寰宇记》卷12《河南道·宋州》，所记同。

[5] （宋）孙升口述，刘延世笔录：《孙公谈圃》卷中《留赵湾》，杨倩描、徐立群点校，中华书局2012年版，第121页。

唐朝初年的宋州城、宋城县城，以及围二城于内的宋州外城的"三城格局"无疑是经过长期的历史积淀逐渐形成的。但这种格局，至迟到唐长庆年间（821—824）已经发生了明显的改变。史载长庆二年（822）宣武叛将李岕攻宋州，"宋州凡三城，已陷南一城，（高）承简保北两城以拒，凡十余战"，很明显宋州已呈现出南一城，北二城的"倒品字形"的"三城格局"[①]。不过从这三城格局中也能隐约看到唐朝初年的影子，"南一城"很可能由此前的宋城县城，"北二城"中其西城则属此前的宋州州城无疑，东城则很可能是利用宋州外城部分城墙改建或重新修建而成，此间西城与东城相对位置的判断，主要是基于宋朝的城池结构而做出的判断，详见下文。安史之乱以后，中原频繁的战争当是促成这一转变的关键。从军事防卫等角度看，像宋州这样的地方小城市，在继承此前的城池的历史遗产基础上，建设"分城"无疑是最佳的选择，"北二城"是政治军事城池，由南面更加靠近水运的宋城县城的"南一城"无疑是商业和大量平民所在的城池。[②] 从唐五代的战争实践看，南一城的防御最弱，往往被攻破，也许正因此，还有将不得意之人特意任命为"宋州南城将"的例子。[③] 而北二城的防守极强，往往令攻击者望而却步，如咸通十年（869）九月庞勋起义军将兵二万自石山西出"袭宋州，陷其南城，刺史郑处冲守其北城，贼知有备，舍去，度汴，南掠亳州"[④]。

宋代的南京城的布局则由唐朝以来的"三城结构"发展为"一城结构"。关于宋南京城的结构，宋人王应麟所撰《玉海》记载最为翔实，曰："大中祥符七年，建应天府为南京。宫城周二里三百一十六步。门曰重熙、颁庆。殿曰归德。京城周回一十五里四十步。东二门：南曰延和，北曰昭仁。西二门：南曰顺成，北曰回銮。南一门，曰崇礼。北一门，曰静安。中有隔城，又有门二：东曰承庆，西曰祥辉，坊十八。东有关城，周二十

[①] 对此《旧唐书》有载，曰："宋州凡三城，已陷南一城，承简保北两城以拒，凡十余战。"详见《旧唐书》卷151《伊慎传》，中华书局1975年版，第4053—4054页。
[②] 关于"分城"的作用可参考张驭寰《中国城池史》，中国友谊出版公司2015年版，第187—190页。
[③] 详见《旧唐书》卷156《韩弘传》，第4134页。
[④] （宋）司马光编著，（元）胡三省音注：《资治通鉴》卷251"咸通十年九月辛酉"条，中华书局1956年版，第8271页。

五里八十三步，东、南、北各有门一。"①《玉海》的记载与《宋史·地理志》基本相同②，显然，二书所载都乃大中祥符建都之后的情况，而南京建都则主要涉及城门名称的改易，对此下文相论，因此《玉海》《宋史》所载的南京城市空间结构也适用于大中祥符建都之前。

不难看出，宋南京城所谓的"一城结构"也是相当复杂的，其是由"京城"及其内的"隔城"，以及东边的关城组成。京城中的宫城是由五代时期的归德府衙改造而成的，京城与东边的关城有很明显的唐"北二城"的影子。京城即唐代的州城，东边的关城也即由北二城中的另一城改建而来，史曰东关关城"周二十五里八十三步"③，而主体结构的京城才周一十五里四十步，可见，东关城几乎是京城城周的两倍。从京城的城门结构推测，京城应是一座完整的方形城池，因此京城中的"隔城"不太可能是京城展拓的结果。这也可从唐州城（宋京城）、宋城县城以及汴河的相对距离进行说明。前揭，宋城县城在州城南二里之外，而州城与城南的汴河又有五里之遥④，若宋代隔城是由州城向南展拓而来的话，那么州城与汴河的距离便只有三里，这与史实明显不符。因此，可以确认的是，从汉以来的睢阳县（宋城县）城终于在唐五代的战火中坍塌了。宋京城南部的"隔城"与此前的宋城县城并无太大的关系。最后，值得注意的是，仁宗皇祐元年至二年（1049—1050）判应天府郭承祐（？—1051）曾因"府壁垒不完，盗至卒无以御"，还曾"城南关"。⑤重新加强了南京京城南部的防御能力，不过可以想见南关关城的规模自不能跟东关相比。

二　北宋南京京城空间结构详考

前揭，北宋南京京城的基本格局，《玉海》《宋史》等都有较为详细的

---

①　（宋）王应麟辑：《玉海》卷170《门阙·祥符重熙颁庆门》，广陵书社2016年版，第3152页。

②　《宋史·地理志》南京条的记载略简，唯一有异者主要在对关城城门的记载上，曰"其东又有关城，南北各一门"，详见《宋史》卷85《地理一·南京》，中华书局1977年版，第2104—2105页。

③　（宋）王应麟辑：《玉海》卷170《门阙·祥符重熙颁庆门》，第3152页。

④　汴河与南京城的相对位置，宋人王巩《闻见旧录》有"南京去汴河五里"之记载。可详参（宋）王巩《闻见旧录》，文渊阁《四库全书》，第7页。

⑤　《宋史》卷252《郭承祐传》，第8852页。

记载，但对于其诸城门的具体位置仍不清楚。这点可以通过南京建都时城门名称的改易得知。建都南京诏书颁发的第二天，也即大中祥符七年（1014）二月丁巳（一日）便诏"名南京门曰崇礼，双门曰祥辉，外西门曰回銮"①。"崇礼门"为南京京城的正南门，双门为京城南门内隔城之门。② 另，"回銮"门的命名，外西门的朝向，以及因何只名"三门"等意象共同提示着，这三门仅是真宗朝谒亳州太清宫返程途中于应天府建都南京的次日走过的地方。由于真宗毕竟还在返回首都开封的路上，因此匆忙之间尚未全部命名，史载真宗二月辛酉（5日）才到达京师开封③。在返京的路上，真宗仍惦记着南京，二月三日便诏命："以主客郎中、知应天府马远方兼南京留守司事，合置官署名目，下审官院、流内铨。一如西京之式。"④ 加强了南京职官制度的构建。返回东京不久，即三月十三日，便诏曰"名南京大东门曰诏仁，小东门曰延和，小西门曰顺成，北门曰靖安，新隔门曰承庆"⑤。这批命名者共有"五门"，补足了此前未命名的城门。从城门数量、朝向等情况看，这与《玉海》《宋史》等所载南京城的基本格局完全吻合。由于建都南京改易城门名称时记载了此前按具体方位命名城门的情况，再结合《玉海》《宋史》所载诸城门的相对位置，可以清楚地绘制出北宋南京京城示意图（图1）。

史载南京的京城周回一十五里四十步，京城之中的南部又有隔城，隔城正是通过双门内连宫城外接京城正南门崇礼门。如上所言，双门大中祥符建都后即改为祥辉门。其实在唐宋子城体系下，双门又称双阙，双阙或双门是有特殊含义的，此正乃子城之正南门谯门之所在。谯门多设楼，门楼上均置有报警的鼓角，也是布政宣令之城所，是一州府威严之所在，亦往往是区隔市井小民与官衙区的主要标志物。⑥ 双门之外，崇礼门之内的隔城内设置有"坊十八"⑦，此正乃城内市井小民所居之地。前揭，南京京

---

① 《宋会要辑稿》方域2之1，中华书局1957年版，第7331页；《宋会要辑稿》礼51之6，第1544页。
② 对此《玉海》《宋史·地理志》等均有载，可详见后文论述。
③ 《续资治通鉴长编》（以下简称《长编》）卷82"大中祥符七年二月辛酉"，中华书局2004年版，第1865页；《宋会要辑稿》礼51之6，第1544页。
④ 《宋会要辑稿》方域2之1，第7331页。
⑤ 《宋会要辑稿》方域2之1，第7331页。
⑥ 参见包伟民《宋代城市研究》，中华书局2014年版，第94页；袁琳：《宋代城市形态和官署建筑制度研究》，中国建筑工业出版社2013年版，第151—154页。
⑦ 详见（宋）王应麟辑《玉海》卷170《门阙·祥符重熙颁庆门》，第3152页。

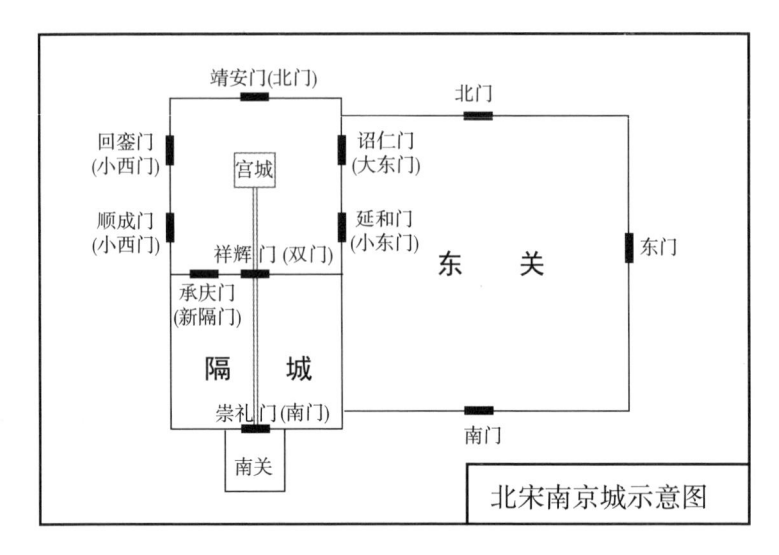

图 1　北宋南京城示意图

城中的隔城不可能是由唐代的南一城展筑而来，因此此间民坊极有可能完整地继承了唐代以来的坊制。有史料表明，最晚至天禧年间还有坊门开闭的例子，史曰天禧二年（1018）六月："京师民讹言帽妖至自西京，入民家食人，相传恐骇，聚族环坐，达旦叫噪，军营中尤甚……时自京师以南，皆重闭深处，知应天府王曾令夜开里门，倡言者即捕之，妖亦不兴。"[1] 隔城以北，宫城之外的区域应是传统上的子城空间，自是官府机构、仓库等所在。而京城东边"周二十五里八十三步"，面积几乎是京城两倍的关城，自应是"以乘官方设施，备御京城"的重要设施和众多军队及其家属所在。

南京宫城既然是由节度使衙署发展而来，自都不是很大，史载南京宫城周二里三百一十六步[2]，对其内部结构史无明载，不过既由衙署发展而来，再考虑到北宋诸帝均未在南京京城大兴土木[3]，那么其应保留了地方一般城市官廨的基本结构。关于宋代州府衙署江天健总结道：

---

[1] 《长编》卷 92 "天禧二年六月乙巳"，第 2118 页。
[2] 参见（宋）王应麟辑《玉海》卷 170《门阙·祥符重熙颁庆门》，第 3152 页；《宋史》卷 85《地理一·南京》，第 2104 页。
[3] 北宋时期疏于南京京城营建的情况，可详参韩桂华《宋代的发祥地：南京应天府研究——以建制为中心》，《史学汇刊》（台）2015 年第 34 期。

宋代郡治官廨大都在子城里面，位置坐北朝南，从仪门而入，仪门之外两侧有手诏、颁春两亭，设厅直对仪门，为郡属办公地方，仪门与设厅之间，树立官箴戒石；设厅后面有宅室、堂庑、楼阁、亭榭、水池等建筑物，便厅则为休息宴游之所，一些郡治里面还有郡圃。[1]

袁琳亦认为基本沿南北中轴线分布，基本布局为坐南朝北，前衙后邸，从南向北分别由礼仪宣教之所（颁春宣昭亭—鼓角楼—仪门—戒石铭）、治事之所（设厅—中堂等）和晏息之所即州宅三大部分组成。其中宣教礼仪之所对应的建筑往往是固定的、礼仪性质的，而治事之所和晏息之所则稍有变通，数量上无严格的规定。[2]

建都南京对此结构最大的改变即表现在宫城实体与京都意象的构建两方面，就宫城实体而言，最大的改变就是南京鸿庆宫的大规模建设。鸿庆宫系南京建都当日真宗服靴袍朝拜圣祖殿时于圣祖殿当即改名而来，《宋会要辑稿》天庆观条清楚地指出，大中祥符七年诏"南京天庆观圣祖殿宜号鸿庆宫"[3]。圣祖殿是真宗东封西祀后，又导演"圣祖"之降的产物，史载大中祥符五年（1012）闰十月诏令"天下府州军监天庆观并增置圣祖殿"[4]，显然仅仅是天庆观的一部分。天庆观具体位置不详，约在大中祥符七年（1014）八月，也即建南京的六个多月后，真宗就诏南京在南京京城正殿归德殿旁边"别置鸿庆宫"[5]，同时将建都当日增奉的太祖、太宗像移至"归德殿后正位权安"[6]。待至天圣元年（1023）三月鸿庆宫修成后，

---

[1] 江天健：《宋代地方官廨的修建》，《宋史研究集》第31辑，台北：兰台出版社2000年版，第445—474页。

[2] 参见袁琳：《宋代城市形态和官署建筑制度研究》，第150—151页。

[3] 《宋会要辑稿》礼5之18，第474页。

[4] 详见《长编》卷79，"大中祥符五年闰十月癸酉"，第1801页。另，《宋会要辑稿》亦有载曰："（大中祥符）五年闰十月，诏于新建观置圣祖殿，以官物充。"详见《宋会要辑稿》礼5之18，第474页。

[5] 参见《宋会要辑稿》礼5之18，第474页。关于别置之鸿庆宫后的具体位置，王仲旉《南都赋》里则有清楚的记载，曰："颁庆洞开，归德峻峙……旁立原庙，岿崔穹崇。"详见（宋）吕祖谦：《宋文鉴》卷10，齐治平点校，中华书局1992年版，第125页。而后来改置鸿庆宫时，有曰"南京复别置鸿庆宫，而天庆观仍旧"，详见《宋会要辑稿》礼5之18，第474页。

[6] 《宋会要辑稿》礼13之1，第574页。而"归德殿后正位权安"亦可佐证上则引文，别置之鸿庆宫的具体位置。

才真正"迎圣像奉安"①。鸿庆宫的规模不得而知,但是从大中祥符七年(1014)下令修建,到天圣元年(1023)修成,前后用时九年,想必规模不小。改建后的鸿庆宫突出了太祖、太宗等"现世祖先"的地位,进而以"原庙"之姿耸立在世人面前,成为南京最具京都特色的"象征"。②关于所谓的京都意象主要体现在"拟王畿"的相关制度建设③及如上文所指之京城城门的改易,兹不赘言。北宋张耒曾从南京双门眺望宫城,有诗曰:"别都制度拟王畿,双阙迢峣望太微,万乘旗常难望幸,九天楼观自相辉。"④ 前揭,双阙,又称双门,建都南京后即称祥辉门,是南京京城内隔城之门,内连宫城外接京城正南门。从双门一眼望去,映入眼帘的便是许许多多迎风飘扬的画有交龙与日月的皇家旗帜和高高耸立的楼阁等。由于宫城占据了原来的官廨,那么府廨等地方办公机构自然要移位,南京的则移到了宫城前大街的左边,史曰"双门直别宫,故经衢之左为留守廨"⑤。

三 从北宋南京看唐宋城市的"常"与"变"

上文已对北宋南京的城市结构进行了详细的论述,可以发现北宋南京城的城市结构仍保留有很明显的唐末五代三城结构的影子,若用唐五代城市发展中典型的"子城—罗城"结构看,向东发展的城周相当于南京京城主体结构两倍有余的东关城,其实更像是所谓的"罗城",只是并未向子城的外围四周发展而已,其间主要的原因还是受历史与现实政治、军事因素的影响。前揭,隋与唐前期宋州城由于历史因素其实有三城,汴河流经州城南,汴河南岸还有南城,若将这三城看成一个整体的话,汴河实际上是穿城而过的。只不过由于南城在屡次战争中破坏严重,最终损毁坍塌,

---

① 《宋会要辑稿》礼13之1,第574页。
② 详见(宋)王仲旉《南都赋》,收入(宋)吕祖谦编:《宋文鉴》卷10,齐治平点校,第125、126页。宋佚名所编《宋大诏令集》亦将鸿庆宫的相关记载,放在原庙条目中,详见《宋大诏令集》卷143《典礼二十八·原庙·建鸿庆宫诏》,中华书局1962年版,第517—518页。
③ (宋)张耒撰:《张耒集》卷22《七言律诗·戏同小儿作望南京内门》,李逸安等点校,中华书局1998年版,第403页。
④ (宋)张耒撰:《张耒集》卷22《七言律诗·戏同小儿作望南京内门》,李逸安等点校,第403页。
⑤ (宋)晁补之:《鸡肋集》卷29《照壁堂记》,《四部丛刊初编》本,第16页a;(宋)吕祖谦编:《宋文鉴》卷84《照壁堂记》,齐治平点校,第1198页。

而北二城中由于西城内系官廨、仓库等的所在，自是一般意义上的"子城"，终演变成北宋京城主体，北边东城则演变成为东关城。就南京京城而言，其亦保留有典型的子城体系，以双阙门为区隔，以北主要为官廨、仓库等的所在，以南主要为市井小民所居的隔城。北宋升府设都并未对南京城的城市结构进行过大规模的调整，而且在京城隔城中甚至还保留有完整的坊门，并严格实行类似于唐时典型的按时启闭的坊制。

北宋南京城在城市空间结构上对唐五代的继承关系，固然可以说明其在唐宋城市演变中会通的一面，但此间所表现出来的"常"，并不能掩盖其"变"的一面。其实，加藤繁等所论坊市制的崩溃即主要是以城市经济的发展为内生动力的。至于南京城市经济的发展规模，可从其城市消费经济尤其是粮食消费管窥一二。众所周知，唐代的宋州是安史之乱朝叛力量拉锯以及此后中央镇抚藩镇的重要地点之一，曾置宣武军节度使于宋州，后才移镇汴州，五代时又置归德军节度使，屯驻大量军队。北宋亦屯驻大量军队，宋仁宗时期南京尚驻军29指挥，按每指挥500人算，约14500人，占应天府的60%以上。[①] 关于南京京城及其附近的驻军情况，王仲荦《南都赋》中亦有载曰"其军旅，则棘门、细柳，连总百营"[②]。为供南京官僚及应天府驻军等的食用，北宋中央政府每年从南方征发的620万石粮食（600万石正额，20万用于补填抛失、破败）中，"截卸二十万与南京"[③]。但可以肯定的是，截卸的这20万石粮食有很大成分上流向了南京的商品市场。[④] 南京城市经济的发展水平，还表现在"屋税"上。宋代的屋税又称宅税，是一种以城市房产税与农田两税相对应的城郭之赋的主项[⑤]，其源头可追溯至秦汉。宋代"屋税"税种的形成本身就代表了城市经济发展的结果，尽管由于历史等原因其征收的地域偏重于北方，征收标准也时有不同。关于南京的屋税的史料，仅见于神宗熙宁九年（1076）张

---

① 相关统计可参阅王曾瑜《宋朝军制初探（增订本）》，中华书局2011年版，第43—66页。
② （宋）吕祖谦编：《宋文鉴》卷10，齐治平点校，第126页。按：棘门，一般是指因古代地往外出，止宿处插戟为门而得名。不过，此处专论军营，且与细柳相连，因此，很可能是借用汉朝棘门营、细柳营的历史典故，非宋时之真实地名。
③ （宋）毕仲衍撰：《〈中书备对〉辑佚校注》第2卷中《漕运、造船》，马玉臣辑校，河南大学出版社2007年版，第79页。
④ 关于北宋募兵家庭出现大量余粮，及其流向商品市场影响正常的粮食市场的情况，太宗朝李觉曾言："夫军士妻子不过数口，而月给粮数斛，即其数有余矣。百万之众，所余既多，游手之民，资以给食，农夫之粟，何所求售？"详见《长编》卷30，"端拱二年四月"，第679页。
⑤ 参见包伟民《宋代城市研究》，第254页。

方平的一段论奏，曰"唯屋税五千余贯，旧纳本色见钱"①。商税税额亦在一定程度上反映了城市经济发展的水平。史载熙宁十年（1077）南京京城的商税额已达到了27886贯，占应天府商税总额的61%以上，占京西地区各州府城商税总额的22%以上。

宋代城市经济的发展中，城区"溢出"城墙，"城郭分隔城乡作用的消逝"被视为一个突出的现象②。对此，学界往往用很多城市并无城墙以及城内并没有被充分城市化来反驳③，其实大可不必用非此即彼的"二元对立"思维来解释。城墙之于中国城市，既是一堵实体意义上的防御性墙体，更为重要的还在于承载着一种根深蒂固的中式"文化"。因此，"城墙"仍是城内与城外重要的区隔基础，即使有些城市实际上并无城墙。关于以"实体"性墙体区隔形成的城内与城外之分，鲁西奇指出相对于权力对城内空间做的有意的切割，城外形成的商业区与居民区，甚至包括码头、河街等的形成与发展似乎更具有某种"原始的趋向"④。当然城内城外的这种区隔，也不能作绝对化的理解，其间最大的变量还在于政府的城墙扩展运动与管理措施⑤等。因此，不论从功能区分还是从与城内的经济联系看，宋代"负郭草市"等城墙毗邻区域无疑都是城市本身和城市经济的一部分。其实，就城市的概念与边界而言，一直以来学术界也都未有一个确切的定义，因此20世纪90年代以来，动态的、多维的"空间"概念的引入逐渐成为城市研究的重要话语。若用更大的空间视域看唐宋时期南京城市经济发展的话，南京城市经济的确发生了非常大的变化，这集中表现为南京"河市"的繁荣。

在南京京城的城市经济发展的同时，城南五里之外的汴河河市经济则得到了更为迅猛的发展。王巩《闻见旧录》有曰："南京去汴河五里，河

---

① （宋）张方平：《乐全集》卷26《论率钱募役事》，文渊阁《四库全书》，第1104册，第26页a。
② 参见梁庚尧《南宋城市的发展》，收入氏著《宋代社会经济史论集》，台北允晨文化实业股份有限公司1997年版，第481—583页。
③ 成一农：《古代城市形态研究方法新探》，社会科学文献出版社2009年版，第89—90页；包伟民：《宋代城市研究》，第81—85页。
④ 参见鲁西奇《中国历史的空间结构》，广西师范大学出版社2014年版，第358—361页。
⑤ 这种超越城墙界限，以行政权力划定的某种特定的经济空间的情况，以北宋政府以城市为中心划周围数十里为禁地的榷酒政策为典型。如太祖建隆三年（962）曰："民敢持私酒入京城五十里，西京及诸州城二十里至五斗，死。所定里数外，有官署沽酒而私酒入其地一石，弃市。"详见《长编》卷3，建隆三年三月丁亥，第65页。

次谓之河市。五代十国初，官府罕至，舟车所聚，四方商贾孔道也。其盛非宋州比，凡郡有宴饮，必召河市人。故至今俳优曰'河市乐人'，由此也。"[①] 王巩，字定国，自号清虚先生，大名府莘县人（今属山东），系宰相王旦之孙，工部尚书王素之子，生卒年均不详，一般认为生于庆历八年（1048），卒于政和七年（1117）。上面引文追述了南京河市自五代以来的发展，"四方商贾孔道也"，"其盛非宋州比"集中反映了河市在五代兴起的原因及其之于宋州州城的商业地位。入宋，河市"四方商贾孔道"的区位优势更加凸显，其经济发展更为显著。据熙宁五年（1072）来华的日本僧人成寻的描述可见南京"大桥上并店家灯炉火千万也，伎乐之声遥闻之"，"辰时，拽船从桥下过店家，买卖不可尽记"。成寻看见南京大桥"店家灯炉火千万"是在桥南夜宿之时，而夜宿地点则距离大桥尚有二里之遥，曰"经二里至此大桥外停船"[②]。由此可见南京河市"夜市"的繁荣。待到辰时（上午7—9点）天明载舟过桥时，对于桥上店家"买卖不可尽记"的描述，也充分说明了商业交易的兴盛程度。而成寻对于南京河市"伎乐之声"的描述亦令人深刻，上引"河市乐人"自五代时期就已成为城郡宴饮伴奏的必需，在王巩的时代甚至成为"俳优"的代称。对于南京河市经济发展的判断不免有"以点带面"的局限，但是五代至宋末"河市乐人"不间断地"吟唱"，我们似乎可以感受到河市经济"一以贯之"的发展与繁荣，其在"见证"南京河市繁荣的同时，本身即构成了河市经济发展的一张"名片"。值得注意的是，由于河市消费经济的发展，宋政府为了最大限度地攫取经济利益，曾于元丰二年（1079）至元祐元年（1091）南京废榷曲行榷酒的这十余年时间里，在河市上亦设酒务，城内与河上两务，每务设监官二人，衙前四人，共十二人进行具体管理[③]，改变了五代十国初"官府罕至"的局面。

南京的河市也已为考古发掘所证实，2011年7月至2012年12月，河南省文物考古研究所与商丘市文物管理局联合对汴河遗址商丘南关段进行

---

① （宋）王巩：《闻见近录》，文渊阁《四库全书》，第1137册，第7页。
② ［日］成寻著：《新校参天台五台山记》第3，王丽萍校点，上海古籍出版社2009年版，第263、264页。
③ 可详参（宋）苏辙撰《龙川略志》卷4《议卖官曲与榷酒事》，俞宗宪点校，中华书局1982年版，第22页。按：此则为反对榷酒的苏辙所记录的由转运判官章楶等集议的结果，至于具体有无按此计划实施，史无明载。不过，从反对者苏辙随即"谪筠州"，章楶"决成其榷法"的结果看，此事的发展极有可能是按照章楶等集议的计划而实行的。

了较大规模的考古发掘，确定此即为唐宋时期宋城南汴河的"河市"区，发掘区域为"河市"中的码头区。此码头区距离北宋南京城遗址约2.5公里，这与文献记载的5里亦相眸。运河故道北岸占地约24.5万平方米，发现了一段长约120米的运河河岸及3000平方米伸向河道内的突堤遗存。汴河南岸占地约16.8万平方米，东部河岸相对不够陡直，夯筑不够致密，土质较为纯净，包含物较少；西部河岸则夯筑较为致密，夯土内包含遗物丰富，河岸面上各类遗物出土也很丰富。南关段考古发掘的这段河道大致呈西北至东南走向，由西到东，汴河河面的宽度近60米，大弧度地呈喇叭状扩大到150米以上，在南北两岸形成了较大的港湾。汴河南关段遗址还发现了丰富的砖、瓦、陶瓷器等各类遗存，也都说明了北宋南京河市的发达程度。[①]

四 结论

综上可见，北宋南京城的城市空间结构很大程度上继承了唐五代的基本格局，反映了南京在唐宋城市发展中"常"的一面。而南京城的城内与城外经济的显著发展代表了其"变"的一面。但其城内经济的发展并未出现如此前学界所论定的城市经济发展会消解传统的坊市结构的成见。而城外尤其是南京河市的发展繁荣，亦非城内经济发展的"溢出"模式，是典型的由运河而兴的"孔道经济"，代表了如鲁西奇所论的某种"原始的趋向"。因此，以城市经济为内生动力的这种"变"并未带来城市空间结构的根本变化，二者之间并未有必然的联系。就我国古代城市的功能而言，以官廨、城墙等权力景观为代表的政治军事功能显然是最基本的，而经济功能无疑是附加性的。[②] 因此，若论及城市的根本变革或者革命的话，还应该从城市的政治军事功能去分析，但是城市的政治军事功能在中国古代无疑是一以贯之的，是永恒的"不变"，因此说唐宋城市出现根本性的变

[①] 以上有关"河市"的考古部分资料，集中参考了河南省文物考古研究所、商丘市文物管理局刘海旺、刘昭允等《河南商丘汴河遗址（南关段）考古发掘收获》，《中国文物报》2013年8月2日第8版。

[②] 相关可详参漆侠《宋代经济史》，中华书局2009年版，第962页；包伟民：《宋代城市研究》，第98—101页。

革或革命的说法是牵强的①,这深刻反映了西方中世纪以来,尤其是18世纪以后资本主义兴起后以经济力量为代表的城市发展的解释逻辑②,是典型的西方中心论。西方之外的城市被称为"前工业城市""寄生虫城市""缺乏动力城市"等也就不足为怪了,都不能算是西方话语下"真正"的城市。③

---

① 成一农对学界所谓的"中世纪城市革命"曾提出质疑,并对其诸特征进行了逐一批判,可参见成一农《"中世纪城市革命"的再思考》,《清华大学学报》2007年第2期,后收入氏著《古代城市形态研究方法新探》,社会科学文献出版社2009年版,第66—93页。

② 西方城市的发展有一个日耳曼入侵,西罗马帝国崩溃后的"断裂期",与中世纪由于经济发展而重新起源的问题。西方中世纪城市的重新起源,可参见刘景华《西欧中世纪城市的兴起》,载陈恒等著《西方城市史学》,商务印书馆2017年版,第114—119页。何一民亦从"农业时代"与"工业时代"的视角,强调了我国城市发展及其动力,可详参何一民《从政治中心优先发展到经济中心优先发展——农业时代到工业时代中国城市发展动力机制的转变》,《西南民族大学学报》2004年第1期,后收入氏著《从农业时代到工业时代:中国城市发展研究》,巴蜀书社2009年版,第45—74页。

③ 以上详见薛凤旋《中国城市及其文明的演变》,世界图书出版公司2015年版,第313—314页。马克斯·韦伯是以西方中世纪城市为参照系,致力于东西方城市对比的著名学者,他指出中国城市的首要功能是行政性的,其自身几乎不创造价值,并且中国城市的起源导致了中国城市的从属性,城市本身不是独立的居民团体,而是一个帝国中央行政管理的分支机构,亦认为中国古代历史上从没有过城市。参见陈倩《从韦伯到施坚雅的中国城市研究》,《重庆大学学报》2007年第3期。

魏晋南北朝西北屯田的历史作用

西北师范大学历史文化学院　李宝通

长期以来，主要是由于史料的匮乏，我们对魏晋南北朝西北屯田缺乏全面系统的了解。21 世纪初以来的西陲考古，特别是在今新疆境内古楼兰城与高昌王国遗址及墓葬中数量可观的简纸文书的出土，为我们揭示这一时期扑朔迷离的西北屯田面貌提供了契机。

魏晋南北朝时期，豪强世族大土地所有制占据了当时封建土地所有制的主导地位。这一土地所有制在规定了政治上中央集权积弱不振、各族政权纷纷自立的同时，也影响与制约着各族政权所占有的屯田所有制形态。由于世族所有制与屯田制有着内在的一致性[1]，这一时期的屯田在范围、时域及类型上呈现普遍化、长期化与多样化的特征；其设置遍及内地与边境；其实施贯通曹魏之初至北朝之末；其类型兼有军屯与民屯，又有介于其间以及向私田过渡的各种层次；从而呈现出鲜明的时代特征。而这一特征，在当时经济、政治、民族关系均较为复杂的西北地区表现得尤为明显。

魏晋南北朝由于世族所有制与屯田制的内在一致性，屯田的历史作用也就较前代后世更为重要与明显。在相当多的条件下，兴办屯田几乎成了当时恢复社会经济、巩固戍防体制的唯一有效手段。

一　促进了西北农林牧经济的发展

正由于世族所有制与屯田制的内在一致性，也因为魏晋南北朝西北地

---

[1]　参看李宝通《试论魏晋南北朝高昌屯田的渊源流变》，原载《西北师大学报》1992 年第 6 期；中国人民大学复印报刊资料《经济史》1993 年第 2 期、《魏晋南北朝隋唐史》1993 年第 3 期转载；后收入《敦煌吐鲁番学研究论集》，书目文献出版社 1996 年版。

区战乱频繁，单个农户的小生产形式较难存立与发展，因此，两汉自耕农经济在魏晋南北朝的西北地区已成强弩之末，屯田遂成为各族政权发展农林牧经济的主要手段。

魏晋南北朝西北屯田对耕地面积的扩大作用是十分明显的。史载这一时期西北地区广开水田、并省苑囿，又兴建石田、修治沙地。大片荒闲土地得到开垦，甚至出现了以"田地"名县的事例。这一历史功绩，当首先归功于西北屯田的广泛设置。在吐鲁番出土文书中，我们也发现"部田"的数量远过于"常田"。依笔者拙见，"部田"最早是由屯田部兵所开垦的；而"田地县"之得名，正是源于前凉渐弃楼兰后大兴高昌屯政的结果。①

虽然现代不少学者对中国历史上西北地区的过度开垦啧有烦言，认为此举破坏了生态，导致水土流失和地区性气候恶化，但对于魏晋南北朝的西北屯田，却似乎又当作别论。魏晋南北朝时期，世家大族势力盘根错节，西北地区同样遍布着大大小小的庄园堡壁；大量中原移民的涌入，更使可耕土地占垦略尽。可以说，无限制、无计划的大量开垦，其责任主要在"私家"而非"公府"。当时西北屯田的兴置，是封建政权有计划、有组织地进行的，从当时西北地区畜牧业仍保持旺盛的发展势头来看，各族政权并未盲目毁林或破坏草场。鉴于西北地区的特殊自然地理条件，这些屯田大量地修治垦辟于沙缘戈壁。史传提到的张骏所置"三郡三营为沙州"中的"三营"分别为西域长史、戊己校尉、玉门大护军统领的屯田区域②，而这些屯田区域均傍戈壁沙漠，就是很好的证明。这种屯田面积的增辟，可谓兴利除弊，有积极作用而无消极影响了。我们知道，防治风沙的有效措施便是种草植树、固沙保土。而石田、沙田均修治于沙缘戈壁，无疑地起到了防护绿洲免遭沙漠继续侵蚀的有益作用；加之当时各族政权又曾倡导于田间地边插柳栽榆、植桑种枣，这种作用就更为明显。

石田、沙田的大量修治，同时也反映了西北屯田对农业生产技术的革新作用。它们的具体修治措施，今日已难洞悉。据史传所载前凉"治石田"，大致分为"徙石""运土""殖谷"三步，即先除去沙缘戈壁之石

---

① 参看前揭拙稿。
② （唐）房玄龄：《晋书》卷14《地理志》，中华书局1974年版，第434页；（北齐）魏收：《魏书》卷99《张骏传》，中华书局1974年版，第2195页。

块，再从附近绿洲运土覆盖，然后植以谷物。由于土层薄，难望有较高收成，故有得不偿失之讥①。沙田（沙车田）的修治细节，则史无明言。有的研究者认为，戈壁砾面对于下面土层具有保护作用，同时也促进了水分的渗透，减少了土壤水分的蒸发。所以这种本来是干燥地区风蚀产物的漠镜砾面反而成了防旱防蚀的良好工具。我国西北广大旱农区域的"石田"或"沙田"就是智慧的劳动人民在长期实践活动中认识和掌握了这种自然规律并把它应用到农业生产中同自然进行斗争的范例。②这里的"石田"与史传记载有出入，"沙田"或当如此说。笔者曾于河西走廊亲见压沙田种瓜的生产活动，具体做法是，择一邻近沙石之荒闲坡地，秋天驱羊造粪，翻耕耙耱；冬闲季节，运沙砾覆其上，厚达数公分；春天扒窝种瓜，俟秧长后培根填平。这种压沙田保墒性极好，遇雨易渗透而不易蒸发，甚至能将地下水分吸附至地面，故虽不浇水而瓜势良好。唯其压沙须组织较多劳力车拉筐抬，故较难为个体农户所营。在出土文书中唯一载有"沙车田"的北凉高昌赀簿中，就有"（瓜）二亩半"的记载，疑即种于此类压沙田上。

另外，常书鸿先生在《敦煌抒感》一文中说："由于这里水土含碱量大，……为了中和水土的碱化硬化，还要把一车一车的沙子掺和在土和肥料中。"黄永年先生引此并介绍："据新疆来的同志讲当地也有这种车拉沙子来治盐碱地的办法。"③据此，则于压沙田外，另有掺沙田。

无论如何，治石田、修沙田，均可视为我国古代西北劳动人民长期生产实践之宝贵经验。它们的起源或许很早，但由封建政权组织民户与屯田士兵大规模地营建，则无疑是在魏晋南北朝时期，洵可视为这一时期西北屯田的一大成绩。法国汉学家谢和耐在其《中国五——十世纪的寺院经济》一书中论及佛教寺院多占高坡地和崎岖不平地区的原因时指出："立法和政治理论是反对剥夺良民（自由农民）的财产的，对农民阶级的水浇田的保护是统治阶级首当其冲的任务。但除此之外还有更多的原因。开发贫瘠土地需要的资金、对工程的组织、耕牛和变工组。唯有国家、富裕的

---

① （北齐）魏收：《魏书》卷99《张骏传》："骏议治石田，参军索孚谏曰：'……今欲徙石为田，运土殖谷。计所损用，亩盈百石；所收不过三石而已。'"第2194—2195页。

② 周廷儒、刘培桐：《中国的地形和土壤概述》，生活·读书·新知三联书店1956年版，第163页。

③ 黄永年：《唐代籍帐中"常田""部田"诸词试释》，《文史》第19辑。

个人和寺院才可以考虑开发新土地。"① 这段话对于我们理解魏晋南北朝西北屯田的历史功绩，也有参考意义。

魏晋南北朝时期，西北屯田的积极作用还表现在对生产工具的改进和推广方面。众所周知，我国古代牛耕方式是由二牛三人到二牛一人再到一牛一人的长辕犁，进而发展为转向灵活的短辕一牛挽犁。而由长辕犁发展到短辕犁，一个重要的推动因素就是耕地面积的扩张，由平坦而及崎岖。正如贾思勰所言："长辕耕平地尚可，于山涧之间则不任用，且回转至难、费力；未若齐人蔚犁之柔便也。"② 魏晋南北朝西北屯田已使用一牛一人犁，这有嘉峪关魏晋三号墓"屯垦"图可为确证。同墓及其他墓葬中还绘有当时尚属先进的耙、耱等农具。③ 笔者认为，正如谢和耐先生所指出的，封建政权难与世家大族的水田争利，因而防旱保墒就更显必要，这些农具的出现与改进，无疑有着屯田的一份功劳。

魏晋南北朝时期，汉族和各少数民族政权还都倡导过植树造林，改善生态环境。张骏在治石田的同时，又曾从关陇一带引进楸、槐、柏、漆等树种，广为栽植；西凉酒泉宫之西北槐树生长，李还曾著《槐树赋》以寄情言志。④ 北凉赀簿残片⑤中有"新开田半亩种桑""石田三亩桑二亩半""田地枣六亩半、蒲陶（葡萄）六亩半"等多处记载。由此推论，当时部兵、部隤所垦之屯田上，经济果木的种植也十分普遍。

农、林而外，这一时期西北屯田中的牧业经济成分也占有相当比重。魏晋河西及楼兰军屯兼营畜牧，史传记载五凉政权均曾拥有数额庞大的各类畜群；嘉峪关魏晋"三号墓所见兵屯经营的生产项目，主要为农业和畜牧业"⑥。壁画所见屯兵的放牧对象，有马、牛、猪、鸡等，对马的重视十分明显。前室北壁西侧还有一幅配种图，反映当时人们很重视优选良种、精育战马，这与史传所载"凉州大马，横行天下"⑦ 的壮观景象也约略相

---

① ［法］谢和耐：《中国五——十世纪的寺院经济》，耿昇译，甘肃人民出版社1987年版，第148—149页。
② （北魏）贾思勰著，石声汉校释：《齐民要术今释》卷1《耕田》，中华书局2009年版，第18页。
③ 参看甘肃省文物工作队等《嘉峪关壁画墓发掘报告》，文物出版社1985年版。
④ （唐）房玄龄：《晋书》卷87《凉武昭王李玄盛传》，第2267页。
⑤ 参见朱雷《吐鲁番出土北凉赀簿考释》及其附录释文，原载《武汉大学学报》（哲学社会科学版）1980年第4期；后收入《敦煌吐鲁番出土文书研究》，甘肃人民出版社1984年版。
⑥ 甘肃省文物工作队等：《嘉峪关壁画墓发掘报告》，第77页。
⑦ （唐）房玄龄：《晋书》卷86《张轨列传》，第2223页。

符。壁画牛群中有大牛、有小牛，反映耕牛也由屯兵自己培养繁殖。北魏更在河西大兴屯牧。据《北齐书》卷4《文宣帝纪》："诏免诸伎作、屯、牧、杂色役隶之徒为白户"，《魏书》卷10《庄孝帝纪》也有"新免牧户"的记载，屯、牧并提且身份相似，应可视为同一体制。

综上所述，魏晋南北朝的西北屯田，是在注重维护生态环境的前提下，总结利用各族劳动人民的生产经验，改良推广先进的生产工具，从而获得成效的。这一历史功绩值得我们充分肯定，今日发展西北经济，也可从中获取教益。

二 保障了西北以及中原的政治安宁

魏晋南北朝时期，尽管因世族所有制的影响与制约，未能形成稳固统一的中央王朝，给经济的全面繁荣带来了一些障碍，但在各族人民的辛勤劳作及各族政权的积极引导之下，社会生产仍在各个地区不断恢复和发展。这种恢复与发展必须以相对安宁的政治环境为前提，西北屯田及与之配套的戍防体制，正在捍卫中原以及河西地区的政治安宁方面发挥了积极作用。

首先最为明显的是，两汉以来屡获开发并相对繁荣的河西经济区，得到了西域屯田的有力捍卫。如众周知，"弃西域则河西不能自存"[1]；"欲固河西，必斥西域"[2]。魏晋南北朝时期，尽管客观条件远较大一统王朝时期为劣，各族政权仍坚持了两汉以来经营西域的既定方略；西域屯田正为此方略的贯彻实施提供了物质保障，从而使一系列军事活动得以开展并获得战果。如曹魏景初四年（240）九月，"凉州塞外胡阿毕师使侵犯诸国，西域校尉张就讨之，斩首捕虏万计"[3]。西晋咸宁元年（275）六月，"西域戊己校尉马循讨叛鲜卑，斩其渠帅"。二年（276）七月，"鲜卑阿罗多等寇边，西域戊己校尉马循讨之，斩首四千余级，获生九千余人，于是来降"[4]。从而安定了西域局势，进而保障了河西安宁。

如果说，史籍所载尚较疏略而使我们对屯田在其中发挥作用的细节难

---

[1] （宋）司马光：《资治通鉴》卷50，东汉安帝延光二年，中华书局1956年版，第1625页。
[2] （清）顾祖禹：《读史方舆纪要》卷63，中华书局2005年版，第2972页。
[3] （唐）房玄龄：《晋书》卷13《天文志》，第363页。
[4] （唐）房玄龄：《晋书》卷3《武帝纪》，第66页。

以洞悉的话，那么，楼兰出土文书①则可为我们提供生动鲜明的例证。

楼354：
出大麦一斛五斗食计贼
马，☐日食五升。起二月一日，尽卅日。　泰
始六年二月一日
楼540：
✇言：訊☐☐史亻　还告：追贼
于犯间✇，☐获贼马，悉还所掠。记到，令所
部咸使闻知，敛☐会月廿四日卯时。谨案文书，
书即日申时到。斯由神竹✇。☐☐☐☐　振旅，
远☐里间，☐☐道途称✇

上面两件文书均由斯坦因发现于楼兰古城中心官署西侧相距约三四十米的房址及马厩外灰堆中，颇疑二者所记为同一次战役。泰始六年二月一日领取马料（战士口粮也应同时领取），预期一月内结束战斗，结果在廿四日便告凯旋，时间大体相符。这次战役保障了人民群众的生命财产，赢得道途称庆。进一步来看，它的意义绝不仅限于保障西域安宁，更重要的是保障了河西经济区的安宁，这在出土文书中也恰巧有着生动具体的反映。

楼296：
出长史白书一封，诣敦煌府；薄（簿）书十六封具：十二
封诣敦煌府，二诣酒泉府，二诣王怀、阚欣。
泰始六年三月十五日。☐楼兰从掾位马厉付
行书☐☐孙得成。

这是有关西域长史致函敦煌、酒泉太守等人的记录。从时间上看，正好与上述战事相接续，很可能是反击战争结束后，西域长史派人将胜利消息及西域局势通报河西。由此也可映衬出楼兰屯田与河西安宁有密

---

① 参见林梅村编《楼兰尼雅出土文书》，本书所引楼兰文书均依该书编号顺序。✇号表示缺损一字，☐号表示缺损字数无法判定。

切联系。

朔方地区屯田对中原政治安宁的保障作用则更为深远。我们知道，自朔方屯田区废弃，中原经济区遂失可靠之西北屏蔽体制；内迁的各族上层分子纷纷以此为跳板，割据称雄，进扰关陇及于中原。势力原不甚强的匈奴余孽赫连勃勃居然以其游勇"云骑风驰"，横行关陇，以至于"岭北诸城，门不昼启"；更有甚者，西晋末年匈奴贵族"跃马长驱，鼓行秦赵，使中原疲于奔命，诸夏不得高枕"①。这种情状，与东汉西域撤屯后北匈奴残余势力"乃胁诸国共寇河西郡县，城门昼闭"②，甚至有"并力以寇并、凉，则中国之费不止千亿"③ 的险恶局态，如出一辙。由此足证朔方屯戍对关陇及中原经济区的重要保障意义。

随着中央集权的重趋强化，中原王朝要想稳固地控制黄河流域，全面恢复社会经济，势必首先着手重建完整的西北屯防体系。顾祖禹言："欲保秦陇，必固河西；欲固河西，必斥西域。"④ 在更广泛的意义上我们也可以说：欲定中原，必固西北。值得注意的是，北魏入主中原之过程，正是先取朔方，大兴屯田；继而攻破后燕，尽有黄河以北；随即席卷陇右、河西，及于西域，重建完整的西北屯防体系；然后方拟大举南下，定鼎河洛。这几个依次递进的重大战略步骤，显然具有内在的整体联系。史载北魏中期"百姓殷阜，年登俗乐，鳏寡不闻犬豕之食，茕独不见牛马之衣"⑤。这一繁盛景象，议者多谓均田制实施使然；若以本文叙及的内容来看，则自不可忽视西北屯戍体系的一份功劳。

三 促进了西北与中原的政治、经济、文化交流与民族融合进程

屯田制在促进西北经济发展、保障中原及河西政治安宁方面发挥了积极作用，进而又为西北与内地政治、经济、文化交流提供了便利。

---

① （唐）房玄龄：《晋书》卷130《赫连勃勃载记》，第3210页。
② （南朝宋）范晔：《后汉书》卷88《西域传》，中华书局1965年版，第2909页。
③ （南朝宋）范晔：《后汉书》卷47《班勇列传》，第1589页。
④ （清）顾祖禹：《读史方舆纪要》卷63，第2972页。
⑤ （北魏）杨衒之撰，周祖谟校释：《洛阳伽蓝记校释》卷4《城西》，中华书局2013年版，第142页。

首先最为浅显的一个事例是，东汉末年因战乱割据而告中沮的西域各国与中原王朝的政治联系，随着西域长史及戊己校尉两大屯田区的复建而全面恢复贯通。至西晋泰始六年（270）七月，"汝阴王骏为镇西大将军、都督雍凉二州诸军事；九月，大宛献汗血马，焉耆来贡方物"①。楼442：

> 西域长史承移：今初除，月廿三日当上道，从上邽至天水。

文书反映泰始七年前②西晋曾自内地或河西遣出西域长史；史传记载司马骏也曾在西北大兴屯田并设置凉州佃兵，此西域长史有可能即遣自骏部。而楼兰纪年文书中又恰以泰始年间为大宗。③ 这些史料，足以印证西域置屯田对丝路繁荣的保障与促进作用。

正如汉代西域屯田有"给使外国者"④的任务一样，魏晋南北朝西北屯田也发挥着同样的职能。典型的文书资料如楼467：

> 四月□三日赐于阗□，
> 三日赐行书兵□，
> 四日赐于阗使三升。

说明当时东来西往的贡使信差均可在此获取给养。

前凉经略西域垦辟高昌，已有楼兰古城永嘉年间文书、海头古城李柏文书及吐鲁番出土文书多所印证。史传则载张骏时，"西域诸国献汗血马、火浣布、孔雀、巨象及诸珍异二百余品"⑤；张骏又曾称臣于后赵石勒，"遣长史马诜奉图送高昌、于阗、鄯善、大宛使，献其方物"⑥。若无前凉西域以及河西、陇右屯田区的沿途保障供给，这种盛况恐难出现。待到北魏重建完整的西北屯戍体制后，这种局面更趋兴盛，"自葱岭以西，至于

---

① （唐）房玄龄：《晋书》卷3《武帝纪》，第60页。
② 据王国维考证本件属泰始七年以前天水郡治冀城时物，参见《观堂集林》（外二种）卷17《罗布淖尔东北古城所出晋简跋》。
③ 参看林梅村编《楼兰尼雅出土文书》，文物出版社1985年版，第4页，《前言》所列纪年文书表，泰始年间文书共35件（另有楼441"泰始四年闰月"简未列入），其他纪年文书仅16件，可见一斑。
④ （汉）班固：《汉书》卷96《西域传》上，中华书局1962年版，第3873页。
⑤ （唐）房玄龄：《晋书》卷86《张轨附孙骏列传》，第2235页。
⑥ （唐）房玄龄：《晋书》卷105《石勒载记》下，第2747页。

大秦,百国千城,莫不款附,商胡贩客,日奔塞下"①。

也正由于屯田的兴置保障了中原与西域的政治联系,从而又使中原王朝的政策法令能及时准确地下达到西域各地。楼684与678缀合:

> 晋守侍中·大都尉·奉晋大侯·亲晋鄯善、焉耆、龟兹、疏勒、于阗王:写下诏书到。

汉代西域五十余国,至魏晋已并为六、七大国,以上五国实已包括当时西域的大部分地区。由文意判断,此简文可能是西晋政府下达西域长史官署的一份诏书抄件,它反映当时西域除车师尚役属于鲜卑残余势力外,其余五国均受中原王朝直接统辖管理。②

另外,楼679:

> 西域长史营写鸿胪书到,如书罗捕,言会十一月廿日。如诏书律令。

鸿胪为负责少数民族事宜的朝廷列卿之一,因而参与西域政务。此件与上引楼684、678简均发现于尼雅地区,生动反映出当时中央政府的政策法令都以西域长史营为中转站,分下西域诸国。此件要求各国会同"罗捕"并严格规定时限,说明当时西域各国几乎与内地无二,均须及时准确地贯彻中央的诏书律令。

上述通使进贡本身即带有经济交流的作用,这是显而易见的。此外,西北屯田的兴置,还直接保障并促进了丝绸之路的畅通无阻与繁荣兴旺。我们仍以楼兰屯区为例,这里在魏晋时期正处丝绸之路的枢纽要道,在此驻军屯田,自然保障了东来西往的胡汉商队的贸易安全。楼兰文书反映丝路贸易繁荣的记载十分丰富,楼235"买彩四千三百廿六匹"之记录,已足见丝绸交易规模之巨;另如楼2"卖买略讫"、楼40"便钱市丝"等记载还有很多。

当时丝织品还兼充货币的职能,用以交换粮食与耕牛等,楼291有

---

① (北魏)杨衒之撰,周祖谟校释:《洛阳伽蓝记校释》卷3《城南》,第112页。
② 参看王国维《观堂集林》(外二种)卷17《尼雅城北古城所出晋简跋》。

"出敦煌短度彩十四匹给吏宋政籴谷"①的记载，楼57又见"☐物谷食与胡牛贾绫彩匹数"的登录，说明当时楼兰屯田军府本身便参与了丝路交易。以官府之资历而直接参与交易，自然更能促进丝绸之路的繁荣兴盛。

由于屯田区域有戍防部队保障安全，因而也成为东西行商中转储存的理想场所。楼515："☐正贾，长度彩二匹、短度十四匹，寄藏"，便似反映了这种情况。一些破产流落的异族商胡还可附籍定居于此，楼582："☐诸为敢☐饥胡著名户。"

屯区及其所辖关卡还设岗查验通行证件，以保障正常行贸之安全。在尼雅出土的魏晋文书中屡见"过所"，如楼673是一件"月支国胡支柱"的过所，楼693是一件"☐州中人"的过所；楼681"过所行治生"，似反映当时各族商胡持有过所而得以通行无阻，治其兴贩生计。

魏晋南北朝西北屯田，将各族民众组织集中在共同地域，从事性质相同的共同生产活动，又势必促进文化的交流与民族融合进程。楼兰文书中屡见《左传》《战国策》《孝经》《急就章》《九九术》和各种医药验方残文。西域各族人民受汉族典籍之影响熏染，也渐习华风，使用汉文。尼雅遗址曾出土一批致问简，致问者互为"休乌宋耶""苏且""且末夫人"等少数民族人，却"隶书精妙"②，文笔优雅。

另如楼24残纸：

> 羌女白：取别之后，便尔西迈，相见无缘，书
> 问疏简。每念兹叔，不舍心怀，情用劳结。仓卒
> 复致消息，不能别有书裁。因数字值信复表，马羌。

由"羌女"或"马羌"推测，书写者应为少数民族。其熟用汉语之程度，令人叹赏。

斯大林曾以"共同语言、共同地域、共同经济生活以及表现于共同文化上的共同心理素质"③作为民族的基本特征。应该说，在魏晋南北朝的

---

① 林梅村编《楼兰尼雅出土文书》，文物出版社1985年版，第57页，作"短绫彩"，此据胡平生《楼兰木简残纸文书杂考》（《新疆社会科学》1990年第3期）校改。

② 王国维：《观堂集林》（外二种）卷17《尼雅城北古城所出晋简跋》，河北教育出版社2001年版，第430页。

③ 《马克思主义和民族问题》，见《斯大林选集》，人民出版社1979年版，上册，第64页。

西北屯田上,这几个特征已经出现或正在形成。史学界历来公认魏晋南北朝是我国历史上民族大融合的时代,在这一融合进程中,各族杰出领导人物无疑起到了促进作用。但若从更深一层的经济基础方面探究,在自魏晋即已兴盛并贯通整个十六国及南北朝的西北屯田上,各族民众共同劳作、密切交往的生产方式,洵可视为引发民族大融合进程的关键契机。可以毫不夸张地说,当时的西北屯田,正是"识洞于微,知形未兆"①,领先一步走上了这一历史进程。

四 以耕养战支持了由兼并走向统一

魏晋南北朝,尽管由于豪强世族大土地所有制的影响与制约而呈全国分裂割据之态势,但历史的进程仍在缓慢而又持续地由分裂复归于统一;即使是其间出现的短期全国统一或区域性局部统一,仍对当时的历史发展有着不可低估的意义。而西北屯田正起着以耕养战、支持由兼并走向统一的积极作用。

众所周知,在生产力水平相对低下、运输条件又十分恶劣的历史时期,养兵历来为封建政权最大的一项财政支出。正如宋代吕祖谦在《历代制度详说》卷4言:"所费广者,全在用兵;所谓漕运,全视兵多少。"而魏晋南北朝时期,随着世家大族庄园经济的膨胀扩张,封建政权的税源更趋紧缩,这显然是当时中央集权难以强化、统一进程严重受阻的一大物质原因。各族政权要想在兼并战争中取得主动,唯有依靠屯田,以耕养战。矢志北伐的诸葛亮最终心力交瘁于此举,即为鲜明之例证;曹魏、司马晋终能灭蜀平吴,统一全国,也与它们兴置屯田的积极成效密切相关。

魏末司马懿主政时期,邓艾论及平吴事宜说:"每大军征举,运兵过半,功费巨亿,以为大役。"② 如果我们考虑到陇坻蜀道之险阻,则粮运之费,又过于此。而邓艾于洮西之战魏军失利,"仓库空虚,器械殚尽"之际出帅陇右,"身被乌衣,手执耒耜"③,十载耕耘,一朝收获,为平定蜀汉立下首功。可以认为,邓艾屯田的积极成效,在客观上促进了西晋统一的早日到来。

---

① (清)董诰:《全唐文》卷28,玄宗《褒姜师度诏》,中华书局1983年版,第318页。
② (晋)陈寿:《三国志》卷28《邓艾传》,中华书局1959年版,第775页。
③ (晋)陈寿:《三国志》卷28《邓艾传》,第782页。

魏晋南北朝西北屯田的历史作用

魏晋时期的河西屯田，以耕养战的作用更为明显。曹魏时徐邈所开水田，已能"支度州界军用"；西晋司马骏兴屯之初，更是全军务垦，自行生产兵食。而嘉峪关魏晋墓画所反映的耕战紧密结合的军屯体制，耕以养战，战以卫耕，农林牧副诸业兴盛，几乎与自给自足的世族庄园经济堪相媲美。

还应指出的一点是，由于魏晋南北朝西北屯田具有普遍实施的历史条件，因而封建政权得以长期稳固地榨取屯民、佃兵的劳役，并将此作为恢复与发展社会经济的一项有效措施。在相当多的场合，屯田生产所得已超出了供军所需而在一定程度上促进了社会经济的繁荣。已故学者陈直在论及西汉屯田作用时曾言："武帝屯田政策，不是裕财，而是消费。"他以每个田卒种田二十亩来折算，人均年获只合千钱；"合粮俸两项，每人每年即缺少七千钱左近"①。而魏晋南北朝西北屯田，则往往在供消费之外又能裕财。曹魏徐邈主持的凉州屯田，导致"家家丰足，仓库盈溢。乃支度州界军用之余，以市金帛犬马，通供中国之费"②。司马懿、司马孚议行的上屯田，也促成了"关中军、国有余"③ 的丰裕局面。据《晋书》卷1《宣帝纪》载，在遣冀州农丁佃上邽四年后的青龙三年（235），关东发生饥荒，司马懿一次就运五百万斛粟至洛阳，足见《司马孚传》所谓"军、国有余"非为虚誉。前凉西域得以"田地"名县，透露出屯田经济的繁盛气象。西凉李暠之强盛，则几乎完全建立在"大田积谷"的基础之上。④ 而北凉至麴氏高昌的屯田收入，已成为封建政权的主要税源之一。至于北魏薄骨律镇屯田，在供养"兵人口累"之余，一次就能运出五六十万斛谷支援他镇。⑤ 这些屯田收获，最终均构成了由兼并走向统一的物质基础，从而为推动历史的进步做出了贡献。

---

① 陈直：《从秦汉史料中看屯田采矿铸钱三种制度》，《历史研究》1955年第6期。
② （晋）陈寿：《三国志》卷27《徐邈传》，第740页。
③ （唐）房玄龄：《晋书》卷37《司马孚传》，第1083页。
④ 参看《晋书》卷87《凉武昭王李玄盛列传》；（唐）李延寿：《北史》卷100《序传》，中华书局1974年版，第3315页。
⑤ （北齐）魏收：《魏书》卷38《刁雍传》，第867页。

唐五代宋初敦煌佛教的世俗化

兰州大学敦煌学研究所　郑炳林　李海霞

唐中后期五代宋初的敦煌是一座佛教都市，佛寺林立，僧尼人数众多，各项佛事活动如火如荼地开展，佛教势力及影响力极大。其时的敦煌历经吐蕃及归义军政权的统治，这两百余年间，世俗政权对借用佛教维持自身统治更加重视，佛教界也不得不依附世俗政权的羽翼护佑方得以发展。可以说，在这期间敦煌佛教发展成为更加世俗化、民间化的佛教。学者们对"佛教世俗化"的含义界定各持己见。李正宇在1997年提出了《唐宋敦煌民间佛教研究》的课题，后认为"敦煌民间佛教"的提法与敦煌佛教实具全民性质的情况不符，遂改为《唐宋敦煌世俗佛教研究》。杨富学、王书庆将其定义为"佛教在传播过程中对世俗社会有机结构与互动原理的认同与融摄"[1]。夏雷鸣则以为"佛教的世俗化"，就是"从远离人情事物的虚寂玄远世界，回归充满人情意味的尘世"，世俗佛教就是"利用佛教去追求名闻利养"[2]。我们吸收并借鉴学者们有关佛教世俗化的含义，对敦煌佛教世俗化的概念界定做一说明，即本文所谓"敦煌佛教世俗化"是指敦煌佛教敬信的佛、法、僧"三宝"深入世俗社会方方面面，佛教思想文化影响波及敦煌社会各阶层，从王公贵族到普通民众，其主要特征是"使佛教大众化"。佛教世俗化一直受到学界关注，李正宇较早开始对敦煌佛教世俗化进行系列研究，之后多见以戒律守持、生老病死或造

---

[1] 杨富学、王书庆：《从生老病死看唐宋时期敦煌佛教的世俗化》，《敦煌学辑刊》2007年第4期。

[2] 夏雷鸣：《从佉卢文文书看鄯善国僧人的社会生活——兼谈晚唐至宋敦煌世俗佛教的发端》，《丝绸之路民族古文字与文化学术讨论会会议论文集》，敦煌研究院2005年版，第101—102页。

像、供养人画像等单个视角进行的探究。我们在借鉴前贤们研究成果的基础上，从佛寺、僧尼、佛法等层面试作唐中后期五代宋初敦煌佛教世俗化的概括性研究。

一 佛寺与佛教世俗化

敦煌佛寺之盛，自古有传。《魏书》云："凉州自张轨后，世信佛教。敦煌地接西域，道俗交得其旧式，村坞相属，多有寺塔"[①]。S.2729《敦煌应管勘牌子历》显示，吐蕃占领初期，敦煌官寺有十二所。又，S.2614V《敦煌应管诸寺僧尼名录》记载，归义军张氏时期，敦煌官寺多达十七所。佛寺的营建、赐额，寺院经济的来源及世俗性支出皆是探讨佛寺与佛教世俗化关系的重要内容。

（一）世俗政权参与佛寺营建及赐额

立寺、赐额权是封建政府控制佛教教团的重要方面，佛寺数量多寡的控制，是世俗政权十分在意的事。唐中后期五代宋初的敦煌世俗政权与释门在兴寺度僧上相契合的是，释门需借世俗政权宣扬佛教，而世俗政权需要奉佛修功德维持统治，故立寺、赐额是政教二者相调整、相适应后的产物。

敦煌写本P.2187《保护寺院常住物常住户不受侵犯帖》载："应诸管内寺宇，盖是先帝敕置，或是贤哲修成，内外舍宅庄田，因乃信心施入，用为僧饭资粮"[②]，说明敦煌地区寺院多少与世俗政权有瓜葛。如P.2765V（2）记录吐蕃政府高官曾支持创建圣光寺；归义军张氏时期，BD08506显示河西节度兵马尚书张淮深曾支持修葺过龙兴寺。归义军曹氏时期，曹议金重修开元寺，曹宗寿向宋朝请求金箔，以修灵图寺及龙兴寺佛像。另，S.8659《某令公重修开元寺功德记》中记载了某令公重修开元寺的功德记录，荣新江将此令公解析为公元10世纪的曹氏某位节

[①] （北齐）魏收撰：《魏书》卷114《释老志》，中华书局1974年版，第3032页。
[②] 录文参见唐耕耦、陆宏基编《敦煌社会经济文献真迹释录》第四辑，第158页。以下敦煌籍帐经济文献均引自《敦煌社会经济文献真迹释录》第2—3辑，为省略一般不再注明出处。

度使①，我们经过研究将某令公确定为曹议金，并对该文书进行了重新释录，对"令公"和重修时间进行考察，认为张都衙就是归义军政权官员——右马步都押衙张保山，而都衙则是曹议金长兄归义军官员——左马步都押衙曹良才。如此就将重修人物考释为节度使曹议金，重修时间定作公元928—931年，并指出所修寺院就是开元寺②。

赐额，即由官府颁给寺额制，其含义有两层：其一，给佛寺命名；其二，命名并给其国寺名额③。隋唐时期寺名命名或含"家国繁荣昌盛、安邦定国"之政治理念，或有"灵瑞祈福以求吉祥"之传统观念，或是更高层次的宣扬"佛教经法义理"之宗教含义。我们结合敦煌佛寺实况，于三类佛寺命名文化中各举一例加以说明。

敦煌佛教官寺命名文化中有不少含祈求国家兴盛、长治久安之意，如敦煌龙兴寺，其立寺由来根据史籍可作两说。其一乃旧寺改额说，即神龙三年（707）将神龙元年（705）所建中兴寺改额为龙兴寺④。其二为敕建新寺说，即开元二十六年（738）由唐王朝敕建龙兴寺⑤。敦煌龙兴寺是旧寺改额还是敕建新寺，尚未可知。但根据《慧超传》⑥记载，开元十五年（727）安西地区就有汉寺龙兴寺，为唐王朝敕建的官寺。就信息传达的可能性来看，开元十五年（727）的敦煌定是有机会拥有龙兴寺的。故我们认为敦煌龙兴寺或为中兴寺改额而来。

借灵瑞求吉祥来命名佛寺，是佛教信仰同中国传统瑞祥祈福观念相融合的体现，敦煌灵图寺便属此类。据 P.2005《沙州都督府图经》⑦知，"百姓严洪爽于城西李先王庙侧得上件瑞石，其色翠碧，上有赤文，作古

---

① 荣新江：《英国国家图书馆藏敦煌汉文非佛教文献残卷目录》，台北新文丰出版有限公司1994年版，第105—106页；郑怡楠、郑炳林：《敦煌写本〈曹议金重修开元寺功德记〉考释》，《敦煌学辑刊》2017年第2期。

② 郑怡楠、郑炳林：《敦煌写本〈曹议金重修开元寺功德记〉考释》，第19页。

③ 参见张弓《汉唐佛寺文化史》，中国社会科学出版社1997年版，第227页。

④ 《旧唐书》卷7《中宗本纪》："（神龙三年二月）庚寅，改中兴寺、观为龙兴，内外不得言'中兴'"（后晋）刘昫等撰：《旧唐书》卷7《中宗本纪》，第143—144页。

⑤ （宋）志磐撰，释道法校注：《佛祖统纪校注》卷41，第950页。

⑥ "开元十五年十一月上旬。至安西。……大云寺主秀行善能讲说。先是。京中七宝台寺僧。……龙兴寺主。名法海。虽是汉儿生安西。"（唐）慧超著，张毅笺释：《往五天竺国传笺释》，中华书局2000年版，第176页。

⑦ P.2005《沙州都督府图经》，录文参见郑柄林《敦煌地理文书汇辑校注》，甘肃教育出版社1989年版，第18页。

字云：'下代卅，卜年七百'"，表奏上闻，敕天下咸置寺观，号为"万寿"。沙州"以得此瑞石，遂寺观自号灵图"，此乃灵图寺及寺名由来。

经法义理类佛寺命名，是在佛教文化发展到一定程度，译经数量较多，经法义理被人熟知，佛教信仰较为普及后才能成为命名文化，也即此命名是更高层次的文化取向。敦煌佛寺中多有此类命名文化，如金光明寺。关于该寺建寺由来，王惠民指出，肃宗曾在乾元元年（758）为纪念高僧义净，"于（义净）塔院所置金光明寺"①。"金光明"之寺名极有可能源自佛经《金光明最胜王经》，该经是大乘佛教中具有重要影响力的经典之一，该经传达的平息疾病、战乱的思想，契合人们渴求和平的愿望。

（二）寺院经济与世俗社会

唐中后期五代宋初敦煌佛寺的发展兴盛，还包括寺院经济的不断发展，寺院财富的日益积累。我们从寺院经济来源的"便""贷"、财政的世俗性支出两方面对寺院经济与佛教世俗化关系予以探讨。

吐蕃占领时的敦煌便物历延续了之前的风格，根据便物文书，我们可大致勾勒出该时期的便物实况。其一，若因无种子，那么便物一般发生在二月、三月、四月，至秋八月还，即春耕前借，秋收后还。期限内无息，便物机构乃寺院常住处或佛帐所，便物者一般为部落贫苦百姓，也有寺院僧人。如 P.3444V《寅年（810?）四月五日上部落百姓赵明明便豆契》载，因无种子，"于处便豆两硕八斗"，限秋八月内还清，若违不还，掣夺家资杂物以充豆值。再如，同时期另一件文书 S.6829V《卯年（811?）悉董萨部落百姓张和子预取造栿篱价帖》载，因无种子，悉董萨部落百姓张和子向"永康寺常住处取栿篱价麦一蕃驮，断造栿篱二十扇，长九尺，阔六尺。……如违其限，栿篱请倍，麦一驮倍两驮"。其二，采取蕃、汉两种计量方式。如 S.6829V 之"麦一蕃驮"，S.1475V"麦三硕汉斗"，等等。吐蕃时期也有贷便历，如公元 9 世纪前期的贷黄麻，S.2228《解女于大云寺等贷黄麻历》，此件前面背面有："六月五日刘二贷麦五汉斗。"归义军政权特别是曹氏归义军时期，利贷收入在寺院经济收入中占比上升。

---

① 王惠民：《〈董保德功德记〉与隋代敦煌崇教寺舍利塔》，注释47，《敦煌研究》1997年第3期，第81页。

教门便贷既有都司便贷，也有各佛寺便贷。便贷对象俗世、佛门皆有，从个人到寺院。如 S.5845《己亥年（959?）二月十七日某寺贷油面麻历》中贷出对象有释门僧政、法律、上座、寺主等个人，也有普光寺、开元寺等佛寺，还有普通百姓，如吴盈子、纸匠张留住等。

敦煌寺院"贷"的情况较为复杂，既有生息贷，亦存在无息贷。贷既可贷绢褐布，也可贷油面麻等物。如 P.4913《某寺贷换油麻历》中所载"韩都衙贷油一斗"；北图殷字 41 号《沈延庆贷布契》载"贷缣一匹"；等等。至于贷物收利的情况，可分为两种情况。其一，限期内无息，违限生利。如 P.3124《甲午年（874 或 934）邓善子贷生绢契》载，八月十八日于邓上座处贷生绢，限至十一月填还。"若违时限不还，于乡元生利"，说明在限期内是不生利头的。但同时期的文书显示彼时敦煌社会也有收贷绢利头的，如 S.4504《乙未年（875 或 935）就弘子等贷生绢契》中提及除还所贷生绢外，还需"还绢利头立机细缣一匹，官布一匹"。其二，生息带利的贷，这一情况在曹氏归义军时期多见。如 P.2817V《辛巳年（921?）四月二十日郝獵丹贷绢契》，文书显示以"四硕麦粟"为贷绢利头。再如 S.4445《己丑年（929）何愿德贷褐契》载，龙家何愿德向永安寺僧处贷出褐三段、白褐一段。还褐六段。此处借贷利率达 50%。

敦煌佛寺经济用途中世俗性支出的内容，有助于佛教世俗化问题的探究。吐蕃时期的敦煌寺院经济世俗性支出体现为赏、送、迎、屈、设。公元 806 年的 S.6829V 记录了半年多的斛斗支出情况，可较完整地展示当时寺院经济联系教界与俗世的关系。"出布六十尺，与道悝修佛坐赏物"，道悝修佛坐后，都司之修造司以六十尺布为赏物赏与其人，既称之为"赏"，是在应付功价后另行作赏；P.3730（7）《酉年正月乐人奉仙等状并荣照判词牒》载"检习博士乡乡、奉仙、君君、荣荣，以上四人各赏绢一匹；太平以下弟子七人，各赏布一匹"，显示在寺院活动后对音声人进行赏赐。另外 S.3074V《吐蕃占领敦煌时期某寺白面破历》记录了较多出于世俗目的的寺院的斛斗支出，具体通过"送""屈""设""迎"等方式体现出来。有关各类支付，施萍亭在研究"酒帐"时探讨过，施先生以为"迎"，就是"使节"来到敦煌，先得设酒接风；紧接着的就是设宴洗尘的"设"；如若待的时间久些，需要常常问候，谓之"看"，而临走前需要送行，叫作"看"或"设"，且认为"设"

可能较"看"更为隆重。本文书之"送",实乃施先生所谓临行前的送别"看",指寺院为其造食践行。"送"于归义军时期仍然存在,陈卿就曾将其视作敦煌寺院对归义军政权承担的经济义务进行讨论。"屈"的含义,即"延请之意"[①]。"屈"与"伸"相对,有卑躬屈膝义,强调的可能是对世俗官员的敬意,指放低姿态邀请。此处吐蕃时期的"屈"面向"水官""草宅使"等地方官,但根据另一件文书 S.6233(1)《诸色斛斗破历》所载"出麦七斗,寺家沽酒屈押卿","出米一斗五升、江豆升半,屈蕃教授"来看,"屈"还面向僧官。且从支出斛斗量看,"屈"较"送"规格高些。"迎",迎接之意,文中以六斗面迎接东来的吐蕃寺卿,设酒接风。"设"即施先生所说迎来后的洗尘,设宴招待之。归义军时期的世俗化经济支出有更多的名目,陈大为将曹氏归义军时期净土寺的经济支出归纳为六种,即"迎",迎接,设酒洗尘,包括迎接僧、俗官。如 S.1519(1)载"面三斗五升,油二升半一秒,酒八杓,造食索僧政常乐到来迎用","粟一斗,僧统东窟到来迎用";S.4899 载"粟一斗迎僧官用"。文献中也记载有迎俗人的事。如 S.1519(1)载,"粟二斗沽酒就寺门迎阿郎用"。"看"指看望、探望。这类支出既看望官员及其亲属,也看望僧官和僧尼,规格较小,属于礼仪上的探视。S.1519(2)《辛亥年(891 或 951)十二月七日后某寺直岁法胜所破油面等历》第 9—10 行载"面三斗、油一升,孔盈德新妇产与用",说的是寺直岁用面油等斛斗探望产妇。若是外宾到访且待的时间久些,在"迎"后,如施萍亭所言还需常常问候,即"看",这在 S.4899 中就有体现,第 11 行有二月八日"粟二斗沽酒就寺门迎阿郎用"。"屈"为延请,陈卿认为"屈"较"看"规格更高,以所用斛斗量来看确实。如 S.4899 载"粟一硕一斗、麦三斗付丑子卧酒屈肃州僧用",指的是某寺用一硕四斗麦粟招待从肃州来的僧人。"请",含有敬意的说辞,有请求之意。如 S.1519(2)载,"酒一角,请翟水官助行像用",这是某寺直岁以酒请求翟水官希望能帮助行像。"吊",即吊唁祭拜,既吊唁僧官也吊唁俗官,有纳赠助葬也有备礼吊孝。如 S.6452(3)《壬午年(982)净土寺常住库酒破历》载,"酒一瓮,刺史亡用",刺史为归义军政权地方长官。此外,官员亲属去世,寺院亦会吊唁。

---

① 陈卿:《唐后期五代宋初敦煌金光明寺研究》,硕士学位论文,上海师范大学,2015 年,第 60 页。

如 P. 2032V《净土寺诸色入破历算会稿》载，"布三尺，孔乡官母亡时，吊僧统用"。僧官世俗亲属亡故，寺院也需备礼吊唁。如 P. 2049V《净土寺直岁愿达手下诸色入破历算会牒》记录了吴法律弟亡时以四尺布吊唁。"送"为临行前的践行送别。S. 1519（1）所说"酒一角，送路曹县令用"，表明在俗官曹县令临行前，寺院以酒为其饯行。"纳"为缴纳、支付，在便物历中便贷后的归还用"纳"。常见有纳官，S. 1519（1）载"豆两硕、买吴怀定布，纳官用"。关于"纳官"，陈大为认为"接纳衙府官员及向官府缴纳食物，是由寺院造食以官方的名义接待"[①]。也有纳赠，是寺院对僧俗官去世后的资助。如公元 981 年的 P. 4909《诸色用破历》记录了该寺各以二斗五升面、二斗五升粟及半升油为史判官和金光明寺马法律亡纳赠用。文书中还有记录"贺"的内容，S. 1519（2）《某寺直岁法胜所破油面等历》第 12 行有"酒一瓮，张法师贺官用"。张弓认为"贺官"即"纳官"[②]，笔者以为二者不同，"贺"即祝贺，"贺官"乃祝贺高升为官，是为人情往来。

二 僧尼与佛教世俗化

唐中后期五代宋初的敦煌僧尼众多，高僧辈出，其与世俗社会的密切联系使之表现出世俗化特征。世家大族在掌控世俗权力的同时不忘将势力渗入教界，许多僧官和高级僧官来自敦煌大族就证实了这一点。佛教世俗化在僧尼中另一个重要表现是在僧尼生活中，如饮酒、"非时"食等。

（一）僧尼来源及组成

敦煌僧尼的组成与来源是讨论敦煌佛教世俗化在僧尼方面的重要论题。

首先，僧尼来自社会各阶层。因莫高窟供养人题名及僧尼籍内容中记载较多与世俗政权中上层有关的僧尼，故此处主要探讨世家大族与僧尼间

[①] 陈大为：《晚唐五代宋初敦煌净土寺研究》，硕士学位论文，首都师范大学，2005 年，第 22 页。

[②] 张弓：《唐末五代敦煌释门秋冬节俗初探》，《汉传佛教文化演史史丛稿》，社会科学文献出版社 2016 年版，第 591 页。

的关系。根据吐蕃及归义军初期两份僧尼籍文书，将敦煌主要世家大族在僧尼人数中的情况做表如下表1：

吐蕃及归义军初期僧尼对应俗姓情况	张	翟	阴	阎	吴	王	唐	索	宋	石	令狐	李	康	氾	陈	曹	安
788年	49	9	16	4	2	20	9	27	14	8	3	15	3	15	1	6	9
865—870年	52	5	12	7	16	18	9	19	5	2	0	11	6	10	1	6	2

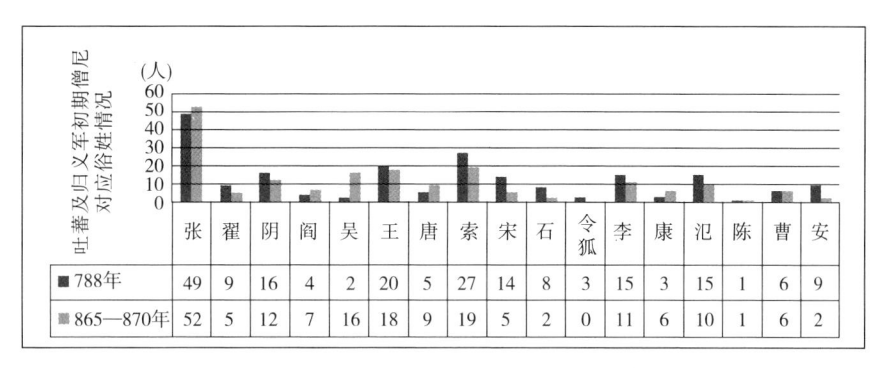

图1 吐蕃及归义军初期僧尼对应俗姓情况

此表据 S.2729《敦煌应管勘牌子历》及 S.2669《管内尼寺（安国寺·大乘寺·圣光寺）籍》所作，共记文书排名较前以及在敦煌地区活跃度较高的张、翟、阴、阎、吴、王、唐、索、宋、石、令狐、李、康、氾、陈、曹、安等17个家族。其中，公元788年，占僧尼总人数66%；公元865—870年，占僧尼总人数近60%。土肥义和将敦煌附近8世纪末至11世纪初的氏族人民姓氏整理为385个[①]，足见上述17个家族在敦煌世俗及僧尼中所占的重要地位，特别是张氏占绝对优势，这定然与其世俗执政者的身份有关。池田温在关于敦煌氏族的研究文章中认为，"以张氏为首的索、王、李、氾、令狐、曹、宋、阴等家族，从2、3世纪以来，到11世纪初，经过近千年的时间，已成为以敦煌为中心的绿洲世界的代表者"[②]。而这一论断中所说世族与上表中反映的僧尼出处的几大家族正好一致。

其次，敦煌文书显示众多尼僧父亲为僧人甚至僧官，父辈僧侣身份对后辈僧尼出家有或多或少的影响。如 P.2944《大乘圣光寺等尼名录》中记录了尼僧及其家长或户主（包括尼僧姓名、家长姓名、职业等）。其中有普通百姓，也有僧俗官员。僧尼在世俗家庭中有一定影响力，在俗家功德窟中，供养人中一般是由家族中地位较高的僧侣担任供养人引导者，即本

[①] 土肥义和编：《八世纪末期—十一世纪初期敦煌氏族人名集成》序言，东京：汲古书院2015年版，第6页。

[②] ［日］池田温：《八世纪初的敦煌氏族》（载1965年《东洋史研究》二四之三第48页），转引自土肥义和《归义军（唐后期·五代·宋初）时代》，榎一雄主编的《敦煌讲座2·敦煌的历史》。李永宁译文，《归义军时期（晚唐、五代、宋）的敦煌（一）》，第83页。

家引导僧（如莫高窟第196窟窟主何戒智①），这隐性地影响了家族后辈的剃度出家。

综上知悉，敦煌佛教僧尼来自社会各阶层，其中世家大族中可见不少僧尼且多为高级僧官，这些僧侣又影响了家族后辈们的出家，世族与佛教联系的紧密性很重要的就在于僧尼特别是高级僧官的出身。释门与世族间的联动影响着二者的发展，成为僧尼世俗化的重要表现之一。

（二）僧尼生活中的饮酒与"非时"食

随着释门与中国社会交流碰撞的进一步深入，传统佛教的一些戒律规范也在发生改变。敦煌僧尼无视戒律禁令，喜饮酒、食肉及"非时"食，乐于购置田产、过度逐利，积极为俗世政权服务，诸如此类的违戒现象不胜枚举。

吐蕃及归义军时期的敦煌社会饮酒蔚然成风，甚至存在僧尼饮酒并以此为产业谋利的情况。吐蕃时期的敦煌社会饮酒风气已开，造酒业已然较为成熟甚至有人以之谋利。如公元821年的P.3774《沙州僧龙藏牒》记载，齐周因"先家中种田不得丰饶"，地产收入微薄。故而自己开酒店，且雇人用床粟造酒，除吃用外，用三十石床粟所造之酒，终得利"苅价七十亩、柴十车、麦一百卅石"，齐周更是用三十五石麦，买酿酒器具釜一口。这就足见彼时酒店收入较地利丰厚许多，且酒业营利者有自觉扩大酿酒业规模的意识，也能说明当时的敦煌人对饮酒需求缺口较大。另，从S.2228前件背面可知午年已有贷酒现象，虽尚未发现能够证明这一时期僧尼饮酒的直接资料，但可以确定的是，在当时的敦煌社会，酒的价值得到了肯定。而敦煌社会饮酒风气的盛行，为寺院僧尼与世俗人交流中做出改变提供了可能性。我们终在归义军时期的敦煌文书中确认了僧尼饮酒且营利的事实。

归义军时期的敦煌，饮酒及借之得利的造酒业充斥着整个社会，贯串教俗两界，对象包括僧尼与社会大众。以酒为中心开展的藏酒、招待、科罚等用酒盛况，在文书中表现得淋漓尽致。S.6452是一件记录清晰连贯、大量记载了寺院及僧尼藏酒且提供借贷的有代表性的文

---

① 李海霞：《莫高窟第196窟窟主何法师考略》（《河西学院学报》2020年第1期），讨论了何法师僧俗身份。

书。该文书包含疑似公元981—982年的（1）《净土寺诸色斛斗破历》、公元981年的（2）《周僧正于常住库借贷油面物历》、公元982年的（3）《净土寺常住库酒破历》，是几件围绕净土寺的支出历。根据文书内容可知，酒在寺院主要有以下用途：1. 货币代替物（即一般等价物）。酒被抵作手工价，用来代替货币支付物价，如"十九日酒一斗，造门博仕（士）手工价用"，便是以酒支付了造门博士的手工价；还被用来当作货币替代物买药用，如"十四日酒五瓮，渠北坐翟胡边买药用"。2. 寺院各项活动时招待吃食。无论佛事活动或日常寺院运营活动，酒成为招待的必需品。诸如延宝印至用、修窟（兰若上灰）、经济上如垒碨头、经营地产时的浇麦等活动中招待寺户（常住人口）或雇工（银挍博仕、造门博仕等）吃用；或是招待往来僧尼或官员使者用，"廿六日酒五升，流安南山来喫用"。3. 作为礼物。如文书中分别以一瓮酒和一斗酒用于马都料家助葬用、看侍达坦朝定用。将酒作为礼品在当时的敦煌世俗社会同样盛行，P.2629《年代不明（964？）归义军衙内酒破历》中"廿六日，衙内看甘州使及于阗使僧酒一角"①、P.2642《年代不明（公元10世纪）诸色斛斗破用历》十月"四日，粟八斗沽酒看僧官及工匠用"均可证明。

"非时"食是敦煌僧人饮食上的又一违戒行为。《释氏要览》道："时食，谓时得食，非时不得食。今言中食，以天中日午时得食当日中，故言中食。"② 白化文曾揭示，专门和饮食联系的僧人斋戒，特别是指"过中不食"的戒律，持斋就是指能守持此法③。S.1519《寺院油面破历》载，十一月十九日，"面七斗、油一升、酒半瓮，徒众早上拜节造戒斋吃用"，谭蝉雪以为应是遵循禅林"冬朝"，即冬至日过午不食的说法④。故笔者此处所论敦煌僧人"非时"食即不遵守"过午不食"戒律应是可行的，"时"即吃饭时间。郝春文指出，若指过中不食，敦煌的沙弥乃至比丘未遵守⑤。文书显示，敦煌的僧人在参加劳动时要吃"夜饭"，这一现象贯串吐蕃至

---

① 录文参见唐耕耦、陆宏基编《敦煌社会经济文献真迹释录》第三辑，第271—276页。
② （宋）道诚辑：《释氏要览》，载河北禅学研究所编《佛学三书》，全国图书馆文献缩微复制中心1995年版，第852a页。
③ 白化文：《汉化佛教七众饮食》，《中国典籍与文化》1995年第2期。
④ 谭蝉雪：《唐宋敦煌岁时佛俗——八月至十二月》，《敦煌研究》2001年第2期。
⑤ 郝春文：《唐后期五代宋初敦煌僧尼的社会生活》，中国社会科学出版社1998年版，第7页。

归义军时期。如公元820—830年的BD09323《沙州某寺分给蕃汉官僚等早、中、夜三食日程帖》就记载了某寺给官员准备一日三餐。P.3490《辛巳年（921或981）某寺斛斗破历》有"面一硕七斗五升，北院修造中间四日功匠及众僧解斋夜饭等用"，可知众僧参加劳动及解斋时吃夜饭。文书中没有指出修寺为何人，但根据文书我们知道寺院众僧承担了大量修窟、修园等寺院集体活动，加之P.4909中壬午年正月有载，"十九日，众僧安门午料连面七升"，便是记录众僧参加安门并由寺院供应午饭的明证，那么上述修寺、修园人中必定有僧人劳役，如此看来敦煌僧人确未遵循"时食"规定。

三　佛法与佛教世俗化

佛法，是佛所说之法，指佛教教义及经典。笔者从藏经内容、宣扬方式及佛事活动三方面对佛法与佛教世俗化关系进行论述。

（一）藏经内容的"多元化、多样化"

传统佛教重推崇佛教正经，对疑伪经所持态度为质疑、排斥，想方设法进行辨别进而予以剔除。唐中后期五代宋初的敦煌佛教及崇佛之人却与此截然不同，他们只奉行与世俗人生有直接联系，对世俗社会可发挥直接指导性作用的经典。这一特征反映在藏经中，就是藏经中的真经、伪经或是疑伪经皆有收藏[①]，打破了以往经藏的规范和标准，此处重点讨论敦煌佛教藏经中的疑伪经。

疑伪经本是融合中国传统思想文化后的产物，是当下佛教流行信仰的反映，更是佛教为适应民众需求做出的改变。第一，佛教吸收儒家"孝道"思想，重视君亲伦理关系，代表性的有《佛说父母恩重经》。该经宣扬父母恩重，倡导子女报答父母生养之恩。行孝之法门为：让父母听闻佛法，劝导父母信仰佛教而后再修习戒律，也可为父母施舍作福田，还可抄写本经。如此一来，便将儒家思想以佛教信仰的方式体现出来，让行孝的终极目标指向信仰佛教。第二，融合道教增福延寿思想，契合人们毕生追求。渴求延年益寿是中国帝王将相到平民百姓的普遍愿望，这一特征在敦

[①] 李正宇：《再论晚唐五代北宋时期的敦煌佛教》，《南京晓庄学院学报》2013年第6期。

煌佛界中的表现，是在诸如《佛说延寿命经》《佛说续命经》等疑伪经之中。这些经典以为可通过布施获得福报，这一功德可以消除罪孽，可以渡过难关，可以救助危机，可以消灭灾祸，可以实现证道，可以增寿益算。将财货与福报功德挂钩，本就体现着释门的世俗化。

在讨论佛教藏经时，还发现了藏经的某些特点，有必要在此进行总结说明。其一，吸收中国传统文化，"诸《经》皆奉"，"多宗并行"。敦煌藏经中既有大量正经，如《金光明最胜王经》《大智度论》《四分律》等经、论、律；也有大量疑伪经。如 S.1612《丙午年（946）十月廿七日比丘愿荣报四恩三有敬发心所转得经抄数》中显示伪经达所转读佛经的三分之一，可见正是体现了"诸《经》皆奉"。此外，敦煌佛教信众所信奉的经典中有唐中后期开始盛行的净土宗、禅宗崇奉的经典，亦有法相宗、法华宗、密宗等宗派信奉的经典，这在上引 S.1612 中有很完整的体现。敦煌净土寺比丘愿荣所转经计二十八种，有《阿弥陀经》《观无量寿经》等净土宗经典，有禅宗信奉的《维摩诘经》，也有法相宗信奉的《大乘密严经》以及密宗的《大陀罗尼经》《佛说大吉祥天女经》等，可谓是"多宗并行"。其二，藏经更重世俗功用。吐蕃及归义军时期的世俗政权大力支持佛教发展，政权政要主动组织转经、抄经等活动。据 P.4514 知，开运四年（947）七月十五日，曹元忠称太傅，命雕版押衙雷延美印行《观世音像》《毗沙门天王像》等，广为流传，以为功德。另据 P.4514、P.4516 等号文书知，天福十四年（949）五月十五日，曹元忠命雷延美雕印《金刚经》流通，以为功德。藏经与世俗布施功德联系紧密，经典功用亦更倾向于为统治者、为世俗民众服务而非仅仅为探求佛教真理及修行而用，如为民众驱邪治病，安宅，增福益算，致拜父母，等等。

（二）佛事活动的"平民化、大众化"

佛事活动，是指有助于发扬佛德、弘扬佛法之寺院宗教活动，可引申为与弘法有关的各类活动或仪式。敦煌佛寺每年都会举行多种佛事活动，包括围绕佛教经典展开的转经、抄经类活动；还会结合佛教风俗举办敦煌岁时节令活动，如燃灯节、行像节等。此类活动是佛教徒、世俗信众及普通民众间得以联系的桥梁，是佛教徒传播佛教即佛教宗教职能得以展现的重大途径，亦是民众了解佛教的窗口。

转经，即转读佛经，（请）僧人诵经。吐蕃及归义军时期的敦煌佛教转经对象从俗世到释门，自两界官员到普通民众、僧尼，既有个人的转经，也有家族、寺院转经。如 P.3336《赞普转经付诸寺维那历》，是一件记录公元 833 年的吐蕃赞普新加福田转三百一十卷（半部）《大般若经》的文书。P.3336V《瓜州节度转经付维那历》为公元 834 年瓜州节度使、监军转《大般若经》的记录。上述材料显示了吐蕃时期的世俗高官为释门转经的实情，归义军时期的节度使亦然。如 S.5957《四门转经文》载，佛日之日，府主为积德，"置净坛于八表，悬佛像于四隅，中央建佛顶之场，缁众转莲花之部"，愿梵释四王、天龙八部救人护国，消除灾祸，百姓丰饶祥和，国无伤离之苦，"府主"即归义军节度使。反映宗教活动之家族转经的文书有 S.6031《庚辰年十一月中翟家开〈大般若经〉》，据方广锠判定可知，该写卷年代为公元 9 世纪①，是翟氏家族开《大般若经》付寺院孔僧正、翟僧正、梁僧正、索□□、梁法律等人的记录，由上述众高级僧官亦能感受到翟家的强劲势力。世家大族既是世俗社会的重要力量，也是佛教活动的重要支撑者。

抄经，即抄写佛经，是吐蕃及归义军时期敦煌佛教又一重要的宗教活动。这一活动中有个人抄经的记载，如北菜 83 号为僧人王保昌写《善恶因果经》和《妙法莲华经》。也有佛教教团举办的大规模集体抄经活动，如 S.2449、P.3240、P.3138V、P.3336、P.3205V 等均有记载。P.3138V《敦煌十二寺五尼寺抄经历》所载这次抄经活动，佛经卷数多且种类丰富。每人所抄经卷各不同，涉及各敦煌地区官寺，可见此次活动规模之大，单靠个别寺院很难完成，这也是敦煌地区各寺院间交流频繁的证据之一。另外 P.3240《壬寅年（1002）诸寺配经、付纸历》②是一件在敦煌抄经录文书中保存相对完整，内容较为丰富，具有比较重要研究价值的文书。文献中记载敦煌地区北宋壬寅年六月二十一日、七月十六日进行的较大规模抄经活动，具体到寺院僧众与抄经人，从高级僧官到普通僧众抄经人数众多，抄写经典含经、律、论等，其中既含僧寺也有尼寺。

敦煌抄写佛经活动，具有商业活动性质，拥有专业的写经人。如公元 823 年以后的 S.7945《僧俗写经分团人名目》，再如公元 9 世纪前期的

---

① 参见方广锠《敦煌佛教经录辑校》下，江苏古籍出版社 1997 年版，第 815 页。
② 参见方广锠《敦煌佛教经录辑校》下，第 971—1004 页。

P. 3205《僧俗人写经历》、S. 4831V《写经人名目》等；公元 10 世纪 BD07195《大般若波罗密多经》中，亦有写经人海兴。

随着佛教的发展，吐蕃及归义军时期敦煌的中国传统节日已有浓厚的佛教习俗，而佛教节日内容亦更加重视传统节日在民众中的重要地位，受中国传统文化影响至深。笔者将举几例予以说明：1. 上元节燃灯，正月十五为中国传统节日上元节，敦煌佛教有上元燃灯佛俗，此乃释门为供养诸佛而开展的盛大的佛事活动之一。如 P. 2583 中所载吐蕃高官论莽热正月七日布施二两解毒药充为正月元夜燃灯用；再如归义军时期的 S. 1519，记录了为正月十五日东窟上燃灯及赛天王活动所用面、油、酒等。燃灯活动除僧众参与外，也有世俗官员及普通民众来窟贺节。P. 3768V 载"粟三斗五升，卧酒，正月十五日窟上纳官用"，此乃以酒招待上窟俗官的记录，说明世俗官员会参见佛界燃灯的佛事活动。2. 二月八日，佛界为纪念悉达太子逾城出家，用宝车载着佛像巡行城郊街衢，称为行像。P. 2040V《后晋时期净土寺诸色入破历算会稿》第 227—229 行载"粟一硕二斗，支与行像社人七日用。粟六斗，支与擎佛人造顿用。粟两硕一斗，卧酒二月八日看社人及第二日屈人用"，可知行像活动会设置道场，有社人参与，假期应为七日，期间寺院会招待社人。同号第 109 行有"麦六硕六斗，粟四硕八斗，二月六七日八日沿行像散施入"，可以看出行像中会有信众布施，沿街行像必然会吸引众多观看者，有助于扩大佛教在民众中的影响力。3. 中元节将佛教的盂兰盆会与道教"中元地官节"相结合，这一天是民间习俗中结合祭祀祖先与鬼神崇拜，为亡者以盆施素食于饿鬼的施食供养，目的在于使其鬼魂得到救度。而佛教于七月十五日为超度历代宗亲举行的佛教仪式，称为盂兰盆会。S. 3074V《吐蕃占领敦煌时期某寺白面破历》载："七月十三日，出白面三硕，充煮七月十五日供养佛盆"，"粟二斗，七月十三日泥佛殿基博士用。粟一硕四斗，七月十七日卧酒，造破盆用"，是说寺院因盂兰盆会提前两天至三天出面造食、提前整修佛殿为供养佛盆准备。

以上佛俗活动，既保留了佛教奉佛供养的风俗，也融合了中国传统民间节日的特点。这使得佛教与民众的情感距离更近了一步，其中赋予节日活动祈福禳灾，修功德的功用是受民众喜爱的重要原因，也使得佛教在民间的传播拥有了更广泛的基础与可能性。

(三）宣扬方式的"通俗化、自由化"

佛教在宣扬方式的择取上必须考虑当地百姓的接受能力，敦煌百姓存在不会书写，请僧人帮忙书写卖地契的记录。如北图生字25号背面《宋开宝八年（975）三月一日郑丑挞出卖宅舍地基与沈都和契》，文书首题"丙子年二月廿八日立契，僧知进书"。可知，敦煌普通百姓或存在文化水平较低现状。笔者进一步推测，百姓对奥义精深的佛法研读必定有困难，佛教若想在广大民众中得到很好的传播，拉近与民众的距离，必须对宣扬方法进行变革，必须借助更通俗易懂的方式及内容去宣传佛教经典。与之相应的，俗讲及说因缘等较为浅显易懂的讲经方法出现并流行起来。据学界研究可知，唐代寺院中盛行俗讲，变文最迟在7世纪末期已经流行了。而敦煌俗讲活动是在吐蕃时期流入敦煌，殆至归义军时期兴盛起来[1]。俗讲的发展推动了一种更为自由不受限宣传方式的出现——说因缘，即用讲唱的方式演绎佛经及佛教故事。

俗讲即摘取故事作以敷衍，注重说唱艺术、口头特征，佛教变文说唱内容多为佛经中故事，如《目连变文》《降魔变》等。然而为了吸引听众，俗讲内容也有一些非佛教题材[2]的传说、人物事迹或历史故事，这类底本在敦煌遗书中也保存了不少。如《张议潮变文》《李陵变文》《王昭君变文》等，变文充分体现民众意愿，故而深受百姓喜爱。说唱结合的俗讲，"说"或是有节奏的念诵，或是有韵调的吟诵，与唱结合更能增添生动。《敦煌变文集》中作者指出，俗讲佛经活动热闹非凡，其宗教意义几乎被人情味所掩盖，宣扬宗教的目的似乎并不明显。正如向达所言"敦煌俗文学发达的程序，大约先有《维摩诘经唱文》等等带宗教性的东西，然后有《孝子董永》《季布歌》之类的世俗文学"[3]。笔者以为，释门刚开始为接近民众，吸引更多人来听讲，选择了浅显且更为民众喜爱的俗讲说唱，结果却成为热闹劲几乎掩盖宗教含义的活动，似乎让人以为其并非为宣扬佛

---

[1] 王重民、王庆菽、向达、周一良、启功、曾毅公合编：《敦煌变文集》引言，人民文学出版社1982年版，第4页；郝春文、陈大为：《敦煌的佛教与社会》，甘肃教育出版社2013年版，第27页。

[2] 苏莹辉：《论敦煌本史传变文与中国俗文学》中将此类题材命名为"史传变文"，曾锦漳（《唐代俗讲及其底本》，第314页）沿用此说。

[3] 向达：《唐代长安与西域文明》，重庆出版社2009年版，第283页。

教而来。但其一开始的目的自然是让佛经为更多人听到甚至是明了，而要为一般人所喜欢，其讲唱内容增加了世俗故事，即便是佛经或佛教故事也都成为热闹的听讲，如此看来释门为宣扬佛教逐步做出妥协，最终发展趋势不如人意罢了。

说因缘为俗讲变文的一种，是俗讲在内容上的再一次解放，其底本在文书中多以"缘""缘起""因缘"表示。向达亦指出因缘变为俗讲话本[1]，《频婆娑罗王后宫彩女功德意供养塔生天因缘变》《有相夫人生天因缘变》《频婆娑罗王后宫彩女功德意供养塔生天因缘变》等名称或可为因缘与变文关系再添佐证。郝春文、陈大为更是指明了俗讲中说因缘的产生，且解释了说因缘为何物，即俗讲之后是更为讲求自由的讲因缘的出现，此种佛教宣传方式仅仅是在选择故事或截取经文、传记等加以敷衍后，由一个人讲唱，而非诵读佛经[2]，可知说因缘更重故事。周绍良[3]等人对敦煌变文讲经文因缘进行了辑校，为学界研究工作提供了极大便利。

敦煌文书中保留了较多说因缘底本，既有佛经故事，也有因果报应故事。如《丑女缘起》《悉达太子修道因缘》《目连缘起》等。现从中取几例进行说明：第一，《丑女缘起》。此乃善恶果报类具有代表性的俗讲文，全文约五千余字，讲唱结合，叙述生动。该文以《贤愚经》中波斯匿王女故事演绎，讲述了此女因相貌丑陋深受困扰，后因奉佛忏悔罪孽，成为美女的故事。第二，《悉达太子修道因缘》[4]。该因缘属佛祖出家修道类故事，是敦煌俗文学中的代表作，讲述了悉达多太子出生及游历中见生、老、病、死各相，体悟人生诸苦，出家修行终成佛道的故事，以《太子成道经》为经典依据。高国藩写文讨论过敦煌本《悉达太子修道因缘》与中国化、世俗化相关问题[5]。作者讨论了文本中所示求子用酒发愿结合了中国民俗求子、戴指环订婚等将太子故事中国化的情节。此外，文本揭示了在此因缘中将太子生活的叙述衍化为趣味性更强，更具中国式神话传说性质的故事，并以大团圆为故事结局，这样更有助于契合大众心理要求，也是

---

[1] 向达：《唐代长安与西域文明》，第302页。
[2] 郝春文、陈大为：《敦煌的佛教与社会》，第28页。
[3] 周绍良、张涌泉、黄征辑校：《敦煌变文讲经文因缘辑校》，江苏古籍出版社1998年版。
[4] 录文参见周绍良、张涌泉、黄征辑校：《敦煌变文讲经文因缘辑校》下，第739—757页。
[5] 高国藩：《论敦煌本〈悉达太子修道因缘〉中国化及其妇女怀孕巫术》，《宁夏社会科学》2009年第3期；《敦煌本〈悉达太子修道因缘〉与世俗化》，《西夏研究》2011年第2期。

这类作品得以流传的重要原因。

  以上从佛寺、僧尼、佛法三方面对唐中后期五代宋初敦煌佛教的世俗化做了探讨，我们发现世俗政权掌握立寺、赐额权，敦煌地方政权多次参与修营佛寺。佛寺的过度逐利已经不符合戒律规定，借贷收入占比逐渐上升，且吐蕃及归义军时期佛寺的各类支出名目皆体现与世俗社会特别是世俗官员的联系。僧尼是佛教活动的执行者，众多僧尼出自世家大族，这类人成为释门与俗世的重要联系者，又对家族后辈的出家修行有重要影响。敦煌僧尼不顾戒律要求，多场合饮酒，以酒作招待或科罚物，甚至开酒店谋利，不合"时食"规定，夜食现象普遍。彼时的敦煌佛教在佛法上的世俗化表现有：藏经内容上，正经、疑经、伪经皆奉，净土宗、禅宗、密宗等宗派并行。佛事活动中，融合中国传统文化，与传统节日合力渗入民众心中；转经、抄经等活动成为世人修功德的重要方式。宣扬方式上，向更简便可行的俗讲、说因缘等形式转变，讲唱结合的艺术类型更易吸收信众。总之，唐中后期五代宋初的敦煌佛教世俗化，其根本目的在发展壮大佛教势力，终使佛教活动深入世俗社会的方方面面，佛教思想影响社会各阶层。

元代兰州的交通地位

西北师范大学历史文化学院　胡小鹏

唐代安史之乱后，河西走廊交通时断时续，北方草原回鹘道兴起，中原往西域也常取径灵武入回鹘道；吐蕃青唐政权形成后，河湟经由临洮的南线交通也兴盛起来。分裂战乱导致丝绸之路避开了族群与政治断裂带的兰州地区，兰州的交通枢纽地位不再，分裂局面下的边城塞防性质限制了兰州交通规模的发展。

元代，由于分裂时期的历史惯性，兰州的西北军政中心地位没有得到恢复，仍处于边缘状态。唐末分裂以来因各种历史与地缘条件的作用，在兰州周边兴起了几个重要的城市，各有辐射范围，兰州被边缘化。其一，西夏独立建国，经过几百年的发展，都城中兴府（今宁夏银川市）已经成为多民族语言文献中频繁称道的著名城市，也是宋夏金时期中国西部最大的中心城市。进入元代，银川一度是西夏中兴行省的治所，后虽降为路级治所，但由于宁夏平原黄河灌区农业对周边地区的粮食保障作用，银川在元代一直保持着其重要性。其二，凉州因窝阔台汗之子阔端分封于此曾显赫一时，阔端在世时主持川陕甘宁青藏这一广大地域内的军政事务，决定西藏归入中国版图的"凉州会晤"就在此时此地举行，在拖雷系的蒙哥汗即位之前，凉州是与燕京并立的北方两大政治中心之一。其三，元世祖忽必烈即位后，面临中亚诸王的离心分裂倾向，设立甘肃行省赡军治边，省治设在甘州，诸王大军云集，成为西北又一中心。其四，唐中期以后，随着吐蕃势力的东进，西宁、河州、临洮等城市先后成为西北吐蕃政教中心。青唐城（今西宁）曾经是北宋吐蕃唃厮啰政权王城。金代的临洮作为熙秦路总管府治所，辖有兰州，是金朝在西陲的政治军事重镇。到了元代，临洮仍是汉藏门户，是通往乌思藏大道的必经之处，元世祖忽必烈的帝师八思巴、国师胆巴等都在这里驻留过，第二任帝师亦怜真也是在回藏的途中，于临洮病逝。河州在元代成为吐蕃等处宣慰使司都元帅府的治所，是脱思麻藏区的军政中心。其五，金元之际，巩昌土豪汪氏以其保据的陇上二十四城降于蒙古，得到世袭巩昌便宜都总帅府总帅兼府尹的世职，兵民之权并于一门，巩昌路治所陇西成为陕西行省的西部重镇。兰州、金州作为陕西行省所辖拥有五十余城的巩昌路之下的两个散州，介于陕西行省、甘肃行省、河州宣慰司之间，政治地位的边缘化是显而易见的。但在以上几大地理板块的向心作用下，兰州地位的隆起是必然的，元代兰州交通地位的突出正是这一历史趋势的先兆。

从蒙古灭亡西夏、金国，统一北方开始，兰州的交通要冲地位就突出起来。早在成吉思汗征西夏时，察合台部将按竺迩就已设置了从删丹通往察合台兀鲁思中心阿力麻里（今新疆伊犁霍城县西北）的驿路。阔端出镇河西后，也在自己的兀鲁思内设立了站赤，向东与关中站赤联成一体。宪宗二年（1252），忽必烈统兵南伐大理时，从六盘山口出发，到临洮忒剌分兵南下朵甘藏区，可能就是取道兰州的。中统元年（1260）浑都海之乱，秦陇河西的驿站系统遭到了严重破坏。中统二年（1261）平定浑都海之乱后，元廷立即在西夏故地设立西夏中兴等路行中书省、甘州宣慰司等机构，对西北地区的站赤进行了整顿恢复。《经世大典》载中统三年（1262）十月，元廷在甘州、西凉、中兴、兰州、庄浪等处增加添设了驿站，形成了以兰州为中心的网络化交通①。巩昌路所辖驿站19处，其中兰州站配备驿马48匹，金州站配备驿马50匹②，似乎是普通驿站的规模。实际上，《经世大典》关于兰州驿站的记载反映的只是早期情况，兰州驿站后来升格为脱脱禾孙马站。据兰州府文庙所立《加封孔子诏碑》记载，最迟到至正（1341—1368）年间，兰州至少设有正副两名脱脱禾孙。③ 元代脱脱禾孙设在通使繁忙的驿道枢纽上，即"都会关要之地"，其职责主要包括三方面：一是维持乘驿秩序，盘查驰驿使臣的乘驿牌符或铺马札子，防止没有乘驿资格的人使用驿马，或使者滥骑驿马、枉道驰驿；二是检查使者的行李，不许夹带违禁物品或私人物品；三是检查行李重量，避免货物超重损伤驿马车辆。一般来说，脱脱禾孙马站的驿马要多出普通马

---

① 《永乐大典》卷19417，中华书局1986年版，第7196页。
② 《永乐大典》卷19423，第7255页。
③ 兰州市地方志编纂委员会、兰州市文物志编纂委员会编：《兰州市志》卷51《文物志·加封孔子诏碑》，兰州大学出版社2006年版，第240—241页。

站的数倍以上，才能应付使臣需要，如巩昌府通安站有驿马 289 匹，临洮府有驿马 230 匹，兰州站设立脱脱禾孙，说明元代后期兰州的交通地位更加重要，驿马应增加到 200 匹以上。

元代的交通线以大都（今北京）为中心，向四周扩散。其中经陕西往甘肃的驿站有三条：第一条驿路取中线，从陕西凤翔出发，经小川、蛮坊、董店、泾州、白水（平凉东南白水镇）、平凉、瓦亭（固原瓦亭镇）、德顺州（静宁县）、吴家湾、会州（会宁）、定西州，到金州、兰州，再向西到西宁州。另外，从定西州南下，经通安驿（今陇西北通安镇）、巩昌、首阳，可抵达临洮。第二条驿路取南线，从凤翔出发，经汧阳（今千阳县）、故关、上邽（清水县）、社树坪（天水社棠镇）、秦亭、伏羌（甘谷）、文盈、巩昌（陇西）、首阳（今首阳镇），到临洮，由此连接进入乌思藏萨迦（今西藏萨迦县）的驿路。至元二十三年（1286）以前，以秦州为中心的这条驿道"正当冲要去处，往来使臣频并"，最受重视。第三条驿路取北线，从陕西兴平出发，经乾州、邠州、宁州、庆阳、环州、萌井（甘宁交界处萌城堡）、灵州（宁夏吴忠市灵武县）、鸣沙（宁夏中宁县鸣沙镇）、应理州（宁夏中卫县）、野马泉（古浪县北野马墩）、永昌府，通往肃州、瓜州、沙州。这条道路所经的部分地段，"尽皆沙漠，遥远艰阻，四无人烟。驿使自负首思（粮草给养），露宿野食，马乏刍粟，如此奔驰数日，是致人瘦马毙"①，不适合大队人马经行。三条驿路中，兰州居于中枢地位，自然条件好，南可下临洮与南线会合，进入藏区，北溯黄河可至应理州（今宁夏中卫）与北线合，西与岐王位下站赤相接，直通西宁，西北溯庄浪河北上，与荆王位下站赤相接，至凉州。所以，至元二十三年以后，元廷以"平凉府道子径直行的车子，更好水草"的原因，加强了平凉至兰州一线的驿道建设②，陕西行省通往河西、西域的交通要道，也转移到京兆（今西安）、平凉、兰州一线。重心转移后的这条交通路线，被明、清及民国各代沿用了七八百年之久，就连后来的西兰公路，也大致沿元代这条路线修建，可见它的历史意义和作用了。

元代西北驿路十分繁忙，除了日常军政事务外，与乌思藏及西方诸汗国的往来，占到驿路运力的一半以上。忽必烈至元十一年（1274），太子

---

① 《永乐大典》卷 19420，第 7226 页。
② 《永乐大典》卷 19423 站赤八，第 7261 页。

真金陪同帝师八思巴返回萨迦，随从队伍庞大，物资丰富，从大都到临洮，有可能是取道兰州的。至元十九年（1282），元廷派皇子率军护送胆巴国师前往朵甘思，"首于云中，次至西夏，以及临洮"，从宁夏溯黄河而行，经兰州至临洮入藏。除了这两次大规模的出行外，每岁来自乌思藏、察合台汗国的年例职贡，如葡萄酒、酥油、水银、西天布、硫黄、青麦、盐货等类，以及西番僧皮榷驮子，每批动辄运马八九十匹，岁计千余匹。①蒙古统治者崇信藏传佛教，设立帝师制度，历代帝师都由萨迦派高僧担任，长驻大都，护佑皇帝。萨迦派高僧贡噶僧格被帝师八思巴推荐为安西王阿难达的上师，虽然史料中不见西藏僧侣去开城安西王府的明证，但考虑到安西王与萨迦派的关系，西僧往开城地区的可能性很大，其路线从临洮经由兰州，过瓦亭向北就可以到达。其他蒙古诸王驸马公主也纷纷到乌思藏迎请番僧供养，所以元代兰州驿路上，藏僧络绎不绝。"诸出使西番者，自京兆临洮府，附带碧甸子、铜器、椀楪、靴履、装驮铺（马），以营市利"②。大德四年（1300）九月，陕西行台监察御史袁承事曾上疏反映：甘肃等处驿路系西边重地，定西、会州、平凉、泾州、邠州通驿临洮土番，东西往来之使，日逐起马不下百匹，昼夜未尝少息，常见铺马不敷。泰定二年（1325）时，西台御史李昌也亲眼看见平凉府、静宁、定西等地通往兰州、临洮的道路上，"见西番僧佩金字圆符，络绎道途，驰骑累百"③。宣政院、通政院等部门还经常抱怨迄西驿传递送西番僧人舍利，印送经卷，"往返频数，因乏莫甚"④。察合台汗国使臣进送葡萄酒，经过河西走廊两兀鲁思站赤后，经由陕西汉站搬运至大都，兰州是必经之路，"来者实频，驿传劳费"。兰州站户的负担极其沉重，所以往往投奔到附近的蒙古诸王手下寻求庇护，以规避站役⑤。元代文献还记载了兰州站户任再兴用棍棒、鞭子殴打州官刘同知，事后又冒增年甲赎罪的案件，最后被御史台查出，按照部民故意殴打本属长官罪，杖决六十七下⑥。案件的起因不得而知，但站户任再兴冒称七十五岁，经查实后的年龄也有六十九

---

① 《永乐大典》卷 19419，卷 19420，第 7216 页、7220 页、7226 页。
② 《永乐大典》卷 19421，第 7233 页。
③ （明）宋濂：《元史》卷 202《释老传》，中华书局 1976 年版，第 4522 页。
④ 《永乐大典》卷 19421，第 7231 页。
⑤ 《永乐大典》卷 19424 站赤九"站户不便"，第 7265—7266 页。
⑥ 陈高华、张帆等点校：《元典章》44《刑部》卷 6"诸殴·部民故殴本属官长"。中华书局、天津古籍出版社 2011 年版，第 1506 页。

岁，还要负担沉重的站役，难怪火气很大。

元代交通体系发达，气魄宏大，不仅反映在陆路交通上，更体现在水路利用方面。元代黄河漕运规模远超前代，发展空前，后世也难企及。它是元代北方粮食调配体系中不可或缺的重要组成部分。它向甘青藏区延伸的企图和输粮漠北的作用，反映了元代一统国家充分利用技术手段促进内地、边地联系，巩固边防的积极性。① 农业经济上，宁夏平原发展农业生产的自然条件相对优越，基础较好，对整个西北的粮食供应有重要意义，这是启动黄河漕运的地理条件。另一方面，兰州以上黄河段是内地与"西番"的主要接合部之一。蒙元政府很早就建立了吐蕃连接内地的驿站系统，还有建造西部民族贸易城市的抱负。忽必烈说："黄河之入中国，夏后氏导之，知自积石矣，汉唐所不能悉其源。今为吾地，朕欲极其源之所出，营一城，俾番贾互市，规置航传。凡物贡水行达京师，古无有也，朕为之，以永后来无穷利益。"② 忽必烈经营帝国的战略是经济立国，元朝中央政府的维持基本依靠商业贸易的收入，传统的农业收入则被大度地留在地方支付行政费用。忽必烈开发黄河上游地区商业的构思既是将陕甘交通网络利用极致化的表现，也是极端重商主义驱动下的产物。至元十七年（1280），忽必烈派都实、阔阔出兄弟探察黄河源，开置驿站，以确保元朝西部边疆人流、物流畅通，汲取财富，进一步密切西部地区与中央政府的关系。其宏大构想确为前宋后明的汉族君主所不能企及，具有独特的战略眼光和恢宏气势。由于地理条件和经济条件的限制，忽必烈在黄河上游民族地区建立贸易新城的设想没有实现，只能在已有的城市中选择利用，地理位置适中的兰州实际上承担了忽必烈心目中黄河上游民族地区贸易与物流中心的任务。探察黄河源的都实兄弟是女真蒲察氏，有意思的是，康熙《金县志》将都实兄弟记载为兰州世族，称"蒲察必达，翰林学士，奉命穷星宿海之源，后人知星宿海自必达始"③。作者没有交代这一说法的依据，也没有说明蒲察必达与蒲察都实兄弟的关系，如果他们真是兰州榆中人，由他们来探察黄河源真是再合适不过了。

都实兄弟肩负的任务是根据黄河上游的地理水文条件，选择合宜的地

---

① 周松：《元代黄河漕运考》，《中国史研究》2011 年第 2 期。
② （明）陶宗仪：《南村辍耕录》卷 22 "黄河源"，中华书局 1959 年版，第 265—267 页。
③ （清）耿喻修，郭殿邦等纂：《金县志》，台北成文出版社有限公司 1970 年版，第 82 页。

点安置水站。由于甘青黄河上游几乎全为高山深谷与山间盆地交错断续排列，不可能像宁夏东胜那样实现全河段通航，于是驿传线路只能采取水驿与陆驿相结合的方式来构建驿传系统，兰州承上启下、水陆兼济的枢纽作用就体现了出来。兰州的蒙古语名为"哈剌木连"①，意思是"黄河"或"大河"，就反映了元代蒙古人对兰州水陆要津地位的认识。在至元年间元朝与西北察合台汗国、窝阔台汗国发生战争期间，甘州、肃州屯驻大军，规措粮储浩大，都需要经兰州转运。至元十八年（1281），博罗欢"以右丞行省甘肃，时大军驻西北，仰哺省者十数万人，自陕西、陇右、河湟，皆不可舟，惟车辇而畜负之，途费之伙，十石不能致一，米石至百缗。公经画得方，供亿不乏，贼不敢窥边者二年"②。英宗至治二年（1322），乃蛮台为甘肃行省平章，当时西北战事已趋缓和，甘肃驻军人数大大减少，但仍然"岁籴粮于兰州，多至二万石，距宁夏各千余里至甘州，自甘州又千余里始达亦集乃路，而宁夏距亦集乃仅千里。乃蛮台下谕令挽者自宁夏径趋亦集乃，岁省费六十万缗"③。由此可知兰州还是当时的粮食转输中心，来自陕西与宁夏平原的粮食，先集中储存于兰州，然后运往甘州。乃蛮台下令从宁夏直接运粮到亦集乃（今内蒙古额济纳旗黑水城），是取道阿拉善槽状平原，这一带多沙漠，乏水草，大队人马经行困难，虽节省运费却要付出生命代价，不可能持续。所以，有元一代，兰州粮食转运中心的作用不可取代。

2002年，在韩国庆州孙氏宗家发现的元刊本《至正条格》中，有一条关于元代兰州的珍贵记载，印证了元代兰州渡口粮食转运繁忙的景象，现转录如下：

> 大德十年八月，甘肃省咨："本省供给屯驻大军支用粮储，全藉客旅运米中纳，每石官给价钱贰锭。于经行兰州比卜，差人赍省降勘合把渡，遇有客旅运到粮米，封装米样，给付勘合，般运前来甘州仓，比对相同，辨验封头米样无伪，收管出给朱抄，验数支价。中间

---

① 《译语·委兀儿译语》，北京图书馆古籍珍本丛刊6影印贞节堂袁氏钞本，书目文献出版社1990年版，第598页。

② （元）姚燧：《牧庵集》卷14《平章政事忙兀公神道碑》，文渊阁《四库全书》，第1201册，第535页。

③ （明）宋濂：《元史》卷139《乃蛮台传》，第3351页。

有不畏公法贪图之人，巧生奸伪，将已验过河米粮，封头割下，结构船桥水手人等，用皮浑脱船筏，将米偷般复回，再行诳官，谩赚勘合，巢卖米粮。却赍元封口袋，到来甘州，收籴仓米中纳。或于把渡人处，求买勘合封头，逐旋收籴私米，插合中纳，官民未便。"议拟："受钱虚给勘合封头之人，不计米数，杖壹伯柒下，罢役。营求勘合封头之人，不计米数，决玖拾柒下。割坼封头，谩赚勘合，全中私米，壹石至拾石，决杖捌拾柒下。拾石至贰拾石，杖玖拾柒下。贰拾石至壹伯石，杖壹伯柒下。插合私米，玖斗之下，（杖）伍拾柒下。壹石至拾石，杖柒拾柒下。拾石至贰拾石，杖捌拾柒下。贰拾石至壹伯石，杖玖拾柒下。运到米粮，不问真伪，尽数没官。"都省准拟。①

从这条重要资料中，我们可以归纳出以下几点信息：

第一，元代甘肃行省屯驻的大军，需要接济大量的粮食，除了官方组织运粮外，还鼓励商人运米中纳，即商人自行收购粮食运到官方指定的地点甘州（今张掖市），赚取官方的高额运费。兰州则是重要的粮食集散地，内地运往甘州的粮食都要经由兰州黄河渡口。明代由于要供应河西走廊驻军军粮，兰州粮食储藏交易量也极大，朝廷设户部分司于此，专管甘肃诸镇粮饷，与元代的情形如出一辙。

第二，元代兰州黄河以北，归甘肃行省管辖，所以甘肃行省有权在黄河渡口北岸设立检查站，持甘肃行省颁发的勘合把渡，对商人搬运过河的粮食进行检查，合格后封装入袋，袋口缝有封头，标明斤数米样，并发给勘合（凭证）。商人将粮食运到甘州仓后，持勘合比对，检查封头无误后，支给米价及运费。

第三，资料中的"兰州比卜"，即兰州黄河渡口之一的比卜渡。从"船桥"一词看，元代兰州比卜渡建有船只连接成的浮桥，只有这样，才能满足巨大的运输需求。"比卜"，可能是藏文"Phyoba"之译音，浮（水）之意②，这里指浮桥。黄河兰州段适合设置船桥的地点有两处，一是隋唐金城津故址（今城关区中山铁桥西侧约1公里的金城关），北宋时曾在此架设浮桥；一是庄浪河汇入黄河处的青石津（南岸在今西固区青石村

---

① 韩国学中央研究院编：《至正条格》校注本，2007年版，第277—278页。
② 兰州大学宗喀·漾正刚布教授提供了这个藏语词汇。特此说明并致谢。

北），北宋人称此地有古浮桥旧基。比较起来，城区所在的金城津更符合粮食交易储运条件，比卜渡应在金城关。

"比卜渡"又作"北卜渡"，此地名初见于元代，具体位置无考，今人将其比定为今靖远县双龙乡仁和村北城滩古渡（现称金坪渡），所谓会州比卜渡。这一说法的出处不详，但结论肯定是错误的，因为这里超出了兰州的范围。元世祖至元年间，女真人都实踏勘黄河源，在他留下的记录中出现了这一地名。《元史》卷63《地理六·河源附录》载："又一日，至兰州，过北卜渡。至鸣沙（河）[州]，过应吉里州，正东行。"可见北卜渡在兰州境内，故称"兰州比卜"。《南村辍耕录》记载微有不同："又一日程，至兰州，其下过北（一作比）卜渡，至鸣沙州。过应吉里州，正东行，至宁夏府。"①"兰州"以下比《元史·地理志》多出"其下"两字，出现了歧义。《读史方舆纪要》摘引元志时又有改动："自兰州而东，过北卜渡，至鸣沙河，过应理州，正东行，至宁夏路。鸣沙河，即宁夏中卫鸣沙山南黄河也。""兰州"以下比元志多出"而东"两字。可能正是"而东"这两个字，使人误认为"北卜渡"在兰州以东，与鸣沙州（今宁夏中宁县鸣沙镇）相邻，顾祖禹沿袭元志之误，将鸣沙州误为鸣沙河，"即宁夏中卫鸣沙山南黄河也"，使人误以为"北卜渡"在今宁夏中卫沙坡头附近。《至正条格》关于"兰州比卜"的记载，不仅落实了"比卜渡"的位置在兰州，而且确证了元代兰州已经成为西北交通与物流中心，特别是粮食转运中心。

明代沿袭元代制度，在兰州设仓储粮，供应甘镇、肃镇，其馈道自兰州渡黄河镇远浮桥（明代金城津移至白塔山下），出金城关，西经沙井驿、苦水、野狐岭、红城子，过乌鞘岭入河西，为固定路线。从以上情况看，这一路线应确立于元代。元成宗大德十年（1306），甘肃行省在兰州比卜渡北岸差人把渡，元仁宗延祐六年（1319），甘肃行省所辖的庄浪巡检司移治比卜渡②，表明兰州黄河渡口的盘查勘合措施制度化了。明代兰县的河桥巡检司就是传承自元代的比卜渡巡检司，只是从黄河北岸移到了南岸。

第四，元代兰州比卜渡中纳粮米的勘合制度存在严重舞弊行为。把守渡

---

① （明）陶宗仪：《南村辍耕录》卷22"黄河源"，中华书局1959年版，第268页。
② 《元史》卷26《仁宗纪》，第589页。

口的官吏军人与奸商水手相勾结,将已经验收的过河米粮袋子上的封头裁下,用羊皮筏子将米粮再偷运过河,重复诓骗封头与勘合,持空袋到甘州收籴仓米中纳,套取高额运费。甚至直接贿买勘合封头,骗取运费。这些行为严重影响和破坏了元政府中纳军粮的大计,受到法律的严厉制裁。但也从另一方面反映了元代兰州城商贾云集,货物丰阜,运输繁忙的景象。

值得一提的是,意大利旅行家马可·波罗在他的游记中也记载了兰州的情况。元世祖至元年间(1264—1294),马可·波罗穿过河西走廊,从凉州(今武威)取道应理州(今宁夏中卫)渡黄河,经中兴府(今宁夏银川)、天德军往大都(今北京)。马可·波罗虽然没有来过兰州,但他在自己的游记中提到,从凉州向东南行,可至契丹之地,在此方道上见有一城,名称申州(singuy,笔者怀疑是金州即今榆中县)①,"所辖城村甚伙,亦属唐古忒,隶于大汗。居民是偶像教徒、回回教徒,然亦有基督教徒。地产野牛,身大如象,其形甚美,盖牛毛被覆全身,仅露其脊,毛长四掌,呈黑白色,其美竟至不可思议。牛幼时即畜养之,所以为数颇众。用以负载,并命其做其他诸事,且用以耕种,缘其力大,耕力倍于他畜也。……居民是商贾工匠,出产小麦甚饶。地广二十六日程。中产野鸡,大倍吾人之雉,尾长十掌。别有其他种种禽鸟,羽毛具有各色,其形甚丽。信仰偶像之人,体肥鼻小,头发黑色,微有须,而无髯。女子除头发外,遍身无毛,色白而美。居民淫佚,娶妻甚多,盖其教与其俗皆无此禁。女虽微贱,第若美丽,国之大贵人不惜与之为婚,并赠女之父母以多金"②。

马可·波罗描述兰州城居民是偶像教徒、回回教徒和少量基督教徒,反映了东西交通大开背景下兰州的多元文化现象。其中的回回教徒、基督教徒可能就是城中的"商贾工匠"。明朝初年,中亚沙哈鲁汗派到中国的使臣在兰州看到的情形仍是如此:"各类精工巧匠都能在该城找到。"从兰州的环境分析,商贾应是从事汉藏贸易和丝绸之路贸易,工匠则以纺织、建筑行业为主。明代兰州出产的"兰绒",又叫"姑姑绒""兰州疙瘩绒",是驰名全国的羊绒织品,其原料来自山羊的毳绒,这种山羊是唐末

---

① 关于这一地名,有人认为是西宁州,有人认为是熙州(今甘肃临洮县)。从该地位于河西到关中的道路上,广二十六日程,以及境内野生动物分布情况(野牦牛在海拔4000米以上、麝鹿在海拔2000—3000米,白冠长尾雉在1800—2600米之间)看,这是一片较大的区域,包括从乌鞘岭到马衔山一带,永登、兰州、榆中正在该区域要道上。

② [法]沙海昂注:《马可波罗行纪》,冯承钧译,中华书局2004年版,第260—261页。

从西域引入临洮、兰州一带的，其工匠和织造技术应当也来自西域，"盖仿吐噜（吐鲁番）织法也"①。马可·波罗还特别描述说，信仰偶像教的人，体肥鼻小，黑发微须无髯。女子色白而美。居民淫佚，娶妻甚多，盖其教与其俗皆无此禁。娶妻赠女之父母以多金。西夏宋元时期，西北藏传佛教戒律不严，允许僧侣娶妻生子，马祖常《河西歌效长吉体》云："贺兰山下河西地，女郎十八梳高髻。茜根染衣光如霞，却召瞿昙作夫婿。"兰州部分地区也应有这种风俗。未婚女子流行梳高髻，正如元人张昱《辇下曲》所形容的："河西女子年十八，宽着长衫左掩衣。前向拢头高一尺，入宫先被众人讥。"至于娶妻聘礼贵重，亦符合汉藏婚姻礼俗。女子色白而美，也被其他文献证实。明成祖时，帖木儿王朝的沙哈鲁汗派人出使大明，使团中的画家盖耶速丁大师，以艺术家的眼光赞美了兰州姑娘："中国的少女在一般情况下均非常美貌，但是，兰州的姑娘却属于最负美名之列。"② 所以，兰州获称"胡思纳拔德"——"美人城"，与马可·波罗"女子色白而美"的记载一致。

马可·波罗所说的野牛可能是牦牛（"身大如象"是夸张），从天祝、临洮到马啣山（马衔山）都有分布，《大明一统志》就说临洮府"土产牦牛"，"其尾可为旌旄"。也可能是牦牛与黄牛杂交而来的犏牛，《平番县志》收录的《凉州赋并序》称"兽则犏牛负重，耕种是赖"，犏牛是兰州地区重要的畜种。黄河两岸多滩涂及大量水面，为各类禽鸟提供了丰富的栖息地。

至大元年（1308）七月，元武宗海山向西面相持多年的察合台汗国、钦察汗国、伊利汗国派出了大规模的和平使团，谋求停战约和，所到之处受到热烈欢迎。在元朝主导下，蒙古各政权共同缔造了"蒙古和平"，在政治障碍打破后，东西方迎来了空前的和平与交流盛况。自此以后，甘肃行省驻军不断削减，军粮需求不再旺盛，随之而来的是商旅的兴盛，兰州渡口也迎来了新的商机，兰州之名也为西域中亚诸地所熟知，《委兀儿译语·地名》中的"汗八里"（北京）到撒马尔罕的地名表，以及《沙哈鲁遣使中国记》中的相关记载都证实了这一点。

---

① （明）方以智：《通雅》卷36《衣服》，文渊阁《四库全书》，第857册，第698页。
② 《沙哈鲁遣使中国记》，[法]阿里·玛扎海里著，耿昇译《丝绸之路——中国—波斯文化交流史》第一编《波斯史料》，中华书局1993年版，第52页。

党项羌拓跋氏族属问题再辨析*

首都师范大学历史学院 李华瑞

关于西夏建国前党项族的族源族属,特别是建立西夏王朝的王族拓跋氏的族属,是学界长期争论而没有得到解决的问题。20世纪前半叶最早提出党项源出羌族者为王静如、聂历山(Н. А. Невский)、寺本婉雅、冈崎精郎诸先生踵续。[①]但是他们多是从语言对音的角度讨论党项源流的问题,其论证尚需历史文献及相关史实的支持。及至20世纪后半叶,国内学者们在研讨西夏文和西夏国名时,也曾不同程度地涉及西夏民族族属问题,且意见分歧较大。为此,白滨先生曾作过专题介绍。[②]2004年周伟洲先生在新版《早期党项史研究》绪论中单列一节介绍"党项拓跋氏的族属问题"。[③]20年前笔者曾应杜建录教授邀请,撰写过有关《20世纪西夏党项拓跋部族属与西夏国名研究》的论文[④],现在回过头再看当时所写,遗漏资料较多,甚感汗颜。西夏学界因20世纪90年代大量黑水城出土和国内所藏的西夏文献和碑刻资料陆续公布,使得西夏学研究在21世纪正在过去的20年里取得很大发展,成果迭出,问题讨论日趋深入细致。其中西夏党项拓跋氏族属问题的讨论亦取得了较大进展。近期笔者也有新的思考,限于篇幅,仅对党项"拓跋氏"的讨论略陈管见,以就教于方家。

---

* 本文系国家社科基金重点项目"西夏文明史研究"(项目号:18ZGSA010)阶段性成果。
① 王静如:《西夏国名考》,载《西夏研究》第1辑,北平国立中央研究院历史语言研究所1932年版。[俄]聂历山(Н. А. Невский)《关于西夏国名》,载《苏联科学院东方研究所集刊》,1963年。[日]寺本婉雅:《西藏古代民族的研究(下)》,载《支那仏教史学》第1卷第3号,1937.10.17。[日]冈崎精郎:《唐代党项的发展》,载《东方史论丛》第1卷,养德社昭和22年。
② 白滨:《西夏王族拓跋氏的族属问题》,载《党项史研究》,吉林教育出版社1989年版,第143—154页。
③ 周伟洲:《早期党项史研究》,中国社会科学出版社2004年版,第8—16页。
④ 杜建录:《二十世纪西夏学研究》,宁夏人民出版社2004年版,第8—24页。

一 党项兴起前羌系族群的概念及其演变

根据20世纪后半叶学界讨论的情况来看，党项拓跋氏族属讨论大致形成了三种意见：一是认为党项族是羌族的一支，党项拓跋部亦为羌系；二是认为西夏党项族属羌系，而统治者拓跋氏出自元魏拓跋氏；三是认为党项族和党项拓跋氏均出自鲜卑。进入21世纪以来，党项族属于羌系为越来越多的学者所赞同，但是党项拓跋氏是党项族还是属于鲜卑族仍然是讨论的焦点，而且双方都拿出了过硬的碑刻资料。[①] 但是仔细考量双方对资料解释和商榷的意见，似各有偏执，尚需再辨析。

为了说明党项拓跋氏的族属，有必要对党项源于"三苗"等说法做一正本清源的讨论。

持党项族为羌系说的最根本的材料就是正史和政书的记载。为了便于讨论，将持羌系说的正史、政书材料列于下：

《后汉书》卷八十七《西羌传》：

> 西羌之本，出自三苗，姜姓之别也。其国近南岳。（衡山也。）及舜流四凶，徙之三危，（三危，山，在今沙州敦煌县东南，山有三峰，故曰三危也。）河关之西南羌地是也。（河关，县，属金城郡。以上并《续汉书》文。）滨于赐支，至乎河首，绵地千里。赐支者，《禹贡》所谓析支者也。南接蜀、汉徼外蛮夷，西北接鄯善、车师诸国。所居无常，依随水草。地少五谷，以产牧为业。其俗氏族无定，或以父名母姓为种号。

《隋书》卷八十三《党项传》：

> 党项羌者，三苗之后也。其种有宕昌、白狼，皆自称猕猴种。

[①] 参见周伟洲《陕北出土三方唐五代党项拓跋氏墓志考释——兼论党项拓跋氏之族源问题》，《民族研究》2004年第6期；周伟洲《早期党项拓跋氏世系补考》，《西夏研究》2015年第4期；杜建录、白庆元、杨满忠、贺吉德《宋代党项拓跋部大首领李光睿墓志铭考释》，《西夏学》第1辑，2006年；杜建录《夏州拓跋部的几个问题——新出土唐五代宋初夏州拓跋政权墓志铭考释》，《西夏研究》2013年第1期；段志凌、吕永前《唐〈拓拔驮布墓志〉——党项拓跋氏源于鲜卑新证》，《中国国家博物馆馆刊》2018年第1期。

《北史》卷九十六《党项传》：

宕昌羌者，其先盖三苗之胤。
党项羌者，三苗之后也。

《通典》卷一百八十九《边防·西戎》一〇序略：

西羌本出三苗，盖姜姓也。其国近衡山。（今长沙、衡阳、零陵、江华等郡地。）及舜，徙之三危，（三危山，今在敦煌郡敦煌县界。）汉金城之西南羌地是也。（今金城、会宁、安乡、西平等郡之西南地。）滨于赐支，（续汉书曰：河关西可千余里，有河曲，羌谓之赐支，盖析支也。接汉河关县，属金城郡，则今安乡郡也。其赐支在其西。又按风俗通云："羌者其先本戎贱，主牧羊，故羌字从羊。"）至于河首，绵地千里。南接蜀、汉徼外蛮夷，西北接鄯善、车师诸国。所居无常，依随水草。地少五谷，产牧为业。其俗氏族无定，或以父名母姓为种号。

《旧唐书》卷一百九十八《党项传》：

党项羌，在古析支之地，汉西羌之别种也。

《册府元龟》卷九百五十六《外臣部·总序种族》：

党项羌者，三苗之裔也。其种有宕昌、白狼，皆自称猕猴种。又云：西羌之别种，魏晋后，西羌微弱，其后连吐谷浑，有大部落众，皆强盛，其族有招祑等。唐时，有六府部落曰：野利越诗、野利龙儿、野利厥律儿、黄野海梅野萃等，居庆州者号为东山部落，居夏州者，号平夏部落，宕昌国在河南国之东南、益州之西北、陇西之西，羌种也。其先盖三苗之裔。

《新唐书》卷二百二十一上《党项传》：

党项，汉西羌别种。

《新五代史》卷七十四《四夷附录》第三：

> 党项，西羌之遗种。其国在《禹贡》析支之地强。

《宋史》卷四百九十一《党项传》：

> 党项，古析支之地，汉西羌之别种。

《文献通考》卷三百三十四《四裔考十一·党项》：

> 党项羌，三苗之后，在古析支之地。汉西羌之别种，有宕昌、白狼，皆自称猕猴种。

从上面所引，不论是讲羌族之始源，还是讲党项羌之始源，基本上都是祖述《后汉书·西羌传》：一是源自三苗，二是属姜姓，三是为西部牧羊人。但是多年来研究党项族族属的学者们都对上述记载的真实性从没有表示过怀疑。其实近三四十年来，这方面的讨论已有相当多的成果给出了新的解释。

第一，重新认识正史编纂的历史书写。对于与华夏—汉（唐以前是华—夏或华夏，唐以后是汉）人群相对应的非华夏—汉人群，古代汉文文献在不同语境中使用不同的统称性词汇。在两汉之际，随着经学地位的日益提高，经学对史学的编纂的主导思想日趋合流。"经学系统中关于异族的知识，具有强烈的华夏自我中心倾向，应视为华夏单方面的建构。但是，由于华夏在帝国秩序中话语霸权，这些他称命名中的一部分，转化为周边人群认同的自称族名。"[①] 战国以后的人总喜欢把"夷、蛮、戎、狄"四名分配给"东、南、西、北"四方。例如《礼记·王制》里说：

> 东方曰夷，被发文身，有不火食者矣。南方曰蛮，雕题交趾，有不火食者矣。西方曰戎，被发衣皮，有不粒食者矣。北方曰狄，衣羽毛穴居，有不粒食者矣。[②]

[①] 详见胡鸿《能夏则大与渐慕华风——政治体视角下的华夏与华夏化》，北京师范大学出版社 2017 年版，第 133 页。

[②] 阮元校刻：《十三经注疏》，中华书局 1980 年版，第 835 页。

在西方,"羌"与"戎"都是大名,戎是西方诸族的通称,为表示其地望则曰"西戎"。羌似是某一族的专名,但因他们所占的地方太大,逐渐成了通称。前引《后汉书·西羌传》就把西方诸族都收了进去的,因此西方诸族也不妨称为"西羌"或"羌戎"。又因西方诸族之中,氐亦甚大,所以往往连称"氐羌"。我们现在要做细密的分析,使得这一族不为那一族所混淆,几乎成为不可想象的事。①

《后汉书》继承《史记》和《汉书》按经学理念编撰华夏周围非华夏民族列传的主旨,将夷蛮戎狄的框架编次诸传,虽然将西部族群传改为《西羌传》,但是占据的实际是《西戎传》的位置,西羌被视为西戎的继承者。这种观念在西汉经学知识体系中是普遍被接受的,李巡《尔雅》注编造的"六戎"之中有"耆羌",《说文》以羌为"西戎牧羊人"。应劭《风俗通》也说"羌本西戎卑贱者也",而且在叙述殷周时期的戎狄时,两次插入儒家的经典典籍中的内容。前引《通典》正文中的小字注是后世继承和定格经史对照的一种反映。聂鸿音认为《说文解字》对羌的解释"羌,西戎牧羊人也。从人从羊,羊亦声。南方蛮闽从虫,北方狄从犬,东方貉从豸,西方羌从羊:此六种也"②。不仅注意到羌既指牧羊,同时更是涵盖方位的指向,在众讨论者当中可谓只眼。

第二,上古时期的羌族是一个泛称。近年对羌族有很深研究的王明珂先生在《羌在汉藏之间——川西羌族的历史人类学研究》新版序言中说:"羌"曾是古华夏心目中的西方牧羊人或西方异族概念,它代表古华夏自觉的我群西方边缘(the scnse of otherness)。因此探索华夏历史记忆中"羌人"概念的转变,也便是探索华夏自觉的(或主观认定的)我群西方边缘之变迁。另外他在追思研究羌族的四川著名学者李绍明时说"虽研究取径不同,但对于目前汉、藏、彝与许多西南民族中都有古'羌人'之裔这一点,则与李先生以及顾颉刚、马长寿、任乃强等先生之见无不同。差异只在于,……其后裔散在今日中国各民族中的古'羌人'对我而言仍多只是华夏心目中的异族范畴,而很难追索其作为'民族'的客观本质与内涵。事实上,在《论氐和羌戎的关系》文中,李先生也认为古代'羌'为一泛称而非某民族自称,只是他不同意古华夏是毫无特殊指涉的使用这一族号

---

① 顾颉刚:《从古籍中探索我国的西部民族——羌族》,《社会科学战线》1980年第1期。
② 聂鸿音:《关于西夏主体民族起源的语文学思考》,《宁夏社会科学》1996年第5期。

来称西方异族"①。

第三，上古时期的"三苗"是神话传说大于历史记述。顾颉刚先生在20世纪80年代之初即已说过：《后汉书·西羌传》说："西羌之本，出自三苗，姜姓之别也。"似乎说到羌人必当从三苗开头。一部《尚书》才二十八篇，而称说"三苗"或"苗民"的已有《尧典》《皋陶谟》《禹贡》《吕刑》四篇，又似乎这是古代史上的一件大事，不容不讲。我所以竟没有讲，为的是我们所见到的三苗故事只有神话的价值而没有历史的证明。记三苗的神话的有《吕刑》和《山海经》，我已写在另一篇论《山海经》的文章里了。至于《尧典》《皋陶谟》《禹贡》三篇，乃是战国、秦、汉间人把神话加以历史化的作品，我们不该再信。②

第四，秦汉魏晋甘青地区特别是河湟一带的土著羌人尚没有形成"统一的高级政治体"。王俊杰先生在《论商周的羌与秦汉魏晋南北朝的羌》一文中将中国古籍上记载的先秦至魏晋南北朝时期羌的发展历史分作三个阶段："商周时期的羌是对西北方面诸游牧部落的泛称，而不是一个族名，在商代末年虽然也有个别部落以羌为名，但是伴随着西周灭商，他们当中的一部分进入中原建立姜姓诸国，成了华夏族的组成部分；另一部分留在西北的姜氏之戎到春秋时也迁入中原并融合于华夏之中。因此，商周时期的羌部落已先后消逝，并未形成一个羌族。至于商周时期的戎则是华夏族对于对立的非华夏各部落的泛称。当时被称为戎的各部落出于不同的渊源，分布于不同的地区，彼此隔绝，而且生活习俗以至语言各不相同，根本没有作为一个民族共同体的条件。因此，商周的羌和戎都不是民族，也不能把二者混为一谈。"王先生还分析了《史记》《汉书》没有为羌族立传的原因，以为"司马迁知道商周的羌与秦汉的羌名同而实异，他也了解秦汉的羌同战国的戎毫无关系，他看到秦汉的羌是一长期与内地隔绝的羌中土著部落，只是由于这些羌部落与汉政府刚刚开始发生关系，他还不清楚他们的历史，甚至对他们的现状也很少了解。既然如此，那也就只好宁付阙如了"。东汉前期，班固写《汉书》，在《史记·大宛传》的基础上做了大量补充，增改为《西域传》，但仍然没有为羌立传。原因看来还是对部落分散无相长一的羌人难以弄清。

---

① 王明珂：《李绍明先生的羌族研究》，《西南民族大学学报》（人文社会科学版）2009年第12期。

② 顾颉刚：《从古籍中探索我国的西部民族——羌族》，《社会科学战线》1980年第1期。

秦汉时期"以后的羌同先秦的羌、戎并无任何渊源关系，他们是自古以来就居住在河湟一带的土著部落"，"直到南朝刘宋时期，范晔写《后汉书·西羌传》把先秦的羌与戎混同起来，又把秦汉以后的羌同战国时期的戎挂上了钩，从而使秦汉的羌与商周的羌上挂下连，编排了一个若明若暗的体系。这样，关于羌的来历问题似乎由他做出了解答。范晔把商周时期的羌与戎混为一谈，这显然是错误的"。范晔的唯一根据是关于羌的始祖无弋爱剑出自戎的传说。但是"把爱剑说成是诸羌的始祖是站不住脚的。至于以无弋爱剑为中介，把羌与戎挂起钩来，进而使秦汉的羌与商周的羌上挂下连成为一系，显然是附会而又牵强的，是完全不能成立的"①。"秦汉的羌是汉代对河湟地区土著游牧部落的泛称。他们与商周的羌虽然同称为'羌'，但二者之间没有渊源关系；秦汉的羌处于军事部落联盟阶段，近似于民族而尚未形成民族。""魏晋南北朝时期，内迁诸羌在民族矛盾尖锐激烈的历史条件下初步形成民族，但很快又融合于汉族。分布于河湟地区的诸羌因受鲜卑吐谷浑的控制，始终处于部落分散状态，未能完成从部落联盟向民族的过渡。"②

法国学者石泰安也将羌族自殷商时代出现以来在三千多年的历史上共分为三个阶段。第一个阶段是从公元前1500—公元200年。他们居住在距商人不远的地方，即陕西和山西的西部。羌人与姜人具有某种关系。第二个阶段是从汉至唐时期。他们活动在陕西、甘肃和青海一带。他们是吐蕃中部藏人的先祖。羌人在其历史上的第三个阶段迁移到了四川西北部的金川、洮河与岷江流域、杂谷脑和汶川地区。他们与噶族人作斗争，与吐蕃人有着密切的关系。③

综上所论，《后汉书》及其后世沿袭者所描绘的西羌祖先是一个人为演绎、而缺乏历史实证的族群。如果追溯羌族或党项羌的族属，应当追溯

---

① 有关《后汉书·西羌传》对无弋爱剑的描述，有学者以为"从无弋爱剑作为秦国亡奴的身份符号以及劓女所暗示的罪人身份看，这不太可能是羌人的本土记忆，因而这个以无弋爱剑及其子孙为主线搭建的谱系也极有可能只是华夏单方面的建构"。（胡鸿：《能夏则大与渐慕华风——政治体视角下的华夏与华夏化》，北京师范大学出版社2017年版，第155页）也有学者以为"实际上是一则较为完整且带有神话色彩的祖源传说，也可以说是羌人对祖先的一种集体记忆"。[薛生海：《无弋爱剑史事考》，《西南民族大学学报》（人文社会科学版）2010年第2期]，笔者以王俊杰和胡鸿的说法为是。

② 王俊杰：《论商周的羌与秦汉魏晋南北朝的羌》，《西北师范学院学报》1982年第3期。

③ 耿昇：《石泰安教授关于汉藏走廊古部族的研究》，《青海民族学院学报》（社会科学版）1989年第4期。

到黄河上游甘青地区特别是河湟一带的土著羌人。正如考古学界所认定的"黄河上游的甘青地区，是历史上羌人的主要活动范围和羌民族的祖地，特别是青海的河湟流域地带，历来被认为是古羌人的发源地"。"现在似可以初步确认，齐家文化是古代羌文化形成的时期。齐家文化之后，分化出了不同青铜文化的羌文化的不同支系，成为诸羌系。如果这个观点能够成立，那么，就同时还可以认为，齐家文化之前的马家窑文化等诸前齐家的文化，都有可能是先羌文化，是孕育羌文化的一个历史阶段或羌文化酝酿的时期。"① 从原始社会进入文明社会以后的羌族，在先秦至汉代从未形成一个像草原北族匈奴、鲜卑等族那样强大而统一的高级政治体。即使是魏晋十六国时期，内迁的羌族曾有过"自觉"的表现，如建立姚秦，但很快又融入汉民族和其他民族间，生活于甘青特别是生活在河湟一带的土族羌族，更是分散而居，尚处于部落联盟阶段。魏晋之后随着鲜卑—吐谷浑和吐蕃进占这一地区，这里的羌族遂分别成为以鲜卑—吐谷浑拓跋氏为首领的党项羌的渊薮和吐蕃中部藏人的先祖。学界的相关研究揭示：在民族迁徙、融合和征战过程中，羌族族群总是扮演被汉族、匈奴、鲜卑、吐谷浑诸"高级政治体"，或内徙，或编民，或兼抚，或吸纳，或消灭，尽管在此过程中与这些"高级政治体"发生激烈的战斗和血拼。一直到党项拓跋部兴起，"羌族"的自觉才达到一个新阶段。②

所以要讨论党项的族属应当从魏晋以降土著羌人生活区各民族迁徙交融过程来探讨，而不是沿正史的臆测重复缺少证据链的旧说。目前越来越多的学者倾向党项族是羌族融合鲜卑、吐谷浑等族而形成的新的族群，这个问题涉及面较广，当另文探讨，在此不赘。

二 西夏皇室"攀附""冒认"说献疑

现在再回过头聚焦于党项拓跋姓氏问题。

---

① 叶茂林：《甘青地区史前考古与早期羌文化探索》，《四川文物》2016 年第 6 期。
② 详见王俊杰《论商周的羌与秦汉魏晋南北朝的羌》，《西北师大学报》1982 年第 3 期；赵海霞《鲜卑折掘氏与党项折氏》，《西北民族研究》2011 年第 2 期；黄兆宏《"党项"涵义辨析》，《文史杂志》2013 年第 5 期；魏长青、杨铭《魏晋南北朝时期羌族部落考》《青海民族研究》2014 年第 1 期；苗霖霖《党项鲜卑关系再探讨》，《黑龙江民族丛刊》2014 年第 4 期；苗霖霖《中国古代北方游牧民族行国体制研究——以鲜卑为中心的探讨》，黑龙江人民出版社 2019 年版。

持党项拓跋族属鲜卑者，也依凭了诸多宋人的著述和正史的记载。司马光《涑水记闻》记述元昊称帝时给宋朝上表称"臣本自祖宗出于帝胄，当东晋之末运，创后魏之初基"①。李焘《续资治通鉴长编》《宋史》亦有类似记载"臣祖宗本出帝胄，当东晋之末运，创后魏之初基"②。《辽史》云"西夏，本魏拓跋氏后，其地则赫连国也"③。《金史》"其臣罗世昌谱叙世次称，元魏衰微，居松州者因以旧姓为托跋氏。按《唐书》党项八部有托跋部，自党项入居银、夏之间者号平夏部"④。

《元和姓纂》卷十"拓跋"引《魏书》释拓跋姓来历和改姓元氏之经过，其后有"开元后，右监门大将、西平公、静边州都督拓拔守寂，亦东北蕃矣"⑤一段文字。黄巢起义军被镇压时，崔致远代拟的《贺杀黄巢贼徒状》中说："拓拔相公（指拓拔思恭）、东方尚书（东方逵），或力微（北魏神元帝拓跋力微）裔孙，或曼倩（西汉东方朔）余庆。"此显然将党项拓拔思恭一族视为元魏拓跋氏之后裔，与林宝《元和姓纂》的记叙是相同的。2018年，段志凌、吕永前用碑刻材料为拓跋氏族属鲜卑说提供了新的有力证据。以为2013年新出土的《拓拔驮布墓志》所云党项拓跋氏与元魏同源与《元和姓纂》、崔致远《贺杀黄巢贼徒状》《李仁宝墓志》《李彝谨墓志》《李继筠墓志》等资料对"唐嘉弘、吴天墀等学者'鲜卑'说"，"再次佐证，理应采信"⑥。

对于这样强有力的证据，持族属羌族说者的反驳有二点：一是一律斥之为"冒认"和"高攀"，表示西夏皇族自己的出生不同寻常。二是认为《元和姓纂》不可靠。这样的反驳能够成立吗？攀附之说看上去有道理，因为至少唐宋时期修家谱述籍贯往往是要攀附的，即便是宋朝建立者赵氏在修玉牒时也要向上追溯。宋代文献追溯赵匡胤家族渊源，曾给出三个根据。第一，追溯至《史记》所载五帝中颛顼后人嬴姓的始祖伯益。第二，宋神宗时有臣僚根据《史记·赵世家》，把赵氏皇族追溯至春秋晚期晋国著名的"赵氏孤儿"赵武。第三，则是把赵氏远祖认定为西汉名臣赵广

---

① 司马光：《涑水记闻》卷11《元昊称帝》，中华书局1989年版，第212页。
② 《宋史》卷485《夏国传》，中华书局1977年版，第13995页。
③ 《辽史》卷115《二外国记·西夏传》，中华书局2016年版，第1675页。
④ 《金史》卷134《外国转上·西夏传》，中华书局1975年版，第2876页。
⑤ 林宝：《元和姓纂》卷10，文渊阁《四库全书》，第890册，第753页。
⑥ 段志凌、吕永前：《唐〈拓拔驮布墓志〉——党项拓拔氏源于鲜卑新证》，《中国国家博物馆馆刊》2018年第1期。

汉。其实这三种追溯都没有靠谱的史实根据，但是宋朝官修的《国史》和《会要》所载玉牒都确认第三种说法。这大概主要是因为赵广汉是西汉涿郡人，而赵匡胤的祖父辈恰恰生活在涿郡。可见虽然贵为天子的赵宋皇朝也不能脱俗，也要追溯自己的先世。问题是攀附要分攀附历史上的显贵门第，和追溯自己的祖姓两个层面，显然元昊上表有这两种含义。历史上的汉族大姓，名人辈出，唐宋时修族谱或追溯郡望，或攀附某一名人，这是通常的做法，故有多种书写。但是拓跋姓，在唐宋时只有一个来源，即源自鲜卑。

持拓跋族属为羌系的学者说党项拓跋与鲜卑拓跋不是一回事，并举出宋人和元人的说法为证。"李靖之击吐谷浑也，厚赂党项，使为乡导。党项酋长拓跋赤辞来。"[①] "招讨党项使王仲升斩党项酋长拓跋戎德，传首。"[②] "宥州刺史拓跋思恭，本党项羌也。"[③] 李范文先生云："胡三省注资治通鉴更是明确说'拓跋起于鲜卑之裔，自谓托天而生，拔地而长，故以为姓。此后魏所本者也。昔唐时党项诸部，亦自有拓跋一姓，我朝西夏，其后也。'《通鉴释义辩误》卷十载：'史炤《释文》曰：拓跋本代北之魏复姓'，胡三省曰'元魏之拓跋起于代北，党项之拓跋氏起于西陲，宋朝之西夏，党项拓跋之后也。宝元、康定之间，凭陵中国，嫚书狎至，使其出于元魏，亦必张大而言之，而未尚语及者，非其所自出也。'"[④]

但是做这样的论证，是否考虑过党项酋长拓跋氏又来自何处？唐人林宝《元和姓纂》、宋人郑樵《通志》都列出了羌族的几个大姓，"无弋"[⑤] "党氏、傍氏、口氏、敛氏"[⑥]，"钳耳氏、莫折氏、荔菲氏、弥姐氏、夫蒙氏、携蒙氏（以上西羌人不详所出）"[⑦]，邓名世《古今姓氏书辩证》卷三十八云："又羌族有河西折氏，世家云中，为北蕃大族。自唐以来，世为

---

① 《资治通鉴》卷194，贞观九年七月辛亥，中华书局1956年版，第6115页。
② 《资治通鉴》卷220，乾元元年九月丙子，第7060页。
③ 《资治通鉴》卷254，中和元年三月辛酉，第8249页。
④ 详见李范文《试论西夏党项族的来源与变迁》，《西夏研究论集》，宁夏人民出版社1983年版，第10—11页。
⑤ （唐）林宝：《元和姓纂》卷2"无弋"："秦厉公时羌人无弋爱剑之后，今陇西人。"文渊阁《四库全书》，第890册，第558页。
⑥ 《通志》卷28《夷属大姓》，文渊阁《四库全书》，第373册，第324页。
⑦ 《通志》卷29《关西复姓》，文渊阁《四库全书》，第373册，第340页。

麟、府节度使。"① 在汉魏晋隋唐羌族中唯独不见拓跋一姓的踪影。即使到了以党项羌为主体的西夏建国后，"事实上，不仅仅是党项，就连被西夏皇族屡加炫耀的'拓跋'这个姓氏在西夏文献中也毫无踪迹"②。西夏文词典和讲姓氏的西夏文献没有出现"拓跋"姓氏，从皇族来说，因为已改为"嵬名"，自然不会再有"拓跋"，那其他党项羌为何也没有呢？③ 这不是恰好证明党项羌拓跋姓氏与鲜卑拓跋氏的不可分吗？

至于说《元和姓纂》不可靠，如果能够指出与问题讨论具体不实的所在，就像四库馆臣指出林宝把白居易家谱搞错，这样说才是有说服力的，否则就不免有点意气用事，为反驳而反驳。《元和姓纂》有错误，但不能一笔抹杀，正如四库馆臣所言："宝以二十旬而成书，援引间有伪谬，且当矜尚门第之时，各据其谱牒所陈，附会攀援所不免。"有些错误也挺严重"洪迈容斋随笔称元和姓纂诞妄最多，盖有由也"，尽管如此，《元和姓纂》的整体价值还是应当充分肯定："然于唐人世系则最详且核矣。"更为重要的是"其论得姓受氏之初，多原本于《世本》《风俗通》。其他如《世本》《族姓记》《三辅决录》以及《百家谱》《英贤传》《姓源韵谱》《姓苑》诸书，不传于今者，赖其征引，亦皆班班可见。郑樵氏作《氏族略》，全祖其文，盖亦服其该博也"④。可见就总体而言《元和姓纂》的伪谬与成就相比，毕竟是瑕不掩瑜。《元和姓纂》原书虽然久已失传，清修《四库全书》时，四库馆臣从《永乐大典》辑出佚本，用宋邓名世《古今姓氏书辨证》等详加订正，重新厘为18卷，是为《四库全书》辑本。其后清孙星衍、洪莹及近人罗振玉都做过校补。岑仲勉又重行校勘，现有中华书局排印本。这部书的重要性于此可见一斑。

《元和姓纂》虽然至宋朝已颇散佚，但是《元和姓纂》对"拓跋"姓

---

① 邓名世：《古今姓氏书辩证》卷38，《拓跋》，文渊阁《四库全书》，原为"西河折氏"。
② 详见聂鸿音《关于西夏主体民族起源的语文学思考》，《宁夏社会科学》1996年第5期；另可参见彭向前《早期党项八大部西夏姓氏考》"自元昊改姓嵬名后，再不见'拓跋'一姓，西夏文姓氏中也不见'拓跋'二字的写法。《金史·交聘表》中，西夏频繁派往金朝的使臣中，倒是'嵬名'一姓屡见不鲜。由此看来，应该是整个拓跋氏都改名为'嵬名氏'了"，《西夏研究》2014年第2期。
③ 详见佟建荣《西夏姓氏辑考》"西夏蕃姓辑考""西夏汉姓辑考"，宁夏人民出版社2013年版，第5—202页。
④ 《四库全书总目》卷135，《元和姓纂》提要，中华书局1965年版，第1143页。

及拓跋守寂族属的解释，郑樵《通志》卷十《氏族略》并祖其文。[①] 顾颉刚说郑樵的真学问，原不在精上，也不在博上，乃在"部伍"和"核实"的两个方法上。所谓"核实"是指郑樵逢古人不合适处不肯留一点余地。而且唐宋之际发生的巨大社会变化，首先见于郑樵《通志》卷二十五《氏族略第一》"自隋唐而上，官有簿状，家有谱系。官之选举必由于簿状，家之婚姻必由于谱系。……此近古之制，以绳天下，使贵有常尊，贱有等威者也。所以人尚谱牒之学，家藏谱系之书。自五季以来，取士不问家世，婚姻不问阀阅。"由此可见，郑樵祖其文，说明作为通家又精于校勘的郑樵对《元和姓纂》这条记述的肯定。

还有一点，持羌族说的学者以为唐朝时汉化日深的党项拓跋氏雄踞夏州，赐姓李氏，于是耻于再言其祖源于西北之戎狄——羌族，这个说法很值得商榷，因为这个说法是在把党项拓跋氏这个姓先入为主地确定为来自羌系而后进行逻辑推理的。而且这个推理是有矛盾的，虽然党项拓跋氏汉化日深，但是总归改不了他们的"夷狄"身份，更何况对于中原王朝来说，"夷夏大防"思想中的"狄""胡""羌"没有太大的区别。身为羌族酋领，而又轻贱自己属下的羌民，与理不通。李继迁、李元昊均以党项大族身份相号召，团结族人，强调自己的"蕃人"身份，是他们起兵反宋和建立西夏国的重要依据。

其实党项拓跋氏族属与党项拓跋姓氏的源流是有联系而又有区别的问题，实则是一个铜板的两面。所以把党项拓跋氏族属与党项拓跋姓氏捆绑在一起讨论，这是现今党项拓跋氏族属问题一直争论不休难有定论的主要症结之一。

由此可见，持拓跋氏族属羌族说者不能一味地强调附会和攀附，而是需要举出党项羌何以有拓跋这个姓，亦即党项羌拓跋氏究竟来自何处？这是问题最关键的症结，但是现今所有的材料似乎并不能反驳这个姓来自鲜卑。

至于民国时期吴景敖《西陲史地研究》考党项八部拓跋氏云："位于洮、岷西南，一度设置叠州之'叠布'（今甘肃迭部），以至松州西北甘松故地之'铁巴'诸部皆为'拓跋'之转音。"[②] 近期又有学者经调查说

[①] 《通志》卷29《代北复姓》，文渊阁《四库全书》，第373册，第336页。
[②] 参见周伟洲《早期党项史研究》，中国社会科学出版社2004年版，第5页。

"拓跋部"是唐朝史官的"译音"。经考古调查，这一部落可以写作"铁布"或"迭部"，因有迭部山而得名。① 这两种说法实际上并没有史料证据链，只是猜想推测而已。

三 党项拓跋姓氏源于鲜卑其来有自

再看陕西出土的拓跋氏的几通墓碑，按照汉魏晋以来的传统，写墓志一般都要追述墓主家世和姓氏郡望，《拓拔驮布墓志》《李仁宝墓志》《李彝谨墓志》《李继筠墓志》均云党项拓跋氏与元魏同源，只有《拓拔守寂墓志》说"出自三苗，盖姜姓之别"②，如前揭，单从追述祖源来讲，出自三苗不过是重复没有真实意义的神话传说而已。尽管当时人会认为那是一个真实的故事，可是墓志不能还原三苗到唐代拓跋氏是怎样来的，这在古代可以大而化之。但是这样的追述不能回答现今历史学者的追问，而族源上溯至北魏拓跋，有着清晰的历史证据链。

鲜卑族起于北方，经济、文化都十分落后，只有部落即部族，而无姓氏。据《宋书·张畅传》云："畅因问虏使姓，答曰：我是鲜卑，无姓。"北魏建国后，氏族才逐渐清晰，并有新的氏族出现。据《魏书·官氏志》载："魏氏本居朔壤，地远俗殊，赐姓命氏，其事不一……安帝统国，诸部有九十九姓。至献帝时，七分国人，使诸兄弟各摄领之，乃分其氏。自后兼并他国，各有本部，部中别族，为内姓焉。"拓跋弘分兄、弟为七姓，"七分国人"，又命其叔父之胤为乙旃氏，疏属曰车焜氏，连同皇室拓跋氏，共计宗室十姓，"百世不通婚"。③

北魏太和二十年（496），魏孝文帝下诏，令鲜卑胡姓均改为汉姓："北人谓土为拓，后为跋。魏之先出于黄帝，以土德王，故为拓跋氏。夫土者，黄口之色，万物之元也；宜改姓元氏。诸功臣旧族自代来者，姓或

---

① 温玉成：《〈西夏颂祖歌〉新解读》，《大众考古》2017年第1期。
② 碑文图版、录文均见史金波、陈育宁主编《中国藏西夏文献》金石编《碑石题刻》卷，甘肃人民出版社、敦煌文艺出版社2005年出版；段志凌、吕永前：《唐〈拓拔驮布墓志〉——党项拓拔氏源于鲜卑新证》，《中国国家博物馆馆刊》2018年第1期。
③ 《魏书》卷113《官氏志》。关于拓跋魏早期的发展史可参见姚大力《论拓跋鲜卑部的早期历史——读〈魏书·序纪〉》，《复旦学报》2005年第2期；倪润安：《拓跋起源问题研究述评》，《文物春秋》2011年第1期。

重复，皆改之。"①

拓跋氏所改之元氏，因枝繁叶茂，子孙众多，北朝、隋、唐时代，许多后裔活跃于政治舞台，其后子孙繁衍，播迁各地，是为当代汉族元氏之大宗。唐末五代及宋、元之交，由于战乱，中原士族大量南迁，不少元氏族人亦随之迁往江南，辗转播迁，分居各省。亦有向北、向西迁移者。②

北魏孝武帝三年（534）宇文泰拥立魏孝文帝的孙子南阳王元宝炬为帝，即魏文昭帝元宝炬，改元大统，西魏开始。公元551年，元宝炬死，长子元钦嗣位。公元554年，元钦被宇文泰所废，不久被毒死。元宝炬四子元廓即位，称元年，为了迎合宇文泰胡化运动而被迫改复姓拓跋。"魏氏之初，统国三十六，大姓九十九，后多绝灭。至是，以诸将功高者为三十六国后，次功者为九十九姓后，所统军人，亦改从其姓"。③《资治通鉴》记其事"（宇文）泰废魏主，置之雍州，立其弟齐王廓。去年号，称元年，复姓拓跋氏。九十九姓改为单者，皆复其旧。魏初统国三十六，大姓九十九，后多灭绝。泰乃以诸将功高者为三十六国，次者为九十九姓，所将士卒亦改从其姓"④。

上述清晰地表明，西魏之后鲜卑皇室宗族融入隋唐及后世汉族和其他民族的有两个姓氏"元氏"和"拓跋氏"。但是需要指出的是，从北魏孝文帝改拓跋姓为元氏至西魏复改元姓为拓跋氏，将近六十年，虽然时间不算长，但已不完全是北魏孝文帝改姓前的拓跋氏皇族则无疑，而是掺杂了鲜卑、汉、羌和匈奴等民族成分的那些功高诸将和所将士卒。但拓跋姓来自鲜卑并未改变。过去的研究认为党项拓跋很可能是鲜卑族—吐谷浑拓跋进入河湟所为⑤，现再从西魏重新改姓为拓跋氏来看，就更能说明问题。

---

① 《资治通鉴》卷140。有关拓跋名称的来历、与突厥语的对音问题及北魏皇族姓氏的源流等，可参见罗新《论拓跋鲜卑之得名》，《历史研究》2006年第6期；郭硕《"拓跋""鲜卑"合称与拓跋氏族称问题》，《人文杂志》2016年第2期。
② 元树林：《元姓漫谈》，《寻根》2009年第5期。
③ 《周书》卷2《文帝下》，中华书局1971年版，第36页。
④ 《资治通鉴》卷165，承圣三年正月癸巳，第5111页。《容斋三笔》卷3《元魏改功臣姓氏》，中华书局2005年版，第454页。
⑤ 顾颉刚说"拓跋部的部众系党项羌人，由于北魏的后裔到党项羌里做了领袖，遂以他们的姓为部落的名称，如同吐谷浑和吐蕃的情况一样"（《从古籍中探索我国的西部民族——羌族》，《社会科学战线》1980年第1期；唐嘉弘：《关于西夏拓跋氏的族属问题》，《四川大学学报》1955年第2期）。鲜卑进入西北地区可以参见周伟洲《魏晋十六国时期鲜卑族向西北地区的迁徙及其分布》，《民族研究》1983年第5期。

西魏领有洛阳以西的辖区，正是党项羌活动的主要区域之一，在时间上也多有契合，西魏恭帝元年（551）西魏改姓，而开皇五年（585）首次见于正史当中的党项"拓拔宁丛等各率众诣旭州内附，授大将军，其部下各有差"①。另外，《资治通鉴》开皇九年（589）记事说大臣元谐谋反"或告谐与从父弟上开府仪同三司滂、临泽侯田鸾、上仪同三司祁绪等谋反，下有司案验，奏：'谐谋令祁绪勒党项兵断巴、蜀。'"查《隋书·元谐传》可知在隋朝歼灭吐谷浑时，元谐是行军元帅②，元谐攻打吐谷浑，获胜之后无疑俘虏有大量党项部落，其后才有令祁绪统帅党项兵谋反之举。元谐即是拓跋鲜卑人，这是鲜卑族大姓统领党项兵的具体实例。而前引西魏改元氏为拓跋姓，多是功臣大将，其拥有党项部落自不待多言。

　　拓跋氏不仅融入党项羌，而且融入吐蕃。吐蕃后期鄯州节度使尚婢婢有大将拓跋怀光。③ 拓跋怀光与党项羌里的拓跋氏大致属于一个性质，即姓氏祖源于鲜卑而后融合于吐蕃，是吐蕃的大将。

　　北魏改拓跋为元姓后，其后人以洛阳为郡望，在隋唐五代时做官的很多，五代南楚有大臣拓跋恒，是鲜卑皇族的后裔。《资治通鉴》记事云：天成二年八月"楚王殷始建国，立宫殿，置百官，皆如天子，或微更其名：翰林学士曰文苑学士，……以姚彦章为左丞相，许德勋为右丞相，李铎为司徒，崔颖为司空，拓跋恒为仆射，……恒本姓元，避殷父（马元丰）讳改焉"④。后马希范当国时开天策府，置十八学士，拓跋恒与廖匡图、李弘臯、徐仲雅等十八人为学士，号称"天策府十八学士"⑤。

---

① 《隋书》卷83《党项传》，中华书局1974年版，第1846页。
② "时吐谷浑寇凉州，诏谐为行军元帅，率行军总管贺娄子干、郭竣、元浩等步骑数万击之。上敕谐曰：'公受朝寄，总兵西下，本欲自宁疆境，保全黎庶，非是贪无用之地，害荒服之民。'时贼将定城王钟利房率骑三千渡河，连结党项。谐率兵出鄯州，趣青海，邀其归路。吐谷浑引兵拒谐，相遇于丰利山。贼铁骑二万，与谐大战，谐击走之。贼驻兵青海，遣其太子可博汗以劲骑五万来掩官军。谐逆击，败之，追奔三十余里，俘斩万计，虏大震骇。"（《隋书》卷40《元谐传》，第1171页）
③ 大中二年（848）十二月吐蕃论恐热遣其将恭罗急藏将兵二万略地西鄙，尚婢婢遣其将拓跋怀光击之于南谷，大破之，急藏降。（《资治通鉴》卷248，第8037页。）咸通七年（866）二月，吐蕃"论恐热寓居廓州，纠合旁侧诸部，欲为边患，皆不从。所向尽为仇敌，无所容。仇人认告拓跋怀光于鄯州，怀光引兵击破之。十月，拓跋怀光以五百骑入廓州，生擒论恐热，先刖其足，数而斩之，传首京师。其部众东奔秦州，尚延心邀击，破之，悉奏迁于岭南。吐蕃由是衰绝，乞离胡君臣不知所终"。（《资治通鉴》卷250，8113、8115页）
④ 《资治通鉴》卷276，天成二年八月己卯朔，第9008页。
⑤ 《新五代史》卷66《楚世家第六》拓跋恒作拓拔常，中华书局1974年版，第824页。

最后，看一下宋人邓名世《古今姓氏书辩证》所记"拓跋"条：

> 拓跋，出自姬姓。黄帝生昌意，受封北土，黄帝以土德王。北俗谓土为拓，谓后为跋，故以拓跋为氏。或说自云拓天而生，拔地而长，遂以为氏。裔孙始均仕尧时，逐女魃于弱水北，人赖其勋，舜命为田祖，历三代至秦汉，不交南夏。至成王帝毛，统国三十六，大姓九十九，威振北方，成帝十二世，至献帝，生圣武皇帝诘汾田于山泽，天女受命相偶。明年以所生男授帝，是为神元皇帝，生力微，……寔生道武皇帝珪，始称魏，珪生明皇帝嗣，嗣生太武皇帝焘，焘生景穆太子晃，晃生文成皇帝浚，浚生献文皇帝弘，弘生孝文皇帝宏。
>
> 太和二十年正月丁卯，诏改姓元氏，自是拓跋氏降为庶姓，散在夷狄。唐时党项以姓别为部，而拓跋氏最强。有拓跋赤辞与从子思头，其下拓跋细豆皆降，擢西戎州都督，赐姓李，又有静边州刺史拓跋朝光，乐州刺史拓跋乞梅。其居夏州者号平夏部，天宝末，战有功，擢容州刺史、天柱军使。裔孙拓跋思恭，咸通末讨巢贼，僖宗以为夏绥银宥节度使、同平章事，赐姓李，其弟思谏、思钦，皆节度使。①

上引材料的前半段基本是因袭改写自《魏书》序纪和官氏志，后半段则是叙述拓跋氏改姓之后流入党项在唐朝时的演变。

从这些史实来看《金史》说西夏编写皇族世袭是承"元魏衰微，据松州者，因以旧姓为拓跋氏"②，应是有所本而绝非空穴来风。

四 拓跋姓氏——一个历史记忆的符号

陈炳应先生早年否定党项拓跋源于鲜卑说曾提出："元昊要称帝，抛弃中原王朝的赐姓，这是必然的，但为什么不恢复其先祖用过的'拓跋'（如拓跋赤辞，拓跋思恭等）呢？"这样的疑问，陈先生自己的解释是：

---

① 邓名世：《古今姓氏书辩证》卷38《拓跋》，文渊阁《四库全书》，第922册，第366—367页。
② 《金史》卷134《外国传·西夏》，中华书局1975年版，第2876页。

"我认为'拓跋'是部落名，开头用以为姓。后来随着部落内分支的不断增多和扩大，各分支的社会地位分化，便各自为姓氏，不再用部落名为姓了。所以，在有关西夏政权的史籍中，出现一百五十个以上的姓，却不见'拓跋'一姓，就是最好的证明。"① 对此近期彭向前进一步阐明："元昊废弃宋赐姓赵后，并没有恢复旧姓拓跋，而是改姓嵬名，此举有两个目的：一是对外摆脱北宋的控制而独立建国；一是对内突出业已发展为皇族的拓跋氏在整个党项羌中的地位。"② 这个阐释是有道理的，需要补充的是，元昊如果要恢复北魏皇姓，也应是孝文帝改姓之后的"元氏"，而非"拓跋氏"。这也恰好证明元昊祖上是较早进入羌族聚居区后未能改为元氏的一支。元昊的攀附不能被宋朝接受，而且在"庆历和议"中他已接受宋朝封授的"国主"名衔，又何能正大光明地自称帝业呢？所以既不用唐朝的国姓，也不用宋朝的国姓；既不用鲜卑族汉化之前的拓跋姓，也不用汉化之后的元氏，重新独树一帜改为"嵬名"，这是符合元昊称霸的历史逻辑的。

聂鸿音先生在20多年前就指出：西夏"时代的汉文资料中也有'鲜卑'一姓，如翻译《圣胜慧到彼岸功德宝集偈》的鲜卑宝源、在榆林窟绘有供养像的西壁智海等。'鲜卑'姓氏的出现固然可以证明西夏国民中存在出自鲜卑民族的成分，但这一事实同时也证明了鲜卑民族在全体西夏国民中所占的比例肯定不大，其他不姓鲜卑的人大多并非出自鲜卑民族，就像元代有'唐兀'一姓，而不姓唐兀的人一般都不出自河西一样。另外值得注意的是：'鲜卑'这个词在西夏时代仅仅用为姓氏，从来也没有作为民族名称而出现，它和吐蕃、汉、契丹、回鹘等词明显的不是一回事情。这显然启发我们设想，早期的鲜卑民族成员在西夏时代已经基本融入了主体民族之中，以至西夏国民不再把他们当作吐蕃、汉之类的独立民族来看待，也无须像西夏《天盛律令》所规定的那样，设置一个'回夷务'之类的专门机构来管理他们。在民族等级森严的西夏社会里，鲜卑人的后代享有和主体民族同等的政治地位，西壁智海被封为'国师'，西壁讹答官至'太傅'，看来鲜卑（西壁）在当时很可能是个名门望族"③。

上引聂鸿音先生的论述不仅是为了佐证笔者所论的观点，更重要的

---

① 陈炳应：《西夏文物研究》，宁夏人民出版社1985年版，第357—359、第63页。
② 彭向前：《元昊改姓考》，《青海民族大学学报》（社会科学版）2013年第2期。
③ 聂鸿音：《关于西夏主体民族起源的语文学思考》，《宁夏社会科学》1996年第5期。

是，经过上述的辨析，是要申明写作此文的核心观点：讨论党项拓跋氏族属是确定现今民族（Ethnic group）定义的族属，不应与党项拓跋姓氏源流的讨论捆绑在一起。任何姓氏三四百年之后只是历史记忆的一个符号，承认党项拓跋姓氏源自鲜卑，但是并不意味着唐宋时期党项族中的拓跋氏就一定还是鲜卑族。众所周知，隋唐之际鲜卑族作为民族实体和政权实体已融入其他民族中，基本消亡了。

所以准确地说，西夏建国前的党项拓跋氏是具有鲜卑血缘的党项羌人。

国家治理下清代甘青土司的国家认同

兰州大学历史文化学院　武沐

问题的提出

土司制度发展到清代已呈衰败之势,尤其是"改土归流"后,更是鲜有学者再专门研讨如何治理土司,以至于学界普遍认为清代对于土司的治理唯"改土归流"而已,这种认识对于南方土司研究而言也许有道理,但对于清代甘青土司而言则颇为不适。清代甘青土司除个别外,绝大部分并未"改土归流",那么清朝统治者对于这些未"改土归流"的甘青土司是如何治理的,以及国家治理下甘青土司的向心运动又表现如何?对于前一问题,学界的研究成果不可谓不多,如高士荣的《西北土司制度研究》[1]全面系统地论述了西北土司制度的形成、发展及其特点等;王继光《试论甘青土司的形成及其历史背景》[2]主要针对明代甘青土司制度进行了研究;李玉成《青海土司制度兴衰史略》[3]系统论述了青海土司制度的由来、明清时代青海土司制度和19家土司情况以及衰落与废除;李建宁《清代管理青海河湟地区方略简述》[4]论述了清代中央政府在河湟地区完善军政设置,政治上推行土流参治,对少数民族实行"因其教不易俗"的政策。对于后一个问题,目前尚未见到系统论述。本文愿在前人研究的基础上,试图就清代国家治理下甘青土司的国家认同,做进一步的研究,不足之处,敬请斧正。

---

[1] 高士荣:《西北土司制度研究》,民族出版社1999年版。
[2] 王继光:《试论甘青土司的形成及其历史背景》,《社会科学》1985年第4期。
[3] 李玉成:《青海土司制度兴衰史略》,《中央民族学院学报》1987年第4期。
[4] 李建宁:《清代管理青海河湟地区方略简述》,《青海民族学院学报》1997年第3期。

国家认同之一：心存感激的政权认同

明末甘青地区被李自成视为农民军的大后方，因此备受重视。李自成曾令部将贺锦率重兵经略甘青。此时的明王朝已是大厦将倾，官军将领望风降服，唯有甘青土官还在倾尽全力为明廷效劳。他们在西宁、庄浪一带与农民军展开了殊死搏斗，致使农民军久攻西宁不下，将领鲁文彬、贺锦殒落城下。贺锦死后，起义军在辛恩中、朱永福的率领下，三攻西宁，最终破城而入。西宁土官李洪远等被杀，土官祁廷谏父子、李天俞等被俘后押解到西安。祁廷谏之子祁兴周则逃亡青海湖一带，起义军紧追不舍深入到青海湖地区，当地藏族头人纷纷降附。①

经过明末李自成农民军的沉重打击，甘青大部分土司或亡、或逃、或降、或俘，土司衰败之像呈现无遗。在西宁，李天俞被俘后，其妻王氏、妾匡氏偕李天俞之弟天禽、天命抗节死难，家人殉难者300余人；西宁李土司家族的另一支首领李洪远及其妻、子、家丁120余人亦死于农民军刀下。至此盘踞西宁200多年的东、西李土司几乎遭受了灭顶之灾。② 西宁祁土司家族的另一支东祁土司祁国屏亦遭重创，但幸免于难。西宁朱土司、甘土司家族在贺锦部进抵湟中后即被打散，官诰、纸号丢失殆尽。③ 在连城，土司鲁允昌身殁、鲁宏被擒，土司家族"自崇祯癸未遭贺锦之乱，图书法物，烬于兵燹。且朝不一代，代不一人，人不一事，而欲年经人纬括数百年于尺幅，呜呼难矣"④。甘青其他土司亦程度不同地遭受打击。

顺治二年（1645），"英亲王阿济格至关中，流寇溃散，天俞谒王，王赐衣冠、鞍马、银两、彩缎，令回西宁招抚番族"⑤。李天俞、祁廷谏被清军解救后，清世祖下诏"特仍依先例，命尔世袭明旧，管束土官、土军"，同时授予汉、满文对照的"西宁卫指挥同知印"⑥，"命其安抚河西各土司

---

① 《明史》卷330《西域二》，中华书局1974年版。
② （顺治）《李氏宗谱》"李天俞跋"，现存青海省民和县档案馆。
③ （乾隆）杨应琚纂：《西宁府新志》卷28《献征志》，青海人民出版社1988年版。
④ （道光）鲁纪勋重修：《鲁氏世谱》，甘肃省图书馆藏。
⑤ 《清史稿》卷517《土司传》，中华书局1976年版，第14312页。
⑥ 辛存文：《民和土族东伯府李土司世系考》，《青海民族学院学报》1981年第3期。

暨番族存顺剿逆，擒叛番赵进忠等"①。顺治五年（1648），清廷封庄浪土司鲁安、土司祁廷谏为西宁卫指挥使，土司李天俞为指挥同知。②祁廷谏死后，其子祁兴周袭职，有功劳，于顺治十年（1653）历官大靖参将。顺治八年（1651），庄浪另一支土司鲁典恢复世袭指挥佥事。③ 面对清廷的倾心扶绥，甘青土司心存感激，所以每遇地方靖难，他们积极主动协助清政府绥靖地方，抚番联回，保一方平安，成为一支举足轻重的地方力量。有清一代，甘青土司除撒拉族韩土司等曾参加同治回民大起义外，大多数情况下是站在清政府一边的。即使是撒拉族韩土司，清初韩炳"因抚番有功，委守备，继而征阿尔加襄锁，剿王剌夫旦，所在有功。雍正间奉兵部号纸袭应土千户之职"④。在平定罗卜藏丹津武装反清斗争中，撒拉族土司韩大用，"奉檄率领土兵征剿番贼，又从奋威将军岳钟琪征显弥寺、尔多寺及写尔索逆贼，生擒渠魁，胁从投诚，七年授保安堡土千户"。乾隆四十六年（1781），"撒拉新教叛乱，土司韩光祖率土兵进剿有功，赏花翎，四十九年，剿盐茶逆匪，咨部议叙"。循化撒拉族另一土司韩昱，"剿除逆回有功，赏三品顶戴花翎。后剿灭盐茶逆回，加衔一等"⑤。

甘青土司以其特有的经历，从明朝的"殉道士"迅速转变为清初的"卫道士"，由此促成的政权认同虽然未达到国家认同的最高境界，但能够在极短的时间里，基于感激之恩培育出的政权认同也是来之不易。它是甘青土司在特定的历史境遇中形成的，为甘青土司的国家认同奠定了良好的基础和拉开了序幕，并对有清一代持续产生影响。

国家认同之二：清朝治理下之国家认同

（一）清朝治理

甘青土司凭借在清初的上佳表现，因此免遭大规模"改土归流"。但土司毕竟是土司，是清朝中央集权制度中潜在的异己力量，如何治理甘青

---

① （乾隆）杨应琚纂：《西宁府新志》卷28《献征志》，青海人民出版社1988年版。
② 《清顺治实录》卷38，顺治五年闰四月辛丑，中华书局2008年版，第308页。
③ 《清顺治实录》卷55，顺治八年三月癸卯，第441页。
④ （清）佚名撰：《甘肃土族番部志》，清末民初灯崖阁抄本，甘肃省图书馆藏。
⑤ （清）佚名撰：《甘肃土族番部志》，清末民初灯崖阁抄本，甘肃省图书馆藏。

土司仍然是清政府最棘手的问题之一。清朝对于甘青土司的治理，粗略梳理，大体包括以下几项。

（1）卫所改设或并入府县。清初将明代甘青地区的大批卫所裁撤或并入府县管理，这对于明代以来大量依托于军政合一卫所的甘青土司而言，其所受到的打压远远超过其他地区的土司。大批甘青土司因此成为清朝军政体系中的一支孤军，被明显边缘化。体制的变革使得他们的政治地位遭遇了结构性的下降。清政府因此顺利完成名副其实的"土流分治"。

（2）限制土兵数量。明代土司拥有多少土兵，中央政府一般不予限制，但是清代限制土兵规模是中央政府治理甘青土司的一项重要举措。《甘宁青史略正编》卷19载有乾隆四十六年（1781）甘青41家土司拥有土兵的明细，其中22家拥有土兵，19家"未管理土兵"。拥有土兵数量最多的是洮州厅土指挥佥事杨宗业，管土兵2016名。最少的仅有11名，为碾伯土司辛广贤。土兵是土司最得力的看家武装。在甘青41家土司中竟有19家无土兵可管，这对于研究清代甘青土司的学者而言，无疑是一个被极度忽略的史实。它表明早在乾隆末年就有近一半的甘青土司在清初一系列重拳治理下已难成气候。

（3）清查土司田亩，实行僧、民分治。雍正二年（1724），清政府在平定罗卜藏丹津事变后，依照《青海善后事宜十三条》《禁约青海十二事》，开始在甘青部分藏族、撒拉族中清查土司田亩，按地输粮，将经济大权从土司手中剥离出来，归国家掌控。雍正四年（1726），"钦命西宁都统达、西宁镇总兵周，出口安插降番，清理田土，并令旧管各族将所中马、香田、田地造册定赋，其起科之则，不论顷亩，每下籽一石，水地纳粮一斗五升，上旱地纳粮一斗，下旱地纳粮五升……雍正四年起科，至七年册籍始定"①。同年十二月，川陕总督岳钟琪饬令地方官清查寺殿原种田地，归入版籍，与民一例起科。② 对于河州关外的撒拉族，雍正四年"调土官韩大用、韩炳至（河）州，饬令查明户口、地段、下籽数目，造册"③，按地输粮。土司的赋税征收权被剥夺，供养土兵的巨额费用无从着落。而缺少土兵的土司，其势力大为削弱，这实际上是对甘青土司的釜底抽薪。

---

① （乾隆）龚景瀚：《循化志》卷4《族寨工屯》，甘肃省图书馆藏。
② （乾隆）龚景瀚：《循化志》卷6《寺院》，甘肃省图书馆藏。
③ （乾隆）龚景瀚：《循化志》卷4《族寨工屯》，甘肃省图书馆藏。

（4）整顿河、洮、岷等地的中小土司。雍正三年（1725），川陕总督岳钟琪奏请："凡切近河、洮、岷州内地番人与百姓杂处者，向通汉语，自归诚后至今，改换内地服色，无庸设立土千、百户，但就其原管番目委充乡约、里长，令催收赋科，久则化番为汉，悉作边地良民。"① 此后河、洮、岷等地一大批土司中掺进了乡约、里长、乡老、昂索等名目，有的甚至被乡约、里长、昂索等取代，如河州老鸦族土司名下"有乡约、有委役"，乩藏族土司王斌名下"有委役、有乡约"，红崖族"有头目、有乡老"，端言族"有头目、昂索"，回回族"有乡老"，仰化族"有昂索"，迭古族"有乡老"，川撒族"有乡约"，牙党族"有乡约"，鸿化族"有乡约"，灵藏族"有乡约"，② 这其中"鸿化、灵藏等族或昂索，或乡老，或乡约，均无土司"。③ 在循化南番各族中，"索扁都及南番有土司，其余皆曰昂索，小寨亦有头目"④。

（5）制定了一系列限制和约束土司的法律规定。清代针对土司制定的法律较之明代不仅条目繁多，而且法律约束的广度、深度和缜密程度也是明代无法比拟的，如雍正三年（1725）议准，允许土司庶支可降等袭职。庶支子弟授职"视土官各降二等，如文职土官系知府，则所分者给通判衔；土官系通判，则所分者给县丞衔。武职土司系指挥使，则所分者给指挥佥事衔；系指挥佥事，则所分者给正千户衔。照例颁给勅印、号纸"，"其分管地方，视本土官多不过三之一，少五之一"。"此后再有子孙可分者，亦许其详报督抚，具题请旨，照例分管，再降一等，给予职衔、印信、号纸。"⑤ 这种"众建以分其势"的做法，无疑将甘青土司的权力逐级分解，由大变小，由小变无，很难与中央抗衡。所谓土司坐强坐大，在清代甘青土司中绝无仅见。

在土司不得擅越雷池方面，嘉庆《大清会典事例》卷589《兵部》规定：

> 土官、土人因公远赴外省许呈明。该管官转报督抚给咨知会所到

---

① （乾隆）龚景瀚：《循化志》卷1《建置沿革》，甘肃省图书馆藏。
② （乾隆）龚景瀚：《循化志》卷4《族寨工屯》，甘肃省图书馆藏。
③ （乾隆）龚景瀚：《循化志》卷6《土司》，甘肃省图书馆藏。
④ （乾隆）龚景瀚：《循化志》卷4《族寨工屯》，甘肃省图书馆藏。
⑤ （嘉庆）《大清会典事例》卷589《土官袭职》，第128页。（电子版按照每册阅读排序）。

地方之督抚查核，于事峻日给咨知会本省督抚。均计程立限，毋许逗留。有不行申报、擅自出境者，土官革职，土人照无引私渡关津，杖八十。若前往外省生事为匪，别经发觉者，除实犯罪外，徒罪以上皆照军人私出外境掳掠，不分首从，发边远充军律治罪，其本境及所到汛守官失察者，罚俸降调有差。

按照清政府的规定，土司"凡越过分定疆界，另外追牧者，千户等罚犏牛五十条，百户罚犏牛四十条，管束部落之百长罚犏牛三十条，小百长等罚犏牛十条；如系平人，有人知觉，即将其人并家产、牲畜全部归所见人之人"①。在日常行为方面规定，土司等不遵约束，肆行抢夺，无辜侵扰内地居民者，该督抚等一面题明情由，一面发兵剿灭。土司吓诈部民，恣意侵害者，革职。②凡土司延幕，将姓名、年、籍通知专辖州、县，确加查验。人果端谨，实非流棍，加结通报方准延入。倘文、武土官私聘土幕，不通知州、县查验，照违令私罪律罚俸一年。若知系犯罪之人，私聘入幕并延请，复纵令犯法者，照职官窝匿罪人例革职。③针对土司的奖罚，清廷规定：土司不食俸，有罚俸、降俸之案，皆免其处分。其公罪应将三级以内调用者，降一级留任；应将五级以内调用者，降二级留任；应革职者，降四级留任；如有贪酷不法等罪，仍革职。土司有钦部案件奏效钱粮及迟误表笺等项，均照流官例一体处分。土司如有罚俸、降职等事，具按其品级计俸罚米。每俸银一两，罚米一石。移贮附近常平仓，以备赈荒。④

（二）甘青土司的国家认同

经过清政府的治理，甘青土司的国家认同呈现出两大趋向：一是清代甘青土司对于中央政权的依赖性日益增长，二是土民编户化的进程明显加快。

1. 清代甘青土司对于中央政权的依赖性日益增长

导致清代甘青土司对于中央政权的依赖性日益增长可从以下两方面得到反映：

---

① 张济民主编：《青海藏区部落习惯法资料集》，青海人民出版社1993年版，第285、286页。
② （光绪）《大清会典》卷11《考功清吏司》。
③ （光绪）《大清会典》卷12《验封清吏司》。
④ （光绪）《大清会典》卷12《验封清吏司》。

（1）在政府治理与各民族反清斗争的双重打击下，甘青土司的地位与势力大为削弱。雍正时期，清朝对于甘青土司的治理从清初的优抚、扶绥很快转变为限制与打压。在清政府一系列限制措施的治理下，甘青土司日渐式微，其政治层面的上升空间极度萎缩，以土司身份参与流官事务的现象，在清代甘青土司身上业已绝迹。清代甘青土司的最高官职只能为指挥使[1]，而且地位低于同级的流官[2]。

如果说政府治理仅仅是清代甘青土司不断衰弱的主要因素之一，那么，明末清初李自成农民军以及同治年间西北回民反清斗争的打击则直接导致甘青土司的衰败。李自成农民军对于甘青土司的打击可称之为惨烈，但是此次农民军打击的范围有限，受打击最重的主要是庄浪、西宁一带的土司，但庄浪、西宁一带的土司在清初政府的扶绥下，恢复的速度异常迅猛。除此之外，河州、兰州、临洮、巩昌、河西走廊等地土司虽受到冲击，但力度不大。甘青牧区及洮州、岷州、叠布、宕昌等地的土司则鲜有波及。

与李自成农民军的打击相比，甘青土司在同治西北回民反清斗争中遭受的打击是毁灭性的，打击的范围遍及整个西北地区。他们中像卓尼杨土司等少数牧区土司那样能够力保城池不破，幸运躲过一劫的毕竟是凤毛麟角，其余土司唯有在惊恐万状中夺路逃命，多遭灭顶之灾，从此一蹶不振。尽管同治十二年（1873）陕甘总督左宗棠在平定西北回民反清斗争后，面对劫后余生的甘青土司，下令"所有应承袭人员，准照旧承业"[3]，但此后的甘青土司已无回天之力，只有惨淡经营，日渐衰败。《甘宁青史略正编》卷19所载平番县鲁土司家族、河州乩藏王土司等19家无土兵可管的土司，同治回民反清斗争后基本销声匿迹。河州韩家集韩土司、乩藏王土司的属地也日渐成为河州回族的主要居住地。河州何土司原本就没有属地，同治回民反清斗争后更是徒有虚名。

（2）甘青土司的汉化与整合使土司集团内部不断分化和瓦解。较之明代针对南方土司所立"汉不入峒，蛮不出境"的封闭政策而言，甘青土司在以流为主的"土流参治"政策引导下，与当地汉族等各民族之间的交往十分密切。所以明清两朝甘青土司最为突出的变化就是土司的汉化、分化

---

[1] （雍正）《大清会典》卷119《土官杂例》。
[2] 《清乾隆实录》卷286，乾隆十二年三月丙申，中华书局2008年版，第729页。
[3] 慕寿祺：《甘宁青史略》卷23，甘肃省图书馆藏。

与整合。这其中生活在农牧交错地带的甘青土司汉化、涵化现象十分普遍。许多土司、土民即使保留着自己的民族属性，但在生产方式、生活习俗上与周边汉族已无大的区别，这在《秦边纪略》中有详细记载。就甘青土司的分化与整合而言，明朝时活跃在甘青一带的土司及其部落在清初已有许多不见踪影。以河州为例，张雨《边政考》卷9《西羌族口》载，嘉靖年间河州共有番族、蒙古族、撒拉族等46族（部落），河州所属归德守御千户所有番族11族，共计57族。而在康熙四十六年（1707）的《河州志》卷2《中马番族附》中这57族只剩有19族，其余30余族除个别外，大多已分化或消失。实际上即使在现存的19族中仍有分化整合乃至消失于汉族中的现象。《循化志》卷5《土司》载：

>　　明初河州通判官二十四关土司，今皆不可考，然大抵中马十九族皆有之。或有一土司而监管数族者，如凯藏族之王土司管凯藏、红崖等六族是也。其后或存或亡，至康熙、雍正年间，犹有见于州巷者，如老鸦族之土司马镇国，川撒族之土司龙兴海是也，而今无闻焉，盖以夷为编户矣……珍珠、打刺二族世袭指挥使一员韩成璋……按打刺族亦十九族之一，今无其名，盖为珍珠族土司所监管而久，遂并为一族也……凯藏族世袭土百户一员王斌，管凯藏、红崖、端言、迭古、回回、仰化六族，土兵二百名……按以上二土司皆口内也。其口内尚有鸿化、灵藏等族，或昂索或乡老或乡约，均无土司。各族有民粮、有族粮，民粮在州，族粮在厅。衣服风俗具与汉人无异，问之亦称为汉人。盖在内地多年，渐摩已久，即两土司亦徒拥虚名而实无事权也。

无论是清政府的治理，还是李自成农民军起义与西北回民反清斗争的打击，无论是土司的汉化与涵化，还是土司的分化与整合均折射出甘青土司的式微。尽管清初统治者曾着力扶绥甘青土司，但甘青土司的日渐衰败已是不争的事实。甘青土司的政治地位与话语权越来越轻，其与中央政权的相对独立性较明代不可同日而语。取而代之的是甘青土司对于中央政权的依赖程度却不断强化，甘青土司对于中央政权的认可程度大幅提升，并有力促进了国家政治、经济一体化的进程。在此消彼长的转换中，清代甘青土司对于国家政权认同较之明代不降反升，尤其是经过清政府的不断治理以及同治回民反清斗争的洗礼后，甘青土司对于清政权的认同已逐步从清初的归附感上升为国家层面的归属感，其大部分已经与清朝普通官员相差无几。而这恰恰构成甘青土司国家认同的一大特色。

这里提到的归附感与归属感是在国家政权认同中不同程度的两个层面。归附也可理解为依附、依顺、归顺，归附感包括迫于国家政权压力而形成的被动认同。归属感则是被动认同的升华，属心理上的主动认同。归顺感与归属感是动态的，当中央政权的控制力削弱时，被动认同容易发生异变，而主动认同则相对稳定。当然，国家认同与国家政权认同不是同一概念，两种认同并不一定吻合，而且无论是国家认同，还是国家政权认同并不意味着一定要排斥一些群体、民族、地方利益集团等与中央政权的博弈。换言之，一些群体、民族、地方利益集团等与中央政权的博弈也不一定意味着国家认同与国家政权认同的缺失。具体到清代甘青土司，他们中的一些人即使与中央政权存在一定的利益冲突，也无须轻易否定他们的国家认同或政权认同，因为这些利益冲突大多局限在局部利益的层面上，与国家层面的认同不直接关联，更不一定相悖。

2. 土民编户化的进程明显加快

清代甘青土司的衰落，对于土民意味着解放，即加速了土民编户化进程。清代甘青土民编户化进程主要沿着两条途径：一条是通过"改土归流"获得编户身份，如雍正时，"西固土司黄登烛坚错，父子济恶。岷州土司赵廷贤朋比为奸。番民不安住牧，情愿改土归流"①。"咸丰十年，李怀庚到任，时土司后绪统不法，公严惩之，判土民归流者八百户。"② 在河州，沙马族土司苏成威以地界不清、族属不明为由，长期逃避纳粮应差，于雍正七年（1729）被革职迁往河南省，"而沙马一族遂废矣"③。居住在河州西乡老鸦关的老鸦族马土司，《循化志》卷3《官师》"土司附"中称："康熙、雍正年间犹有间见于州卷者，如老鸦族之土司马镇国……而今无闻焉，盖已夷为编户矣。"《清代河州契文汇编》中有两份嘉庆时《马崖旦出卖土地契文》，其中载有老牙（鸦）关会二社民"马崖旦及长子马百岁保"。在《马白（百）岁保出卖土地契文》中还有一位画押乡约，叫

---

① 《清雍正实录》卷73，雍正六年九月己未，中华书局2008年版，第1090页。
② （光绪）陈如平纂辑：《岷州续志采访录·宦迹》，甘肃省图书馆藏。
③ （乾隆）龚景瀚：《循化志》卷5《土司》，甘肃省图书馆藏。

马且郎扎希。① 从人名以及居住在河州西乡老鸦关推断，他们很可能与乾隆以来"改土归流"的老鸦族土司马镇国为同族。马且郎扎希不是以土司，而是以乡约身份画押，说明河州西乡老鸦族已从土司名下脱离为会社管理的编户。乾隆时，"武都、西塞、直堆三族番民改土归流，所有应征粮银请自乾隆戊午年为始，入额征解"②。嘉庆年间，庄浪卫、岷州卫等部分土司并非不法，但由于长期"不管土民"，只是"率舍、余、亲丁效力"，因此也被"改土归流"。③《甘肃土族番部志》"岷州"载：后祥巴古子后裔振兴，"光绪初改袭土把总，改土归流，附属闾井"。但清代甘青土司"改土归流"的毕竟是少数，由此获得编户身份的土民也不多。大多数土民的编户化是通过另一种途径，即国家直接向土民征收赋税从而使土民成为变相的编户。这一进程始于雍正，大体完成于嘉庆。如前所述，雍正初年（1722），清政府在甘青土民普遍汉化的基础上，进一步向编户化纵深推进，其主要措施就是在大部分甘青土司以及寺院中清查田土、造册定赋、始行起科。④ 在这一进程中，土司的赋税征收权被剥夺，土民成了直接向国家缴纳赋税的准编户。《清史稿》卷517《土司》云：马纪、后成、赵党只管卜，"以上三土司，所辖虽号土民，与汉民无殊，钱、粮、命、盗重案，俱归州治，土司不过理寻常词讼而已"。在《甘肃土族番部志》中，洮州昝土司、连成鲁土司等大批土司已无权征收田赋，仅仅是"协催"而已。⑤

国家直接向土民征收赋税成为土民编户化的关键。《清乾隆实录》卷13乾隆元年（1736）二月辛卯载：

> 户部议覆署陕西总督刘于义疏称："临洮等属新归番民应输粮石，前据管理夷情事务德龄以驮负维艰奏请改征折色。查番民多居口外，卖粮交银仍须驮负内地，转有未便。请照旧例以本色征收。应如所请。"从之。

---

① 甘肃省临夏回族自治州档案馆编：《清代河州契文汇编》，甘肃人民出版社1993年版，第89、92页。
② 《清乾隆实录》卷41，乾隆二年四月庚辰，中华书局2008年版，第737页。
③ （嘉庆）《大清会典事例》卷465《兵部》"土司"；卷440《兵部·官制》"各省土官世职"。
④ （乾隆）龚景瀚：《循化志》卷4《族寨工屯》，甘肃省图书馆藏。
⑤ （清）佚名撰：《甘肃土族番部志》，清末民初灯崖阁抄本，甘肃省图书馆藏。

这表示乾隆初年，番民向政府造册纳粮已成常规。不仅如此，清政府还破例借粮予番民，赈济灾害，形同编户。如乾隆二十四年（1759）九月，清政府借粮予庄浪土司，以解救当地旱灾①；嘉庆二年（1797）三月，"贷甘肃平番县连城土司所属被旱土民籽种、口粮"②。嘉庆《大清会典》卷11《户部》载，嘉庆时，甘肃兰州、巩昌、凉州、西宁四府有番地906余顷，又216514段。甘肃兰州、巩昌、凉州、西宁四府番地本色粮13431有奇，草508束有奇，甘肃番民有马贡，皆折价或变价入奏销粮。③

从理论上讲，土司制度的存在导致国家基层社会的政治结构呈现出明显的国家、土司、土民的三元结构。国家只能通过土司间接管理土民，而不能像管理编户一样直接管理土民。这种三元结构的普遍存在，阻碍了中央权力向地方社会的渗透。因此，当土司势力日益衰落，中央政权足以强大时，打破地方社会的三元结构便提到议事日程，如康熙末年王全臣在河州的改革④。清代甘青土民的编户化实质上就是政府打破地方社会三元结构，使国家权力不断向土司内部渗透的过程，构建国家与编户的二元政治结构。从这一点看，无论是甘青土司衰落后的国家认同，还是甘青土民的编户化，实质上都是清代国家权力广泛渗透到地方社会的结果。它既有暴风骤雨般的强行推进，又是一个潜移默化、细雨润物般的漫长过程。然而当这种国家认同一旦渗透到土司的政治、经济、法律、文化、教育、风俗等方方面面，被土司、土民悄然接受后，则甘青土司对于清朝的认同很容易升华为对国家的认同，这一点在同治西北回民反清斗争后表现得尤为突出。

国家认同之三：国家教化加速了甘青土司的同质运动

教化有广义与狭义之分，广义教化指政教风化，狭义教化指教育、教诲、感化，如乾隆四年（1739）九月甘肃巡抚元展成奏请建造古浪文庙一事，即是一例。⑤清初《学政全书》规定：土官、土司应袭子弟，令该学

---

① 《清乾隆实录》卷597，乾隆二十四年九月乙亥，中华书局2008年版，第664页。
② 《清嘉庆实录》卷15，嘉庆二年三月辛酉，中华书局2008年版，第213页。
③ （嘉庆）《大清会典》卷11《户部》，第587页。
④ （康熙）王全臣：《河州志》卷2《田赋》，甘肃省图书馆藏。
⑤ 《清乾隆实录》卷100，乾隆四年九月辛亥，中华书局2008年版，第517页。

立课教训，俾知礼仪。俟父兄谢事之日，回籍袭职。土官、土司未经袭职之先，许其读书应考，由生员袭职。乾隆二十九年（1764），乾隆下诏对这项规定有所调整："嗣后土官由生员袭职者，如事务繁多，自揣不能应试，即具呈告退。其愿应试者，饬令如期应试，不得托故避考，违者该学政即照定例褫革，其边省有土官地方，均行一体遵照。"① 这是典型的以教育、教诲、感化为手段的教化。但是清朝政府推及的教化较之狭义的教化要宽泛得多，如雍正三年（1725）谕："各处土官鲜知法纪，所属土民每年科敛较之有司征收正供不啻倍蓰，甚至取其马、牛，夺其子女，生杀任情，土民敢怒而不敢言。"② 这里明确指出土司对土民的超经济剥削和土民对土司的超强人身依附关系，是土司落后性中非常普遍的一面。再如年羹尧在奏请《禁约青海十二事》中有"父没不许娶继母及强娶兄弟之妇"的规定③，这实际上是代表清朝主流社会对土民婚姻中的落后习俗提出约束。在岷州，"时多纳土司赵某骄纵不法，至今彼人谈其恶迹甚多。尤甚者，如民间初婚之妇，必先召入供役，然后遣归"④。在河州，"甘肃河州土司苏成威凶横不法，题参革职，迁往河南省城在提镇驻扎，地方安插，改设流官管辖"⑤。这是针对土司落后残暴、凶横恶劣的惩治。乾隆九年（1744），洮州土司"杨汝松管理土务时，本不足以服番众。今杨冲霄业已承袭，应将杨汝松移驻岷州城内。若三、四年后，果能安静悔过，应否准令回家，临时请旨"⑥。此案中杨汝松仅仅因为"管理土务时，本不足以服番众"等个人能力因素而遭罢免，这是对土司全面素质的进一步要求。面对土司如此行为，雍正强调，"莫非朕之赤子，而土民独使向隅，朕心深为不忍……嗣后督、抚、提、镇务严饬所属土官，爱惜土民，毋得滥行科敛。如申饬之后不改前非，一有犯事，土官参革，从重究拟"⑦。为此清政府还特意制定了"土官吓诈部民，恣意侵害者，革职"等一系列保护土民的法律条文⑧。所有上述列举若分开看不过是不同的个案而已，但个案背

---

① （嘉庆）《大清会典事例》卷121（卷册出现错误，应为卷121，第5497—5498页）。
② （嘉庆）《大清会典事例》卷469《兵部》"土司承袭"，第1990页。
③ 《清雍正实录》卷20，雍正二年五月戊辰，中华书局2008年版，第336页。
④ （光绪）陈如平纂辑：《岷州续志采访录·宦迹》，甘肃省图书馆藏。
⑤ （乾隆）《大清会典事例》卷110《兵部》"土司"。
⑥ 《清乾隆实录》卷362，乾隆十五年四月甲戌，中华书局2008年版，第981页。
⑦ （嘉庆）《大清会典事例》卷469《兵部·土司》，第1990—1991页。
⑧ （嘉庆）《大清会典事例》卷322《吏部》。

后凸显的是清政府对于土司落后性的审判。这种审判是以清朝主流价值观为依准，而清朝主流价值观的推及在当时的话语体系中即称之为教化。凡教化未深入推及的地方被视为"化外"之地。在清朝主流社会眼里，土司大部分处于"化外"之地。因此清政府的"改土归流"以及对于甘青土司的治理，实质上就是清朝主流价值观向少数民族地区强力推及的过程，即所谓"王化"。它既是国家意志的体现，更是主流社会与非主流社会两种价值观的博弈，是清政府对土司落后性的全面清理。从这一点看，较之明代，清朝主流社会的文明程度在悄然进步；清朝主流社会比以往更注重以主流价值观约束土司，迫使土司的行为限制在国家教化规范内，并逐步引导其向主流价值观靠拢。而土司价值观与主流价值观的日益趋同恰恰是政权认同、国家认同的主要表现，是不可缺少的重要组成部分。

国家认同之四：内地化与边缘化有助于
甘青土司的国家认同

明代西北地区的军事防御线共有两条，一条东起宁夏卫，向西经庄浪卫、河西走廊诸卫延伸至嘉峪关。这条军事防御线主要防御北元蒙古。一条从西宁卫向南，经河、湟、岷、洮、松、叠、宕诸卫所，与四川诸卫相连。后者大体沿着青藏高原与黄土高原的交界带分布。防御线两边分布着大量被明朝称为"熟番"与"生番"的吐蕃各部以及蒙古族、土族、撒拉族、回族等。防御线主要防御的是"生番"，是拉摩铁尔所说的"内陆边疆"。防御线以东的"熟番"大多为明朝西北"土流参治"体系中的土官，防御线以西的"生番"同样接受中央政权的册封，为明王朝所属的"羁縻土司"。

清朝建立后，经过康、雍、乾三朝的努力，清王朝在西北的实际统治范围已将新疆、西藏囊括。甘青地区成为清朝的内陆省份。明代甘青地区的军事防御线基本消失。明代西北地区的"生番"大多已从"羁縻土司"转归于清朝驻西宁办事大臣与驻西藏办事大臣管辖，而"熟番"已完全归并到地方军政机构管理之下。此时无论是"生番"还是"熟番"均已成为名副其实的内地土司，如明代河州"二十四关"大多为军事防御线上的关卡，而清代河州"二十四关"中被保留下来的关卡虽然也具有一定的军事功能，但大多已转变为内地交通要道上的普通关卡，不再具备边防功能。

如果说清代甘青土司的内地化是因为清代地缘政治所影响的话，那么清代甘青土司的边缘化则是在上述多重因素作用下发生的。清代甘青土司的内地化使得土司作为"内陆边疆"守护者的身份丧失殆尽，而甘青土司的边缘化又使得土司在甘青社会中的地位与影响一落千丈。所以无论是甘青土司的内地化，还是边缘化，不仅无法挽回土司没落的命运，相反只能进一步加速甘青土司的衰退。而衰退与没落的直接结果就是促使甘青土司对于中央政权的依赖一步步加深，激活了清代甘青土司的国家认同，加速了甘青土司的国家认同不断向纵深发展。两者呈相反方向发展，却相辅相成，互为转换。

近代西北地区的货币问题考议

西北师范大学历史文化学院　李建国

近代随着帝国主义列强对西北的掠夺和渗透,以及商品经济的发展,西北各地的商贸活动更加频繁,但与此同时,货币体系却一直非常紊乱。改革开放以来,史学界对近代西北的货币问题有了一定的关注,也取得了一些研究成果。但对该问题的总体考察则较少。本文想就此做一些尝试,以就正于学术界。

一

近代之初,西北大部地区主要通行的货币是清官方确定的银两和制钱。太平天国起义爆发后,清政府为筹军费开始发行一两、三两、五两、十两、五十两的官银票,以及五百文、一千文、一千五百文、二千文的大清宝钞。同时,还铸当五、当十、当五十、当百、当五百、当千铜钱和当一、当十的铁钱。[1] 滥发货币导致了货币贬值,"咸丰初年,银一两,易钱七千余,同治初,易至十千,光绪初,至十七千"[2]。光绪时,广东开始铸造银元、铜元,后各省也陆续铸造。1905年清政府成立了户部银行,发行库平银一百两、五十两、十两、五两、一两银票。1907年清政府准邮传部设立交通银行,印刷通行银纸,分百元、五十元、十元、五元、一元。后两行既发银两券,也发银元券。因各省所铸银元、铜元式样各殊,平色不一,1910年清政府规定:一元银币重库平七钱二分,含纯银九成;铜币分

---

[1] 杨瑞六:《清代货币金融史稿》,武汉大学出版社2007年版,第101页。
[2] 徐珂:《清稗类钞》第2册,中华书局1984年版,第532页。

4种，二分、一分、五厘、一厘，含铜八成。

清末西北流通的地方性货币主要有南疆的普尔钱（红铜钱）。普尔钱早在准噶尔蒙古统治时就在当地流通，"重一钱四、五分至二钱不等"。乾隆时铸新普尔钱，"重二钱，后改为一钱五分，后又改为一钱二分"①。太平天国起义后，因协饷难以为继，在新疆出现了六局同时并开，疯狂赶铸大钱的浪潮，普尔钱因所铸太多，由原50文折银1两跌到220文折银1两。② 1884年新疆建省，官钱局在迪化发行油布帖，在喀什、阿克苏发行花票。1908年新疆官钱局改组，开始发行纸币老龙票。伊犁将军府还发过伊贴（每两值现银约4钱），塔尔巴哈台参赞大臣还发过塔贴（每两值现银2钱余）。新疆地方还铸有"五钱、一钱二项之小洋银"③。清末新疆还发行过少量金元（因上有"饷金"二字也称饷金），有一钱、二钱两种（每钱约值银3两）。

陕甘地区地方自行发行货币较迟，1854年陕甘总督因协饷不到，奏准在兰州设局，铸当五百、当千紫铜大钱和当五十、当百黄铜大钱。1856年又改铸当五、当十大钱，铜色黄、紫各半。1857年又增铸八分钱，1864年兰州铸币局撤销。④ 1906年甘肃官银钱局成立，发行兰平银票30万两，钱票15万串，后发行量增至50万两。陕西1854年也奏准设立官银钱号铸铁钱，因官员舞弊一度被查处停办。1864年又恢复开铸，搭放钱票，因民怨太大停止。1877年因陕西大旱，钱粮只得停征，为解决军饷，官银钱号又发行钱票，不久以后停止。⑤ 1894年陕西官银钱局成立（后更名为秦丰官银钱局），发行制钱票20万串（折银10万两），面额有一串、二串、五串，与制钱同时流通。1895年又增发钱票20万串。⑥ 清末新政后，甘肃、青海藏区还流通由川滇边务大臣委托四川造币局，为川滇边藏区铸造的半两银元（俗称藏洋），每枚重约10.5克，含银率达90%。

---

① 曾问吾：《中国经营西域史》（中编），商务印书馆1936年版，第287页。
② 曾问吾：《中国经营西域史》（中编），第289页。
③ （清）方希孟：《西征续录》，甘肃人民出版社2002年版，第132页。
④ 甘肃省地方志编纂委员会：《甘肃省志》（大事记），甘肃人民出版社1989年版，第192页。
⑤ 杨瑞六：《清代货币金融史稿》，武汉大学出版社2007年版，第60页。
⑥ 西北大学历史系：《旧民主主义革命时期陕西大事记述》，陕西人民出版社1984年版，第82页。

最早在西北流通的外币是南疆地区的安集延小洋。阿古柏入侵新疆后，开铸名曰天罡的银元。俄、英垄断南疆贸易后，沙俄为了操纵新疆经济命脉，1900年在南疆喀什噶尔设立华俄道胜银行分行，1903年又在伊犁设立分行。后又陆续在塔城、迪化、吐鲁番、巴里坤、莎车等地设立分支机构或代理处。沙俄通过放贷、汇兑、贸易结算等，使其卢布在新疆大量流通。华俄道胜银行还在中国发行纸币，新疆省境内流通的，就有伊犁、塔城、喀什及新疆全省通用的4种地名纸币。在甘青藏区，由于藏传佛教的僧侣往来和商贸活动等原因，也有将英属印度政府发行的货币带回使用的。

辛亥革命后，1912年3月经南京临时政府批准，发行"一千万上刊第一期大总统肖像"纪念银币[①]。袁世凯出任总统后，1912年7月设立了币制局，铸造印有袁世凯头像的银元，这些银币也开始在西北地区流通。但因当时西北大小军阀割据，把发行货币作为捞钱的法宝，各地大小军阀自行铸造、发行的货币名目繁多。南京国民政府建立后，为控制全国的金融命脉，1928年10月5日成立了中央银行，1932年开始废两改元，着手统一货币工作。但不断遭到地方军阀阻挠，西北各地滥发货币的状况依然如故（见表1）。

表1　1912—1936年西北各省货币发行情况

省份	货币发行机构	起止时间	发行货币种类
陕西	秦丰银行	1912—1917	银两券，兑换铜元和制钱币券
	富秦银行	1917—1927	发行一两、二两、三两、五两、十两银票；发行一元、三元、五元、十元银元券
	陕北地方实业银行	1930—1936	不详
	陕西省银行	1930—1936	发行辅币券
甘肃	甘肃官银号	1913—1923	发行一两、二两、五两、十两银票；铸造铜元，银一两兑铜元二十串

---

① 中国人民银行总行参事室：《中华民国货币史资料》（第一辑），上海人民出版社1986年版，第15页。

续　表

省份	货币发行机构	起止时间	发行货币种类
甘肃	甘肃平市官钱局	1914—1936	兑换铜币、制钱;发行铜元券;收回甘肃农工、富陇银行发行的铜元券、钞票,并发行新铜元券,分十枚、二十枚、五十枚、一百枚;发行面额五角辅币500万元
甘肃	甘肃陇南军阀孔繁锦	1921—1925	仿四川铜元,开铸当五、当二十、当五十、当百铜元
甘肃	甘肃省银行	1923—1928	一元、五元、十元银元票
甘肃	甘肃农工银行	1928—1931	发铜元票,收回银元票
甘肃	富陇银行	1931—1932	将原西北银行钞票加盖富陇银行印记后流通
新疆	殖边银行	1915	不详
新疆	喀什行政公署	1933	发行纸币(俗称"马绍武票")
新疆	和田行政公署	1934—1936	发行纸币(俗称"马虎山票")
新疆	新疆省银行（一度改组为新疆商业银行）	1930—1936	发行十两、五十两的省票;发行面额三千两、四千两的银票;发行一元、三元、五元、十元新省币
宁夏	宁夏银行	1931—1936	借用原西北银行和甘肃的省钞维持;发新纸币
青海	青海平市官钱局	1929—1936	发行维持券;仿四川造币厂货币铸藏银元、铜钱

本表主要根据张令琦:《解放前40年甘肃省金融货币简述》,《甘肃文史资料选辑》第8辑(甘肃人民出版社1980年版);潘祖焕:《近五十年前后新疆货币概况》,《新疆文史资料选辑》第8辑(新疆人民出版社1987年版);魏永理主编:《中国西北近代开发史》(甘肃人民出版社1993年版)等相关资料编制。

这一时期,对西北地区影响最大的外来银行是西北银行。1924年10月冯玉祥发动北京政变后日益遭到张作霖排斥,后被段祺瑞任命为西北边防督办。1925年4月为解决军政机关的款项存储等问题,冯玉祥在张家口成立了西北银行。1925年秋冯玉祥部国民军，借甘肃军阀为争督军内讧入甘，1926年初西北银行分行在兰州成立，发行一元、五元、十元纸币。五原誓师后国民军入陕，西北银行又接管了富秦银行，成立西北银行陕西分行。1927年11月，又成立了西北银行宁夏支行。蒋冯阎大战冯玉祥失败后，西北银行在西北各地的业务终止。此外，1936年边业银行随东北军进入西北，在西安设立分行，主要办理东北军军需款项和一般业务，西安事变后停业。

辛亥革命后，外国在西北地区的金融机构主要是华俄道胜银行。因沙俄借助不平等条约在新疆贸易不纳税，俄货得以大肆倾销，新疆百姓"起居服用，几渐俄化，俄商亦林林总总，漫布天山南北"。"此时道胜银行之在新，不啻俄方唯一之金融大本营"，"而各地之俄币流入，亦几如水银泻地"。1913年起，又发行不兑换的金卢布纸币。"就伊犁、塔城、喀什噶尔三行所发之纸币而言，已有五百万卢布。"① 1917年12月28日苏联政府颁布银行国家专营令，道胜银行股东在法国巴黎设立总行，成立了新董事会。1926年9月24日，巴黎董事会电令上海道胜银行总局转令各分行9月25日正午闭市，9月30日中国政府决定清理中国境内道胜银行各分行，10月17日中国政府正式公布了清理中国境内道胜银行章程实施细则，至此道胜银行完全退出我国西北地区。②

二

1935年11月4日南京国民政府宣布推行法币政策，但在西北地区推行时却步履艰难。据中央、中国、交通3行西安分行报告：在陕西召集商会、钱业公会谈话，商讨原有现金封存问题，"讵有少数商人发言反对，虽经剀切解释，仍属顽强固执，讨论未终，遽行哄然而散"。市面"现金照常行使，法币已有折扣，每千元差百元左右"。而陕西省政府对推行法币也不热心，"明定省钞作为法币，与中、中、交法币同样行使"。陕西省银行则致电财政部，以"陕省地处边区，中、中、交三行设立尚浅，人民认识未真"为由③，反对将发行准备金移交。而甘肃则是半推半就，宁夏、

---

① 中国人民银行总行参事室：《中华民国货币史资料》（第一辑），第945页。
② 中国人民银行总行参事室：《中华民国货币史资料》（第一辑），第923页。
③ 中国人民银行总行参事室：《中华民国货币史资料》（第二辑），第221页。

青海、新疆地方当局则大力阻挠。但南京国民政府为强化对西北的控制，则不断努力将其金融势力向西北渗透。

抗日战争爆发后，国民政府逐步将陕西农贷业务向中央、交通、农民3大银行在陕西的分支机构转移，到1940年陕西银行、私营商业银行农贷、合作社贷款业务一律归并到3行。1941年又全部并到农民银行西安分行。1944年陕西各县的合作金库经营的农贷等业务，一律并入农民银行西安分行所属分支机构，这样陕西金融基本被控制。甘肃平市官钱局1935年时已代理国库支库52处、县库69处，因业务扩大，原曾拟设立甘肃农民银行，但因中国农民银行兰州分行成立而告吹，所印270万元纸币全部销毁，并由农民银行兰州分行经理兼任甘肃平市官钱局总局经理，1939年又将甘肃平市官钱局改组为甘肃省与财政部合资的甘肃银行。[①] 国民政府中央金融势力也逐步进入宁青新3省，1938年农民银行开始在宁夏设立分行，1939年中央银行宁夏分行、中国银行宁夏分行先后成立。农民银行1938年在青海设立了西宁支行，同年6月中国银行在西宁设立办事处，1940年中央银行西宁分行成立。1943年冬中央银行在新疆哈密设立分行，1944年元月中央银行又在迪化设立分行。抗日战争时期，中、中、交、农4行在西北5省势力有了较大增长（见表2）。

表2 中、中、交、农4行在西北五省机构设置情况

	中央银行	中国银行	交通银行	中国农民银行	总计
陕西	9	9	10	9	37
甘肃	6	6	5	4	21
新疆	2	0	0	0	2
宁夏	1	1	1	1	4
青海	1	1	0	1	3
总计	19	17	16	15	67

本表数据主要根据魏永理主编《中国西北近代开发史》（甘肃人民出版社1993年版），第455页的资料。

---

① 张令琦：《解放前四十年甘肃金融货币简述》，《甘肃文史资料选辑》（第8辑），甘肃人民出版社1980年版，第138—140页。

随着4行在西北的扩张，法币首先在陕甘两省推开。但民间使用银两、金属及其他货币的现象仍很普遍，特别是在边远地区，人们对法币的认可程度不高。甘肃拉卜楞一带，法币虽"渐通行，但暗中与现洋价值，相差约十分之一"①。宁夏和青海在推行法币方面是半推半就，视军阀自身的利益而定。1938年5月宁夏才正式宣布禁止省钞，使用法币。而青海大部地区民众对法币知之甚少，如在青海玉树，"所用货币皆西康所铸银币，名约藏洋，但西康所用者尚为整个，至玉树则初切为两半，次切为三块，并将中间一块取去，故人名为滥钱，出玉树即不能用"②。新疆盛世才长期排斥蒋系势力，国民党中央用各种方式才将法币输入到新疆，确定了法币与新币的比价为5：1，与新币一起流通。③

抗日战争期间，国民政府为解决财政困难，先企图"发行不兑外汇之货币"，但恐"造成两种不同之币制，影响法币信用及外汇甚大"，因而"不若空发法币五万万至十万万"。④ 在这种指导思想下，国民政府无准备金发行货币造成了严重的通货膨胀。1939年3月在第二次地方金融会议上，国民政府为缓解通货膨胀的压力并协调与地方的利益，允许战区省或地方银行发行1元券或辅币券，给陕西省银行3万元指标，给甘肃省银行1万元指标。⑤ 实际到1940年8月，陕西省银行已发面额最高为10元的货币及面额为10分的辅币总计450万元，实际流通360万元。甘肃省银行到1944年3月，发行辅币券共1010万元，实际流通808万元。宁夏省银行到1943年12月，发行铜元券和辅币券共21万余元。⑥

1948年8月南京国民政府为筹内战经费发行金元券，并以1：300万比价收兑法币，同时收兑民间的金、银、银币、外币。声称"采实足准备制"，但实际如美国大使所说："就是以印刷机器应付未来数月中的亏空的权利。"⑦ 强行收兑的实质就是搜刮百姓，所以金元券一发行即遭到抵制，

---

① 马鹤天：《甘青藏边区考察记》，甘肃人民出版社2003年版，第59页。
② 马鹤天：《甘青藏边区考察记》，第327页。
③ 中国人民银行总行参事室：《中华民国货币史资料》（第二辑），上海人民出版社1991年版，第727—729页。
④ 中国人民银行总行参事室：《中华民国货币史资料》（第二辑），第284页。
⑤ 中国人民银行总行参事室：《中华民国货币史资料》（第二辑），第308页。
⑥ 中国人民银行总行参事室：《中华民国货币史资料》（第二辑），第318—319页。
⑦ 中国人民银行总行参事室：《中华民国货币史资料》（第二辑），第595页。

西安、兰州皆强调"有延长兑换期限之必要"①。青海拒绝使用金元券。而新疆为弥补财政亏空，1948年8月起又发行面额10万的省币。1949年2月陕西大部被解放，甘肃地方当局为防止金、银外流，发布了限制白银、黄金流出令。4月因金元券崩溃，甘肃省银行发行面额为1角、5角两种银元本票100万元以应急。② 同年6月，甘肃省造币厂开始铸造民国三年袁世凯头像银元，宣布5亿元金元券兑换1个银元。1949年春新疆的省币、金元券已无信誉，金元券在市面被拒用，"一般民众，群持钞来行（中央银行迪化分行——引者注）吵闹，要求兑现"③，金元券彻底破产。1949年7月西北长官公署奉南京国民政府之令，在西北发行银元券，但此时银元券已发行不出去了，连国民党政权自己的军政机关都不愿意要。

三

近代西北地区滥发行货币现象严重，货币体系极端混乱，其主要表现有以下几个方面：首先，货币种类繁杂。清末，西北的南疆地区流通红铜钱，在甘青藏区，各地也有自己的货币计算办法。如银两在青海不少地方以"秤"为计量单位（每"秤"约合50两），在果洛则白银以"主"为计量单位，1"主"合3个"嘉达尔"（每"嘉达尔"为5钱）等。④ 太平天国起义爆发后，伴随着清中央和地方政府为解决财政问题滥发货币，西北地区货币混乱不断加剧，如陕西的钱票，甘肃的大钱、八分钱，新疆的油布票、花票、老龙票、伊帖、塔帖、小银洋，等等。俄国和英属印度的货币，也随着列强对西北侵略的加剧，逐渐渗入西北地区。到北洋军阀时期，西北地区货币的混乱达到了极点。抗日战争时期，这种局面一度有所好转，但在地方军阀阻挠下，以及民族地区的一些特殊因素，国家的货币统一实际无法实现。后随着法币的迅速贬值，法币越来越被人们抛弃，人们又愿意借助于各种各样的旧有金属货币进行交易。

其次，货币币值不稳。清末因白银外流及政府借发货币以维持财政，

---

① 中国人民银行总行参事室：《中华民国货币史资料》（第二辑），第581页。
② 甘肃省地方志编纂委员会：《甘肃省志》（大事记），第315页。
③ 中国人民银行总行参事室：《中华民国货币史资料》（第二辑），第733页。
④ 俄合保：《果洛若干史实的片断回忆》，《青海文史资料选辑》（第9辑），青海人民出版社1982年版，第130页。

造成银钱比价失衡不断加剧，银贵钱贱长期困扰着人们。地方政府发行的货币信誉更差，如当时新疆所发的纸币伊贴、塔贴很快贬值，到民国初年伊贴每两约值现银4钱，塔贴每两仅值现银2钱余。民国以后，大小军阀都把发货币作为敛财手段，铸劣币、滥发纸币，使得不少货币毫无信誉可言。青海马麟因滥发维持券，导致1935年官钱局无法维持撤销，宣布每元维持券以现银2角收兑，5天后又借口维持券因"破损很多，连日兑换中发现假券，自即日起停兑"①。宁夏马鸿逵长期滥发货币，致使"宁夏市场上的物价，昂贵异常"，普通民众"无不叫苦连天"②。新疆到1949年5月累计发行新省币657216249.7亿元，竟出现了面额60亿元的货币。③ 国民政府发行的法币，如以1937年6月法币发行为基数，1945年8月发行指数已达394.84，到1946年2月又暴增到864.19。④ 滥发货币导致物价大幅上涨，如西宁到抗日战争结束时物价上涨达1250倍。⑤

再次，币值混乱，换算复杂。到清末时，银两与制钱实际比价与官方规定的比价差距很大，至于清末发行的银票、大钱，实际比价很混乱。民国后，西北各地所发的纸币比价更为混乱，如新疆省银行盛世时才发行的十两、五十两的省票，是无法兑现的，1935年又发行了三千两、四千两银票。即使当时西北流通的各种银币，实际比价也很难计算，不同时期、不同省份所铸银元成色相差悬殊。如甘肃在国民军统治时期，冒用他人牌号所造的袁世凯头像、孙中山头像银元，含银率向来没高出过82.5%，有的只有70%，有一次受青海委托仿造的溥仪头像藏洋，含银率仅为50%。⑥ 币值换算复杂对民众生活以及商贸经济影响很大，如清末要到新疆，"制钱用至瞭墩，去哈密仅四站。在西则用天罡"，"然买物皆以银论，碎屑零星，极为不便"⑦。甚至同为甘肃一省，若去藏区许多货币根本不能用。普通民众，特别是在民族地区，因对五花八门的货币难以弄清，为防奸商欺

---

① 青海省志编纂委员会：《青海历史纪要》，青海人民出版社1980年版，第126页。
② 范长江：《中国的西北角》，上海书店1991年版，第302页。
③ 董翔：《试论晚清、民国时期新疆纸币的特点及历史作用》，《新疆师范大学学报》2004年第2期。
④ 洪葭管主编：《中国金融史》，西南财经大学出版社1993年版，第377页。
⑤ 中国人民银行总行参事室：《中华民国货币史资料》（第二辑），第383页。
⑥ 金小唐：《甘肃造币厂纪实》，《甘肃文史资料》（第8辑），甘肃人民出版社1980年版，第121—122页。
⑦ 方希孟：《西征续录》，甘肃人民出版社2002年版，第132页。

诈，他们多喜好使用价值相对稳定的金、银。

最后，外国势力的指染。近代以前西北外币流入，主要是贸易顺差造成的，是贸易活动中的副产品，加之清王朝为防止白银外流"藩邦"，大宗贸易多用以物易物，如在西北地区的茶马贸易、新疆的绢马贸易，故外币流入量有限。后来性质发生了根本性变化，特别是1865年阿古柏入侵南疆后，在新疆发行所谓阿古柏普尔、阿古柏天罡银币、阿古柏铁刺金币，清王朝发行的货币反被排斥出新疆，其罪恶目的昭然若揭。1871年沙俄占领伊犁后，在伊犁地区大力推广俄贴等货币。后俄国又组建道胜银行，在伊犁、塔城、喀什噶尔设立分行，发行不兑换的金卢布纸币。这些外来金融机构，不仅破坏中国主权，而且大肆掠夺中国百姓。如在1917年俄国爆发十月革命，道胜银行改组，在新疆所发数百万纸币等同于废纸，"民间有怀藏巨量卢布者，竟不值一文。智者遂多以卢布为五彩游戏纸，或作糊壁之鉴赏品"①，道胜银行对民众的掠夺可见一斑。

西北地区的货币混乱，从国家层面而言是与国家政局的动荡，以及货币体系的落后有关。中国社会的近代化是随着西方势力的入侵起步的，是被强行卷入世界资本主义经济体系之中的。在这种局势下，封建自然经济时代的传统货币体系，已明显无法适应近代社会的需要，建立新的货币体系成为必然。但直到清王朝实施新政时，才开始编制财政预算，设立新式银行，出现了一些近代的气象，但为时已晚。辛亥革命后，南京临时政府曾议整顿币制，袁世凯当政后，1912年7月设立了币制局及币制委员会，1914年2月8日正式公布了《国币条例》，但均因政局动荡而失败。南京国民政府建立后，1932年着手进行废两改元，逐步开始统一货币工作。1935年11月国民政府又公布了新币制改革方案，取消银本位制，推行法币政策。1936年11月又颁布了辅币条例，从制度上完成了国家货币体系的统一与近代化。但因抗日战争爆发后的特殊环境，一些地方势力为了自身利益对统一货币的阻挠，以及法币快速贬值等原因，直接影响了国家货币统一的进程。这种局面使得地理位置相对偏远、民族众多的西北地区，货币的统一与近代化步履就显得更为艰难。

西北货币的混乱也与自身社会状况，及生产力水平落后有关。西北为贫困之区，财政自给能力差，对中央政府补贴依赖度大。自清乾隆中期后

---

① 中国人民银行总行参事室：《中华民国货币史资料》（第一辑），第945页。

对甘（包括宁青）、新地区就实行协饷制。太平天国起义后协饷制一度遭到破坏，地方督抚只得依靠发行货币来解决部分眼前困难。1885年清政府为支持新疆建省，规定新疆、伊犁、塔城3处年协饷额为336万两。1904年因财力不济，核减为298万两，但协饷仍常无法足额解到，[①]而这时甘肃的协饷更是难以为继，导致了地方政府对中央离心力加大，并把发行货币作为维持财政的法宝。北洋政府时期，甘、新协饷则基本断绝，西北各省大小军阀穷兵黩武，更是将财权视为生死攸关之事。以甘肃为例，1915年到1919年甘肃省财政支出中，每年军费所占比重分别为54.9%、58%、65.98%、70.5%、63.33%（以上百分比数据，是根据杨思所撰《甘肃通志稿·财赋六·会计类》卷41的有关数据计算得出）。军阀除了百般搜刮百姓外，就是在货币上想办法。南京国民政府名义上统一国家后，西北地方势力为了自身利益，对于财权是不愿轻易放弃的。如驻守榆林的陕北军阀高双成部，1942年仍用陕北地方实业银行的名义发行货币。而陕西各县银行也"私擅发行小额本票或兑换券"[②]。

此外，西北地区的民族、历史等一些特殊因素，也对西北地区货币的混乱有较大影响。西北是多民族聚居区，不同民族间因历史和自然环境等原因，社会风俗文化、经济发展水平差别较大，故历代政权为顺应当地的社会发展水平，对民族地区的统治多是采取因俗、因地而治。在这种历史条件下，政府在货币政策方面，也采取了很大的灵活性。如新疆南疆的普尔钱，就是清政府采取了对原来该地区流行的货币进行适当的改造，利用其为当地的社会经济服务。在甘青藏区流通的藏洋，也是清末为了照顾当时藏区的社会发展水平，满足少数民众的需要而允许铸造的。这些措施虽在一定程度上满足了当时当地的需求，但对国家货币体系的统一和近代化，其负面作用也是毋庸置疑的。

综上所述，我们可以看出近代西北地区的货币体系极其混乱，这种状况反映出了中国近代社会的动荡、近代西北社会经济整体发展水平的落后，以及西北各民族间的社会发展不平衡。西北地区货币的混乱，对西北地区的民众日常生产、生活，特别是对西北内部、外部商贸经济活动产生了许多不利影响，严重地制约着当地社会经济的发展。但从另一方面来

---

① 曾问吾：《中国经营西域史》（中编），商务印书馆1936年版，第623页。
② 中国人民银行总行参事室：《中华民国货币史资料》（第二辑），第392页。

说，这种现象又是与近代西北社会经济的发展，特别是近代市场经济的不断发育有关。总体来看，在西北一些边远、民族地区，货币日益取代传统的以物易物已成为一种趋势，人们对货币的依赖度也在不断强化。正因如此，才推动着西北地区的货币体系不断向近代化方向演化。只是由于西北地区特殊的自然、人文环境，使得西北地区货币体系向近代化迈进的步伐显得更为缓慢。

明代甘肃镇边境保障体系述论

西北师范大学历史文化学院　田澍

甘肃镇是明朝特殊的边境保障地区，在明王朝的国防体系和对外贸易中具有其他边镇不可比拟的作用和难以替代的功能。这一问题在明史和边疆史研究中常被忽略，少数文章涉及该问题时，也只是泛泛而谈。本文专门研究这一问题，敬请专家指正。

甘肃镇的独特地位

朱元璋于1368年在南京登基称帝，大将徐达率兵北伐，攻占元大都。元顺帝逃往北方草原，统帅扩廓帖木儿（即王保保）从山西逃往甘肃。洪武五年（1372），朱元璋任命冯胜为征西将军，领兵进剿甘肃境内的元朝残余。西征军势如破竹，迅速向河西地区推进，甘肃境内的元朝残余被消灭殆尽。冯胜西征军行至瓜（今甘肃安西）、沙（今甘肃敦煌）而归。从此以后，便形成了明廷在西北的疆域格局，嘉峪关以西的广袤地区难以为明王朝绝对控制。这样，甘肃镇成为明王朝的边防前哨和对外交往的窗口，战略地位日益突出。

尽管朱元璋推翻了元朝在长城以南的统治地位，仍不能再现昔日元朝所拥有的广阔疆域。明王朝与北元的军事对抗构成了有明一代北部边疆的基本格局。甘肃镇北有蒙古，西有诸番，朱元璋担心两者如若联合起来共同对付明朝，那将会造成严重的军事危机，西北地区永无宁日。《明史·西域传》载：朱元璋"甫定关中，即法汉武创河西四郡隔绝羌、胡之间，建重镇于甘肃，以北拒蒙古，南捍诸番，俾不得相合"[①]。甘肃便成为明代

[①]　《明史》卷330《西域传》，中华书局1974年版，第8549页。

九镇之一。《明史·兵志》对明朝沿边设镇的原因及其九镇的分布有一段概括性的论述："元人北归,屡谋兴复。永乐迁都北平,三面近塞。正统以后,敌患日多。故终明之世,边防甚重。东起鸭绿,西抵嘉峪,绵亘万里,分地防御。初设辽东、宣府、大同、延绥四镇,继设宁夏、甘肃、蓟州三镇,而太原总兵治偏头,三边制府驻固原,亦称二镇,是为九边。"[1] 九边亦称"九镇",是明朝在北部与北元势力对峙沿线的九大防御区。各镇皆派重兵防守,形成了北部边防的鲜明特色。

在九镇之中,甘肃镇位于最西端。其"夹以一线之路,孤悬两千里,西控西域,南隔羌戎,北遮胡虏"[2],"近而藩垣四镇,远而纲领九边,通玉帛于天方,列氈庐于疆场,黄河、黑水、昆仑、崆峒际天极地,巍然一大镇也"[3]。特别是甘肃镇内外复杂的民族关系,使其在九镇中更具特殊的政治地位。弘治六年(1493),明孝宗对经略甘肃守臣说:"盖以本朝边境唯甘肃为最远,亦唯甘肃为最重。祖宗于此屯兵建阃,非但制驭境外之生夷,亦以抚绥境内之熟羌也。"[4] 所以说,甘肃镇是明朝西北边疆的战略要地。

虽然甘肃镇远离京师,不像宣府、大同诸镇那样直接影响着北京的稳定与安危,但它仍然与京师的稳定与安危息息相关。《肃镇志》中言:甘肃镇"关乎全陕之动静,系夫云晋之安危。云晋之安危关乎天下之治乱"[5]。一旦"甘、凉失守,则关中亦难保其不危"[6]。只有甘肃"守备得安,而贼之出没可以预知,非唯庄浪、甘肃地方保无虞,而中卫、靖远、兰州等处亦不被深入打扰之害也"[7]。明人将甘肃镇比作九镇之中的"踵足",以说明它的重要性,认为"京师犹人之腹心也,宣、大项背也,

---

[1]《明史》卷91《兵志》,中华书局1974年版,第2235页。
[2](明)程道生:《九边图考·甘肃》,《中国少数民族古籍集成》第4册,第295页。
[3](清)钟赓起:《甘州府志》(乾隆四十四年刊本)卷13《艺文志》,《中国历代方志集》,第445页。
[4]《明孝宗实录》卷74,弘治六年四月己酉,台湾"中研院"历史语言研究所校印本1962年版,第1392页。
[5]《肃镇志》(顺治十八年抄本)卷1《地理志》;《肃镇志》(顺治十四年抄本)卷1《地理志》,《中国历代方志集》,第35页。
[6](明)马文升:《为预防虏患以保重地方疏》,《皇明经世文编》卷163,中华书局1962年版,第526页。
[7]《永登县志》(民国抄本)卷3《艺文志》,《中国历代方志集》,第25页。

延、宁肢体也，甘肃踵足也"①。查继佐在《罪惟录》中进一步描述道："若以地之轻重论，诸边皆重，蓟州、宣、大、山西尤重。何则？拱卫陵寝，底定神京，宣、大若肩背，蓟、晋若肘腋也。以守之难易论，诸边皆难，而辽东、甘肃尤难。何则？辽东僻远海滨，三面皆敌；甘肃孤悬天末，四面受警也。"② 而在万历以前，甘肃镇的防守最难。明臣杨一清在弘治年间说："甘肃一镇，自兰州渡河，所辖诸卫绵亘两千里，番房夹于南北一线之路。其中肃州嘉峪关外，夷羌杂处，寇盗无时，自昔号为难治。"③ 所以说建立与甘肃镇战略地位相适应的、完备的边境防御体系是至关重要的。

甘肃镇的组织管理体系

根据甘肃镇周边情势，建立一套完备的组织管理体系，以增强抵御外部敌对势力侵逼的能力，是明朝统治者所要解决的首要问题。当然，要建立这样一套完备的组织管理体系，并非朝夕所致。换言之，甘肃镇的组织管理体系是逐渐形成的。

在平定甘肃的过程中，明朝先后在各地设立卫所的军事制度，用来加强对占领区的控制，如河州、岷州、凉州、西宁等卫，洮州、西固城等千户所。洪武七年（1374）七月，在河州府设置西安行都卫，管辖河州、朵甘、乌斯藏三卫。次年十月，将西安行都卫更名为陕西行都指挥使司。洪武九年（1376），朱元璋进行机构调整与改革，罢撤了陕西行都指挥使司，由设在西安的陕西都指挥司遥控广袤的甘青地区的卫所。后因该地区内诸族叛服无常和北元各部的屡屡进犯，明廷又不得不从体制上强化对甘肃镇的管理。洪武十二年（1379），朱元璋下令恢复陕西行都指挥使司的机构，并将其治所由河州移至庄浪（今甘肃永登）。这一举措表明了明朝对甘肃镇战略地位的重新审视，认识到了它所具有的独特的国防地位。但是，以庄浪作为陕西行都指挥使司的治所，仍然难以有效地管理甘肃镇。于是，在洪武二十六年（1393），明廷又将其治所西移至适中的甘州（今

---

① （清）钟赓起：《甘州府志》卷13《艺文志》，《中国历代方志集》，第445页。
② （清）查继佐：《罪惟录》卷12《九边表总论》，北京图书馆出版社2006年版，第517页。
③ （明）杨一清：《论甘肃事宜》，《皇明经世文编》卷19，中华书局1962年版，第1137页。

甘肃张掖），使其便于东西兼顾，并根据敌情，迅速作出反应。从此以后，陕西行都指挥使司的治所再未变更，说明选择甘州为其治所是适宜的。这样，甘州便成为明代甘肃镇的"总会之地"，是明代经略甘肃的大本营。

陕西行都指挥使司上隶右军都督府，下辖十二卫和三个千户所，兹列表加以说明①：

卫所名	初设时间	废置情况	今名	与甘州的距离(里)
甘州左卫	洪武二十三年	洪武二十七年罢，次年复置	张掖	——
甘州右卫	洪武二十五年	——	张掖	——
甘州中卫	洪武二十五年	——	张掖	——
甘州前卫	洪武二十九年	——	张掖	——
甘州后卫	洪武二十九年	——	张掖	——
肃州卫	洪武二十七年	——	酒泉	510
山丹卫	洪武二十三年	——	山丹	180
永昌卫	洪武十五年	——	永昌	310
凉州卫	洪武九年	——	武威	940
镇番卫	洪武二十九年	建文元年罢，永乐元年复置	民勤	550
庄浪卫	洪武五年	建文中改卫为千户所，永乐元年复改为卫	永登	940
西宁卫	洪武六年	——	西宁	1350
镇夷所	洪武三十年	建文二年罢，永乐元年复置	高台县西北	300
古浪所	正统三年	——	古浪	640
高台所	景泰七年	——	高台	160

---

① 此表依据《明史·地理志》、《明史·兵志》及《镇番县志·地理志》（道光五年刊本）等资料编制而成。

设立陕西行都指挥使司和卫所等军事机构管理河西,是明朝的独创。明臣马文升说:"甘、凉地方,诚为西北之重地也。汉、唐之末,终不能守,而赵宋未能得。至我朝复入职方,设立都司,屯聚重兵。"① 在陕西行都指挥使司的基础之上,明廷又不断地增设巡抚、总兵官、镇守太监等官职和连续地派遣重臣巡视甘肃或专督兵马,建立了一套"文经武纬,杜渐防危,提纲振目"的完备的制度②。现将甘肃镇所设职官及其职守列表说明如下③:

职 官	职 守
巡抚都御史	(1)操练军马;(2)抚绥军士;(3)修理城池、墩台、关堡;(4)整饬器械、盔甲,兼理粮储,均公灌田水利;(5)严禁私禁贩卖;(6)查验朝贡番使,羁縻番夷
镇守太监	(1)监督军事将领,协赞军事行动;(2)安抚番夷,查验贡使
镇守总兵官	(1)操练军马;(2)抚恤士卒;(3)修理城池;(4)防御番虏
协守甘州左副总兵官 分守凉州右副总兵官	(1)操练军马;(2)修理城池,督瞭墩台;(3)防御虏寇,抚治番夷
分守庄浪左参将	(1)操练军马;(2)抚恤军士;(3)修理城池;(4)防御贼寇
游击将军	(1)操练军马;(2)抚恤军士;(3)驻扎永昌,在东至庄浪,西至甘州一线往来应援,剿杀贼寇
整饬西宁兵备副使	(1)兼管庄浪、古浪、凉州、镇番等五卫所,并巡历所辖卫所;(2)抚治番夷;(3)整饬兵备,修理城池;(4)剖理词讼,纠察不法

---

① (明)马文升:《为预防虏患以保重地方疏》,《皇明经世文编》卷63,中华书局1962年版,第525页。
② 《肃镇志》(清顺治重修本)卷2《建置》,台北成文出版社有限公司1970年版,第33页。
③ (明)魏焕:《皇明九边考》卷9《甘肃镇》,台北华文书局,嘉靖刻本影印,第353—360页;镇守太监职守根据《明实录》有关记载概括而成,该职于永乐年间初设,嘉靖十八年裁革。

续　表

职　官	职　守
整饬肃州兵备副使	(1)居住肃州,兼管永昌、山丹、甘州、高台、镇夷等九卫所,并巡历所辖卫所;(2)整饬兵备;(3)抚治番夷;(4)参奏贪酷残害军士的所属军职;(5)催督分守等官,相机截杀出没的番夷
守备镇番地方官 守备西守地方官	(1)操练军马;(2)修理城堡,督瞭墩台;(3)防御房寇,遇警相机战守
守备镇羌堡地方官	(1)守备统领六百军士驻扎镇羌堡,由庄浪分守官节制;(2)把总指挥统领四百名军士,驻扎岔口堡,由镇羌守备官调遣
守备红城子地方官	(1)操练军士;(2)修理城池;(3)抚恤士卒,遇警相机剿杀;(4)由分守庄浪参将节制
守备永昌地方官	(1)操练军马;(2)抚恤军士;(3)修理城池墩台;(4)防御贼寇
守备洪水堡地方官	(1)操练军马;(2)抚恤下人;(3)修理城池;(4)防御番房;(5)劝督耕种;(6)严谨烽燧;(7)遇警调兵相机截杀
守备山丹地方官 操守镇夷地方官 镇守高台地方官	(1)操练军马;(2)保固城池;(3)防御贼寇
甘肃领班备御官 凉州领班备御官	管领上班、下班官军

从上表中可以看出,甘肃镇各类职官共同职责主要有四个方面：一是操练军马；二是修筑防御工事,包括墩台、城池和关堡；三是安抚番夷；四是防御北元,并截杀入寇之敌。这四个方面将练兵、防御、安抚、围剿包容于一体,表明明朝统治者在护卫其边疆方面所具有的严密性、实用性和创新意识,为明以前诸中原王朝所不及。正如明臣陈洪谟所言："自古据有河西,修饬武备,羁縻羌戎之法,唯本朝最为精密。"[①]

[①] （明）陈洪谟撰,盛冬铃点校:《继世纪闻》卷6,《元明史料笔记丛刊》,中华书局1985年版,第109页。

甘肃镇内部防御体系

由于河西地区地形复杂、土旷人稀和大部分卫所分布在长城一线，因而，在建制设官防守的同时，还必须因地制宜，建立有效的防御工事，以弥补军事力量的不足。明廷在河西的防御体系主要是由墩堡、驿站和边墙三部分组成的。

（一）墩堡

甘肃镇原额兵员不足 10 万，其中大部分兵力必须布置在甘州、肃州、凉州、镇番、西宁等军事要地。为了解决有限的兵力和处处设防之间的矛盾，修筑便于防守的工事势在必行。正由于此，修治城池墩堡才成为甘肃镇大小官员的主要职责之一。

总体说来，甘肃镇的防守是被动的。北元势力常常避实击虚，出没无常。当明军得知追杀时，他们则掉头逃逸，饱掠而去。为了保护甘肃镇军民的生命财产，明朝在甘肃镇建立了墩堡制度，以最大限度地发挥甘肃镇军民的自我防卫能力，做到"家自为守"和"人自为战"，在自我防御的同时，又能保持正常的耕牧活动。墩堡分为两类，一为兵墩，二为田墩。兵墩多设在交通便利之地，而田墩通常置于偏僻的乡间。永乐十二年（1414），明朝规定：在五、七屯或四、五屯内，选择的便利之地修筑一大堡，堡墙高七八尺或一二丈不等，堡墙四面开八门以供军民出入；近屯辎重粮草都集中于大堡之内①。每一大堡设堡长一人，屯堡一人；小堡只设屯长一人。大堡设有守备、操守、防守等官，小堡则设防御掌堡官或总旗。他们平时"守护城池，有警则收敛人畜"。凡"农务已毕，或有警收敛，则皆归墩之内"②。《五凉全志·地理志》载："镇番为凉州门户，四通夷巢，无山险可恃。明时套夷，不时窃犯，故设重兵弹压。……而蔡旗、重兴、黑山、青松、红沙等堡，俱有防守官兵，周围棋布。"③ 在乡间的田墩，或"二三十数家，或四五十数家，令共筑一墩，每墩设总甲一

---

① 《明太宗实录》卷 155，永乐十二年九月丁酉，台湾"中研院"历史语言研究所校印本 1962 年版，第 1792 页。
② 《五凉全志》（乾隆十四年刊本）卷 13《艺文志》，第 156 页。
③ 《五凉全志》卷 2《地理志》，第 275 页。

人"。大小墩堡集传递信息和自我防御于一体，一有警报，"大城四路各发柴烽信炮传示各乡，各乡即敛人畜屯聚本墩，以谋防卫"①。此外，一些殷富人家将自己的住宅增高加固，使其时时身居安全之地。据《镇番县志》载："前明边境不宁，殷实之户，高广墙垣，以备夷虏。"这样，大小不等的墩堡在河西地区星罗棋布，其与寨、营、隘口、墙壕、关等防御工事形成了一个严密的内部防御网络。明人张雨在《边政考》一书中对此予以详细记载，兹列表说明如下：

卫所名 防御工事	寨	营	堡	隘口	墩	墙壕(道)	关
庄浪卫	6	7	28	32	85	1	—
凉州卫	23	7	58	31	109	2	—
古浪所	1	3	4	9	29	150	1
镇番卫	2	1	24	8	53	—	—
永昌卫	7	6	33	37	90	—	—
西宁卫	10	23	64	23	75	1	3
甘州卫	1	1	56	35	136	1	—
山丹卫	5	—	23	34	51	1	—
高台所	—	2	46	15	42	1	—
肃州卫	—	5	43	24	97	1	—
镇番卫	—	1	14	10	46	1	—

从上表中可以看出，在各类防御工事中，墩、堡两类占据主要地位，是最重要的防御工事，其积极作用是应当肯定的。据《重修肃州新志》载：墩堡使屯军"无事则耕，有事则战。贼寡则本堡之兵，贼多则近堡合力，各大城兵马相机应援。大则可以斩获成功，次则亦可夺获抢

---

① 《五凉全志》卷2《地理志》。

掠，不至损失"①。《五凉全志》亦载："营堡之设，重保障也。无事则简 叙士卒，有事则授兵登陴，右番左彝，俯首息喙，斯编氓安堵，并受其 福矣。"②

（二）边墙

边墙即后来所谓的"长城"。在甘肃镇的15个卫所中，从西至东的边防一线中分布着肃州卫、镇夷所、高台所、甘州5卫、山丹卫、永昌卫、镇番卫、凉州卫、古浪所、庄浪卫等14卫所。也就是说，除西宁卫外，其余诸卫所直接承受着外部敌对势力特别是北元势力的巨大冲击。相对于墩堡、边墙的修筑要晚一些。在"土木堡之变"后，明朝统治者不得不重新审视北部边防的防御能力问题。如何加强对蒙古贵族的防卫能力，再次成为君臣关注的焦点。于是，修筑边墙即"万里长城"日渐成为人们的共识。弘治七年（1494），经略哈密的兵部右侍郎张海提出："甘肃东、中、西三路，延袤二千余里，四当敌冲，盗贼出没无时，若不因地制利，务为悠久之图，恐盗贼滋蔓，为祸不可胜言。臣按诸路或当增筑墩墙，或当修理壕堑，动有数十百里"，并要求敕谕甘肃守臣"督官于农闲之时，渐次修理边防，或地有沙石者，用古植木立栅之法，或水路不通者，用他边窖水之法，使营垒相望，哨守相闻，靖虏安边计得矣"③。此议后被采纳。如嘉靖时甘肃巡抚杨博"以暇修筑肃州榆树泉及甘州平川境外大芦泉诸墩台"④。修筑边墙的具体方法是：凡边墙之当修者，"分别险夷，酌量缓急，计画丈尺，以定其难易先后之序。一切工程皆坐派操守及轮借驿递夫而分用之"⑤。修筑边墙的费用由朝廷承担，如万历初年，为了用砖修筑肃州、凉州、镇番、庄浪等地的边墙，就一次性地从国库中拨银1.79万余两⑥。经过嘉靖、隆庆、万历三朝的集中修筑，甘肃镇的边墙基本告成。据《明

---

① （明）钟赓起纂修：《乾隆甘州府志》卷13《艺文上》，《中国地方志集成·甘肃府县志辑》（44），第438页。
② 《五凉全志》卷4《兵防志》，第499页。
③ 《明孝宗实录》卷89，弘治七年丙寅，台湾"中研院"历史语言研究所校印本1962年版，第1645页。
④ 《明史》卷214《杨博传》，中华书局1974年版，第5655页。
⑤ （明）庞尚鹏：《清理甘肃屯田疏》，《皇明经世文编》卷360，中华书局1962年版，第3886页。
⑥ 《明神宗实录》卷37，万历三年四月辛己，台湾"中研院"历史语言研究所校印本1962年版，第866页。

会典》载：到万历前期，甘肃镇"现存城垣堡寨四百九十五座，关隘一百四十处"①。

边墙是由墙和临边堡、墩、寨、关等防御工事构成的一道防御线。甘肃镇边墙的修筑，使西起嘉峪关、东至庄浪卫连成一线，在很大程度上使蒙古贵族"扼于墙堑，散漫不得出"②，河西军民的生命财产和正常生活因此有了更进一步的保障。隆庆年间，巡抚庞尚鹏说："臣巡历所至，亲得诸见闻，如庄浪之岔口、甘肃之古长城等处，近经修筑，功已垂成，土人争引水利，垦田其间，早出暮归，不闻有驱掠之忧。"③。

边墙的修筑，与墩堡形成了遥相呼应、互为一体的防御格局，有效地抵御着敌对势力对河西地区的蹂躏，大大地减少了河西的边患。如果说边墙是甘肃镇的第一道防线的话，那么分布各地的墩堡则是第二道防线。庞尚鹏说："边墙艰隔，则动有牵制，岂能长驱突入内地乎？即欲溃墙而逞其势，亦非一蹴之所能及也。烽堠之先传，耕牧之保收，将士之邀击，皆可以早见而豫待之矣。"④

当然，边墙的防御功效是有限的。有明一代，蒙古贵族时常溃决边墙南下，"纵横饱掠无所息"。对此，清朝康熙皇帝曾有一番颇有见地的评论，他说："帝王治天下，自有本原，不能恃险阻。……守国之道，唯在修德安民。民心悦，则邦本得，而边境自固，所谓众志成城者是也。"⑤但是，如果无视明朝与北元的敌对关系，一味地否定明代长城在特定环境下所具有的独特的防御功能，则是偏颇的。

（三）驿站

甘肃镇驿站的分布走向基本上与边墙平行。换言之，边墙是驿站的保护伞。

在明代，驿递仍然是交通运输与信息传播的主要手段。驿递在京师称会同馆，在外称水马驿和递运所。在甘肃镇，只有马驿。马驿的交通工具

---

① 《明会典》卷130《镇戍》，商务印书馆1936年版，第2677页。
② 《明史》卷178《余子俊传》，中华书局1974年版，第4727页。
③ （明）庞尚鹏：《清理甘肃屯田疏》，《皇明经世文编》卷360，中华书局1962年版，第3886页。
④ （明）庞尚鹏：《清理甘肃屯田疏》，《皇明经世文编》卷360，第3886页。
⑤ 《清圣祖实录》卷151，康熙三十年四月，大藏出版社影印本1936年版，第667页。

是马、骡、驴所牵引的车辆，并配有人数不等的甲军。现以甘州5卫所领的6个驿站和5个递运所的情况列表予以说明①：

驿递名称	所属之卫	甲军人数(人)	马骡驴车数(辆)
甘泉驿	甘州左卫	94	78
甘泉递运所	甘州左卫	62	59
仁寿驿	甘州前卫	61	75
仁寿递运所	甘州中卫	65	65
东乐驿	甘州后卫	83	67
东乐递运所	甘州右卫	79	79
小沙河驿	甘州中卫	51	47
沙河驿	甘州中卫	61	60
沙河递运所	甘州前卫	99	99
抚夷驿	甘州后卫	64	62
抚夷递运所	甘州后卫	43	43

从庄浪至嘉峪关的狭长地带中，相隔四五十里的驿递将甘肃镇的众多卫所紧密地联结在一起，最大限度地强化了各卫所之间的联系。兹将庄浪至嘉峪关驿站的分布情况列表说明如下②：

卫所名	所属驿站及相距路程
庄浪卫	卫所西北30里至武胜驿；40里至岔口驿；50里至镇羌驿；40里至打班堡驿；30里至黑松驿
古浪所	黑松驿30里至古浪驿；30里至双塔儿；40里至靖边驿

① 《肃镇志》（清顺治重修本）卷2《驿传》，台北成文出版社有限公司1970年版，第53页。
② 此表依据杨正泰编著的《明代驿站考》（上海古籍出版社1994年版）一书编制而成。

续　表

卫所名	所属驿站及相距路程
凉州卫	靖边驿40里至大河驿;30里至凉州卫;凉州卫分两路:一路为东北向,30里至三岔驿;40里至蔡旗堡;60里至黑山驿;60里至镇番夷。一路为西北向,40里为怀安驿;40里至沙河驿;50里至真景驿
永昌卫	真景驿20里至永昌卫;20里至水磨川;40里至水泉儿驿
山丹卫	水泉儿驿50里至石峡口驿;40里至新河驿;40里至山丹卫
甘州卫	山丹卫50里至东乐驿;30里至古城驿;40里至甘州镇;20里至西城驿;40里至沙河驿;40里至抚夷驿
高台所	抚夷驿40里至高台所;50里至黑泉驿
镇夷所	黑泉驿50里至深沟驿;50里至镇夷所、盐池驿
肃州卫	盐池驿50里至河清驿;40里至临水驿;40里至肃州卫;70里至嘉峪关

此外,从武胜驿到大通河驿、水沟驿,将庄浪卫与西宁卫联结起来;从大通山口驿、红城子驿到苦水湾驿,将庄浪卫与兰州联结在一起,陕西布政司便成为甘州镇的大后方。

甘肃镇驿站的另一个主要功能是扮演明朝与西域各国通贡贸易的枢纽角色,送往迎来各国贡使。甘肃镇境内布列的驿站是明代对外交往中极为重要的交通干线之一,是西域各国贡使通往北京朝贡的法定路线。贡使一入嘉峪关,甘肃守臣按照朝廷的有关规定审查后,将其中一小部分贡使送往北京,并免费提供最为便利的交通工具及饮食起居服务。法人阿里·玛扎海里在其所著《丝绸之路—中国—波斯文化交流史》中说:"对于那些拥有车辆的馆驿,那里则根据行李的多少而提供2—3辆车,那里还根据需要而向他们提供多达10辆的车子。一旦当装满他们的车子之后,苦力们踊跃地一程一程地向前拉。"① 为了送往迎来,甘肃镇军民付出了巨大的代价。史载:对于"慕利往来""贡无虚月"的贡使,沿线"军民递送,一里不下三四十人,俟候于官,累月经时,妨废农务,莫此为甚。比其使

---

① ［法］阿里·玛扎海里:《丝绸之路—中国—波斯文化交流史》,耿昇译,中华书局1993年版,第178页。

回，悉以所得贸易货物以归，缘路有司出车载运，多者至百余辆。男丁不足，役及妇女"。①

甘肃镇的外部拱卫体系

为了确保甘肃镇的外部安全和丝绸之路的畅通，明朝也非常注重营建甘肃镇的外部拱卫体系。其主要内容有三项：一是设置"关西七卫"，作为甘肃镇的外部屏障；二是推行茶马互市，以堵塞"戎狄私通之路"；三是保持与西域的通贡贸易，以加强彼此的经济联系。

（一）关西七卫

在嘉峪关以西、哈密以东，包括青海湖、柴达木盆地在内的广大地区，明太祖朱元璋和明成祖朱棣先后设置安定、阿端、曲先、赤斤、罕东、沙州和哈密等七卫。其中赤斤卫和沙州卫在今甘肃境内，安定、阿端、曲先和罕东四卫在今青海境内，哈密卫在今新疆境内。因为七卫地处嘉峪关以西，故称"关西七卫"。它们"内附甘肃，外捍达贼"，是甘肃镇的"屏藩"。明代甘肃守臣说："我朝创设哈密、赤斤、罕东诸卫，授官赐敕，犬牙相制，不唯断匈奴右臂，亦以壮西北藩篱。"②

关西七卫犹如甘肃镇西部的"长城"，与甘肃镇互为表里，宛如唇齿。唇亡齿寒。七卫不守，甘肃则不安。为了巩固七卫与甘肃镇的这一特殊关系，确保西北边疆的安宁，明王朝对于七卫的经营也是非常关注的。魏焕在《皇明九边考》中言："祖宗朝，嘉峪关外设立赤斤、罕东、哈密三卫，事例于该镇抚夷官内选差前去近边谕以朝廷恩威、军门杀伐利害，令其各安生理，如果革心向化，听我招致，就便安插，设为卫所，许其以时通贡，量加赏赉，以结其心。仍择其雄杰一二人授以职事，立为头目，使令钤束部落，遇有紧急声息，量调人马为我策应，有功一体犒赏。"③ 弘治年间，孝宗曾敕谕甘肃守臣，要求他们"整兵操练，遇有可乘之机，量调

---

① 《明仁宗实录》卷5，永乐二十二年十月丁未，台湾"中研院"历史语言研究所校印本1962年版，第161页。
② 《明武宗实录》卷48，正德四年三月戊申，台湾"中研院"历史语言研究所校印本1962年版，第1091页。
③ （明）魏焕：《皇明九边考》卷9《甘肃镇》，台北华文书局，嘉靖刻本影印，第397页。

番、汉官兵征剿，仍谕罕东、赤斤并野乜克力诸番，以俟调遣，不可轻率贻侮，庶得安攘之道"①。总体说来，在弘治以前，七卫能够遵行明朝"征调、朝贡、保塞之令"，出现了"番夷效顺，西陲晏然"的局面。陈洪谟说：甘肃守臣"相继抚驭，诸夷一遵旧规，不敢坐视启衅。所以百五十年来，西陲晏然无事"②。

随着时间的推移，七卫日遭残破，纷纷内迁至甘肃境内。特别是在吐鲁番吞并哈密和不断扰边的情形下，是放弃哈密等卫以闭关绝贡，还是兴复哈密以维持旧有格局，便成为成化、弘治、正德、嘉靖四朝争论的焦点。面对吐鲁番的日益强大和由此导致的西域政治格局的巨大变化，在嘉靖前朝摒弃了兴复哈密的论调，重新调整了西域政策，明廷与吐鲁番建立了正常的通贡贸易关系，使"西域复定"。从此，"番酋许通贡，而哈密城印及忠顺王存亡置不复问，河西稍获休息"，直至万历年间，"犹入贡不绝"③。

（二）茶马互市

如前所述，甘肃镇的主要职能之一就是设法避免因蒙古贵族与藏族贵族联合所造成的对明朝国防安全的严重威胁。很明显，单纯地用武力来实现这一目的是很难持久有效的，也是不可能的。为此，明廷针对"番人吃肉，无茶则死"的特点，极力推行茶马互市，使中国古代的茶马互市活动达到了鼎盛时期。正如《明史》所言："番人嗜乳酪，不得茶，则困以病。故唐、宋以来，行以茶易马之法，用制羌、戎，而明制尤密。"④

明代茶马互市政策是其国防政策中的一项主要内容，具有鲜明的政治和军事意义。明臣王廷相说："茶之物，西戎吐蕃，古今皆仰给之，以其腥肉之食，非茶不消；青稞之热，非茶不解，故不能不赖于此。是则山林草木之叶，而关系国家政理之大。"⑤ 明臣刘良卿也说：以茶易马，"虽以

---

① 《明孝宗实录》卷97，弘治七年七月甲申，台湾"中研院"历史语言研究所校印本1962年版，第1680—1681页。
② （明）陈洪谟撰，盛冬铃点校：《继世纪闻》卷6，《元明史料笔记丛刊》，中华书局1985年版，第109页。
③ 《明史》卷329《西域传》，中华书局1974年版，第8511页。
④ 《明史》卷80《食货志》，中华书局1974年版，第1931页。
⑤ （明）王廷相：《蜀茶》，《皇明经世文编》卷149，中华书局1962年版，第1489页。

· 482 ·

供边军征战之用，实系番夷归向之心"①。换言之，以茶易马，在于"固番人心，且以强中国"②。只有"番夷效顺，西陲晏然"③，才能确保分化蒙、藏贵族联合进犯明朝边地政策的有效执行。也正是出于这一目的，茶叶由国家专卖，严禁各种形式的私茶越境贩卖。也就是说，茶马互市是一种政府行为，具体事宜由明廷专设的茶马司负责。茶马司大多都建立在利于交往的边地交通要道。洪武五年（1372），明朝首先建立了秦州茶马司。洪武七年（1374），又设立了河州茶马司。洪武三十年（1397），因秦州茶马司不便于互市，遂将其迁至西宁，并改名为西宁茶马司。永乐年间，又在甘州等地设置茶马司。茶马司的改置，是明朝不断控制互市活动的集中反映。一方面互市使藏族民众因此归向明廷，与明廷保持着友好的交往；另一方面，也使明朝获得了大批用于国防的战马，用来装备军队，增强其战斗力。《明英宗实录》载："西番来茶马司以马易茶，朝廷得马甚众。"④朝廷所得之马，大都"供边军征战之用"。正德时期的内阁大学士杨廷和认为："我国家边守之务，西北为重，而陕居其半。三边之用，兵马为急，而马居其半。陕之马，或取之监牧，或取之互市，而互市之利居其半。"⑤推行茶马互市，使明朝一举两得。终明之世，它一直是明朝与藏族民众友好交往的纽带。

到了隆庆、万历年间，随着明朝与蒙古族关系的较大改善，将蒙古族正式纳入茶马互市之中，便成为可能。明臣张居正在万历二年（1574）给甘肃巡抚侯掖川的信中说："窃以为此地见与番人为市，何独不可与虏为市？前任廖君（指廖逢节——引者注）执泥而不达于事变，其言不可为市，不过推事避患耳，非能为国家忠虑者也。"⑥ 在开市之后，张居正一再要求侯掖川用心经营市场，尽量方便互市双方，他说：甘肃开市，"务令事久，边境获安而已。市场似宜稍西，去西宁太远，则启宾兔（俺答之

---

① 《明世宗实录》卷188，台湾"中研院"历史语言研究所校印本1962年版，第3966页。
② 《明史》卷80《食货志》，中华书局1974年版，第1949页。
③ 《明宪宗实录》卷29，成化二年四月戊辰，台湾"中研院"历史语言研究所校印本1962年版，第580页。
④ 《明英宗实录》卷4，宣德十年四月癸卯，台湾"中研院"历史语言研究所校印本1962年版，第83页。
⑤ （明）杨廷和：《赠都御史遼菴杨公序》，《皇明经世文编》卷121，中华书局1962年版，第1167—1168页。
⑥ （明）张居正：《张太岳集》卷26《答甘肃巡抚侯掖川》，上海古籍出版社1984年版，第320页。

子——引者注）垄断之心；去我边太远，则迁边民交易之路。春市羸马瘦弱，强为之市，终不便也"①。当茶马互市成为明朝与甘肃镇周边各族民众贸易形式之后，便标志着明代西北边疆的日益巩固。

（三）通贡贸易的窗口

除关西七卫外，西域地区分布着 52 个大小政权②，为了与其修好关系，明朝便以朝贡贸易的形式确保彼此间的交往。因为明朝统治者不会把自己与偏处一隅的宋王朝相提并论，故营造一种"万国来朝"的盛况便成为明朝统治者最大的政治愿望，他们试图以此来孤立北元，确立其在亚洲乃至世界的强国地位。

甘肃镇是西域诸国贡使的必经之路，是明朝通好西域的窗口和纽带。甘肃镇守臣的主要职责之一就是查验、管理和接待贡使，尽可能地体现朝廷"怀柔远人"的政策。朱元璋曾对别失八里贡使说："朕继位以来，西方诸商来我中国互市者，边将未尝阻绝，朕复敕吏民善遇之，由是商人获利，疆场无扰，是我中国大有惠于尔国也。"③ 永乐十一年（1414），别失八里贡使"将至甘肃，（成祖）命所司宴劳，且敕总兵官李彬善遇之"④。阿里·玛扎海里也说："当商队到达甘州时，中国的运输机构将亲自负责把准备向天子进贡的物品运给他，把使节以及享有特权的商人及其'贡品'（他们的商品）直接运往北京。至于人数众多的'使团侍从'（鄂本笃即为其中之一）及其驮兽，则必须在甘州停留一年左右，作为供养他们的中国政府的客人。唯有一定级别的'侍从才允许径直前往宫廷。在百名'侍从'中，仅有 10 名获许偕其主要亲莅北京。……因此，使节'侍从'中的另外 90% 的人要滞留在明王朝的门户甘州，在那里从事广泛的商业贸易。这样既有利于'西方人'，也有益于明王朝的臣民。"⑤

由于经济利益的驱使，许多使臣久住甘肃而不回。为此，明廷要求甘肃守臣将滞留的贡使及时遣返，以维护朝廷的信誉和确保与西域诸国正常

---

① 张居正：《张太岳集》卷27《答甘肃巡抚侯掖川》，上海古籍出版社1984年版，第325页。
② 《明会典》卷107《朝贡》，商务印书馆1936年版，第2312—2313页。
③ 《明史》卷332《西域传》，中华书局1974年版，第8607页。
④ 《明史》卷332《西域传》，中华书局1974年版，第8598页。
⑤ ［法］阿里·玛扎海里著，耿昇译：《丝绸之路—中国—波斯文化交流史》，中华书局1993年版，第16页。

的贸易关系。如洪武二十五年（1392），甘肃守臣奉朱元璋之命，遣归撒马儿罕使臣1200余人①。又如天顺六年（1462），哈密忠顺王母弩温答失里遣使上疏英宗说："前后所遣使臣往往于甘州延住，或三年，或五年者有之，乞行催督回还。"英宗即刻下令，要求甘肃守臣将滞留的哈密贡使遣送出境②。只有如此，才能确保通贡贸易的依期进行。

总之，有明一代，甘肃镇在明朝的国防体系中具有特殊的功能和突出的地位，故明王朝对其予以异乎寻常的关注和积极的经营，使甘肃镇具有全方位的防御体系。尽管战争和兵灾时时笼罩着甘肃镇，甘肃镇仍常保持和平与安宁。在河西边地保持相对稳定的局面下，明代西北地区得到了进一步的开发，边界和驿站沿线的贸易异常活跃。同时，甘肃镇也是明代各民族相互交往和友好相处的主要场所之一。对于归附的西域部族，明廷大都将其安置在甘肃，并为他们无偿地提供诸如钞、布、粮食、锅、房屋等生活资料和土地、耕牛、种子、农具等生产资料，使他们能够"安生乐业""安分守法"，与当地居民"并耕而食"，促进了各民族间的融合。

---

① 《明史》卷332《西域传》，中华书局1974年版，第8598页。
② 《明英宗实录》卷344，天顺六年九月庚戌，台湾"中研院"历史语言研究所校印本1962年版，第6963页。

"到农村去"：金融进村与农村经济变化研究
——以 1933—1945 年陕西关中农村为中心

陕西师范大学历史文化学院　黄正林

为解决农村面临的困境，从 20 世纪 30 年代开始"全国上下，提出'到农村去'的口号"，① 特别是经济学界、农学界、金融界等人士普遍认为挽救农村经济危局的根本在于盘活农村金融。只有这样，农村经济才能复苏，社会经济才能平衡发展。正是在这种背景下，从 20 世纪二三十年代开始，中国政界、金融界和学界掀起一起"合作运动"与"农业金融"的热潮，使现代金融业开始向农村延伸，投资于农业，引起农村经济发生了新的变化。关于该问题学术界已经有了不少成果，② 对研究农村金融与社会经济有一定的参考价值。在以往关于陕西农村金融的研究中，主要对抗战时期的农贷及其作用做了研究。③ 但通过阅读已有研究成果和相关文献，

---

① 左庚：《本省农贷问题》，《抗战时代》第 4 卷第 1 期，1941 年 7 月 15 日，第 32 页。
② 相关研究见徐畅的《二十世纪二三十年代华中地区农村金融研究》（齐鲁书社 2005 年版）、李金铮的《民国时期现代农村金融网络的形成考略——以长江中下游地区为中心》（《河北大学学报》2009 年第 3 期）和《绩效与不足：民国时期现代农业金融与农村社会之关系》（《中国农史》2003 年第 1 期）、杜恂诚的《20 世纪 20—30 年代的中国农村新式金融》（《社会科学》2010 年第 6 期）、戴鞍钢的《新旧并存：近代江南农村金融实态管窥》（《安徽史学》2016 年第 4 期）、兰日旭的《20 世纪 20、30 年代商业银行等新式金融机构对农村放款的效应探析》[《内蒙古社会科学（汉文版）》2002 年第 3 期]、刘志英的《国家银行与抗战大后方金融网的构建》（《陕西师范大学学报》2016 年第 2 期）、石涛的《民国时期商业银行农贷业务述评——以中国银行为中心的考察》（《历史教学》2013 年第 8 期）等。
③ 石涛：《抗战时期农贷与陕西农村经济的发展——以国家行局为中心》，《陕西师范大学学报》2016 年第 2 期；张天政：《抗战时期国家金融机构在陕西的农贷》，《抗日战争研究》2009 年第 2 期；张天政、张英杰：《20 世纪 30 年代上海华资银行在陕西的农贷活动》，《上海档案史料研究》第 5 辑，上海三联书店 2008 年版，第 56—78 页；赵娜：《20 世纪 30 年代华资银行在陕西的农贷研究》，硕士学位论文，宁夏大学，2014 年。

认为关于现代金融业与农村经济社会变化仍有进一步研究的余地。笔者以20世纪三四十年代陕西关中农村为例，讨论现代金融业进入农村所引起的农村经济社会变化的问题，作为对以往研究的补充。

一 金融枯竭与关中农村面临的问题

金融枯竭是20世纪二三十年代中国农村面临的共同问题。在陕西关中地区，"农村破产，现已至山穷水尽之境。农民甚至因缺乏耕牛而以人代畜，因乞食无门而卖儿鬻女，凡人世间惨痛之境遇，无不可于陕省见之"。① 农村金融枯竭与经济凋敝情形可见一斑。具体表现在如下几个方面：

第一，农民通过正常渠道借不到钱。陕西农村传统金融机关主要是钱庄、当铺，民国以降，这些金融机构本身就在衰落中，在关中经历了1928年至1930年的大旱灾后，大多数歇业。就当铺而言，"因农村经济凋敝，当铺损失过巨，又因当局之严加取缔，致关中各县相继减少，近日周至、蒲城之当铺，仅能维持而已"。② 钱庄也出现了衰落，西安钱庄盛时有200余家，因"历年政局变更，交通梗塞，商业无从发展，加以十五年围城之役，直接间接损失匪轻，钱庄亦逐渐减少，至民国廿三年仅存四十余家"。③ 传统金融业的衰落，对农村经济带来的影响是巨大的，特别是关中地区"农事几全停顿，粮食特殊缺乏，而金融救济机关又付阙如"。④ 因灾后农村金融几乎完全停顿，农家无法通过正常渠道借到维持生活和发展生产需要的资金。

第二，因农村金融枯竭，陕西各地高利贷者十分活跃。关中农村高利贷"榨取利益之巨，骇人听闻，月利百分之二十、三十已成惯例，甚且巧立名目，有至百分之一百以上者，贫苦小民，以饥寒迫切，亦唯有忍痛容受，聊济一时之急，因此债上加债，永无翻身之日"。⑤ 随着农村金融枯竭，农民大多数是被高利贷形式的商业资本所操纵，"谷物未收获以前农

---

① 中央银行经济研究处：《中国农业金融概要》，商务印书馆1936年版，第129页。
② 蒋杰：《关中农村金融调查》，《西北农林》第4期，1938年10月20日，第171页。
③ 陕西省银行经济研究室：《十年来之陕西经济》，1942年10月印行，第268页。
④ 蒋杰：《关中农村金融调查》，《西北农林》第4期，1938年10月20日，第183页。
⑤ 《各县将设平民贷款所》，《陕行汇刊》第7期，1936年4月，第111页。

民就将抵借款项,这种预押或预卖使商人可以掠夺比市价还要低百分之二十至四十的谷物。经营高利贷的商人一面从商业中取利,一面又从借贷中取利。这样双重取利的情形,此单纯的高利贷还要剥削得厉害。缺乏成本的农民逼着进入这个剥削的圈套,奴役于高利贷商人淫威之下,农民尽管破产,农产却一往直前地商品化了"。① 而且农民的借贷利率逐年增高,民国初年,平均月息为3分;1920年烟禁开放,利率逐渐增高,平均月息达5分;1928年至1930年大旱后,"农村金融枯桎,利率之增高已超过水平"。② 农民越贫困,越难摆脱高利贷者的剥削,正所谓"借贷愈多,则穷困愈甚;穷困愈甚,则愈须借贷"。③ 关中农村就陷入了这样的恶性循环。

第三,导致农家高负债率。农家负债率高低与农村经济荣枯有直接关系,特别是关中经历大旱灾之后,"农家经济凋敝已极,原气断丧,农民大都借贷度日,故其时农家负债比率特高"。④ 1936年9月至12月,蒋杰等人对凤翔、武功、周至进行调查,次年3月至5月,又对泾阳、蒲城、华阴3县进行调查,共计调查村落102处,调查1012户,其中负债者达到879户。"蒲城、武功二县之农家,负债者几无户无之,即周至、凤翔亦居十分之九,以负债农家最少之泾阳言,尚须占四分之三弱"。⑤ 农家负债额高低与土地多少有关系,如武功户均耕地面积19.6亩,负债额67.79元,负债农民占92.3%;泾阳户均耕地43.08亩,负债额124.57元,负债农民占73%。⑥ 在正常社会经济发展中,负债对农家来说是融资的最主要方法。但对于20世纪30年代的关中农民而言,高负债率是在农村经济穷困和金融枯竭的情况下发生的。因此,在没有金融机关给予调节的农村,农产品不能转化为资本,金融枯竭与经济凋敝形成恶性循环。

由于农村金融的枯竭,历史上被称之为"厥田惟上上""关中天府"

---

① 陈翰笙:《崩溃中的关中的小农经济》,《申报月刊》第1卷第6期,1932年12月15日,第15页。
② 赵亦珊:《陕西省银行农村放款之实绩》,《陕行汇刊》第9期,1936年10月,第51页。
③ 李亦人:《复兴陕西农村之金融问题》,《钱业月报》第15卷第2号,1935年2月15日,第17页。
④ 安希伋:《陕西农家借贷调查》,《中农月刊》第3卷第8期,1942年8月30日,第67页。
⑤ 蒋杰:《关中农村金融调查》,《西北农林》第4期,1938年10月20日,第175页。
⑥ 南秉方:《陕西关中区农村金融问题之初步分析》,《西北农林》第2期,1938年3月18日,第107页。

的陕西关中地区,在20世纪二三十年之交已处于破产的境地。"农村破产已,已至山穷水尽之境。农民甚至因缺乏耕牛而以人代畜,因乞食无门而买妻鬻女,凡人世间残酷惨痛之境遇,无不可于陕西见之。"①"陕西农村,虽有优良之自然环境,卒因天灾人祸之频仍,赋税之繁兴,使农村人口日渐减少,土地分配日趋于不平均,贫农与富农之日渐阶级分化,农村金融之日形恐慌,及农产商品化之结果使农产物数量之减少与价格之低落,在在足以证明陕西农村之前途,将陷入崩溃没落之悲境。"② 农村既不能使农业生产获得资本,也不能为农村经济提供流通的信用。因此,要救济破产的关中农村经济,必须从救济农村金融入手,即所谓"秦人苦贫,那就非信用合作,不足以苏其困;非农场合作,不足以资其试验;非垦殖合作,不足以拓其耕地;非利用合作,不足以济其应用;尤非运销合作,不足以扩其销路;更非仓库合作,不足以实其储藏"。③ 开展农村合作与农业金融成为救济和改变关中农村经济的主要途径。

二 上海银行界与关中棉业贷款

1. 上海银行界投资关中棉业的原因

上海银行界为何选择关中地区进行棉业投资?究其原因,主要有以下数端。

第一,中国农村合作运动的推动。合作运动兴起于欧洲,被认为是"实现民生主义之最重要之工具",④ 中国合作运动发轫于五四运动时期并逐步得到宣传和实践。随后,合作运动逐渐成为社会各界改善农村金融环境的主要主张,也成为国民政府复兴农村经济的主要政策。1929年3月,国民党第三次全国代表大会决议案指出:"农业经济占中国国民经济之主要部分,今后之民众运动,必须以扶持农村教育、农村组织、合作运动及灌输农业新生产方法为主要任务。"⑤ 据有学者统计,1928年至1930年国

---

① 中央银行经济研究处编:《中国农业金融概要》,第129页。
② 萧成栋:《陕西农村现状与趋势》,《新秦先锋》第2卷第1期,1935年3月1日,第38页。
③ 伍玉章:《发展陕西的合作运动》,《合作月刊》第3卷第1期,1931年3月15日,第15页。
④ 《合作运动》,《国际劳工消息》第3卷第1期,1932年7月,第3页。
⑤ 《中国国民党第三次全国代表大会对于第二届中央执行委员会党务报告决议案》1929年3月27日,《中央党务月刊》第10期,1930年6月,第6页。

民党高层和国民政府发布的与合作事业有关的议案和通令有 19 项之多，①这促使建立农村合作事业逐渐成为国民党与国民政府的一项国策。1931 年 5 月，国民党通过的《中华民国训政时期约法》将"设立农业金融机关，奖励农村合作事业"作为训政时期"发展农村经济，改善农民生活"的政策。② 1932 年 1 月，国民政府内政部给实业部的咨文中指出："农村人民经济力薄弱，欲经营较大之生产，免受高利贷及商人之剥削，则各种生产合作社、消费合作社、信用合作社等实有提倡组织之必要。"③ 1934 年 7 月，国民政府颁布的《储蓄银行法》规定，对于农业贷投资不得少于存款总额的 20%。④ 中国合作学社也向国民党中央执行委员会提交"以合作方式繁荣农村方案"，认为合作方式是繁荣农村最彻底的途径。⑤ 正是在国民政府复兴农村经济政策和全国合作运动的推动下，1933 年上海银行界开始"从事农村投资之试探"。⑥

第二，关中棉花等农作物种植和运销条件得到了改善。1930 年 12 月，杨虎城任陕西省政府主席后，兴修水利、公路和禁种鸦片，使陕西的农业环境逐渐改善，特别是以泾惠渠为代表农业灌溉渠的修建，使关中农业环境有了很大的改善。如 1932 年 6 月，泾惠渠第一期工程竣工放水，可灌溉礼泉、泾阳、三原、高陵、临潼 5 县耕地近 50 万亩；⑦ 1934 年第二期工程完成后，注册灌溉地达到 6464 顷 55 亩。⑧ 泾惠渠灌区是关中优质棉的主要产区，泾惠渠等完成通水后，农业生产环境有了很大的改善，该灌区成为在西北推广植棉的主要区域。

国民政府提出西北开发战略后，首先认为"要救西北经济，又在努力

---

① 徐畅：《国民政府时期农村合作金融述评》，《湖南农业大学学报》2014 年第 2 期，第 72 页。
② 《中华民国训政时期约法》，《国民周刊》第 1 卷第 8—9 期合刊，1931 年 5 月 24 日，第 17 页。
③ 《内政部为第二次全国内政会议有关农村救济提案致内政部咨文》（1932 年 1 月 18 日），中国第二历史档案馆：《中华民国史档案资料汇编》第 5 辑第 1 编《财政经济（七）》，江苏古籍出版社 1994 年版，第 52 页。
④ 《银行储蓄法》，《陕西建设公报》第 35 期，1934 年 9 月 20 日，第 7 页。
⑤ 《中国合作学社关于以合作方式繁荣农村方案致国民党中执委呈》（1832 年 12 月 3 日），中国第二历史档案馆：《中华民国史档案资料汇编》第 5 辑第 1 编《财政经济（七）》，第 59—68 页。
⑥ 《沪银行界筹组银团投资农村，西北棉产试验已收成效》，《农业周报》第 3 卷第 18 期，1934 年 5 月 11 日，第 388 页。
⑦ 《关中水利——泾惠渠告成》，《西北言论》创刊号，1932 年 8 月 25 日，第 57 页。
⑧ 张光廷：《陕西泾惠渠二十五年灌溉情况》，《水利月刊》第 12 卷第 2 期，1937 年 2 月，第 148 页。

建设西北铁道"。① 为此，国民政府加快了陇海铁路西展的速度，1931 年 12 月，该路通车至潼关；1934 年 12 月，西安通车。陇海铁路延展至关中，极大地改善了关中乃至西北地区的运输环境，"火车通至潼关，转运公司随之而来，陕西棉花之东运者，皆由此处装车，棉商运输不特免除危险，而节省运费，缩短时间，更称便利，此为陕西棉花运输史上光荣之一页，不独运输方面有利于商，而间接所得之利益，如押汇以流通金融，保险以免危险，更非昔日所能享受，以此之故，引来外省棉商，为数不少"。② 正是泾惠渠和陇海铁路的修建，对关中农业投资环境改善不小，成为现代金融业的首选之地。

第三，关中地区棉花在上海有比较好的市场行情。关中地区因其"地势平坦，土沙参半，气候温暖，干燥少雨，为我国植棉最宜之区"，所产棉"品质亦极良好，纤维细长而有光……陕省之棉质可称我国独步"。③ 这里是我国优质棉花的主要产区之一。大荔县的脱字长绒上等棉"可纺 42 支纱，在郑沪市场，除灵宝棉而外，即以同（州）羌（白）固（市）棉为最驰名"。④ 临潼、渭南、泾阳、高陵、三原、长安等县"产棉最多，品质亦最优"。因其质量好，深受上海等地纱厂青睐，在上海棉花市场成交价高于其他地区棉花，"每陕棉较他省所产之棉高数元"。⑤ 20 世纪二三十年代之交，因战乱不休和运输不便，陕西棉难以进入上海市场，对上海工商业尤其是纺织业有很大的影响。上海及其周边纱厂不得不依赖于进口棉，如 1931 年 12 月间，上海进口美棉达 21.4 万余包，合华秤 80 万担。⑥ 为何大量进口美棉？主要是国内优质棉难以运输到上海，导致市场棉花供不应求"为近年输入美棉骤增之特殊原因"。⑦ 总之，一方面，陕西关中农

---

① 曾仲鸣：《完成陇海铁路与开发西北》，《中华月报》第 2 卷第 7 期，1934 年 7 月 1 日，第 A9 页。
② 铁道部业务司商务科编：《陇海铁路西兰线陕西段经济调查报告书》，1935 年，第 58—59 页。
③ 叶元鼎、顾鹤年：《二十年来之棉业》，《国际贸易导报》第 2 卷第 1 期，1931 年 1 月 31 日，第 13 页。
④ 聂雨润修、李泰等纂：《续修大荔县旧志存稿》卷 4《土地志·物产》，1937 年铅印本。
⑤ 华商纱厂联合会、中华棉产改进会：《中华棉产改进统计会议专刊》，1931 年 12 月，第 41 页。
⑥ 蒋迪先：《二十一年之棉业》，《国际贸易导报》第 5 卷第 4 期，1933 年 4 月 30 日，第 63 页。
⑦ 蒋迪轩：《棉业改进与农村复兴》，《国际贸易导报》第 5 卷第 7 期，1933 年 7 月 31 日，第 100 页。

村能生产优质棉花，但因棉花运输困难和品种老化，难以到达上海市场；另一方面，上海市场又不得不从国外进口棉花。这种情形，使上海银行界在救济农村的呼声中看到了商机，开始投资陕西关中棉花生产与运销。

第四，为上海金融剩余资本寻找出路。20世纪二三十年代，在农村金融枯竭的同时，上海则出现了金融业的畸形繁荣。如张公权所言："近年内地困难日深一日，上海的繁荣则相反地畸形的发达，一切现金财富均集中上海，每年估计约达数千万元，只要观乎上海银行界的发达和存款的增加，便可证实。如华商银行最初存款不过一万万元，而最近已增加至二十万万元以上。内地农村脂血，一天天向上海灌注，现金完全集中上海以后，而内地的投资又缺乏保障，于是便发生了现金的出路问题。"上海银行界人士也认识到"内地农村破产的结果，亦就影响到上海前途的危机，尤其和上海的金融资本方面有着密切重要的关系"。① 林和成当时也指出，"最近数年，我国金融发生畸形之状态，现金集中上海，无处运用，又鉴于经营房地产之可危，以及买卖公债等类投机事业之非计，乃另谋稳妥投资之方策，逐渐寻求农村之途径"。② 可以看出，为消化剩余金融资本，上海银行界开始把部分剩余资本投向了金融枯竭的农村。

第五，陕西省政府为现代金融业有效进入陕西农村创造条件。1932年，陕西为解决面临着严峻的灾荒问题，1932年初，省建设厅一方面派员"与上海商业银行接洽，请其投资农村"，一方面派员"赴泾惠渠流域之永乐区指导农民，成立棉花生产运销合作社"。③ 1933年8月，陕西省政府成立了合作委员会和农业合作事务局，先后颁布了棉花产销合作社、农村信用合作社等章则，以规范合作各种合作社运行。1936年7月，陕西省合作社委员会办事处成立，"由政府当局及财政金融界名流巨子担任委员，负指导监督之责"。④ 并颁布了《陕西省合作贷款准则》，规定了各种贷款的额度、贷款用途及期限、贷款利息等。⑤ 合作委员会办事处成立和贷款准则的颁布，标志着本省合作事业趋于成熟，为现代金融有效进入农村创造

---

① 张公权：《内地与上海》，《银行周报》第18卷第14期，1934年4月17日，第14、13页。
② 林和成：《中国农业金融》，中华书局1936年版，第55页。
③ 雷宝华：《陕西省十年来之建设》，《实业部月刊》第2卷第1期，1937年1月10日，第95页。
④ 王遇春：《陕西合作运动之经过》，《陕行汇刊》第3卷第9期，1939年10月，第17页。
⑤ 《陕西省合作贷款准则》，《中国农民银行月刊》第2卷第4期，1937年4月30日，第1—5页。

了条件。

总之，20世纪30年代初期，由于农村金融枯竭，都市金融膨胀，加之合作运动与政府提倡，商业银行开始试办农村金融，"一方面鉴于自身资金的过剩，一方面鉴于社会督促的殷切，于是乘机下乡，以一部分资金尝试试验，一方面既可以寻找出路，一方面又可以做做宣传，以博声誉，农贷之所以风行一时，固足无怪"。① 对于陕西农村而言，"欲谋陕西农村之复兴，先设法使农村金融之复活，则有待于都市之协助"。② 而关中地区又有比较良好的投资环境，"关中一带，近年治安尚称平靖，而水利与交通的建设尤见成绩，长绒棉花的播植更有迅速的发展"。③ 由此上海商业储蓄银行率先而行，"以陕省为实验区域"，④ 成为开启上海银行界投资关中农村的先锋。

2. 上海银行与关中棉业贷款

1931年春，上海银行开始"作农业贷款之尝试"，1933年在总行特设农业合作贷款部（次年改为农业部），1934年在发放农贷区域的分行（处）设立农业科，职责是"办理农业贷款"和以达"剂农村金融之目的"。⑤ 在陕西，上海选择了关中泾惠渠和陇海铁路沿线作为投资的区域，"分派专员前往指导棉农组织棉花生产运销合作社，贷与生产资金，指导改良生产，并自行集中产品直接运销"。⑥ 1934年夏，上海银行在西安设立分行，"业务着重农村贷款"。⑦ 在上海银行的支持下，1933年4月22日，关中第一家农业合作社——永乐区棉花运销合作社成立。该区农民加入合作社，"以一村为单位，即加入合作社之村，全体农民，一律参加"。包括10村，社员254人，棉田有4400余亩。⑧ 该区共获得上海银行贷款

---

① 吴承禧：《中国银行业的农业金融》，《社会科学杂志》第6卷第3期，1935年9月，第471页。
② 李亦人：《陕西之农村金融》，《大道》第4卷第1期，1935年5月20日，第5页。
③ 吴承禧：《中国银行业的农业金融》，《社会科学杂志》第6卷第3期，1935年9月，第478页。
④ 中国人民银行上海市分行金融研究所：《上海商业储蓄银行史料》，上海人民出版社1990年版，第596页。
⑤ 上海商业储蓄银行：《农业贷款报告》，上海：上海商业储蓄银行，1935年6月，第1页。
⑥ 《上海银行在陕办理生产贷款》，《救灾汇刊》第11卷第5期，1934年6月，第30页。
⑦ 《上海银行新设西安分行》，《银行周报》第15卷第5期，1934年8月7日，第44页。
⑧ 陈其鹿：《陕西省农业金融之概况》，《社会经济月报》第1卷第11期，1934年11月，第76页。

52980 元，另有金陵大学农学贷款 7627 元。① 贷款方法，每亩棉田贷给 3 元，分 3 次放款，即下种时放款 1 元，第二、第三次在六七月分期贷给，棉花收获后社员交花时分别归还。这种贷款办法"用途确实，时间很短，而担保又较可靠，只要棉花的收成不致因水旱天灾而发生问题，危险当然是很少的"。② 上海银行农业贷款，是为现代金融业投资关中农业的滥觞。

永乐区运销合作社成立后，当年受益，1933 年运出皮花 1200 余担，销售于苏州苏纶纱厂，"厂方对于该区棉花之品质，颇为满意，故从优给价"，③"社员所得售棉价值能较一般棉农增加百分之三十一。"最初加入合作社的社员受惠后，带动"各地棉农纷纷加入合作社"。④ 除了永乐社由 10 村增至 200 村，社员 3000 人，另外 1934 年 3 月至 7 月，新成立 15 社。⑤ 可见，上海银行在关中试办棉花产销贷款取得了不错的效果。

3. 上海银行团与关中农村金融

上海银行在关中试办棉产贷款，虽取得不错效果，但"资金尚或不敷"。⑥ 因此，1934 年 2 月，由棉花统制委员会与上海银行、金城银行、交通银行、浙江兴业银行、四省农民银行等 5 家银行组成棉花产销合作贷款银团。该银团"为调剂棉农金融起见，联合陕西棉业改进所，在陕、豫、晋三省境内组织健全之棉花产销合作社，并代理各行贷放各合作社必需之资金"。⑦ 7 月，银行团与全国经济委员会棉业统制委员会所属的陕西棉产改进所签订合同，委托陕西棉产改进所办理棉贷，"协助农民组织合作，再依照合同，介绍各银行贷款于农民所组织合作社，先由每银行拨款五万元，总计三十万元作为棉苗放款"。⑧ 根据银行团的有关规定，凡与银行团

---

① 李国桢：《陕西棉业》，陕西省农业改进所 1946 年版，第 255、256 页。
② 吴承禧：《中国银行业的农业金融》，《社会科学杂志》第 6 卷第 3 期，1935 年 9 月，第 483 页。
③ 陈其鹿：《陕西省农业金融之概况》，《社会经济月报》第 1 卷第 11 期，1934 年 11 月，第 76 页。
④ 《上海银行在陕办理生产贷款》，《救灾会刊》第 11 卷第 5 期，1934 年 6 月，第 30 页。
⑤ 徐仲迪：《陕西棉花产销合作社之过去与将来》，《棉业月刊》第 1 卷第 1 期，1937 年 1 月，第 57 页。
⑥ 林嵘：《七年来中国农民银行之农贷》，《中农月刊》第 1 卷第 1 期，1940 年 1 月，第 87 页。
⑦ 《陕西棉产改进所代理交通、金城、浙江兴业、四省农民、上海银行棉花产销合作贷款报告》，金城银行档案，上海市档案馆藏，档号：Q264—1—605—1。本文所引上海档案馆藏文献由陕西师范大学历史文化学院石涛博士提供，在此表示感谢。
⑧ 《中国等六银行举办棉业贷款，合同已签订》，《商业月报》1934 年 8 月 31 日，第 3 页。

签订贷款合约的棉花产销合作社，从事的业务包括："（一）各社多设轧花厂及打包厂；（二）收集社员之面产估计；（三）预算运销款项，因各社收买社员籽花时，需预付花价，如当地皮花价每担为三十二至三十六元，各社估计可收皮花四万七千担，除扣还棉苗借款外，其余所需流动资金及押汇款（即运销贷款）共计约一百五十余万元；（四）委托运销，本年各社棉花，于轧花打包后，均拟委托棉业统制会合作运销总办事处办理运销事宜……；（五）改良合作会计，各社业务甚繁，会计一项，关系重大，故由棉产改进所拟定改良式会计规程，及各项账表，以供各合作社之用；（六）设立联合办事处——陕省棉花产销合作社联合办事处，为各社传达消息，代办账簿、白煤等应用物件，并于渭南设合作堆栈一处，供各社堆存棉花之用。"[1] 银团分配给陕西棉花"生产贷款每亩二元，共十一万四千五百三十元；运销贷款每亩八元，共五十二万一千八百四十元；轧花打包贷款共三万六千一百元"，[2] 共计672470元，计划棉田65230亩。[3] 截止到年底，银行团共组建合作社16社（如表1），其中陕西关中共10社，占62.5%。[4]

表1 银行团联合贷款之产销合作社借款数目统计表
（1934年12月31日）考古出土陶瓷仿铜句鑃一览表

社名	地址	成立年月	社员人数	棉田数（亩）	生产放款	利用放款	运销放款	合计	各区贷款所占比例
广阳区	临潼武家屯	1934.4	966	14441	28900	8900	47662.95	85462.95	14%
中西区	渭南西关	1934.3	1406	18386	30000	14700	77982.86	122682.86	20.1%
赤水区	渭南赤水镇	1934.4	1694	8258	20100	7500	53843.35	81443.35	13.3%
固市区	渭南固市镇	1934.4	430	—	3500	1708	31031.03	36239.03	5.9%

---

[1] 陈其鹿：《陕西省农业金融之概况》，《社会经济月报》第1卷第11期，1934年11月，第79页。

[2] 《棉花产销银团分配陕省贷款数额》，《农林新报》第11卷第18期，1934年6月21日，第383页。

[3] 《银行界组织棉花产销贷款银团》，《纺织周刊》第4卷第27期，1934年7月2日，第682页。

[4] 《陕西棉产改进所代理交通、金城、浙江兴业、四省农民、上海银行棉花产销合作贷款报告》，金城银行档案，上海市档案馆藏，档号：Q264—1—605—1。

续　表

社名	地址	成立年月	社员人数	棉田数（亩）	生产放款	利用放款	运销放款	合计	各区贷款所占比例
下庙区	华县下庙镇	1934.3	—	—	6830	700	27500	35030	5.7%
高桥区	长安曹坊	1934.5	1175	14000	29000	7100	61000	97100	15.9%
未央区	长安北徐寨	1934.7	759	7040	13500	5200	40000	58700	9.6%
龙背区	渭南龙背村	1934.5	1004	13881	10000	2000	42000	54000	8.8%
合阳区	合阳黑池镇	1934.1	1739	19263	—	—	6000	6000	1%
大荔区	大荔县城内	1934.5	600	7139	—	—	35000	35000	5.7%
合计			9773	102408	141830	47808	422020.19	611658.19	100%
各种贷款所占比例					23.2%	7.8%	69%	100%	

说明：各种贷款所占比例与各区贷款所占比例由笔者计算。

资料来源：《陕西棉产改进所代理交通、金城、浙江兴业、四省农民、上海银行棉花产销合作贷款报告》，金城银行档案，上海市档案馆藏，档号：Q264—1—605—1。

从表1来看，五银行团主要在关中临潼、渭南、华县、长安、合阳、大荔6县放款，截止到1934年12月底统计，共计放款61.2万元，有社员9173人，平均每社员放款66.7元；棉田面积9.5万亩，平均每亩贷款6.4元；生产贷款141830元，占23.2%；利用贷款47808元，占7.8%；运销放款422020.19元，占69%。从上述贷款与组成的合作社数量级签订合同来看，银行团的贷款比预期少6万余元，但比原计划多贷款棉田3万余亩。说明1934年上海银团棉花产销贷款完成了预期的目标，并受到各界赞誉。①

4."中华农贷银团"与关中农村金融

为增加农贷，1935年2月，交通、上海银行、浙江兴业、四省农民、金城等银行联合成立了中华农业合作贷款银团（下文称"中华农贷银

---

① 《中华农业合作贷款银团理事会视察报告》1935年4月26日，上海市档案馆藏，档号：Q264—1—608，第21页。

团"），3月，还增加中南、大陆、国华、新华以及四行储蓄会等10家，① "以发展农业及服务农村社会为宗旨"。② 该银团第四次理事会决定贷款区域符合的条件是："（一）凡区域设有可靠托之办理组织及指导合作社之机关者，例如华洋义赈会棉产改进所等机关；（二）凡合于本银团规定所贷款之农业品者，例如本年度以棉麦为对相（象）；（三）凡交通便利易于管理之区域；（四）凡区域中有本银团可委托之银行者"。③ 根据上述条件，关中地区是中华农贷银团比较理想的投资区域，原因是该地区农贷事业已经起步，"有规模甚大之合作社，有大量之棉产，有负责任指导之棉产改进所"。④

4月1日，中华农贷银团在西安设陕西区办事处。该银团本年度陕西贷款计划大纲规定：（一）棉田扩充至38万亩为最高额，应放款合作社增加至34社，分布区域仍以长安、临潼、渭南、大荔、合阳、华县等为限。（二）本年新成立的利用合作社放款"绝对紧缩"，仅少数人力轧花社及打包厂"酌予贷款"。（三）本年度各生产社贷款，以每亩3元为度，全省最高额为150万元。（四）本年度生产贷款利息，暂定8厘半，"以后须酌量增加，运销放款再定"。（五）各合作社曾向银行抵押借款的产品，须保火险，"其保险费能否酌量减低，与保险公司接洽；棉花出清后，房屋机器可予免保"。（六）陕省合作贷款，除棉花运销外，"此后应再注意小麦之运销，或组织合作社，或设仓库，或由棉花产销合作社兼办"。⑤ 陕西区棉花产销贷款由上海银行主办，成立产销合作社17处，分布在长安、渭南、临潼等县。⑥

截止到1935年6月底，中华农贷银团在关中共建立合作社29所，分布11县，包括两个贷款区，泾阳区包括泾阳、高陵、三原、临潼4县，渭南区包括渭南、大荔、长安、合阳、蓝田、户县、华县等7县。与1934年

---

① 《中华农业贷款银团近况》，《农村合作月报》第61卷第4—5期合刊，1935年12月31日，第13页。
② 《中华农业合作贷款银团章程》，《工商半月刊》第7卷第7期，1935年4月1日，第110页。
③ 《第四次理事会纪录》1935年3月18日，《中华农业合作贷款银团会议录》，上海市档案馆藏，档号：Q264—1—609。
④ 《中华农业合作贷款银团理事会视察报告》1935年4月26日，上海市档案馆藏，档号：Q264—1—608，第21页。
⑤ 铎：《中华农业合作贷款银团最近农村投资之概况》，《都市与农村》第5—6期合刊，1935年6月11日，第15页。
⑥ 《中华农业贷款银团近况》，《钱业月报》第16卷第1期，1936年1月15日，第12—13页。

比较，1935 年棉产运销合作社增加至 26 社，社员户数由 16076 户增加至 33654 户，社员棉田由 228836 亩增加至 547808 亩。① 其中泾阳区 9 社由上海银行单独贷款，有棉田 147216 亩，占社员棉田 26.9%；社员 10498 户，占全部社员 31.2%。渭南区 17 社由中华农业合作银团贷款，有棉田 400592 亩，占社员棉田 73.1%；社员 23156 户，占全部社员 68.8%。上海银行在关中农业贷款共计贷款 146.23 万元，占同期该行农村全部贷款的 27.3%，居各省农村贷款的第二位；其中棉产贷款 1142141.57 元，② 社员平均贷款 108.8 元；平均每亩棉田贷款 7.8 元。中华农贷银团在渭南区贷款的 17 家合作社，贷款 108.4 万元，其中生产贷款 55 万元，运销贷款 53.4 万元，③ 平均每社员贷款 40.8 元，平均每亩棉田贷款 2.7 元。

1936 年至 1937 年，中华农业银团及上海银行减少了农村金融的投资。1936 年 5 月 5 日，中华农贷银团召开理事会，"讨论廿五年度贷款业务，当经决定河北及陕西棉产贷款继续办理"，决定贷款总额为 250 万元，并决定陕西省棉贷由上海银行西安分行代办。④ 中华农贷银团组社"以重质不重量为原则，组织新设工作暂缓进行，对于各种旧社，予以彻底之整理不良区域，不良领袖，不良分子均加淘汰，组织求严密，人事求健全，并修改合作社章程增加保证责任为社股二十倍"。截止到 1937 年 3 月底，银团贷款的合作社只有 11 社，社员 13788 户，共计贷款 327950 元，其中生产贷款 321450 元，占 98%；运销贷款 6500 元，占 2%。⑤ 银团对各社运销加以限制，"每社借款至多以四千元为限，且限定每社存花不得超过二百担，并以近运近销为原则"。⑥ 这些规定，对关中农村金融产生了很大的影响，合作社数量和贷款额度尤其是运销贷款大为减少。

为什么上海银行界减少对关中棉花产销的投资？究其原因：第一，

---

① 中华农业合作贷款银团：《中华农业合作贷款银团民国廿四年度贷款报告》，1935 年，第 10 页。

② 上海商业储蓄银行：《农业贷款报告》，上海：上海商业储蓄银行，1935 年 6 月，第 1、6—7 页。

③ 中华农业合作贷款银团：《中华农业合作贷款银团民国廿四年度贷款报告》，1935 年，第 10 页。

④ 《农业合作贷款银团昨开理事会议》，《申报》1936 年 5 月 6 日，第 8 版。

⑤ 中华农业合作贷款银团：《中华农业合作贷款银团民国廿五年度贷款报告》，1936 年，第 9、19 页。

⑥ 《中华农业合作贷款银团总办事处函》1937 年 4 月 27 日，上海市档案馆藏，档号：Q264—1—6613。

1935年至1936年上海银根开始紧缩，尤其是美国提高银价后，导致我国白银外流，各地行庄不断倒闭，银行"存户咸惧戒心，提多存少，致中外银行同遭挤兑者，亦不鲜见"，使上海金融业资金周转出现困难，甚至已有"破灭之虑"，① 导致上海银行界经营农贷困难。第二，合作社发生了延期或拖欠还款的情形。当时"农产品歉收，物价低落，致一部分贷款，不免发生呆滞"。② 截止到1937年3月底，关中棉花生产贷款欠款66357元，其中广阳合作1935年的贷款仍欠938.8元。③ 1936年，中华农贷银团开始整理农业金融，"据以往经验从事集中贷款，一面于密慎中徐图推进，一面注重全力催收旧欠"。④ 因贷款还款出现拖欠情况，银行开始紧缩贷款。第三，棉花销售环节出现了问题。1935年，中华农贷银团陕西区办事处原预计在关中收棉5万担，实际收棉14480.33担，减少的原因是花行与贷款银团竞争中出价较高，"农民多愿将花售给花行"，使棉花运销合作社收不到花。⑤ 影响到棉花统制运销办事处"不愿冒险为各社办理运销"。⑥ 第四，商业银行投资农业并非本职。上海商业银行在解释农业投资减少原因时所言："辅助农村经济之机关，已日见增多，本行以商业银行地位，辅助农村经济，本处于提倡地位，今幸业有正式机关，处理其事，用将办理已有实效之农村贷款，转移于其他机关，故农贷总额，反有减少之势。"⑦ 这成为上海银行业撤资农业金融冠冕堂皇的理由，说明上海银行界对农业金融的热情已经不再。

三 国家银行初涉关中农村金融

国家银行在陕西举办农村金融是通过各种类型的合作社来实现的。1934年8月，全国经济委员会与陕西省政府合作组建了陕西省农村合作委

---

① 中国人民银行上海市分行金融研究所：《上海商业储蓄银行史料》，第365页。
② 中国人民银行上海市分行金融研究所：《上海商业储蓄银行史料》，第600页。
③ 中华农业合作贷款银团：《中华农业合作贷款银团民国廿五年度贷款报告》，1936年，第19页。
④ 中国人民银行上海市分行金融研究所：《上海商业储蓄银行史料》，第601页。
⑤ 《中华农业合作银团陕西区办事处主任［陆］君谷报告陕西生产贷款情形》1936年2月18日，上海市档案馆藏，档号：Q264—1—609。
⑥ 《中华农业合作贷款银团第四次理事会》1937年2月8日，上海市档案馆藏，档号：Q264—1—613。
⑦ 上海商业储蓄银行：《上海商业储蓄银行营业报告民国二十五年度》，1936年，第22—23页。

员会，为全省合作事业的主管机关，下设农业合作事务局。该局成立后，积极推动陕西合作事业，计划"以关中区为中心，在经济力较充之各县，直接指导合作，在其他各县，视地方经济情形及人民需要程度或组织互助社办理'劝农贷款'，或指导组织合作社，以后推及省南省北各县，以三年内普及全陕为目标"。① 在合作事务局的推动下，关中地区合作事业有了长足的发展。抗战前夕全省有 38 县成立了互助合作社，成立社数 1882 社（其中承认社数 1450 社），社员 36235 人；有 34 县成立合作社 1688 社（其中登记社数 1643 社），登记社员数 9334 人。② 上述建立互助社 38 县中，关中有 26 县，占 68.4%；合作社 34 县，关中有 33 县，占 97%。③ 合作社的建立，为国家银行投资农村金融创造了条件。

国家银行初涉关中农村金融时，陕西省合作委员会"鉴于从事农贷之银行甚多，有划分区域加以调节之必要，特制定贷款准则，规定各贷款机关、团体参加合作社贷款时，须先由合委会或经该认可之促进合作机关，订立契约，于划定区域内从事放款"，④ 即实行划片经营。农行的投资区域在蓝田、户县、华县、华阴、潼关、扶风、乾县、礼泉、彬县、永寿、眉县、周至、凤翔、岐山、宝鸡等 15 县及陕南地区 5 县。⑤ 交通银行区域在咸阳、大荔、兴平、武功、朝邑等 5 县，中国银行区域在泾阳、长安、渭南、临潼、三原、高陵等 6 县。⑥ 在实际放款中并没有完全按照划定区域进行，如长安县既有农行放贷，又有中行放贷。

1933 年秋，陕西省赈务会商请四省农民银行（1935 年改名中国农民银行，简称"农行"）来陕西指导组织农村合作社，"以救济农村"，该行在长安县的新民乡等 5 个乡各设信用合作社 1 所，共计社员 463 人，贷款 5000 元，⑦ 是农行在关中举办农村金融之嚆矢。至抗战前夕，农行在陕西分支机关有 13 处，其中分行 1 处，3 个办事处，4 个分理处，1 个农贷所

---

① 《陕省农村救济》，《聚星月刊》第 2 卷第 9 期，1934 年 9 月，第 91 页。
② 《陕西之合作事业》，《中央银行月报》第 6 卷第 7 期，1937 年 7 月。
③ 《陕西之合作事业》，《中央银行月报》第 6 卷第 7 号，1937 年 7 月，根据第 1401—1044 页表格计算。
④ 林嵘：《七年来中国农民银行之农贷》，《中农月刊》第 1 卷第 1 期，1940 年 1 月，第 87 页。
⑤ 《陕西省合作委员会、中国农民银行协定合作贷款合约》，《中国农民银行月刊》第 2 卷第 4 期，1937 年 4 月 30 日，第 5 页。
⑥ 何潜：《陕西省之农村合作事业》，《农友》第 5 卷第 1 期，1937 年 1 月 15 日，第 5 页。
⑦ 林嵘：《七年来中国农民银行之农贷》，《中农月刊》第 1 卷第 1 期，1940 年 1 月，第 86 页。

和 2 个简易储蓄处和 2 个农仓。① 随着农行各种分支机构的设立,开始铺设合作社。截止到 1934 年底,在武功、周至、眉县、淳化、扶风、兴平、长安等 7 县铺设合作 39 所。② 以此为起点,农行在关中每年都有一定数量的合作社铺设,社员和贷款量也在不断增加,如表 2。

表 2 中国农民银行陕西合作事业及贷款统计表

项目	年份	长安	周至	户县	武功	淳化	兴平	扶风	合计
组织社数	1935	25	37	23	21	12	6	1	125
	1936	53	63	43	26	11	37	3	236
社员数	1935	3477	2186	1204	1713	411	475	95	9561
	1936	3872	4042	1978	2150	424	2798	258	15522
社股数	1935	3536	2307	1477	1854	430	475	95	10174
	1936	3940	4258	2449	2120	515	3554	258	17094
已缴股金(元)	1935	2910.0	1872.0	1378.0	1398.0	416.5	475.0	95.0	8544.5
	1936	6270.5	4319.5	4160.0	3341.0	581.0	6687.0	258.0	25617.0
贷放社数	1935	46	23	19	13	11	6	1	119
	1936	33	51	29	14	9	34	2	172
金额(元)	1935	71685.0	30160.0	17690.0	26005.0	7600.0	10505.0	1900.0	165545.0
	1936	70580.0	89000.0	34298.0	28687.0	10460.0	81065.0	5050.0	319140.0

资料来源:何潜:《陕西省之农村合作事业》,《农友》第 5 卷第 1 期,1937 年 1 月 15 日,第 5—7 页。

---

① 姚公振:《十年来之中国农民银行》,《经济汇报》第 6 卷第 11 期,1941 年 12 月 1 日,第 25 页。
② 林嵘:《七年来中国农民银行之农贷》,《中农月刊》第 1 卷第 1 期,1940 年 1 月,第 86—87 页。

从表2看出，农行从1935年到1936年合作社增加了47%，社员数增加39%，已缴股金增加96.7%，贷款合作社增加30.8%，贷款额增加48.1%。

中国银行（下文简称"中行"）曾于1915年在西安设分行，"十八年因陕省旱灾，失眠凋敝，业务无多，奉命裁撤"。① 1932年，中国银行开始在江苏、浙江等地试办农产品抵押放款后，② 1933年11月，重回西安设立寄庄，次年8月改为办事处，③ 先后在西安、渭南、咸阳建立机关，④ 在本省的农村金融投资逐步展开。抗战前，中行的农业投资以棉花生产与运销为主，即沿陇海路及泾惠渠一带组织棉花生产运销合作，1934年9月底，在渭南、临潼、高陵组建棉花生产运销合作社11处，有纪录的贷款88065元；⑤ 1935年贷款区域达到8县，合作社100处，贷款160万元。⑥ 1936年，应农民要求将长安、泾阳、三原、高陵、临潼、渭南等6县的生产合作社改为信用合作社，⑦ 以方便农民对金融的需求。

1934年，交通银行（下文简称"交行"）派员到关中进行投资环境考察，认为"豫西、陕中一带，为西北精华所萃，物产富饶，尤以棉为大宗，如灵宝、陕州、渭南、咸阳等处，均为著名棉产地点……本行负有发展全国实业使命，对于重要实业原料产地，有投资开发之必要，遂决定沿陇海铁路向西推展业务计划，经派员迭往调查，择定洛阳、陕州、灵宝、潼关、朝邑、渭南、西安、咸阳、泾阳等处，先后设立机关，开业以来，进行各项棉业投资"。⑧ 11月，交行西安分行、渭南支行成立，次年12月设咸阳办事处，1936年11月设泾阳办事处。⑨ 兴平、武功、平民、朝邑、大荔等5县为交行贷款区，贷款程序是通过互助社与合作社来实现。办法

---

① 《西安中国银行沿革》，《雍言》第5卷第10期，1945年10月15日，第76页。
② 中国银行总管理处：《中国农民银行民国二十一年度营业报告》，1933年4月印行，第14页。
③ 陕西省银行经济研究室：《十年来之陕西经济》，1942年10月印行，第285页。
④ 中国银行总管理处：《中国农民银行民国二十四年度营业报告》，1935年3月印行，第45页。
⑤ 中央银行经济研究处：《中国农业金融概要》，商务印书馆1936年版，根据第135—137页"陕西省各县农村合作社一览表"之数据计算。
⑥ 《陕西省二十四年度合作社概况》，《统计材料月刊》第2期，1936年2月，第6页。
⑦ 《西安中国银行改组各县合作社》，《陕西棉讯》第2卷第13期，1936年3月20日，第3页。
⑧ 交通银行总行、中国第二历史档案馆：《交通银行史料》第1卷，中国金融出版社1995年版，第286页。
⑨ 屈秉基：《抗日战争时期的陕西金融业》，《陕西工商史料》第2辑，1989年8月印行，第3—4页。

是先成立互助社（又称合作预备社）"以灌输合作知识，培养合作基础，待农民切实了解合作意义后，始改组为合作社"。在贷款方面，互助社贷款由农业合作事务局负"偿还担保之责"，合作社"由各贷款银行自行负责，该局仅指导社务而已"。1935年8月统计，交行在贷款区成立互助社245社，社员9069户，贷款72229元；合作社81社，社员2169户，贷款9905元。①

1936年12月调查，中、交两行在关中地区的合作社和贷款都有了比较好的发展。中行放款区合作社数达到374社，交行放款区合作社达396社，"两行放款总额约计一百五十余万元"。② 两行在关中铺设合作社共计770社，平均每社1948元，以平均每社34户计算③，户均投资57.3元。尽管投资不足，但不失为良好的开端。

以上是抗战前国家银行投资关中农村金融的实况。从中可以看出，1933年，国家银行开始关注陕西农村金融问题，在地方政府及合作机关的配合下，构建了关中农村金融的初步基础，有少量的银行资本缓缓流向乡村社会，使农村金融开始活跃起来。但不管是国家银行还是商业银行，投入关中农村金融十分有限，不是所有的合作社与社员都能借到款。如1935年8月底统计，合作社的借到款的社员占登记社员的54.3%，每位社员平均借款只有23.7元。④ 同时，新式金融未能进入的农村依然面临着严峻的形势，如1934年调查，澄城县棉花尚未收获，"即有朝邑与本地绅商，竞相预卖其价目，每捆（十斤）自一元几至二元几不等，多为九月间交棉花。但九月至今，棉花每捆由三元涨至四元二角，尚有继续涨价之势"。因农民贫困，受高利贷者剥削之重，"于此可见"。⑤ 究其原因，一是银行资本流入农村的十分有限。综括1933年至1936年各种银行在关中的农业金融投资不超过400万元。故合作社借款数额十分有限，渭南新兴区棉花

---

① 秦行调查：《咸阳、兴平、武功、朝邑、大荔等五县农村合作状况之调查（附）二十四年度下期农贷计划》，《交行通信》第7卷第3期，1935年9月20日，第5、11页。
② 何潜：《陕西省之农村合作事业》，《农友》第5卷第1期，1937年1月15日，第5页。
③ 每合作社户数根据《咸阳、兴平、武功、朝邑、大荔等五县农村合作状况之调查（附）二十四年度下期农贷计划》（《交行通信》第7卷第3期，1935年9月20日，第11页）有关统计数据计算。
④ 王作田：《西北经济建设声中的陕西合作事业》，天津《益世报》1935年12月28日，第12版。
⑤ 波如：《陕西澄城社会概略》，《宇宙旬刊》第6期，1935年3月5日，第42页。

产销合作社借款调查结果，大多数社员只能借到6—10元钱，有的仅能借到1元钱。① 二是许多合作社有名无实，贷款难以实施。据记载："本省荒旱之余，农民经济窘迫已极，成立之合作社，社员认股之金额，实属有限。即认定之金额，亦多无力缴纳，资金缺乏，社务即难进行，虽有合作社之组织，仍系有名无实。"② 三是银行与农村之间的金融流通渠道尚未完全畅通。从政府方面言农村金融制度尚未完善，从银行方面言农村金融网络尚未建立。"抗战以前，我国农民经济组织落后，农业金融制度，为臻完善，加之该时政府原无一定农业金融方针，设置农业金融机构又缺乏整个统筹计划，是以上层机构重复繁乱，中枢农业金融机关无以统制，下层组织基础未定，全国农业金融网亦不易构成。"③ 尽管如此，就关中地区而言，通过抗战前数年的努力，农村合作事业已经有了雏形，为抗战时期农村金融网的建立和农村金融的活跃奠定了比较好的基础。

四 关中农村金融网的形成

抗战时期是关中金融网形成的重要时期。首先，抗战爆发后，随着东部国土和城市的沦陷，中国经济和政治重心的内移，给陕西金融业发展带来了契机。"自抗战发生以后，西安成为西北交通枢纽，形成陕西金融经济之中心，加以陇海铁路展至宝鸡，而南郑又扼鄂陕川甘之要冲，商业日趋繁荣，且因战场扩大，交通梗阻，进出口贸易遭受打击，银行业务顿陷萧条，各银行为谋自身业务之发展，后方生产事业之开发，乃纷纷转向内地增设行处，以故陕西省宝鸡、南郑、安康、三原等地，增设银行，日见加多，已极一时之盛。"④ 经济重心内迁对促成关中金融网形成起了重要作用。其次，建设西北金融网是抗战时期国民政府的一项基本国策。1938年3月，国民党中央通过《非常时期经济方案》指出："政府对于农村金融

---

① 锄非：《陕西渭南新兴区棉花产销合作社概况》，《棉运合作》第1卷第4期，1936年4月1日，第13页。

② 雷宝华：《陕西省十年来之建设》，《实业部月刊》第2卷第1期，1937年1月10日，第96页。

③ 林和成：《民元来我国之农业金融》，《银行周报》第31卷第9—10期合刊，1947年3月10日，第37页。

④ 黎小苏：《陕西银行业之过去与现在》，《西北资源》第1卷第6期，1941年3月10日，第24页。

之需要，极为重视，救济方法，尤重在健全农村合作之组织，以利农产品之生产抵押及保证，并在农业中心区域，多设合作金库，举办农业生产贷款，由政府责成主管机关，运用政府所拨资金，积极推行，并利用各地仓库为农产之储押，使农村经济益行活动。"① 对于西北各省而言，"为使金融力量与政府政策，配合进行，西北金融网，实有加速完全之必要"。② 3月，财政部召开第二次地方金融会议，制定地方银行与发展地方金融方案，建立健全地方金融机构。③ 会后，财政部于1939年1月，国民党五届五中全会通过《调剂地方金融案》中指出："甲、督促中中交农四行迅就西南、西北金融网计划从速完成。乙、积极推行改善地方金融机构办法，使资金深入于农村。"④ 为完成此项任务，制定《完成西南西北及邻近战区金融网之二年计划》，规定"凡后方与政治、经济、交通及货物集散有关之城镇乡市，倘无四行之分支行处者，责成四联总处，至少有一行前往设立机关"。⑤ 并拟定金融网建设时间表，"以三个月为一期，每一期内应遵照规定，设立若干行，且指定四行中某一行应设立之地点，自二十八年一月起至十二月底，共分四期，分饬四行积极筹备，统限于二十八年十二月底以前一律完成西南西北金融网。嗣为补充金融网之敷设，并经由部会同四联总处议定四行委托各县银行及合作金库代办银行业务办法，分行四行，迅速洽办，以期达到完成金融网之目的"。⑥ 正是在国民政府把西北建设成持久抗战基地和继续活跃农村金融政策的支持下，银行与地方政府合作"遵照中央计划，努力推行"，⑦ 在金融网建设上取得了一定成绩，银行新增机构逐年增加，据记载1938年7家，1939年17家，1940年17家，

---

① 秦孝仪主编：《中华民国重要史料初编——对日抗战时期》第四编《战时建设》（三），（台北）中国国民党中央委员会党史委员会，1988年，第122页。
② 《四联总处筹设西北金融网》，《财政知识》第2卷第1期，1942年11月1日，第33页。
③ 本社资料室：《第二次地方金融会议议案内容》，《财政评论》第1卷第5期，1939年5月，第167页。
④ 重庆市档案馆等：《中国战时首都档案文献·战时金融》，重庆出版集团、重庆出版社2014年版，第17页。
⑤ 郭荣生：《四年来西南西北金融网之建立》，《财政评论》第6卷第4期，1941年10月，第37页。
⑥ 财政部直接税处：《十年来之金融》，中央信托局印制处，1943年，第11页。
⑦ 郭荣生：《四年来西南西北金融网之建立》，《财政评论》第6卷第4期，1941年10月，第37页。

1941 年 29 家，1942 年 29 家，① 5 年内共计成立各种银行 99 家。

陕西农村金融网分为两个层级，居于上层的是中、中、交、农国家银行的分支机构和省县等地方银行。随着国民政府建立西北金融网政策出台，国家银行在陕分支机构逐年增多。据 1941 年底统计，国家银行在陕西的分支机构有 39 处，其中中央银行 7 处，中国银行 19 处，交通银行 8 处，农民银行 5 处。② 1943 年底增加到 62 处，其中中央银行 7 处，中国银行 13 处，交通银行 12 处，农民银行 30 处。③ 西安、宝鸡、咸阳、渭南、泾阳、三原、凤翔、大荔等都市和经济中心都有国家银行的分支机关。地方银行是构成现代金融网最主要的一环，抗战初期陕西省银行分支机构有 30 余处，④ 1941 年底增加到 55 处。⑤ 1940 年颁布《县银行法》后，陕西省县银行纷纷成立，截止到 1943 年成立县银行 69 家，其中 38 家在关中地区，⑥ 占 55%。在国家银行与地方银行构成的陕西金融网中，关中居于最重要的地位。据 1942 年统计，关中 39 县有 88 家银行机构，占全省的 69.8%。主要分布在交通便利的都市和县城，西安有 18 家，宝鸡 8 家，咸阳、泾阳、渭南各 4 家，大多数县份有 2 家银行，"推其原因不外以上各地或为富庶之区，或为交通便利之地"。⑦ 按照国民政府"一地至少有一行"的原则，关中基本实现了国民政府金融网建设的预定目标。

合作社与合作金库居于农村金融网的下层，是现代金融业伸向农村与农村经济相结合的枢纽。抗战时期国家金融机关为投资农村金融，除了在主要市镇设立分支机构，还有"少数为农贷而设立之农贷办事处，及辅导设立之各级合作金库"及合作社。⑧ 抗战初期，各国家银行继续在关中铺设合作社，中行 6 县，合作社 634 处；交行 6 县，合作社 260 处；农行 21

---

① 郭荣生:《战时西南西北金融网建设》,《财政学报》第 1 卷第 3 期，1943 年 3 月 15 日，第 59 页。
② 重庆市档案馆、重庆市人民银行金融研究所:《四联总处史料》，档案出版社 1993 年版，第 197 页。
③ 重庆市档案馆、重庆市人民银行金融研究所:《四联总处史料》，第 209 页。
④ 《陕西省银行七年来之总检讨》,《银行周报》第 22 卷第 36 期，1938 年 9 月 13 日，第 4 页。
⑤ 萧紫鹤:《陕西省银行概况》,《金融知识》第 1 卷第 6 期，1942 年 11 月，第 112 页。
⑥ 《陕西县银行达六十九家》,《上海工商》第 1 卷第 10—11 期合刊，1947 年 5 月 20 日，第 29 页。
⑦ 陈封雄:《陕西省金融网之分布情形》,《经济汇报》第 7 卷第 10 期，1943 年 5 月 16 日，第 89 页。
⑧ 张景瑞:《农贷的现在和将来》,《经济建设季刊》创刊号，1942 年 7 月，第 245 页。

县，其中关中14县，合作社263处；陕行4县，其中关中1县，合作社21处；银行与合委会"二八比例达成贷放"18县，关中9县，合作社163处。① 上述55县中登记的合作社1580处，其中关中36县，占65%；合作社1341处，占84.9%。经过近5年的铺设，抗战初期关中农村已经建立了比较完善的合作社系统。1939年，本省合作事业重点是建立信用合作社，共组信用社627社，社员18762人。② 1940年，四联总处在陕西发放农贷3700万元，国家行局贷款区域覆盖全省92县，在关中放贷包括中国银行和交通银行各12县，农民银行18县，共计42县。③ 1940年2月统计，全省有各种合作社5576社，社员272405人；互助社3476社，社员130608人，总计单位社8900余社，社员40余万人，合作社遍布全省各县。④ 表明现代金融业在关中农村的框架已经搭建起来。

在农村金融网建设过程中，农本局起了重要的作用。农本局"以接济农业资本，分配农业产品为目的"。业务包括支持县级银行创办、农村合作社组织、创办合作金库、农业仓库和农产品抵押贷款等。⑤ 合作金库是"以调剂合作事业资金为宗旨"。⑥ 1938年10月，陕西省合作委员会在咸阳铺设合作金库1处。次年9月，陕西颁布了合作金库方案，计划全省县级金库在3年内分期完成。⑦ 同时，农本局与各省协商该局的农贷由合作金库办理，"以期树立农村合作金融基层机构"。⑧ 同年，农本局在洋县、褒城、凤翔、宝鸡、勉县合作金库5处；1940年再铺设千阳、麟游、凤县、宁强、略阳、留坝6县合作金库，农民银行铺设安康、彬县、礼泉、南郑、紫阳5县合作金库；1942年，农民银行铺设扶风、周至、商县、西乡、泾阳5县合作金库。截止到1942年11月底，陕西共铺设22处金库，有

---

① 王遇春：《陕西合作运动之经过》，《陕行汇刊》第3卷第9期，1939年10月，第18—20页。
② 《一年来之陕西合作事业——陕西省合作委员民国二十八年份工作报告》，《陕西合作》第49期，1940年4月1日，第3页。
③ 本社资料：《玩过战时农贷之推进》，《财政评论》第3卷第4期，1940年4月，第151页。
④ 韩清涛：《陕西的农业合作事业》，《西北资源》第1卷第2期，1940年11月10日，第61页。
⑤ 《农本局办法大纲》，《金融周报》第1卷第17期，1936年4月22日，第24页。
⑥ 《合作金库规程》，《中国农民银行月刊》第2卷第2期，1937年2月30日，第1页。
⑦ 《陕西省发展合作金库方案》（1939年9月6日通过），《陕西合作》第47期，1939年12月1日，第10—11页。
⑧ 《陕西省农贷将移交合作金库办理》，《农本》第22期，1939年8月15日，第4—5页。

3家合并,全省有县级合作金库19单位,① 其中关中有11处,占57.9%。

从以上论述来看,抗战时期,国民政府为了把"扶农"资金以比较快的速度和方式送进农村,一方面在关中县城和主要市镇设立银行,形成金融网;另一方面,地方政府与银行紧密配合,使各种合作社在广大关中农村铺展开来。这样形成了由银行、合作社和合作金库组成的农村金融网。银行是农村金融的提供者,合作社和合作金库是连接银行与农户的桥梁。正是依赖各种金融机构之间的合作,把现代金融从都市带进了关中农村。

五 金融进村与农村经济的变化

金融是经济发展的原动力,而农村金融是现代农业发展的重要条件。为适应这种需求,20世纪30年代初期开始,现代金融进村与关中农村经济相结合,到抗战时期,随着关中金融网的建设,大量资金输入农村,给当地农业、农村经济和农民生活带来了一些变化。"历年来农贷之推行,在各种生产事业上,虽未能普遍增强,至于尽善尽美,快人心意之地步。而以实际情形观察,无论何项,均有长足之进展,在在皆足以福国利民,裨益民生者,殊非浅显。"② 本文主要从以下几个方面来看金融进村后关中农村经济的变化。

第一,随着现代金融网的建立,有一定数量的资金输入农村。农贷是现代金融进村的主要方式,主要由合作社来完成,"陕西省合作社,大部分仰给于银行投资"。③ 1937年国家行局在陕西的贷款余额为553万元。④ 1938年,陕西省合作委员会放款额658.7万元,其中中行226.8万元,交行120.5万元,农行177.3万元,上海银行103.2万元,陕省银行30.9万元,"虽各银行已放之款并未足额,而上年底收回放款数目,平均达六成之谱,尚属乐观"。⑤ 1939年,通过合作社贷款994万元,其中关中获得农

---

① 姚公振:《论西北之农业金融》,《湖南省银行经济季刊》第3期,1943年4月1日,第19页。
② 李国桢:《陕西省农贷与农业改进之关系》,《国立西北农学院院刊》第4期,1946年7月10日,第6页。
③ 王作田:《论陕西战时合作资金问题》,《合作月刊》第5期,1938年9月1日,第22页。
④ 《中央五行局各省农贷结余额》,《中农经济统计》第1卷第6期,1941年12月31日,第53页。
⑤ 《陕西省最近金融经济调查报告》,《陕行汇刊》第3卷第3期,1939年4月,第40页。

贷 748.6 万元，①占 75.3%。另据统计，1939 年 6 月至 1940 年 2 月陕西共获得农贷 1033.44 万元，占大后方 6 省农贷的 14.65%，占全国农贷 6.83%。② 在 1940 年的贷款中，平均每社获得资金 757 元，每社员 17.29 元。③ 从 1937 年至 1940 年 2 月的各种统计资料来看，陕西农贷数额逐年有大幅度增加，且以关中为主。

1940 年，国民政府农贷政策由农村救济为主转变为国民经济建设。年初，四联总处规定农贷包括农业生产、农业供销、农产品储押、农田水利、农村运输、佃农购置耕地、农村副业、农业推广等方面。④ 具体到本省，包括以下几个方面：一是棉田贷款，主要是针对棉花改良、生产和运销的贷款；二是农业生产贷款，包括农具、肥料、种子的收购与改良；三是农田水利贷款，包括大型水利和小型水利；四是特种生产贷款，包括桐油、蚕业和草帽辫等农村副业；五是役马繁殖贷款。⑤ 农民银行业拟定了以发展农业和农村经济为主的贷款原则。⑥ 贷款数额也有了增加。1940 年，四行在陕西发放农贷 3700 万元，其中农业生产 1000 万元，农村副业 400 万元，运输工具 500 万元，农产押储 300 万元，农业推广 100 万元，农田水利 500 万元，农产供销 300 万元，购置耕地 200 万元，陕北农贷 400 万元。⑦ 1941 年 12 月统计，国家行局在陕西省的贷款是中央信托局 87 万元，中国银行 1057.8 万元，交通银行 325.5 万元，农民银行 2178.6 万元。⑧ 据 1942 年 7 月统计，陕西农贷不同种类的余额，农业生产 1648.5 万元，农田水利 572.3 万元，农村副业 12.6 万元，农产储押 64.6 万元，农业供销 26 万元，总计 2324 万元。⑨ 另据统计，本省合作社从银行获得大量贷款，

---

① 根据《陕西省合作事业概况表》（截至 1939 年底）计算，《陕西合作》第 49 期，1940 年 4 月。
② 《我国战期农贷统计表》，《中央银行经济汇报》第 2 卷第 12 期，1940 年 7 月 7 日，第 441 页。
③ 《廿九年度全国合作社放款金额与社数比较表》《廿九年度全国合作社放款金额与社员数比较表》，《中农月刊》第 2 卷第 4 期，1941 年 4 月 30 日，第 88—89 页。
④ 《各种农贷暂行准则》，《中农月刊》第 1 卷第 4 期，1940 年 4 月，第 137—138 页。
⑤ 李国桢：《陕西省农贷与农业改进之关系》，《国立西北农学院院刊》第 4 期，1946 年 7 月 10 日，第 6 页。
⑥ 《中农银行拟定农贷原则》，《银行周报》第 23 卷第 47 期，1939 年 11 月 28 日，第 3 页。
⑦ 韩清涛：《陕西的农业合作事业》，《西北资源》第 1 卷第 2 期，1940 年 11 月 10 日，第 71 页。
⑧ 章景瑞：《农贷的现在和将来》，《经济建设季刊》创刊号，1942 年 7 月，第 251 页。
⑨ 《各种农贷结余统计表》，《本行通讯》第 42 期，1942 年 9 月 30 日，第 40 页。

1937 年 321.6 万元，1938 年 271.8 万元，1939 年 353.4 万元，1940 年 913.1 万元，1941 年 2462.6 万元，1942 年 6 月以前 641.4 万元。① 说明每年都有一定数量的各种贷款进入农村。

1942 年 9 月，农贷归于农行一家后，农贷资金主要由农行和省银行投资。1943 年统计，"农行在陕西，确已尽了最大努力，按照现在农贷余额，举其大者，计农业生产，约二千五百万元；农产运销，一千八百万元；农田水利，三千一百万元；土地改良，三百万元，总计约达八千余万元，占全国总额七分之一。准备贷放者，农田水利约四千余万元，棉花生产约六千万元，周至、武功垦殖放款二十万元。接洽放贷者，为平民土地金融实验区，及其他农业生产事业，总数已达七八千万元"。② 省行的贷款重点在关中和陕南，依据"各县农村经济状况，农户分布情形"等进行。贷款种类包括：①平民、朝邑、合阳、韩城、华阴、潼关水灾贷款 200 万元，"以作春耕之需"。②棉花生产贷款 6000 万元，其中临潼、渭南、华县、华阴 4 县 1290 万元，长安、眉县、兴平、咸阳 4 县 930 万元，泾惠渠灌区高陵、三原、泾阳 3 县 2200 万元，洛惠渠罐区大荔、朝邑、平民 3 县 930 万元，关中棉区占 89.2%。③农产运销 1000 万元，"以营业流毒资金，或支付产品价值，购置加工及运销设备等项为限"。④农村副业贷款 100 万元。⑤农业推广贷款 1200 万元，其中小麦改良 183 万元，推广棉籽 200 万元，农场贷款 55 万元，牲畜贷款 30 万元，农会 100 万元，收购棉种 332 万元，农贷示范区 300 万元。⑥农田水利贷款 6830.9 万元，主要用于关中和陕南大型和小型水利工程。③ 农村副业贷款，除农行放 100 万元外，带给工合配额 300 万元，主要用于扶植平民、朝邑、合阳的纺织业以及宝鸡的纺织业和皮革业。④ 1944 年 8 月统计，陕西银行给 215 处合作社和 63 处农会，发放植棉贷款 34439 万元。⑤ 1945 年 7 月，陕西植棉贷款共贷出

---

① 《陕西省历年合作贷款数目统计表》，《陕西省统计资料汇刊》第 3 期，1942 年 12 月 25 日，第 282 页。
② 熊斌：《农贷与陕西》，《陕西农贷通讯》第 3 期，1943 年 6 月 1 日，第 6 页。
③ 《陕行三十二年度各种贷款计划及实施述略》，《陕行农贷通讯》第 3 期，1943 年 6 月 1 日，第 8—9 页。
④ 章元玮、储瑞棠：《本行农村副业贷款办理经过与推进拟议》，《本行通讯》第 71 期，1943 年 12 月 15 日，第 22、24 页。
⑤ 《川陕棉贷简讯》，《本行动态》第 90 期，1944 年 9 月 30 日，第 9 页。

138898.9万元。① 受法币贬值和通货膨胀的影响，银行对关中农村投资实际购买力大大缩水，如以1936年法币购买力计算，1945年的棉贷可折合180.6万元。② 尽管如此，仍有一定数量的资金进入农村，对活跃农村金融起了一定作用。

第二，现代金融进村，推动了关中地区农村经济的复苏和发展。棉花和小麦种植与农田水利是关中农业的支柱，本文主要从这三个方面来看金融进村所引起的经济变化。从1933年上海银行办理永乐区棉花贷款到五银团的棉花贷款，"对于棉农经济之辅助，棉产之改进，已有相当之成效。按陕省棉田因有合作社之成立，推广甚速，去年增加百分之七十六（去年为二一四六六六七亩，今年增至三七一〇九三八亩）。凡合作社社员多引种改良棉种，故棉产增加，且棉花品质，由此可以逐渐改进"。③ 随着民众对棉花改良认识的不断深入，尽管合作社成立初期，"棉花运销获利者极少，所幸者，合作组织甚能引起地方同情，棉种推广亦称顺利，今日脱字棉在陕西之有大量出产，自以其创力是赖"。④ 因上海银团投资关中棉花产销，使陕西棉田和产量都有了比较快的增长，到1937年达到482.6万亩，棉花产量达106.8万担，"居全国第六位"。足见农贷对关中棉花增长起了关键性的作用。抗战时期，因上海等沿海城市沦陷和需要粮食增产等原因，棉花贷款减少导致植棉亩数和棉产大为减少，1942年只有138.6万亩，产量31.2万担，比1937年分别减少344万亩和76.6万担。棉花种植面积和产量的减少，引起当局注意。农民银行为"调剂棉农金融期间，自卅一年起在陕办理棉花产销贷款"，使陕省植棉面积和产量有所复苏。如1943年植棉146.8万亩，产量47.1万担；1944年植棉250万亩，产量60万担。⑤ 也可以看出，农贷在棉花生产中的作用。

---

① 《陕棉生贷款结束》，《本行通讯》第112期，1945年8月31日，第7页。
② 以1936年作基数，1945年11月法币每元购买力"仅合战前一厘至一厘三毫"（《法币每元仅合一厘三毫》，《中国新闻》第2卷，1945年12月，第3页）。
③ 《陕西棉产改进所代理交通、金城、浙江兴业、四省农民、上海银行棉花产销合作贷款报告》，金城银行档案，上海市档案馆藏，档号：Q264—1—605—1。
④ 徐仲迪：《陕西棉花产销合作社之过去与将来》，《棉业月刊》第1卷第1期，1937年1月，第57页。
⑤ 张清意：《陕西省棉花产销贷款之研究》，《本行通讯》第106期，1945年5月31日，第7—9页。

关中是我国小麦主产区之一，故陕西省增加粮食生产"小麦之增产当为首要"。① 1940年，四联总处开始发放农业改良贷款，小麦改良面积逐年增加，1940年182619亩，1941年439691亩，1942年934602亩。② 1943年，陕行发关中小麦推广贷款162万元，用于优良品种的实验和购买，购买优良小麦品种137.6万石，可推广156.1万亩。③ 农贷是否增加了小麦种植面积和产量？民国初期，陕西小麦种植面积最高是1916年1542.5万亩，产量最高是1918年1780.5万担。经历了1928年至1930年大旱灾后，1931年小麦种植面积只有1091万亩，产量1189.2万担。随着农业金融增加和农业改良，小麦种植面积和产量逐年增加，1936年种植1459.4万亩，产量1775.8万担，④ 虽然没有超过民国初期的水平，但比1931年分别增加362万亩和586.6万担。抗战爆发后，"战区日大，入陕难胞日增，加以大军云集境内，三十年征粮开始，以致本省食粮，日趋严重。政府为之蹙额，人民为之不安，于是食粮增产工作，应时而生，犹恐收效不足速宏，政府不惜巨款，工作人员竭虑以赴，直至日寇投降，无时或懈，当时增产之作物对象，小麦独重"。及至1946年，本省小麦种植面积，已由1446.7万亩（1934年至1936年3年平均）逐步增至2092.6万亩，约增加645.9万亩，增长率44.64%。⑤ 小麦产量也有较大幅度增加，1934年至1936年平均产量为2180.7万担，除了抗战期间发生旱灾的几个特殊年份，小麦产量逐年增加。1944年是民国时期陕西小麦产量最高年份，为3313.6万担，⑥ 比抗战前增加了1132.9万担。再从征购军粮来看，据1939年至1941年统计，陕西征购军粮4401239包，其中关中各县及商会为4049682包。⑦ 又据1941年至1946年统计，全省每年征起之小麦数量，平均为2209千市担，占配征数量74%，占全省小麦产额14%。⑧

---

① 李国桢：《陕西小麦》，陕西农业改进所，1948年，第141页。
② 原鸿儒：《陕西省之改良小麦推广》，《农业推广通讯》第5卷第3期，1943年3月。
③ 陕行农贷股：《三十二年度陕行收购改良麦种工作概述》，《本行通讯》第74期，1944年1月31日，第17—19页。
④ 许道夫：《中国近代农业生产及贸易统计资料》，上海人民出版社1983年版，第70页。
⑤ 李国桢：《陕西小麦》，陕西农业改进所，1948年，第26页。
⑥ 许道夫：《中国近代农业生产及贸易统计资料》，上海人民出版社1983年版，第70页。
⑦ 根据《陕西省历年征购军粮统计表》统计和计算，见《陕西省统计资料汇刊》第3期，1942年12月25日，第62—67页。
⑧ 李国桢：《陕西小麦》，陕西农业改进所，1948年，第141页。

农田水利也取得了一定的成绩。1931年至1934年，华洋义赈会、全国经济委员会和陕西省政府先后投资136.8万元，① 修建的泾惠渠可灌溉农田6289顷31亩。② 1935年12月，陕西省政府与上海银团签订150万元贷款合同，修筑渭惠渠，③ 可灌溉农田60万亩。④ 1940年兴办农田水利贷款后，截止到1944年，农民银行给陕西发放农田水利贷款16444.0万元，其中关中沣惠渠3222.8万元，涝惠渠4552.4万元，洰惠渠210.0万元。⑤ 上述3渠完成后灌溉面积70余万亩。由于银行资本进入关中地区，使农田水利事业有了较快的发展，大型农田水利工程可灌田197.5万亩，其中关中灌溉面积达172.5万亩，占87.3%。⑥ 灌区农业也取得了较好的经济效益，如1939年对渭惠渠灌溉区农产调查，收获各种粮食作物25.8万石，增收11.7万石（其中小麦增收4.6万石，玉米增收3.7万石）；棉花13989担，增收5246担；红苕31325担，增收10375担。"全灌区受水惠之增益，约为二百四十八万五千元。"⑦ 如果没有国家银行的农田水利贷款的支持，要在短时期取得这样的农田水利建设是不可能的。

第三，部分改善了农家生产和生活条件，促进农村经济复苏和发展。现代金融业初到陕西，主要用于购买粮食、简单的生产工具、还债、完粮纳税等方面。如1933年，上海银行在泾阳县向永乐区合作社举办第一笔生产贷款主要是在"农作物未收获时，社员为购买农具牲口，及经营棉田而借之款，以备将来生产之用，此项贷款包括有小麦青苗贷款、棉花青苗抵押贷款、定期信用贷款，社员欲向合作社借用此种类项"。⑧ 1933年的小麦青苗贷款时在麦收前一星期发放，社员拿到贷款后，90%都用于购买粮

---

① 《最近二十年水利行政概况》，《水利》第6卷第3期，1934年3月；《泾惠渠报告书》，陕西省泾惠渠管理局1934年12月印行，第17—18页。
② 张光廷：《陕西泾惠渠二十五年灌溉情况》，《水利月刊》第12卷第2期，1937年2月。
③ 《陕省府与沪银行商妥引渭借款》，《申报》1934年11月4日，第2版。
④ 黎小苏：《陕西渭惠渠概述》，《西北研究》第5卷第8期，1942年8月15日。
⑤ 柏丛：《陕西省新兴水利工程与农田水利贷款》，《陕政》第6卷第7期，1945年3月31日，第34页。
⑥ 刘中瑞：《由陕西水利事业看全国水利之前途》，《陕政》第7卷第11期，1946年7月31日，第9页。
⑦ 根据《二十八年渭惠渠灌溉区域农村经济状况调查》一文相关统计表计算，《陕西水利季报》第5卷第3—4期合刊，1940年12月，第67—68页。
⑧ 李国桢：《陕西棉业》，陕西省农业改进所，1946年，第256页。

食，另有少数购买镰刀等收割农具，做收麦的准备；1934年贷款在青黄不接的三四月，贷款用途以"维持生活为最多，纳粮完税次之，修理房屋者又次之，购买牲畜肥料为最少"。为了让农民更多地将农贷用于农业生产，1935年决定提前至一二月发放小麦贷款，可以用来赎地、买牲口、买肥料、纳水捐、还债。① 据调查，1934年至1935年的贷款，50%用于购买牲畜（大牛在80元到90元之间），20%用于盖房子（每房子三间需100元），20%用于还债，10%用于购买肥料。② 据中国银行统计，该行在陕西贷款用途用农业生产占55%，主要购买种子、肥料、农具、牲畜、副业等；用于生活占45%，主要是购买粮食、还债、婚丧等。③ 可见，信用合作社在农村创办的最初几年，只有很少部分用于生产，大部分用于家庭生活、婚丧嫁娶、疾病治疗等方面。

随着流入农村资金的增加和农村经济好转，特别是四行局农贷政策转变后，农贷的用途也发生了较大变化。1941年对四行局在陕西3县18个合作社贷款的调查，平均每社贷款8210元，用于购买肥料755元，占9.2%；生产工具1543元，占18.8%；种子706元，占8.6%；食粮994元，占12.1%；工资145元，占1.8%；副业1125元，占13.7%；其他2972元，占36.2%。④ 1942年对陕西6家合作金库的380家合作社调查，用于生产建设占74.63%，副业占21.39%，运销占0.26%，水利占0.08%，其他占3.64%。⑤ 农贷的用途由最初的维持生活向发展生产转变，尤其是1940年随着农贷方向的转变，农贷的绝大多数部分用于发展农村经济，说明农村金融有了很大改观。

在农贷的扶持下，农村手工业、市场等开始复苏并有了生机。据调查，1945年经营土纸、土蜡、纺织、加工米面等合作181社，产值12453.9万元；从事供销业务的540社，数值29635.8万元；承销食盐的287社，销售食盐

---

① 《一九三五年小麦青苗贷款》，《陕西棉讯》第8期，1935年1月23日，第1—2页。
② 《邹秉文致总经理函》，上海商业储蓄银行档案，上海市档案馆藏，档号：Q—275—1—703。
③ 见石涛《民国时期商业银行农贷业务述评——以中国银行为中心的考察》，《历史教学》2013年第8期。
④ 陈法正：《农村副业与农业贷款》，《中国农民》第2卷第5期，1942年12月30日，第48页。
⑤ 章元玮、储瑞棠：《本行农村副业贷款办理经过与推进拟议》，《本行通讯》第71期，1943年12月15日，第20页。

52931 担；承销平价布的 128 社，销售布 6380 匹；承销面粉的 22 社，销售面粉 62900 袋。① 说明随着金融进村，农村副业、市场也活跃起来。

第四，改变了农村的借贷关系，对高利贷资本有一定的遏制作用。据蒋杰等人在关中 6 县调查，抗战前，关中农民借款来源包括私人、当地、典质、合会、商店、合作社、商店赊账、农产商行，借款来源以私人借贷额占 70.8%，当地借款占 17.9%，合作社借贷仅占 3.9%，其中在调查的 6 县中周至、蒲城尚无合作社借款。② 随着金融网的建立和农贷向农村延伸，借贷来源有了明显的变化。1940 年，西北农学院的调查显示，农民借贷关系中来源于合作社的渭南占 34.2%，高陵占 39.9%，武功占 15%，宝鸡占 22.4%，③ 平均占 27.9%。在合作社铺设比较早的渭南、高陵合作社借款比例较高。据中央农业试验所 1941 年对全省 63 县调查，借款农家平均占 43%。贷款机关银行占 19%，钱庄占 3%，典当占 4%，商店占 20%，合作社占 32%，合作金库占 2%，私人占 20%。④ 银行、合作社和合作金库占借贷来源的 53%。1942 年后，银行与合作社在农村借贷来源中所占分量越来越重要，如表 3。

表 3 陕西农村放贷机关调查统计表

年份	调查县数	借贷农家比例	借贷来源所占百分比						
			银行	合作社	政府机关	钱庄	典当	商店	私人
1942 年[1]	59	58	22	34	3	3	6	13	19
1943 年[2]	62	62	30	30	1	2	4	9	24
1944 年[3]	61	65	30	24	1	2	4	19	20
1945 年[4]	53	62	33	28	—	3	5	26	5

---

① 萧屏如：《一年来的陕西合作》，《社会工作通讯》第 3 卷第 11 期，1946 年 11 月 15 日，第 9 页。
② 蒋杰：《关中农村金融调查》，《西北农林》第 4 期，1938 年 10 月 20 日，第 180 页。
③ 安希伋：《陕西农家借贷调查》，《中农月刊》第 3 卷第 8 期，1942 年 8 月 30 日，第 69 页。
④ 姚公振：《论西北之农业金融》，《湖南省银行经济季刊》第 3 期，1943 年 4 月 1 日，第 15 页。

续 表

年份	调查县数	借贷农家比例	借贷来源所占百分比						
			银行	合作社	政府机关	钱庄	典当	商店	私人
平均	—	—	28.75	29	1.25	2.5	4.75	16.75	17

资料来源：[1]《民国三十一年各省农村放款机关及放款期限统计》，《中农月刊》第4卷第3期，1943年3月30日，第138页；[2]《民国三十二年各省农村放款机关及放款期限统计》，《中农月刊》第5卷第11期，1944年11月30日，第106页；[3]《民国三十三年各省农村放款机关及放款期限统计》，《中农月刊》第6卷第4期，1945年4月30日，第104页；[4]《民国三十四年各省农村放款机关及放款期限统计》，《中农月刊》第7卷第7—8期合刊，1946年8月31日，第148页。

表3反映出，1942年至1945年，银行、合作社和政府已经成为农村借贷的主体，四年平均占资金来源的59%，私人（包括商店）借贷从抗战前的70%下降到33.75%。除了商店、亲友外，传统金融机关钱庄、当铺等在农村金融市场中所占比重相当小了。

借贷利率比以前也有了较大幅度的降低，遏制了商人高利贷者从中盘剥。关中传统借贷利率在3分左右，有的月利达到5分、6分，有的甚至高达15分至20分。据中央农业试验所调查月息在5分以上的县达到51%。[1] 上海金融界投资关中农村后，贷款利率大幅度降低，棉产改进所与中华农贷银团签订协议"以月息九厘为最低利率"。[2] 该利息也获得档案文献的印证："自组织合作社后，五行贷款供给农民必要之资金，只取月息九厘，普通社会贷款，最低月息二分。本年共贷款八九一四二四元，如平均以二月计算，可省利息一万九千余元。平时农民售花于花行，花秤较大，重量之损失，约计有百分之三。由合作社运销，每担皮花可省一元二角。"[3] 交通银行棉花贷款"利息一律为月息八厘，故嘉惠农民匪浅"。[4]

---

[1] 姚公振：《论西北之农业金融》，《湖南省银行经济季刊》第3期，1943年4月1日，第15页。
[2] 《中华农贷银团陕区处陕西棉产改进所上海银行西安分行会订二十四年棉花产销合作社运销贷款办法》，《合作界》第1卷第6期，1935年11月20日，第111页。
[3] 《陕西棉产改进所代理交通、金城、浙江兴业、四省农民、上海银行棉花产销合作贷款报告》，金城银行档案，上海市档案馆藏，档号：Q264—1—605—1。
[4] 《交通银行办理农贷成绩》，《金融周报》第1卷第14期，1936年4月1日，第26页。

农业银行以"月息八厘为原则"。① 1940年,四联总处投资给陕西的农贷"利息定六厘"。② 发放农田水利贷款后,该处规定"贷款利率定为月息八厘"。③ 随着法币贬值和物价上涨,农民银行贷款利息有所增加,农行对合作金库放款"月息九厘";合作金库转贷合作社"月息一分三厘"(包括增收合作事业指导费1厘);合作社转贷利率"以月息一分五厘为原则"。④ 从不同银行、不同年份、不同项目贷款利率的规定来看,现代金融进村的利息比传统借贷关系中的利率要低许多。农贷对高利贷也有一定的制约,"抗战以来,农贷事业在西北的发展,对于高利贷资本的被克服一点上,的确获得了相当的成功"。⑤ 在合作社建立比较普遍的地区,"高利贷确比以前稍为销声敛迹"。⑥ 农贷在某种程度上制约了横行于农村的高利贷资本。

关中农家的负债率也有所降低。1940年暑假,西北农学院与西北经济研究所对渭南、高陵、武功、宝鸡和陕南的南郑县进行调查,在被调查的567户农家中,负债农家286户,占调查户数的50.4%,各县负债率渭南73.3%,高陵72.6%,武功57.2%,宝鸡45.1%。尽管农家负债率依然比较高,但与抗战前的调查相比农家的负债率已经降低了许多,究其原因"抗战以还,连年丰收,农村渐有昭苏迹象,负债减少,实为自然之趋势"。⑦ 从现有的文献看,关中农家负债率在抗战时期已经普遍降低到60%—80%左右。

六 结语

20世纪三四十年代是中国现代化发展的重要阶段,金融现代化是农村社会经济现代化的前奏和主要组成部分。但就陕西关中农村而言,这场现

---

① 《农贷利率问题》,《农贷消息》创刊号,1939年9月20日,第11页。
② 韩清涛:《陕西的农业合作事业》,《西北资源》第1卷第2期,1940年11月10日,第71页。
③ 《农田水利贷款概述》,《银行周刊》第3卷第49期,1942年12月7日,第2页。
④ 许声鹗:《农贷业务行政制度之研究》,《中农月刊》第6卷第10期,1945年10月30日,第55页。
⑤ 许品:《西北农贷的基本问题》,《西北论衡》第9卷第3期,1941年3月15日,第25页。
⑥ 王作田:《论陕西战时合作资金问题》,《合作月刊(战时版)》第5期,1938年9月1日,第22页。
⑦ 安希伋:《陕西农家借贷调查》,《中农月刊》第3卷第8期,1942年8月30日,第67页。

代化进程却伴随着一个特殊的历史时代而发生。一方面，中国面临着严峻的民族危机，九·一八事变和一·二八事变后，随着东北沦陷和长三角地区遭受到日军的威胁，国民政府开始关注内陆经济建设，提出"开发西北"的口号，希望把西北建设成未来收复东北和坚持抗战的后方基地。另一方面，中国面临着农村经济贫困的危机，从民间社会到官方普遍认为救济农村的关键在于现代金融"到农村去"。对于陕西关中而言经历了1928年至1930年的大旱灾，农村出现了金融枯竭的问题。正是在这样一个特殊的历史时期，关中开始了艰难的农村金融现代化历程。上海银行界率先将资金投入关中农村，几乎同时，国家银行业开始在关中进行金融投资，开启了现代金融进入关中农村的先河。全面抗战爆发后，国民政府在"抗战建国"口号下决定建设西北金融网，在国家层面给现代金融进村提供了政策上的支持。经历近十年的建设，截止到1942年，国家行局、商业银行和地方省县银行在关中地区建立了80家分支机构，平均每县达到2家，实现了国民政府在西北金融网建设提出的"一地至少有一行"的目标。在现代金融网建设的过程中，陕西省政府合作管理机关与银行紧密配合，铺设了数以千计的各种合作社，成为现代金融进村的桥梁。银行和合作社构成了关中农村金融网，给关中农村带来了较大的变化。从1933年开始有大量的资金进入关中农村，部分解决了关中农村金融枯竭的问题；各种农贷和专项贷款的发放，使关中的农田水利、农业生产和农产品运销都发生了变化，特别是在抗日战争时期，现代农业知识和农业技术在关中传播，如现代农田水利工程的兴建、用科学方法进行农业优良品种的实验与推广等，取得了较好的绩效，使关中农村有了现代农业的气息。农贷资金也给农村经济注入了新的活力，农村副业有了恢复和发展，农村市场开始活跃起来；在农村借贷关系中，银行、合作社因又国家为后盾，加之其利息较低而被农民所接受，逐渐成为农村借贷的主要来源，钱庄、当铺等传统借贷机构退出了农村金融市场。这些变化都说明，抗日战争期时期是关中农村现代化的重要阶段，在农村现代化过程中国家与民间社会产生了良好的互动。现代金融进村所带来的变化远不止经济方面，还包括社会方面，如社会组织、农民意识等都有变化。

但是，在金融进村过程中，并非尽善尽美，还有许多不足之处。当现代金融逐渐向农村延伸时，当局提出农贷要达到的目标是："（一）普遍的肃清高利贷资本，令每一个农民都能得到生产必要的低利资金。（二）向商业资本的主力进攻,使主要农产和它的加工品的运销摆脱商业资本的束缚。(三)限制土地资本的收益,确定并切实执行所谓'公平地租'援助贫苦农民,使其得到耕地。"[1] 上述问题在关中农村并没有得到根本性解决。关中地区农村金融的缺口依然较大,能享受到农贷所带来的实惠十分有限,并不是每一个农民都得到了生产必要的低利资金。高利贷资本并未完全消失,如前文所论,私人借贷仍然占到将近 4 成,说明农贷未能满足农民对金融的需求。尤其抗战中后期随着法币的贬值,农贷从量的方面来看数额急速增长,但实际购买力直线下降。如果 1936 年的购买力为 100,1940 年为 9.10,1945 年 9 月只有 0.288 了。[2] 货币贬值使金融进村的效果大打折扣,难以实现初始给社会的承诺。因此,我们在讨论民国时期农贷、农村现代化等问题时应当以谨慎的态度对待,既要全面评估在社会经济发展中应有的作用,也要看到其中的不足。

---

[1] 许品:《西北农贷的基本问题》,《西北论衡》第 9 卷第 3 期,1941 年 3 月 15 日,第 25 页。
[2] 《沪物价涨愈五千倍,法币购买力日低落》,《报报》第 2 卷第 3 期,1946 年 4 月 20 日。

丝绸之路河南道视域下的河西与建康佛教关系摭议

西北师范大学历史文化学院　李顺庆　曹中俊

魏晋南北朝时期正值北方政治局势混乱，政权更迭迅速，战乱使丝绸之路河西走廊无法正常通行，因此"由吐谷浑人绾毂的河南道逐渐兴盛，成为4—6世纪取代河西道的中西重要通道"[①]。这一时期，经行丝绸之路河南道的有各国百姓、使团、商团、军事部队等，还有一批僧侣也频繁地经行河南道往来于中西各地。关于这些经行河南道的僧侣研究，杜斗城和陈良伟等前辈学者已有相关著作和论文[②]，但是总体看仍有不足和缺憾。

因此，本文通过丝绸之路河南道将河西佛教与建康佛教联结起来，结合文献记载分析出魏晋南北朝时期经行丝绸之路河南道到达建康的河西籍僧侣。并重点论述这些高僧经行丝绸之路河南道到达建康后，在建康的具体弘法事迹，包括译经，注经，弘传禅学、戒律等佛教义理及与帝王、当地僧侣进行的佛教文化交流等事迹。旨在从丝绸之路交通史角度来分析这些高僧是如何从河西到达偏于一隅的东晋南朝的，并从微观上研究这些河西僧侣到达东晋南朝建康（今南京）后的弘法事迹，从而看出魏晋南北朝时期河西佛教与建康佛教之间的具体关系。

[①] 曹中俊、李顺庆：《经丝绸之路河南道至建康僧人弘法事迹考》，沙武田主编《丝绸之路研究集刊》第四辑，商务印书馆2019年版，第224—238页。

[②] 杜斗城：《魏晋南北朝时代河西僧人的西行与南下》，《西北民族学院学报》（哲学社会科学版）1982年第4期；杜斗城等：《河西佛教史》，中国社会科学出版社2009年版；陈良伟：《丝绸之路河南道》，中国社会科学出版社2002年版。

一 魏晋南北朝河西佛教的发展

古代"河西"地区泛指黄河以西的地方,其地理范围较大,囊括了今天陕北、宁夏、甘肃大部分地区。在公元前121年,汉武帝设武威、酒泉两郡,公元前111年,分置张掖郡、敦煌郡,这就是著名的"河西四郡"。公元前81年,汉武帝又设金城郡(今兰州),至此,武威、酒泉、张掖、敦煌及金城郡共称"河西五郡"。如今,我们又称甘肃武威的乌鞘岭以西的狭长地带为"河西走廊",这里也是著名的丝绸之路东段的黄金路段。而本文讨论的河西佛教不仅限于"河西走廊"地区,也包括了今天的兰州、陇西等地,大致在古时的"河西五郡"区域内。而在"河西五郡"之中,敦煌、凉州(即武威)和金城又是讨论的重点。

魏晋南北朝时期,全国处于政局动荡、文化激荡的潮流之中,此时的河西亦是。而河西地区又是接触佛教文化的前沿阵地,许多佛教思想、义理、经典从这里传播出去,在一定程度上影响着全国佛教的发展方向。下文将从佛经传译、开窟造像、习禅修持、中西佛教文化的交流与互动四个方面来阐述魏晋南北朝时期河西佛教的发展状况。

(一)佛经传译

河西译经事业的发展贯串于魏晋南北朝佛教发展的整个历史时期。西晋时,河西佛教初步发展,此时译经事业虽然刚刚起步,但是得益于以竺法护和帛法祖为代表的译经僧的引领下,河西译经事业的起点很高,且对全国和后世译经事业的发展产生了重要影响。

素有"敦煌菩萨"之称的竺法护通晓30多国语言,其广泛搜集佛教经典原本,而后潜心翻译。法护"译经种类繁多,包括般若、华严、宝髻、大集、涅槃、法华、律部等诸类大乘经律,对后世影响较大的有《光赞般若经》《正法华经》《渐备一切智德经》《弥勒成佛经》《普曜经》等"[1]。另外一位西晋著名翻译家帛法祖,为河内人,自幼发心出家,博涉多才,通梵汉之语,译经众多。"《开元释教录》载其译经十六部十八卷,但其中十一部十二卷已缺,现有五部六卷尚在。即:《贤者

---

[1] 杜斗城等:《河西佛教史》,中国社会科学出版社2009年版,第4页。

五福德经》《大爱道般泥洹经》《佛般泥洹经》《菩萨修行经》《菩萨逝经》。"①

东晋十六国时期，河西凉州等地译经事业快速发展，如今我们可以从道安所编《凉土异经录》中窥探一二。河西五凉政权统治者大多崇信佛教，尤其是前凉和北凉统治者曾三次主持大规模译经活动。第一次是咸安三年（373）由前凉主张天锡亲自主持。"这次翻译的佛经有《首楞严经》《须赖经》《金光首经》和《如幻三昧经》四种"②；第二次是玄史十年（421）沮渠蒙逊攻灭西凉后从敦煌迎请印度僧人昙无谶到姑臧进行译经活动。"这次翻译的佛经有著录者共十一部一百零八卷，其数量之多，创河西译经之最。"③ 其中昙无谶所译佛经大多为大乘经典，现保存下来的有12部，其中《大般涅槃经》具有划时代的意义，其主张"众生皆可成佛"，此后涅槃之学兴起，影响了整个中国佛教发展的进程；第三次是元嘉二年（425），"北凉主沮渠牧健礼请西域高僧浮陀跋摩在闲豫宫译场翻译河西僧人道泰西行求法带回的《大毗婆经》。这部佛典的翻译有三百余人参加，历时十五年"④。

除了上文提到的昙无谶、浮陀跋摩、道泰之外，北凉的译者还有沮渠安阳、道龚、昙学、威德、法众、法盛等人。其中沮渠安阳一生共译经15部，一部分是在北凉灭亡安阳南奔刘宋之后所译，安阳也是众多将河西佛教带到南朝、影响南朝佛教发展的僧人之一。

以上可见五凉时期河西佛教译经事业的发展进程，尤其是北凉政权下的译经活动，规模之大、数量之多，可谓空前绝后。唯一可以与北凉匹敌的要属后秦。后秦时期鸠摩罗什代表了当时佛经翻译的最高水平，罗什与其弟子僧肇等人在姚兴的支持下开展大规模的译经活动。自罗什翻译了《金刚经》《心经》《维摩经》《大庄严论经》等佛教经典后，中国僧侣常常以研究某部佛经为终身事业。总之，鸠摩罗什的译经等活动，对当时河西乃至全国佛教义理的发展和佛教人才的培养做出了突出贡献，同时也极大地促进了佛教中国化的进程。

除此之外，十六国前、后秦时期的凉州人竺佛念与诸多外国僧人合作

---

① 杜斗城等：《河西佛教史》，中国社会科学出版社2009年版，第11页。
② 高荣：《河西通史》，天津古籍出版社2011年版，第562页。
③ 高荣：《河西通史》，第562—563页。
④ 汤用彤：《汉魏两晋南北朝佛教史》，中华书局1995年版，第395页。

译经，担任"传译"之职，"后在长安独立译经、传梵为秦，其'传译'和'翻译'的佛经，不但数量大，且种类多，包揽经、律、论三藏，涉及大、小二乘"[1]；十六国时期，凉州僧人智严和宝云双双南下，住锡于南朝寺院开展译经活动，合作译出《四天王经》《无尽意菩萨经》等，二人的弘法活动在南方佛教界产生了重要影响。

（二）开窟造像

随着佛教在河西地区的广泛传播，开窟造像之风逐渐盛行。自西晋以来，受前秦佛教发展的影响及前凉张氏对佛教的大力发展，河西敦煌已成为僧人云集向往之地。《大周李君莫高窟佛龛碑并序》记述，"莫高窟者，厥出秦建元二年，有沙门乐僔，戒行清虚，执心恬静。尝杖锡林野，行至此山，忽见金光，状有千佛。遂架空凿岩，造窟一龛。次有良禅禅师，从东届此，又于僔师窟侧，更即营造。伽蓝之起，滥觞于二僧"[2]。由此可见，前秦的高僧乐僔、法良从东方来到莫高窟，并且开始营建莫高窟，二人与莫高窟的开创有着密切的关系。

此后，后秦时期开凿的麦积山早期三佛窟与西秦时期开凿营建的炳灵寺石窟，都是当时佛教兴盛留存下来的实物。

北凉石窟的开凿在东晋十六国时期也达到了一个高潮。《集神州三宝感通录》卷中"北凉河南王南崖素像缘"条有载，"凉州石崖塑瑞像者，昔沮渠蒙逊以晋安帝隆安元年据有凉土，三十余载，陇西五凉，斯其最久盛。专崇福业，以国城寺塔终非云固。……于州南百里，连崖绵亘，东西不测，就而斫窟，安设尊仪，或石或塑，千变万化"[3]。由此可见，北凉时期沮渠氏大力开窟造像以兴佛事是毋庸置疑的。北凉时期开凿修建的石窟还有武威天梯山石窟、张掖马蹄寺石窟群、酒泉文殊山石窟群、玉门昌马石窟群及敦煌莫高窟的早期洞窟。现今于河西走廊地区发现的十余座石塔，具有鲜明的北凉特色，是北凉佛教思想的缩影，即一面宣扬"佛法永存"，一面倡导"护法护世"。

前秦、西秦及北凉时期石窟的开凿营建，不仅影响了河西敦煌莫高窟佛教艺术的发展，还为后来北魏时期大规模开凿石窟提供了经验和模式，

---

[1] 杜斗城等：《河西佛教史》，中国社会科学出版社2009年版，第33页。
[2] 高荣：《河西通史》，天津古籍出版社2011年版，第564页。
[3] （唐）道宣撰：《集神州三宝感通录》，《大正藏》第52册，第417—418页。

宿白先生将其称之为"凉州模式"①。

（三）习禅修持

十六国北朝时期，在当时的北方，佛教徒大多轻理论、重修行，他们普遍认为讲经说理是"比丘中第一粗行"，而坐禅修行者，才得以升天堂。这种情况恰是东晋十六国时期北方文化落后、政治黑暗、社会混乱的表现。在此背景下，北方禅学极为盛行，而其中西秦、北凉更为突出。

西秦时期，境内禅学盛行，外国禅师昙无毗在西秦具有崇高地位，其"领徒立众，寻以禅道"②。而另外一位禅学大师玄高率众从毗学法，但没多久，昙无毗"反启其志"，不授其法。玄高反被西秦僧人排挤，后经从长安来到后秦的昙弘法师劝说，启伏炽磐父子又请回了被摈往外地的玄高。"玄高回到西秦都城之后，被'崇为国师'，在西秦广传禅法；不久，又进入北凉"③。炳灵寺等石窟的营建也反映了西秦时期禅学的发展，这些石窟是当时僧人修行、禅坐的理想之地。

此外，北凉时期也是全国禅学的发展中心，此时禅学著作大量问世，禅窟被大规模开凿以供僧团修行。尤其是以释智严、沮渠安阳、释慧览、昙无谶及玄高师徒为代表的一批禅学高僧，在当时引领着北方乃至全国禅业发展的方向。

（四）中西佛教文化的交流与互动

魏晋南北朝时期的河西是诸多民族、文化汇流融合之地。一方面，大量西方僧侣来华弘法第一站就是河西，他们在河西地区学习语言、了解中国文化、从事译经活动，目的是让佛教在中国民众中更好地传播。魏晋南北朝时期来到河西或经河西去往其他地方的西来高僧有"安世高、支娄谶加、竺佛朔、安玄、支曜、康孟详、佛图澄、鸠摩罗什、佛陀耶舍、佛陀跋陀罗、昙无谶、师贤、菩提流支、那连提黎邪舍、舍那崛多、达摩笈多、善无畏等"④。他们或长于义律，或长于戒行，或长于译经，或长于禅

---

① 宿白：《凉州石窟遗迹和"凉州模式"》，《考古学报》1986年第4期。
② （南朝梁）释慧皎撰，汤用彤校注：《高僧传》，中华书局1992年版，第410页。
③ 杜斗城等：《河西佛教史》，中国社会科学出版社2009年版，第70页。
④ 方步和：《河西文化"敦煌学"的摇篮》，中国文史出版社2004年版，第14页。

学，都从不同方面、不同程度地影响了中国佛教的发展，加快了中国文化对外来佛教文化的吸收与借鉴，同时也促进了佛教在中国的传播与"佛教中国化"进程的加速。

另一方面，大量河西、内地僧侣不辞辛劳地前往西方求经访迹，归国后，他们往往在河西地区短暂休整，而后选择东去北朝或南下东晋南朝进行弘法。有学者早年统计"魏晋南北朝时代西行僧人共十一人，始于曹魏朱士行，终于宋云、惠生。其中河西僧人有智严、宝云、慧览、宋云四人"①。而笔者通过查阅史料，整理后发现当时还有竺法护、竺道曼、道泰、沮渠安阳、昙学、威德、玄畅、法献、惠生等十余位河西籍僧侣前往西方学习、求法。而其中有智严、宝云、沮渠安阳、玄畅、法献、慧览等僧侣南下到达建康进行弘法。

总之，魏晋南北朝时期，河西佛教发展的"成就是多方面的，无论译经、义学，无论习禅、修持，也无论我国佛教早期的学派，以后的宗派，都有突出的业绩"②。这一时期，河西地区佛教发展还体现在中西僧侣交流的频繁，大量河西籍高僧前往西域求经取法，同时也有诸多西域高僧到达河西及内地开展弘法、译经等活动。

二　经行丝绸之路河南道至建康的河西僧侣

丝绸之路河南道，又称"青海道""吐谷浑道"。关于这条道路国内外已有诸多学者进行过相关论述③。关于河南道的具体路线及其相关问题，本文不再赘述，可参考拙文《经丝绸之路河南道至建康僧人弘法事迹考》④。魏晋南北朝时期，丝绸之路河南道在某种程度上代替了河西道发挥着沟通中西的重要作用。同时，丝绸之路河南道穿过今新疆、青海、甘

---

① 杜斗城：《魏晋南北朝时代河西僧人的西行与南下》，《西北民族学院学报》（哲学社会科学版）1982年第4期。
② 方步和：《河西文化"敦煌学"的摇篮》，中国文史出版社2004年版，第16页。
③ 夏鼐：《青海西宁出土的波斯萨珊朝银币》，《考古学报》1958年第1期；[日] 松田寿男：《吐谷浑遣使考》，《西北史地》1981年第2、3期；唐长孺：《魏晋南北朝史论拾遗》，中华书局1983年版，第239页；陈良伟：《丝绸之路河南道》，中国社会科学出版社2002年版；崔永红：《丝绸之路青海道盛衰变迁述略》，《青海社会科学》2016年第1期；霍巍：《文物考古所见古代青海与丝绸之路》，《民族历史研究》2017年第1期。
④ 曹中俊、李顺庆：《经丝绸之路河南道至建康僧人弘法事迹考》，沙武田主编《丝绸之路研究集刊》第四辑，商务印书馆2019年版，第224—238页。

肃、四川等地后，与长江水道连接，可直接通向南朝首都建康（今南京）。这不仅没有因南北政治对立，造成沟通中西的通道中断，反而促使河南道发挥了巨大的作用，并在很长一段时间内河南道是作为沟通中西的主要通道而存在。

魏晋南北朝时期，西域诸国大多是通过丝绸之路河南道来与南朝进行遣使交流的。如当时的芮芮国（即柔然）使者，"常由河南道而抵益州"[①]，之后顺长江水道东下直至南朝建康。与此同时，西域商人也通过丝绸之路河南道往返于西域与南朝，尤其是活跃在丝绸之路沿线的粟特、回鹘商人，他们将波斯、贵霜、东罗马、阿拉伯等异国产品运送到南朝，从而进行贸易往来。这些都表明，在当时南北政治对立，河西道阻碍不通的情况下，西域诸国使团与商团是通过丝绸之路河南道与南朝取得沟通与联系的。

除了以上提到的以丝绸之路河南道为主体展开的以使团来往为代表的政治交流和以中西互通有无为代表的商贸交流外，丝绸之路河南道还承担着以佛教传播为代表的文化交流。以佛教传播为代表的中西交流是这一时期文化交流的突出特点。

魏晋南北朝时期，东晋南朝僧侣和西方僧侣都经常取道丝绸之路河南道往返于中西。据统计，就南朝僧侣西行求法游历而言，"经行河南道的僧侣约占两晋南北朝西行求法僧人数的五分之一左右"[②]。可见这一时期，经行河南道西行求法的僧侣数量之多。又因佛教文化的传播自始就是双向的，所以也有大量的西域、陇右河西籍高僧经行丝绸之路河南道到达益州、江陵、建康等地弘法。然而魏晋南北朝时期，河西僧侣要想到达南朝，经行河南道要远比绕道中原再南下要方便安全得多。目前，见于史料记载可以大致肯定其经行丝绸之路河南道至建康的河西高僧有8位。

经行河南道的第一位河西籍高僧为释慧览，其少时和河间高僧玄高交往密切，成年后离开了酒泉，周游西域各国，前往北印度求学。罽宾达摩比丘授其禅要及戒法，学成返回，经由丝绸之路河南道到达成都，后慧览

[①] （南朝梁）萧子显撰：《南齐书》卷59，中华书局1972年版，第1025页。
[②] 汶江：《古代西南丝绸之路研究》，四川大学出版社1990年版，第45页。

依长江水道到达京师建康。①

439年，北凉灭亡后，有大量北凉高僧南奔建康，如沮渠安阳即是这一时期来到建康的。安阳为北凉王沮渠蒙逊的从弟，少时，安阳即于西域求得佛经，后因昙无谶而入河西译经、弘法。待北凉灭亡，沮渠安阳南下建康，经行的就是丝绸之路河南道②。"和沮渠安阳一样，僧朗，也是在北凉灭亡后逃奔南朝者。"③ 因陇西在地理与文化上与河西五郡有诸多共通之处，所以本文将陇西高僧释法瑗也纳入讨论之中。释法瑗也是在这一时期南逃建康的，法瑗早年跟随梁州沙门竺慧开一齐修行，后四处游学，恰逢胡寇纵横。法瑗为避乱南逃，《高僧传》有载，"元嘉十五年，还梁州，因进成都，又东适建邺，依道场寺慧观为师"④。我们根据梁州、成都、建邺这些地名可知，法瑗是经丝绸之路河南道和长江水道的组合南下至建康的。

敦煌人释超辨为当时南朝首都建康的崇佛氛围所吸引，而从河西出发，经由丝绸之路河南道南下到达建康，后住锡于定林上寺。《高僧传》记载，"幼而神悟孤发，履操深沉。诵法华、金刚般若。闻京师盛于佛法，乃越自西河，路由巴楚，达于建业。顷之东适吴越，……后还都，止定林上寺"⑤。西凉州（今武威）人释僧侯，于"宋孝建初，来至京师。诵法华、维摩、金光明，常二日一遍，如此六十余年。萧惠开入蜀，请共同游。后惠开协同义嘉负罪归阙，侯乃还都"⑥。结合《高僧传》中的记载以及考虑当时的政治因素和地理条件，可推测出释僧侯当时从河西凉州越祁连山经行丝绸之路河南道而至建康地区的，后受邀同游蜀地，因此又溯江往返于建康与益州之间。

西海延水（今居延地区）高僧释法献先后两次经行河南道，其中第一次没有文献具体记载，但就当时的政治环境、地理条件及其第二次由建康

---

① 曹中俊、李顺庆：《经丝绸之路河南道至建康僧人弘法事迹考》，沙武田主编《丝绸之路研究集刊》第四辑，商务印书馆2019年版，第224—238页。
② 曹中俊、李顺庆：《经丝绸之路河南道至建康僧人弘法事迹考》，沙武田主编《丝绸之路研究集刊》第四辑，第224—238页。
③ 杜斗城等：《河西佛教史》，中国社会科学出版社2009年版，第214页。
④ （南朝梁）释慧皎撰，汤用彤校注：《高僧传》，中华书局1992年版，第312页。
⑤ （南朝梁）释慧皎撰，汤用彤校注：《高僧传》，第471页。
⑥ 曹中俊、李顺庆：《经丝绸之路河南道至建康僧人弘法事迹考》，沙武田主编《丝绸之路研究集刊》第四辑，第224—238页。

至于阗经行河南道的具体路线来看，法献由西海前往汉中，应当是经行了河南道和长江水道的组合。

河西金城（今兰州）释玄畅是文献记载的最后一位经行河南道的河西籍高僧。因遇北魏武帝下令灭佛，玄畅南遁至南朝扬州，后又顺江而上，到达成都，在岷江沿线多有活动。晚年又经河南道和长江水道的组合到达建康①。

除了以上几位高僧，同时期一定还有许多未载于文献中的僧侣也经行丝绸之路河南道由河西到达了建康。下文将重点梳理魏晋南北朝时期经行河南道至建康弘法的河西籍高僧，并阐述这些僧侣对建康乃至南朝的佛教发展做出的贡献。他们是佛教文化交流的重要使者，因为宗教是文化的载体，而僧侣又是佛教文化的传播者。

三 河西僧侣南下建康弘法事迹

上文提到，经过长时期的发展，河西地区的佛教已较为兴盛，不论在理论义理方面，还是在修行方式上，魏晋南北朝时期河西佛教都影响着全国佛教的发展方向。但是当河西战乱频发，而南朝建康等地佛教氛围浓厚时，诸多河西籍高僧南下到达建康等地弘法。下文将重点论述和探讨当时8位河西高僧经河南道至建康后的译经、注经，弘传禅学、戒律等佛教义理及与帝王、当地僧侣进行的佛教文化交流等事迹，并阐述这些高僧对东晋南朝佛教发展所带来的影响。

东晋南朝时期，建康佛教发展兴盛。不仅有大量普通的佛教信徒，东晋南朝时期上层统治者大多也是信奉佛教的。在这样的氛围下，南朝诸地建有大量的佛寺，并有数以万计的僧尼常驻于内，对此《辩正论》有载，"刘宋，共有寺院一千九百一十三所，僧尼三万六千人。萧齐，共有寺院二千一十五所，僧尼三万二千五百人。萧梁，共有寺院二千八百四十六所，僧尼八万二千七百余人"②。到了陈朝，寺院减少为一千二百三十二所，僧尼三万二千人③。可见，东晋南朝时期，建康佛教发展

---

① 曹中俊、李顺庆：《经丝绸之路河南道至建康僧人弘法事迹考》，沙武田主编《丝绸之路研究集刊》第四辑，商务印书馆2019年版，第224—238页。
② （唐）法琳：《辩正论》卷3，《大正藏》第52册，第28页。
③ 郭朋：《汉魏两晋南北朝佛教》，齐鲁书社1986年版，第593页。

的盛况。

另一方面，魏晋时期虽然有严格的士庶之别，且门阀制度为世族把控，但在人民起义及内部矛盾日益严重的情况下，"名士少有全者"①，豪门世族已逐渐没落。这一时期，以何晏、王弼为代表的贵"无为"、法"自然"的魏晋玄学思想日渐兴起，但"无论魏晋玄学在思想体系上是如何的复杂，在理论学说上是如何的'玄'妙，却掩盖不了魏晋玄学是魏晋之际世族阶级日益没落的历史反映"②。而魏晋时期，正是佛教传入中国的重要时期，因魏晋玄学与般若学有着类似的时代背景，思想实质也大致相同，所以"魏晋玄学，对于魏晋佛教，特别是般若学说的传入和发展，已经伸出了欢迎的双手"③。此后，魏晋佛教在很大程度上是依附于魏晋玄学的。到了南朝，虽然佛教在一定程度上摆脱了对于玄学的依附，但是"魏晋以来的'清谈'之风，却仍然深深地影响着佛教"④，造成了南朝佛教义理的发达。

因为东晋南朝义理发达，所以陇右河西地区的僧侣们经河南道到达建康后，首要的事情就是译经。如沮渠安阳，到达建康后，其"晦志卑身，不交人世，常游塔寺，以居士身毕世，初出弥勒、观音二观经"⑤。即此时沮渠安阳在建康译出《弥勒》《观世音》二经。此后"竹园寺慧浚尼复请出禅经，安阳既通习积，以临笔无滞，旬有七日，出为五卷。顷之，又于钟山定林寺，出佛父般泥洹经一卷"⑥。由此可知，安阳之前在河西译出的《禅要》受竹园寺比丘尼慧浚多次请求，复而面世。经僧祐考证，《出三藏记集》载："《禅要》为安阳于宋孝建二年（公元455年）于竹园寺译出。"⑦除此之外，安阳又于钟山定林寺译出《佛母般泥洹经》《弥勒上生经》等二十八部。沮渠安阳一生"居绝妻孥，无欲荣利，从容法侣，宣通正法"⑧。因此当时建康佛教徒，无论派别，一律尊敬赞扬安阳。沮渠安阳

---

① （唐）房玄龄等撰：《晋书》卷49《阮籍传》，中华书局1974年版，第1360页。
② 郭朋：《汉魏两晋南北朝佛教》，齐鲁书社1986年版，第168页。
③ 郭朋：《汉魏两晋南北朝佛教》，第172页。
④ 郭朋：《汉魏两晋南北朝佛教》，第598页。
⑤ （南朝梁）释慧皎撰，汤用彤校注：《高僧传》，中华书局1992年版，第80页。
⑥ （南朝梁）释慧皎撰，汤用彤校注：《高僧传》，第80页。
⑦ （南朝梁）僧祐撰，苏晋仁、萧鍊子点校：《出三藏记集》，中华书局1995年版，第551页。
⑧ （南朝梁）释慧皎撰，汤用彤校注：《高僧传》，第80页。

面对国家破亡，忍心舍弃家国，前往南朝。并将其西行求得的梵本佛经译成晋文流通传播于南朝，为译经事业做出了杰出贡献。

还有一位高僧释玄畅，文献记载其"洞晓经律，深入禅要，……初华严大部，文旨浩博，终古以来，未有宣释。畅乃竭思研寻，提章比句。传讲迄今，畅其始也。又善于三论，为学者之宗"①。可见，玄畅对经律、禅要、三论等都有深入探究，并勤于钻研，开创性地对华严大部进行阐释，对当时建康佛教的发展产生了积极影响。

永明八年（490），释法献于瓦官寺与法意先译出《观世音忏悔除罪咒经》，后又译出《妙法莲华经提婆达多品》②。

除了译经，高僧们还进行解经和注经。如《高僧传》记载，孝武帝时，法瑗"因庐于方山，注胜鬘及微密持经"③。可知，高僧释法瑗结庐南京方山，注《胜鬘经》及《微密持经》。因为法瑗，方山自此与佛教结缘。位于方山的定林上寺和定林下寺是南朝及之后很长一段时期内大德高僧的聚集地与修行地。如昙摩密多、沮渠安阳、释慧览、释智猛等高僧也都在定林上寺和定林下寺修行过，甚至可以说方山定林是高僧们来建康的首选之地。

相比较，同时期南朝建康禅学、戒律虽有发展，但占主导地位的仍是"义学"。随着这些河西高僧的到来，南朝整体重义理轻修行的这一风气有所转变。尤其是在439年，北凉被北魏灭亡后，大量高僧选择经行河南道南下建康，北凉禅师沮渠安阳于建康竹园寺译出的《禅要》又称《治禅病秘要法》，此经重点说的是修禅过程中修行者发狂的原因及治疗的方法。《禅要》中的"洗心观""治噎法""治犯戒法""治乐音乐法"等为当时建康及全国初修禅者在参禅过程中出现的病症提供了解决办法。

河西释慧览"早就和北方著名禅师玄高以'寂观'见称，后游西域，在罽宾从达摩比丘受禅谙要"④，后慧览由长江顺流而下到达建康，文献记

---

① （南朝梁）释慧皎撰，汤用彤校注：《高僧传》，中华书局1992年版，第314页。
② （南朝梁）僧祐撰，苏晋仁、萧鍊子点校：《出三藏记集》，中华书局1995年版，第63—64页。
③ （南朝梁）释慧皎撰，汤用彤校注：《高僧传》，第312页。
④ 杜斗城：《魏晋南北朝时代河西僧人的西行与南下》，《西北民族学院学报》（哲学社会科学版）1982年第4期。

载其在建康事迹尤为简略。今可见《高僧传》载："宋文请下都止钟山定林寺,孝武起中兴寺,复敕令移住,京邑禅僧皆随踵受业。吴兴沈演、平昌孟顗,并钦慕道德,为造禅室于寺"①。释慧览来到建康后,受到南朝宋文帝和孝武帝的礼遇善待,宋文帝邀请其住锡钟山定林下寺,后孝武帝发布谕令使其移住至京师中兴寺。吴兴武康(今德清)人沈演之和会稽太守孟顗因钦佩崇尚慧览的品行及戒德,于中兴寺为其出资建造了修行静坐的禅室。建康城内的僧侣们都追随慧览学习禅法。

总之,"修禅是佛教重要修行方法,佛教一开始传入中国,西域禅师就接踵而来,至魏晋南朝时,禅风大行于中国,而以北方更盛,然在北方地区,河西又更为突出"②。所以这些河西高僧能够将禅修之风带到南朝并为大多南朝僧侣所效仿学习,就不足为奇了。

在南朝禅学发展的同时,戒律也随之有了长足发展。值得一提的是,东晋南朝时期设立以僧正为代表的僧官制度为戒律进一步实施提供了保障,并加强了国家对僧侣们的有效管理和统治。如《高僧传》云:"献以永明之中,被敕与长干玄畅同为僧主,分任南北两岸。"③ 可知,在永明年间,皇帝敕令释法献与释玄畅两人分管南北两岸的僧尼事物。法瑗在齐明帝时期也受邀担任法主,《高僧传》有载,"及明帝造湘宫新成,大开讲肆妙选英僧,敕请瑗充当法主。帝乃降跸法筵,公卿会座。一时之盛观者荣之。后齐文惠又请居灵根,因移彼寺"④。由此,也可以看出当时高僧们与帝王等宫廷成员之间有诸多交流,联系较为密切。

宋文帝在位时,其想聘请高僧释玄畅为太子师,但因思想不同,其再三辞让,后转锡于荆州长沙寺。逮"齐武升位,司徒文宣王启自江陵,旋于京师。文惠太子又遣征迎,既敕令重叠,辞不获免。于是泛舟东下,中途动疾,带患至京,倾众阻望,止住灵根,少时而卒,春秋六十有九。是岁齐永明二年十一月十六日,即窆于钟阜独龙山前。临川献王立碑,汝南周颙制文"⑤。由此则知,玄畅在南朝名声大振,德高望重,多位帝王和太子都邀请其至建康。因齐武帝和太子都敕令邀请而不好辞让,玄畅才沿长

---

① (南朝梁)释慧皎撰,汤用彤校注:《高僧传》,中华书局1992年版,第418页。
② 杜斗城等:《河西佛教史》,中国社会科学出版社2009年版,第144页。
③ (南朝梁)释慧皎撰,汤用彤校注:《高僧传》,第489页。
④ (南朝梁)释慧皎撰,汤用彤校注:《高僧传》,第312页。
⑤ (南朝梁)释慧皎撰,汤用彤校注:《高僧传》,第316页。

江水道泛舟而下，永明初年终至建康。齐武帝立即敕令玄畅为僧正，一年后，即永明二年（484），玄畅圆寂于京师灵根寺，后葬于钟山。

最后，来到建康的高僧们与当地的僧侣也多有接触，并相互结下了深厚的情谊。如建武末年，法献圆寂，"其与畅同窆于钟山之阳。献弟子僧祐为造碑墓侧，……献于西域所得佛牙及像，皆在上定林寺"①。法献圆寂后，弟子僧祐为其立碑撰文，可见法献与弟子僧祐之间的关系非同一般。敦煌释超辨到达建康后在定林上寺居住了三十余载，日常念诵《法华经》一遍，礼千佛凡一百五十余万拜。"齐永明十年（492）终于山寺，僧祐为造碑墓所，刘勰制文"②。可见，超辨生前与僧祐及其弟子刘勰交好，受到僧祐等南朝僧侣的尊敬。此外，到达建康的高僧们还常常受邀与当地僧侣一同译经、受邀参观佛寺及受邀住锡于寺庙之中。

从这些方面可以看出，经河南道到达建康后的高僧们都主动地与帝王、当地僧侣进行广泛地佛教文化交流，并积极参与翻译佛经、竭力传播佛教义理。他们为佛教事业呕心沥血，对魏晋南北朝时期佛教的发展做出了杰出贡献。

除了上文这些能够基本确定是经行丝绸之路河南道到达建康的河西籍高僧外，还有许多陇右河西籍高僧也都选择南下建康进行弘法，从事译经、解经等促进佛教文化交流的工作，如"单道开、释道照、释慧义、释道温、竺昙猷、于道邃、释道法、释僧隐、释僧慧、释僧镜、释道猛、释法成、释僧侯、释弘充、慧出禅师、释保志等人"③。

四 结语

东晋南朝时期正值北方政治局势混乱，政权更迭迅速，战乱使丝绸之路河西道无法正常通行。一条几乎与河西走廊平行的丝绸之路河南道在吐谷浑人的缩毂下逐渐兴盛，因此大批高僧选择经行丝绸之路河南道往来于中西各地。而此时建康作为南方的政治中心、经济中心和佛教中心，吸引了大批高僧前来弘法，其中诸多河西籍高僧经丝绸之路河南道和长江水道

---

① （南朝梁）释慧皎撰，汤用彤校注：《高僧传》，中华书局1992年版，第489页。
② 杜斗城等：《河西佛教史》，中国社会科学出版社2009年版，第263页。
③ 杜斗城等：《河西佛教史》，第261—264页；杜斗城：《魏晋南北朝时代河西僧人的西行与南下》，《西北民族学院学报》（哲学社会科学版）1982年第4期。

的组合到达东晋南朝首都建康。

  这些经行丝绸之路河南道到达建康的河西僧侣们，将西域、河西佛教同建康佛教联结起来，他们在建康译经、著述、宣扬佛教思想，对南朝译经、禅学及戒律的发展影响深远。这不仅促进了中国各地佛教文化的交流与融合，还加速了佛教中国化的进程，中国佛教开始融入中国的传统文化之中。总之，这些河西籍高僧充当了佛教文化交流的使者，对当时东晋南朝及后世中国佛教的发展影响深远，值得我们深度挖掘他们的精神和事迹，以充实中国佛教文化，加强地域间佛教关系的微观研究。笔者期待以后能有更多的相关文献和考古材料面世，进一步深化中国地域间佛教文化交流融合进程的研究。

《德藏吐鲁番本〈文选〉校议》摭遗校补

西北师范大学历史文化学院　秦丙坤

德藏吐鲁番写本《文选》共有六件残卷：德国柏林印度艺术博物馆藏《羽猎赋》《长杨赋》《射雉赋》《北征赋》《东征赋》《西征赋》，德藏Ch. 3164号《七命》，德藏Ch. 3693号、德藏Ch. 3699号、德藏Ch. 2400号、德藏Ch. 3865号《幽通赋》。这些残卷大多为初唐写本，具有很高的版本价值和文献校勘价值。荣新江先生《海外敦煌吐鲁番文献知见录》即已指出柏林印度艺术博物馆藏《文选》残卷"尚未有人用作校勘之资"[①]，则对其校理的意义不言自明。饶宗颐先生的《敦煌吐鲁番本文选》集中收录影印敦煌本和吐鲁番本《文选》残卷，并加叙录和介绍，为《文选》残卷的研究提供了宝贵的资料。[②] 张锡厚先生的《敦煌赋汇》、伏俊琏先生的《敦煌赋校注》、罗国威先生的《敦煌本昭明文选研究》等，所涉及的都是敦煌写本《文选》残卷，故未对此六件残卷进行校正。

拙文《吐鲁番写本〈文选〉残卷及其价值》对吐鲁番写本《文选》残卷的版本、文献价值进行了论述。[③] 之后，又进行具体的文本校正，然未及发表又见《西域研究》2006年第3期刊发束锡红、府宪展二先生的《德藏吐鲁番本〈文选〉校议》（以下简称《校议》）一文，专就其中德国柏林印度艺术博物馆藏《文选》残卷进行校勘整理。[④] 该文做了大量校勘工作，使此卷的价值得以凸显，一些校释也使笔者疑虑释然。但也发现笔者所校有些可与《校议》进行商榷，有些可作《校议》中校记的必要补充，有些可对《校议》所列条目下未出校字词进行校正；另外，《校议》

[①] 荣新江：《海外敦煌吐鲁番文献知见录》，江西人民出版社1996年版，第104页。
[②] 饶宗颐：《敦煌吐鲁番本文选》，中华书局2000年版。
[③] 秦丙坤：《吐鲁番写本〈文选〉残卷及其价值》，《图书与情报》2004年第6期。
[④] 束锡红、府宪展：《德藏吐鲁番本〈文选〉校议》，《西域研究》2006年第3期。

称进行"逐字校勘",但可能限于篇幅和体例,仍有大量异文未出条目予以校释。于是删削校证稿中与《校议》雷同的内容,整理为两文,一为专就《校议》所出条目进行的商兑补校(见拙文《〈德藏吐鲁番本文选校议〉商兑补校》,《图书馆杂志》待刊),一为专就《校议》未予出校之处另出条目进行的摭遗校补,作为姊妹篇。此文即为对《校议》未予出校之处进行摭遗校补的妹篇,仍祈方家指正。

今以德国柏林印度艺术博物馆藏写本为底本(以下简称"写本"),以李善注《文选》胡克家刻本(以下简称"李善本")、宋绍兴辛巳建阳刻五臣本(以下简称"五臣本")、《六臣注文选》宋刻本(以下简称"六臣本")合校,《汉书》中有录文的也予以参考。为了方便查实核对,仍依《校议》之例,将写本可辨认文字列为 241 行,出校条目前冠以行数。为了保持写本文字原貌,并使所引条目句意完整,句中残缺文字则补于方括号中。

009 [是以旃裘之王,胡貉之]长,逐珍来享

逐,各本作"移"。按:如淳注:"以物与人曰移。""逐"为迁徙、移易之意,如贾谊《惜誓》:"或推逐而苟容兮,或直言之谔谔。"无"以物与人"之意,则"逐"或为"移"的借字。

013 丞民乎农 [桑,劝之以弗怠]

丞民,五臣本作"蒸民",六臣本作"丞人",《汉书·杨雄传》作"承民"。按:李善注:"《声类》曰:'丞'亦'拯'字也,《说文》曰:拯,上举也。"张铣注:"蒸,进也。"是"丞"与"蒸"本可义通互用,与下文"劝"同义互文。

015 [麋] 鹿刍荛,与百姓共之

荛,五臣本、六臣本均作"蒭",《汉书·杨雄传》亦作"蒭"。按:《说文·艸部》:"蒭,刈草也。""荛"亦同"蒭",王逸《九思》:"周召分负蒭。"

017 因回轸还,背阿 [房,反未央]

"因回轸还",各本作"因回轸还衡"。按:《汉书·杨雄传》亦同各本,写本脱"衡"字。

020 东弘农,南 [欧汉中]

"东弘农",各本作"东至弘农"。按:《汉书·杨雄传》亦同各本,写本脱"至"字。

021 以罔为周阹，纵禽兽其中

罔，各本作"网"。按：《汉书·杨雄传》同写本。"罔""网"二字通用，桓宽《盐铁论·诏圣》："夫少目之罔，不可以得鱼。"陈琳《为曹洪与魏文帝书》："若骇鲸之决细网，奔兕之触鲁缟。"

023 [子墨为客卿以]风，其词曰

风，五臣本、六臣本作"讽"。按：《汉书·杨雄传》同写本。李善注："《诗序》曰：下以风刺上。""讽"通"风"，《韩非子·八经》："故使之讽，讽定而怒。"词，各本作"辞"。按："词""辞"皆有文词之意。

025 师军踤[阹]

师，各本作"帅"。按：《汉书·杨雄传》亦同各本，写本误。踤，五臣本作"萃"，按：《汉书·杨雄传》亦同写本。李善注："《汉书音义》曰：踤，聚也。"二字均为"聚集"之意，杨雄《太玄·逃》："鸒踤于林，獭入于渊。"屈原《湘夫人》："鸟何萃兮蘋中，罾何为兮木上。"

027 [内]之则不为乾豆之事

各本作"内之则不以为乾豆之事"。按：《汉书·杨雄传》亦同各本，写本脱"以"字。

029 见其外不识其内者也

各本作"见其外不识其内也"。按：《汉书·杨雄传》亦同写本，故以写本为胜。

037 遐萌为之不安

萌，李善本作"田民"，五臣本、六臣本作"氓"。按：李善引韦昭注："田民音萌，萌，人也。"胡克家《考异》："袁本、茶陵本'田民'作'氓'。案，此皆非也。正文当作'萌'。"并有详考。《汉书·杨雄传》正作"萌"，当以写本为正。

038 [云合]电发，飙腾波流

飙，李善本、五臣本、六臣本均作猋。按：李善注："《尔雅》曰：扶摇谓之飙，……猋与飙，古字通也。""飙"与"猋"，古字通用。

039 遂猎乎王庭

猎，李善本、六臣本作"躐"。按：李善引《楚辞注》曰："躐，践也。""猎"通"躐"，《荀子·议兵》："不杀老弱，不猎禾稼。"杨倞注："猎与躐同，践也。"

042 自上仁所不化，茂德之所不绥

之，各本无。按：《汉书·杨雄传》亦无"之"字，写本为衍文。

044 ［普天所］覆，莫不霑濡

霑，各本作"沾"。按：《汉书·杨雄传》亦同各本。"霑"同"沾"，均为浸润意。《诗经·小雅·信南山》："既霑既足，生我百谷。"孔颖达疏："既已沾润，既已丰足。"可见二字同。

045 ［故平不肆］险，安不望危

望，各本均作"忘"，按：写本以音致讹。

046 西压月堀，东［震日域］

压，李善本、六臣本作"厌"。按：《汉书·杨雄传》亦作"厌"。"厌"读为"压"，《集韵》读为"乙甲切"，"厌"同"压"。堀，李善本、六臣本作"出骨"，五臣本作"窟"。按：《汉书·杨雄传》亦作"出骨"。李善注："服虔曰：出骨音窟，月所生也。"刘良注："月窟，月穴也，在西日域。"堀，《说文·土部》："堀，突叶。"为穴之意。故"堀""窟""出骨"为异体字，义同。

055 乃今日发矇，廓然已昭矣

矇，五臣本作"蒙"。按：《汉书·杨雄传》亦同写本。李善注："《礼记》曰：昭然若发蒙矣。'矇'与'蒙'古字通。""发蒙"与"发矇"可通用作启发蒙昧之意，如《礼记·仲尼燕居》："既得闻此言也于夫子，昭然若发矇矣。"枚乘《七发》："发蒙解惑，不足以言也。"

056 伟采毛之英丽兮

伟，各本作"聿"。按：徐爰注："聿，述也，述序羽族之中采饰英丽莫过翚也。……一本'聿'作'伟'。"在未见各本例同之处，徐爰注为写本提供了一个例证，徐爰生平跨晋宋之际，说明李善本之前的复杂版本状况。

057 於时青阳告［谢］

时，六臣本作"是"。按：此句与下文"朱明肇授"连用，指春谢夏初之时，当为"时"字，"是"字误。

058 天泱泱而垂云，泉涓涓而吐［溜］

"天泱泱而垂云"，各本作"天泱泱以垂云"。按："而""以"用法相同，如《周易·系辞下》："君子见机而作，不俟终日。"《礼记·乐记》："治世之音安以乐，其政和。"但从上下文文字转换来看，"以"字胜。

062 何调翰之乔桀，邈畴［类而殊才］

畴，五臣本作"俦"。按：畴表示同类，《战国策·齐策三》："夫物各有畴，今髡贤者之畴也。""畴"亦作"俦"，《荀子·劝学》："草木畴生，禽兽群焉。"杨倞注："'畴'与'俦'同，类也。"

068 伊义鸟之应机，啾攫地以厉响

应机，五臣本同，李善本、六臣本均作"应敌"。按：徐爰注："义鸟媒也，为人致敌故名义媒。"即是在解释"义鸟之应敌"；张铣注："义鸟，媒雉也。惟媒雉能应我心机孥攫于地，啾然厉其音响也。"即是在解释"义鸟之应机"。说明"应敌""应机"各有其版本依据并形成不同的释读意义，可两存其异。

069 或乃崇愤夷靡，农不易垄

愤，各本作"坟"。按：写本因形音皆近致误。

070 瞻禾廷毯之 [倾掉]

禾廷，各本作"挺"。按：写本因涉下字"毯"偏旁类化而致误。

071 望廱合而翳畠，雉脥肩以旋 [踵]

雉脥肩以旋 [踵]，各本作"雉脥肩而旋踵"。按：从上下文虚词变化来看，写本为胜。

072 [靡闻而惊]，无见自脉

脉，各本均作"鸎"。按：徐爰注："'鸎'音'脉'，字亦从'脉'，《方言》云：脉，俗谓黠为鬼脉。言雉性警鬼黠。"故可知"鸎"同"脉"。

075 [当咮] 值匈，裂膡破觜

匈，各本作"胸"。按："匈"为"胸"的古字，《管子·任法》："民无私说，皆虚其匈以听其上。"《史记·高祖本纪》："项羽大怒，伏弩射中汉王，汉王伤匈。"

076 [昔贾氏之如皋，始解] 颜於一箭

箭，五臣本作"笑"。按：李善注："《左氏传》曰：昔贾大夫恶，娶妻三年，不言不笑。御以如皋，射雉，获之，其妻始笑始言。"句中"解颜"即为"始笑始言"，不应再加"一笑"，这里是突出射雉的功效，一箭可使妇人解颜言笑。且"箭"正可与上文的"变""倦"，下文的"怨"押韵。故当作"箭"，五臣本误。

084 忿戎王之淫佼兮，秽宣后 [之失贞]

佼，各本作"狡"。按："佼""狡"皆为'姣'之借字。刘良注："淫狡，犹狡乱也。"王念孙《读书杂志余编下·文选》："'狡'读为

· 538 ·

'姣','姣',亦淫乱也。……作'狡'者,借字耳。"兮,各本无。

088 舍高亥之切忧乎,事[蛮狄之辽患]

乎,各本作"兮",按:写本误。

090 吊尉邛於朝[那]

吊,各本作"弔"。按:二字同用。

098 [时孟]春之吉日,撰良辰而将行

各本均作"时孟春之吉日兮,撰良辰而将行"。按:此赋中"兮"字用法极有规律,故写本脱"兮"字。

101 [乃遂往而]徂逝,聊游目而遨魂

各本均作"乃遂往而徂逝兮,聊游目而遨魂"。按:写本脱"兮"字。

110 庶灵衹之鉴照兮,祐贞良而辅信

照,五臣本作"昭"。按:"昭"通"照",颜延之《宋郊祀歌》之二:"奔精昭夜,高燎炀晨。"其中"昭"字别本即作"照"。

115 [寥]廓忽恍,化壹气而甄[三才]

忽恍,李善本作"惚恍",五臣本、六臣本作"忽悦"。按:"忽恍"、"惚恍"、"忽悦"与"忽荒"、"惚悦"都是混沌隐约之意。壹,各本作"一"。

121 苟蔽微以谬彰兮

谬,五臣本同,李善本、六臣本作"缪"。按:"谬""缪"可通用,均指差错、错误意。彰,五臣本同,李善本、六臣本作"章"。按:《说文·彡部》:"彰,文彰也。"是文彩彰明之意。《说文·言部》:"章,乐竟为一章,从音,从十。"为音乐单元。可见,"章"的"彰明"意,是从"彰"字借用。兮,各本无。

122 [陋吾人]之拘挛兮,飘薸浮而蓬转

薸,李善本作"萍"。按:二字同,《篇海类编·花木类·艸部》:"薸,草无根,浮水生也,亦作'萍'字。"兮,各本无。

124 匪择木以栖集兮,鲜林[焚而鸟存]

栖,各本作"棲"。按:二字古同,为繁简字。鲜,李善本、六臣本作"尠"。按:"尠"与"鲜"古代在"少"这一意义上为异体字,亦可作"尟"。兮,各本无。

127 矧疋[夫之安土]

疋,各本作"匹"。按:二字可通用,王充《论衡·死伪》:"疋夫疋妇

· 539 ·

强死，其魂魄犹能凭依人以为淫厉。"别本"疋夫疋妇"正作"匹夫匹妇"。

128 眷巩落而掩涕兮

落，各本作"洛"。按：周翰注："巩、洛，二县名，岳家坟茔在此。""洛"为地名，写本误。兮，各本无。

135 [讨子颓] 之乐祸兮，尤阙西之效戾

效，李善本作"効"。按：二字通用，模仿意。《左传·庄公二十一年》："郑伯効尤，其亦将有咎！"李白《古风》（其三十五）："丑女来効颦，还家惊四邻。"兮，各本无。

142 [提西缶] 以接刃

以，各本作"而"。按：二字都为表承接的连词，可通用，详见写本第 058 行"天泱泱而垂云，泉涓涓而吐[溜]"之校证。

143 [入屈节於廉公] 兮，若四體之无骨

體，各本作"体"。按：二字同，亦同"躰"，宋玉《舞赋》："體如游龙，袖如素霓。"《大戴礼记·曾子大孝》："身者，亲之遗躰也。"即为"體"和"躰"。兮，各本无。

149 贪诱赂以卖邻兮，不及腊而就拘

邻，五臣本作"怜"，是涉上文"降曲崤而怜虢"中"怜"字而误。腊，各本作"臈"。按：二字通用，为岁末、冬月之意，由腊祭而来。兮，各本无。

151 固乃周邵国之所分，二南风 [之所交]

邵，六臣本作"召"。按：二字古通用，王符《潜夫论·三式》："然则良臣如王成、黄霸……邵信臣之徒，可比郡而得也。"汪继培笺："并见《汉书·循吏传》'邵'传作'召'，颜师古注：'召，读曰邵。'按：召、邵古通用。""国""风"，各卷无。

155 [何庄武] 之无耻兮，徒利开而义 [闭]

徒，六臣本作"徙"。按：胡克家《考异》云："茶陵本'徙'作'徒'，云五臣作'徒'。袁本云善作'徙'。案：'徙'但传写伪也。"无论从版本还是从文意来说，都应作"徒"。兮，各本无。

156 或开关而延敌兮，竞邀 [逃以奔窜]

而，各本作"以"。按：二字都为表承接的连词，可通用，详见写本第 058 行"天泱泱而垂云，泉涓涓而吐[溜]"之校证。兮，各本无。

159 [昔明王之] 巡幸兮，故清道以后往

故，各本作"固"。按：从上下文看当作"固"。以，各本作"而"，按：二字都为表承接的连词，可通用，详见写本第058行"天泱泱而垂云，泉涓涓而吐［溜］"之校证。兮，各本无。

169 ［此西宾所以言］於东主兮，安处所以听於［凭虚也，可不谓然乎］

兮，各本无。按：从由"……也"句式看，不当有"兮"字，写本误。

176 ［乃摹写旧］丰，製造新邑

製，各本作"制"。按：二字通用，均有造作、制造意。

179 ［忽蛇变而龙］攄兮，雄霸上而高驤。曾［迁怒而横撞，碎玉斗其何伤］

曾，六臣本作"增"。按：史传典籍中项羽之亚父"范增"亦作"范曾"，如《史记·项羽本纪》中作"范增"，《黥布列传》中作"范曾"。兮，各本无。

180 ［踈］饮饯於东郊兮，畏［极位之盛满］

郊，李善本、六臣本作"都"，五臣本作"门"。按：《诗经·邶风·泉水》："出宿于沸，饮饯于祢，女子有行，远父母兄弟。"关于"祢"，《周礼·春官·甸祝》："舍奠于祖庙，祢亦如之。"甸为王田，位于京城郊外，《周礼·天官·大宰》："三曰邦甸之赋。"贾公彦疏："郊外曰甸，百里之外，二百里之内。"祢为父庙，位于郊外，送别饮饯又称为"祖饯"。"郊"亦有交通要冲之意，《汉书·汲黯传》："上以为淮阳，楚地之郊也。"颜师古注："郊，谓交道冲要之处也。"古人送别饮饯也常至城外要冲通衢之处，也即饮饯于郊。所以写本"郊"较各本为胜。兮，各本无。

186 ［金狄］迁於灞川

灞，五臣本、六臣本作"霸"。胡克家《考异》："袁本、茶陵本'灞'作'霸'。案：'霸'是也。注中皆作'霸'。"按：此处为地名，二字皆可。

193 ［望渐］台而挽挽兮，枭巨猾而馀怒

挽，各本作"腕"。按："挽"为"腕"之古字，《史记·刺客列传》："樊於期偏袒搤挽而进曰：'此臣之日夜切齿腐心也，乃今得闻教！'"司马贞《索隐》："勇者奋厉，必先以左手扼右挽也。挽，古'腕'字。"兮，各本无。

203 ［窥秦墟］於渭城兮，巽阙缅其［堙尽］

奠，各本作"冀"。按："冀"亦作"奠"，春秋时晋人"冀缺"亦作"奠缺"，欧阳詹《出门赋》："憨灵辄于困穷，举奠欹于垄亩。"洪迈《夷坚乙志·张成宪》："求合两盗为一，奠人数满品，可优得京官。"二例中"冀"即为"奠"。其，五臣本作"而"，二字都为表承接的连词，可通用。兮，各本无。

204 燕畾穷而荆 [发]

畾，各本作"图"。按：二字可同用，玄应《一切经音义》："诏定古文官书，'图'、'畾'二形同。"俞正燮《癸巳存稿·省堂寺碑跋》："（唐省堂寺碑）'图'字作'畾'。"

208 兵在颈而顾问兮，何 [不] 早 [而告我]

何，五臣本作"为"。按：李善注引《史记》："赵高恐二世怒，诛及其身，与其女婿阎乐谋易置上，乐遂斩卫令。二世怒，召左右，皆惶扰，不斗。傍有宦者一人侍，不敢去。二世入内谓曰：公何不蚤告我？宦者曰：臣不敢言，故得全；使臣蚤言，皆已诛，安得至今。"故当作"何"，五臣本误。兮，各本无。

219 [欲] 法沃而承羞，永终右而 [不刊]

沃，字迹模糊，似"沃"字，各本作"尧"。羞，五臣本、六臣本作"禅"。按：李善注："论语曰：'不恒其德，或承之羞。'"张铣注："（哀）帝欲法尧舜之事，禅位与（董）贤，群臣莫敢言，王闳切谏乃止，此终古不可刊削也。"可见"羞"与"禅"不同，释义不同，"承羞"典故所含，先见于《周易·恒》中的"不恒其德，或承之羞"，又见于《论语·子路》中，"羞"多作耻辱解。此二句难得确解，写本"沃"或因涉上字"法"之偏旁，又涉读音双重致误；或竟可为新的确解提供文字依据？右，各本作"古"，写本误。

224 诵六艺以饰奸兮，焚 [诗书而面墙]

奸，李善本作"奸"。二字同。兮，各本无。

225 [宗孝宣於乐游，绍] 衰绪而中兴

而，各本作"以"，二字都为表承接的连词，可通用，详见写本第058行"天泱泱而垂云，泉涓涓而吐 [溜]"之校证。

227 [旦] 似汤谷，夕类虞 [渊]

汤，六臣本作"旸"。按："旸谷"与"汤谷"古通用，均指日出之处，《尚书·尧典》："分命羲仲，宅嵎夷，曰旸谷，寅宾出日。"《楚辞·

天问》："出自汤谷，次于蒙汜，自明及晦，所行几里？"

228 鄙万载而不顷，[奄摧落於十纪]

鄙，五臣本作"图"。按：二字可同用，详见写本第 204 行"燕鄙穷而荆[发]"之校证。顷，各本作"倾"。按："顷"通"倾"，马王堆汉墓帛书《十六经·姓争》："非德必顷。"即为"顷"。

234 [华魴] 跃鳞，素鱮杨鬐

杨，各本作"扬"。按：手写本中"扌"旁往往写作"木"旁，此类现象在敦煌写卷中也屡见不鲜。

236 [尔] 乃端笨拂茵，弹 [冠振衣]

笨，各本作"策"。按：二字通用，刘肃《大唐新语·刚正》："不尽忠竭节，对扬王休，笨蹇励驽，祗奉皇卷。"其中"策"即为"笨"。

除了上述校证与《〈德藏吐鲁番本文选校议〉商兑补校》中出校的"兮"字之外，写本 082 行的"[历云门而] 反顾兮"、092 行的"野萧条以莽荡兮"、093 行的"[飞云] 雾之杳杳兮"、117 行的"纳旌弓於铉台兮"、118 行的"[无柳季之直] 道兮"、120 行的"[无危明] 以安位兮"、125 行的"[弛秋霜之严] 威兮"、130 行的"旋牧野而历兹兮"、131 行的"[惟泰山其] 犹危兮"、134 行的"岂时王之无僻兮"、137 行的"[竟横噬於] 虎口兮"、139 行的"眄山川以怀古兮"、141 行的"[秦] 虎狼之强国兮"、142 行的"辱十城之虚寿兮"、146 行的"[皋] 讬坟於南陵兮"、150 行的"[德不建而民无援] 兮"、153 行的"[分身首於] 锋刃兮"、154 行的"[升曲沃而惆怅] 兮"、160 行的"[轻帝] 重於天下兮"、162 行的"[纷吾既迈此] 全节兮"、163 行的"眺华岳之阴崖兮"、170 行的"[入郑都而抵] 掌兮"、173 行的"外离西楚之祸兮"、178 行的"[攎白刃以万舞] 兮"、185 行的"何黍苗之离离兮"、196 行的"[爆鳞骼於] 漫沙兮"、200 行的"肃天威之临颜兮"、202 行的"[扞矢言而不纳] 兮"、205 行的"[据天位其若] 兹兮"、206 行的"儒林填於坑窜兮"、209 行的"[健子婴之果] 决兮"、210 行的"羽天与[而弗取] 兮"、216 行的"[恨过听而无讨] 兮"、217 行的"过延门而 [责] 成兮"、223 行的"宗桃汙而为沼兮"、230 行的"[伊] 兹池之肇穿兮"、235 行的"[红鲜纷其初载] 兮"、237 行的"[岂三圣之] 敢梦兮"，这些地方的"兮"字，李善本、五臣本、六臣本均无。109 行的"[知性命] 之在天兮"句中"兮"字，五臣本同，李善本、六臣本均无。关于"兮"字，写本中的

《北征赋》《东征赋》《西征赋》三篇赋，大部分篇幅是整齐的六言句，又往往是两句相对的，李善本、五臣本、六臣本中，上句句末时有"兮"时无"兮"，而有"兮"无"兮"又没有一定的规律，写本则凡所存之句，除去"乱曰"之辞，凡六字句，往往都在上句句末有"兮"字。此三篇赋为比较典型的骚体形式，其体式是与屈原的《离骚》相同的，其规则也应该是前句末皆有"兮"字，所以写本为胜。

由上述整理及《〈德藏吐鲁番本文选校议〉商兑补校》一文的校证可以表明，德国柏林印度艺术博物馆藏《文选》写本残卷在文字上有诸多优于其他各本之处，往往能正各本之误；同时也有不少地方可以与诸本一起参证，为我们提供探索《文选》原貌的启发；《校议》所说的"最重要的是发现了'……化，莫之亢吉于深林'的佚文，将使得我们对现今通行的版本有一个更加全面的认识，很可能在李善、五臣等注释的时候，已经改变了《文选》的某些原来面貌"[1]，也是极富启发意义的。当然写本也存在文字错误之处，这在写卷中是不可避免的。此写本"民""虎"等字避唐讳、白文无注等特征，可大体判断为初唐写本。[2] 则无论从版本来看还是从文献校勘来看皆具极高价值，颇值得学界进一步深入研究。

---

[1] 束锡红、府宪展：《德藏吐鲁番本文选校议》，《西域研究》2006年第3期。
[2] 秦丙坤：《吐鲁番写本〈文选〉残卷及其价值》，《图书与情报》2004年第6期。

论 孔 鲋

中国人民大学国学院　王子今

孔鲋是孔子八世孙。秦统一六国后，虽然任用了一些儒生多方面参与文化咨询，但孔鲋却没有进入这一行列。陈涉发起反秦暴动，六国复国浪潮涌起，孔鲋却积极投入张楚政权中。孔鲋持与秦王朝不合作的立场，据说有"吾为无用之学""秦非吾友"的表态。孔鲋的体会，可以比较典型地说明秦文化的实用风格怎样阻碍了社会才力的发挥，并且影响了秦史的走向。

秦文化有明确的推崇实用的风格。这是与东方文化差异鲜明的特色之一。春秋战国时期，秦的社会风俗与全面继承周礼乐传统之东方诸国存在明显的差异。中原诸国对于秦人曾经"夷翟遇之"[1]，视之为"夷狄也"[2]，史称"诸夏宾之，比于戎翟"[3]。东方人又有"秦戎翟之教"[4]，"秦杂戎翟之俗"[5]，"秦与戎翟同俗"[6]的说法。东方诸国由于与秦国持久的军事对抗，对于秦文化自然不免心怀戒心和敌意。不过，当时所谓"夷狄""戎

---

* 基金项目：中国人民大学重大规划项目"秦史与秦文化研究"（项目批准号：18XNLG02）

[1]《史记》卷5《秦本纪》："秦僻在雍州，不与中国诸侯之会盟，夷翟遇之。"中华书局1959年版，第202页。

[2]《史记》卷17《天官书》："秦、楚、吴、越，夷狄也，为强伯。"第1344页。《汉书》卷26《天文志》："秦、楚、吴、粤，夷狄也，为强伯。"中华书局1962年版，第1301页。

[3]《史记》卷15《六国年表》："秦始小国僻远，诸夏宾之，比于戎翟，至献公之后常雄诸侯。论秦之德义不如鲁卫之暴戾者。"第685页。

[4]《史记》卷68《商君列传》："始秦戎翟之教，父子无别，同室而居。"第2234页。

[5]《史记》卷15《六国年表》："今秦杂戎翟之俗，先暴戾，后仁义，位在藩臣而胪于郊祀，君子惧焉。"第685页。

[6]《史记》卷44《魏世家》："无忌谓魏王曰：'秦与戎翟同俗，有虎狼之心，贪戾好利无信，不识礼义德行。苟有利焉，不顾亲戚兄弟，若禽兽耳，此天下之所识也，非有所施厚积德也。'"第1857页。

翟"一类污蔑性言辞却也曲折地反映了秦文化在西北少数民族影响下不受东方礼教拘束,富有进取精神,节奏形式比较急进暴烈的特征。秦文化的另一特点,是明显的实用主义的倾向。或说东方文化有"迂大而闳辩"的风格①,秦文化的基本特点则明显有异,体现出对"功用"直接的、简单的、急切的追求。这种追求的极端化,导致对引领文明进步的论辩、理性、哲思的反感,限制了文化提升的空间。

孔鲋的言行及其境遇,对于我们认识秦文化的特质,提供了有益的启示。

一 "陈涉博士"孔鲋

孔鲋是秦代文化闻人。《史记》卷一二一《儒林列传》记载了他在秦末社会动荡中"往归"农民暴动首领陈胜的事迹:

> 及至秦之季世,焚《诗》《书》,坑术士,《六艺》从此缺焉。陈涉之王也,而鲁诸儒持孔氏之礼器往归陈王。于是孔甲为陈涉博士,卒与涉俱死。陈涉起匹夫,驱瓦合适戍,旬月以王楚,不满半岁竟灭亡,其事至微浅,然而缙绅先生之徒负孔子礼器往委质为臣者,何也?以秦焚其业,积怨而发愤于陈王也。

"于是孔甲为陈涉博士",裴骃《集解》:"徐广曰:'孔子八世孙,名鲋字甲也。'"②《史记》卷一二一《儒林列传》关于"申公"事迹的记述,说道:"弟子为博士者十余人。"第一位即"孔安国至临淮太守"。裴骃《集解》:"徐广曰:'孔鲋之弟子襄为惠帝博士,迁为长沙太傅,生忠,忠生武及安国。安国为博士,临淮太守。'"③

据《史记》卷四七《孔子世家》记载,孔子至孔鲋世系,于"孔子生鲤,字伯鱼","伯鱼生伋,字子思","子思生白,字子上","子上生求,字子家","子家生箕,字子京","子京生穿,字子高"之后,又说:

---

① 《史记》卷74《孟子荀卿列传》:"驺衍之术迂大而闳辩;奭也文具难施;淳于髡久与处,时有得善言。故齐人颂曰:'谈天衍,雕龙奭,炙毂过髡。'"第2348页。
② 《史记》卷121《儒林列传》,中华书局1959年版,第3116—3117页。
③ 《史记》卷121《儒林列传》,第3122页。

子高生子慎，年五十七，尝为魏相。

子慎生鲋，年五十七，为陈王涉博士，死于陈下。

鲋弟子襄，年五十七。尝为孝惠皇帝博士，迁为长沙太守。长九尺六寸。

子襄生忠，年五十七。忠生武，武生延年及安国。安国为今皇帝博士，至临淮太守，蚤卒。安国生卬，卬生驩。①

记述至于司马迁生活的时代，应当是大致准确的。但是，从"子慎"至于"鲋"，到"鲋弟子襄"，再到"子襄"子"忠"，这四位人物都是"年五十七"，未免令人惊异。梁玉绳《史记志疑》没有对四位相关联人物"年五十七"的巧合提出疑问，但是就孔鲋的名号有所讨论："案：《孔光传》是'鲋'，而《儒林传》作'甲'，师古曰'名鲋字甲'。《后序》子鱼名鲋，后名甲。《孔丛·独治篇》子鱼名鲋甲，陈人或谓之子鲋，或称孔甲。《史》失书其字。"②

二 《古今人表》中孔鲋的等序

班固《汉书》卷二〇《古今人表》载录内容截止于秦末。这与题名"古今"不符。颜师古注："但次古人而不表今人者，其书未毕故也。"③《汉书》的《古今人表》《百官公卿表》《刑法志》《五行志》《地理志》《艺文志》，是《史记》之后所新创。班固继承了司马迁《史记》"表"的形式，主题却有创新。《古今人表》就是一例。

对于《汉书》卷二〇《古今人表》，刘知几《史通》卷一六《杂说上》有否定其设计的意见："观太史公之创表也，于帝王则叙其子孙，于公侯则纪其年月，列行萦纡以相属，编字戢香以相排。虽燕越万里，而于径寸之内，犬牙可接；虽昭穆九代，而于方寸之中，雁行有叙。使读书者阅文便睹，举目可详，此其所以为快也。如班氏之《古今人表》者，唯以品藻贤愚，激扬善恶为务尔。既非国家递袭，禄位相承，而亦复界重行，狭书细字，比于他表，殆非其类欤！盖人列古今，本殊表限，必吝而不

---

① 《史记》卷47《孔子世家》，第1947页。
② （清）梁玉绳撰：《史记志疑》，中华书局1981年版，第1141页。
③ 《汉书》卷20《古今人表》，第861页。

去，则宜以'志'名篇。始自上上，终于下下，并当明为标榜，显列科条。以种类为篇章，持优劣为次第。仍每于篇后云若干品，凡若干人。亦犹《地理志》肇述京华，末陈边塞，先列州郡，后言户口也。"① 以为应该称作"志"，体例亦应变化。他在《史通》卷三《表历》中批评"表"的作用，以为《史记》在各有"本纪""世家""列传"的情况下，"重列之以表，成其烦费，岂非谬乎"？还写道："……又有甚于斯者。异哉！班氏之《人表》也。区别九品，网罗千载，论世则异时，语姓则他族，自可方以类聚，物以群分，使善恶相从，先后为次，何籍而为表乎？且其书上自庖牺，下穷嬴氏，不言汉事，而编入《汉书》，鸠居鹊巢，茑施松上，附生疣赘，不知剪截，何断而为限乎？"② 宋代学者魏了翁对于《古今人表》也曾发表"多舛缪甚矣"的批评。③ 王利器则肯定《古今人表》的价值。他在《汉书古今人表疏证小引》中写道："积年整理先秦文献，深感《汉书·古今人表》为从事研究工作手边必备之书；质言之，实先秦之人名大辞典也。于是嘱大儿子王贞珉留心搜集有关资料，日积月累，蔚然可观，因是董理，即成疏证，盖将以为通古今之邮之一助也。"④

《汉书》卷二〇《古今人表》中，人分九个阶次，即所谓"列九等之序"，以"归乎显善昭恶，劝诫后人"。九等，即"上上圣人""上中仁人""上下智人""中上""中中""中下""下上""下中""下下愚人"。⑤ 孔鲋列名于"中中"，与淳于越、李牧、燕太子丹、鞫武、荆轲、樊於期等列为同一等级。较列为"中上"的韩非、燕将渠、乐间、高渐离低一等次。而高于列为"中下"的秦始皇、李斯、秦武阳、项梁、秦子婴、项羽、陈胜、吴广。而"孔鲋之弟子"孔襄，则较孔鲋高两个等级，列为"上下"即"智人"一等，写作："孔襄，孔鲋弟子。"⑥ 注明了"孔鲋"姓名。

"孔襄，孔鲋弟子"位列"上下智人"，而孔鲋位列"中中"，相差两个层次。王利器、王贞珉《汉书古今人表疏证》写道："案：孔襄何以居

---

① （唐）刘知几著，张振珮笺注：《史通笺注》，贵州人民出版社1985年版，第585页。
② （唐）刘知几著，张振珮笺注：《史通笺注》，第56—58页。
③ （宋）魏了翁撰：《蔡文懿公百官公卿年表序》，《重校鹤山先生大全文集》卷56，《四部丛刊》景宋本，第458页。
④ 王利器、王贞珉著，乔仁诚索引：《汉书古今人表疏证》，齐鲁书社1988年版，第1页。
⑤ 《汉书》卷20《古今人表》，第861、863页。
⑥ 《汉书》卷20《古今人表》，第951页。

第三？岂因其藏书壁中，有功经学，又尝为孝惠博士、长沙太傅欤？"① 所谓"因其藏书壁中，有功经学"的推测，是有道理的。秦时"藏书壁中"事，《汉书》卷三〇《艺文志》颜师古注："《家语》云孔腾字子襄，畏秦法峻急，藏《尚书》《孝经》《论语》于夫子旧堂壁中，而《汉记·尹敏传》云孔鲋所藏。二说不同，未知孰是。"② 但是钱大昕《三史拾遗》卷二《汉书》发表的意见是："当与孔鲋同等，误超二格。"③ 王先谦《汉书补注》引此说并有自己附和的意见："钱大昕云：'当与孔鲋同等。'此皆刊本之误，非班意。"④ 这样的判断，有参考价值，但是不具备使人确信的说服力。

关于《古今人表》"孔襄，孔鲋弟子"，《史记》卷四七《孔子世家》作"鲋弟子襄"⑤。《史记志疑》标点相同，作"鲋弟子襄"。⑥ 而《史记》卷一二一《儒林列传》裴骃《集解》："徐广曰：'孔鲋之弟子襄为惠帝博士……'。"⑦ 二者不同，于是可能产生"弟"与"弟子"的理解歧异。⑧ 而《汉书》卷二〇《古今人表》明确作"孔襄，孔鲋弟子"，似可澄清疑议。但是王先谦的《汉书补注》写道："先谦曰：'子'字衍，见《孔子世家》。"⑨

三　孔鲋"秦""楚"职任

按照前引《史记》卷四七《孔子世家》之说，"子京生穿，字子高"，"子高生子慎"，"子慎生鲋"。《汉书》卷八一《孔光传》："穿生顺"，

---

① 王利器、王贞珉著，乔仁诚索引：《汉书古今人表疏证》，第224页。
② 《汉书》卷30《艺文志》，第1706页。
③ （清）钱大昕撰，田汉云点校：《三史拾遗》，陈文和主编《嘉定钱大昕全集》，江苏古籍出版社1997年版，第4卷，第59页。
④ 王先谦撰：《汉书补注》，中华书局据清光绪二十六年虚受堂刊本1983年9月影印版，第388页。王利器、王贞珉《汉书古今人表疏证》："钱大昕曰：'当与孔鲋同等，误超二格，此皆刊本之误，非班意。'"第224页。似将王先谦说误入"钱大昕曰"。
⑤ 《史记》卷47《孔子世家》，第1947页。
⑥ （清）梁玉绳撰：《史记志疑》，第1141页。
⑦ 《史记》卷121《儒林列传》，第3122页。
⑧ 点校本二十四史修订本《史记》卷47《孔子世家》仍作"鲋弟子襄"，中华书局2014年版，第2356页。而《史记》卷121《儒林列传》裴骃《集解》引徐广曰已改为"孔鲋之弟子襄为惠帝博士"。第3793页。
⑨ 王先谦撰：《汉书补注》，第388页。

"顺生鲋"。① 后世关于孔鲋的事迹也有另外的说法。如臧励龢等编《中国人名大辞典》"孔鲋"条："孔鲋，秦。穿子，字子鱼，亦字甲。博通经史。秦始皇并天下，召为鲁国文通君，迁少傅。李斯始议焚书，鲋闻之，收其家《论语》《尚书》《孝经》等书藏于旧宅壁中。隐居嵩山，教弟子百余人。后陈涉为楚王，聘为太傅，寻托疾而退，卒于陈。著书二十篇，名曰《孔丛子》。"② 所据应为宋明儒者所说。

宋黄震《黄氏日抄》卷三二《阙里谱系》写道："九代鲋，字子鱼。该览六艺，秦并天下，召为鲁国文通君，拜少傅。秦焚书，乃归，藏书屋壁，自隐嵩山。陈涉起，聘为博士，迁太傅，仕六旬，言不用，退。卒于陈，年五十七。著《孔丛子》。"③ 金孔元措《孔氏祖庭广记》卷一《先圣》："九代鲋，字子鱼。好习经史，该览六艺，秦始皇并天下，分为三十六郡，召为鲁国文通君，拜为少傅。三十四年，丞相李斯始议焚书。是时，鲋知秦将灭，藏其《家语》《论语》《尚书》《孝经》等，安于祖堂旧壁中，自隐于嵩山。后为楚王太傅，卒于陈。"④ 明陈镐《阙里志》卷二《世家》："九代鲋，字子鱼，一字甲。该览六艺，秦始皇并天下，召为鲁国文通君，拜少傅。三十四年，丞相李斯始议焚书。鲋与弟子腾子襄藏其《家语》《论语》《尚书》《孝经》等于祖堂旧壁中，自隐于嵩山，教弟子百余人。后陈涉为楚王，聘为太傅。凡仕六月，托疾而退，卒于陈下，年五十七。著书二十余篇，记先圣及子思、子上、子高、子顺与己行事，名曰《孔丛子》。"⑤ 明郭子章《圣门人物传》："承以至九世，生子三：鲋、腾、树。鲋字子鱼，一字甲。秦始皇召为鲁国文通君，拜少傅。李斯议焚书，鲋与弟子襄藏其《家语》《论语》《尚书》《孝经》等于祖堂旧壁中，自隐于嵩山，教弟子百余人。后陈涉为楚王，聘为太傅。凡仕六月，托疾而退，卒于陈下，年五十七。著书二十余篇，记先圣及子思、子上、子高、子顺与己行事，名曰《孔丛子》。"⑥ 明王世贞《衍圣公爵系表》写道："第九世鲋，字子鱼。慎子。秦始皇并天下，召封为鲁文通君，拜少

---

① 《汉书》卷81《孔光传》，第3352页。
② 臧励龢等编：《中国人名大辞典》，上海书店据商务印书馆1921年版1980年11月复印版，第46页。
③ （宋）黄震撰：《黄氏日抄》卷32《读本朝诸儒理学书》，元后至元刻本，第728页。
④ （金）孔元措撰：《孔氏祖庭广记》卷1《先圣》，清光绪《琳琅秘室丛书》本，第3页。
⑤ （明）陈镐撰：《阙里志》卷2《世家》，明嘉靖刻本，第33页。
⑥ （明）郭子章撰：《圣门人物志》卷1《孔子世家》，明万历二十二年赵彦刻本，第10页。

傅。归隐。陈王涉召为博士，拜太傅。陈灭，死于兵。"①

孔鲋的事业人生在宋明人笔下，有层类地增益的痕迹。大体说来，有这样5个闪光点需要注意：1."秦并天下，召为鲁国文通君，拜少傅"；2."秦焚书，乃归，藏书屋壁"；3."自隐于嵩山，教弟子百余人"；4."陈涉起，聘为博士，迁太傅，仕六旬，言不用，退"；5."著《孔丛子》"。

《孔丛子》见于《隋书》卷三二《经籍志一·经》，称"陈胜博士孔鲋撰"。② 所谓"陈胜博士"的身份标识，是引人注目的。可以说提示了他的人生中最显耀的亮点。《宋史》卷二〇五《艺文志四》称"汉孔鲋撰"。③《孔丛子》又有题"汉太傅孔鲋著"者。④ 所谓"汉孔鲋"与"汉太傅孔鲋"之说，与《史记》有关孔鲋死于陈涉败亡之时的记叙不符。

前引《史记》卷四七《孔子世家》说，孔鲋"为陈王涉博士"，《史记》卷一二一《儒林列传》说"为陈涉博士"。孔鲋任张楚政权"博士"，大概是确实的。孔鲋"卒于陈""卒于陈下""死于兵"之说，也值得注意。

四　孔鲋之死

称《孔丛子》"汉孔鲋撰""汉太傅孔鲋著"者，都是错误的。孔鲋没有活到汉王朝建立。

前引《阙里谱系》说：孔鲋投入陈涉政权，"仕六旬，言不用，退。卒于陈，年五十七"。宋人已有孔鲋在张楚政权中服务，"仕陈胜为博士，以言不见用，托目疾而退"的说法。如宋咸《注孔丛子序》⑤，晁公武《郡斋读书志》"《孔丛子》七卷"条。⑥

---

① （明）王士贞撰：《弇山堂别集》卷39，中华书局1985年版，第708页。
② 《隋书》卷32《经籍志》，中华书局1973年版，第937页。
③ 《宋史》卷205《艺文志四》，中华书局1977年版，第5152页。
④ （清）丁丙撰：《善本书室藏书志》卷15，清光绪刻本，第287页。
⑤ 曾枣庄、刘琳主编，四川大学古籍整理研究所编：《全宋文》卷413，巴蜀书社1990年版，第10册第452页；孙少华：《孔丛子研究》，中国社会科学出版社2011年版，第483页。
⑥ （宋）晁公武撰，孙猛校证：《郡斋读书志校证》，上海古籍出版社1990年版，第512页。标点为："仕陈胜，为博士，以言不见用，托目疾而退。"

"卒于陈"的具体情形，前引《史记》卷四七《孔子世家》："为陈王涉博士，死于陈下。"《史记》卷一二一《儒林列传》："为陈涉博士，卒与涉俱死。"又《汉书》卷八八《儒林传》："陈涉之王也，鲁诸儒持孔氏礼器往归之，于是孔甲为涉博士，卒与俱死。"[①]

　　我们看到两种说法，一说孔鲋已"退"，但是仍然"卒于陈"；一说"与涉俱死"。看来后一种说法或许可信。而且即使"言不用，退"，或者托疾"退"，也同样可能"与涉俱死"。《盐铁论·褒贤》"大夫"之言也有关于孔鲋之死的信息："文学高行，矫然若不可卷；盛节絜言，皦然若不可涅。然成卒陈胜释輓辂，首为叛逆，自立张楚，素非有回、由处士之行，宰相列臣之位也。奋于大泽，不过旬月，而齐、鲁儒墨缙绅之徒，肆其长衣，——长衣，容衣也。——负孔氏之礼器《诗》《书》，委质为臣。孔甲为涉博士，卒俱死陈，为天下大笑。深藏高逝者固若是也？"[②] 也说"俱死陈"。所谓"孔甲为涉博士，卒俱死陈，为天下大笑"之说，其实轻薄浅陋，真真可"为天下大笑"者。在保护典籍，"藏书屋壁"，"自隐于嵩山，教弟子百余人"之外，康有为《孔子改制考》针对《盐铁论》"为天下大笑"的嘲讽，从"传教"的意义出发，肯定了孔鲋"虽死而不辞"的精神："孔子卒后，淡台灭明居楚，子贡居卫，子夏居西河，大者为师傅卿相，小者友教士大夫。七十弟子，六万徒侣，专以传教为事。故以涉之微浅，而负礼器《诗》《书》委质为臣，孔甲且为博士，虽死而不辞。传教为主，则不必择其人，但以行其教也。"[③]

　　陈胜暴动，"奋于大泽，不过旬月"而孔鲋往投。农民军失败，"卒俱死陈"。孔鲋之死体现的文化风格、政治态度和人生原则，其实是值得敬重的。

五　孔鲋："吾为无用之学"

　　《史记》卷二八《封禅书》记载，秦始皇东巡至泰山下，曾经就"封

---

① 《汉书》卷88《儒林传》，第3592页。
② 王利器校注：《盐铁论校注》（定本），中华书局1992年版，第241页。
③ （清）康有为撰：《孔子改制考》卷14《诸子攻儒考》，民国《万木草堂丛书》本，第221页。

禅"程式咨询齐鲁儒生博士，因所议"难施用"，于是"由此绌儒生"。①又写道："上念诸儒及方士言封禅人人殊，不经，难施行。"②《史记》卷一二《孝武本纪》也写作"难施行"。③ 看来，可否方便"施用""施行"，是秦始皇文化判断和政策选择的重要标尺。

前引《史记》卷七四《孟子荀卿列传》所谓"奭也文具难施"之"难施"，应当有与"难施用""难施行"接近的语义。

曾经以博士身份服务于秦始皇的孔子八世孙孔鲋说："吾为无用之学""秦非吾友。"④也强调了文化态度的这种区别。《孔丛子》卷六《独制》有这样的记载："秦始皇东并。子鱼谓其徒叔孙通曰：'子之学可矣，盍仕乎？'对曰：'臣所学于先生者，不用于今，不可仕也。'子鱼曰：'子之材能见时变，今为不用之学，殆非子情也。'叔孙通遂辞去，以法仕秦。"⑤对于秦政鄙薄和敌视儒家"文学"的政策，有的儒生依然坚守文化立场"为不用之学"，有的儒生则"能见时变"。"所学"之"用"与"不用"，似乎形成了政治态度的分野。

据傅亚庶《孔丛子校释》，《孔丛子》有的版本记录孔鲋明确说到"有用之学"。叶氏藏本、蔡宗尧本、汉承弼校跋本、章钰校跋本孔鲋语都可以看到"吾不为有用之学，知吾者唯友。秦非吾友，吾何危哉？"字样。⑥宋潘自牧《记纂渊海》卷四九《性行部》"有守"引《秦纪》："陈余谓孔鲋：'秦将灭先王之籍，而子为书籍之主，其危哉！'子鱼曰：'吾为无用之学，知吾者惟友。秦非吾友，吾何危哉？'"⑦所说"《秦纪》"应当是《资治通鉴》的《秦纪》。王夫之《读通鉴论》卷一《秦始皇·二》就此有所评说："孔鲋藏书，陈余危之。鲋曰：'吾为无用之学，知吾者为友。秦非吾友，吾何危哉？'呜呼！能为无用之学，以广其心而游于

---

① 《史记》卷28《封禅书》："即帝位三年，东巡郡县，祠驺峄山，颂秦功业。于是征从齐鲁之儒生博士七十人，至乎泰山下。诸儒生或议曰：'古者封禅为蒲车，恶伤山之土石草木；埽地而祭，席用葅秸，言其易遵也。'始皇闻此议各乖异，难施用，由此绌儒生。"第1366页。
② 《史记》卷28《封禅书》，第1398页。
③ 《史记》卷12《孝武本纪》："上念诸儒及方士言封禅人人殊，不经，难施行。"第475页。
④ 《资治通鉴》卷7《秦纪二》"始皇帝三十四年"，（宋）司马光编著，（元）胡三省音注，"标点资治通鉴小组"校点：《资治通鉴》，中华书局1956年版，第244页。
⑤ 傅亚庶：《孔丛子校释》，中华书局2011年版，第410页。
⑥ 傅亚庶：《孔丛子校释》，第414页。此信息承中国人民大学国学院孙闻博副教授提示，谨此致谢。
⑦ （宋）潘自牧撰：《记纂渊海》卷49，文渊阁《四库全书》，第930册，第963页。

乱世，非圣人之徒而能若是乎？"王夫之还写道："君子之道，储天下之用，而不求用于天下。知者知之，不知者以为无用而已矣。故曰：'其愚不可及也。'""庄周惩乱世而欲为散木，言无用矣①，而无以储天下之大用。""知进退存亡而不失其正，易简以消天下之险阻，非圣人之徒，其孰与归？"②

孔鲋言辞所透露的信息，似乎可以反映秦对所谓"无用之学"兼而有之的轻蔑与无知。

秦文化高度务实的倾向在特定历史条件下的积极作用得以突出显现。秦实现统一，技术层面诸多优越条件的作用，应与此有密切关系。③ 但是另一方面，推崇"实用"之学至于极端，简单武断地否定所谓"不用之学""无用之学"，自然不利于历史意义深刻而长久的理论思考、文化建设和教育进步。

有学者曾经指出，"秦之学术的作用多在形而下的实用方面。这个特点实际在于由秦国到秦王朝的统治者对学术的约束而形成的。""秦统治者的这种态度也是春秋战国时期严峻的国与国的政治形势决定的。他们需要的是用速成的办法富国强兵，以应付当时对秦国不利的国际环境。这样一来，真正思辨的思想家是难于见用的。因为他们的思想实行起来见效慢，而且所言大多比较空泛。庄子说：'大智闲闲，小智间间；大言炎炎，小言詹詹'④。对于大智、大言，急于程功的诸侯们，都认为那时'大而无当'的，不中绳墨，不中规矩⑤，也就是难于实施，不具有操作性，所以这种学者并不受到统治者垂青。"⑥ 这样的意见是基本正确的。然而，我们可以强调"秦王朝的统治者对学术的约束"，"秦统治者的这种态度"的作用，但是如果以为这就是单一的因素，则认识似乎稍显片面。此外，论者指出，当时列国诸侯都"重功利"，"孟子见梁惠王，梁惠王第一句话就

---

① 《庄子·人间世》："散木也。以为舟则沉，以为棺椁则速腐，以为器则速毁，以为门户则液樠，以为柱则蠹，是不材之木也。无所可用，故能若是之寿。"郭庆藩辑，王孝鱼整理：《庄子集释》，中华书局1961年版，第171页。

② （清）王夫之著，舒士彦点校：《读通鉴论》卷1《秦始皇》，中华书局1975年版，第2—3页。

③ 参看王子今《秦人的机械发明》，《国学学刊》2009年第1期（创刊号）；《秦统一原因的技术层面考察》，《社会科学战线》2009年第9期。

④ 原注："《庄子·齐物论》。"

⑤ 原注："《庄子·逍遥游》。"

⑥ 张文立、宋尚文：《秦学术史探赜》，陕西人民出版社2004年版，第19页。

是：'叟，不远千里而来，亦将有以利吾国乎？'① 这不是求功利吗？"② 固然各国皆"重功利"，但是秦人"功用"追求的极端化特征，表现出了独异的文化个性，是不可以忽视的历史真实。

《史记》卷八《高祖本纪》说，"周秦之间，可谓文敝矣"，继战乱导致的文化破坏之后，而"秦政不改"，司马迁以"岂不缪乎"予以批评。这应当也是秦短促而亡的因素之一。司马迁又写道，"汉兴，承敝易变"③，刘邦建国，对于秦政的"敝"，推行了拨乱反正的政策④，又得到文景时代的坚持，方使得文化史的进程转而健康正常。司马迁于是又有"得天统矣"的肯定性的赞美，⑤ 即认为汉王朝文化政策的调整，使得国家走向空前的辉煌。这样的历史观察，是符合秦汉转折的真实境况的。

当然，回顾汉代学术史，依然可以看到对秦文化重视应用科学传统的延续。汉代的兵学、农学、医学以及天文历算之学，都表现出技术之学继承与创作的突出成就。⑥

六 "秦非吾友"的文化传统分析

孔鲋"吾为无用之学"，"秦非吾友"的判断，是十分清醒的认识。这一判断的生成，基于对秦文化实用主义原则其久远传统的发现。

秦始皇焚书，医学、数术之学以及农学等有实用价值的著作不在禁毁之列。据《史记》卷六《秦始皇本纪》记载，丞相李斯建议："臣请史官非《秦记》皆烧之。非博士官所职，天下敢有藏《诗》《书》、百家语者，

---

① 原注："《孟子·梁惠王上》。"
② 张文立、宋尚文：《秦学术史探赜》，第19页。
③ 《史记》卷8《高祖本纪》，第394页。
④ 汉初政治语汇中，常可看到"拨乱反正"的说法。《史记》卷8《高祖本纪》写到，刘邦去世，群臣赞美道：高祖出身低微，"拨乱世反之正，平定天下"，创立汉家帝业，功最高。于是上尊号为"高皇帝"。第392页。《史记》卷60《三王世家》也说，"高皇帝拨乱世反诸正"，宣扬至德，平定海内。第2109页。《史记》卷16《秦楚之际月表》中也有"拨乱诛暴，平定海内，卒践帝祚，成于汉家"的说法。第759页。《汉书》卷6《武帝纪》赞曰："汉承百王之弊，高祖拨乱反正……"第212页。《汉书》卷18《外戚恩泽侯表》："高帝拨乱诛暴。"第677页。《汉书》卷22《礼乐志》也写道："汉兴，拨乱反正，日不暇给。"唐代学者颜师古解释说：所谓拨乱反正，是说"拨去乱俗而还之于正道也"。第1030页。
⑤ 《史记》卷8《高祖本纪》，第394页。
⑥ 参看张岂之主编《中国思想学说史·秦汉卷》，广西师范大学出版社2007年版。

悉诣守、尉杂烧之。有敢偶语《诗》《书》者弃市。以古非今者族。吏见知不举者与同罪。令下三十日不烧，黥为城旦。所不去者，医药卜筮种树之书。""制曰：'可。'"① 即李斯的主张得以批准推行。对于"皆烧之"与"所不去者"的文献区分，《史记》卷八七《李斯列传》的表述是："诸有文学、《诗》《书》、百家语者蠲除去之"，"所不去者，医药卜筮种树之书"。②

从秦末至楚汉战争中项梁、项羽、张良、黥布、陈余、韩信以及韩信破赵之战中双方将士熟悉兵书、学习兵书的事迹看，当时民间兵学书籍的流传，似乎也没有被禁止。《史记》卷七《项羽本纪》："每吴中有大繇役及丧，项梁常为主办，阴以兵法部勒宾客及子弟，以是知其能。"③《史记》卷五五《留侯世家》："下邳圯上，有一老父……出一编书，曰：'读此则为王者师矣。后十年兴。十三年孺子见我济北，谷城山下黄石即我矣。'遂去，无他言，不复见。旦日视其书，乃《太公兵法》也。良因异之，常习诵读之。""良数以《太公兵法》说沛公，沛公善之，常用其策。"④《史记》卷九一《黥布列传》："或说楚将曰：'布善用兵，民素畏之。且兵法，诸侯战其地为散地。今别为三，彼败吾一军，余皆走，安能相救！'不听。布果破其一军，其二军散走。"⑤《史记》卷九二《淮阴侯列传》："（陈余）常称义兵不用诈谋奇计，曰：'吾闻兵法十则围之，倍则战。今韩信兵号数万，其实不过数千。能千里而袭我，亦已罢极。今如此避而不击，后有大者，何以加之！则诸侯谓吾怯，而轻来伐我。'不听广武君策，广武君策不用。""信乃使万人先行，出，背水陈。赵军望见而大笑。"韩信最终获胜，"诸将效首虏，毕贺，因问信曰：'兵法右倍山陵，前左水泽，今者将军令臣等反背水陈，曰破赵会食，臣等不服。然竟以胜，此何术也？'"韩信回答道："此在兵法，顾诸君不察耳。兵法不曰'陷之死地而后生，置之亡地而后存'？且信非得素拊循士大夫也，此所谓'驱市人而战之'，其势非置之死地，使人人自为战；今予之生地，皆走，宁尚可

---

① 《史记》卷6《秦始皇本纪》，第255页。
② 《史记》卷87《李斯列传》，第2546页。
③ 《史记》卷7《项羽本纪》，第296页。
④ 《史记》卷55《留侯世家》，第2034—2036页。
⑤ 《史记》卷91《黥布列传》，第2606页。

得而用之乎!"于是,"诸将皆服曰:'善。非臣所及也。'"①

从某种意义上可以说,兵学也是实用之学。②

《韩非子·和氏》说,早在秦始皇焚书之前,商鞅已经有"燔《诗》《书》而明法令"的政治举措。③ 也就是说,秦始皇极其严酷的遭到千百年严厉批评的文化专制主义政策,其实可以在商鞅时代发现先行者。④

《朱子语类》卷五六记录了对商鞅的批评:"他欲致富强而已,无教化仁爱之本,所以为可罪也。"⑤ 朱熹认为商鞅轻视文化建设和道德维护,推行的法令政策,目的是单一的、短视的,只是"欲致富强而已"。这一目标虽然得以实现⑥,然而从长时段的文化史视角考察,对"教化仁爱之本"的败坏,应当承当罪责。看来,从商鞅到嬴政,文化取向是基本一致的。

---

① 《史记》卷92《淮阴侯列传》,第2615—2617页。

② 《汉书》卷30《艺文志》关于"兵家"有言:"孔子曰为国者'足食足兵','以不教民战,是谓弃之',明兵之重也。""足食足兵",颜师古注:"《论语》载孔子之言。无兵与食,不可以为国。""以不教民战,是谓弃之",颜师古注:"亦《论语》所载孔子之言,非其不素习武备。"第1762页。从这一意义来说,兵学与农学具有同样重要的意义。

③ 陈奇猷校注《韩非子集释》作"燔诗书而明法令"。陈奇猷校注:"李赓芸曰:据此,是秦燔书不待始皇也。王先慎曰:《困学纪闻》云:'《史记·商君传》不言燔诗书,盖诗书之道废,与李斯之焚无异也。'奇猷案:以《商鞅传》及《商君书》推之,鞅治秦而焚书之事,似为事实。盖商鞅之治,在使民喜农而乐战,而诗书者,乃儒家之典籍,诗书不废,能使民逸而为儒生,甚有害于法治,故《商君书·壹言篇》曰:'贱游学之人。'且儒家之典章制度,多出虚构,旨在复古,宜鞅之治秦而焚诗书矣。《五蠹篇》曰:'明主之国,无书简之文,以法为教,无先王之语,以吏为师,无私剑之悍,以斩首为勇',与此言焚诗书亦合。韩非乃本商鞅立说。第鞅法行于秦仅十八年,鞅于孝公二十四年被害,其法即废,而秦处西陲,儒家典籍之传入当亦甚少,则所燔之书不多,故史阙而不载耳。"陈奇猷校注:《韩非子集释》,第239、243页。

④ (宋)王应麟:《困学纪闻》卷10《诸子》:"《韩子》曰:'商君教秦孝公燔《诗》《书》而明法令。'愚按《史记·商君传》不言'燔《诗》《书》'。盖《诗》《书》之道废,与李斯之焚无异也。"何焯云:"意者商鞅所燔止于国中,至李斯乃流毒天下。"(宋)王应麟著,(清)翁元圻等注,栾保群、田松青、吕宗力校点:《困学纪闻》全校本,上海古籍出版社2008年版,第1267—1268页。(明)陈耀文《正杨》卷1有"焚书起于韩非"条:"秦焚书坑儒起于李斯乎?斯之先固有为此说于秦者矣,韩非是也。""作俑者乃韩非,匪斯也。"文渊阁《四库全书》,第856册,第22页。

⑤ 《朱子语类》卷56《孟子六·离娄上》,(宋)黎靖德编,王星贤点校:《朱子语类》,中华书局1986年版,第1331页。

⑥ 《史记》卷87《李斯列传》:"孝公用商鞅之法","国以富强"。第2542页。(宋)陈埴:《木钟集》卷11《史》:"秦自商君立法,欲民务农力战,故重耕战之赏。以商贾务末,不能耕战,故重之谪罚以抑之。所以立致富强。"文渊阁《四库全书》,第703册,第155页。(宋)叶适著:《习学纪言序目》卷50《皇朝文鉴四·论》:"六国初,尚夷狄摈秦,秦孝公用商鞅变法致富强。"中华书局1977年版,第743页。

所谓"燔《诗》《书》",不言其他著作,可以推想,实用之学的学术积累得以存留。《韩非子·五蠹》说"境内皆言兵,藏孙、吴之书者家有之"①,显然兵学曾经得以广泛普及。而《吕氏春秋》中《上农》等四篇保留了重要的古农学经验②,被农史学者看作"比较全面性的农学著作"③。农学史学界认为,"就农家思想而言,《吕氏春秋》中的记载是当时最为详细和完整的"④。有学者指出,"《上农》论述重农抑商政策的必要性及其措施,是我国保持至今的最早的农业政策论文之一。《任地》《辩土》《审时》则为我国保持至今的最早的农业技术论文"。"三篇大体构成一个整体,带有作物耕作栽培技术通论的性质。"⑤ "《吕氏春秋》中保存的农学片断,成为唯一可借以探索先秦农业科学内容的主要资料,这就使它在我国农学史的研究上十分可贵。"⑥

这种"保存",或许可以说明商鞅"燔《诗》《书》"时,"种树之书"并未遭到禁毁。

秦始皇事后对于焚书事件有这样的言辞:"吾前收天下书不中用者尽去之。"⑦ 所谓六国史书以及"《诗》《书》、百家语",或说"文学、《诗》《书》、百家语"。所谓"不中用",后来成为民间通行的"俚谈""俗语"。

萧参《希通录》讨论了这一语言现象的发生:"俚谈以不可用为不中用,自晋时已有此语。《左传·成二年》郤子曰:'克于先大夫,无能为役。'杜预注:'不中为之役使。'"⑧ 此所言"晋时",是指春秋晋史故事。《困学纪闻》卷一九《评文》"俗语皆有所本"条则指出:"'不中用'出

---

① 陈奇猷校注:《韩非子集释》,上海人民出版社1974年版,第1066页。
② 参看王毓瑚《先秦农家言四篇别释》,农业出版社1981年版;张企曾:《〈吕氏春秋〉中〈上农〉等四篇论文的农学成就》,《河南农业大学学报》1988年第3期;杨钊:《〈吕氏春秋〉与农业》,《农业考古》2002年第3期;张景书:《〈吕氏春秋〉的农业教育思想》,《西北农林科技大学学报》2003年第2期。
③ 胡道静:《我国古代农学发展概况和若干古农学资料概述》,《农书·农史论集》,农业出版社1985年版,第117页。
④ 钟祥财:《中国农业思想史》,上海社会科学院出版社1997年版,第46页。
⑤ 梁家勉主编:《中国农业科学技术史稿》,农业出版社1989年版,第159—160页。
⑥ 中国农业科学院、南京农学院中国农业遗产研究室编著:《中国农学史》(初稿)上册,科学出版社1959年版,第87页。
⑦ 《史记》卷6《秦始皇本纪》,第258页。
⑧ (清)沈自南:《艺林汇考·称号篇》卷10《诨名类》引《希通录》,文渊阁《四库全书》,第859册,第288页。

《史记·外戚世家》《王尊传》。"① 阎若璩按："《秦始皇本纪》：'吾前收天下书不中用者。'《外戚世家》：'武帝择宫人不中用者，斥出归之。'《王尊传》：'其不中用，趣自避退，毋久妨贤。'"② 看来，"不中用"是秦汉社会通行的"俚谈""俗语"。而较早的例证，竟是秦始皇的言辞。"天下书不中用者"判断之所谓"不中用"，值得我们思考。秦始皇所谓"收"以及前引史籍记载之所谓"皆烧之"，所谓"蠲除去之"的极端激烈的政策，体现出特定的文化取向。

《盐铁论·散不足》也使用了这一"俚谈""俗语"："古者，衣服不中制，器械不中用，不粥于市。今民间雕琢不中之物，刻画玩好无用之器。玄黄杂青，五色绣衣，戏弄蒲人杂妇，百兽马戏斗虎，唐锑追人，奇虫胡妲。"王利器校注："《礼记·王制》：'用器不中度，不粥于市，兵车不中度，不粥于市，布帛粗粗不中数，幅广狭不中量，不粥于市……'"③ 可以看到，所谓"不中用"，其实也就是"无用"，或写作"不用"。如《盐铁论·崇礼》所谓"玩好不用之器"。④

《荀子·儒效》中有这样一条秦史与秦文化研究者以及关心秦史与秦文化的人们应当予以重视的资料："秦昭王问孙卿子曰：'儒无益于人之国？'"⑤ 大致同样的记述又见于《新序》。或作："秦昭王问孙卿曰：'儒无益于人之国。'"标点形式显示肯定语气。⑥ 秦昭襄王从现实出发，对在东方已经形成强势学术地位的儒学提出的质疑，立足点在于"儒"对于国家"无益"。也就是说，儒学对于执政者"欲致富强"的目的是"无益"的。就其直接意义来说，是"不中用"的。

后世有学者对所谓"儒无益于人之国"有所辩说。如宋代学者袁甫

---

① 今按：栾保群、田松青、吕宗力校点《困学纪闻》全校本误作"出《史记·外戚世家·王尊传》"，第 2047 页。《史记》卷 49《外戚世家》："武帝择宫人不中用者，斥出归之。"第 1978 页。《汉书》卷 97 上《外戚传上·孝武卫皇后》："武帝择宫人不中用者斥出之，子夫得见，涕泣请出。"第 3949 页。《汉书》卷 76《王尊传》："又出教敕掾功曹'各自底厉，助太守为治。其不中用，趣自避退，毋久妨贤'。"第 3228 页。

② （宋）王应麟著，（清）翁元圻等注，栾保群、田松青、吕宗力校点：《困学纪闻》全校本，第 2047、2055 页。

③ 王利器校注：《盐铁论校注》（定本），第 349、364 页。所谓"不中度""不中数""不中量"，应该都是"不中制"。

④ 王利器校注：《盐铁论校注》（定本），第 437 页。

⑤ （清）王先谦撰，沈啸寰、王星贤点校：《荀子集解》，中华书局 1988 年版，第 117 页。

⑥ （汉）刘向编著，石光瑛校释，陈新整理：《新序校释》，中华书局 2001 年版，第 692 页。

《经筵进讲故事》就匡衡上疏所言"六戒"的讨论中涉及"儒无益于人之国"的观点:"匡衡、刘向,号为名儒,卒不能有格心之业,使天下谓'儒无益于人之国'。儒果无益于国耶?读史至此,为之掩卷三叹。"① 论者所言"匡衡、刘向"事,已经属于另外的政论主题。然而就"儒无益于人之国"一语"为之掩卷三叹",可知对于秦昭襄王的儒学观形成了深刻的历史文化记忆。

从秦昭襄王"儒无益于人之国"的言论看,秦执政者对于"无益"之学、"不中用"之学的抵触和否定,其实由来已久。这种带有主导性意义的倾向,对于秦政的风格有所影响。但是起基本作用的,是秦文化的倾向。

《韩非子》被看作法家学说的集大成者。这部法家名著于秦政的方向多显示出指导作用。读《韩非子》书中的相关论述,又可以看到秦文化这种实用特征形成的历史作用,也有法家学说的助托。

《韩非子》的学术语言中,"功用"占有特别重要的地位。

《韩非子·八经》"参言"一节强调君主必须以"功""用"为原则审察各种"言""说""辩"的表达,判定其是否"邪""奸""诬":"言不督乎用则邪说当上。……有道之主,听言、督其用,课其功,功课而赏罚生焉,故无用之辩不留朝。任事者知不足以治职,则放官收。说大而夸则穷端,故奸得而怒。无故而不当为诬,诬而罪,臣言必有报,说必责用也,故朋党之言不上闻。"② "督其用,课其功",是"主"考察和管理臣下,行使其权力的行政要点。对所谓"无用之辩"的排斥,立场是鲜明的。《韩非子·六反》认为执政者应当遵循这一原则否定"虚旧之学"和"矜诬之行":"明主听其言必责其用,观其行必求其功,然则虚旧之学不谈,矜诬之行不饰矣。"③ 所谓"必责其用","必求其功",可以与"督其用,课其功"联系起来理解。

"功"和"用",与法家学说最推崇的"法"也存在内在联系。《韩非子·五蠹》写到:"谈言者务为辩而不周于用""儒以文乱法","行仁义

---

① (宋)袁甫撰:《蒙斋集》卷1《经筵讲义》,文渊阁《四库全书》补配文津阁《四库全书》,第1175册,第7页。
② 陈奇猷校注:《韩非子集释》,第1029页。
③ 陈奇猷校注:《韩非子集释》,第953页。

者非所誉，誉之则害功；文学者非所用，用之则乱法"。① "谈言者""不周于用"之"不周于用"，"文学者非所用"之"非所用"，也就是"无用"。"文学者"的文化理念一旦实践于政治生活，则可以"乱法"。

对于"无用"的否定，不仅限于"言"，而且包括"行"。《韩非子·问辩》这样说："夫言行者，以功用为之的彀者也。夫砥砺杀矢而以妄发，其端未尝不中秋毫也，然而不可谓善射者，无常仪的也。设五寸之的，引十步之远，非羿、逢蒙不能必中者，有常也。故有常则羿、逢蒙以五寸的为巧，无常则以妄发之中秋毫为拙。今听言观行，不以功用为之的彀，言虽至察，行虽至坚，则妄发之说也。"② 明确指出"功用"是"言行"的唯一追求。而辨别是非，决定取舍的基本标准，也是"功"和"用"。

《韩非子》中，曾经明确提出"去无用""禁无用"的主张。

《韩非子·难言》对"华而不实"等12种言谈表现形式予以指责，表示"非之所以难言而重患也"。其中两种，韩非斥其"无用"：（1）"多言繁称，连类比物，则见以为虚而无用。"（2）"闳大广博，妙远不测，则见以为夸而无用。"③ 所谓"虚而无用"和"夸而无用"的"虚"和"夸"，都指出了这种文化倾向脱离实际的问题。所谓"闳大"，使人联想到前引《史记》卷七四《孟子荀卿列传》对于东方有的学派"迂大而闳辩"的介绍。

对于排斥"文学者非所用"之"虚而无用"和"夸而无用"等倾向的主张，《韩非子·忠孝》有如下明朗的表述："世之所谓烈士者，虽众独行，取异于人，为恬淡之学而理恍惚之言。臣以为恬淡，无用之教也；恍惚，无法之言也。言出于无法，教出于无用者，天下谓之察。""事君养亲不可以恬淡，言论忠信法术不可以恍惚。""恍惚之言，恬淡之学，天下之惑术也。"④ 指出所以应当予以斥责抵制，在于其"无用""无法"。

韩非所鄙弃的"虚旧之学""矜诬之行"，应当是指形成传统的有充分自信的文化理念。他所责难的具体指向究竟是什么呢？《韩非子·八说》有这样一段表现出激烈批判精神的话："今世主察无用之辩，尊远功之行，

---

① 陈奇猷校注：《韩非子集释》，第1066、1057页。
② 陈奇猷校注：《韩非子集释》，第898—899页。
③ 陈奇猷校注："津田凤卿曰：谥法：'华言无实曰夸。'"陈奇猷校注：《韩非子集释》，第48—49页。
④ 陈奇猷校注：《韩非子集释》，第1109页。

索国之富强，不可得也。博习辩智如孔、墨，孔、墨不耕耨，则国何得焉？修孝寡欲如曾、史，曾、史不战攻，则国何利焉？"① 攻击的锋芒直指"孔、墨""曾、史"思想所体现的非法家学说和东方传统道德。"孔、墨不耕耨"，不能有益于"国"之"得"；"曾、史不战攻"，不能有益于"国"之"利"。这样的意见，正符合秦国执政集团"好利"的行政倾向。如果对"无用之辩"和"远功之行"予以容忍和肯定，则无从追求"国之富强"。这种主张，正是前引朱熹严厉批评的"欲致富强而已，无教化仁爱之本，所以为可罪也"。理解所谓"好利"，可以读《史记》卷四四《魏世家》所见信陵君对秦的批评。他说："贪戾好利无信，不识礼义德行""苟有利焉，不顾亲戚兄弟，若禽兽耳，此天下之所识也，非有所施厚积德也"。② 指出了秦文化和东方崇尚"礼义德行""施厚积德"传统的差异。《史记》卷四二《郑世家》："（郑桓）公曰：'吾欲居西方，何如？'③ （太史伯）对曰：'其民贪而好利，难久居。'"④ 所谓秦"贪戾好利无信"以及"西方""其民贪而好利"的文化地理学或说民俗地理学的信息，也值得秦文化研究者重视。

《韩非子·五蠹》强调"明主"用臣下之力行政，应当遵循"赏其功，必禁无用"的原则。⑤《韩非子·显学》又提出明确的主张："明主举实事，去无用；不道仁义者故，不听学者之言。"⑥ 所谓"举实事，去无用"，体现出后世称之为"实用"的文化特色。而"禁无用""去无用"的"禁"与"去"，后来在秦始皇的政治实践中是表现为血与火的残暴手段的。⑦

秦文化传统对"实用"的高度看重甚至极端推崇，与东方文化理念形成鲜明对立，发生强烈冲撞。通过孔鲋事迹，可以看到相关现象及其影响。⑧

---

① 陈奇猷校注：《韩非子集释》，第 973—974 页。
② 《史记》卷 44《魏世家》，第 1857 页。
③ 《史记》卷 42《卷世家》，第 1757 页。司马贞《索隐》："《国语》曰：'公曰：谢西之九州，何如？'韦昭曰：'谢，申伯之国。谢西有九州，二千五百家为州。其说盖异此。"第 175 页。
④ 《史记》卷 42《郑世家》，第 1757 页。
⑤ 陈奇猷校注：《韩非子集释》，第 1067 页。
⑥ 陈奇猷校注：《韩非子集释》，第 1102 页。
⑦ 王子今：《秦文化的实用之风》，《光明日报》2013 年 7 月 15 日 15 版"国学"；《秦"功用"追求的极端性及其文化影响》，《陕西历史博物馆馆刊》第 20 辑，三秦出版社 2013 年版。
⑧ 王子今：《孔鲋的文化立场》，《光明日报》2020 年 8 月 1 日 11 版"国学"。

马克思主义与民族解放运动

中国社会科学院民族学与人类学研究所　王希恩

近代以来的民族解放运动一般指的是殖民地半殖民地人民反抗外来压迫、争取民族独立的运动。领导民族解放运动的各种政治力量大都把"民族主义"作为自己的旗帜和思想武器，民族解放运动由此成为民族主义正义性的典型表现。马克思主义领导的无产阶级革命和社会主义运动与同时代的民族解放运动同步而进，相互支持、相互渗透，共同完成了世界各国的民族独立运动，推动了人类社会的进步，成为马克思主义和民族主义关系的重要内容。

一　基本思想原则的奠定

马克思、恩格斯时代是无产阶级革命走向历史舞台的时代，也是民族解放运动蓬勃开展的时代，这一时代背景决定了他们的理论学说也必然包含了关于民族解放运动的内容。

马克思、恩格斯经历或论述的民族解放运动主要有1848年革命、波兰和爱尔兰的独立运动以及中国、印度和伊朗为代表的亚洲人民反抗西方殖民统治的斗争。

1848年革命是欧洲资产阶级革命中的重要环节，其中也包含了民族解放运动的内容。革命首先在意大利爆发，并很快蔓延到法国。流亡比利时的马克思深受鼓舞，激动地从刚获得的父亲遗产中拿出几千法郎资助比利时革命者，但很快遭到比利时当局的驱逐。妻子燕妮也遭到拘捕和审讯。随后马克思去了巴黎，和恩格斯一道承担了共产主义者同盟新的中央委员会的领导工作，但主要关注点则是对于德国革命的指导。他们为德国无产阶级拟定了一项全国性的行动纲领《共产党在德国的要求》，这个纲领一开头就将自己的目标设定为"全德国宣布为一个统一的、不可分割的共和国"①。当年4月,马克思、恩格斯回到德国的科伦,创办并出版了"民主派的机关报"《新莱茵报》,马克思任总编辑、恩格斯为副总编辑,他们把这个报纸的纲领明确规定为:粉碎普鲁士王国和奥地利王国这两个最主要的反动堡垒,以便把整个德意志统一起来,组成一个民主共和国。② 这与行动纲领的精神是一致的。他们在《新莱茵报》上发表了大量关于革命进程的即时文章,其中反复阐明的一个观点是:德国革命的胜败是和邻国的民族解放斗争紧密联系在一起的。他们认为,俄国沙皇、奥地利皇帝和普鲁士王国于1815年缔结的"神圣同盟",对于资产阶级民主革命运动和中欧、东欧人民的民族解放是最大的障碍。在"神圣同盟"这一名称十分怪诞的联盟中,俄国这个当时几乎还不知道资本主义发展为何物的国家,扮演着起决定作用的角色。③ 因此马克思恩格斯明确地站在受压迫的波兰、捷克、匈牙利和意大利民族一边,而对普鲁士、奥地利尤其是沙皇俄国的民族压迫政策和行径做了无情的抨击和揭露。

屡遭大国瓜分的波兰命运多舛。1848年革命中的波兰人民奋起反抗普鲁士的统治,要求恢复祖国统一和民族独立。马克思、恩格斯站在国际主义立场看待波兰问题,认为"对我们德国人来说,波兰的生存比对任何人都更有必要",因为从1815年开始,某些方面甚至从法国第一次革命时期开始的欧洲反动势力是建立在俄罗斯、普鲁士和奥地利神圣同盟基础上的。而这个同盟是靠瓜分波兰结成的。"这三个强国对波兰进行的瓜分的路线,乃是一根把它们互相联结起来的链条;共同的掠夺用团结的纽带把它们联系起来了。"因此"建立民主的波兰是建立民主德国的首要条件"④。

基于这一认识,1848年革命前后马克思、恩格斯对波兰问题给予了特别关注,写了大量关于波兰问题的文章。1848年2月22日在布鲁塞尔举

---

① 马克思、恩格斯:《共产党在德国的要求》,《马克思恩格斯全集》第5卷,人民出版社1974年版,第3页。
② [德] 海因里希·格姆科夫等:《马克思传》,易廷镇、侯焕良译,人民出版社2000年版,第123页。
③ [德] 海因里希·格姆科夫等:《马克思传》,易廷镇、侯焕良译,第128页。
④ 恩格斯《法兰克福关于波兰问题的辩论》,中国社会科学院民族学与人类学所民族理论室编《马克思主义经典作家民族问题文选·马克思恩格斯卷》上册,社会科学文献出版社2016年版,第217、218页。

行的纪念克拉科夫起义两周年大会上,他们分别就波兰问题发表演讲,对这一起义所具有的意义及波兰革命与德国革命的关系做了深刻阐发,盛赞"克拉科夫革命把民族问题和民主问题以及被压迫阶级的解放看作一回事,这就给整个欧洲做出了光辉的榜样"。[①] 1863年初,波兰人民重新发起了反对沙皇征服和统治的斗争。马克思和恩格斯计划合写一本小册子,揭露普鲁士和俄国镇压波兰的政策。他们从2月到5月收集了大量材料,对17—18世纪以来波兰的相关问题进行了深入研究,但因马克思肝病复发而未能完成写作。1863年8月,波兰爱国者代表团拜访了马克思。马克思一方面让恩格斯在曼彻斯特筹款给予波兰人以物质支持,另一方面通过伦敦共产主义工人教育协会等发动欧洲工人阶级给予波兰道义声援。1864年9月28日,为声援波兰,来自英国、法国、德国、波兰、意大利、瑞士的几百位工人代表齐聚伦敦的圣马丁堂,同时宣告了国际工人协会的诞生。[②] 国际工人协会即国际共运史上的"第一国际",是各国无产阶级的第一个国际联合组织。

正因为波兰问题在马克思、恩格斯所处历史环境中的特殊地位,使得他们关于民族问题的论述在波兰问题上最为集中;而波兰问题最终还是个民族解放问题,所以也是马克思、恩格斯关于民族解放理论最为集中的问题。

如果说马克思、恩格斯在民族问题上1848年到1860年代中期最为关注的是波兰,那么其后的1867年至1872年之间最为关注的就是爱尔兰。爱尔兰自12世纪起便是英国的殖民地,长期以来,爱尔兰人民为争取民族独立进行了不懈的努力。19世纪50年代爱尔兰发生严重饥荒,英国统治者弃之不顾,爱尔兰独立运动高涨,其中起核心作用的是芬尼社(或称芬尼党、芬尼亚党,意为爱尔兰革命兄弟会)。这个组织以推翻英国统治、废除大地主所有制,建立自己的共和国为宗旨,除在爱尔兰之外,也广泛分布于英格兰和美国。1865年,芬尼社发动起义未获成功。其后几年又连

---

① 马克思、恩格斯:《论波兰问题》,中国社会科学院民族学与人类学所民族理论室编《马克思主义经典作家民族问题文选·马克思恩格斯卷》上册,社会科学文献出版社2016年版,第184页。这里的克拉科夫起义是指发生于1846年2月波兰克拉科夫地区革命民主派发动的反抗奥地利统治的武装起义。起义一度使克拉科夫解放,宣告成立共和国,组成民族政府,3月初,起义为奥地利和俄国军队联合镇压失败。

② [德]海因里希·格姆科夫等:《马克思传》,易廷镇、侯焕良译,第219页。

续策动起义，由于领导层内部分歧和英、美政府的镇压连遭挫折，至20世纪70年代后便迅速衰落。马克思和恩格斯始终关注着芬尼运动的发展，虽然不赞成他们的秘密斗争形式，但对斗争的正义性和伟大意义却给予了很高的评价。他们为此发表了许多文章和演讲，通过第一国际联合欧洲各国工人予以声援，并竭力推动芬尼运动和英国工人运动结合。1865年9月芬尼社的一些领导人被捕入狱，马克思和国际工人协会总委员会毅然出面为之辩护，还有不少芬尼社员把恩格斯的家当作避难所。①

1869年9月，在身为爱尔兰人的妻子的陪伴下，恩格斯对爱尔兰做了一次旅行。他"打算写一部篇幅较大的论述爱尔兰历史的著作，因为他和马克思很早以来就大力促进那个一再燃起熊熊烈火反对英国资产阶级统治的爱尔兰民族解放运动"②。回到英国后，恩格斯便致力于爱尔兰历史的研究，1870年5月开始动笔。他预定要写四章，结果只完成了第一章和第二章的片段：1870年的普法战争和巴黎公社的出现，打断了他的写作计划。"自从四十年代以来，恩格斯曾始终不渝地为自由的波兰辩护，阐明自由波兰是德国民主运动取得胜利和消灭沙皇专制制度的前提，现在恩格斯也同样为了英国的社会进步的利益坚毅地为爱尔兰的解放进行辩护。"③ 因为，恩格斯和马克思最终是把英国工人运动的前途寄希望于爱尔兰民族解放运动的撬动的。

为东方的富饶和财富所诱惑，自16世纪初开始，伴随着"新大陆"的发现，西方殖民者便沿着海路步步东进，菲律宾、印度尼西亚、马来西亚、印度、伊朗和中国等亚洲国家相继沦为葡萄牙、荷兰、英国和法国的殖民地或半殖民地。殖民者的掠夺和压迫与亚洲被压迫民族的矛盾逐步抬升，至19世纪中叶，以伊朗巴布教徒起义（1848—1852）、中国太平天国运动（1851—1864）和印度民族大起义（1857—1859）为主要内容的亚洲第一次民族解放运动出现高潮。

远在欧洲无产阶级革命中心的马克思和恩格斯密切关注着这场欧洲之外的民族运动。他们探究古今、抨击时政，谴责西方殖民者的侵略罪行，揭露统治集团的欺骗行径，对亚洲人民的抵抗报以极大的同情和声援，同时对亚洲的未来寄予深切期望，其中对中国和印度问题着墨更多。

---

① ［德］海因里希·格姆科夫等：《恩格斯传》，易廷镇、侯焕良译，第319页。
② ［德］海因里希·格姆科夫等：《恩格斯传》，易廷镇、侯焕良译，第318页。
③ ［德］海因里希·格姆科夫等：《恩格斯传》，易廷镇、侯焕良译，第321页。

关于中国问题，马克思和恩格斯在当时的《纽约每日论坛报》上发表了《中国革命和欧洲革命》《英中冲突》《议会关于对华军事行动的辩论》《俄国的对华贸易》《英人在华的残暴行动》《英人对华的新远征》等大量时评文章。他们将英军发动的第二次鸦片战争斥为"极端不义的战争"，"广州城的无辜居民和安家立业的商人惨遭屠杀，他们的住宅被炮火夷为平地，人权横遭侵犯"。他们揭露英国报纸和政府的谎言"毫无根据"，"英国人控告中国人一桩，中国人至少可以控告英国人九十九桩"。① 他们也痛斥第一次鸦片战争中的英军暴行："当时英国军人只是为了取乐而犯下滔天罪行……他们强奸妇女、枪挑儿童、焚烧整个整个的村庄，完全是卑劣的寻欢作乐。"② 同时也对中国人民的抵抗精神给予高度赞扬，称这是一场"保卫社稷和家园的战争，一场维护中华民族生存的人民战争"。"过不了多少年，我们就会亲眼看到世界上最古老的帝国的垂死挣扎，看到整个亚洲新纪元的曙光。"③

关于印度问题，还在1853年4月，马克思就开始了对印度历史的研究，并于6月和8月在《纽约每日论坛》上发表了他的研究成果，这就是《不列颠在印度的统治》和《不列颠在印度统治的未来结果》。马克思在文中将印度比喻成东方的意大利和爱尔兰的结合，也即"一个淫乐世界和悲苦世界的奇怪结合"。他从恩格斯提出的"不存在土地私有制，的确是了解整个东方的一把钥匙"受到启发，深刻揭示了印度农村公社和东方专制制度的关系："这些田园风味的农村公社不管看起来怎样祥和无害，却始终是东方专制制度的牢固基础，它们使人的头脑局限在极小的范围内，成为迷信的驯服工具，成为传统规则的奴隶，表现不出任何伟大的作为和历史首创精神。"④ 马克思还从印度历史中揭示了一条"永恒的历史规律"：野蛮的征服者总是会被他们所征服的臣民的较高文明

---

① 马克思：《英人在华的残暴行动》，中国社会科学院民族学与人类学所民族理论室编《马克思主义经典作家民族问题文选·马克思恩格斯卷》上册，社会科学文献出版社2016年版，第393页。
② 马克思：《印度起义》，《马克思恩格斯全集》第16卷，人民出版社2007年版，第335页。
③ 恩格斯：《波斯和中国》，《马克思恩格斯全集》第16卷，人民出版社2007年版，第400、401页。
④ 马克思：《不列颠在印度的统治》，中国社会科学院民族学与人类学所民族理论室编《马克思主义经典作家民族问题文选·马克思恩格斯卷》上册，社会科学文献出版社2016年版，第334页。

所征服。① 这些观点都已成为马克思主义史学理论的经典信条。印度起义爆发后，马克思密切关注起义动态，发表了大量时评文章，讲起义的印度军队出现了前所未有的情况，"他们杀死了他们的欧洲军官；伊斯兰教徒和印度教徒捐弃前嫌、同仇敌忾，一致反对他们的统治者，""英印军队中的起义与亚洲各大国对英国统治的普遍不满同时发生，"等等。②

除了中国和印度之外，马克思和恩格斯也对英国对缅甸发动的战争、阿富汗的抗英起义、法国对阿尔及利亚的统治以及俄国对中国的侵略等做了分析和论述。

19 世纪中叶，殖民地和半殖民地的民族解放运动尚没有完全展开，现代交通和通信联系尚没有建立，而远在欧洲的马克思和恩格斯如此投入地关注亚洲兴起的民族解放运动，着眼的是这些运动和欧洲革命乃至世界革命的联系。1853 年马克思在论及鸦片战争之后中国的形势及太平天国运动的发生时讲："中国连绵不断的起义已经延续了约十年之久，现在汇合成了一场惊心动魄的革命；不管引起这些起义的社会原因是什么，也不管这些原因是通过宗教的、王朝的还是民族的形式表现出来，推动了这次大爆发的毫无疑问是英国的大炮，英国用大炮强迫中国输入名叫鸦片的麻醉剂。"而后他预言"中国革命将把火星抛到现今工业体系这个火药装得足而又足的地雷上，把酝酿已久的普遍危机引爆，这个普遍危机一扩展到国外，紧接而来的将是欧洲大陆的政治革命"③。这两段话，一个是中国革命发生的原因：英国的大炮和之后的鸦片；一个是中国革命的可能性后果：欧洲革命。前者一语中的，后者虽没有直接呈现，但包括中国革命在内的亚非拉民族解放运动对欧洲资本主义的整体性改造是持续而久远的。落后地区被压迫民族的解放斗争是欧洲资本主义变革的杠杆。这在 19 世纪既已呈现并为马克思主义经典作家所揭示了。

马克思和恩格斯关于民族解放运动的论述具体揭示了以下三对关系：欧洲民族解放运动和资产阶级民主革命的关系、欧洲民族解放运动与无产

---

① 马克思：《不列颠在印度统治的未来结果》，中国社会科学院民族学与人类学所民族理论室编《马克思主义经典作家民族问题文选·马克思恩格斯卷》上册，社会科学文献出版社 2016 年版，第 339 页。

② 马克思：《印度军队中的起义》，《马克思恩格斯全集》第 16 卷，人民出版社 2007 年版，第 165 页。

③ 马克思：《中国革命和欧洲革命》，《马克思恩格斯全集》第 12 卷，人民出版社 1998 年版，第 114、118 页。

阶级革命的关系、亚洲民族解放运动与欧洲革命的关系。

民族解放运动是资产阶级民主革命的一种普遍形式。自美国独立战争开始，直到19世纪中叶的欧洲革命都证明了这一点；而按当时的认识，资产阶级革命又是无产阶级革命的前提，无产阶级革命只能建立在资本主义充分发展的基础上。这就决定了无产阶级对于民族解放运动必然持积极的支持态度，并尽一切努力帮助这些运动走向成功。所以马克思、恩格斯指导下的无产阶级全力支持1848年革命，支持波兰、爱尔兰、捷克、匈牙利、意大利等欧洲各国的民族解放运动。尽管他们知道，这是在无产阶级的旗帜下使无产阶级战士做了资产阶级的工作。当然，马克思主义坚决支持欧洲各国的民族解放运动还在于，无产阶级国际联合的前提是他们所在国家的独立和统一："欧洲各民族的真诚国际合作，只有当每个民族自己完全当家做主的时候才能实现。"①

19世纪中叶亚洲民族解放运动有别于欧洲的只是它还不具备资产阶级民主革命的性质，但这并未减弱它的正义性和它与欧洲革命的联系。亚洲资源的丰富和地域的广阔不断刺激着殖民者的贪欲，在肆无忌惮的掠夺中，亚洲的财富大股大股地流入欧洲资本的腰包。资本这个"从头到脚，每个毛孔都流着血和肮脏的东西"造就了西方的发展和繁荣，也决定了只有东方被压迫民族的觉醒和斗争才能从根本上动摇资本的统治。西方资本主义的命运始终与东方被压迫民族连在一起，东方的民族解放运动也由此成为欧洲无产阶级摧毁资本主义的同盟军。1858年1月马克思在给恩格斯的一封信中讲，印度的起义正使英军面临着极大的困境，英军的"死亡数比英国官场电报宣布的，大得不成比例。印度使英国人消耗人力和贵金属，现在是我们最好的同盟者"②。马克思主义关于殖民地民族解放运动是无产阶级革命同盟军的思想在此已初现端倪。"马克思和恩格斯当年分析爱尔兰、印度、中国、中欧各国，波兰、匈牙利等国的事件时，已提供了关于民族殖民地问题的基本的原则思想。"③ 这一原则思想在其后的历史实践中不断得到丰富和发展。

---

① 恩格斯为《共产党宣言》写的波兰文版序言，《马克思恩格斯文集》第2卷，人民出版社2009年版，第24页。
② 《马克思恩格斯通信集》第2卷，李季译，生活·读书·新知三联书店1957年版，第324页。
③ [俄] 斯大林：《和第一个美国工人代表团的谈话》，《马克思主义经典作家民族问题文选·斯大林卷》，社会科学文献出版社2016年版，第402页。

二　严整理论体系的形成

资本主义发展带来了人类历史的大幅度跨越，同时也带来了人类社会的严重分化。这种分化在国内就是阶级对立的激化，国际上就是宗主国和被殖民国家或地区对立关系的形成。共同的被压迫境遇使得无产阶级和被压迫民族成为天然的盟友。马克思和恩格斯在创立共产主义理论过程中已经初步揭示了这种关系，而列宁则把这种盟友关系做了完整的联结。

19世纪和20世纪之交是自由资本主义向帝国主义跨越的门槛，其标志便是主要资本主义国家对世界瓜分的完成。瓜分和掠夺的升级必然是被压迫民族反抗的加剧，所以这期间的民族运动此起彼伏。特别是亚洲，由于陷入殖民压迫的历史更早、程度更深，同时接受西方民主民族革命思想的影响也更普遍，民族解放运动的规模和范围也更广阔。典型的如越南安世农民的反法起义（1887—1913）、菲律宾的独立战争和抗美战争（1894—1902）、印度尼西亚的抗荷斗争（1873—1904）。而将民族解放运动与本国革命集于一身的"东方民族主义"运动：孙中山领导的中国辛亥革命、甘地领导的印度"非暴力不合作运动"及凯末尔领导的土耳其革命等，影响更为深远。

然而面对蓬勃发展的民族运动，以第二国际为代表的马克思主义阵营并没有做出正确的反应。自恩格斯逝世之后第二国际便出现了分化，其中也表现在对待民族运动的问题上。在第二国际中占据主流的机会主义者连殖民化的本质都认识不清，更遑论对于民族解放运动的支持了。出于"阶级"立场，第二国际通过的相关决议或"结论"中也谴责现代殖民者"强占别国领土，征服别国人民，以便为了极少数人的利益对他们进行残酷剥削"，并号召各国工人阶级"反对侵犯土著居民权利的行为，反对对他们的一切剥削和奴役，并尽力启发土著居民争取独立"[1]。但他们对正在发生的民族解放运动则漠然处之、视而不见。

坚持马克思主义正确立场的是以列宁为首的俄国社会民主党。在第二国际1907年的斯图加特会议上，列宁带领俄国布尔什维克代表团对会议上

---

[1] ［苏］布拉斯拉夫斯基，伊，И.著：《第一国际第二国际历史资料·第二国际》，中国人民大学编译室译，生活·读书·新知三联书店1964年版，第155页。

出现的错误观点给予了严厉驳斥，一定程度上扭转了第二国际在殖民地问题上的错误倾向，但最终未能阻止第二国际的持续右滑。至1914年第一次世界大战爆发时，第二国际内的各国机会主义者就完全站在了本国政府一边，支持本国进行帝国主义战争，沦为"社会沙文主义"或"社会帝国主义者"了。

俄国十月革命在帝国主义统治链条上打开了一个缺口，开辟了人类历史的新纪元。在领导俄国革命和世界革命过程中，列宁一方面对各国民族的解放运动给予了大力支持，另一方面在关于无产阶级革命与民族解放运动关系问题上进行了大量的理论创造，大大丰富和发展了马克思主义的民族殖民地理论。

其一，列宁认为，随着帝国主义将世界瓜分完毕，世界就被划分为压迫民族和被压迫民族了。目前帝国主义阶段的特点"就是全世界已经划分为两部分，一部分是人数众多的被压迫民族，另一部分是少数几个拥有巨量财富和强大军事实力的压迫民族"①。帝国主义统治下的殖民地和附属国为其进一步对外侵略提供了物质和人力资源。因此推翻帝国主义统治成为世界被压迫民族和无产阶级的共同斗争目标，殖民地和附属国的民族解放运动与世界无产阶级革命构成了一种实际上的同盟关系。列宁领导的共产国际提出了"全世界无产者和被压迫民族联合起来"，旨在促进西方国家无产阶级革命运动同东方被压迫民族解放运动的联合，是马克思主义无产阶级理论的重大发展。

其二，由于帝国主义时代的到来和十月社会主义革命的胜利，被压迫民族的解放斗争已由世界资产阶级革命的一部分变成了无产阶级革命的一部分。十月革命后，列宁强调说，"社会主义革命不会仅仅是或主要是每一个国家革命无产者反对本国资产阶级的斗争，不会的。这个革命将是受帝国主义压迫的一切殖民地和国家，一切附属国反对帝国主义的斗争"②。西方无产阶级革命必须同殖民地和附属国的民族解放运动结成联盟才能取得胜利。

斯大林讲，马克思、恩格斯提供了民族殖民地问题的基本的主要思

---

① 列宁：《共产国际第二次代表大会文献》，《马克思主义经典作家民族问题文选·列宁卷，下》，社会科学文献出版社2016年版，第457页。
② 列宁：《在全俄东部各民族共产党组织第二次代表大会上的报告》，《马克思主义经典作家民族问题文选·列宁卷，下》，社会科学文献出版社2016年版，第400页。

想，而列宁则把这些思想集合成为帝国主义时代民族殖民地革命学说的严整体系。① 马克思主义的民族殖民地理论、也即民族解放运动理论因此成型。民族解放运动之所以成为社会主义革命的一部分，除了帝国主义和无产阶级革命时代背景所决定之外，还在于民族解放运动有了无产阶级政党领导而有了社会主义的前途。所以，对于民族解放运动，无产阶级政党的责任不但是积极参与和支持，还在于对运动的领导。而第三国际率先承担了支持和领导的责任。

三　共产国际的贡献

第一次世界大战开战后，鉴于包括德国党在内的大多数社会民主党都站在本国政府立场上支持战争，第二国际走向破产。为了联合各国无产阶级政党继续推进世界革命，列宁积极推动建立新的国际组织，申明"无产阶级的国际没有灭亡，也不会灭亡。工人群众定将冲破一切障碍创立一个新的国际"。"清除了机会主义的国际万岁！"② 大战期间，列宁团结各国工人政党中的左派，为新的国际的成立奠定了组织基础。1919年3月2日，来自21个国家35个政党和团体的52名代表聚集莫斯科，在列宁主持下，通过了《共产国际的行动纲领》《告全世界无产者宣言》等文件，宣告了共产国际即第三国际的成立。第三国际成员最多时包括70多个国家和地区的共产党组织、400多万党员，共召开过7次代表大会、13次执行委员会全体会议。1943年5月，为适应反法西斯战争需要和便于各国共产党独立处理问题，宣告解散。

第三国际自觉将无产阶级革命同被压迫民族的解放运动结合起来，成立伊始它就宣布："无产阶级的共产国际将支援被剥削的殖民地人民反抗帝国主义，以促进世界帝国主义体系彻底崩溃。"③ 第三国际存在期间召开的各次代表大会和执行委员会议都有被压迫民族的代表参加，也几乎都有关于民族殖民地问题的议题。1920年召开的第二次代表大会讨论通过了列宁起草的《民族和殖民地问题提纲初稿》，成为第三国际关于民族殖民地

---

① 斯大林：《和第一个美国工人代表团的谈话》，《马克思主义经典作家民族问题文选·斯大林卷》，社会科学文献出版社2016年版，第402页。
② 列宁：《战争和俄国社会民主党》（1914年9月），《列宁全集》第26卷。
③ 戴隆斌主编：《共产国际第一次代表大会文献》，中央编译出版社2012年版，第248页。

问题的纲领性文件。文件确定"共产国际在民族和殖民地问题上的全部政策,主要应该是使各民族和各国的无产者和劳动群众为共同进行革命斗争、打倒地主和资产阶级而彼此接近起来"①。要求愿意加入第三国际的资本主义国家共产党都必须无情地揭露"本国的"帝国主义者在殖民地的勾当,不是在口头上而是在行动上支持殖民地的一切解放运动,把本国的帝国主义者赶出这些殖民地。②列宁逝世以后,斯大林总结并进一步发展了列宁的思想,充分阐发了殖民地半殖民地革命的世界意义,把支援被压迫民族的解放斗争看作与帝国主义争夺后备军、推翻国际帝国主义统治的大问题,明确了"民族问题只有和无产阶级革命相联系并在无产阶级革命的基础上才能得到解决,西方革命必须同殖民地和附属国反帝解放运动结成革命的联盟才能取得胜利。民族问题是无产阶级革命总问题的一部分,是无产阶级专政问题的一部分"③,对马克思主义民族殖民地理论做出了重要贡献。

按照列宁和斯大林确定的路线要求,第三国际不但领导了世界的无产阶级革命,也领导了世界被压迫民族的解放斗争。通过各种途径,第三国际直接参与和指导了很多国家共产党组织的建立、共产主义干部的培养、革命运动的发起和运作。十月革命以后马列主义在中国的传播,中国共产党的建立以及早期的理论建设、组织建设和革命活动都和第三国际的指导分不开。为帮助中国革命,列宁和斯大林都对中国问题做出了深入研究,写了不少关于中国革命的论述。如1927年国共合作破裂后,斯大林就曾在联共(布)党内专门讲了中国问题,认为中国革命有三个阶段:第一个阶段是全民族联合战线的革命,第二阶段是资产阶级民主革命,第三阶段是苏维埃革命。现在中国革命已经走过自己发展的第一阶段,进入第二阶段,即土地革命阶段。他批判了以季诺维也夫、加米涅夫、托洛茨基等反对派的观点,认为中国共产党在短时期内获得的一切成就,"其原因之一就在于它是遵循列宁所规定的道路、遵循共

---

① 列宁:《为共产国际第二次代表大会准备的文件》,《马克思主义经典作家民族问题文选·列宁卷,下》,社会科学文献出版社2016年版,第451页。
② 列宁:《为共产国际第二次代表大会准备的文件》,《马克思主义经典作家民族问题文选·列宁卷,下》,第455页。
③ 斯大林:《论列宁主义基础》,《马克思主义经典作家民族问题文选·斯大林卷》,社会科学文献出版社2016年版,第303页。

产国际所指示的道路前进的"①。除此之外，他还在《时事问题简评》等文章中设置中国问题专章，详细阐述中国革命的性质、路线和策略，分析国共合作破裂后的局势。作为共产国际帮助和指导的结果，共产国际也对中国革命取得的成绩给予了高度肯定。1934年，在共产国际执行委员会为其第七次代表大会准备的材料中，中国在东方革命部分占据着主要位置。材料称"中国革命事件的进程出色地证明共产国际路线的正确性。中国无产阶级在自己的共产主义先锋队率领下英勇奋斗，建立了范围广阔的苏区，那里正在实现中国共产党领导下的无产阶级和农民的革命民主主义专政"。"它是整个殖民地世界被压迫人民的生动榜样。""在殖民地和半殖民地各国共产党中，中国共产党在反帝反封建革命战线中取得了最大、最巩固的成绩。中国苏维埃及其红军已经成为世界无产阶级革命的一个因素。"② 1935年召开的共产国际第七次代表大会更是认为："中国革命在共产国际第六次代表大会以后采用了苏维埃的形式，这一革命是战后影响了整个殖民地世界的伟大事件。苏维埃运动在中国的诞生及其胜利发展有着最深远的世界历史意义。"③

  印度革命也受到了第三国际的高度重视。1919年5月，第三国际刚刚成立列宁就接见了印度革命者代表团。次年5月，列宁又致信印度革命协会，鼓励印度的穆斯林和非穆斯林结成紧密的联盟，同时也希望印度、中国、朝鲜、日本、波斯、土耳其的工人和农民携起手来一起进行共同的解放事业④。10月，第三国际就帮助印度在塔什干开始筹建印度共产党。其后，根据第三国际的安排，英国共产党负起了对口帮助印度革命的任务，1925年成立了殖民地委员会，专事负责指导印度的共产主义运动。但印度的共产主义者长期不统一，没有能在革命中发挥主导作用，而真正领导和主导印度民族独立运动的是印度民族主义领袖甘地。

  实际上，在十月革命的影响和第三国际的领导下，20世纪20—30年代殖民地和半殖民地国家的民族民主革命普遍高涨。除了中国和印度之

---

① 斯大林：《联共（布）中央委员会和中央监察委员会联席会议》，《马克思主义经典作家民族问题文选·斯大林卷》，社会科学文献出版社2016年版，第396页。
② 陈新民主编：《第七次代表大会前的共产国际文献》，中央编译出版社2011年版，第77、11页。
③ 王学东主编：《共产国际第七次代表大会文献》1，中央编译出版社2013年版，第75页。
④ 列宁：《致印度革命协会》，《马克思主义经典作家民族问题文选·列宁卷》（下），社会科学文献出版社2016年版，第439页。

外，一大批亚洲、非洲和拉丁美洲国家也都出现了共产主义组织，成为各国民族解放运动的参与者和组织者。但这些组织虽发挥了很大作用，成功者并不多。比如印度尼西亚，1920年即成立了"东印度共产主义联盟"，1924年正式改为印度尼西亚共产党。在他们的领导下，1920—1923年印度尼西亚出现了罢工高潮，1926—1927年发动了抗击荷兰殖民统治的武装起义，但由于"左"倾错误和双方力量的悬殊起义最终失败。凯末尔领导的土耳其革命是"东方民族主义"运动的重要构成，得到了列宁领导的苏俄政权和共产国际的大力支持。1920年土耳其共产党成立，很快也便成为积极的革命力量。但凯末尔主义者一方面利用工农，一方面又抵制和压制工农革命，1921年甚至用武力消灭了农民游击队，杀害了10多位土耳其共产党主要领导人，1922年成立共和国后就改变了对苏的友好态度，转向西方帝国主义。波斯各地从1919年开始出现大规模的游行示威，要求废除英国和波斯不平等条约，赶走英国殖民者。斗争不断升级并波及全国，1920年后出现了一些民族民主政权，尤以吉兰省成立的"吉兰共和国"最为显赫。波斯共产党应运而生，旋即参加了吉兰的革命并与其他阶层结成了民族统一战线。在共产党的努力下，革命在艰难中推进，一度使吉兰共和国宣布成为苏维埃共和国。但由于统一战线内部分裂，共产党领导人被杀害，革命政权瓦解，起义失败。[①]

此外，菲律宾、马来西亚、越南、缅甸、朝鲜、阿富汗、叙利亚、黎巴嫩、伊拉克、阿尔及利亚、埃及以及一些拉美国家，也在共产国际的影响或参与下建立了共产主义组织，发起或参与了各国的民族解放运动。正是通过这些运动，马克思列宁主义在殖民地和半殖民地得到了广泛传播，国际共产主义运动从西方走向东方，经过与殖民地半殖民地民族解放运动的结合扩展到全世界。

共产国际虽然为推动民族解放运动做出了巨大贡献，但在其支持的20世纪20—30年代各国的革命斗争大多数都以失败告终，唯有中国共产党领导的革命由小变大，由弱变强，在共产国际领导或支持的民族运动中一枝独秀，以至于共产国际关于"东方阵线"或殖民地半殖民地工作的成就每每论及的总是中国。但实际上，中国共产党早期，即受共产国际直接领导

---

① 《民族解放运动史1775—1949下》，北京大学国际政治系，民族解放运动教研室1980年版，第388页。

的阶段也是步步艰难，充满了曲折。在指导革命过程中，共产国际曾对失败挫折及时做出过教训总结，作为历史的评说，后世研究者也对存在的问题做出过具体分析，权威的看法是：共产国际在判断各国革命形势发展阶段时，由于对实际情况了解不够，过高估计了有利因素，低估了统治阶级的统治基础和能力，发动起义过于盲目；组织形式高度集中，共产国际领导机构远离各国革命发生地，缺乏准确的调查研究，领导失误还强制执行，极大地妨碍了各国党积极性和创造性的发挥。① 这些分析是符合实际的，所以，根本问题还是没有处理好共产国际的统一领导与各国特殊国情的关系。企图用一种模式、一种策略去解决不同国家不同民族的问题，不出错是不可能的。

不能说共产国际没有认识到统一性和特殊性的关系。1920年4、5月间，列宁为共产国际第二次代表大会的召开专门写了一本小册子《共产主义运动中的"左派"幼稚病》。其中谈到，一个能在革命斗争中指导无产阶级国际策略的中心，"无论如何不能建立在斗争策略准则的千篇一律、死板划一、彼此雷同之上。只要各个民族之间、各个国家之间的民族差别和国家差别还存在（这些差别就是无产阶级专政在全世界范围内实现以后，也还要保持很久很久），各国共产主义工人运动国际策略的统一，就不是要求消除多样性，消灭民族差别（这在目前是荒唐的幻想），而是要求运用共产党人的基本原则（苏维埃政权和无产阶级专政）时，把这些原则在某些细节上正确地加以改变，使之正确地适应于民族的和民族国家的差别，针对这些差别正确地加以运用"②。斯大林曾为列宁提出的共产国际的"策略原则"做了三点概括，其中第一个原则就是，"在共产国际给各国工人运动做出指导性的指示时，一定要估计到每个国家的民族特殊的东西和民族独有的东西"，并把列宁的上述论述作为这一原则的具体内容。③ 列宁的这个思想堪称经典，但在具体革命实践中真正做到并不容易。共产国际的最大失败之教训，恐怕就是没有做到和背离了这一原则。

---

① 庄福龄主编：《马克思主义史》第3卷，人民出版社2004年版，第184页。
② 列宁：《共产主义运动中的"左派"幼稚病》，《列宁选集》第4卷，人民出版社1995年版，第199—200页。
③ 斯大林：《时事问题简评》，《马克思主义经典作家民族问题文选·斯大林卷》，社会科学文献出版社2016年版，第360页。

四　分立和交融

共产国际后期及之后的世界民族解放运动持续发展并呈现了两次高潮：一次是第二次世界大战前后，另一次是20世纪60年代前后。期间，无产阶级革命力量在不同国家发挥了不同的作用，不但决定了各国民族解放运动的进程及成败，也直接影响到其后各国的发展道路和世界的政治格局。

第二次世界大战是波及欧亚非美及大洋洲的真正的"世界大战"。期间，原来并不属于殖民地和半殖民地的欧洲一些中小国家被德意法西斯所奴役，他们的反法西斯斗争也便有了民族解放运动的性质。最先遭受侵略的东欧各国也成为反法西斯战争的前沿地带。这些国家战后成为人民民主国家与共产党在战争中的重要作用有着直接的关系。其中，南斯拉夫和阿尔巴尼亚两国的共产党是它们各自反法西斯战争中的唯一领导力量。波兰共产党在战争中积极倡导建立反法西斯民族阵线、组织人民军打击德国入侵者；捷克斯洛伐克共产党在国内建立了第一支游击队；罗马尼亚、保加利亚和匈牙利的共产党也与其他进步力量组建了爱国联盟，领导人民共同抗击法西斯统治。正是在共产党领导和影响的基础上，1944—1945年苏联红军顺利进入东欧，击败法西斯并建立起8个人民民主国家：南斯拉夫、阿尔巴尼亚、捷克斯洛伐克、波兰、保加利亚、罗马尼亚、匈牙利和德意志民主共和国。[①]

第二次世界大战的一个重要特点是民族解放运动与反法西斯战争的结合，这一结合大大增强了世界反法西斯阵营的实力，也大大促进了各国民族解放运动的发展。中国是抗击日本帝国主义的主战场，而中国共产党领导的人民武装又是抗日战争的半壁江山。金日成领导的抗日武装在中国东北和朝鲜境内进行了长期的斗争，为日后朝鲜的独立和建国奠定了基础。越南共产党是在共产国际的帮助下，胡志明于1930年3月联合几个革命组织创建的，时称印度支那共产党。1940年9月日军侵入越南后，印度支那共产党创建了越南独立同盟，成为领导越南人民抗战的民族统一战线组织。太平洋战争爆发以后，日军相继占领了马来西亚、菲律宾、缅甸和泰

[①] 徐天新、梁志明主编：《世界通史·当代卷》，人民出版社1997年版，第56页。

国。期间，马来西亚共产党联合各地的游击队成立了马来西亚人民抗日军，经过三年斗争解放了一半以上的国土；菲律宾共产党也领导了抗日民族统一战线，建立了人民抗日军；而缅甸共产党、泰国共产党也同样组织领导了本国的抗日斗争。① 他们的抗日活动成为太平洋战争期间民族解放运动的重要内容。除了共产党之外，其他进步力量也在各国的反法西斯战争中发挥了积极作用，成为这一时期民族解放运动发展的重要促进因素。

第二次世界大战最终使得德国、意大利和日本三国法西斯被打败，英法两个帝国主义被严重削弱，催生了东欧8个人民民主国家。这为世界民族解放运动提供了更为有利的条件，亚非拉民族解放运动的范围和规模也比战前有了更大的扩展。战后不久，中国人民经过三年解放战争，彻底驱逐了帝国主义势力，建立了中华人民共和国。朝鲜在金日成领导下，1945年解放了北部，三年后即建立了朝鲜民主主义人民共和国。越南在1945年8月发动"总起义"，赶走了日本侵略者，9月2日胡志明即发表独立宣言，宣布了越南民主共和国的成立。此外，印度、老挝、伊朗、伊拉克、叙利亚、黎巴嫩、埃及、阿尔及利亚、加纳、尼日利亚、赞比亚、马拉维、乌干达、危地马拉、巴拿马、巴拉圭、阿根廷、海地、墨西哥、玻利维亚和哥伦比亚等国家和地区的人民战后也都进一步掀起了争取民族解放的斗争。截至20世纪50年代中期，亚非实现独立的国家已有约30个。还在1947年时毛泽东就乐观地认为"全世界反对帝国主义阵营的力量超过了帝国主义阵营的力量"。"整个亚洲，兴起了伟大的民族解放运动。反帝国主义阵营的一切力量，正在团结起来，并正在向前发展。""现在是全世界资本主义和帝国主义走向灭亡，全世界社会主义和人民民主主义走向胜利的历史时代，曙光就在前面，我们应当努力。"②

不论是早期的19世纪中期还是两次世界大战前后，世界民族解放运动的主角是欧、亚和美洲，而至20世纪中期，主角就是非洲了。非洲在第二次世界大战前名义上独立的国家只有埃塞俄比亚、埃及和利比里亚，而其他地区仍然在英、法、葡、西、意等殖民大国的统治之下。大战结束后，北非的利比亚、苏丹、突尼斯、摩洛哥、阿尔及利亚在50年代相继完成独立或接近独立。埃及虽早在1922年即已实现了名义上的独立，但英国在此

---

① 徐天新、梁志明主编：《世界通史·当代卷》，第590页。
② 毛泽东：《目前形势和我们的任务》，《毛泽东选集》第4卷，人民出版社1991年版，1259—1260页。

保留了大量的殖民特权甚至驻有军队。第二次世界大战结束后埃及发生了大规模的示威游行和罢工罢课，反对英国的控制和本国的腐败统治。1952年7月由纳赛尔领导的"自由军官组织"发动革命，以政变形式推翻了封建王朝的统治，成立了共和国，巩固了埃及的民族独立。

50年代中期之后，非洲民族解放运动的重心开始南移。以加纳和几内亚的独立为开端，民族独立进程突飞猛进、殖民体系加速崩溃。1960年达到高潮，有17个国家获得独立，成为民族独立运动的"非洲年"。当年12月，联合国大会以压倒多数票通过了《关于给予殖民地国家和人民独立的宣言》，第二年又决定建立殖民地特别委员会。在世界进步力量的支持下，整个60年代非洲共有32个国家获得独立。此外，古巴等非洲之外国家的民族解放运动同样得到发展。

进入70年代非洲民族解放运动高潮继续向南推进，从几内亚比绍、安哥拉、莫桑比克独立开始，直到1990年纳米比亚独立的完成，非洲的民族独立运动基本结束，世界范围内的民族解放运动也便基本终结了。

第二次世界大战之后的民族解放运动继续得到了无产阶级革命力量的帮助和支持，而且由于出现了一批社会主义国家，这种帮助和支持有了更为坚实的物质基础和国际声势。中国虽然在相当长的时间内发展程度不高，也面临着帝国主义和其他外部势力的遏制、封锁和侵扰，但始终尽其所能甚至超其所能地履行着自己的国际主义义务，给予亚非拉各国的民族解放运动极大支持。苏联和其他社会主义国家也在不同范围、不同程度上为民族解放运动提供了各种帮助。这种支持和帮助是马克思列宁主义民族解放运动理论的伟大实践。

历经200多年的民族解放运动摧毁了旧的殖民体系，大大改变了世界的面貌。资产阶级革命通过它将自己的意识形态和生产方式推及亚非拉各国，无产阶级革命也借此将马克思主义传播到世界各个角落，并建立起一个社会主义国家阵营。民族解放运动的完成是人类文明进程的一大推进，然而列宁和共产国际设想的通过和民族解放运动结盟推翻帝国主义统治，实现无产阶级专政和社会主义在全世界胜利的目标并未实现。

民族解放运动领导力量的性质及领导实践决定了民族解放运动发展的方向。而纵观十月革命以后各国民族解放运动的进程，马克思列宁主义政党的正确领导并没有得到普遍保证。除了中国、朝鲜、越南、老挝、古巴和东欧国家之外，其他国家民族独立的完成则是其他政治力量在起主导作用。这其中，有的虽然建立了共产党，但因指导路线和政策不当没能承担起领导的责任；有的则限于条件，马列主义理论和政党根本就没有在当地立足，民族运动从一开始就为其他力量所支配。印度共产主义运动曾得到列宁和共产国际的高度重视并给予很多帮助，但它始终未能形成统一力量，未能担当起领导印度独立和革命运动的责任。伊拉克共产党自1934年成立就一直处于非法状态，未能发挥应有的作用。第二次世界大战之后，马来西亚、缅甸、菲律宾、印度、伊朗及一些拉丁美洲国家的共产党集体"右倾"，迷信于帝国主义的议会宣传，致使民族解放武装瓦解或被收编，大批共产党人和爱国人士惨遭迫害。[1] 战后非洲的民族独立运动领导权基本上都掌握在民族主义者手中，这些人主要是民族资产阶级和小资产阶级知识分子，也包括一些皇族及部落酋长等上层人物。1945年至50年代，非洲建立的民族主义政党和政治组织约有40个左右，而到了1961年便增加到147个。[2] 这与非洲民族独立运动呈现的高潮期是对应的。

正是由于马列主义政党和无产阶级没能完全把握民族解放运动的正确领导，也便无法把握民族解放运动的最终方向，同时也就决定了各国民族解放运动完结之后没有都通过建立无产阶级专政走向社会主义，而是有了其他甚至相反的选择。从这个意义上讲，民族解放运动代表的民族主义与无产阶级革命代表的马克思主义的联盟关系破裂了。这种破裂在独立后的民族国家之内一度有着激烈的表现。20世纪60年代，印度尼西亚共产党一度发展到200多万党员，成为仅次于中共和苏共之后的世界第三大共产党。1965年9月30日印度尼西亚军队发生内乱，几天之内，军队将领苏哈托指挥平定了这次"未遂的政变"，并独揽了国家大权。他将此次内乱定性为"共产主义政变"，随后展开了长达三年的"清共运动"，决心把印度尼西亚的共产党人赶尽杀绝，致使几十万到上百万的共产党人和无辜民众受害。[3] 由于中国曾参与援助印度尼西亚前政府，同时许多华人参加了共产党活动，因此也导致大量华人遇难。除印度尼西亚之外，20世纪50—60年代，其他一些东南亚国家和拉美国家也都发生过或大或小的反共和

---

[1] 北京大学国际政治系、民族解放运动教研室：《民族解放运动史（1945—1978）》，1980年，第17—18页。
[2] 徐天新、梁志明主编：《世界通史·当代卷》，人民出版社1997年版，第328页。
[3] 遇害者人数没有官方数据，不同的研究得出的数字从50万到200万人不等。另有数十万人遭到长期囚禁。

"清共"事件，成为民族主义国家一个难以原谅的污点。而同时代的社会主义国家也普遍对其国内的包括"民族资本家"在内的资产阶级开展了激烈的阶级斗争，尽管这些斗争后来又在各自的历史中得到了检讨和纠正。

民族主义与马克思主义联盟关系的破裂在国际舞台上呈现了比较委婉的形式，其突出表现就是不结盟运动的出现。

20世纪40年代末50年代初，为了维护国家主权、摆脱大国的控制，尼赫鲁、铁托等一些新独立国家的领导人提出了不结盟运动的设想。1961年9月，有25个国家领导人参加的第一次不结盟国家首脑会议在南斯拉夫首都贝尔格莱德召开，标志着不结盟运动的正式形成。会议全力支持各国人民争取和维护民族独立，消除一切形式的殖民主义，同时主张用和平共处代替把世界划为集团和冷战的政策。在筹备会议和第一次首脑会议上被确定的参加不结盟国家的条件就包括：不应参加与大国争夺有牵连的多边军事联盟；不应参加与大国争夺有任何牵连的双边军事协定或区域性防务条约。[①] 随着国际形势的变化，不结盟运动的内容不断丰富，但独立自主，反对帝国主义、新老殖民主义、种族主义，反对一切形式的外国侵略、占领、统治、干涉或霸权，反对把世界永远分为集团的大国集团政策没有变。[②]

所谓不结盟，首先是反对和拒绝与美国为首的西方阵营结盟。第二次世界大战结束之后，取代德意日法西斯称雄世界的首先是美国；民族独立运动打碎了英法德意荷比西等国构建的旧殖民体系之后，力图控制新兴独立国家推行新殖民主义的也是美国。所以不结盟运动必须要抗美。但不结盟也当然地包括反对和拒绝与苏联为首的国家集团结盟。苏联在第二次世界大战后逐渐背离了国际主义原则，在党际关系和国家关系上大搞霸权主义，成为与美国虽对立但一样危害世界和平与进步的力量。无疑，就不结盟运动中所要对抗的权重来看，美国肯定是第一位的，因为它的新殖民主义政策的推行和帝国主义行径都是赤裸裸的，独立国家反对新殖民统治的愿望也是最为迫切的。出于社会主义国家的本能，苏联对于民族解放运动也给予不少支持。所以当它搞霸权主义的时候，民族主义国家对它的批评和对抗还是比较有保留的。然而，既然要不结盟，就要反对美国的帝国主

---

① 中国国际问题研究所编辑部编：《不结盟运动主要文件集》，中国对外翻译出版公司1987年版，第3页。
② 中国国际问题研究所编辑部编：《不结盟运动主要文件集》，第4页。

义，也要反对苏联的霸权主义，不然就会不完整、不彻底。实际上，不结盟运动的发起人之一铁托原本就是因反对苏联的控制而获罪被开除社会主义阵营的，对来自苏联的霸权有着切肤之痛；不少新独立的国家也在苏联的地缘战略渗透和各种干涉中深受其害。随着苏联霸权主义行径的加剧，1970年9月召开的第三次不结盟首脑会议开始抨击"超级大国"对别国内政的干涉；1973年9月第四次会议就明确提出了"反对霸权"的口号并长期坚持。而苏联却对"霸权"一词讳莫如深，对不结盟运动的反霸权立场左右遮掩。① 苏联被不结盟运动所排拒，但它却是社会主义阵营的领袖，所以不结盟运动对苏联的排拒也是对社会主义阵营的排拒。中国虽然也坚决反对苏联的霸权主义，但并不能改变不结盟运动对于社会主义"结盟"性质的排拒。

所以，不结盟运动就是完成独立的民族国家面对帝国主义和社会主义两大阵营树立起的一个隔离带，既反对帝国主义，也不同化于社会主义。毛泽东就曾讲"它们不是帝国主义国家，也不是社会主义国家，而是民族主义国家"。"既不站在帝国主义的一边，也不站在社会主义的一边，而站在中立的立场，不参加双方的集团。"②

不结盟运动从发起成立到其后的运作发展，反映的是民族主义国家的呼声和利益。然而，如果我们将这一阶段民族主义与马克思主义的关系仅仅理解为"分立"或破裂，无疑是片面的，因为在"分"的另一面，或者说更为深刻的一面是两者的"合"。这种"合"的基础仍然在于民族解放运动和无产阶级革命联盟的必要：被压迫民族在推翻殖民主义统治、建立自己的国家以后，大多数仍然受到帝国主义和新殖民主义的干涉，仍然不能实现完全的主权独立；同时，无产阶级革命的主要敌人仍然是代表垄断资本的帝国主义。无产阶级和被压迫民族联合起来共同推翻帝国主义统治的历史使命并没有完成。为此，各社会主义国家都有一种自觉，至少表面上都站在亚非拉国家一边，而民族主义国家也有着忽隐忽现的"亲"社会

---

① 从苏联官方的表态来看，苏联对不结盟运动组织提出的"反殖""反帝"等口号都表示了支持，但对其中"反霸"和"超级大国"的提法极少提及。
② 毛泽东：《同巴西记者罗金和杜特列夫人的谈话》，《毛泽东文集》第7卷，人民出版社1999年版，第401页。"民族主义国家"的普遍解释是摆脱了殖民主义的直接统治，在政治上取得了独立，由民族主义者掌握政权的国家。见《简明政治学词典》，吉林人民出版社1985年版，第211页。

主义倾向。

中国共产党对此有着清醒的认识,始终理解和支持民族主义国家的立场。正如毛泽东所讲:"民族主义国家采取中立立场,帝国主义国家却不喜欢,因为这些民族主义国家的中立是摆脱了它们的控制而取得的。民族主义国家的中立就是一种独立自主、不受控制的立场。我们社会主义阵营欢迎这些国家的这种中立的立场,因为它有利于和平事业,不利于帝国主义的侵略计划和战争计划。我们把亚洲、非洲、拉丁美洲已经独立的国家看成朋友,把还没有独立、正在争取独立的国家也看成朋友。"① 中华人民共和国成立后至改革开放之前,中国努力构建并维护的以反对帝国主义、维护国家利益和世界和平正义为主轴的国际统一战线经历了三个阶段:第一个阶段就是中华人民共和国成立初期,旗帜鲜明地"一边倒",站在无产阶级革命立场上加入并维护以苏联为首的社会主义阵营,反对以美国为首的帝国主义。第二阶段是背靠社会主义阵营与新独立的亚非拉民族主义国家联合,共同对抗帝国主义。以1955年的亚非会议为标志,中国与印度等提出的国际关系五项原则是对帝国主义干涉政策的挑战,也是建立反帝统一战线的一条红线。"社会主义阵营各国人民要联合起来,亚洲、非洲、拉丁美洲各国人民要联合起来,全世界各大洲的人民要联合起来,……结成最广泛的统一战线,反对美帝国主义的侵略政策和战争政策,保卫世界和平。"② 在这个阶段,毛泽东把当时的世界划分为"三个主义":"共产主义、民族主义、帝国主义",并说"这三个主义中,共产主义和民族主义比较接近"③。第三阶段就是随着中苏关系的彻底破裂,社会主义阵营解体,毛泽东三个世界划分理论的提出:美国、苏联是第一世界,日本、欧洲、澳大利亚、加拿大是第二世界,除了日本之外的亚洲、非洲和拉丁美洲,包括中国都属于第三世界。④ 在三个世界的划分理论中,中国已把自己从原有的社会主义阵营中抽出来,置身于完全的第三世界,即民族主义国家之中,同时联合美苏之外的发达国家,共同对抗美苏两个超级大国。

---

① 毛泽东:《同巴西记者罗金和杜特列夫人的谈话》,《毛泽东文集》第7卷,人民出版社1999年版,第402页。
② 毛泽东:《中国人民坚决支持巴拿马人民的爱国主义斗争》,《人民日报》1964年1月13日。
③ 毛泽东:《关于国际形势问题》,《毛泽东文集》第8卷,人民出版社1999年版,第408页。
④ 毛泽东:《关于三个世界划分问题》,《毛泽东文集》第8卷,人民出版社1999年版,第442页。

从第二阶段的与民族主义"比较接近",到第三阶段的完全站在一起,这是毛泽东根据国际局势变化做出的重大策略调整。尽管这个划分理论后来受到质疑,但至少说明中国共产党始终没有从原来与被压迫民族站在一起的立场倒退,始终维护着马克思主义与民族主义的联盟关系。

正是由于有着团结合作的基础,存在这样一个反帝反殖反霸统一战线,所以,以不结盟运动为代表,完成民族解放后的民族主义与社会主义的联盟关系事实上并没有破裂。不但如此,在国际政治、社会制度和思想理念上还实现了相当程度的交融。

其一,从不结盟运动本身来看,这一运动的创始人和主要领导人都与马克思主义和社会主义有着密不可分的关系,不结盟运动组织也对社会主义国家敞开着大门。铁托虽然被苏联阵营所开除,但他始终没有放弃共产主义信仰,他领导的南斯拉夫高举的始终是社会主义旗帜。纳赛尔在倡导阿拉伯民族主义的同时,也是"阿拉伯社会主义联盟"的领导人。尼赫鲁在领导印度民族运动中创建了左翼组织全印独立联盟,"全印独立联盟的显著特征是,它不仅要求摆脱英国人的统治而完全独立,而且要求在印度内部按照社会主义方式进行根本的社会变革"[1]。而印度独立后尼赫鲁也的确在按他的"社会主义方式"推动社会变革。所以,不结盟运动的三位创始人和主要领导人虽然分处欧非亚三洲,社会背景也各有差异,但他们都既是民族主义者,也是社会主义者。不结盟领导人如此,成员国家也如此。加入不结盟运动的不但有明确"中间立场"的独立国家,也有越南、朝鲜、古巴等"正宗"的社会主义国家,显示了民族主义对于马克思主义的包容和相互之间的融通。

其二,也正是由于这样一个基础,存在这样一个统一战线,所以社会主义在民族主义国家中曾是一个广为流行的理念和制度。各国领导人尽管对于社会主义的理解不同,但都把社会主义看作一个理想的、完美的社会,都想通过社会主义使自己的国家尽快摆脱外来压迫和贫穷落后[2],因此他们接受了社会主义的理念和话语,同时根据自己的理解加以改造,并在各自的国家建设中加以实施。从20世纪50年代中期开始到80年代,在新独立的民族主义国家中,社会主义运动曾出现过两轮高潮。1955年印度

---

[1] [美]斯塔夫里阿诺斯:《全球通史——1500年以后的世界》,吴象婴、梁赤民译,上海社会科学院出版社1999年版,第641页。

[2] 王伟光主编:《社会主义通史》第6卷,人民出版社2011年版,第429页。

的尼赫鲁和埃及的纳赛尔首先提出了要在自己的国家建设社会主义社会,随后亚洲的锡兰(斯里兰卡)、印度尼西亚、缅甸、伊拉克、叙利亚和非洲的加纳、马里、阿尔及利亚等也相继宣布了自己的社会主义纲领,社会主义运动风行一时。60年代中期到70年代初,印度尼西亚、加纳、埃及、马里等一些国家先后宣布了各自社会主义的失败。但70年代中期以后,刚果、贝宁、埃塞俄比亚、索马里、安哥拉、莫桑比克、也门、巴基斯坦、阿富汗、秘鲁、委内瑞拉和智利等亚非拉国家又相继提出实行社会主义,社会主义运动再现高潮。这样,在第二次世界大战之后亚非拉一百多个新独立国家中,先后有近半数国家宣布过信仰社会主义。[①] 当然,这些社会主义是五花八门的,诸如"民主社会主义""宗教社会主义""非洲社会主义""军事社会主义""合作社会主义""阿拉伯社会主义"等。不能说他们都是假的或非马克思主义的,因为其中也有"科学社会主义"的信奉者,特别是1980年前后,"越来越多的非洲领导人正试图证明,马克思和列宁所主张的社会发展有其普遍规律,既适合于欧洲和亚洲,也适合于非洲"。在埃塞俄比亚、莫桑比克和安哥拉等国家,"红旗到处与国旗一起飘扬""革命广场上竖立着马克思、列宁和恩格斯的巨幅画像",执政党的党徽上有红色的五角星,党旗上有表示工农联盟的锤子和锄头。[②] 这时的"非洲50个独立的黑人和阿拉伯国家中,有7个是在自称为马克思列宁主义领导统治下的国家。……至少另外还有9个国家信奉某种牌号的社会主义。这16个国家的人口占非洲四亿二千五百万总人口的四分之一以上。"[③]

民族主义国家社会主义热潮的不断出现显示了马克思主义的强大生命力,显示了马克思主义对于民族主义的渗透和改造。战后民族主义国家的进步正是在这种改造中得到了强力推进。然而必须明白的是,这些新独立国家自称的"社会主义"和"马列主义",本质上仍然是"民族主义",或自称的"民族社会主义"。即便像埃塞俄比亚、莫桑比克和安哥拉这样一度表现最抢眼的"社会主义国家",严格坚守的仍然是自己的民族主义立场。它们的执政党"都不仅把对马克思列宁主义的信仰写进了党纲,而

---

① 王伟光主编:《社会主义通史》第6卷,人民出版社2011年版,第428页。
② [美] 戴维·奥塔韦、玛丽娜·奥塔韦:《非洲共产主义》,魏培忠等译,上海社会科学院出版社1986年版,第267页。
③ [美] 戴维·奥塔韦、玛丽娜·奥塔韦:《非洲共产主义》,魏培忠等译,第2页。

且把明确阐述民族独立精神的原则也写进了党纲"①。它们的对外政策在与社会主义国家团结合作的同时，也始终站在发展中国家一边，维护民族独立，反对包括苏联在内的大国霸权主义。正因为这一点，不但"正宗"的社会主义国家不承认它们的社会主义性质，西方阵营也仍把它们看作民族主义政权。

也正因为这些"社会主义"缺乏必要的社会基础和理论基础，执政者的"信奉"有着更多的随机性和脆弱性，一有风吹草动便随之动摇。所以80、90年代之后，随着苏联的解体和东欧的剧变，亚非拉的这些社会主义也大都改旗易帜了。

当然，亚非拉社会主义运动中表现出的多样性和脆弱性以及高低起落也是与国际共产主义运动和社会主义阵营的分化直接相关的，而这种分化本质上是马克思主义在探索科学社会主义进程中的必然代价。所以，就民族解放运动和马克思主义的关系而言，民族主义走向哪里，如何发展，取决于马克思主义的引导，而最终又取决于什么样的马克思主义引导。

---

① [美] 戴维·奥塔韦、玛丽娜·奥塔韦：《非洲共产主义》，魏培忠等译，第274页。

多民族国家包容差异的国体设计
——联邦制和区域自治的功能、局限与修正

中国社会科学院民族学与人类学研究所　王建娥

通过国家体制的设计，搭建起能够容纳族裔文化多样性的宪政框架，是当代多民族国家制度机制设计首先要解决的一个问题。民族联邦制和一元国家体制下的民族区域自治制度，就是当代世界一些国家为了包容国内多元族裔和文化群体的自我认同而进行的创新设计。这两种包容性国体设计，在一定程度上调整了国家的权利配置、为多样性文化和认同提供合理的政治空间、绥靖了桀骜不驯的民族主义的同时，也存在着一些自身的局限，如缺乏一种内在的合作机制、容易造成自治地区或联邦单位之间的疏离等。因此，如何在运用这种制度体制以一寓多、包容多民族国家内的民族多样性的同时，克服区域自治容易产生地区疏离的弊端，增进国家的凝聚力，便是当代国家面临的一大挑战。本文在比较两种制度形式上的差异、分析二者特性和功能的基础上，探讨了当代国家为克服其局限而进行的制度化变通，以期厘清一些附着于这两种制度之上的模糊认识。

一　民族联邦制及其特点

民族联邦制属于联邦制的范畴，是联邦制的一种特殊形式。联邦制是由两个或两个以上的政治实体（如共和国、州、邦）结合而成的一种国家结构形式。其最突出的一个特点，就是分权。构成联邦的各部分（联邦单位）与联邦政府之间，在本质上或政治上不构成从属性的上下级关系，联邦和各联邦单位之间的关系，有成文宪法、盟约或章程的明确表述和制约。国家主权在联邦政府和各联邦单位之间分割，制度化地在各个层次上

做了分配。一般而言，组成联邦国家的各联邦单位在联邦成立之前，已经是享有主权的政治实体。在组成联邦制国家时，各联邦单位将其部分权力让渡给联邦政府，不再享有完整而独立的主权，而在联邦宪法规定的范围内拥有自己独立的宪法和法律，以及管理联邦单位内部事务的权力。联邦单位的这种相对独立性，受到联邦宪法和法律的承认与保护。但是，也有一些联邦制国家，不是由独立的各邦联合组建的，而是由一个统一的中央政府对境内具有文化差异的地区分邦而治的结果，如印度。作为联邦国家基本政治单位的各邦，不是既有的历史上形成的拥有司法行政系统的独立政治单位，而是国家为了对具有巨大地区性差异的人口进行有效管理而有意进行的一种制度设计。

联邦制国家制度是从中世纪欧洲历史中发展而来的。中世纪欧洲一些商业性城市为共同防御和互助而结成的联盟，在很大程度上就带有联邦的性质。美国是当代世界一个比较典型的联邦制国家。1787年的美国联邦宪法，是联邦制与共和制的有机结合。宪法引入了双重主权概念，将权利在联邦政府与各州政府之间进行分割。[①] 美国宪法设计者们从各殖民地移民社团的不同传统中，从欧洲的历史经验中，意识到地区和文化差异以及保护差异及个人权利的重要性。因而专门设计了一种联邦和州分割权利的双重主权设置，用以保护各州的差异和权利，防范因联邦政府权力过大侵蚀各州和个人的权力；同时也赋予了联邦政府充分的权力保证其进行紧急社会动员以应对突发紧急事件的能力，避免了由于分权而导致联邦政府软弱无力、无所作为的弊端。

从联邦制构成单位的性质看，现代联邦制可以分为两大类型，古典联邦制（亦称领土联邦制）和民族联邦制。古典联邦制对于联邦单位的特殊文化需求和其他的需求并不十分关注。联邦制设计也不是用来作为解决族裔文化多样性问题的，而是用来保护各联邦单位的相对独立性以及它与联邦之间的关系的。美国和德国就是这种古典联邦制的典型。民族联邦制则是专门为维持和保护国家内部民族文化多样性而特别设计的。在国家的政治设计和行政区划上，满足不同民族要求自治的群体愿望，通过联邦制度把不同的民族包容在同一个国家之内。

---

① ［美］路易斯·亨金、阿尔伯特·J. 罗森塔尔编：《宪政的权利——美国宪法的域外影响》，郑戈等译，生活·读书·新知三联书店1996年版，第9—11页。

20世纪以来，联邦制被广泛用来作为统一多民族国家的组织手段。苏联、南斯拉夫和捷克斯洛伐克，都采取了民族联邦制的形式。非殖民化进程中建立的一些亚非新兴国家，如印度、马来西亚、尼日利亚、喀麦隆等国家所采取的联邦制，都带有一些民族联邦制的色彩。加拿大、瑞士、比利时等国也都属于民族联邦制的范畴。

民族联邦制是在承认和尊重国家内部存在的民族和文化差异前提下制定的一种国体形式。其显著优点，是它既能够尊重民族群体的自治和保留特色文化的愿望，给予他们足够的政治空间，又承认这些群体并非自足的和孤立的，而是由政治和经济的互相依存关系日益紧密地联系在一起的[1]。这样一种国体设计，既与传统的自由民主观念和基本人权观念相一致，也满足了少数民族要求平等地位的政治诉求。兼容了自由民主原则和对民族文化多样性的保护。用民族联邦制的设计来容纳地方、族裔和文化的多样性，消除不同民族彼此之间的怀疑和猜忌，增进各民族之间的政治互信，成为现代一些多民族国家普遍采用的方法。

在民族集团呈地域性聚居的多民族国家，联邦制和分权体制往往用作使那些想在政治上有作为和影响的少数民族打消疑虑的重要方式和手段。联邦制和分权体制可以通过层级式的分配体制的建设，使由国家—民族—地区组成的权力关系中的众多权力中心和权力单位共存于同一个政治共同体之中，使少数民族在地方和国家两个层次上都有重要的参与和治理。因此，联邦制特别受到一些境内存在着地域性聚居并且有着明确地域和民族认同的历史民族及其自治传统的多民族国家的青睐。对这类国家而言，一元化的中央集权体制无法充分解决不同民族的权利问题。其境内的那些具有独特文化或语言共性、聚居在特定地区，并且在历史上就享有过一定程度自治的民族，可能不满意于国家的一元化体制。同时，其自治要求可能为一元化国家体制所不容，这种情况正好为联邦制设计提供了动力与合理性。

从联邦制内部权力分配的角度看，现代联邦制又可以分为一般联邦制和非均衡联邦制两类。一般联邦制由一个强有力的联邦用一个共同的法律把各联邦单位联系在一起，各联邦单位之间享有同等的权利，同时允许各自保留相当程度的自治。瑞士的联邦制基本是均衡性的。不同民族可以有

---

[1] ［加］威尔·金里卡：《少数的权利——民族主义、多元文化主义和公民》，邓红风译，上海译文出版社2005年版，第90页。

各自的联邦单位，同一民族也可以依据地域原则组成一个以上的联邦单位。各个联邦单位之间，基本享有同等的权利，对于特定共同体的特殊的文化需求交由地方处理。地方联邦单位的权力由宪法规定。中央政府的权力凌驾于地方法律之上。

非均衡性联邦制是现代多民族国家包容差异和多样性的一项具有创意性的特别设计。非均衡联邦制虽然也有一个中央权威，但是联邦中央与组成联邦的各单位之间的关系并不是简单划一的。由于构成同一国家中的不同民族在人口规模、居住地区等方面的不平衡，实行民族联邦制的国家逐渐发展起了一种非均衡性的权利分配体系。其中一些组成部分与中央的关系是在历史上根据条约或协议而制定的，享有与联邦其他单位不同的、有利于保持其独特的制度、法律和习俗的权利。这些特权由文字的或变成文字的习惯所制约，不能由联邦政府或联邦议会的多数任意改变。这种非均衡联邦制，或是组建联邦制之时对一些民族地区做出历史让步而形成的，或是现代国家为更好地适应族裔文化多元化的现实、尊重和保护民族文化差异而专门设计的。加拿大的联邦制，就带有非均衡性特征。在加拿大，魁北克省享有与其他九省不同的权利。联邦宪法除了详细规定各省的权力外，还特别规定了魁北克省所享有的权利。印度、俄罗斯等国家的联邦制，也都带有这种非均衡性的特点。如俄罗斯联邦共和国中，三十二个民族邦与其他五十六个区域邦之间的结构就不平衡。民族邦不仅在宪法上拥有"民族"的称号，而且有比其他区域邦更多的权力。印度联邦的非均衡性不仅体现在各邦在面积、人口、规模和边界制定的不一致上，也体现在权力分配的不均衡上。印度没有按照一般联邦制流行的方法，在各联邦单位之间采取平行的权利分配，让各邦享有同样的权利。而是根据各邦不同的特点，授予其不同的权利。在三十五个联邦单位中，就有邦（states）和联邦直辖区（union territories）的分别。前者有立法和决策权，后者仅有行政权。在28个邦中，权利范围也不一样，不是所有的邦都拥有同样的决策权。中央政府根据各邦人口构成和文化状况的不同，给予不同的权利。一些邦由于其特殊的社会和历史等原因，被授予特殊的权利，包括政治上的特殊代表制，法律上的特别司法管辖权等。规模或文化上处于弱势的民族邦的法律地位，由宪法条文予以保障。不能任由强势民族根据一般的政治过程中通行的票决原则随意更改。

非均衡联邦制的目的，是保障少数民族的权利。它之所以必要，是因为这种特殊的制度安排可以保证规模较小的少数民族的民族性和人数众多的大民族的民族性一样得到承认、尊重和保护。在特定民族占国家人口多数的情况下，绝对的均衡制只能起到固化或强化某一民族集团弱势地位的效果。而这种非均衡联邦制的设计，不仅可以起到保护民族和文化多样性的功用，在心理上满足少数民族的平等追求，而且可以通过特殊的设计，将联邦层次上的行政权力在中央与特殊的少数民族联邦单位之间进行非均衡性的分割，以联邦和自治单位双重主权设置的方法，化解"统一或分裂"的二元对立，维护多民族国家的稳定和存在。

二 作为一元体制下特殊安排的民族区域自治

一元化国家是与联邦制相对立的一种国家组织形式。与联邦制国家允许联邦单位进行独立于中央政府的制度和政策设计的分权特点不同，一元化国家的一个首要特点就是权力集中。地方权力由中央政府加以规定。政出一门，权力掌握在中央政府手中，地方行政部门是隶属中央的分支机构，服从中央的指令。比如英国传统上地方政府的权力就是由威斯敏斯特通过的法令加以规定的。

相对联邦制而言，一元制国家的优点是政体的整合性更高，有更高的效率产出。在那些没有鲜明地域性文化差异、民族意识和利益分歧，各社会共同体都有意结为一个统一民族国家的地方，一元化的国家体制可能更符合人们的要求，也更具有操作意义上的可能性和可行性。比如丹麦、日本这样民族成分相对单一的国家。但是，由于多民族国家的普遍存在，严格意义上的一元化政体适用范围非常有限。在民族和认同多样性非常明确，既有地域性民族既表现出强烈民族认同、又提出明确自治诉求的多民族国家，一元化国家体制在包容民族和文化多样性方面就存在局限。为了克服这种局限性，现代国家对其进行了改造，在一元化国家体制之下，进行特殊的制度设计，给予地域性少数民族与国家其他部分不同的自治权力。特别是在那些民族构成上不成比例、主体民族占人口绝大多数、而其他少数民族集团人口仅占很小比例的国家，往往会在一元化政治传统之外，增加一些对少数民族地区的特殊安排。通过向少数民族聚居并构成该地人口多数的地区移交一部分特殊权力的方式来解决少数民族的权利保护问题。这种一元化国家内的特殊制度模式，首推民族区域自治制度。

民族区域自治制度是当代多民族国家处理国内民族关系的一种制度。作为一种国家管理方式，自治的概念与实践在古代罗马共和国时期就出现了。当时的拉丁同盟解散并入罗马国家后，其居民享受罗马公民的身份，但仍可以保留自己的政权机构和行政长官，具有一定程度的司法财政权利。地方自治实践后来被广泛用于罗马帝国。帝国对疆域内那些在语言文化上具有很大差异性的民族和地区，给予一定的自治权利。中世纪晚期，西欧一些城市在反抗贵族和领主的封建权利的过程中，通过赎买等方式，获得了自治的权利，成为自治城市，免除了一些封建义务，拥有自行征税、自我管理的权利。其中最典型的有法国琅城以及汉撒同盟的一些城市。这些自治城市都对封建领主和国王保持一定程度的独立，对城市内部事务拥有自治权。

波齐在讨论欧洲中世纪自治城市与外部世界的关系时，注意到城市自治的相对性。他指出，中世纪自治城市的居民建立了一种统治条件和法律环境，以使商业行为和工艺活动可能获利。但是，市民要求的不是统治别人而是统治自己的权力，是一种精心设计的保护其获得生产所需产品和生活方式安全的法律环境，而不是领导的实践和战争的经验。波齐发现，早期的城市宪章，同时包括其他为统治者赐予的或城市自动产生的宪法文件，主要关心的是创造一个使其免于遭受具有封建制度特征的独立程序统治的独特的司法环境。尽管城市在司法和行政上是自主的，但是他们同时处在一个更广泛的统治条件下，城市并没有向它周围的"在一定程度上是自我确立的具有主权的政治统一体"进行挑战或摧毁它。而是通过调节去迎合这个外部世界。在中世纪，城市的这种要求是由于存在城乡之间广泛的劳动分工以及城市内部的劳动分工使然。农村向城市提供人口、食品和原材料，同时吸收城市的产品。城市本身生活在一个更广泛的空间之中。在这种条件下，比城市自身可以自动发展起来并运行范围更大的统治机构就变得必要了。为了适应这些需要，那些单个已经非常强大的城市大都联合起来，甚至在形成使之更加顺从于他们利益的结构和政策时无须考虑早已存在的广泛的封建统治框架。①

---

① ［美］贾恩弗兰科·波齐：《近代国家的发展——社会学导论》，沈汉译，商务印书馆1997年版，第43—45页。

现代政治学中的民族自治概念，以及现代国家的区域自治制度，也是在这个意义上发展起来的。它源于但又超越了历史上的地方自治，是对人类政治制度的继承与创新。自治从最根本的哲学意义上，是说自我以外别无权威。接受统治、服从法律归根结底是服从人的自我理性。而国家的权威，法律的权威，都是个人理性让步的结果，是社会交往的产物。无论何种形式的自治，其终极目标都是个性的保持，在任何情况下都是相对的、有限的。其上限是不能违反国家宪法和法律，自治单位之间只能在国家政治框架中采取协商沟通的方式协调彼此之间的利益冲突，而不能突破这个政治框架；其下限是不能侵犯国家法律所规定和保护的个人权利。自治不能成为封闭保守和排外的代名词，不能阻隔人们在空间和地域上全面而自由的交往，更不应成为民族团结进步的羁绊。

与古代和中世纪的自治实践相比，现代世界的民族自治制度的本质特性是以人民主权为核心，以民族平等为基础。从制度建构的角度上讲，区域自治、地方自治是一种国家权力的层级架构，是国家政治制度的一种特殊的形式。它体现的是中央—地方关系这一现代国家的永恒主题。现代世界许多国家都在不同程度实行了地方自治，只不过依据其具体国情和政治传统的不同，实行自治的形式、程度和范围不一样。或是在国家体制上采取了普遍的地方自治形式，如美国各州的自治和社区自治；或是基于地区文化的独特性，在局部范围内采取了特殊的自治形式。民族区域自治就是这种特殊性自治方式的一种。民族区域自治制度的创建，一方面是为了通过层级架构拓展政治共同体的包容空间和外部边界，更重要的则是为了体现民族平等原则和对差异的尊重，满足少数民族自我管理的要求，保障少数民族文化的发展空间。通过民族地方自治，保障少数民族的发展空间及文化权利，维护多民族国家自身存在，是国际社会主流政治所主张的方式，也是现代世界多民族国家处理国内少数民族问题的一种较常见的方式。如西班牙民主化进程中创造的民族区域自治，对加泰罗尼亚、巴斯克、加利西亚这三个大区做了特殊的制度安排，使其享有比其他自治共同体更多的权利，从而使这些地区既作为国家一级行政区，同时又带有民族自治的色彩。又如俄罗斯联邦处理境内少数民族关系时采用的方式，在少数民族集中居住的地区设立自治共和国，如车臣共和国、摩尔达维亚共和国、北奥塞梯共和国、鞑靼斯坦共和国等。中国处理国内民族地区差异的一个基本制度，也是民族区域自治制度。在民族聚居的地方设立不同层级的民族自治区，以满足民族自我管理和发展自己民族文化、传承民族生活方式的诉求。

在实行民族区域自治的多民族国家，民族自治地方与中央政府的关系，不是简单的中央—地方关系，而带有民族关系的内涵。民族自治权利与中央政府之间的关系，需要明确协商主体和自治范围的问题。在如何确定自治地方的边界范围、如何协调自治地方与中央政府之间的关系，以及自治地方如何进行有效治理等方面，当今世界各国的制度各有不同。不同的国家有不同的国情，制定了不同的国体，同样国体下采取的民族自治制度也有所不同，既有民族文化自治和民族区域自治的制度性差异，也有区域自治形式上的不同。对自治地方内部事务管理上也千差万别。有的是由地方自治当局全权管理，而有些国家对自治区内部的事务也拥有一定的权力，如在税收、能源、邮政、安全等领域拥有主权，只有在与民族认同和民族文化紧密联系的领域，才给予自治地方实质性的权力。

自治本身的相对性，增加了机制设计的难度，也反映出机制设计的重要性。由于各国国情不同，民族区域自治制度的设计也有很大的不同，在民族区域自治制度的实施上也有很大的作为空间。其中有许多值得深入研究和讨论的问题。

三 民族联邦制和民族区域自治制度适应范围及其比较

其实，在理论上具有原则区别的联邦制和一元制这两种政体，在现实社会中都不是绝对的，而是彼此交叉渗透、相互为用的。现代世界上典型的一元化体制的国家很少。绝大多数国家的政治体制都是混合型的，或是一元政体兼有联邦制度的分权因素，或是联邦国家的中央权力得到制度化的加强。如印度的联邦制就兼有联邦分权特征和明显的中央集权倾向。只不过各国的分权和集权形式与程度有所不同罢了。即便是现代世界典型的一元政体国家法国，近年来也在欧盟的压力下，改变了对境内少数民族的态度，逐渐地向布列塔尼、科西嘉等具有明显文化差异的地区下放一些权力。在另外一些国家，或是一元政体与联邦制因素相结合，形成一种混合型政体，或是在传统的一元体制下增加一些特殊的制度安排，以扩大对族裔文化多样性的包容。前者如英国和西班牙，后者如中国。

从处理多民族国家族际关系的角度看，联邦制和民族区域自治没有本质的区别，都是承认民族差异，并且通过制度包容这种差异、使各个民族都能够保持和发扬民族个性的途径。各自在处理多元社会民族差异和利益分歧等民族关系问题上没有绝对的价值优势，只不过适应的对象和范围不同而已。一般来说，联邦制往往适合于那些民族聚居现象比较明显、地域性聚集民族具有相当规模，各民族的规模差距不是很大的多民族国家，如瑞士、加拿大和比利时。对这类国家来说，联邦制设计是个合适的选项。而在那些只有一个或很少几个地方有聚居少数民族的国家，多数民族规模很大、在人口和地域上与少数民族的规模比例悬殊的地方，对少数民族权利的保护，就要寻找其他特殊的方式。在一元化国家体制下对少数民族做出特殊的安排，给予他们自治的权利，建立民族区域自治制度就比较适宜。[1] 比如中国、俄罗斯和西班牙这类具有悠久的中央集权传统的多民族国家。重要的是，这两种体制都可以保障少数民族的权利，为差异性民族集团及其文化提供可持续发展的制度空间。一个民族的文化可持续发展的关键，是要满足该文化进行社会性文化再生产的必要条件和足够空间。民族联邦制和民族区域自治，就是提供这种社会性文化再生产条件和空间的制度机制。在这种制度机制下，少数民族可以使用自己的语言，延续自己的生活方式，作为一个行为主体与自己以外的更大社会平等交往，从而融入一个更大的生活世界，成为这个生活世界的主体。

无论联邦制度设计，还是一元化国家中的特殊安排，都包含着一种实用主义的思维方式，即在理想和现实之间采取一种平衡，折中和妥协。在尊重现实、尊重多样性的前提下，寻找合适的途径，设计相应的制度，而不必一味生硬地坚持某种绝对化的思维方式和价值观念，追求绝对理想的制度模式。既尊重个人的选择，也尊重集体的自治，承认多种认同和多元价值的合法性，从而进入一种"后退一步天地宽"的境界，使许多难以解决的问题迎刃而解。当年，列宁在苏联建立之时选择联邦制，在很大程度上就是在平衡理想与现实之间的差距的基础上做出的一种实用主义的折中性选择。这种折中不是放弃理想和原则，而是为沟通观念与现实之差距所做的必要调整。在当代世界，这两类既可避免分离，又不至于使自己的民族特性被国家集权体制所湮没的方式，正在成为越来越多的多民族国家和

---

[1] Norman, Wayne, *Negotiating Nationalism, Nation - Building, Federalism, and Secession in the Multinational State*, Print publication date, 2006, pp. 95 – 97.

地区性少数民族所偏好的制度选项。20世纪末以来，随着对多样化的承认等价值观念的变化，世界上已经有很多一元政体的国家发生了由原来的一元化体制向联邦性体制转变的迹象。比如后佛朗哥时代向民主化迈进的西班牙，20世纪90年代以来的比利时，废除种族隔离制度以后的南非等国。2014年苏格兰独立公投被多数票否决之后，英国首相卡梅伦关于进一步下放权力、给予苏格兰更多自治权的承诺，也表明英国将在从一元化政体向联邦性政体转变的道路上走得更远。

四 民族联邦制和民族区域自治的本质、功效、局限及修正

无论是民族联邦制，还是一元化体制下的民族区域自治，其基本内核都是区域性的民族自治，都是"对传统自由民主的立宪制模式的极大挑战"①。自这两种制度问世以来，政界和学界对它们的关注热度始终不减，国内和国外都不断有人从正反两个方面对其做出评价。其中赞许者有之，质疑者亦有之。

赞许者认为，联邦制是包容差异的最好形式，是现代民族自觉实践中的一个可能并可行的选项。托克维尔就称赞说，实行联邦制的国家，既可以享受小国的自由和幸福，又能够获得大国的地位和荣耀②。瑞士法学家托马斯·弗莱纳·格斯特也援引麦克斯·弗朗科尔 Max frankel 的话说，"将民主的理想与少数人的权利保护结合在一起是许多现代国家面临的紧要任务，而联邦制可能有助于实现这一结合"③。当代加拿大学者诺曼·韦恩认为，在多民族国家内部存在着与国家层级上的民族建构相抵触的少数民族的民族建构的情况下，联邦主义在某种程度上是一种化解张力、消除对峙、维护多民族国家存在的一种制度性解决方法。④ 另一位加拿大学者

---

① Norman, Wayne, *Negotiating Nationalism, Nation - Building, Federalism, and Secession in the Multinational State*, Published to Oxford Scholarship Online: September 2006. p. 16.

② 托克维尔：《论美国的民主》，周明圣译，中华书局2014年版，第194页。

③ Max Frankel: Fuderalism und Bundeddtaat. Vol. 1. 转引自 [瑞] 托马斯·弗莱纳·格斯特："联邦制、地方分权与权利"，载路易斯·亨金、阿尔伯特·罗森塔尔等编：《宪政的权力——美国宪法的域外影响》郑戈、赵晓力、强世功译，生活·读书·新知三联书店1996年版，第6页。

④ Norman, Wayne: *Negotiating Nationalism, Nation - Building, Federalism, and Secession in the Multinational State.* Print publication date: 2006, 72.

威尔·金里卡也认为，虽然"联邦制无法提供一套神奇的公式来解决民族差异"但它却能够提供"一个用以协商解决这些差异的框架"①。在《少数的权利：民族主义、多元文化主义和公民》一书中，他写道"民族主义已经瓦解了殖民帝国和独裁，并在全世界重划了边界。而多民族联邦制却成功地驯服了这股力量。民主联邦制是在尊重个体权利和自由的同时，教化抚慰了民族主义。很难想象任何其他政治制度可以做到这一点"②。

但质疑者们则担心，承认少数民族的身份，给予少数民族自治的权利，会助长他们的分离倾向。他们认为，民族区域自治中所包含的强烈的民族自治倾向，会阻碍民族间的交往，起到疏离社会的作用，并且容易引起相关民族集团对现实地位的不满，提出分离的要求，导致自治民族走向独立，从而使多民族国家分崩离析。也有人提出，民族联邦制虽然解决了包容多样性的问题，但是在增强内聚力和提高行政效率方面，则具有明显的缺陷。因为，在分权体制下，地方权力过大就可能造成中央的软弱，不利于特殊情况下的紧急动员和果断行动等。另外，在制定一个联邦单位保护少数民族时，也可能会使该联邦或自治单位中的其他民族成员处于一种少数地位，从而产生他们的权利如何保护的新问题。

国内外政学两界对民族联邦制和民族区域自治制度这些正反两方面的评价和担忧，都有一定的道理。因为，相对丰富多彩的现实生活，制度设计永远都是不完备的，在实践中都不免产生这种那样的负面作用。为包容文化和认同多样性而设计的民族联邦制和民族区域自治的实施也是如此。一方面，它在一定程度上满足了地区性民族主义的诉求，消除了极端民族主义分离的口实，化解了统一与分离的张力，维护了多民族国家的政治稳定；另一方面也暴露出一些明显的缺陷。诸如分权体制和地区联系之间的张力问题；行政权力划分与国家整体发展的关系问题；如何对待民族自治地区内的其他民族成员等问题。当代西班牙的一些学者就注意到，目前西班牙政治制度最大的一个缺陷，就是自治单位间彼此隔绝，缺乏一种内在的合作机制。西班牙宪法第145条规定，自治共

---

① ［加］威尔·金里卡：《少数的权利——民族主义、多元文化主义和公民》，邓红风译，第119页。
② ［加］威尔·金里卡：《少数的权利——民族主义、多元文化主义和公民》，邓红风译，第91页。

同体必须与中央政府垂直联系，各自治共同体之间不得结成横向的联盟。彼此之间的关系及利益协调，皆须通过中央政府。这种制度部分地满足了地区的权力要求，并在有效地防止地方结盟对抗中央的同时，却不能够创造出地区之间的相互依存和彼此依赖，造成了自治共同体之间缺乏必要的沟通联系，强化了彼此之间的疏离隔绝和各自的孤立性。同时，由于缺乏自治区之间协调机制建设，缺乏从整体上平衡城市规划与国家经济建设之关系的协调系统，导致国家的公共管理权与自治区的管辖权之间的脱节，在一定程度上影响了国家整体层面上的发展战略和地区间凝聚力的形成。又如，近年来，中国一些学者也就新疆维吾尔民族自治区内的汉族和其他民族成员的公民权利保护提出了一些问题。这些问题既不是空穴来风，也不是孤立现象，在其他国家也存在。如1971年加拿大魁北克省在激进的民族主义政党魁北克人党执政时所制定101语言法案，就损害了非法语居民的正当权利，引起英裔居民的反对。显然，这些问题处理不好，就会抵消民族区域自治的正面作用，在自治区内的民族各成员之间产生疏离作用。

但是，所有这些缺陷并不是不可克服的。当代世界一些国家已经尝试通过设计一些其他的政策和制度克服这些缺陷，解决这类问题，以弥补自治或联邦制度所带来的负面影响。如美国、加拿大、德国、瑞士等国，在实行分权制度的同时，也设计了一些在联邦政府机构内形成"制约平衡"的制度，以及联邦政府和州政府之间的"制约平衡"制度[1]，还制定了公共设施建设上的全国统一标准，建立了联邦均衡发展基金，促进了国内各地区的平衡发展；还有一些国家，设计了层级性的自治制度，使包容性的制度和机制不仅停留在国家层次上，也深入可以独立制定制度政策的联邦单位和自治地区之内。诸如中国在省级单位以下的自治州、自治县的设置；印度的多层级联邦制，在邦的内部设置一些特别的地方自治委员会，专门解决邦内部落和少数民族问题；在地区认同既明显又重要的加拿大，则建立起联邦——省际会议为渠道的地区互动机制，以及宪法协商机制；在中国，还有对口支援、互联互通、推进产业

---

[1] Yash Pal Ghai, *Constitutional Asymmetries: Communal Representation, Federalism, and Cultural Autonomy in Reynolds*, Andrew (Editor), *The Architecture of Democracy, Constitutional Design, Conflict Management, and Democracy*, Print publication date: 2002, Published to Oxford Scholars hip Online: November 2003, p. 11.

跨区域有序转移等加强地区经济联系、增进地区合作发展、让全国各族人民都能分享改革和发展的成果，形成利益共享、使命共担、命运共系的政策和措施。

从世界范围看，各国的联邦制和区域自治制度，其设计本身是多种多样的。初衷不同、设计不同，其社会影响也不同。开放的、全面的、目光长远的，有助于不同自治共同体之间联系和互动的自治制度，可以起到化解张力，促进合作，和睦共存、共同发展的社会功效；而片面的、封闭的、单方面的、目光短浅的制度设计，则可能产生疏离民族关系、阻碍和限制民族地方之间交往互动的负面作用。自治制度设计的关键，既要认识和把握自治的相对性，也要防止区域自治可能带来的疏离影响，在促进国内地区间合作上面进行深入的思考和必要的制度推进。

几乎在所有国家，作为解决矛盾缓解张力的方法而建立起来的区域自治制度，其主要内容和制度设计都是在中央和地方之间经过长时期的协商沟通、妥协让步的基础上形成的，既体现了族际平等和民主的原则，也具有相当程度的适应性和可行性，在一定程度上也实现了设计者的初衷。比如在西班牙，人们普遍认为，分权和区域自治搭建起一个制度性的包容框架，为诉求差异和利益冲突开辟了政治解决的良好渠道。它重塑了中央—地方关系，满足了不同地区的自治要求，把桀骜不驯的地区民族主义引导到宪法框架之内，"改变了西班牙传统上的民族对抗的文化模式"，成为西班牙民主制度的基石。[①]

联邦制和民族区域自治制度，是通过国体层次上的制度设计包容差异和多样性的一种尝试。但是，民族问题是社会总问题的一部分，仅有国家体制上的包容还不足以解决民族的各种诉求，建构起多元民族对国家的认同。除了包容性的国家体制以外，还需要解决好权利的分配和共享问题，需要必要的制度和渠道沟通民族意愿，协调利益分歧，需要有相应的法律和制度规范民族间的互动行为，制度化地解决民族权利的保障问题。同时，也需要认真地探索通过制度化的方式协调自治共同体之间关系的合适途径，尝试建立一些强化地区联系的制度机制，促进地区之间的经济关系、实现地区之间的互惠互利，在增进地区联系、增强多元社会的凝聚力

---

① Brancati, Dawn, *Peace by Design*, *Managing Intrastate Conflict through Decentralization*, Print publication date: 2008, Published to Oxford Scholars hip Online: January 2009, pp. 99 - 100.

等方面花大力气,下大功夫。同时需要时刻保持一种开放的状态,适时地审视修正,使其在实践过程中不断地完善,避免可能带来的僵化、排斥、疏离等负面效果。只有这样,才能构建起一个体现平等和民主精髓的、能够"最大限度地容纳更多族群和文化价值多样性的制度体系"[1],对多民族国家的和谐稳固产生作用。

---

[1] Henry E. Hale, *The Foundations of Ethnic Politics*, *Separatism of States and Nations in Eurasia and the World*, Cambridge University Press, 2008, p. 21.

隋唐手工业与城市建设之进步

中国社会科学院经济研究所 魏明孔

隋唐时期的城市建设内容非常丰富，是当时物质文明和精神文明的集中体现。本文主要讨论隋唐手工业对当时城市建设进步的贡献，从技术层面上看，隋唐的建筑在秦汉的基础上有了长足发展，形成了一个较为完整的以木结构为主的建筑体系，其特色在城市建设和寺院建筑中得到了具体的体现。[1] 但是，现在隋代的建筑已经难能发现实物，即使唐代城市建筑中保留至今的建筑物也可谓凤毛麟角，这是我们今天对该问题进行深入研究的最大障碍；另一方面的情况是，传世文献对于城市建筑的记载缺乏系统性，这与重本轻末的观念根深蒂固有直接关系。因此，利用考古材料是进行城市建设研究不可或缺的，如建造于唐太宗贞观四年（630）的李寿墓中壁画所绘的建筑图，是研究唐代早期建筑的珍贵史料[2]；同样，敦煌壁画中保留着大量唐代的建筑内容，其中许多经变化所绘大型建筑群，被专家认为是当时佛教寺院的真实写照。[3] 另外，少数民族地区的特色建筑

---

[1] 杜石然、范楚玉等：《中国科学技术史稿》（上），科学出版社1985年版，第308页。
[2] 《唐李寿墓发掘演示文稿》，《文物》1974年第9期；《唐李寿墓壁画初探》，《文物》1974年第9期。
[3] 陈桥驿：《中国六大古都》，中国青年出版社1983年版；中国社会科学院考古研究所编：《新中国的考古发现和研究》，文物出版社1984年版；杨鸿年：《隋唐宫廷建筑考》，陕西人民出版社1987年版；葛承雍：《唐代建筑风格》，陕西人民出版社1987年版；萧默：《敦煌建筑研究》，文物出版社1989年版；文物编辑委员会编：《文物考古工作十年（1979—1989）》，文物出版社1990年版；李廷先：《唐代扬州史考》，江苏古籍出版社1992年版；赵立瀛：《陕西古建筑》，陕西人民出版社1992年版；李孝聪：《论唐代后期华北三个区域中心城市的形成》，《北京大学学报》1992年第2期；杨宽：《中国古代都城制度史研究》，上海古籍出版社1993年版；何一民：《中国城市史纲》，四川大学出版社1994年版；张泽咸：《唐代工商业》，中国社会科学出版社1995年版；萧默：《隋唐建筑艺术》，西北大学出版社1996年版；齐东方：《隋唐考古》，文物出版社2002年版；姜波：《汉唐都城礼制建筑研究》，文物出版社2003年版。

也丰富了该时期都市建筑的内容。① 经过考古学家多年来的不懈努力，使我们对于隋唐时期的城市建筑有了一个大体了解。② 下面在前贤研究的基础上，拟就唐代手工业的进步对当时城市建设的直接影响，略作论述，乞请得到专家赐教。

一 工匠培训制为隋唐城市建设提供了高水平的技术人手

手工业工匠尤其是规模大、技术含量高、工种齐全的城建中的工匠技术水平高，且其技术传承显得非常重要，这是保证其工程质量和建设速度的必不可少的条件之一。

我们知道一个基本史实是，工匠的通常做法是对核心技术秘不外传，这是传统社会信息比较闭塞环境下个体工匠能够保持核心技术竞争力的基本要求。相对而言，官府在获得工匠技术方面具有得天独厚的资源优势，即使秘不外传核心技术的个体工匠，其对于官府组织的工程来说是不存在技术保留的，即在专制社会官府带有强制性的一面。另外，为了使技术能够在政府组织的工程中传承和发扬，隋唐时期采取行之有效的工匠培训制，且将其不断规范和制度化。为了保证京师的城建及官府手工业生产，隋代一开始就大规模地征集全国工匠，"王业初基，百度伊始，征天下工匠，纤微之巧无不毕集"于京师③。后来还不断采取没良为奴婢、集中罪犯等手段，保证这类固定工匠在军事、手工业部门的生产。④ 如此庞大的工匠集中在京师从事手工业生产，因其手艺良莠不齐，对其进行分类培训是不言而喻的。唐代继承隋制，"少府聚天下之伎，而造作不息"⑤。根据官府工匠工种的难易程度，将师徒技术传授的时间定为九个月至四年不等

---

① 卢勋、萧之兴、祝启源：《隋唐民族史》，四川民族出版社1996年版；杜常顺等：《青藏高原社会经济史特点刍议》，《中国经济史评论》2019年第1期。

② 隋唐城市遗址的调查和研究取得的重要成果，以长安和洛阳两京最为突出。另外，扬州、幽州、庭州、西州以及南诏、渤海国都等城的考古也有相当收获。参见胡戟等主编《二十世纪唐研究》第七章"考古与敦煌学"，中国社会科学出版社2002年版；刘庆柱《中华文明五千年不断裂特点的考古学阐释》，《中国社会科学》2019年第12期。

③ 《隋书》卷46《苏孝慈传》，中华书局1973年版，第1259页。

④ 《隋书》卷61《宇文述传附云定兴传》，第1467页载："初，定兴女为皇太子勇昭训，及勇废，除名配少府。"

⑤ （宋）王溥：《唐会要》卷83《租税上》，上海古籍出版社2006年版，第1815页。

期限，至于一些简易工种则是"有三月者，有五十日者，有四十日者"①。为了保证这种工匠培训制的成效，当时严格规定"教作者传家技，四季以令丞试之，岁终以监试之，皆物勒工名"②。在培训期间，培训者（即技艺工匠）须向被培训者（即徒弟）毫无保留地传授自己的技艺，有关部门对此定期进行督察。不仅如此，当时在制度上严格规定被培训者所生产的产品或从事的工作要同时注明培训者的名字，实行责任连带制。这些措施保证了官府手工业大型工程质量的连续性与稳定性，这对于隋唐时期城建的积极作用是显而易见的，隋唐时期城市建筑多有精品，当与此不无关系。唐承隋制，尤其如东西京等重要城市的建筑群是在隋代的基础上进行的，其一系列做法与隋代密不可分，严格说唐代尤其唐前期几乎与隋代是没有多大差异的。

在对工匠进行培训的同时，隋唐对作为主要城市建设中的基本建筑材料的规格制订了一定的标准，以保证城市建筑质量。隋文帝开皇三年（583）礼部尚书牛弘请求依照古礼立明堂，对于明堂的规模、形制、屋宇等均有具体设计与构思。③后来将作大匠宇文恺④对明堂进行了认真细致的设计，并撰成《明堂图议》二卷，该图"用一分为一尺"，即 1∶100 的比例尺来做成明堂模型。宇文恺说："其样以木为之，下为方堂，堂有五室，上为圆观，观有四门。"宇文恺对于明堂的设计不是凭空而来，而是"远寻经传，旁求子史，研究众说"之结果。他至少认真参考了以西周明堂为蓝本的刘熙、阮谌、刘昌宗三个不同版本，以及东汉建武三十年（54）无名氏撰的明堂《礼图》本。有关明堂的具体设计和模型，得到了隋炀帝的批准，"帝可其奏"。后来只因攻打高丽的战事影响，没有将其付诸实施。⑤宇文恺等关于明堂制度的考证与设计，论述详备，考证精湛，设计完美，保留了一些今天已经失传的历史文献，学术价值非常高。史称这套设计方

---

① （唐）李林甫等撰，陈仲夫点校：《唐六典》卷 22《少府监》，中华书局 1992 年版，第 572 页；《新唐书》卷 48《百官志三·少府》，中华书局 1975 年版，第 1267 页。
② 《新唐书》卷 48《百官志三·少府》，第 1269 页；（唐）李林甫等撰，陈仲夫点校：《唐六典》卷 22《少府监》，第 572 页。
③ 《隋书》卷 49《牛弘传》，第 1300—1305 页。
④ 宇文恺"少有器局……独好学，博览书记，解属文，多伎艺"。后来隋代国都修建时，虽然宇文恺只是"领营新都副监"，高颎"虽总大纲"，只是名义而已，"凡所规画，皆出于恺"。参见《隋书》卷 68《宇文恺传》，第 1587 页。
⑤ 《隋书》卷 68《宇文恺传》，第 1587—1593 页。

案及模型，"丈尺规矩，皆有准凭"①。同时，对于都市内这样标志性建筑的设计，往往会在高层一定范围内进行热烈讨论②，可见其慎重态度。隋代关于明堂的讨论与设计，对唐高宗、武则天时期明堂制度产生了直接影响，成为其设计的基础。③

由此可以看出，隋代对于城市建设中尤其重点工程中的设计图纸及模型非常重视，其设计者均系饱读史书的"伎艺"者，如宇文恺即撰写了20卷的《东都图记》。④《东都图记》系隋代建设洛阳的规划图，其设计汲取历史上的成果经验，且在当时集思广益，是比较成熟的设计规划，也是唐代进一步建设东都洛阳的重要依据。而宇文恺后来也成为唐代初期建设洛阳的主要设计者之一。

唐初官府手工业机构的重要官员阎立德在城建方面做出过重大贡献，尤其在规章制度和制订标准方面的贡献不可磨灭，史书对他在主持工程建设方面的评价是"咸依典式"。实际上，阎立德在这一方面有深厚的家学传统，其父阎毗最初也是"以工艺知名"，阎立德与其弟立本均"早传家业"，这种"典式"既包括从隋代继承过来的内容，也包括由阎立德等在已有的基础上进行的创造性的程式，故其设计得到"时人称之"⑤。应该说，阎立德在主持工程建设中所创立的"典式"，至少汲取了历史上的传统及包括隋唐两代人的经验积累。唐代规定城市建设中的基本建筑材料方面，有严格的具体规定：

> 甄官令掌供琢石、陶土之事，承为之贰。凡石作之类，有石磬、石人、石兽、石柱、碑碣、碾硙，出有方土，用有物宜。凡砖瓦之作，瓶缶之器，大小、高下，各有程准⑥。

建筑材料标准的落实须有一定的管理机构，唐代是由将作监所属的右校署具体负责重要建筑材料标准，其职责是"掌版筑、涂泥、丹垩、匽厕

---

① 《隋书》卷6《礼乐志一》，第122页。
② 《隋书》卷6《礼仪志一》，第122页。
③ 参见姜波《汉唐都城礼制建筑研究》，文物出版社2003年版，第194页。
④ 《隋书》卷68《宇文恺传》，第1587、1594页。
⑤ 《旧唐书》卷77《阎立德传》，第2679页。
⑥ （唐）李林甫等撰，陈仲夫点校：《唐六典》卷23《甄官署》，第597页。

之事","有所须,则审其多少而市之"。① 这也说明隋唐时期都市建筑材料的来源也发生了比较大的变化,其中相当一部分已经不再主要靠从民间征集或由政府采办,而是从市场上购买,甚至舶来品也成为官府城建建筑中的购买商品内容之一。② 这就扩大了城市建筑材料的来源,进一步提高了城市建筑的效率和质量。当然,这些变化与隋唐时期直接生产者人身依附关系的开始减轻、商品经济的相对活跃有直接的关系。③

实际上,隋唐时期工匠的技术不仅仅只是在一定培训期间获得的。对于政府来说,在诸如城市建设等方面征集工匠时,都会将技术条件作为首先考虑的因素之一。如唐代将作监平时就有固定工匠15000左右,他们"散出诸州,皆取材力强壮、技能工巧者",为了保证工匠的技术,严格规定工匠在官府从事城建劳务时"不得隐巧补拙,避重就轻"。不仅如此,还严格规定"其巧手供内者,不得纳资,有缺则先补工巧业作之子弟"④。且"一入工匠后,不得别入诸色"⑤,即这些技艺高超的工匠的身份不能改变,要随时保证其满足官府工程的需求。而"工匠之程式",则由工部下属的具体部门"经度之"。⑥ 也就是说,唐代在官府从事建筑等工种的工匠已经有相当的专业基础,甚至有些本身就是能工巧匠,官府对其进行培训是有一定基础的。需要强调的是,隋唐时期城建业的发展,是以专制主义中央集权的高度发展以及强有力的行政措施为前提的。

二 工头负责制确保了隋唐城市建设中的质量

城市建筑中工程质量的保证是至关重要的,隋唐时期除了上面所述从民间征集拥有一定技能的工匠且对其进行必要的培训外,专门的技术工程人员在工程设计及具体施工中发挥的作用也是不可替代的。在隋唐时期城

---

① 《新唐书》卷48《百官志三·将作监·右校署》,第1273页。
② 唐高宗显庆六年(661)二月十六日敕:"南中有诸国舶,宜令所司,每年四月以前,预支应须市物,委本道长吏,舶到十日内,依数交付价值。市了,任百姓交易。其官市物,送少府监简择进内。"景龙二年(708)四月十四日敕:"少府季别先出钱二千贯,别库贮。每别敕索物,库内无者,即令市进。"参见(宋)王溥《唐会要》卷66《少府监》,第1366页。
③ 金宝祥师:《安史乱后唐代封建经济的特色》[原载《甘肃师大学报》(哲学社会科学版)1981年第2期],收入金宝祥师《唐史论文集》,甘肃人民出版社1982年版,第302页。
④ (唐)李林甫等撰,陈仲夫点校:《唐六典》卷7《工部尚书》注文,第222页。
⑤ (唐)李林甫等撰,陈仲夫点校:《唐六典》卷7《工部尚书》注文,第222页。
⑥ 《旧唐书》卷43《职官志二》,第1840页。

建规划和设计中涌现出一批建筑设计大师，其中如宇文恺、阎立德、阎立本①等是佼佼者。关于这一方面的论述比较多，这里从略。而在修建城市大型工程时，隋唐一般实行工头全面技术负责制。

隋代对于都市的建筑非常重视，如隋炀帝大业元年（605）三月丁未，诏尚书令杨素、纳言杨达、将作大匠宇文恺营建东都。②其主持都城建设官员规格之高，无以复加。

对于重要的建筑物，隋代均需要有关部门事先设计图纸，并得到上层乃至皇帝的认同。隋炀帝"欲大营汾阳宫，令御史大夫张衡具图奏之"③，就是一例。这说明隋代城市建设从设计、施工到验收均有一套比较成熟的程序。正如宋人吕大防在《隋都城图》题记中所言："隋氏设都，虽不能尽循先王亡奸之法，然畦分棋布，闾巷皆中绳墨，坊有墉（墙），墉有门，逋亡奸伪无所容足。而朝廷官寺、民居市区不复相参，亦一代之精制也。"④

隋代都城设计的一个基本原则是将行政办公区与公共活动区及居民住宅区严格隔开，便于城市管理。⑤其他城市中的设计也大体如此，隋唐的坊市制度就反映了这种情形。⑥

隋代的这些做法在唐代得到了比较充分的传承。武则天时曾经修建隋代准备充分但因故没有来得及上马的标志性浩大工程——明堂，由薛怀义"充使督作"，在其所役使的数万建筑工匠中"置号头，头一喊，千人齐和"。⑦这里的"号头"，就是建筑工地的技术工头。柳宗元曾生动记述了他亲自所见技术工头指挥建筑的情形：这位"善度材，视栋宇之制，高深、圆方、短长之宜"的高级技术工匠——"梓人"，能"画宫于堵，盈

---

① 《旧唐书》卷77《阎立德传附阎立本传》，第2680页。
② 《隋书》卷3《炀帝上》，第63页。
③ （宋）司马光等：《资治通鉴》卷181，炀帝大业六年（610）三月条，中华书局1956年版，第5651页。
④ 转引自《考古》1963年第11期。
⑤ "隋开皇三年，自长安故城迁都龙首川，即今都城是也。"（原注："初，隋氏营都，宇文恺以朱雀南北有六条高坡，为乾卦之象，故以九二置宫阙以当帝王之居，九三立百司以应君子之数，九五贵位，不欲常人居之，故置玄都观及兴善寺以镇之。"）参见（唐）李吉甫撰，贺次君点校《元和郡县图志》卷1《关内道一·京兆府》，中华书局1983年版，第1—2页。
⑥ 魏明孔：《唐代坊市及其变化》，《光明日报》2017年6月26日第14版。
⑦ 《旧唐书》卷183《外戚·武承嗣传附薛怀义传》，第4741—4742页。

尺而曲尽其制，计其毫厘而构大厦"①，既能自己设计、绘制图纸，又善于验收建筑材料、调度和制定施工方案，技术相当全面。正因为如此，梓人的报酬是一般工匠的数倍。与此同时，梓人在指挥施工时是非常严格的，其他工匠"皆视其色，俟其言，莫敢自断者。其不胜任者，怒而退之，亦莫敢愠焉"②。当时实行的是技术工头责任全权负责制，除了工匠由其挑选外，工程质量也由其全权负责。在工程结束时，于"上栋"书写的题记须写明"某年、某月、某日、某建，则其姓字也，凡执用之工，不在列"。在名利方面，一般工匠是难能与梓人相提并论的，其原因正如梓人所说的"舍我众莫能就一宇"③，其在工程中所扮演的角色并不相同。这种以设计和指导施工为主要职业的高级技术工匠，在当时被称为"都料匠"，类似于今天的工程师。正因为技术工头在唐代大型城市建筑工程中扮演着比较重要的角色，甚至出现了如少府匠柳佺负责修建三阳宫时，将工程组织和技术有关事宜"全模授于梓匠"的情况④，即政府官员全权委托梓匠负责具体工程，具有一定的承包性质。

这样的例子在隋唐时期城建中比较常见，说明该时期大型城市建设工程的施工比较成熟，官吏、技术负责人（工头）、工匠构成了当时工程中的管理者、组织者和具体生产者，职责明确，各司其职。尤其是技术负责人（工头），在城市建设这样的大型工程中所起的作用是无法替代的，其在工程的设计、施工、验收等工序中起着重要作用。

三　隋唐城市建设管理机构比较健全

隋唐时期城市建设管理机构比较健全，管理机构的职责相对明确。隋唐时期的京师等重要城市建设，有比较固定的管理机构负责且有相对完善的制度规定，这不失为隋唐时期城市建设发展的必要保证。

隋代都城的建设由位极人臣者主持，再配备具有专业水准的设计者具

---

① 柳宗元：《梓人传》，（清）董诰等编：《全唐文》卷592，上海古籍出版社1990年版，第2651页。
② 柳宗元：《梓人传》，（清）董诰等编：《全唐文》卷592，第2651页。
③ 柳宗元：《梓人传》，（清）董诰等编：《全唐文》卷592，第2651页。
④ 张鷟：《少匠柳佺掌造三阳宫，台观壮丽，三月而成，夫匠疲劳死者十五六，掌作官等加两阶被选，栳鼓诉屈》，董诰等编：《全唐文》卷173，第776页。

体负责。"都城，隋炀帝大业元年（605）诏左仆射杨素、右庶子宇文恺移故都创造也。南直伊阙之口，北倚邙山之塞，东出瀍水之东，西出涧水之西，洛水贯都，有河、汉之象焉。东去故都十八里。炀帝好奢靡，恺又多奇巧，遂作重楼曲阁，连闼洞房，绮绣瑰奇，穷巧极丽。"①唐承隋制，规定"凡城池之修浚，土木之缮葺"，由工部"咸经度之"。至于东西二都的营缮事务，"则下少府、将作以供其事"。②京师系封建王朝的政治统治中枢，是皇帝及王公贵族、文武百官及南衙百司、太学等机构的所在地，政府的主要消费集中于此，这里的建筑便成为中央政府的重点经营项目。当时的少府监和将作监在城建方面有具体的分工。其中，将作监主要侧重于城市公共建筑业的管理和组织，其下属机构左校署"掌营构木作、采材等事"；右校署"掌营土作、瓦泥并烧石灰、厕溷等事"；甄官署"掌营砖石、瓷瓦"等。③被史学家誉为典型的轻徭薄赋、与民休息的唐太宗"贞观之治"时期，也是"凡诸营缮，工徒未息，正丁正匠，不供驱使，和雇和市，非无劳费"④。唐高宗时，"土木兴作，丁匠疲于往来，饷馈劳于转运"，城建中"造作不息"是当时的基本情况。⑤城建尤其是都城建设与维修是当时政府非常重要的职责。实际上，唐代不同时期从事城建的工匠人数不尽相同，其中如唐宪宗时期修勤政楼时就曾经用左右军各以"官健"2000人参加。⑥军队参加城建等大型工程建设是中国历史上的一个传统。与此同时，雇用工匠从事城建也有一定的比例，这在唐代中后期所占比例有上升的趋势。正因为如此，才有唐宣宗"自今以后所在郡县，如要修理者，任和雇诸色人役使，仍须据时价给钱"的敕令⑦，说明当时城建中和雇比较普遍，同时也透漏出和雇工匠时有关部门不付或少付报酬的情况普遍存在的信息。

  隋唐时期官府所属的建筑公共工程有"内作"和"外作"之分：

---

① （唐）李林甫等撰，陈仲夫点校：《唐六典》卷7《工部尚书》注文，第219—220页。
② 《旧唐书》卷43《职官志二》，第1840页。另见（唐）李林甫等撰，陈仲夫点校《唐六典》卷7《工部尚书》注文，第216页。
③ （唐）杜佑：《通典》卷27《职官典·将作监》，第160页。
④ 高冯：《上太宗封事》，（清）董诰等编《全唐文》卷135，第602页。
⑤ （宋）王溥：《唐会要》卷83《租税》上，第1815页。
⑥ （宋）王溥：《唐会要》卷30《兴庆宫》，第651页。
⑦ 唐宣宗：《大中改元南郊赦文》，（清）董诰等编《全唐文》卷82，第374页。

> 凡西京之大内，大明、兴庆宫；东都之大内，上阳宫，其内外郭、台、殿、楼、阁并仗舍等，苑内宫、亭，中书、门下，左右羽林军、左右万骑仗、十二闲厩屋宇等，谓之内作。①

而"外作"则主要包括"凡山陵及京都之太庙、郊社诸坛庙，京都诸城门，尚书、殿中、秘书内侍省、御史台、九寺、三监、十六卫、诸街使、弩坊、温汤、东宫诸司、王府官舍屋宇，诸街、桥、道"等建设和维修内容。②

总之，作为手工业最高行政管理机构的工部及其少府监、将作监等，都直接参与城建规划、建设与平时维修等事宜，足以说明当时城建在国家经济建设方面的重要性。

唐代在隋代城市建设多有创新的基础上又有一定的突破，设计和规划进一步规范，设计恢宏大度。考古工作者对其中的大明宫主要宫殿含元殿和麟德殿进行了发掘：含元殿面阔十一间，进深三间，东西两侧有廊道通向栖凤、翔鸾二阁，规制宏伟。麟德殿的结构比含元殿更为复杂，分为前中后三殿。③ 在建设比较重要的城建项目时，其设计方案首先要得到有关主管部门乃至皇帝的批准，有时候还以皇帝的名义颁布设计和施工方案。如唐高宗《敕建明堂诏》中，不但详细描述了该明堂的规模、形式，还详细列举了门、楣、梁、柱、上昂、下昂等构件的具体数量和质量标准，至于交付都料将即技术工头施工后，其只能严格按照设计要求行事，不能擅自更改。④ 同样，高宗时的工部尚书阎立本"尤善图画，工于写真"⑤，对于重要的都城建筑的图纸设计均由自己亲自完成。唐代宫殿等建筑，即使最基本的建筑材料如砖瓦等，其生产也都比较规范，且要注明工匠及监管者姓名，有的还要标明生产场地和具体时间，明确生产者的终生责任，以确保建筑质量。这些已在考古发掘中得到了验证。如1995—1996年，考古工作者曾经发掘出唐代大明宫含元殿遗址绳纹砖多达115件，这些砖统一背饰纹绳，模印有文字。其中殿址出土的34件砖，砖铭内容一般为工匠的

---

① （唐）李林甫等撰，陈仲夫点校：《唐六典》卷23《将作监》，第594页。
② （唐）李林甫等撰，陈仲夫点校：《唐六典》卷23《将作监》，第594页。
③ 马得志：《唐长安城发掘新收获》，《考古》1987年第4期。
④ 唐高宗：《敕建明堂诏》，（清）董诰等编《全唐文》卷13，第62—63页。
⑤ 《旧唐书》卷77《阎立德传附阎立本传》，第2680页。

姓名，如"官匠毛振""官匠邵娘"等；纪年或月份者，如"天八玄武高官砖""□五月官□"等；涉及地名和窑名者，如"□坊官□""天九西坊官□"等。在出土的82件砖中，印文全为官匠姓名，包括"官匠杨志""官匠赫连世文"等。另外，还有无釉板瓦81件，其中比较完整的46件，内38件印有文字，内容涉及工匠姓名、烧制年代、窑名和地名等。① 国都长安城建如此，其他城市的情况也大体这样，如在唐代扬州瓮城内先后发现有"刘□罗城官砖""官""官罗城""和州扬""官作""洪州""饶州"等铭文的砖，尺寸大小极为接近，据专家比较研究，其与已发现的扬州唐代其他砖的规格相同。② 这样的发掘案例比较多，隋唐时采取的这些措施，对于保证官府尤其是重要城建工程的质量具有重要意义。

在城市建设中，诸台、省、监、寺、学校等工程的建造和修缮占有重要地位。隋唐时期规定城建中的一些关键部件须由官府控制的专门工匠——皆由"国工"进行"修之"③，主要是保证其质量与统一规格。凡是大型城建工程中的一些附属物，诸如板筑、涂泥、琢石、陶土、石磬、碑碣、石人兽马、碾硙、砖瓦等，也由将作监及其下属的甄官署掌管。④

城市的平时维修工程，也是不可忽略的。其中，仅长安和洛阳二都平时"辄役"工匠"修宫内"，这种正常的城市维修工程即使在盛夏农忙季节，也是"擅役工力"，无日休息。⑤ 城建以及平时维修工作，也是地方政府所经营的一项重要内容，正如唐初狄仁杰所指出的，地方"修筑城池"时，"州县役使"往往"十倍军机"⑥，成为百姓的基本负担之一。

达官贵族的私宅修建，也是当时城建中的重要内容之一。隋代重臣杨素"第宅华侈，制拟宫禁""居宅侈丽，朝毁夕复，营缮无已"，是人人皆知的史例。不仅如此，"爰及诸方都会处，邸店、水硙并利田宅以千百数"。⑦ 唐代时这种情况是有过之而无不及。武则天宠臣张易之曾经"造一

---

① 中国社会科学院考古研究所西安唐城工作队：《唐大明宫含元殿遗址 1995—1996 年发掘报告》，《考古学报》1987 年第 3 期。
② 李廷先：《唐代扬州史考》，江苏古籍出版社 1992 年版，第 344 页。
③ （唐）李林甫等撰，陈仲夫点校：《唐六典》卷 7《水部郎中》，第 226 页。
④ 《旧唐书》卷 44《职官志三》，第 1896 页。
⑤ （唐）刘肃著，恒鹤点校：《大唐新语》卷 7《容恕》，《唐五代笔记小说大观》（上），上海古籍出版社 2000 年版，第 276 页。
⑥ 《旧唐书》卷 89《狄仁杰传》，第 2892 页。
⑦ 《隋书》卷 48《杨素传》，第 1288、1292 页。

大堂，甚壮丽，计用数百万，红粉泥壁，文柏帖柱，琉璃沉香为饰"①。唐玄宗时杨贵妃兄妹的奢侈在唐代是出了名的，其在住宅上更是如此，"每造一堂，费逾千万计，见制度宏壮于己者，则毁之复造。土木之工，不舍昼夜"②。唐懿宗时，同昌公主成婚于长安广化里，皇帝"倾宫中珍玩以为资送"，"赐第于广化里"，其中"窗户皆饰以杂宝"③。本来这些都属于私人住宅，其修建和维修属于个人行为，实际上却往往由官府负责工程施工。这在当时基本上属于通例而非个别现象。

在隋唐的城市建筑中，宗教建筑占有相当重要的地位。唐代的佛教建筑的代表作——大雁塔、小雁塔就是当时唐朝乃至世界人类宗教建筑的瑰宝。唐代寺院和道观建筑宏丽精致，数量可观。据史书记载仅京师比较著名的寺院就有开业寺、会昌寺、崇义寺、楚国寺、兴圣寺、龙兴寺、兴福寺、西明寺、慈恩寺、青龙寺、崇敬寺、资圣寺、招福寺、崇福寺、光宅寺、荐福寺、兴唐寺、永寿寺、安国寺、章敬寺、宝应寺、龙兴寺、天宫寺、天女寺、敬爱寺、福先寺、长寿寺、崇先寺、圣善寺、安国寺、菏泽寺、奉国寺、昭成寺、华严寺、唐兴寺、慈德寺等④。实际上，相当部分的唐代佛教寺院是在隋代的基础上发展而来的。如前举慈恩寺，本"隋无漏废寺"，青龙寺系"隋废灵感寺"，崇敬寺"本隋废寺"⑤。

唐代道观主要有龙兴观、昊天观、东明观、弘道观、太平观、光天观、景云观、景龙观、福唐观、金仙观、玉真观等⑥。正如唐玄宗所指出的，"今两京城内，寺宇相望，……坊巷之内，开铺书经，公然铸佛"⑦。唐玄宗天宝前长安城内有僧寺64座、尼寺27座、道观16座、胡祆寺4座、波斯寺2座，天宝年间以后数量还在不断增加。当时京城寺院规模都比较大，如著名的兴善寺和昊天观，分别占有一坊之地。京师如此，至于地方城镇的寺观建筑的数量就更多了，如今扬州境内，仅有文献考证的寺

---

① （唐）张鷟著，恒鹤点校：《朝野佥载》卷6，《唐五代笔记小说大观》（上），上海古籍出版社2000年版，第83页。

② （宋）乐史著，丁如明辑校：《杨太真外传》卷上，《开元天宝遗事十种》，上海古籍出版社1985年版，第133页。

③ 《资治通鉴》卷251，中华书局1956年版，第8139页。

④ （宋）王溥：《唐会要》卷48《议释教下·寺》，第989—995页。

⑤ （宋）王溥：《唐会要》卷48《议释教下·寺》，第989—990页。

⑥ （宋）王溥：《唐会要》卷50《观》，第1018—1020页。

⑦ 唐玄宗：《断书经及铸佛像敕》，（宋）宋敏求编，洪丕谟、张伯元、沈敖大点校《唐大诏令集》卷113，学林出版社1992年版，第39页。

院就多达67座之多。① 扬州如此，其他城市的寺院建筑的状况也大体差不多。② 其中，明州"自晋、宋、齐、梁至于唐代，时时造塔、造堂，其事甚多"；润州江宁县城就有瓦官寺、江宁寺、弥勒寺、长庆寺、延祚寺等，"其数量甚多"；不仅寺院数量多，且其建筑"庄严雕刻，已尽工巧"。③ 唐武宗会昌五年（845）灭佛活动中，"其天下所拆寺四千六百余所"，另外"拆招提兰若四万余所"④。隋唐时期道教建筑也显得雄伟壮丽，其建筑气势不在佛教建筑之下，在当时往往是寺、观建筑并称。"寺、观兴工，土木所料，动至巨万"，其建筑追求"峻宇雕墙，思竭输饰，穷壮丽以希至道"⑤，在当时是比较普遍的现象。唐玄宗即位后，就曾"敕王公以下，不得辄奏请将庄宅置寺观"⑥，从反面说明当时设置寺观的情况在全国比较普遍，且王公贵族在这次整顿中不受限制。唐文宗宝历二年（826）五月，就曾经"赐兴唐观道士刘从政修院钱二万贯"⑦，其道观建筑规模之大可想而知。尤其武宗时抑佛兴道，曾经敕筑仙台"高百五十尺，上头周圆，与七间殿基齐；上起五峰楼，中外之人尽得遥见；孤山高耸，般终南山磐石作四山崖，龛窟盘道，克饰精妙"⑧。道教建筑规模之大，装饰之精美，令佛教建筑大为逊色。

正因为如此，寺院、道观建筑在唐代达到了鼎盛时期，不管建筑数量还是建筑规模和豪华程度，均在历史上占有非常重要的地位，宗教建筑成为当时城市建设中的不可分割的整体，成为当时该城市的文化娱乐活动的中心。唐中宗时宰相韦嗣立的上疏颇能反映当时的一般情形：

> 臣窃见比者营造寺观，其数极多，皆务取宏博，竞崇环丽。大则

---

① 李廷先：《唐代扬州史考》第452、496页。另据日本僧人圆仁记载"扬州有四十余寺"。可备一说。参见［日］圆仁著，顾承甫、何泉达点校《入唐求法巡礼行记》卷1，上海古籍出版社1986年版，第22页。可备一说。
② （宋）王溥：《唐会要》卷49《僧籍》，第1011页。唐代全国有寺5358所、僧75524人、尼50576人。由于唐代规定僧尼须持有政府有关部门颁发的度牒才合法，而这有一系列程序和条件，这就意味着僧尼的实际数量远远高于在籍的僧尼数量。
③ ［日］真人元开著，汪向荣校注：《唐大和上东征传》，中华书局1979年版，第55、79页。
④ 唐武宗：《毁佛寺、勒僧尼还俗制》，（清）董诰等编《全唐文》卷76，第350页。
⑤ 韦凑：《谏造寺观疏》，（清）董诰等编《全唐文》卷200，第891页。
⑥ （宋）王溥：《唐会要》卷50《杂记》，第1028页。
⑦ 《旧唐书》卷17《敬宗纪》，第520页。
⑧ ［日］圆仁著，顾承甫、何泉达点校：《入唐求法巡礼行记》卷4，第181—182页。

费耗百十万，小则尚用三五万余，略记都用资材，动辄千万以上。转运木石，人、牛不停。废人功，害农务，事既非急，时多怨咨……至如土木雕刻等功，唯是殚竭人力，但学相夸壮丽……①

这在当时不算是宗教建筑之特例，而是比较普遍的现象。

隋唐时期城建的进步与当时手工业的发展分不开，这包括当时手工业管理体制的相对完备和手工业技术的进步两个方面。从整体上看，唐代的行政管理比较有效，各级政府对于城建比较重视，再加上社会经济发展而带来的手工业经济和商业经济比较活跃以及与之相适应的城镇人口的增加和城市规模的扩大、城市数量的增加，均有利于当时城建的发展。隋唐时期科学技术的发展与普及，无疑对于城建的发展起到了积极的推动作用。这里还有一点需要略作交代，这就是决策者尤其皇帝本人对城建的认识及消费观念，对当时的城建的直接影响是非常大的。如开皇十三年（593），隋文帝"命杨素出，于岐州北造仁寿宫。素遂夷山堙谷，营构观宇，崇台累榭，宛转相属。役使严急，丁夫多死，疲敝颠仆者，推填坑坎，覆以土石，因而筑为平地。死者以万数"②。社会成本是非常高的，特别是工匠及其他直接劳动者的境况惨绝人寰！再如隋炀帝早在出兵南陈时，就对江南城市建筑情有独钟，其后的隋代都城建筑中受炀帝本人的影响是比较大的。再如唐敬宗本人"性好土木"，则"自春至冬，兴作相继"③。唐敬宗时期在京师围绕皇帝喜好的城建工程一定非常盛行。

隋唐时期城市建筑及其相配套的公共工程，涉及面广，工程量大，质量上乘，既有京师的建筑工程，也有地方城市的建筑工程；不但有一般的城市建筑，也包括特殊的建筑内容。隋唐城市建筑业的发达是以当时社会经济的繁荣为前提的，是以当时科学技术水平的提高为基础的，是与当时城市不断扩大、新城镇数量不断增加并与之相适应的城镇人口数量的不断增加息息相关。但是，当时城建工程还与最高统治者的消费观念、城建理念有直接关联，由于一些时候最高决策者的奢侈欲望的无节度膨胀以及个别人表现出的土木工程方面的个人喜好，再加上一些达官贵族和政府官员

---

① 《旧唐书》卷88《韦思谦传附韦嗣立传》，第2870页。
② 《隋书》卷24《食货志》，第682—683页。
③ 《旧唐书》卷17上《敬宗纪》，第520页。

对自己住宅的标准不断提高，使得这样的建筑超过了正常的社会经济的发展水平与社会承受能力，是以牺牲正常的社会经济生活秩序为代价的，其负面影响非常大。

隋唐时期以东西二都宫廷建筑为代表的城市建筑，规模恢宏，气势磅礴，系东方建筑艺术之典范，其主要内容包括绘画、造型、装饰、土木、雕刻等综合艺术，这不但对当时和以后新建和扩建地方城市产生了巨大影响，而且还对亚洲其他国家也产生过难以估量的积极影响。①

隋唐时期城市建设的一个值得骄傲的成果是，当时长安城成为居民多达100万以上的世界上特大型城市。尤其唐代以长安城建星罗棋布，街道宽敞，正如顾炎武在《日知录》中所指出的："予见天下州之为唐旧治者，其城廓必皆宽广，街道必皆正直；廨舍之为唐旧创者，其基址必宏敞。宋以下所置，时弥近者，制弥陋。"② 顾炎武作为明末清初的朴学家，对于唐宋明清的都城建设及建筑的比较虽说比较绝对，却也反映了一个大体的史实。尽管隋唐以后的城市建筑在某些方面有所突破和成就，但从整体上看，隋唐以后的建筑逐渐趋于保守以致衰落是学术界的一个基本看法。③ 隋唐时期城建取得如此巨大的成就，是当时综合国力的体现，是当时物质文明和精神文明发展的结晶。

隋唐时期城市建筑在手工业高度发展的前提下有了长足的进步，许多技术发明产生在这一时期，对后来的城市建设影响深远。隋唐时期楼阁式塔实物都是砖砌仿木结构，系唐代的创新。这种塔与纯木结构塔比较起来具有建造方便、不易损坏、便于防火、坚固耐用、取材广泛等优点。隋唐时期城建建设中反映其水平的还有一个重要内容是公私园林，这一方面学术界已经取得了诸多成果，限于篇幅，这里从略。

上面所举隋唐城市建设的史例多限于都城，实际上中央政府并非只是重视都城建设，对于县级市镇的建设，也给予了一定的关注。如隋开皇三年（583），"使户部尚书崔仲方筑城以居之，城枕罗原水，其川平直，故

---

① 参见中国社会科学院考古研究所编《新中国的考古发现和研究》，文物出版社1984年版，第572页。

② （清）顾炎武著，（清）黄汝成集释，秦克诚点校：《日知录集释》卷12《馆舍》，岳麓书社1994年版，第443页。

③ 萧默：《隋唐建筑艺术》，西北大学出版社1996年版，第5页。

名直罗城"①。这一方面的史例不少。

隋唐时期尤其唐代前期的开放程度是比较高的,至少在中国传统社会是比较少见的。②唐代开放的一个显著特点或直接结果是城市建设中的恢宏气势与不断吸取外来文化和技术。唐代直接生产者的人身依附关系有了松动,个体手工业者以及农民家庭副业手工业有了长足的发展,这为唐代城市建设提供了必要的物质资源;和雇在唐代中后期比较普遍,这有利于官府利用征收的和雇钱因时就近雇用工匠从事城建,降低了城建中的人力成本;唐代手工业技术方面的进步,使当时城建的科学技术含量大大提高,反映了当时的综合国力;唐代对外开放的基本国策,有利于唐代城市建设,使得唐代的城市建设充分吸取外来文化的营养,当时的国都及一些城市建设处于世界领先水平,且对后世的城市建设影响深远;唐代手工业技术的进步,为当时城市设计和建设创新提供了可能。而最值得注意的是,唐代手工业制度建设方面的逐渐完善,推动了城市建设的进步。与此同时,唐代手工业对于城市建设也存在一定的制约作用,这主要表现在城市建设属于政治中心公共工程,其建设以不计成本为前提,对于人力、物力和财力的浪费触目惊心,而政出多门、浪费和贪污情况也比较普遍。

隋唐科学技术的重大发明在中国古代社会并不突出甚至比较逊色。据《自然科学大事年表》统计,在中国古代的科学重大发明方面,两汉有35项,魏晋南北朝有22项,宋代30项,明代20项,而被誉为中国古代社会鼎盛时期的唐代仅有17项。中外学者均注意到了这一现象,对唐代的科学技术发明方面的评价比较低,并对其中的原因做了分析③,颇有参考价值。笔者在这里略加说明的是,我们应该从另外一个视角窥视这一问题,唐代在比较成熟的技术规范和推广方面做得比较好,诸如工匠中实行着严格的培训制,从事城市建设的技术工匠技术水平高,各个工种的配合和衔接得当,创造了以国都城建为代表的唐代建筑,这样的建筑在历史上是属于空

---

① (唐)李吉甫撰,贺次君点校:《元和郡县图志》卷3《关内道三·鄜州·直罗县》,中华书局1983年版,第71页。

② 这里所说的唐代对外开放,并非今天意义上的完全开放,而是不完全性的开放。比较准确的表述应该是这样:有唐一代奉行的是对外开放、对内封闭。参见魏明孔《唐代对外政策的开放性与封闭性及其评价》,《社会科学》1989年第2期。

③ [英]李约瑟:《中国科学技术史》第1卷《导论》,科学出版社、上海古籍出版社1990年版;胡戟:《试论为唐代文学的繁荣付出了牺牲科学的代价》,《陕西师范大学学报》(哲学社会科学版)1996年第2期。

前的。即使在唐代的17项科学发明中，相当一部分属于注释、编纂和传播的成果，因此唐代真正的原创性科学发明所占比例就更小，但唐代对外影响却超过了历史上的任何一个朝代，这是值得我们深思的。

四 简单结论

隋唐是我国传统社会经济发展的鼎盛时期。隋代对外开放，不断吸取国外文化元素，在制度方面多有创新，诸如实行科举制、推行民间自助形式义仓、实行三省六部制、运河贯通南北奠定了全国经济区域格局等。对隋代的典章制度，"皇朝因之"[①] 是唐代人的共识，这在前述隋唐城市建筑中得到了充分的说明[②]。所有这些，都为隋唐时期的城市建设创造了有利条件，或者说隋唐对于城建尤其都市的城市建设是一脉相承的。

隋唐时期以东西二京为代表的城市建设，达到了我国传统社会的最高水准，尽管其中原因很多，却与当时的手工业发展及管理相对完善直接相关，主要内容包括当时实行工匠培训制、城市建筑中实行技术工头负责制、建筑中制定了技术标准与材料标准、管理机构比较健全等方面。隋唐时期城市建设虽然一脉相承，二者却有比较大的差异，尤其是唐代中后期与隋代城市建设相比相差甚远[③]。

隋唐时期城市建设的一系列做法及取得的辉煌成就，反映了当时强盛的国力，与隋代被外国称之为"圣人可汗"[④]、唐代被外国及少数民族赞誉

[①] （唐）李林甫等撰，陈仲夫点校：《唐六典》卷23《左校署》注文，第595页。

[②] "隋朝初期如此规模的建都工程表明了隋的创建者及其顾问的信念，即他们相信他们的王朝会比以前的政体具有更大的影响，更能长治久安。至少关于前一点，事实证明他们是正确的，因为唐朝继承他们以此城为都，并在此地统治中国和整个东亚几乎达300年之久。"参见崔瑞德编，中国社会科学院历史研究所西方汉学研究课题组译《剑桥中国隋唐史》，中国社会科学出版社1990年版，第73页。

[③] 即使隋文帝时期与隋炀帝时期，唐代前期与中后期之间亦有一定的差异。关于此，笔者拟将另文进行论述。

[④] 《隋书》卷84《北狄·西突厥传》，第1879页记载，大业八年（612）元会时，突厥处罗可汗对隋炀帝祝寿时曰："自天以下，地以上，日月所照，唯有'圣人可汗'。今是大日（隋炀帝生日），愿圣人可汗千岁万岁常如今日也"。

为"天可汗"① 的国际地位相吻合。不仅如此,隋唐时期建筑方面取得的成就,对于我国隋唐之后的城市建设也产生了深远影响,对于诸如日本、朝鲜等国的影响也是直接而深远的。

1984年12月笔者的硕士学位论文《唐代官营手工业的发展变化》进行了一整天答辩会,座主陈守忠先生对拙文给予多方面的指导与鞭策,这是我卅余年坚持中古手工业史的学习与研究的动力之一。今草成小文,纪念恩师百年诞辰。

---

① 贞观四年(630)三月,"诸蕃君长诣阙,请太宗为'天可汗'。乃下制,令后玺书赐西域北荒之君长,皆称'皇帝天可汗'。诸蕃渠帅有死亡者,必下诏册立其后嗣焉。统制四夷,自此始也。"参见(宋)王溥《唐会要》卷100"杂录",第2134页;司马光等《资治通鉴》卷193,第6073页;《新唐书》卷2《太宗纪》,第31页;《旧唐书》卷3《太宗纪下》,第39—40页。按:《唐会要》、《资治通鉴》和《新唐书》均记载唐太宗被拥戴为"天可汗"的时间是贞观四年三月,唯《新唐书》记载具体时间则为该年四月:"夏四月丁酉,御顺天门,军吏执颉利可汗以献捷。自是西北诸蕃咸请上尊号为'天可汗',于是降玺书册命其君长,则兼称之。"特此注明。

关羽神话产生的根源新探

西北师范大学历史文化学院　陈秀实

关羽，由一个真实的历史人物转变成为神话人物，这固然要归功于《三国演义》的大力揄扬。在《三国演义》中，罗贯中成功塑造了关羽这个性格鲜明、豪气干云的英雄人物，并使关羽的形象深入人心，家喻户晓，妇孺皆知。然而关羽被"神话"，不自罗贯中始，而是在很早以前。因此，我们必须先把关羽本来的历史面目及其被神话的过程弄清楚，那么他由人而神、而圣，神话产生的根源就会跃然于纸上。

关羽本是三国时期蜀汉的一员战将，他的事迹首见于晋人陈寿所撰的《三国志》[①]。该书卷卅六有蜀汉五虎上将《关张马黄赵》合传，关羽名列第一，"羽字云长，本字长生，河东解人也"。他的家乡解州，即今山西运城市所属之解州镇。他一生讲义气，对蜀汉主刘备忠贞不贰，终至以死付之。宋人司马光的《资治通鉴》对其事迹也有较详细的记载。

汉献帝建安二十四年（219）七月，关羽率军由荆州（今湖北江陵市）北上，攻打曹魏，破襄阳，围樊城（今湖北襄樊市），水淹七军，擒于禁，斩庞德，威震华夏，是其一生辉煌的顶点。然才数月，因其恃才傲物，中东吴将吕蒙的奸计，大意失荆州。十二月初，败死麦城（今湖北当阳县境）。[②] 这段事，见《资治通鉴》卷六十八，献帝二十四年记事。关羽死后身首异处，死身葬在当阳县的玉泉山，头被孙权送给曹操，操厚葬于洛阳"关林"（今龙门石窟附近）。两地百姓均奉祀纪念。蜀汉后主刘禅景耀三年（209），追谥关羽为"壮缪侯"。在中国封建王朝，功臣名将死后，追谥加号，属正常现象，不应算作神话。他被神话是过几百年后的事。

[①]（晋）陈寿：《三国志》卷36《蜀书》，中华书局1959年版，第939—942页。
[②]《资治通鉴》卷68，中华书局1956年版，第2148—2174页。

南北朝时，佛教盛行。至隋朝文帝开皇十一年（591），天台宗高僧智者禅师来到湖北当阳玉泉山，他想借关羽之魂以弘扬佛教，于是编造了一个故事，说他梦见关羽显圣驱妖，得当地老百姓的信奉支持，在山顶建成佛寺，关羽从此成为皈依佛教的护法，此乃神化之始。[①]

到了宋代，真宗以后，国力衰弱，崇奉道教，迷信神仙。特别是后期徽宗统治的时候，政治腐败，金人南侵，他不思奋发以图强，专信道教以求神灵保佑，自称"教主道君皇帝"，幻想着忠、勇双全的神将来护国，于是他想到了关羽。崇宁三年（1104），封关羽为"崇宁至道真君"。关羽由佛教的护法一变而为道教的"真君"，而且越往后拔得越高。大观二年（1108），加封"武安王"，宣和五年（1123）再封"义勇武安王"。南宋高宗建炎二年（1128），加封"壮缪义勇王"。孝宗淳熙十四年（1187），特封"壮缪义勇武安英济王"。[②] 终宋之世，封王为止。到了明代，则更晋爵为帝。

明宪宗成化十三年（1477），封关羽为"壮缪义勇武安显灵英济王"，综合以前的封号，再加"显灵"二字。至明神宗万历四十二年（1596），晋封"三界伏魔大帝，神威远震天尊"[③]。"伏魔大帝"的称号，几乎与天上最高神玉皇大帝平起平坐了。

清朝入关以前，把《三国演义》既当成文化课本，又当成兵书来读，利用反间计，愚弄明崇祯皇帝杀死忠臣袁崇焕，他们崇拜关羽，可想而知。入关以后，为拉拢蒙古王公，曾以清朝皇帝比刘备，蒙古王公比关羽，喻为桃园结义。清世宗雍正皇帝封关羽为"忠义神武大帝"。不仅如此，在国家祀典中，他又取代姜太公而又被封为武圣人，与文圣孔夫子并驾齐驱[④]。有清一代，山西商人财力雄冠华夏，山西银票风行全国。商人们经商要讲义气，山西人不忘揄扬乡贤，凡商人所到之处，无不建有关帝庙。关帝庙不仅通都大邑有，僻远乡里村镇也是处处可见。于是关羽由侯而王而圣，"关圣帝君"就成为天下无人不知，无人不晓了。老百姓尊称

---

① （宋）志磐：《佛祖统纪》卷6，台湾湛然寺出版1995年版，第1册，第406—407页。
② （明）贺复征：《文章辨体汇选》卷654《义勇武安王庙碑记》，文渊阁《四库全书》，台湾商务印书馆1983年版，第1409册，第772—773页。
③ （清）孙承泽：《春明梦余录》卷22，文渊阁《四库全书》，台湾商务印书馆1983年版，第868册，第255—256页。
④ （清）允裪等奉敕撰：《大清会典》卷49，文渊阁《四库全书》，台湾商务印书馆1983年版，第619册，第429—430页。

之为"关公"或"关老爷"而讳其名。然而他何以能够达到如此崇高的地位？这就是我们需要探讨的根。

我们分析关羽由侯而王，由王而帝，由帝而圣的过程，发现其中许多问题是耐人寻味的。在我国历史上，智勇兼备、名垂青史的武将不少，周代的姜尚、孙武，西汉的韩信、霍去病，东汉的云台二十八将，唐代的凌烟阁众功臣，都是战功赫赫的人物。和这些人物相比，关羽逊色得多。尽管《三国演义》把关羽塑造得十分完美，当我们一旦剥去这些华美的外衣，就会发现一些被掩盖起来的事实真相。其一，关羽的武艺并不高超。三英战吕布才勉强打了一个平手，如果单挑，他肯定不是吕布的对手。其二，关羽做了两次战俘。第一次被曹操所俘，第二次为孙权所擒。这样的遭遇，对一般军人来讲都是耻辱，更何况一代之武圣！尤其降曹一事，无论怎样文饰，在特别讲气节的人看来，这是一个无法消除的污点。其三，关羽恃才傲物，不尊重同僚。这里可举两例：一是听说马超武艺高超，立即就要离开工作岗位，到西蜀去找马超决斗。二是听说五虎上将有黄忠，很不服气，扔出一句严重伤害老同志自尊心的明言："志士不与老卒同伍！"关羽爱惜士卒，不敬重士大夫，这与他的结义兄弟张飞恰好相反。一个不尊重知识分子，不善于团结知识分子的人，是干不了大事的。其四，大意失荆州，败走麦城，直至身死名灭。失去荆州，直接导致西蜀政权的衰落，使诸葛亮兴复汉室的计划宣告破产。后来诸葛亮、姜维帅师北伐，也只能举倾国之力在陇右的高山深谷间与曹魏打拼消耗。六出岐山，无功而返；九伐中原，劳民伤财。致使蜀汉的整体实力远远落后于曹魏、孙吴，在三足鼎立的格局中，它最先被曹魏吞灭。由此可见关羽的武勇、智谋顶多算是中等；如果从被擒而死这个结局来看，他甚至算不上一个成功的军人，更谈不上一代之良将了。如果用现代的人才标准来评价，恐怕他还要打折扣：既没有留洋欧美的学历文凭，又没有发表或出版过兵法指南一类的论文专著；既没有组织指挥过十万人以上的大兵团作战，也没有熬到一枚功成身退、解甲归田的荣誉勋章。这就形成一桩离奇怪事：功成名就的将帅没有入选武圣，而有不少失误、失败的军人却成了武圣。可见，评定武圣的标准，是不完全凭借战功的。那么，凭借什么呢？

这里有必要先对"圣人"这个概念做一说明。在上古时代，圣人和王者是一体的。黄帝、颛顼、尧舜禹、商汤王、周文王、周武王，他们既是世俗社会的王者，又是精神世界的领袖。一个人要想成为圣王，他一得有经天纬地的功业,二得有博大精深的思想。但到了春秋战国时代,情况发生了一些改变。世俗社会的王者诸侯,都没有圣人之德;孔子有圣人之德,却没有社会地位。有人称孔子为"素王"。素王就是一品老百姓。孟子认为孔子的功业在尧舜禹以上,是千古一圣。因为孔子不论穷达,都没有放弃教化天下的追求。孔子生于贫贱之家,干过许多被认为下贱的工作。甚至汲汲如丧家之犬,颠沛流离周游列国。尽管如此,他还不忘代行天下教化之权。相比较而言,达则兼善易,穷则教化难。孔子不论外界环境如何变化,都始终如一地推行圣王之道。在教化天下这一点上,他做到了上古圣王没法做到的事情。从孔子时代开始,教育就成了一项非常重要的事业,天下所有的人也都有接受教育的权利。孔子思想博大精深,如果用一个字来概括那就是"仁"。"仁"是孔子思想的核心,孔子也讲忠、孝、信、义,但这些道德规范是以"仁"派生出来的,是用"仁"来"一以贯之"的。至孔子的继承者而被称为"亚圣"的孟子,则又突出了一个"义"字。他讲"生,亦我所欲也;义,亦我所欲也。二者不可得兼,舍生而取义者也"。如此,"杀身以成仁,舍生以取义",就成为圣者之所以为圣的最高道德标准。我们拿这个标准来衡量关羽,他是具备了的,是当之无愧的。关羽一生,实践了"忠义"二字。当汉末群雄并起,刘关张以异姓相聚,提一旅之师而争斗于其间,关羽对刘备这个领导者忠贞不贰,起居必侍立左右,情同手足。正史虽无结为异姓兄弟之记载,但"桃园结义"的故事,在民间早已口碑相传,再经罗贯中之手加以揄扬,在老百姓的心目中,它已形成正史。当徐州失散,关羽被曹操所围,他为了保护刘备的妻妾,以待将来相会之机,约三誓而暂时投曹,及至听到刘备所在的消息,乃毅然决然,挂印封金,千里走单骑以寻找,终于相会合而成就了鼎足三分,雄居一方之功业。及至大意失荆州,乃慷慨就义,壮烈牺牲。他的一生达到了圣人所标榜的崇高的道德境界,得到社会各阶层的认可和崇敬,自有其独特的人格魅力。然而,应分清的是,统治阶级封爵褒扬与劳动人民口碑相传的信仰,是有其不同的立场、不同的思想基础的。统治阶级看重的是他的"忠",劳动人民尊崇的是他的"义"。在皇帝面前效忠,天天喊万岁的是围绕在其左右的近臣们的事,对老百姓来说,天高皇帝远,沾不到什么光。老百姓心目中却有着另一种形象,那就是讲义气,老百姓在关夫子庙门上写上:"志在春秋功在汉;心同日月义同天"的对联,那就是突出了一个"义"字。这位红脸大汉自有他长久存在的价值。劳苦百姓出外谋生，闯荡江湖，互相帮助，靠的就是义气。"桃园三结义"的异姓结为兄弟，就成为他们的榜样。特别应当提到的是自鸦片战争后的近代中国，国力衰微，华侨出国谋生，艰难创业，团结互助靠的就是义气。他们崇拜关羽，是自然的事且经久不衰。在其集聚地，不管是被称为"唐城"还是"华人街"，大都有关夫子庙宇居其间，且不乏规模宏大与装典雄伟。在国外，关帝庙也是中国独特文化传统的一大景观，有些地方关帝庙虽屡遭灾祸被毁而又屡被重建，而且愈建愈壮观。① 他所代表的不正是中华民族那相互关爱、无私援助、团结相帮、不屈不挠共渡艰难的友爱博大精神吗？多少年来海外华人之所以能在异国他乡，人地生疏的艰难困苦中慢慢立住了脚，并一步一步上升乃至融入当地社会而又保持着独特文化传统，靠的正是这样一种精神。直到现在，华侨、华人回国，寻根祭祖，先拜祭中华始祖轩辕黄帝，再到洛阳拜祭关陵，是把关羽摆在同等的地位。反观国内，则有反复曲折。自五四运动，打倒"孔家店"，反对偶像崇拜，至中华人民共和国成立，破除迷信，拆毁寺庙，特别是十年"文化大革命"中在破除"四旧"（旧思想、旧文化、旧风俗、旧习惯）的一股歪风之下，毁曲阜孔庙，将历代文物付之一炬，全国各地的关帝庙几乎被拆光，洛阳关陵没被毁掉，算是万幸！文、武二圣同被踩在脚下！及至拨乱反正，改革开放，形势为之陡转。随着经济发展，国力的上升，继承和复兴传统文化，被提上了议事日程。曲阜孔庙，为政府所修复，孔子的教导，上了中学教科书。"孔子学院"，在海外陆续建立。中国的老百姓随着经济的发展，生活水平的提高，手里有了钱，便自动捐献，把关帝庙重新建起来。这不能看作恢复迷信的行为，而应视为复兴文化传统的举措。中华民族的复兴，要把已经淡忘的传统美德——忠诚、信、义恢复起来。商人、企业家做生意、办工厂发了财，走出海外谋发展，要防止上当受骗，杜绝假冒伪劣，应学习当年山西票号的义字当头，诚信为先。不讲信义，是成不了大事的。本文对主题的论述，就此为止。下面顺便提出一个相关的问题来与人探讨。

2006年3月号的《中华遗产》杂志刊登有邓一飞、许秋汉两人合写的《追踪关羽的足迹——千里走单骑》② 一文，经作者的亲身调查，把《三国

---

① 蔡东洲、文廷海：《关羽崇拜研究》，巴蜀书社2001年版，第318—319页。
② 邓一飞、许秋汉：《追寻关羽的足迹——千里走单骑》，《中华遗产》2006年第3期。

演义》中关羽出许都,"千里走单骑"寻找刘备所走的路线,所经的关塞,考查得一清二楚。许都古城在今河南许昌城南 15 公里的古城村,所过的第一关东岭关的遗址,在今禹州花石乡的白沙水库傍。第二关即今河南洛阳,古今地名没有变。由洛阳折而东,所过第三关氾水关,即今荥阳以北 20 公里黄河岸边的氾水镇。第四关荥阳即今河南荥阳市。第五关虎牢关,在今氾水镇的虎牢村。根据三国初年,曹操与河北袁绍对峙的形势来判断,关羽寻兄只能走这条路,没有第二条路可走,作者把它调查出来,符合当时的历史事实,是一大贡献,值得称赞。但其所附《千里走单骑示意图》(见该杂志第 35 页)中,把黄河所经各地,按照现在干流来绘制,把"黄河渡口"绘在现在荥阳东北的黄河岸边,不符合三国时期黄河经流的形势,值得商量探讨。

  汉末三国初年,黄河流经洛阳以北,流至成皋,折向东北,距离荥阳相当远。过河必经的渡口白马津,就是前头关羽斩颜良以解"白马之围"的那个白马津,则在更远数百里之外的滑州以北。关羽在渡船时,还和太守刘延谈过解围的事。滑州(今河南滑县)是唐代的地名,两汉三国则称黎阳,《三国演义》的作者把黎阳误为滑州。黎阳故城在今河南俊县城东。白马津则在今滑县城以北、俊县城之南的中间地方。请参看 1975 年中国地图学社出版的《中国历史地图集》第三册第 5—6 页的《司州图》及第 7—8 页的《冀州、并州图》即可明白。该文的作者又说:"其实关羽如果按照现在山川地貌行走,他根本不必过荥阳,在氾水关北渡黄河是最近的。"这话也欠妥。因过去的事已成为历史,而历史是不能按照现在的想法来假设的。故提出来与之商榷。

经济思想史研究助推经济学学术体系构建

上海财经大学经济学院 程霖

从经济学演进史来看,每次学术体系的系统性重构都离不开对历史上经济学说思想的回顾、整理、评判和吸收。从这个意义上说,中国经济学学术体系的构建,离不开经济思想史尤其是中国经济思想史研究的支撑。因此,基于中国经济思想史研究,中国经济学学术体系构建需要坚持三个原则:古今贯通原则、时代同行原则和中外融通原则。

坚持古今贯通原则

中国优秀传统文化中富有当代经济建设可以挖掘、采借、继承的经济思想资源,这些资源也是当前学术体系构建理应尊重和关注的对象。[①] 因此,在中国现代经济学构建中,应充分吸收借鉴中国传统经济思想中的积极成分,增强中国经济学学术体系的继承性和民族性。

首先,中国传统经济思想以独特的社会经济制度为载体,形成如"轻重""本末"等一系列独具特色的概念术语。在货币、财政、土地制度等领域,曾涌现出许多领先世界、具有一般性的经济思想创见,并采用历史的、统计的、经济伦理的等多种方法分析经济问题。在很大程度上构筑了古代中国经济思想的"学术体系"与"话语体系",支撑中国古代经济的持续繁荣,也对新时期构建中国特色经济学理论体系和学术体系具有启示意义。

其次,中国传统经济思想代代承继,潜移默化地成为人们处理日常经

[①] 程霖、陈旭东、张申:《中国传统经济思想的历史地位》,《中国经济史研究》2016年第2期。

济事务的价值取向与内在规约。而现代中国经济制度的构建，仍在一定程度上包含传统经济思想中的一些基本意识和观念。构建中国经济学学术体系，要充分考虑中国传统经济思想的现代影响。同时，中国传统经济思想的世界影响也不可忽视。中国传统经济思想曾对法国重农学派和现代经济学的形成和发展产生重要影响，① 并在日本管理理论与管理模式建构②、美国罗斯福新政农业立法和宏观经济稳定中起到了积极的借鉴作用。③

再次，中国传统经济思想并非只是作为观念存在，其在历史上已经启动了"传统经济思想现代化"的转型尝试，④ 并成为近代中国经济学人构建中国经济学的具体落脚点。"民生经济学"就是近代中国经济学的另一种表达。它吸收了中国传统经济思想中的"民生"概念，主张从整体主义出发，以解决人民物质需求、实现人民经济平等、促进民族经济发展为研究目的。同时，吸收了西方经济学的术语、分析方法、表述形式等，已具备一定的学术体系框架。⑤

加快构建中国经济学学术体系并充分体现其继承性和民族性，需要加强对中国传统经济思想的研究、吸收和借鉴。其一，将中国传统经济思想放入历史纵向和全球横向的维度中，分析、提炼和概括其光辉成就、基本特点和理论贡献；其二，系统梳理和考察中国传统经济思想的海外传播以及对世界经济理论发展和经济实践的影响，并总结经验和启示；其三，在挖掘中国传统经济思想蕴含的深层内核和基本精神基础上，对其进行必要的现代转换和诠释，为解决当前中国经济问题、创建中国经济学派，提供独特视角和路径。

坚持时代同行原则

中华人民共和国成立72年尤其是改革开放40多年来，中国经济思想与学术在传统思想、外来理论和自身实践的交互影响下取得空前发展，为

---

① 谈敏：《法国重农学派学说的中国渊源》，上海人民出版社1992年版。
② 西诏霭芳：《儒家文化对日本百年品牌企业经营理念的形成所产生的影响》，中国经济思想史学会第十九届年会主旨报告论文。
③ 李超民：《常平仓：美国制度中的中国思想》，上海远东出版社2002年版。缐文：《永远的常平仓：中国粮食储备传统的千年超越》，社会科学文献出版社2020年版。
④ 熊金武：《近代中国传统经济思想现代化研究》，社会科学文献出版社2020年版。
⑤ 程霖、张申、陈旭东：《中国经济学的探索：一个历史考察》，《经济研究》2020年第9期。

中国经济学学术体系的构建提供了滋养丰富的土壤。从增强中国经济学学术体系的原创性和时代性角度看，这需要对中国特色经济理论进行系统总结，并运用其解读和指导当代中国经济实践。但是，目前我们做得还不够。

首先，中国经济转型发展的伟大实践，蕴藏了大量未见于西方的典型事实，形成了许多具有原创性的经济理论创新成果，亟待进行全面的挖掘整理。这需要建立中华人民共和国经济理论创新的科学识别标准与问题框架，明晰不同经济理论创新的代表人物、典型著述、主要贡献及其影响价值等，厘清经济理论创新与新时期中国经济学构建之间的逻辑关联，为新时期中国经济学学术体系构建提供适宜的研究方法和理论元素。

其次，基于所挖掘整理的中华人民共和国经济理论创新成果，提炼、构建中国现代经济思想史研究的基础理论和分析框架，以适应时代需要；促进中国现代经济思想史研究实现从分散走向综合、从割裂走向贯通、从域内走向海外的转型突破和发展超越；实现有学术的思想和有思想的学术的结合，为中国经济学学术体系构建夯实思想基础。①

一是从分散走向综合。纵观亚当·斯密以降现代经济学的发展历程，发展到一定时期的理论综合是经济学学科发展、学术进步、学说演进的必然要求。中国经济思想在经历了从传统到现代的转型之后，当下要做的是扭转目前中国经济学研究包括现代经济思想史研究中潜藏的碎片化倾向，走向学术体系的大综合。

二是从割裂走向贯通。中国经济思想史研究中存在一定的古今分割，这在客观上是由于古今经济学术思想的范式差异造成的。尚需在一个统一的分析框架和理论体系之下来考察，以完整呈现中国经济思想发展的历史脉络和演变趋势。

三是从域内走向海外。中国现代经济思想兼容有外来经济理论成果和概念术语元素。同时，中国经济实践也已深度融入经济全球化，有着广泛的世界影响。在此过程中，要善于用国际通行的学术范式来讲好中国经济故事，挖掘中国经济发展中具有普适性的理论元素，让世界更好地理解中国经济改革发展的内在逻辑。

---

① 陈旭东、程霖：《中国现代经济思想史研究与新时代学术话语体系构建》，《学术月刊》2019年第6期。程霖：《20世纪的中国经济思想史研究——以学术著作为主的考察》，《中国经济史研究》2004年第4期。

坚持中外融通原则

挖掘新材料、发现新方法、提出新观点、构建新理论，形成"中国见解""中国理论"，是中国经济学学术体系构建的目标之一。实现此目标，必须坚持"中外融通"原则。

经济学在近代中国的学术建制形成，即为中外融通的结果。[①] 19 世纪末，西方经济学和马克思主义经济学逐渐传入中国，并在与中国传统经济思想的冲撞、中国经济发展现实的融合中，实现了西方经济学说本土化转型和中国传统经济思想现代化转型的结合，[②] 以及中国经济学学科与学术建制的形成。

近代以来三次中国经济学构建讨论高潮，亦贯串着中外融通原则。第一次高潮发生在近代被迫打开国门的背景下，舶来经济学说遭遇水土不服，形成学术中国化的诉求和构建中国经济学的主张；第二次高潮发生在 20 世纪 90 年代中期至 21 世纪初。社会主义与市场经济的新组合，要求中国经济学广泛汲取马克思主义经济学和西方经济学养分，并与中国改革实践相结合；第三次高潮发生在党的十八大以来。党中央多次提出立足我国国情和发展实践，发展当代中国马克思主义政治经济学、构建新时代中国特色社会主义政治经济学。[③]

基于中国经济学发展的历史脉络和现实需求，构建有中国风格的经济学派、有中国特色的学术体系，既要能够对内很好地解释和指导中国经济实践，为实现高质量发展积蓄和注入理论动力；也要具有能够对外讲好中国故事的能力，让世界听懂和理解"中国见解""中国道路"，为中国发展赢得更多尊重和认同。那么，如何贯彻中外融通原则，实现上述目标呢？

第一，中国经济学学术体系构建要继承发扬马克思主义哲学批判精神，辩证审视国外经济学的合理观念与成见谬见，借鉴西方经济学说中的

---

① 林毅夫、胡书东:《中国经济学百年回顾》,《中国经济学（季刊）》2001 年第 1 期。邹进文:《近代中国经济学的发展——来自留学生博士论文的考察》,《中国社会科学》2010 年第 5 期。

② 程霖、张申、陈旭东:《选择与创新：西方经济学说中国化的近代考察》,《经济研究》2018 年第 7 期。Cheng lin, Zhang shen, "The Spread of Western Economics in China: Features and Influence (1840 - 1949)", *Frontiers of Economics in China*, 2017, 12 (2)。

③ 张辉明:《中国崛起与"中国经济学"的发展》,《观察者》2013 年 1 月 13 日；程霖、张申、陈旭东:《中国经济学的探索：一个历史考察》,《经济研究》2020 年第 9 期。

有益理论、思想与方法元素。在概括中国经济发展规律的过程中，提出创新经济理论、思想与方法。

第二，中国经济学学术体系构建不能自说自话、自我设限、画地为牢，要有主动关怀世界、服务人类文明发展的理论自觉。围绕中国和世界发展面临的重大经济理论和现实问题开展科学研究，及时提出并善于运用源发于中国的新理论、新思想、新方法。

第三，中国经济学学术体系构建不仅存在西方经济学说中国化的问题，也需要积极推动中国经济学说的国际化，主动向西方传播中国经济学的创新成果，大力抢占经济学国际学术话语权。一方面，要鼓励和激发经济学人的自发国际化学术努力；另一方面，也要加强国家层面的重大学术翻译项目策划。

"壬辰倭乱"期间朝鲜使臣所撰《朝天录》十二种解题

北京大学中文系、北京大学中国古文献研究中心　漆永祥

"壬辰倭乱"（1592—1598）在中国亦称"万历朝鲜之役"，乃"万历三大征"之一（日本称为"文禄·庆长の役"），指明朝万历年间日本侵占朝鲜，明朝与朝鲜联合抗击侵略者之战争。明清易代之后，清朝对于明朝显加贬斥，对此役记载寥寥，评价不高。即近百年以降，中、朝、韩、日及他国史学界研究此役之著述论文，堆叠案头，日积日多，然因所持立场各异，占有史料不同，利用方法不一，加之民族感情强烈，故偏见蜂出，观点互歧。更有甚者，以为明朝援助朝鲜，仅为自保，明军虽入半岛，然保存实力，消极避战，倭乱之平定，多为朝鲜军民血战之结果。

案："壬辰倭乱"期间，朝鲜王朝遣往中国之求援使臣，急如星火，络绎于道。使臣在途在馆，多撰有使行录，记载当时朝鲜君臣之惶恐无计，将半岛光复之希望，完全寄托于明朝是否出兵，又记明军入朝、战场形势与朝鲜请兵请粮等各种情形。因皆为当时人记当时事，故多可从信。然研究"壬辰倭乱"者，利用这些珍贵史料，尚有不足。今择取其中12种，撰为解题，以为发覆，以冀引起史学界之关注，则甚幸焉！

001—1592 郑昆寿《赴京日录》（《燕行录全集》第 4 册　刻本）
出使事由：陈奏行
出使成员：正使司谏院大司谏郑昆寿、书状官成均馆直讲沈友胜等
出使时间：朝鲜宣祖二十五年（明万历二十年　1592）8月24日—12月8日

郑昆寿（1538—1602），初名逑，字汝仁，号栢谷，清州人。师从李

滉，熟于礼学。朝鲜明宗二十二年（明隆庆元年 1567）中监试会试。素晓法典，长于吏材。又精于史事，时称"东国史略"。官至尚州牧使、坡州牧使、江原道观察使、司谏院大司谏等。"壬辰倭乱"起，因出使明朝陈奏请兵有功，策论首勋，封西川君。历判敦宁府事、礼曹判书等。卒谥忠翼。有《栢谷集》四卷行世。事见《栢谷集》卷首《年谱》、卷四赵䌹《行状》《宣祖实录》等。

郑昆寿《赴京日录》辑自其《栢谷先生集》卷三。宣祖二十五年（万历二十年1592）八月，时倭寇气焰炽盛，朝鲜南部尽没，宣祖在义州，二京失陷。遂以大司谏郑昆寿为请兵陈奏使，以献纳沈友胜为书状官，且拜郑氏为大司谏知敦宁府事。宣祖谓其"所受之任，极为重大"，"国之存亡，在卿此行"①。时李好闵送行诗曰："秋日龙湾又送君，荒城残角入愁云。申包痛哭看天意，南八男儿对夕曛。日夜望归辽右甲，江秋犹驻殿前军。孤臣少缓须臾死，及见皇灵靖楚氛。"② 可见朝鲜君臣，对郑氏一行戒饬冀望之意，至深至切焉。

郑昆寿一行于八月二十四日发自义州，昼夜兼行，或日行百三十里，急如星火，赶赴北京。进表历陈贼患八路同然之状，请明军水陆并出，粮饷齐发，火速援救朝鲜，非天兵不能荡扫此贼矣。当时兵部尚书石星诸人虽然主战，然科道等或言只防中国地方，不须救朝鲜；或以为多发兵马，贻弊中夏；或以为只待兵马于辽东鸭江，以备不虞。郑氏等又以"国王越在草莽，实主辱臣死之秋"，乞免赐上下马宴。③ 往来奔走，哀痛呼号，且参与准备银两以购置弓面、火销诸事。石星谕以二万兵已过江，大兵当于十二月初，由大将李如松领去。④ 郑氏等遂星夜返国，回程见宁夏、密云等处兵马前往辽东。"将官与军卒机械，严肃整齐，有纪有律，以此征进，何患不克，国家恢复，指日可待。"⑤ 一行颠连于路，"饥困太甚"，于腊月初八日复命。时国事败坏，倭寇呈凶，朝臣皆窜身自活，或初不从之，或

---

① 郑昆寿：《赴京日录》，林基中编《燕行录全集》，首尔东国大学校出版部2001年版，第4册，第361页。
② 郑昆寿：《赴京日录》引李好闵诗，林基中编《燕行录全集》，首尔东国大学校出版部2001年版，第4册，第364页。
③ 《明神宗实录》卷253，万历二十年（1592）十月壬辰条，台北"中央研究院"历史语言研究所1962年版，第57册，第4706页。
④ 郑昆寿：《赴京日录》，林基中编《燕行录全集》，第4册，第382页。
⑤ 郑昆寿：《赴京日录》，林基中编《燕行录全集》，第4册，第389页。

中路托辞而遁，其间之事，有不忍尽言者，唯数三之臣，不顾父母妻子，流离颠沛，终始扈驾，此非一腔忠义者不能也。

翌年正月，明军收复平壤。宣祖以"今此讨贼克复，专由于天兵，天兵之出，由于郑昆寿之陈奏。郑昆寿从当重赏，姑先加崇政"①。"壬辰倭乱"期间，朝鲜请兵请粮使臣，不绝于路，而起始之功，缘自昆寿，故宣祖屡屡言之焉。而石星则因后来战事挫败，下狱而死，是又可发一慨矣。

002—1592 郑昆寿《呈礼部兵部文》(《韩国文集丛刊》第 48 册《栢谷先生集》 刻本)

郑昆寿宣祖二十五年（万历二十年 1592）此次使行，因呈文请兵，并购置弓面火焇等，在京久滞。其前后报呈国王之状启，及在京呈礼、兵二部及各部长官之呈文，并见《栢谷集》卷二，为《燕行录全集》所失收。如《在北京状启》《先来状启》（壬辰十月十一日）、《别纸》《奉使平壤时状启》（癸巳三月）、《呈辽东巡按御史李时孳文》（壬辰九月初三日请兵陈奏时）、《呈兵部尚书石星文》（壬辰九月二十八日）三通、《呈兵部文》（壬辰十月十六日）、《呈礼部文》（壬辰十月二十二日）、《呈礼部文》《呈李提督张副总文》（癸巳三月奉使平壤时）、《呈礼部文》《呈兵部文》《呈兵部杨郎中文》《呈礼部提督会同馆主事李杜文》《呈兵部职方清吏司郎中杨应聘文》《呈会同馆主事文》《呈礼部提督会同馆主事李杜文》两通、《敕使司行人提帖》（癸巳十二月初六日）等。文字多有缺漏，盖当时倭乱国亡，未及董理，因有残缺故耳。

郑氏一行到辽东，因勘合未及告成，滞留四日，故呈辽东御史李时孳，称强兵弥境，朝鲜形势单弱，无以支撑，国王栖泊一涯，更无一步可退之地，军情一刻急于一刻，请许陪臣先发赴京，及到北京，呈保单奏本，"鸿胪寺卿以奏本无皮封不受，仅仅周旋呈纳"②。郑氏等往兵部尚书石星府第，血泣痛哭，恳乞兵马，石星感动，泣下沾襟。郑氏以明永乐间援安南之事为据，请明朝从速出兵，且乞至少出兵十万，以退平壤之敌。郑氏称"平壤，譬则咽喉也；王京，譬则心腹也；诸道，譬则四肢也"。

---

① 《朝鲜宣祖实录》卷34，宣祖二十六年（万历二十一年 1593）1月11日条，首尔：国史编纂委员会1968年版。

② 郑昆寿：《栢谷集》卷2《在北京状启》，韩国民族文化推进会编纂《韩国文集丛刊》（影印标点本），韩国民族文化推进会1994年版，第4册，第428页。

咽喉所以通呼吸，咽喉既通，则心腹之治，不可少缓，心腹既治，则其迄于四肢者，亦不可不治。"盖四肢之病，亦能杀人故也。"① 明朝除应允出兵外，并准予马价银三千两，购买弓箭火药火器等件焉。

昆寿又呈文兵部，称馆夫辈欲令陪臣全数购买其所雇持之物，请允陪臣自择取舍等事。而《呈礼部文》等，则称国难当头，何心当宴，请停上下马宴。而《呈兵部文》，则为辨有诬朝鲜"甘心为倭"四字，称朝鲜即三尺童子，亦视倭寇若毒蛇，为万世必报之仇，且于倭而甘心，则是反侧于天朝，无有是理矣。时一行上下凡二十四人，因候旨久滞馆中四旬有四日，故呈文提督主事，称东还一念，如水滔滔，且自辞朝以后，光禄寺依例不再日供食物等，而囊橐已竭，请从速裁会票文打发云云。昆寿为文，明白疏畅，取譬切当，忠愤激发，诚恳感人，观状启呈文，亦可窥其一管焉。

003—1593 郑澈《文清公燕行日记》（《燕行录全集》第 4 册　稿本）

出使事由：谢恩行

出使成员：正使领敦宁府事郑澈、副使汉城府判尹柳根、书状官安州牧使李民觉等

出使时间：宣祖二十六年（万历二十一年　1593）5 月 20 日—闰 11 月 18 日

郑澈（1536—1593），字季涵，号松江，延日人。惟沉子。少有才名，从学于金麟厚、奇大升。明宗十六年（嘉靖四十年　1561），中进士试一等。明年，魁文科别试。除成均馆典籍、司宪府持平，历刑、礼、兵、工曹佐郎等。宣祖朝，升礼曹正郎、弘文馆直提学、江原道按察使、全罗道观察使、礼曹判书、议政府左议政、判敦宁府事等。"辛卯"士祸，因西人党魁，远配江界。"壬辰"乱起，扈从有功，封寅城府院君。以谢恩使朝京，告急辨诬。又因出使谋私，贬归江华卒。谥文清。有《燕行日记》一卷、《松江集》二卷、《续集》二卷、《别集》七卷、《松江歌辞》等行世。事见《松江集别集》卷二至卷三《年谱》、卷五金集《行状》、卷六宋时烈《神道碑铭》与申钦《传》《宣祖实录》《光海君日记》等。

---

① 郑昆寿：《栢谷集》卷 2《又呈兵部尚书石星文》，韩国民族文化推进会编纂《韩国文集丛刊》（影印标点本），韩国民族文化推进会 1994 年版，第 48 册，第 434 页。

案：郑澈一行，专为"三都恢复，疆场再造"之事谢恩。《明神宗实录》是年九月丙寅，亦有朝鲜国王因"三都恢复，疆域再造"，上表谢恩进方物。[1] 然时倭寇仍屯聚釜山，仍有倾荡之危，故虽于五月二十日即具表命郑等出使，然中道时行时停，延之以观形势耳。郑氏返国之后，司谏院启曰："解纷纾难，在于专对。顷者谢恩之行，兵部因经略之报，问贼尽渡海之说，则为使臣者，所当力陈三京虽复，凶贼尚据境上，有鸷鸟敛翼之势，而既不控诉危急之状，及见尚书题本，有面审使臣，委无余倭之言，而亦不痛辨其不然，其不能临机善处之失着矣。"[2] 故弹劾罢其职。实则郑氏在京期间，曾会兵部尚书石星，日记确言郑氏答问称"专为收复三京而来"[3]，然亦言及当时朝鲜国王、王子、军民形势、稼禾歉收、铁铅冶炼、兵器铸造、开商通便以及倭贼仍在釜山诸事，且讨论及明廷留兵诸事，若以全无应对罪之，亦有失偏颇矣。

唯日记又载因国王诰命冕服，皆为贼所抢，希冀明朝补给，为朝廷所允。郑氏以为己功，驰报国王。宣祖传于政院曰："当此讨贼复仇，尚未得为之日，虽着冕服，何所用乎？设使为之先为奏请，然后为之，非陪臣所可擅请。且非予所知，而私自为之，极为未稳。"[4] 此则正如王所言，当此倭寇猖獗，国危时艰之时，虽着冕服，黼黻光华，又何所用乎？其被弹章也宜矣。郑澈亦因是而郁郁不欢，寓居江华，病酒而卒。

又据朝鲜宣祖《实录》，宣祖二十八年（1595），司谏院启："近来奉使上国之臣，不自谨慎，害义辱国者比比，岂不寒心？京畿监司柳根，癸巳年以谢恩副使赴京，与上使郑澈，贷用唐人银两甚多。上年许顼之行，唐人执鞚，唱说不偿之意，其害义辱国，孰加于此乎？请命先罢后推，以惩奉使无状之罪。"[5] 然则郑、柳二氏，在国难当头、生灵涂炭之日，尚贷银以谋私利，则其剔罢也，不亦宜乎！

---

[1] 《明神宗实录》卷264，万历二十一年（1593）九月丙寅条，台北"中央研究院"历史语言研究所1962年版，第57册，第4916页。

[2] 《朝鲜宣祖实录》卷45，宣祖二十六年（万历二十一年 1593）闰11月18日戊戌条，首尔：国史编纂委员会1968年版。

[3] 郑澈：《文清公燕行日记》，林基中编《燕行录全集》，首尔：东国大学校出版部2001年版，第4册，第190页。

[4] 《朝鲜宣祖实录》卷44，宣祖二十六年（万历二十一年1593）11月16日丙寅条，首尔：国史编纂委员会1968年版。

[5] 《朝鲜宣祖实录》卷63，宣祖二十八年（万历二十三年1595）5月1日条，首尔：国史编纂委员会1968年版。

004—1593 崔岦《癸巳行录》(《韩国文集丛刊》第 49 册《简易集》活字本)

出使事由：谢恩兼奏请行

出使成员：正使刑曹判书金晬、副使吏曹参判崔岦、书状官成均馆司艺柳拱辰等

出使时间：宣祖二十六年（万历二十一年 1593）闰 11 月 24 日—翌年 3 月

崔岦（1539—1612），字立之，号东皋，又号简易，本汉京人，晚寓平壤。自幼力学不倦，与李纯仁、李山海、崔庆昌、白光弘、尹卓然、宋翼弼及李珥为友，号"八文章"。明宗十六年（嘉靖四十年1561）文科壮元及第。累典僻邑，益肆力于文章，读《班史》数千遍，遂成一家，尤邃于《易》。为载宁郡守，得廉简之名。又为公州牧使、全州府尹等职。"壬辰"乱后，掌隶院判决事、行骊州牧使、同知中枢府事、江陵府使等。岦家世甚微，而为人简亢，未尝许可一世士。有《周易本义口诀附说》二卷、《简易集》九卷行世。事见《国朝人物考》卷五〇崔锡鼎《墓碣碑》《仁祖实录》《光海君日记》等。

崔岦此次出使，正值"壬辰倭乱"期间，朝鲜派出告亟请兵请粮之使臣，若郑昆寿、郑澈、黄琎、崔岦等，相继而出，播越颠倒，络绎于辽蓟道途，几于摩踵相接焉。先是，宣祖二十六年（万历二十一年1593）十一月十五日，以崔岦为奏请使，郑昆寿以为奏草中"有乞救临戎将官，协同小邦兵力，亟行进剿一款"等，似不全妥，"为国家今日计，似应观势告饥"，另为奏稿。于是君臣复相商策，以为宜曰"观此贼势，万无不剿自归之理，留兵万余，难以敌众。欲更请新兵，而小邦民穷财竭，粮饷接济，极为悯迫。欲并兵粮，而前者赐过银粮，其数已多，不敢干冒再请，闷默拊心而已"云云，则并请兵、请粮之意，在于不言之中，恐或无妨。①前后措辞，屡成屡改。又司谏院启曰："今此谢恩使，非但谢皇上之恩而已，且告国家之急，宗社存亡，系于此行，使价之任，不可不十分慎择。副使郑姬藩，性虽信实，才乏应变；上使崔岦，虽曰能文，名论未洽。请

---

① 《朝鲜宣祖实录》卷44，宣祖二十六年（万历二十一年 1593）11 月 15 日乙丑条，首尔：国史编纂委员会1968 年版。

郑姬藩递差，极栋忠信明敏之人，以充上使，崔岦为副使，以重专对之任。"① 故递以金晬为正使、崔岦为副使出使，翌年三月返国。然则此次使命，为感谢皇恩，极陈贼势，再求明朝发兵剿寇，赐粮疗饥，为崔氏第三次出使矣。

《癸巳行录》见崔岦《简易集》卷六，收诗三十余首，为《燕行录全集》所漏收，此为其三次出使，故诗有"十年三过华表柱，辽鹤不见辽天青"之句②。时为请兵入明，故有"此日再来垂楚泣，唯期西去乞秦师"③，"飞书羽檄殊未已，抱奏血词何所为"等句④，可谓忧国悲怀，如泣如诉。时倭未平，举国荡然，崔氏所见，如龙川"城中二千户，牢落今半百"⑤。返途在殷栗，见"乱后人烟无太半，依然山色满东楼"⑥。诉城郭残破，百姓流离之惨状，可谓沉痛悲怀，忧心惨怛矣。

005—1594崔岦《甲午行录》（《燕行录全集》第4册　刻本）

出使事由：奏请行

出使成员：正使行判中枢府事尹根寿、副使行上护军崔岦、书状官司宪府持平申钦等

出使时间：宣祖二十七年（万历二十二年　1594）8月20日—翌年3月27日

宣祖二十七年（万历二十二年　1594）八月二十日，宣祖遣行判中枢府事海平府院君尹根寿为奏请使，以上护军崔岦为副使、司宪府持平申钦为书状官，前往中国，请粮救饥。崔氏《无聊中戏为》诗注"是行吾实自请"⑦，任身颠连，为国奔波，其情可嘉焉。此行责任重大，宣祖戒谓"我

---

①　《朝鲜宣祖实录》卷45，宣祖二十六年（万历二十一年　1593）闰11月24日甲辰条，首尔：国史编纂委员会1968年版。
②　崔岦：《简易集》卷6《癸巳行录·到辽东……走笔次韵》，《韩国文集丛刊》，第49册，第416页。
③　崔岦：《简易集》卷6《癸巳行录·统军亭感怀》，《韩国文集丛刊》，第49册，第414页。
④　崔岦：《简易集》卷6《癸巳行录·感事》，《韩国文集丛刊》，第49册，第418页。
⑤　崔岦：《简易集》卷6《癸巳行录·龙川赠具郡守》，《韩国文集丛刊》，第49册，第413页。
⑥　崔岦：《简易集》卷6《癸巳行录·殷栗次东楼韵》二首其一，《韩国文集丛刊》，第49册，第418页
⑦　崔岦：《甲午行录·无聊中戏为》其二，林基中编《燕行录全集》，首尔：东国大学校出版部2001年版，第4册，第497页。

国存亡,在此一行,万里须成事而来"。翌年三月二十七日,一行奉敕返国复命焉。①

又据崔氏《偶迭年字韵录奉行右》诗末注称"此行亦有册储之奏"②。《明神宗实录》载是年十一月,朝鲜国王李昖无嫡子,请以庶第二子珲为世子。礼部谓"尚有长子,伦序难淆。李珲现总军务,止可赐敕,以便节制",报可。③ 故敕李珲"总督全、庆军务。积储钱粮,号名壮勇,一应设险置器,练兵守要,俱许以便宜区处,仍督率陪臣权栗,尽心协理"。因此之故,司宪府以尹根寿、崔岦等"奉使天朝,请建国本,事莫重于此者,而未能竭诚周旋,已失专对之责。及其奉敕而还也,所当登时复命,不可一日淹滞,或迟留中路,以济己私;或取便迂道,以挈家眷。遂致迎敕大礼,累次退行。至于公议已发,罪不可掩,则托称畿甸残破,川水涨溢,多费辞说,欺罔圣听,其不有皇敕,奉命无状之状大矣。请并命罢职"④。是则不仅无功,反为有过,所幸国事苍黄,用人之际,未兴大狱,诸人皆安然是幸矣。

案:"壬辰"乱起,宣祖长子临海君为倭寇所虏,大失威信;而光海君李晖代理军务,居功甚威。故自宣祖时,即累度言临海鹰犬是好,货财是贪,所行多过,不堪付托,故请废长立幼,封光海君为世子。宣祖甚谓"中朝不过待其累度陈请,察其一国诚恳方许耳,似不须深辨。再请、三请,犹可十请,宁有不许?今但更申诚恳而已"⑤。然宣祖盖既未料屡请而中朝不准,更未料及光海之昏庸残暴,为前古所无焉。

是卷辑自崔岦《简易集》卷七,共收诗一百一十余首。诗中若"许国微身甘死国,思家细事况无家"⑥,"四万驱凶守五千,王师急我此三年"

---

① 《朝鲜宣祖实录》卷54,宣祖二十七年(万历二十二年 1594)8月20日乙丑条;卷61,宣祖二十八年(万历二十三年 1595)3月27日庚子条,首尔:国史编纂委员会1968年版。
② 崔岦:《甲午行录·偶迭年字韵录奉行右》诗注,林基中编《燕行录全集》,首尔:东国大学校出版部2001年版,第4册,第484页。
③ 《明神宗实录》卷279,万历二十二年(1594)十一月癸卯条,台北"中央研究院"历史语言研究所1962年版,第57册,第5168页。
④ 《朝鲜宣祖实录》卷62,宣祖二十八年(万历二十三年 1595)4月1日癸卯条,首尔:国史编纂委员会1968年版。
⑤ 《朝鲜宣祖实录》卷70,宣祖二十八年(万历二十三年 1595)12月16日甲寅条,首尔:国史编纂委员会1968年版。
⑥ 崔岦:《甲午行录·次迎春堂板上韵二首》其二,林基中编《燕行录全集》,首尔:东国大学校出版部2001年版,第4册,第466—467页。

等①，皆述当时国势以纪事者。时辽东饥馑，所见菜色，岂诗有"一年再渡凌河水，十室八空初冷灰"②，则辽民空腹艰迫可知。而崔氏此行，又为搬兵求粮，见此情景，惭切不已，故有"愧当主辱犹未死，怕被人看知又来"之句。③凡此之类，将朝鲜君臣当时既依赖明朝，又自惭自疚、徒唤奈何之心绪，可谓表露无余矣。

006—1594 申钦《甲午朝天诗》（《韩国文集丛刊》第 71 册《象村稿》活字本）

出使事由：奏请行

出使成员：正使行判中枢府事尹根寿、副使行上护军崔岦、书状官成均馆司成申钦等

出使时间：宣祖二十七年（万历二十二年 1594）8 月 20 日—翌年 3 月 27 日

申钦（1566—1628），字敬叔，少号敬堂，改号玄轩，又号象村，平山人。年十三，即善属词，为柳成龙所赏。宣祖十九年（万历十四年 1586），捷文科。官司宪府监察、兵曹佐郎、刑曹参议、成均馆大司成、汉城府判尹、兵曹判书、礼曹判书等。受知于宣祖，遗教以保护永昌大君。及光海嗣位，以此为罪案，谪春川。仁祖反正，起为吏曹判书兼大提学，遂大拜至领议政。立朝四十年，历扬华显，而疵咎未尝及；经涉危厉，而名义不小玷。士林以此重之。卒谥文贞。有《象村稿》六〇卷《附录》三卷行世。事见《象村稿》卷首《年谱》《附录》卷一至卷二、张维《谥状》、金尚宪《行状》、李廷龟《神道碑铭》、李晬光《墓志铭》《宣祖实录》《光海君日记》《仁祖实录》等。

今考申钦《象村稿》中，凡录燕行诗百一十余首。其卷一〇《龙湾馆度腊》、卷一二《次东皋义州迎春堂韵》、卷一九《过宣川古铜州》等诗，为其前后两次出使时作。又《象村集》卷三七《上李提督书》《答吕参军

---

① 崔岦：《甲午行录·论文论道奈忧愁何顾更有述二首》其二，林基中编《燕行录全集》，首尔：东国大学校出版部 2001 年版，第 4 册，第 485—486 页。

② 崔岦：《甲午行录·小凌河道中二首》其二，林基中编《燕行录全集》，首尔：东国大学校出版部 2001 年版，第 4 册，第 387 页。

③ 崔岦：《甲午行录·马上迭韵二首》其二，林基中编《燕行录全集》，首尔：东国大学校出版部 2001 年版，第 4 册，第 488 页。

应钟书》《与韩布政取善书》《与李提督如松书》二通、《与黄应旸书》二通、《与宋经略应昌书》《与刘总兵挺书》《上广宁都御史李化龙书》《邢军门平倭颂》《邢军门歌谣》《咨宋经略》《回咨刘总兵》《诰命冕服请补赐奏闻》等数十通书奏表笺咨文，卷三八《壬辰倭寇构衅始末志》《本国被诬始末志》《本国被兵志》《诸将士难初陷败志》《天朝先后出兵来援志》，卷三十九《天朝诏使将臣先后去来姓名（记自壬辰至庚子）》等，皆为"壬辰倭乱"期间所撰制之奏章公牍，多载史实始末，于今人研究倭乱，亦颇资参稽焉。

申钦早负重望，力意学古，赅括百家，取材六经，诗骚众体，会极其趣。其诗学步于明嘉陵诸公，与李廷龟、张维、李植被誉为朝鲜中期"汉文四大家"之一。张维论其"为诗不主一格，大抵出于唐人而杂取中晚，以及盛宋诸子，举皆割荣而攘瑜焉"。又古乐府前人所无，而"公为之绰然有余地，古文词遒逸俊发，光芒绚烂，时或步骤皇明诸大家，殆与之角壮而争驱"①。申氏称前次出使时，尹斗寿、崔岦"俱以文章老师，狎执牛耳，道途所在，有唱斯和，余亦附骥其后"②。其与尹、崔二氏之唱酬，尤以与崔为多，二人用东坡七律诗韵，几于每诗必酬，相较角力，正其诗所谓"幸有东皋知己在，晤言犹得趁相携"者也。③《诗话汇编》谓"简易为文，力追古作者，余事于诗，诗亦有奇健出入之句。与象村赴燕，沿路唱酬甚多，其曰'剑能射斗谁看气，衣未朝天已有香'，又曰'乌绕上林无树着，雁遵南浦故洲非'，又曰'终南渭水如相见，武德开元得再攀'，词语精切矫健"。④ 如申氏"龙庭积雪寒生柝，渤海惊风浪接天"⑤，"朔风倒卷长河口，积雪浑迷大野头"等句⑥，亦气象万千，大气磅礴，遒逸俊发，光芒绚烂，不亚于简易。其学博而富，又蕴史才，故诗文用意缜密，才具自足。唯一意学古，不能化之，略显拘滞，而少流动之气。较之嘉陵诸家，声调亦不甚相合矣。

---

① 申钦：《象村稿》卷首张维《象村先生集序》，《韩国文集丛刊》，第71册，第258页。
② 申钦：《象村稿》卷12《次东皋义州迎春堂韵》，《韩国文集丛刊》，第71册，第407页。
③ 申钦：《象村稿》卷12《次东皋丰润途中韵二首》其一，《韩国文集丛刊》，第71册，第410页。
④ 《诗话汇编·本朝五》，沈鲁崇编《（静嘉堂本）大东稗林》，第32册，第192页。
⑤ 申钦：《象村稿》卷12《次月汀千字韵》，《韩国文集丛刊》，第71册，第409页。
⑥ 申钦：《象村稿》卷12《次东皋鞍山道中次东坡龟山韵》，《韩国文集丛刊》，第71册，第409页。

007—1596 柳思瑗《文兴君控于录》(《燕行录续集》第 102 册 钞本)

出使事由：奏闻行

出使成员：正使刑曹参判郑期远、书状官司宪府掌令柳思瑗等

出使时间：宣祖二十九年（万历二十四年 1596）11 月 12 日—翌年 3 月 13 日（还渡鸭江）

柳思瑗（1541—1608），字云甫，号景晤，一作暻晤，文化人。宣祖朝，官至户曹正郎、司宪府掌令、户曹参议、高城郡守、汉城府右尹等。因"壬辰倭乱"期间奏请有成，封宣武三等功臣，文兴君。有《文兴君控于录》存世。事见李恒福《白沙集》卷二《文兴君柳公墓志》、李象秀《峿堂集》卷二三《文兴君柳公神道碑铭》《宣祖实录》等。

案：柳思瑗《文兴君控于录》，《燕行录续集》第一〇二册收有版本三种，编者题为《文兴君控于录》、《写本文兴君控于录》与《印本文兴君控于录》。其稿实为"丙申使行闻见事件"，以日记体裁，记载往来闻见诸事，逐日开列，中朝九卿科道等官上本中事涉于发兵征倭者，日下书录，皆因通报传誊，其有阙误处，亦不敢改正焉。

据《宣祖实录》，柳氏一行自王京离发，乃十一月十二日事也①。其书所记则自十二月初六日渡江，翌年正月十四日抵玉河馆，二月十五日发自北京，迄于三月十三日返抵义州。每日行程，所记颇略，而在北京之事，则所记为详。凡先后呈文兵部、六科、九卿以下会议等处文，以及往兵部尚书石星私第呈情事，皆详记之。其称倭贼屯据釜山，六年于兹，变诈百出，终始叵测，今清正再复率兵来侵，国势殆危，请求明朝调集大势兵马，及浙直福建船兵，兼请山东粮饷，以支援朝鲜。时兵部以为，于日本讲封，已越五载，罢兵少费，又复三年，朝鲜君臣，不痛加振励，积饷练兵，以为预备之计，乃一经虚喝，便自张皇驰报乞哀，趾措于道。然中国各部兵马，俱有专责，抽调未易，招募尤难，经由大海赴朝鲜，是以远水救近火，必无及矣。夷考元时兴兵数万，渡海征倭，论无余策，可谓殷鉴。"今该国所请，不知练兵，长以中国之兵为兵；不自积饷，长以中国之饷为饷。已享其逸，而令人居其劳；已享其安，而令人蹈其危。即小邦

---

① 《朝鲜宣祖实录》卷 82，宣祖二十九年（万历二十四年 1596）11 月 12 日甲辰条，首尔：国史编纂委员会 1968 年版。

不能得之于大邦，况属藩可得之于天朝乎?"① 仍行辽东督抚诸臣，将防事宜作会议具奏，以为之计。柳思瑗等闻讯，乃再度呈文各部，坚乞出兵焉。

时明朝有兵部署科事刑科左给事中徐成楚、吏科给事中刘道亨、河南御史周孔教、大小九卿六科十三道户部尚书杨俊民等、江西道御史黄纪贤、礼部给事中张正学、文华殿中书赵士桢等，连篇累牍，上奏弹劾石星，以为"朝廷予封关白，原为保全朝鲜，其保全朝鲜，原为捍卫中国"，今若"中国不援而置之，是明弃朝鲜也"。设若"倭知中国不救，则益肆猖獗，朝鲜不得中国一臂之力，则立见危亡，撤自己之藩篱，引虎狼于堂奥，噬脐何及"。② 周孔教称倭有"八欺"，石星有"五误"，请罢石星，以发救兵。二月初九日，万历帝合九卿科道会同议事，朝鲜使臣跪泣求救。时石星欲参与其中，科道对面切责，且曰"今日所议事也，尚书何敢得与"?③ 后终于议决，再度出兵援朝焉。

初，礼部谕促朝鲜使臣反国复命，柳氏等以为"本国危迫，兵部前后题本，殊非急救之意，陪臣宁枯死馆下，以何辞归报国王"④。此时终得出兵之策，遂于二月十五日，亟发北京。明廷以前都督同知麻贵为备倭总兵官，统南北诸军。三月，以山东右参政杨镐为佥都御史，经略朝鲜军务。以兵部侍郎邢玠为尚书，总督蓟、辽、保定军务，经略御倭。八月，倭破朝鲜闲山，遂薄南原，副总兵杨元弃城走，倭逼王京。九月，逮前兵部尚书石星下狱，论死。后朝鲜光复，大封功臣，郑期远、权悏、柳思瑗等，以请出兵，封为効忠仗义宣武三等功臣，柳氏封文兴君。其末《别录》一条，则记辽东沿路所见，朝鲜人多有随明将在军中者也。是稿所录，皆当时明朝兵部及诸臣奏议全文，于研究"壬辰倭乱"间事，极有裨益矣。

---

① 柳思瑗：《文兴君控于录》，《兵部覆本》，林基中、夫马进编《燕行录全集日本所藏编》，首尔东国大学校韩国文学研究所2001年版，第1册，第19页。
② 柳思瑗：《文兴君控于录》徐成楚奏本，《燕行录全集日本所藏编》，首尔：东国大学校韩国文学研究所2001年版，第1册，第20—22页。
③ 柳思瑗：《文兴君控于录》，《燕行录全集日本所藏编》，首尔：东国大学校韩国文学研究所2001年版，第1册，第31页。
④ 柳思瑗：《文兴君控于录》，《燕行录全集日本所藏编》，首尔：东国大学校韩国文学研究所2001年版，第1册，第30页。

008—1597 权悏《石塘公燕行录》(《燕行录全集》第 5 册　刻本)

出使事由：告急行

出使成员：告急使佥知中枢府事权悏等

出使时间：宣祖三十年（万历二十五年　1597）1 月 24 日—8 月 6 日

权悏（1553—1618），字思省，号石塘，安东人。生而颖卓。宣祖十年（1577），中谒圣科第四名。官司宪府执义、广州牧史、黄海道观察使、汉城府右尹、司宪府大司宪、全罗道巡察使、礼曹判书等。"壬辰倭乱"期间，充告急使请兵于明朝。因功封吉昌君。光海君八年（1616），复以老年再充谢恩使入燕。晚节杜门却扫，不与朝贵相往还。卒谥忠贞。有《石塘公燕行录》行世。事见《石塘公燕行录》末附赵绚《神道碑铭》《宣祖实录》《光海君日记》等。

案：宣祖三十年（万历二十五年　1597），倭寇"清正踵至，带兵船六十余只，装载一万余众，分据机张西生等处，又丰茂守带兵船六十余艘续到竹岛，其他别起贼船，逐日络绎出来，小邦危亡之势，迫在朝夕"[①]。故于正月二十四日，宣祖引见佥知中枢府事告急使权悏，谓"速为请兵，以清釜贼"。权氏受命，不带副价，亦无转输之物，"受命疾驱，才一月到京师"。自二月初十日渡江，三月初二日抵京，五月二十日返义州，八月六日返京复命。[②] 又光海君八年（万历四十年　1616），权悏又以冬至正使，偕副使金止男、书状官李忠养赴明，为其第二次入燕也。

是书封面左上方题"石塘公燕行录"，全书无序跋，然抄写工整，字大疏朗。末附赵绚撰权氏《神道碑铭》。全稿以日记体裁，逐日记事，尤详于其到京后奔走告急诸情状，"呈咨奏，雀立兵部门下，痛陈本国出入豺牙状，泪随言下，观者激仰"[③]。后又回禀兵部侍郎李桢等问及朝鲜山川夷险道路经纬，为盗所据若何，本国扼防者若何，峙粮几何，坐甲几何，等等，并画朝鲜详细地图以进。又请朝廷速发南兵及粮饷，以及硝黄、角弓等物，捆载以归，可谓居功不小。所谓"君子以为其敏可及，其忠不可

[①] 权悏：《石塘公燕行录》，林基中编《燕行录全集》，首尔：东国大学校出版部 2001 年版，第 5 册，第 14—15 页。

[②] 《朝鲜宣祖实录》卷 84，宣祖三十年（万历二十五年　1597）1 月 24 日乙卯条；又卷 91，8 月 6 日甲子条，首尔国史编纂委员会 1968 年版。

[③] 权悏：《石塘公燕行录》末附赵绚《神道碑铭》，林基中编《燕行录全集》，首尔：东国大学校出版部 2001 年版，第 5 册，第 5—99 页。

及",喻之子产与申包胥,"益信诵诗之才,远胜止戈之烈"①。从中可见当时朝鲜对明朝之依赖,自发兵至粮饷、兵器诸物,几乎无所不求,而求之又莫不盼即速打发。而明朝待朝鲜之厚,亦正如本书所引兵部侍郎李桢所言:"你是一家!你是一家!你所愿兵、粮两件事,俱系紧急,当即打发。"② 又曰:"你是一家同室之人,有急难何可不竭力救之,毋用谢为。"③ 是明朝君臣之忧恤属国,感同身受,今日读来,仍德薄云天矣!末附当时在玉河馆设市购买硝黄等项,账目详细,可见当时诸种物品之价格,乃大有助于研究经济史之史料也。

009—1598 李恒福《朝天日乘》(《燕行录全集》第 8—9 册 刻本)

出使事由:陈奏行

出使人员:正使右议政李恒福、副使工曹参判李廷龟、书状官成均馆司艺黄汝一等

出使日期:宣祖三十一年(万历二十六年 1598)10 月 21 日—翌年闰 4 月 13 日

李恒福(1556—1618),字子常,号弼云,晚号白沙,又号东冈,庆州人。宣祖十三年(万历八年 1580)登谒圣科。入艺文馆,学于李珥。"壬辰倭乱"时,为刑曹判书兼都总管、兵曹判书,力主赴明朝求出兵救援,扈驾西行,划策出谋,厥功甚伟,封鳌城府院君。又官吏曹判书、四道体察使兼都元帅、议政府右议政、领议政等。光海君时,因事见废,卒于谪所。后谥文忠。有《白沙先生集》二三卷《附录》七卷、《鲁史零言》一五卷行世。事见《白沙先生集》《附录》卷一《年谱》、卷二朴《家状》、卷三张维《行状》、申钦《神道碑铭》、李廷龟《墓志铭》《宣祖实录》《光海君日记》等。

"壬辰倭乱"期间,万历二十五年(宣祖三十年 1597)十二月,经略杨镐会总督邢玠、提督麻贵议进兵方略,分四万人为三协,合攻蔚山。倭败,奔据岛山,结三栅城外以自固,坚守以待援。官兵四面围之,其地泥淖,且时际穷冬,风雪裂肤,士无固志。明年正月,倭寇行长救兵骤

---

① 权悏:《石塘公燕行录》末附赵䌹《神道碑铭》,林基中编《燕行录全集》,首尔:东国大学校出版部 2001 年版,第 5 册,第 101 页。
② 权悏:《石塘公燕行录》,林基中编《燕行录全集》,第 5 册,第 29 页。
③ 权悏:《石塘公燕行录》,林基中编《燕行录全集》,第 5 册,第 43 页。

至。镐大惧,狼狈先奔,诸军继之。贼前袭击,死者无算,辎重多丧失。是役也,谋之经年,倾海内全力,合朝鲜通国之众,委弃于一旦,举朝嗟恨。镐撤兵还王京,与总督邢玠诡以捷闻。诸营上军籍,士卒死亡殆二万,镐大怒,屏不奏,止称百余人。时赞画主事丁应泰闻镐败,抗疏尽列败状,言镐当罪者二十八、可羞者十。帝震怒,欲行法。首辅赵志皋营救,乃罢镐,令听勘,以天津巡抚万世德代之。时朝鲜力保杨镐为不可罢,应泰遂以朝鲜私筑城池事奏上。朝鲜呈奏辨诬,奏文即廷龟所制,见《月沙集》卷二二《筑城事辨诬别奏》一文。应泰复奏杨镐死党及朝鲜君臣党结镐,欺抗皇上,且谓朝鲜世居倭户,往招诸岛倭奴起兵,同犯天朝,夺取辽河以东,恢复高丽旧土,且其获朝鲜《海东记略》,朝鲜与日本献纳互市,俱有实迹,待日本诸使殷勤备至等语。万历帝闻奏,下廷臣议,且遣给事中徐观澜前往朝鲜查问焉。

朝鲜闻之,宣祖闭合待罪,席槁不视事,举国震悚,群心冤愤欲死。时将差出辨诬使,以兵曹判书李恒福升右议政为陈奏上使,洪履祥为副使、宋驲为书状官。恒福以为其于行文,尤非所长。副使洪履祥,亦与己无异,而宋驲自少无表能文之名。今此赴京,事机多端,则必随事呈禀于各衙门,否则不得通情,请以弘文馆校理申钦为书状官差遣。宣祖以为申钦所制咨帖,不至太好,意今之善于词命之文者,莫如李廷龟。观其为文,写出肺腑,曲尽诚恳,蕴藉典重,此真能文之士;其为人也,亦颇有计虑。遂以廷龟升工曹参判代副使抱病前往,而以黄汝一为书状官同行焉。一行于宣祖三十一年(1598)十月二十一日,拜表离发王京,迟滞于翌年闰四月十三日,方返国复命焉。①

此《朝天日乘》所记,即李恒福偕李廷龟、黄汝一陈奏使行期间所纂日记。起自万历二十六(1598)年十月二十一日辞朝,迄于四月二十二日还渡江。李氏记辽东一路,"东征事起,一路车马凋弊,守驿之官,至于典衣贳马,广宁尤甚"②。返程宿抚宁县,见"关内连岁大饥,流民满道,有老妇行乞过门,泣且言有子年今十八岁,前月卖与城里家,受银一钱

---

① 《朝鲜宣祖实录》卷105,宣祖三十一年(万历二十六年 1598)10月21日癸酉条;卷112,宣祖三十二年(万历二十七年 1599)闰4月13日辛卯条,首尔:国史编纂委员会1968年版。

② 李恒福:《朝天日乘》,林基中编《燕行录全集》,首尔:东国大学校出版部2001年版,第8册,第478页。

半，未过十日已吃尽无余，此后吾亦无策。村氓卖子者在在皆然，多不过三四钱，小或一钱，气象甚惨"①。则其所记，与黄汝一所述日记相合耳。

又其返程在怀远馆，见入朝作战之四川将领刘提督手下朝鲜尚州人权鹤来见，言遭乱流离，为刘家军，曾随入洛，欲潜回国，被觉搜得银二百两，不得还。备陈四川风俗人物，且言"我随刘爷东征西伐，所历多矣，以我所见，鞑子易与尔，海鬼差强，至于倭子最强难敌。顺天之役，泗川官军见海鬼先登者，及见倭子莫不失色，计功之时，得首级最多，皆是朝鲜人化为汉军者。泗川兵勇敢虽不下鲜人，临战痴直不若鲜人之知形势，故首级必下于鲜人，自是刘爷尤重鲜人，堤防甚密，不令逃逸。然鲜人随刘爷渡江者，不下三百人，经年留本国，百计逃逸，失亡甚多云"②。此等史料，有实有虚，皆不见于中、朝史籍者也。

010—1598 李恒福《朝天记闻》（《燕行录全集》第 8 册　刻本）

此为李恒福陈奏出使期间所撰札记十余条，亦辑自《白沙集》卷二三，收录于《朝天日乘》之前，盖原为一卷，而编辑者分为二耳。所记兼及算卦人、卖纸人、卖书人、壬辰乱后朝鲜人入辽东、辽东人因不堪重税而充鞑子者、朝廷修乾清坤宁两宫大兴土木诸事，及中朝两国筑城用沙用砖之不同等事。其论在会同馆时，有鞑子五百余人，十分之八九为辽人，彼称"胡地风俗，比中国十分醇好，无赋役，无盗贼，外户不闭，朝出暮还，自事而已，其与居辽役役不暇者，苦乐悬殊，苟活目前，不思逃归耳"③。而返程行至广宁，时一城商贾皆罢市，列肆寂然，则因"都御史李植将拓地于辽右，驱出鞑虏，筑城于旧辽阳，发民起城役，加征科外商税，至于人家间架皆有税，以助其役，辽民仍大怨，一时废肆"。又"路见辽民，数百为群，陆续荷锸而过，云是筑城役夫。到辽阳细闻曲折，所谓旧辽阳，距今辽阳二百余里，土饶草丰，为胡人牧马之地。自此达于山海关，最为直路。前此李成梁上本欲驱出胡人，以筑城以戍之，东征事起，竟不行。今东事已完，故李植遵前议而绍述之耳，非植所自建议

---

① 李恒福：《朝天日乘》，林基中编：《燕行录全集》，第 8 册，第 498 页。
② 李恒福：《朝天日乘》，林基中编：《燕行录全集》，第 8 册，第 503—504 页。
③ 李恒福：《朝天记闻》，林基中编：《燕行录全集》，第 8 册，第 457 页。

者"。① 又论明乾清、坤宁两宫之修,用材奢极,射利之徒,攘臂而起,民生为艰。时虽万历中叶,但朝政腐败,贪黩横行,百姓流离失所;而满洲竟为民所乐居,崛起在即,人心所尚可见。而明廷平定倭乱后,一时无力再战,辽东局势已呈"山雨欲来风满楼"之势矣。

又谓时朝鲜重创之后,鲜人避地流入中国者颇多,又连岁大饥,时总兵刘綎久驻两南,两南流民皆就佣于军中,名曰"帮子"。得延余命,殆将万余。及刘军撤回,仍随渡江,自是辽广一带,朝鲜男妇牛马,殆将半焉,识者深以为慨然。自此往往逢鲜人,不计其数,此外所不能知者何限。② 此可知壬辰倭乱后,鲜人入中国之情状,又知后来"帮子""高丽帮子""高丽棒子"之说,其渊源自来久矣。

011—1598 李廷龟《戊戌辨诬录》(《韩国文集丛刊》第 69 册《月沙集》刻本)

李廷龟(1564—1635),字圣征,号月沙,晚以北宋名臣韩琦语,名其亭曰保晚,号保晚亭主人。其先出于唐中郎将茂,从苏定方平百济,留仕新罗,赐籍延安,遂世为延安人。宣祖十八年(万历十三年 1585)进士,二十三年登第。历事宣祖、光海君、仁祖三朝,官至兵曹正郎、工曹参判、礼曹判书、户曹判书、兵曹判书、知中枢副使、刑曹判书、议政府右议政等。在宰列凡四十年,九长春官,再典文衡。气度英爽,见识通明,平生无疾言厉色,常持大体,专务包容,然人或以模棱短之。为文虽高文大册,操笔立成,似不经意而出,辄脍炙人口,与张维、李植、申钦等被誉为朝鲜中期"汉文四大家"。卒谥文忠。有《月沙集》六三卷《附录》五卷《别集》七卷行世。事见《月沙集·附录》卷二赵翼《行状》、卷四李植《墓志铭》、卷五金尚宪《神道碑铭》《宣祖实录》《光海君日记》《仁祖实录》等。

《戊戌辨诬录》一卷,辑自《月沙集》卷二一。李氏此行乃随陈奏使李恒福入中国,一行入北京,呈奏稿于兵部,则兼尚书萧大亨谓使臣何来之迟,皇上见丁应泰奏稿及《海东记略》,置诸香案,日待朝鲜奏辨。诸部阅奏稿,以为朝鲜奏疏告君无隐,乃礼义之国。皇上览奏,令兵部会同

---

① 李恒福:《朝天记闻》,林基中编:《燕行录全集》,首尔东国大学校出版部2001年版,第8册,第460—462页。
② 李恒福:《朝天记闻》,林基中编:《燕行录全集》,第8册,第454—456页。

九卿科道相议于东阁。廷龟遂于一夜之间，构草各衙门呈文，译官李翌晓等，分写三十九件，进呈于东阁诸臣，诸臣阅后，大加赞赏，遂使其冤大白于天下。即所谓"至京纳奏，又诣阁部省寺科道，皆有奏记，三十九篇，公悉为之。庭臣覆奏：该国奏文，明白洞快，读之涕泞泞欲下。得旨：应泰私忿妄讦，几误大事，着回籍听勘。该部移咨慰谕本国，俾知朕终始字恤德意"。皇上降下明旨，洞辨快雪，廷龟等差人飞报本国，东征大小将领，皆来庆贺云云。①

案：此所谓"奏记三十九篇"者，即《月沙集》卷二十一至二十五诸文，乃当时在北京所上呈文、奏文、咨文、揭文等。前附《赞画丁应泰奏本》，后有《丁主事应泰参论本国辨诬奏》一文，即当时呈奏之文也。另若《呈徐给事文》，乃以议政府领议政柳成龙等之名所撰；《百官呈监军御史陈效文》，则又以领敦宁府事李山海等之名义所撰；而《呈阁老诸衙门文》《呈兵部文》等，即当时在北京所撰也。末附《皇朝覆题》《兵部咨文》二道，则当时雪冤时明朝诸臣会议等文字也。而卷二十二《被诬辨明奏》《经理杨镐被参撤还请留奏》《请全给折色奏》《留后处饷事宜奏》《请留兵奏》《请诰命冕服奏》《贡献人参乞用把参奏》《请世子冕服奏》《陈慰奏》等奏文十三篇，卷二十三《移咨杨经理》《回咨万经理》《咨礼部》等十六篇，卷二十四《正朝贺邢军门启》《揭杨经理》《贺揭麻提督》等三十六篇，卷二十五《回揭祖总兵》《揭蓝游击》《揭董提督》等三十四篇，卷五十七《钦赐焰硝弓角谢恩表》《秋贺皇太子笺》《皇太子册立颁诏后谢恩表》等，卷五十九《呈阁老礼部科官文（甲辰册封奏请使时，在北京作）》《呈阁老礼部科官文》《呈抚院文》《呈军门文》等，《别集》卷三之《经略前呈文》《礼部呈文》《兵部再呈文》等，卷五之《答熊御史书》《答叶署丞书》《答陈相公书》等，前后凡百五十余篇，或作于前后出使时，或撰于壬辰乱中，或制于乱后处理善后诸事宜，可谓簪笔国事，文案奏牍，累累如是也。

廷龟为文，如云行水逝，未尝见推敲辛苦之色。虽金石之文，应制之作，率皆使人操笔口号以成，不加点缀，不似经意，而出辄脍炙人口。每接见天将，以御前传译入侍，汉文汉语，皆应答如响。时天将满城，接遇连日，既奔走接遇。又酬酢文书，其制作多在公厅纷扰之中，或立书口

---

① 金尚宪：《清阴先生集》卷25《李文忠公神道碑铭》，《韩国文集丛刊》，第77册，第335页。

号,夜以达曙。文辞敏捷,写出肺肝。汉城东大门关王庙初成,宣祖同天将往奠,仓促行出,特命廷龟亟制祭文,廷龟承命立制以进,有"凤眼虬髯,森然若见;赤兔偃月,新回酣战"等句,深得称赏。又邢军门玠生日,承命制贺帖以进,有"属兹初辰,时维九月。辕门昼静,北海之樽常盈;幕府秋清,南楼之兴不浅"等句,宣庙大喜。凡此诸般,皆壬辰战事间往来文书,事涉重大,极为紧要,皆可作史文读也。

012—1598 黄汝一《银槎日录》(《燕行录全集》第 8 册　刻本)

黄汝一(1556—1622),字会元,号海月轩,平海人。宣祖九年(1576),中司马试。十八年,擢别试乙科。为艺文馆检阅、奉教等。"壬辰"乱起,以军功拜刑曹正郎,入都元帅权栗幕,为司宪府掌令、醴川郡守等。光海君朝,任吉州牧使、昌原府使、东莱府使等。所在兴学训教,除俸劝课。以工曹参议还京,大臣荐以朝,为不悦者沮。遂归海上,筑海月轩以终老。有《海月先生文集》一四卷行世。事见《海月先生文集》卷一四权万《行状》、李光庭《墓碣铭》《宣祖实录》《光海君日记》等。

案:此《银槎日录》三卷,辑自黄汝一《海月先生文集》卷一〇至卷一二,为黄氏于宣祖三十一年(1598)十月,随李恒福入中国陈奏辨诬期间所纂日记。卷首《奏文》,实为李廷龟所制,详见前李廷龟《戊戌辨诬录解题》。[①] 后《日录》部分,间有缺页钞补者。黄氏于返国途中,右耳风痛,数日痛楚,几不能行。又时值辽东大旱,沿路所见,"自抚宁以西,人民饥困,饿殍载道,持筐器拾草实者相望于野,至榛子则尤甚,有僧日乞钱粮,私赈流民三百余口。盖因关内两年失农,前年大旱大荒,民无所食。今年若又不稔,则将有人相食之变矣"[②]。返程至山海关,见"闾民饥甚,至有卖妻鬻子而亦不得为命,十数岁儿直不过一二两金,而人不乐买之。惨矣!"[③] 又见"关内大饥,主事挂榜,令卖鬻妻子者,许于辽东往来转卖,虽有各天之势,亦莫非王土,要以便宜救活为务"[④]。又过海州卫,

---

[①] 又见《朝鲜宣祖实录》卷105,宣祖三十一年(万历二十六年 1598)10月21日癸酉条,首尔:国史编纂委员会1968年版。

[②] 黄汝一:《银槎日录》,林基中编《燕行录全集》,首尔:东国大学校出版部2001年版,第8册,第311页。

[③] 黄汝一:《银槎日录》,林基中编《燕行录全集》,第8册,第435页。

[④] 黄汝一:《银槎日录》,林基中编《燕行录全集》,第8册,第436—437页。

"东征回军陆续道路，见辄骂之曰：'你国对贼之时，以大米厚遇之；贼退之后，以小米薄送之，用心极不好。'所言有不忍闻者。往往或有殴辱下人者"①。又卷末《记闻》称"天灾时变，通古所无。皇极灾，乾、坤两宫又灾，黄河中渴，太山中裂四十里，宠开刑人，监收店税，天下骚然。贿赂公行，有识退藏。皇长子，李妃生，为人松。陈妃又生一子。次子郑妃生。郑妃苏州人，专宠后宫，子亦称贤，上颇欲为副，以此尚未立春宫云。礼部右侍郎朱国祚训之云：大起乾、坤之役，征敛无艺，天下称之曰'朝廷爷爱钱不爱民'。又民间奢侈成风，虚文日增，所见多有隐忧。呜呼！叹哉！海寇杨一龙又叛，南边不靖，北鞑又盛，再见偾将之辱，北境可虑"②。

案：从黄汝一所记载可知，辽东局势，已危如累卵。经"壬辰倭乱"，日本实力大损，卷甲收兵，短期难以再犯；而明廷为抗倭战事所累，未遑他顾；满州羽翼，日渐丰满；朝鲜微弱不堪，势难再振。黄氏所忧，不数十年，即为残酷现实，旋辽东陷落，长城失守，清兵入关，明朝覆亡。而朝鲜亦复两度受祸，签城下之盟，为清人之属国。东北亚之局势，改天换地，其祸延至今日，尚未有已。读史至此，令我辈扼腕顿足，而慨叹难已矣！

（陈教授守忠老以期颐极寿，舒然鹤归。先生高弟子李教授华瑞兄等征稿四方，以纪念先生百年诞辰，不才永祥曾有幸亲聆陈先生"宋史专题"课程，陪侍左右，受教实多，并谬为先生奖掖。岂料三十余年，倏然而逝，而学植荒疏，老大无成，有负先生也多矣！今勿草此文，以报先生之深恩。悲哉哀夸，典型云亡。先生已矣，洪德长存！陇右漆永祥百拜哀泣于庚子霜降前二日）

---

① 黄汝一：《银槎日录》，林基中编《燕行录全集》，第8册，第445页。
② 黄汝一：《银槎日录》，林基中编《燕行录全集》，第8册，第449—450页。

汉代张汤家风、家教与家族赓续

对外经济贸易大学马克思主义学院　张小锋

长期以来，学术界多将张汤作为汉代法家代表人物和著名"酷吏"而予以研究；近年来张汤"少年英才""两袖清风"以及家族250余年赓续不绝的传奇，受到学者越来越多的关注，特别是随着2002年、2008年张汤及其子张安世墓葬的先后发现，学术界掀起了对张汤及其家族研究的新热潮。

目前研究张汤家族、家风家教的论著值得注意的有梁艳强《两汉张汤家族研究》[1]、申超《汉代张安世家族兴盛考》[2]、谭慧存《从张汤—张安世家族看汉代官僚政治》[3]、卢鹰《西汉司法监察长官张汤之家风传承》[4]、王安宇《从"为人多诈"到"推贤扬善"——〈史〉、〈汉〉张汤"历史形象"变化辨析》[5]、陈智君《张汤的法制活动对西汉统一的影响》[6]、常桦瀚《谈西汉"酷吏"张汤的功过是非》[7]、刘立祥《张安世谦恭低调的做人为官之道》[8]、陈德才《三代皇帝重用张安世》[9]等。纵观这些论著，仍然多着眼于张汤的政治生涯、法律才干乃至"将张汤家族当作标本意义的政治家族"[10]，对其他领域的意蕴探究仍有不逮。事实上，张汤作为"早

---

[1] 梁艳强：《两汉张汤家族研究》，硕士学位论文，湖南大学，2010年。
[2] 申超：《汉代张安世家族兴盛考》，《南都学坛》2013年第6期。
[3] 谭慧存：《从张汤—张安世家族看汉代官僚政治》，《史学月刊》2016年第6期。
[4] 卢鹰：《西汉司法监察长官张汤之家风传承》，《人民法院报》2017年12月8日第7版。
[5] 王安宇：《从"为人多诈"到"推贤扬善"——〈史〉、〈汉〉张汤"历史形象"变化辨析》，《齐齐哈尔学院学报》2014年第3期。
[6] 陈智君：《张汤的法制活动对西汉统一的影响》，《兰台世界》2017年第23期。
[7] 常桦瀚：《谈西汉"酷吏"张汤的功过是非》，《法制与社会》2013年第3期。
[8] 刘立祥：《张安世谦恭低调的做人为官之道》，《领导科学》2015年第34期。
[9] 陈德才：《三代皇帝重用张安世》，《领导科学》2015年第30期。
[10] 谭慧存：《从张汤—张安世家族看汉代官僚政治》，《史学月刊》2016年第6期。

慧"儿童、炙手可热的"三公"却获"牛车之祸"、其子张安世"举贤达能，岂有私谢"的训诫，以及后嗣张延寿"减户徙封"、张临"桑霍为我戒"的言行事迹等内容，均是探究汉代家风、家教和童蒙教育的宝贵资料。笔者拟就此问题做一探讨，不妥之处，祈望方家批评。

一 "张汤劾鼠"与张汤之父教子

西汉武帝时期的张汤是一个充满"矛盾"、颇多争议的历史人物，他既是酷吏，也是廉吏；他对圣上既"怀诈面欺"，也忠贞不贰；他既"巧排大臣自以为功"，又"推贤扬善"。比较一致的看法是，张汤是一名治狱断案的行家里手。他的才华初现是儿时的"劾鼠"事件。

《史记》卷122《酷吏列传》和《汉书》卷59《张汤传》记载：张汤的父亲曾担任长安丞，有一次外出，父亲让还是儿童的张汤看护家舍。当父亲归来时，却发现家里的肉被老鼠偷走了，父亲很生气，认为张汤没有看好家舍，怨怒之下笞打了张汤。张汤深感委屈，便掘开鼠窟，抓住老鼠，找到余肉，举行了一场像模像样的审判老鼠和量刑定罪的"公堂审理"，最后老鼠被分尸处死。在此过程中，汉代司法审判中的所有程序无一遗漏，"劾（鼠）""掠治""传爰书""讯鞫""论报""取（鼠与肉）""具狱""磔（堂下）"等环节样样俱全。此时恰好被父亲撞见，再看张汤写的审判文书，"文辞"与具有多年经验的"老狱吏"不遑相让，心中大为惊奇。于是就让张汤认真学习写作断狱的文书，开启了将张汤培养成断狱英才的教育历程。张汤的父亲死后，张汤子承父业，成为一名"长安吏"，开启了自己的"律政人生"。

很多学者从"张汤劾鼠"中看到了张汤的天资聪颖、司法天赋；也有一些学者从中看到了张汤的残忍冷酷。事实上，"张汤劾鼠"更多地反映了张汤之父对子嗣教育的重视和投入。不可否认，天赋异禀、无师自通的神童也许代不乏人；但就张汤而言，如果没有父亲平日的身教言传、耳濡目染，张汤恐怕很难成长为一位司法干才。同样，张汤的父亲也是一位善于教育孩子的典范，他作为一名长安丞，擅长断案，娴于狱讯，在获知"张汤审鼠"的原委和经过后，没有将其视为儿子行为乖张的一场荒唐"闹剧"，反而从中发现了儿子的兴趣和天赋。可能意识到自己此前不分缘由笞打儿子的做法欠妥，张汤之父改为鼓励和支持儿子，更加投入地教育张汤学习狱书。显然,"张汤劾鼠"前,张汤之父对张汤的成长是无意识地、无目的地影响、沁润;而"张汤劾鼠"后,张汤之父对张汤的成才则是有意识地、有目的地教育培养,二者在张汤日后的成长成才中所产生的影响是不可同日而语的。可以说,张汤之父是张汤成为"律令学"大家的第一任导师。

秦汉时期的"律令之学"极为发达,学子研习"律令"也是改变身份、进入仕途的重要途径。卫宏《汉旧仪》记载,汉武帝元狩六年(前117),令丞相设四科取士,博选异能。其中第三科就是"明晓法令,足以决疑,能案章覆问,文中御史"。把"律令才能"作为人才辟除的考核标准。汉代的童蒙教育中,"律令之学"的相关知识也占据了较大的比重,邢义田指出:从汉代的蒙学教材《急就篇》看,"汉代的识字教本里包含了初步的律令治狱知识"[①]。张汤之父教育和引导张汤勤学法律,不仅与当时的时俗、潮流合拍,而且也符合童蒙教育的规律,这一切,均为张汤日后的成长打下了基础。

"张汤劾鼠"一事发生在张汤儿时的家中,除当事人张汤及其父外,无人知晓。而此事能被后人广为传颂,并载入史册,一定是张汤之父对家人和世人津津乐道的结果,而这更是激励张汤奋发前行的动力。

张汤之父在史载虽未留下名讳,但其重视孩子教育、善于发现孩子兴趣、爱好并予以精心培养的做法,是值得借鉴的。自张汤之父始,其家族始终隆盛,成为汉代政坛上少有的不倒翁家族,这与张氏家族重视子女教育不无关系,而这一良好家风传统毫无疑问,是自张汤之父肇始的。

二 "牛车之祸"与张汤之母立"训"

张汤自初任长安吏起,步步迁转,历官内史掾、茂陵尉、丞相史、侍御史、太中大夫、廷尉、御史大夫。他的升迁荣宠,既有其才能干练、勤勉尽责的原因,也有机遇和时势造就的因素。张汤是汉武帝朝举足轻重的人物,位列"三公",他和赵禹共同制定过"律令",先后负责审理过汉武帝陈皇后"巫蛊"案、皇族淮南王、衡山王、江都王等人谋反等大案要

[①] 邢义田:《秦汉的律令学——兼论曹魏律博士的出现》,《治国安邦:法制、行政与军事》,中华书局2011年版,第39页。

案，深得汉武帝倚重。特别是在汉武帝用兵匈奴的关键时期，国库空虚，战事日紧，急需大量的财力来支撑之际，他"承上指，请造白金及五铢钱，笼天下盐铁，排富商大贾，出告缗令，锄豪强并兼之家"①，成为汉武帝治国理政的坚定支持者，为汉王朝摆脱政治危机、走向辉煌做出了不容忽略的贡献。"（张）汤每朝奏事，语国家用，日旰，天子忘食。丞相取充位，天子事皆决汤。"②张汤曾生病时，武帝亲自前往其舍中探望，其受宠程度和在"中枢"中的作用一度盖过了丞相庄青翟。汉武帝元鼎二年（前115），张汤遭到对其素存积怨的丞相"三长史"朱买臣、边通和王朝的联名构陷，难以对簿公堂③，最后在狱中被迫自杀。

常言说，"三年清知府，十万雪花银"。然张汤自景帝末年担任长安吏④，到任御史大夫七年去职，宦海数十载，但是张汤死的时候，家里的财物总共不超过五百金，都是自己的俸禄和皇帝的赏赐所得。其清廉之状，实在令人慨叹，太史公赞其足以为"廉者仪表"。

张汤官场多年，树敌太多，"自公卿以下，至于庶人，咸指汤"⑤，但是知子莫若母，张汤之母对张汤所作所为十分清楚，她始终认为张汤是忠诚于天子的，张汤是含冤而死，他的冤狱应该由天子来昭雪。

张汤死后，他的兄弟和儿子们都想厚葬张汤，然而张汤的母亲却反对说："（张）汤为天子大臣，被恶言而死，何厚葬为！"于是张汤最终"载以牛车，有棺无椁。"汉武帝闻听此事后，由衷地感叹道："非此母不能生此子。"

"汉代厚葬之风特盛"⑥，世人一般均会尽力为逝者办理一个相当体面的葬礼，而且"家弥富，葬弥厚"。《盐铁论·散不足篇》描述当时的丧葬习俗是："死以奢侈相高"，"厚葬重币者则称以为孝"，且不论殡葬仪式和

---

① （汉）班固：《汉书》卷59《张汤传》，中华书局1962年版，第2641页。
② （汉）班固：《汉书》卷59《张汤传》，第2641页。
③ 之所以言其"难"者，是因为张汤实无其罪，但他素来按照武帝意志行事，并因此摧辱大臣甚多，引起不少大臣的指责和构难，众口嚣嚣，汉武帝迫于压力，只好将张汤下狱治罪，以塞众心。张汤虽身陷囹圄，自觉问心无愧，只盼对簿公堂，用法律事实来说话，但武帝却没有给他这个机会，其而派赵禹前往探狱，暗陈武帝旨意，在明白了武帝的处境之后，张汤自杀而死。临死之时，直呼"三长史"是害死自己的罪魁祸首。实质上，张汤是代天子受过，是为掩饰天子行为而死。张汤之死原委，《汉书》卷59《张汤传》有详细记载，第2643—2645页。
④ 参见林剑鸣《张汤评传》，《西北大学学报》1985年第2期。
⑤ 《史记》卷122《酷吏列传》，中华书局1982年版，第3140—3141页。
⑥ 杨树达：《汉代婚丧礼俗考》，上海古籍出版社2000年版，第81页。

· 652 ·

瘗埋之物，就连棺椁质材也相当考究，"富者绣墙题凑，中者梓棺楩楠"。张汤死前两年，即元狩六年（前117），汉武帝极为赏识和倚重的大臣骠骑将军霍去病英年早逝，汉武帝极为哀伤，以帝国最高规格的葬礼来下葬，史书记载："天子悼之，发属国玄甲军，陈自长安至茂陵，为冢象祁连山。谥之，并武与广地曰景桓侯。"①

母送子丧，何其痛哉。张汤的母亲是一个富有主见、个性鲜明的母亲，她没有向天子讨要说法，而是采用一个更为有力的做法，坚持用"牛车送葬"、下葬时仅"有棺"而"无椁"，成为汉代丧葬史上"薄葬"的典型，这与霍去病盛大壮观的葬礼形成极大的反差。三国时期李康《运命论》称："盖讥汲黯之白首于主爵，而不惩张汤牛车之祸也"，用"牛车之祸"概括了张汤宦海抑扬的悲喜剧。

学者多惊叹于张汤之母的坚强、英明，但未明张汤之母此举的深意。事实上，张汤之母的做法，一是再次彰显了张汤为官清廉的形象。张汤生前清廉为官，两袖清风，死后以薄葬入土，更符合张汤的性情趣好；若厚葬，反而会贬损张汤生前的清廉形象。二是为圣明天子树"镜鉴"。张汤一生忠于主上，勤于政务，最后却不得善终，受到宿敌诬陷含冤而死。张汤冤狱，不啻为"汉武盛世"的一记耳光，揭露了政坛的残酷无情，映照了圣上的"昏庸""寡恩"。让公忠体国、勤勉尽责者荣宠，让奸佞祸国、尸位素餐者贬损，是圣明君主一味追求的理想政治环境。"雄才大略"的汉武帝自然深晓其中道理，洞明张汤之母用意，于是为张汤昭雪，便成为箭在弦上之势。很快，"尽按诛三长史"；丞相严青翟闻讯，自知罪责难脱，自杀而亡。三是为张汤家族立训诫。张汤的悲剧与张汤为官时的锋芒太露、树敌太多、权势太盛不无关系。"木秀于林，风必摧之。"张汤作为御史大夫，但是权势却长时间地超过了丞相，成为天子最为信任的臣子，这本身就埋下了取败的祸胎。张汤之母"牛车葬子"，其用意就是告诫张汤家族子嗣，为官不仅要勤勉尽责，而且不能揽权太重，要懂得"水满则溢，月盈则亏"的道理；只有牢记"牛车下葬"的凄冷，才能避免"牛车之祸"的惨剧。

学界常常喜欢探究张汤家族二百五十余年长盛不衰的原因，殊不知，张汤之母的"汤为天子大臣，被恶言而死，何厚葬为"主张和"牛车下

---

① 《史记》卷111《卫将军骠骑将军列传》，第2939页。

葬"的举动，本身就是一个无言的家训，是张汤家族始终秉持不废的精神财富。

三 "举贤达能，岂有私谢" 与张安世行事

对于张汤之死，汉武帝是负有责任的。为了弥补和抚慰张汤家族，汉武帝以任子之例用张汤之子张安世为郎[①]。张安世获得"郎"这一身份，只是取得了立足官场的一个进身之阶，并不意味着从此就可以平步青云；要想悠游宦海，主要还要看其自身的素质和政治表现。

张汤与其父一样，对子女教育也极为重视，要求甚严。张安世具有超强的记忆能力，博闻强识，"善书"，这与张汤对其早年教育密不可分。汉武帝曾出游河东，丢失了图书三箧，遍问群臣及随员，但无人能对出书中内容，只有张安世能背诵全文，并全部抄写出来。后来又购得了三箧图书，与张安世抄写的书校对，竟然完全相同，汉武帝惊为奇才，擢升其为尚书令，后迁光禄大夫。

张安世在汉武朝三十余年间，"精力于职，休沐未尝出"。昭宣时期，张安世成为仅次于霍光的重要谋臣；昭帝初政时期，张安世拜右将军，封富平侯。昭帝崩后，他与大将军霍光谋立宣帝有功，益封10600户，张安世的三个儿子"皆中郎将侍中"。霍光死后，他被汉宣帝任命为大司马车骑将军，后改封为大司马卫将军。在汉宣帝麒麟阁十一位功臣中位列第二。张安世死后，"天子赠印绶，送以轻车介士，谥曰敬侯，赐茔杜东，将作穿复土，起冢祠堂"[②]。

有人认为，张安世是苦闷而终的，他与汉宣帝"君臣间关系过度紧张"，不得不"想尽各种办法隐藏自己的锋芒"，造成这种局面的"最主要的原因还在于宣帝迫使他不得不如此"[③]。这种观点是值得讨论的，且不论张安世对宣帝的忠诚是绝对值得信赖的，张安世没有霍光权倾朝野、废立君主的权势和阅历，宣帝也没有对张安世透露出任何的怀疑、猜忌和嫌

---

① 《汉书》卷11《哀帝纪》注引应劭曰："任子令者，《汉仪注》，吏二千石以上视事满三年，得任同产若子一人为郎。"第337页。张安世兄张贺此前已追随卫太子，深得信任，仕途有望，故张安世得到了任子为郎的机会。
② 《汉书》卷59《张汤传·赞》，第2653页。
③ 崔建华：《如履薄冰的卫将军张安世》，《文史天地》2011年第8期。

恶；仅就宣帝与张安世的哥哥张贺、张安世的小儿子张彭祖的特殊关系来推论①，宣帝与张安世的君臣关系不可能是紧张的②，宣帝不可能对张安世造成巨大的压力，从而导致其苦闷而死。

也许是祖母"牛车葬子"的一幕时刻提醒，张安世为人"忠信谨厚"，"匿名迹远权势"，处世谋事都极为谨慎。

张安世曾举荐一人升迁，其人履职后特来答谢，张安世大恨，以为"举贤达能，岂有私谢"，竟从此和此人断绝了来往。张安世的这一言论，不仅为食禄之君"推贤进能"悬拟了标杆，更为张氏后世子嗣在宦海中沉浮立下了训诫。在张安世的心目中，作为食朝廷俸禄的官员，为国家推荐贤才、为贤达成长铺路，是天经地义的事；如果受推荐、提携之人，因此而私下表达谢忱，不但因此带坏了官场风气，而且也容易为后代子嗣假借公权、培植私恩埋下祸根。

张安世父子封侯，食邑超万户。但是，张安世自奉俭约，平素在家只穿黑色粗丝做的衣服，夫人亲自纺线织布。家中僮仆皆劳作治产，没有游手好闲者，由此也导致家境殷厚。他因此上书皇帝，要求辞去官家俸禄，当时官方的账本上，记着张家未领的钱达百万之数。

"自昭帝封安世，至吉，传国八世，经历篡乱，二百年间，未尝遣黜，封者莫与为比。"③ 若从张汤之父任长安丞算起，直到东汉安帝永初三年（109），张汤后裔张吉死后"无子，国除"，张汤家族"在政坛上连续任职跨越三朝，共十一代，历时二百五六十年之久"④，成为政坛上的奇观。班固惊叹"汉兴以来，侯者百数，保国持宠，未有若富平者也"⑤。洪迈《容斋随笔》说："汉列侯八百余人，及光武而存者，平阳、建平、富平三侯耳。建平以先降梁王，永夺国。平阳为曹参之后，富平为张安世之后，参犹有创业之功，若安世则汤子也，史称其推贤扬善，固宜有后，然轻重其

---

① 《汉书》卷59《张汤传》记载："初，安世兄贺幸于卫太子，太子败，宾客皆诛，安世为贺上书，得下蚕室。后为掖庭令，而宣帝以皇曾孙收养掖庭。贺内伤太子无辜，而曾孙孤幼，所以视养拊循，恩甚密焉。及曾孙壮大，贺教书，令受《诗》，为取许妃，以家财聘之。""及宣帝即位，而贺已死……上追思贺恩，欲封其家为恩德侯，置家冢二百家。贺有一子早死，无子，子安世小男彭祖。彭祖又与上同席研书。"第2651页。

② 《汉书》卷68《霍光传》记载："宣帝始立，谒见高庙，大将军光从骖乘，上内严惮之，若有芒刺在背。后车骑将军张安世代光骖乘，天子从容肆体，甚安近焉。"第2958页。

③ 《后汉书》卷35《张纯列传》，中华书局1965年版，第1200页。

④ 谭慧存：《从张汤—张安世家族看汉代官僚政治》，《史学月刊》2016年第6期。

⑤ 《汉书》卷59《张汤传》，第2657页。

心,杀人亦多矣,独无余殃乎!汉侯之在王莽朝,皆不夺国,光武乃但许宗室复故,余皆除之,虽鄮侯亦不绍封,不知曹、张两侯,何以能独全也。"

四 "张氏兴矣"与减户封徙、"桑霍为戒"

张安世"忠信谨厚"的人格魅力不仅赢得了武、昭、宣三朝君主的认可,而且也深深地影响到子嗣的为人处世。

家风家教之好坏,关乎整个家族兴衰。汉代人十分注重家风的培养,班固在《汉书》中借霍光之口,阐述了家风家教关乎家族兴衰的哲理。张安世长子张千秋继承了乃父的遗风,不仅勤勉尽责,而且博闻强识。《汉书》卷59《张汤传》记载:"初,安世长子千秋与霍光子禹俱为中郎将,将兵随度辽将军范明友击乌桓。还,谒大将军光,问千秋战斗方略,山川形势,千秋口对兵事,画地成图,无所忘失。光复问禹,禹不能记,曰:'皆有文书。'光由是贤千秋,以禹为不材,叹曰:'霍氏世衰,张氏兴矣!'"

窥一斑而知全豹,睹一人而晓家风。从张千秋言行举动上,可以反映出张安世对子嗣教育重视、治家有方。霍光一句"霍氏世衰,张氏兴矣",既道出了霍光对张安世教育子女的认同,也道出了其对自己家室管束、子嗣教育的缺位和无奈。霍、张两家的兴衰沉浮,成为西汉中期乃至中国历史上家风家教成败的典型素材。

学者在探讨两汉家族兴衰时,多喜欢用张汤、张安世与杜周、杜延年两个家族来对比;殊不知,最具对比性的是霍光与张安世两个家族,因为霍光与张安世,均历经三朝,是宣帝麒麟阁臣名列第一与第二的人物,两个家族中一个二世而灭,一个累世相传,最具典型性和代表性,班固用"霍氏世衰,张氏兴矣"一句,实质是暗含了家风好坏相互比照的玄机。

作为汉武帝病榻托孤重臣的霍光,有拥昭帝、废昌邑、立宣帝之功。可以说,没有霍光的拥戴,宣帝就不可能由"仄陋而登至尊"[①]。宣帝即位之初,霍氏势力臻于极盛,不但其家族成员盘踞朝廷各要职,而且朝廷中许多重臣或出自霍光门下,或与霍氏家族关系密切,形成了"党亲连体,

---

① 《汉书》卷89《循吏传》,第3624页。

根据于朝廷"①的政治局面。功高震主且家教疏漏，无疑是家族覆亡的"烈性毒药"。

霍光家风不济、子弟不孝的弊端，在霍光生前尚不显现；但是到了霍光晚年逐渐凸显②，在霍光死后达到了总爆发。诚如吕思勉云："史言光死后显及禹、云、山等骄侈殊甚，然实非自光死后始。"③

《汉书》卷68《霍光传》记载，霍光死后，儿子"（霍）禹既嗣为博陆侯，太夫人显改光时所自造茔制而侈大之。起三出阙，筑神道，北临昭灵，南出承恩，盛饰祠室，辇阁通属永巷，而幽良人婢妾守之。广治第室，作乘舆辇，加画绣茵冯，黄金涂，韦絮荐轮，侍婢以五彩丝挽显，游戏第中。初，光爱幸监奴冯子都，常与计事，及显寡居，与子都乱。而禹、山亦并缮治第宅，走马驰逐平乐馆。云当朝请，数称病私出，多从宾客，张围猎黄山苑中，使苍头奴上朝谒，莫敢谴者。而显及诸女，昼夜出入长信宫殿中，亡期度。"

霍光死后，宣帝加剧了削弱、限制乃至铲除霍氏势力的行动，霍禹等人甚感不妙，竟然滋生了密谋杀魏相、许广汉，"废天子而立霍禹"的疯狂行动，事尚未发动，宣帝便采取了行动，调霍山为玄菟太守、霍禹故长史任宣为代郡太守，霍云获"坐写秘书"之罪，"谋逆"阴谋被揭穿，子侄霍云、霍山④、女婿范明友畏罪自杀，霍禹被腰斩，其他党亲皆弃市，"与霍氏相连坐诛灭者数千家"。霍氏势力被一洗而空。⑤造成这一人间悲剧，与霍光本人难脱干系。班固赞曰"光不学无术，闇于大理，阴妻邪谋，立女为后，湛溺盈溢之欲，以增颠覆之祸，死财三年，宗族诛夷，哀哉！"⑥学者总结霍光家风不正的原因为：于妻有失约束、于子关爱不当、

---

① 《汉书》卷68《霍光传》，第2948页。
② 霍光晚境对妻子、故旧、家属庇护之事渐多，失去了以前公正严谨、不循私、不护短的持政风格。如《汉书》卷68《霍光传》记载："宣帝始立，立微时许妃为皇后。显爱小女成君，欲遣之，私使乳医淳于衍行毒药杀许后，因劝光内成君，代立为后……始，许后暴崩，吏捕诸医，劾衍侍疾亡状不道，下狱。吏簿问急，显恐事败，即具以实语光。光大惊，欲自发举，不忍，犹与。会奏上，因署衍勿论。"第2952页。
③ 吕思勉：《秦汉史》，上海古籍出版社1983年版，第157页。
④ 关于霍山、霍云的真正身世，参见拙文《霍山霍云身世蠡测》，《南都学坛》2003年第3期。
⑤ 拙著：《西汉中后期政局演变探微》（天津古籍出版社2007年版）第三章"宣帝政治与霍光家族"对于霍光取败灭族之经过有详细论述，可参看，第72—177页。
⑥ 《汉书》卷68《霍光金日磾传·赞》，第2967页。

于女溺爱过度，颇有道理。①

俗谚有云："富不过三代"。霍光家族的兴衰史准确地诠释了家风不正是家门不幸的根本原因。而与霍光家族形成鲜明对照的是张氏家族。霍光妻、子、侄、婿贪恋财物权势、奢侈淫乱，而张氏子嗣则恰恰相反，谨慎内敛、淡泊名利。

张安世二子张延寿亦受父亲影响，虽位列九卿，甚为尊贵，但并不奢华，看轻财物富贵，多次请求减少户邑，张安世三子张彭祖当面向皇帝陈述其兄请求，诚望允准。《汉书》卷 59《张汤传》记载：张延寿承袭了父亲张安世的爵位和封国，"国在陈留，别邑在魏郡，租入岁千余万。延寿自以身无功德，何以能久堪先人大国，数上书让减户邑，又因弟阳都侯彭祖口陈至诚，天子以为有让，乃徙封平原，并一国，户口如故，而租税减半"。主动减户、接受徙封的行为，体现的是谦让不争的家风传承，对当时的社会风尚无疑具有示范意义。《大学》云："一家仁，一国兴仁，一家让，一国兴让。"

张延寿的孙子张临尚敬武公主，但为人谦恭，崇尚节俭。"每登阁殿，常叹曰：'桑、霍为我戒，岂不厚哉！'"临死之时，将家产分于宗族故旧。张临口中的"桑、霍为我戒"毫无疑问是以桑弘羊、霍光家族为鉴戒的；意在教育子嗣，且不可跋扈张扬。

桑弘羊是武帝托孤的重臣之一，其才智和能力超迈他人，他不仅是武帝时的风云人物，而且是汉昭帝时期的显赫权要②，但是后来不知自制、利欲膨胀，为与霍光争权竟然走上了谋反的道路。元凤元年（前80）上官桀父子伙同桑弘羊、燕王旦和盖长公主等人密谋打倒霍光、废去昭帝，但是阴谋未遂，霍光尽诛上官父子、桑弘羊、丁外人宗族，燕王、盖主皆自杀。③

无论是张千秋、还是张延寿父子，均表现出良好的修身持家的品格，体现出张氏家族的淳厚家风。

---

① 杨守涛：《霍光家族沉浮的"廉洁齐家"启示》，《中国党政干部管理论坛》2016 年第 6 期。
② 关于桑弘羊的功过和一生行事，参看晋文《桑弘羊评传》，南京大学出版社 2011 年版。
③ 拙著：《西汉中后期政局演变探微》第一章第三节 "武帝托孤与内外朝势力平衡格局的破坏"有详述，可参看。天津古籍出版社 2007 年版，第 39—50 页。

五 "恭俭自修""节俭行义"的张纯父子

张汤的第七代子孙张纯一改其父张放的作风,以一种全新的家风形象名世,他知书懂礼,是重整张氏家族不可忽略的人物,也是张汤家族中最具有儒家底蕴的人物。

张纯所处的时代是西汉篡亡、新莽忽灭、东汉复建的时代。汉王朝自成帝以降,虽然江河如下、矛盾叠加,但社会上对儒学的重视却日益加强,要想在末世保持家势不颓,就必须敦儒重教,与时俯仰。

自汉武帝"罢黜百家、独尊儒术"之后,儒学日炽,"习儒通经成为豪族与权力结合的重要途径,仕途是否畅通和习儒通经密不可分"[1]。汉元帝以后,汉代的治国思想彻底发生了转变。自幼承习儒学的元帝以"纯任德教"为治国指导思想,从而使儒术真正意义上被"独尊"起来。在此环境下,一大批儒生纷纷涌入朝廷权力机构,从而使元帝政治呈现出明显的"儒生"化倾向。元帝而下,儒生政治色彩日渐浓重。"经术苟明,其取青紫如俯拾地芥耳。学经不明,不如归耕"[2]成为天下士子的共识,"遗子黄金满籝,不如一经"[3]成为社会上流行的谚语。王莽正是在儒生的拥戴下登上了至尊宝座。东汉更是继承了西汉儒学发展的态势,刘秀本人出于太学,好学不倦,其对儒学极为推重。处于这样的社会环境中,张汤家族自然受其熏染。虽然,张汤家族没有出现以通经名世的大家,但是张纯的儒学修为也颇为深厚。

《后汉书》卷34《张纯列传》记载:"张纯少袭爵土,哀平间为侍中,王莽时至列卿。遭值篡伪,多亡爵土,纯以敦谨守约,保全前封。"新莽政权昙花一现,东汉建立,张纯审时度势,归依刘秀,恢复了原有的爵位和封邑。"(建武)五年,拜太中大夫,使将颍川突骑安集荆、徐、扬部,督委输,监诸将营。后又将兵屯田南阳,迁五官中郎将。"在光武扫平群雄过程中发挥了积极作用。论功行赏时,有司说"列侯非宗室不宜复国",光武帝却为之破例,说"张纯宿卫十有余年,其勿废,更封武始侯,食富平之半"。正如学者分析指出:"新的东汉王朝急需他所代表的社会势力作

---

[1] 崔向东:《汉代豪族研究》,武汉崇文书局2003年版,第168页。
[2] 《汉书》卷75《夏侯胜传》,第3159页。
[3] 《汉书》卷73《韦贤传》,第3107页。

为政权基础，也需要他个人突出的官僚素养以佐助政务。"①

汉朝经王莽篡乱、绿林赤眉起义冲击，社会混乱，纲纪坠废。东汉始立，恢复秩序、重建典章制度，迫在眉睫。张纯作为西汉和新莽旧臣，对典章制度十分熟悉，在光武政治中发挥了特殊的作用。光武帝每次对西汉的典章制度有疑问时，就会去拜访张纯。史书记载："纯在朝历世，明习故事。建武初，旧章多阙，每有疑议，辄以访纯。自郊庙婚冠丧纪礼仪，多所正定。帝甚重之，以纯兼虎贲中郎将，数被引见，一日或至数四。"除了为光武帝解答礼仪制度方面的疑问外，张纯还多次向光武帝上书，积极建言献策。"禘祫之祭"作为国家大典，废坏已达八年之久，张纯建言恢复，光武欣然采纳。《汉书》卷59《张汤传》评价"（张纯）恭俭自修，明习汉家制度故事，有敬侯遗风"。张纯敏锐地察觉到，东汉政权经过三十年的发展，政权稳固，经济富足，百姓"家给人足"，已走到"崇尊礼仪""既富而教"的阶段，于是上书立辟雍、建名堂、兴教育，这一建议与大儒桓荣不谋而合，被光武帝采纳。

建武三十年（54），张纯以风烛残年之躯，与群臣联袂上书光武行封禅大典，虽遭到光武帝明诏反对②，但却点燃了光武帝内心封禅的欲望之火。中元元年（56），光武帝东巡岱宗，举行封禅大典，成为继秦始皇、汉武帝之后，第三位举行过封禅大典的帝王；并特让张纯"以视御史大夫之职"参与封禅，尊享了一个臣僚百年难遇的最高荣光。同年三月，张纯薨逝。可以看出，张纯之于光武，俨然叔孙通之于高帝，而这可能是光武器异张纯的深层原因。

张纯后官拜大司空，班列三公，勤勉尽责，勠力推贤进士。"在位慕曹参之迹，务于无为，选辟掾史，皆知名大儒。"至此"张氏在汉代政坛的身份已经从文法吏顺利转型为士大夫世家"③。

张纯临终之际，留下遗嘱，他敕家丞曰："司空无功于时，猥蒙爵土，身死之后，勿议传国。"也就是说自己在司空的位置，并没有为朝廷建过

---

① 谭慧存：《从张汤—张安世家族看汉代官僚政治》，《史学月刊》2016年第6期。
② 《后汉书志》卷7《祭祀上》记载："建武三十年二月，群臣上言，即位三十年，宜封禅泰山。诏书曰：'即位三十年，百姓怨气满腹，吾谁欺，欺天乎？曾谓泰山不如林放，何事污七十二代之编录！桓公欲封，管仲非之。若郡县远遣吏上寿，盛称虚美，必髡，兼令屯田。'从此群臣不敢复言。"中华书局1965年版，第3161页。
③ 谭慧存：《从张汤—张安世家族看汉代官僚政治》，《史学月刊》2016年第6期。

多少功劳，不值得蒙受皇恩，嘱托子侄不要上书提议继承封国之事。父亲有敕，儿子不能不从。张纯临终之举，也是为子孙立家规。张纯对光武政权特别是重建帝国统治秩序方面建功甚伟。光武帝主动下诏，让张纯子张奋继承爵位封国。帝诏与父敕内容相违，张奋"称纯遗敕，固不肯受"。光武帝"以奋违诏，敕收下狱，奋惶怖，乃袭封。永平四年，随例归国"。张奋不得已只好袭封。

张奋继承了家族家风，虽"官至司空"，但"在位清白"；同时，节俭行义、乐善好施，品行值得称道。《后汉书》卷 34《张纯列传》称："奋少好学，节俭行义，常分损租奉，赡恤宗亲，虽至倾匮，而施与不怠。"

六 家风传统与家族赓续

张汤家族二百五十余年间长盛不衰。原因何在？对此，学者言人人殊。有人认为："张汤家族的兴衰，完全取决于他们的官职与爵位即政治地位。随着政治地位的丧失，这一家族的社会影响力也随之衰微。"① 有人将张汤家族作为官僚化和世官化的豪族，始终保持着与权力的联系，是其家族赓续的重要原因②。也有人从家风、政治立场、关键人物、儒家化、婚姻关系、善待宗族等六个方面来归因③。笔者认为，这些原因均有其道理，但未中鸿鹄，归根结底，是其家族始终保有良好的家风。

张汤家族家风不是始一建之的，而是在岁月的长河中不断丰富和发展的。这种家风不是某一或几个的优异表现，而是历代家族子孙代代恪守的训诫，是一种无言的教育，具有润物无声的独特作用，是维系和支撑一个家族长盛不衰的最宝贵的财产。

张汤家族家风到底是什么？有学者指出，"张氏家族拥有忠诚、谨慎的家风"④，也有学者归纳为"忠信谨厚、推贤扬善"⑤。事实上，张汤家

---

① 梁艳强：《两汉张汤家族研究》，硕士学位论文，湖南大学，2010 年，第 12 页。
② 崔向东：《汉代豪族研究》，第 161—162 页。
③ 申超：《汉代张安世家族兴盛考》，《南都学坛》2013 年第 6 期。
④ 申超：《汉代张安世家族兴盛考》，《南都学坛》2013 年第 6 期。
⑤ 卢鹰：《西汉司法监察长官张汤之家风传承》，《人民法院报》2017 年 12 月 8 日，第 7 版。需要指出的是：该文中认为张临的儿子张放"深受汉元帝宠爱，生活豪奢，淫逸无度，经常与汉元帝同卧同起""难割难舍"等，显然是将汉元帝与汉成帝搞错了，与张放荒唐、出格的皇帝是"汉成帝"，而非"汉元帝"。

族家风不唯忠诚谨慎，还包含着重视子女教育、勤勉尽责、廉洁简朴等内容；而最值得关注者，是忠诚不贰。可以说，忠于主上是张汤家族一以贯之的家风传统。

观张汤一生行事，虽毁誉叠加于身，但其对汉武帝的忠诚却是毋庸置疑的。张汤子张贺作为武帝卫太子的心腹，毕其一生拥护太子，纵使在"巫蛊之祸"后，太子兵败自杀、其势力悉数铲除、人人唯恐避之不及的情况下，张贺还能尽心养护卫太子遗骨刘病已，其忠贞之行，日月可鉴。张安世一生事武帝、昭帝、宣帝，均能尽心竭力，从不忤逆主上。纵使被人们视为张汤家族的"另类"子孙张放，也是与成帝忠诚不贰，一致演绎出"天子娶妇、皇帝嫁女"的典故，引来世人的讥讽①，成帝死后不久，张放竟因思慕成帝哭泣而死。这种特殊的感情常常遭到世人的批驳，但从另一方面来看，这何尝不是张汤忠于汉武帝的翻版呢。张纯忠于光武、张奋忠于主上，也是秉持着张汤家族忠于主上的训条。纵观两汉历史，累代传家者，均是忠诚主上，如金日䃅家族、杜延年家族以及弘农杨氏、扶风班氏、博陵崔氏、汝南应氏、江夏黄氏等家族，无不如此；而曾经显赫的家族如霍光家族、桑弘羊家族，均因谋逆叛上而身败名裂、家族覆灭，就是明证。

张汤家族"基本上都敦谨而不露锋芒。张安世'笃行'，张延寿'厚重'，张临'谦俭'，张纯'恭俭自修'、'敦谨守约'，张奋'节俭行义'，这些都是后人对张汤家族成员的评价"②。质言之，张汤家族具有忠诚谨慎、推贤进士、廉洁简朴、施而不奢和重视子女教育的良好家风传统，这是维系家族二百五十余年赓续不废的最重要原因。

"家风不仅仅惠泽一个家庭，甚至影响到国家、民族。家风好，则民风好、国风好、整个社会风气都好。"③ 张汤家族的发展历史是两汉世家大族沉浮兴衰的缩影；其家风传承是两汉时期家风、世风的映照，是历代世家大族传习和仿效的典范，同时也是探究两汉家族教育的宝贵素材。

---

① 汉成帝经常在张放的陪同下微服出访，自称张公子，被时人讥讽，当时有童谣曰："燕燕，尾涎涎，张公子，时相见。木门仓琅根，燕飞来，啄皇孙。皇孙死，燕啄矢。"汉成帝还与张放有"断袖之欢"。
② 梁艳强：《两汉张汤家族研究》，硕士学位论文，湖南大学，2010年，第18—19页。
③ 肖斌：《弘扬家风 传播中国特色正能量》，《党史博采（理论）》2017年第12期。

士林华选
——唐代博学鸿词科研究*

首都师范大学历史学院　金滢坤

唐朝国运兴盛，得益于制度创新，最为突出的就是对科举制度的不断发展和创新，形成了以常举、科目选和制举三大类科目体系，构成了种类多样、不拘一格选拔人才的制度。在隋唐"偃武修文""以文取士"的大环境下，知识分子出路狭小，多以入仕为宦为正途。因此，唐朝自高宗以后，选人增多与员阙有限的矛盾不断凸显[1]，为了缓解铨选压力，吏部在铨选试判的基础上，陆续设置平判入等科、书判拔萃科和博学鸿词科[2]，以及三史、三传、三礼等科，总称"科目选"[3]，以选拔不同类型的人才。学界一般认为鸿词科为吏部最高科目，设置时间开元十九年（731）[4]，面向"格限未至"的选人，以缓解《循资格》带来的选人"屈滞"问题[5]。其实，鸿词科设置之后，很快变为解决及第进士释褐问题的最重要科目，此科及第者优于授畿县尉、校书郎和两府参军等最为清显的

---

* 本文系2016年度国家社科基金重大项目"中国童蒙文化史研究"（项目号：16ZDA121）阶段性成果之一。

[1] 参见宁欣《唐代选官研究》，台北文津出版社1995年版，第12—14页。

[2] 博学鸿词科，在史籍中或称"博学鸿词科""博学宏辞科"，或简称"鸿词科""宏辞科""鸿词科"等，"宏""鸿"互通，"词""辞"互通，本文在论述过程中一概用简称"鸿词科"。

[3] 详见金滢坤《略论中晚唐科举考试中的"五科"考试》，《北京联合大学学报》2012年第1期。关于吏部科目选的性质，可参见傅璇琮《唐代科举与文学》（陕西人民出版社1986年版，第497页）、刘海峰《唐代教育与选举制度综论》（台北文津出版社1991年版，第125页）等。

[4] 详见徐松《登科记考》卷5，开元五年条，赵守俨点校，中华书局1984年版，第188页；槻木正：《博学宏词科、書判科の実施について—「循资格」を手懸りとして—》，《关西大学法学論集》第37卷4号，1987年，第123—156页；吴宗国：《唐代科举制度研究》，辽宁大学出版社1997年版，第104—111页；等等。

[5] 参见《通典》卷15《选举典三》，王文锦等点校，中华书局1988年版，第361—362页。

释褐官，从而步入"八俊"升迁图，进而直登卿相。但长期以来学者多未注意到鸿词科的这一真正功能和价值，相关研究多集中在对鸿词科设置时间和原因的梳理、考证等方面，未能解决其最核心的问题。[①] 本文拟在前贤研究的基础上，梳理鸿词科考试的内容、考官的选任，重点对此科及第与及第进士者释褐的关系进行探讨，并就其仕途前景作深入分析。

一　考试内容与及第情况

关于鸿词科考试内容，刘海峰认为试诗、赋、议论各一篇，[②] 但未做具体考证。《通典》云："选人有格限未至，而能试文三篇，谓之'宏词'。"[③] 唐人往往用"三篇"指代鸿词科。如《唐摭言》云，何扶，太和九年（835）及第，明年，"捷三篇"。[④]"捷三篇"即指宏词登科，"三篇"指诗、赋、论。《册府元龟》云，大中十二年（858）三月中书舍人李潘知举，"放博学宏辞科陈琬等三人，及进诗、赋、论等"。[⑤]

目前能够确切考订鸿词科考诗、赋和议论"三篇"试题的年份，只有贞元九年（793）、十年。宋人洪兴祖《韩子年谱》引《科第录》载，贞元九年鸿词科试《太清宫观紫极舞赋》《颜子不贰过论》。[⑥]《玉海》记载："贞元九年，宏词试《太清宫观紫极舞赋》。李观、裴度。"[⑦]《文苑英华》收录了张复元、李绛的《太清宫观紫极舞赋》。[⑧] 宋人陈振孙在《李元宾集》下注云："唐太子校书江东李观元宾撰，观与韩退之贞元八年同年进

---

① 详见槻木正《博学宏詞科、書判科の実施について—「循資格」を手懸りとして—》，《関西大学論集》第37卷4号，第123—156页；根本誠：《唐代選の構造と機能について》，《史観》第79册，1969年，第177—201页；鳥谷弘昭：《唐代前期の選挙論議について》，《史正》第5·6号，1978年，第101—114页；松本明：《唐の選挙制に関する諸問題—特に吏部科目選について—》，《鈴木俊先生古稀記念東洋史論叢》，東京：山川出版社，1975年，第391—414页；鳥谷弘昭：《裴光庭の〈循資格〉について》，《立正史学》第47号，1980年，第47—62页；鳥谷弘昭：《唐代の吏部科目選について》，《立正史学》第71号，1992年，第29—43页；黄正建：《唐代吏部科目选》，《史学月刊》1992年第3期；吴宗国：《唐代科举制度研究》，第104—111页；王勋成：《唐代铨选与文学》，中华书局2001年版，第268—310页。

② 参见刘海峰《唐代教育与选举制度综论》，第124页。

③ 《通典》卷15《选举典三》，第362页。

④ 王定保：《唐摭言》卷3《今年及第明年登科》，上海古籍出版社1978年版，第28页。

⑤ 《宋本册府元龟》卷641《贡举部·条制三》，中华书局1989年版，第2109页。

⑥ 徐松：《登科记考》卷13，贞元九年，第482页。

⑦ 《玉海》卷107《音乐·唐紫极舞》，台北：大化书局1977年版，第2039页。

⑧ 《文苑英华》卷125《赋·道释》，中华书局1966年版，第571页。

士，明年试博学宏词，观中其科，而愈不在选。《颜子不贰过论》，其年所试文。"①《文苑英华》还收录了崔宗、张复元的《恩赐耆老布帛》二首，②应为贞元九年鸿词科所试诗。洪兴祖《韩子年谱》引《科第录》云：贞元十一年，"试《朱丝绳赋》、《冬日可爱诗》、《学生代斋郎议》"。③《文苑英华》有庾承宣《朱丝绳赋》、韩愈《省试学生代斋郎议》，下注："韩愈，贞元十年。"同书还收录了陈讽、庾承宣的《冬日可爱诗》两首，在陈讽下注："贞元十年及第。"但庾承宣下注误作"贞元八年及第"。④ 显然，韩愈在贞元十年鸿词科及第，试《朱丝绳赋》《冬日可爱诗》《学生代斋郎议》。

现存唐代鸿词科考试内容，赋最多，诗次之，议论很少见。最早所见的鸿词科试赋为开元二十二年《公孙弘开东阁赋》，《文苑英华》分别收录了王昌龄、李琚、杨谏和韩液的赋四篇。大历四年（769）试《五星同色赋》，《文苑英华》收录了张叔良、崔淙的赋两篇。⑤ 大历十四年试《放驯象赋》，并《沉珠于渊》诗。⑥ 贞元八年试《中和节诏赐公卿尺诗》《钧天乐赋》。⑦《文苑英华》记载贞元十二年鸿词科试《披沙拣金赋》，有李程、柳宗元、席夔、张仲方赋四篇，还收录了李程、席夔、张仲方所试《竹箭有筠》诗三首。贞元十五年试《乐理心赋》《终南精舍月中闻磬诗》，贞元十八年试《瑶台月赋》。⑧ 又《全唐文》记载冯宿"应鸿词科，试《百步穿杨叶赋》"。⑨ 考虑到冯宿贞元八年进士及第，贞元九年、十年、十二

---

① 陈振孙：《直斋书录解题》卷16《别集类上》，上海古籍出版社1987年版，第477页；魏仲举编：《五百家注昌黎文集》卷14《杂文》略同。（台北：世界书局1988年版，第290—291页）
② 《文苑英华》卷180《诗·省试一》，第882页。按：《文苑英华》云"崔宗"，当为李绛。
③ 徐松：《登科记考》卷13，贞元十年，第493页。按："贞元十一年"，徐松已校订为贞元十年。
④ 《文苑英华》卷77《赋·乐七》，第350页；卷765《议·选举》，第4027页；卷181《诗·省试二》，第885—886页。按：礼部省试常举考试内容无议论文体，故韩愈《省试学生代斋郎议》应为吏部鸿词科所试题。
⑤ 《文苑英华》卷69《赋·治道三》，第312—314页；卷8《赋·天象八》，第42页。
⑥ 苏鹗：《杜阳杂编》卷上，《唐五代笔记小说大观》，上海古籍出版社2000年版，第1379页；《文苑英华》卷186《诗·省试七》，第910页。
⑦ 徐松：《登科记考》卷13，贞元八年，第469页；计有功：《唐诗纪事》卷40《陆复礼》，上海古籍出版社1965年版，第621页。
⑧ 《文苑英华》卷118《赋·宝四》，第538—539页；卷187《诗·省试八》，第917—918页；卷75《赋·乐五》，第340页；吕温：《吕衡州文集》卷1《诗赋》，《丛书集成初编》，中华书局1985年版，第1854册，第4页；《文苑英华》卷7《赋·天象七》，第37页。
⑨ 王起：《尚书冯公神道碑铭（并序）》，《全唐文》卷643，中华书局1983年版，第6508页。

年鸿词科试赋题名都已明确，① 故《百步穿杨叶赋》为贞元十一年、十三年、十四年的可能性比较大。

鸿词科试诗、赋和议论的内容和评判标准与礼部进士科试诗、赋、策十分相似。② 韩愈《答崔立之书》云："闻吏部有以博学宏词选者……就求其术，或出所试文章，亦礼部之类，私怪其故，然犹乐其名。"③ 大中十二年，中书舍人李潘向宣宗解释鸿词科考诗、赋和议论的评判标准，云："赋忌偏枯丛杂，论则褒贬是非，诗则缘题落韵。"鸿词科试赋切忌"偏枯丛杂"，试诗要"缘题落韵"，用字不得重复。宣宗问李潘："凡考试之中，重用字如何？"李潘答曰："其间重用文字，乃是庶几，亦非常有例也。"并举钱起《湘灵鼓瑟诗》为例，其诗中重用两个"不"字。诗曰："冯夷空自舞，楚客不堪听……曲终人不见，江上数峰青。"④ 宣宗以此次陈琬鸿词科应试诗中所用重字不如钱起诗合乎韵律，重落前进士陈琬等人，说明重字是试诗的大忌。

鸿词科试赋分八字韵和四字韵两种，用韵的原则是以试题中字依次为韵。试赋要求选人作赋用韵合乎韵律，并作为全篇主旨。如大历四年试《五星同色赋》，其韵"昊天有成命"，取自《诗经·昊天有成命》。⑤ 从现存张叔良、崔淙的《五星同色赋》来看，都紧扣《诗经·昊天有成命》中苍天有天命的主旨，赞颂古代圣王应天受命，法天地，为人事，"圣能法天，天能瑞圣；君臣合作，远近相庆"，从而说明"五星同色"，乃天下太平的瑞象。即便赋题相同，而用韵不同，主旨亦相差很大。林益《五星同色赋》以"天下偃兵，无为而理"为韵，⑥ 本自《史记·天

---

① 徐松：《登科记考》卷13，贞元九年，第482页；贞元十年，第493页；卷14，贞元十二年，第501页。

② 进士科考试一度在大和八年试议论，参见《宋本册府元龟》卷641《贡举部·条制三》，第2107页。

③ 韩愈撰，马其昶校注，马茂元整理：《韩昌黎文集校注》卷3，上海古籍出版社1986年版，第166—167页。

④ 范摅：《云溪友议》卷7，中华书局1985年版，第39页；参考《宋本册府元龟》卷641《贡举部·条制三》，第2109页。

⑤ 《毛诗正义》卷19《昊天有成命》，李学勤主编《十三经注疏》，北京大学出版社1999年版，第1297—1298页。

⑥ 张叔良：《五星同色赋》、林益：《五星同色赋》，《文苑英华》卷8《赋·天象八》，第42—43页。

官书》。① 用"惟我皇之至圣，信体元以合理……蛮夷自清，戢戈之日久矣"等语阐释"天下偃兵"，歌颂"圣上事无事，为无为"的"五星同色"瑞象。而姚逖《五星同色赋》以"天下和平，君臣合德"为韵，用"至道无偏，阴阳至理"，"五星同色，四序调年"等语说明"天下和平"；用"尧舜为主，伊吕作臣"，"谅朝廷之嘉瑞，表君臣之道合"等语来阐述"君臣合德"。② 林益和姚逖《五星同色赋》的用韵与张叔良、崔淙不同，同一次鸿词科考试不能任意用韵，可推知林益和姚逖不可能在大历四年鸿词科及第。③

鸿词科试赋首句为"破题"，又称"赋头"，然后依次为韵，末句为末韵。贞元十二年，李程参加进士科考试，试《日五色赋》，以"日丽九重，圣符土德"八字为韵，状元及第。李程最中意为赋头八字曰："德动天鉴，祥开日华。"后来，李程出镇宣武军节度使，得知浩虚舟应鸿词科，亦试此题，"颇虑浩赋逾己"，见其"破题"云："丽日焜煌，中含瑞光。"李程喜曰："李程在里。"④《北梦琐言》则说李程见浩虚舟《日五色赋》末韵"侵晚水以芒动，俯寒山而秀发"，大哈曰："李程赋且在，瑞日何为到夜秀发？"⑤ 说明鸿词科试赋看重"破题"和"末韵"，其格调高低，关乎成败。

关于鸿词科及第情况，松本明《唐代宏词拔萃两科科第表》收录了从开元五年到天祐三年（906）鸿词科及第者有78人次。⑥ 笔者在《登科记考》《登科记考补正》基础上，再增加李华、裴次元、李方叔等23人，剔除了李蒙、王播、赵柜、陈琬非鸿词科出身4人，共计97人。

由于鸿词科与进士科考试内容与评判标准十分相似，进士科及第者在鸿词科考试中占得先机，往往状元及第，就成了当年的鸿词科"敕头"。

---

① 《史记》卷27《天官书》云："五星同色，天下偃兵，百姓宁昌。"（中华书局1959年版，第1322页）；《隋书》卷20《天文志》云："五星同色，天下偃兵，百姓安宁，歌儛以行，不见灾疾，五谷蕃昌。"（中华书局1973年版，第559页）

② 《文苑英华》卷8《赋·天象八》，第42—43页。

③ 徐松撰，孟二冬补正《登科记考补正》认为此二人大历四年鸿词科及第。（北京燕山出版社2003年版，第428页）

④ 《唐摭言》卷13《惜名》，第149页。

⑤ 孙光宪：《北梦琐言》卷7《郑綮相诗》，贾二强点校，中华书局2002年版，第150页。

⑥ 松本明：《唐の選挙制に関する諸問題—特に吏部科目選について—》，《鈴木俊先生古稀記念東洋史論叢》，第405—409页。

如李琚，开元二十二年状元及第，"当年中词头登科"。① 陈讽，贞元十年状元及第，当年以宏词敕头登科。李程，贞元十二年状元及第，同年登鸿词科"敕头"。② 柳公权，元和三年（808）进士及第，"首冠诸生，当年宏词登高科"。③ 崔元翰，建中二年（781）参加进士科考试，"咸为首捷，京兆解头，礼部状头，宏词敕头，制科三等敕头"。④ 武翊黄，元和元年以"解头"连登进士"状头"，宏词"敕头"，时谓"武三头"，⑤ 章孝标称其"花锦文章开四面，天人科第上三头"。⑥ 还有一部分及第状元，在随后的几年中陆续登鸿词科状头。如张又新，元和九年进士科状元及第，十二年宏词敕头登科。⑦ 之所以出现上述大量今日进士科状元，明日鸿词科敕头的情况，除了进士科与鸿词科考试内容和评判标准十分相似外，鸿词科考官在某种程度上认可礼部贡院进士科考试的结果，直接以当年的状元为"敕头"，既可获得美名，又可搪塞责任。当然，状元登"敕头"者是少数，进士及第者连登鸿词科的情况是多数。最著名的应当是冯陶、冯韬、冯图兄弟，大和前后"连年进士及第，连年登鸿词科，一时之盛，代无比焉"。⑧ 相关事例，不再赘述。

总体来看，鸿词科应试者主要是包括状元在内的新及第进士和前进士。如孙逖开元二十二年典举，所放进士27人，"数年间宏词、判等入甲第者一十六人"，⑨ 仅从这一榜的情况来看，进士及第者在数年之内，又登鸿词科等科目选者近60%。足以说明开元天宝以后，及第进士成为鸿词科考试的主要人选。如大中九年，有"前进士苗台符、杨岩、薛䜣、李询、

---

① 乐史：《广卓异记》卷19《进士状元却为宏词头》，《四库全书存目丛书·史部》第87册，齐鲁书社1996年版，第581页。参见周绍良主编《唐代墓志汇编》天宝124号《唐故河南府洛阳县尉顿丘李公墓志铭并序》，上海古籍出版社1992年版，第1619页。
② 《广卓异记》卷19《进士状元及第却为宏词头》，第581页；《新唐书》卷131《李程传》，中华书局1975年版，第4511页。
③ 赵璘：《因话录》卷3《商部下》，上海古籍出版社1957年版，第84页。
④ 钱易：《南部新书》卷丙，黄寿成点校，中华书局2002年版，第35页。
⑤ 王谠撰，周勋初校证：《唐语林校证》卷6《补遗》，中华书局1987年版，第598页。
⑥ 章孝标：《钱塘赠武翊黄》，《全唐诗》卷506，中华书局1960年版，第5754页。
⑦ 乐史：《广卓异记》卷19《进士状元及第却为宏词头》，第581页。
⑧ 佚名：《大唐传载》，恒鹤校点，《唐五代笔记小说大观》，第896页。
⑨ 颜真卿：《刑部侍郎赠右仆射孙文公集序》，《文苑英华》卷702《序·文集四》，第3620页。

古敬翊以下一十五人就试"鸿词科,拟取前进士柳翰、赵秬等3人及第,[1]参加此次鸿词科考试的选人主要是前进士即及第进士。后唐明宗天成二年(927)有前进士王蟾请求相仿唐代旧制,恢复鸿词科考试,[2]亦可证明唐代宏词考试主要面向及第进士。北宋绍圣二年(1095)设置的鸿词科,就明确面向及第进士,[3]显然是受唐代鸿词科主要面向及第进士的旧制影响。非进士出身者鸿词科及第甚难,仅有吕炅、裴次元、孙纬、杨谏、潘孟阳等人,[4]屈指可数。这些人虽无进士科名,但都擅长诗赋。如裴次元贞元四年贤良方正能直言极谏科"敕头","宏词同日敕下,并为'敕头',时人荣之"。[5]

二 考官的选任与考试程式

唐代鸿词科考试由吏部负责,应试者与吏部参选者一样,须"诣州府求举",[6]参加吏部的冬集。[7]考试时间多在十二月至来年三月,晚唐以三月居多。[8]

鸿词科的考官最初由吏部尚书、侍郎担任。但随着鸿词科社会地位的崇重,竞争日益激烈,吏部专知鸿词科考试很容易招致权要干扰。如裴操贞元十三年进士及第,随后应考鸿词科,其父户部尚书裴延龄自恃德宗恩宠,竟然亲自到吏部南院门口等候消息,欲意干预考选,但吏部侍郎杜黄裳等不畏强权,未取裴操。刘禹锡评价曰"非杜黄门谁能拒之"。[9]普通百

---

[1] 裴廷裕:《东观奏记》卷下《考官漏泄考题被罚》,田廷柱点校,中华书局1994年版,第125页。
[2] 《宋本册府元龟》卷641《贡举部·条制》,第2111页。
[3] 详见张希清《中国科举制度通史·宋代卷》,上海人民出版社2015年版,第739页。
[4] 徐松:《登科记考》卷8,开元二十二年,第268页。尚不能排除吕炅、孙纬、杨谏三人进士及第的可能性。
[5] 钱易:《南部新书》卷丙,第35页。
[6] 韩愈撰,马其昶校注,马茂元整理:《韩昌黎文集校注》卷3《答崔立之书》,第166—167页。
[7] 欧阳詹:《欧阳行周文集》卷8《送张尚书》云:"今冬将从博学鸿词科,赴集期。"(上海古籍出版社1993年版,第53页)
[8] 详见《旧唐书》卷19上《懿宗本纪》,中华书局1975年版,第651—679页;卷19下《僖宗本纪》,第695—703页。
[9] 韦绚:《刘宾客嘉话录·补遗》,阳羡生校点,《唐五代笔记小说大观》,第820页。按:裴操,《刘宾客嘉话录》误作"裴藻",兹径改正。

姓子弟即便非常优秀，或"为力者所争"，或"为势夺"，名落孙山的情况普遍存在。如郑当，宝历二年（826）登进士科，又应鸿词科，遭遇"恃才将致于自媒，人情遂乖于百胜"的无奈。① 为了避免吏部专知科目选考试受干扰，临时设置差遣性质的考试官就成为必然。元和七年十一月，"吏部尚书郑馀庆请复置吏部考官三员，吏部郎中杨於陵执奏以为不便"。随后，宪宗下诏"考官韦顗等三人祗考及第科目人，其余吏部侍郎自定"。② 此后，吏部科目选考试官不再由吏部专任，逐渐向差遣官发展，多临时差遣吏部、兵部、礼部等与铨选、选举有关的官员充任，并按宏词、拔萃和平判等科分科设置考试官。由于科目选考试唯独鸿词科不试判，因此，鸿词科考官通常单独选任，平判科和拔萃科往往只设同一考官。

元和十五年十二月，穆宗以吏部尚书韩皋、刑部侍郎李建"铨司考科目失实"，罚一月俸料。③ 为了防止科目选考试舞弊和请托，穆宗颁布了"长庆二年格"，明确规定宏词、拔萃分科考试，由"吏部差考试官二人，与知铨尚书、侍郎同考试"。④ 于是，长庆三年（823），以考功员外郎王源中、主客员外郎白行简为科目选考官。⑤ 此后，开成三年（838），有科目选"考官刑部员外郎纥干公"。⑥ 明确记载鸿词科分科设置考官的资料是在大中九年正月，吏部侍郎兼尚书铨事裴谂"主试宏、拔两科"。⑦ 吏部郎中周敬复也参与这次鸿词科考试，以刑部郎中唐枝（技）为考试官。⑧ 显然，这次鸿词科考试主要由吏部侍郎、郎中负责，但临时差遣刑部郎中唐技担任考试官。此后，明确记载鸿词科考官的情况就比较多见。由于太和二年以后制科长期停废，鸿词科对及第进士释褐变得尤为重要，这大概是宣宗以后此科考官的选任逐渐受重视的原因所在。兹考定懿宗、僖宗两朝选任

---

① 《唐代墓志汇编》大中84号《唐故监察御史河南府登封县令吴兴沈公墓志》，第2313页；开成39号《唐故桂州员外司户荥阳郑府君墓志铭并叙》，第2197页。
② 《旧唐书》卷15《宪宗本纪》，第444页。
③ 《旧唐书》卷129《韩滉传附韩皋传》，第3605页。
④ 《宋本册府元龟》卷645《贡举部·科目》，第2138页。
⑤ 《唐故剑南东川观察支使殿中侍御史内供奉卢府君（大琰）墓志铭并序》，参见田熹晶《洛阳新出〈卢大琰墓志〉考述》，《书法》2013年第3期。
⑥ 赵璘：《因话录》卷3《商部下》，第84页。
⑦ 裴廷裕：《东观奏记》卷下《考官漏泄考题被罚》，第125页。
⑧ 《旧唐书》卷18《宣宗本纪》，第633页。

16次科目选考官,① 外加大中九年1次,共17次,制成"唐代吏部科目选考官一览表",并做分析。

表1 唐代吏部科目选考官一览

时间	职官	人名	职官	人名	职官	人名	考试科目
大中九年	吏部侍郎	裴谂	吏部郎中	周敬复	刑部郎中	唐技	试宏词
咸通元年	库部员外郎	崔刍言					试宏词
咸通二年	兵部员外郎	杨知远	司勋员外郎	穆仁裕			试宏词
咸通三年	吏部侍郎	郑处海、萧倣	吏部员外郎	杨俨	户部员外郎	崔彦昭	试宏词
咸通五年	兵部郎中	高湜	兵部员外郎	于怀			试平判
咸通六年	吏部尚书	崔慎由	吏部侍郎	郑从谠、王铎	兵部员外郎	崔瑾、张彦远	考宏词
	金部员外郎	张义思	大理少卿	董赓			试拔萃
咸通七年	礼部郎中	李景温	吏部员外郎	高湘			试拔萃
咸通八年	吏部侍郎	卢匡、李蔚	司勋员外郎	崔殷梦	兵部员外郎	薛崇	试宏词
咸通九年	兵部员外郎	焦渎	司勋员外郎	李岳			试宏词
咸通十年	吏部侍郎	杨知温、于德孙、李玄					考官*
	司封员外郎	卢荛	刑部侍郎	杨戴			试宏词
	虞部郎中	宋震	前昭应主簿	胡德融			考科目人

---

① 详见《旧唐书》卷19上、下《懿宗本纪》,第651—677、695—703页;徐松:《登科记考》卷22—23,第838—877页。以下不再一一说明。

续　表

时间	职官	人名	职官	人名	职官	人名	考试科目
咸通十一年	吏部尚书	萧邺	吏部侍郎	于德孙、杨知温			考官
	司勋员外郎	李耀	礼部员外郎	崔澹			试宏词
咸通十二年	吏部尚书	萧邺	吏部侍郎	归仁晦、李当			考官
	司封郎中	郑绍业	兵部员外郎	陆勋			试宏词
咸通十三年	吏部尚书	萧邺**	吏部侍郎	独孤云			考官
	职方郎中	赵蒙	驾部员外郎	李超			试宏词
乾符三年	吏部尚书	归仁晦	吏部侍郎	孔晦、崔荛			试宏词
	考功郎中	崔庚	考功员外郎	周仁举			考官
乾符四年	吏部尚书	郑从说	吏部侍郎	孔晦、崔荛			试宏词
乾符五年	吏部尚书	郑从说	吏部侍郎	崔沆			试宏词
乾符六年	吏部侍郎	崔沆、崔澹					试宏词
	驾部郎中	卢蕴	刑部郎中	郑项			考官

注：＊考官指未明确分科的考官，应该是平判科、拔萃科的考官。

＊＊《旧唐书》卷19《懿宗本纪》："试日，萧邺替，差右丞孔温裕权判。"（《旧唐书》卷19《懿宗本纪》，第679页）

据表1可知，这17次设置考官、考试官的科目选考试中，有15次设鸿词科考试官，占88%；鸿词科与其他科分别选任考官者7次，占41%；只设鸿词科考试官者有8次，占47%，单独选任拔萃科、平判科考官者各1次，各占6%。显然，鸿词科是晚唐最重要的科目选科目，几乎每次科目选考试皇帝都会亲自下诏选任鸿词科考试官，足见其重要性。唐代15次设置鸿词科考试官，共有考官39人次，据表1进一步整理为表2。

从表1、表2来看，鸿词科的考试官均为尚书省六部官员，以吏部为主，兵部为辅，兼及刑部、礼部、户部。其中吏部尚书4人次，吏部侍郎14人次，吏部郎中1人次，司封郎中1人次，吏部员外郎1人次，司勋员外郎4人次，司封员外郎1人次，共有26人次。兵部有兵部员外郎6人次，库部员外郎1人次，职方郎中1人次，驾部员外郎1人次，共9人次。刑部有侍郎1人次，刑部郎中1人次，共2人次。礼部有礼部员外郎1人次。户部有户部员外郎1人次。在总计39人次中，吏部26人次，占了67%；兵部9人次，占23%；刑部2人次，占5%；礼部、户部各1人次，各占3%；非吏部的官员共计13人次，占33%。吏部之外的差遣官，以其他五部的员外郎（10人次）为主，兼及郎中（2人次）、侍郎（1人次），品秩总体低于吏部尚书、侍郎、郎中，说明鸿词科考试由吏部官员主导，其他五部官员为辅。在17次科目选考试中，乾符三至六年（876—879）的3次考试完全由吏部官员担任考试官，12次由吏部和其他部门的官员共同考试，只有咸通元年（860）和五年没有吏部官员，分别由库部员外郎和职方郎中、驾部员外郎等兵部官员担任考试官。基本上是从吏部抽调侍郎、郎中和员外郎担任鸿词科考官，再差遣1—2名其他部门的官员，共同完成鸿词科的考试任务。从选任吏部官员和外来差遣官员的比例来看，朝廷为了避免吏部专知考试容易导致舞弊问题，参照礼部派遣他官权知贡举的办法，[①] 选任非吏部的官员参与其中，起监督和辅助作用，而不是主导鸿词科考试。

---

① 参见金滢坤《中晚唐五代科举与社会变迁》，人民出版社2009年版，第74—81页。

表2　唐代鸿词科考官出身表

部	职官	进士及人次	非进士及人次		合计	占比(%)
吏部	吏部尚书	崔慎由、归仁晦、郑从谠(2)		15	26	66.7
	吏部侍郎	郑处诲、萧倣、郑从谠、王铎、崔沆(2)、李蔚、崔荛(2)、崔澹	裴谂、卢匡、孔晦(2)			
	吏部郎中		周敬复	11		
	司封郎中		郑绍业			
	吏部员外郎		杨俨			
	司封员外郎		卢荛			
	司勋员外郎	崔殷梦	穆仁裕、李岳、李耀			
兵部	兵部员外郎	杨知远、崔瑾	张彦远、薛崇、焦潾、陆勋	4	9	23.1
	库部员外郎		崔刍言	5		
	职方郎中	赵蒙				
	驾部员外郎	李超				
刑部	刑部侍郎	杨戴		1	2	5.1
	刑部郎中		唐技	1		
礼部	礼部员外郎	崔澹		1	1	3
户部	户部员外郎	崔彦昭		1	1	3
合计			22	17	39	100.9

据以上两表分析鸿词科考试官的出身,其中进士出身者有杨知远、郑处诲、萧倣、崔彦昭、崔慎由、郑从谠、王铎、崔瑾、李蔚、崔殷梦、杨戴、崔澹、赵蒙、李超、归仁晦、崔尧、崔沆等17人,共22人次,占总人次的56%。这个比例虽然低于中晚唐礼部知贡举主司科第出身率78%、进士出身率76%,[①] 但仍能说明鸿词科考试官的选任还是比较看重考官的科名和文学素养,体现了鸿词科考试重诗赋的特点。鸿词科考试官中吏部之外的差遣官员有13人次,有科名者7人次,占差遣考试官的54%,同样说明是从监督的角度出发,打破吏部专知的格局,而不是弥补吏部官员诗赋等文学素养不足的问题。

　　唐代选人在吏部南院引集之后,要先锁鸿词科等科目选的考官,[②] 然后再出题考试,"糊名考文书",确保考试的公平性。锁考官的目的是"以防请托",等到"黜陟既定,院以无事,却曰选门开者,事竟而禁弛"。在南院门外"别有列榜之所,告以留黜"。[③] 唐代吏部拟定鸿词科及第名单后,要连同考卷提交中书门下复核,若发现吏部荐送者所试"文书"有问题,便组织重考。如元和十五年,吏部侍郎韩皋试科目选人,将拟录取十人的"所试文书"送交中书门下复核,被发现其中存在瑕疵。于是,宪宗命刑部司门员外郎白居易、礼部祠部员外郎李虞中重考科目人。白居易认为鸿词科考试,"贵收人材,务存大体",[④] 建议维持原状。不过,韩愈就没那么幸运,参加吏部科目选,"既得之,而又黜于中书"。[⑤] 大中九年,吏部侍郎裴谂主持鸿词科考试,拟放柳翰、赵柜等3人及第。落选者传言京兆尹柳熹的儿子前进士柳翰从考官裴谂处提前得到赋题,并请温庭筠代作赋。加之,赵柜是宰相令狐绹故人之子,"同列将以此事嫁患于令狐丞相,丞相遂逐之,尽覆去"。[⑥] 这件事涉及宰相令狐绹请托,[⑦] 令狐绹为了撇清自己,执意放落。此事的经办人为中书舍人杜德公,亦可说明中书省

---

① 参见金滢坤《中晚唐五代科举与社会变迁》,第81页。
② 《东观奏记》卷下《考官漏泄考题被罚》载中书舍人杜德公云:"某两为考官,未试宏词,先锁考官。"(第125—126页)
③ 程大昌:《雍录》卷8《职官·吏部选院》,黄永年点校,中华书局2002年版,第161页。
④ 《白居易集》卷60《论重考科目人状》,顾学颉校点,中华书局1979年版,第1264—1265页。
⑤ 韩愈撰,马其昶校注,马茂元整理:《韩昌黎文集校注》卷3,第166—167页。
⑥ 裴廷裕:《东观奏记》卷下《考官漏泄考题被罚》,第125—126页。
⑦ 令狐绹时为兵部侍郎、同中书门下平章事。

在鸿词科复核考试中起关键作用。

中书门下复核吏部拟定的鸿词科及第名单与考试文章之后，便一并上奏皇帝，由皇帝最终确认等第，或重新调整。据《杜阳杂编》载：大历十四年，独孤绶宏词及第，所司试《放驯象赋》，"及进其本，上自览考之，称叹者久。因吟其句曰：'化之式孚，则必受乎来献；物或违性，斯用感于至仁。'"于是，德宗"以绶为知去就，故特书第三等"，以示褒奖。① 德宗比照中唐制举考试最高等为第三等，即甲等、甲科，用"特书第三等"来指代鸿词科甲等。《旧唐书》记载独孤绶举宏词，"吏部考为乙第，在中书复升甲科"，② 即指此事。

皇帝若发现吏部拟定的鸿词科及第者与实际不符，一经核实，则须覆落。如上述大中十二年鸿词科考试，吏部将拟定录取名单前进士陈琬等三人，及其所考诗赋论进献宣宗过目。宣宗召中书舍人李潘认定陈琬诗赋中有"重字"，犯了用韵大忌，于是下诏覆落。若考试中出现严重舞弊问题，甚至需要皇帝亲试解决。如天宝二载（743）正月吏部科目选试判案，玄宗亲自重试，将原来所放64人，减至20人，"余并下第"，③ 鸿词科自然包含在内。

皇帝最后下敕颁布鸿词科和平判科、拔萃科等科目选及第名单，一般每年只放8人左右，鸿词科取两三人，鸿词科第一名排在第一，称为"敕头"。④ 鸿词科及第名单在吏部南院放榜，"选人看榜名"之后，⑤ 受晚唐进士科"座主门生"风气的影响，⑥ 鸿词科及第者"与科目人谢主司"，⑦ 模仿礼部新进士谢知贡举主司的仪式，还要谢恩吏部考试官，⑧ 故有"一日门生"的说法。⑨

---

① 苏鹗：《杜阳杂编》卷上，第1379页。按：中晚唐制举第四等上，即为第一名，德宗特书第三等，意在褒奖。
② 《旧唐书》卷137《于邵传》，第3766页。
③ 《唐会要》卷74《选部上》，中华书局1955年版，第1346页。
④ 《元稹集》卷16《酬哥舒大少府寄同年科第》，冀勤点校，中华书局2000年版，第180—181页。
⑤ 宋敏求撰：《长安志》卷7《唐皇城·承天门街之东第五横街之北》，中华书局1991年版，第139页；程大昌：《雍录》卷8《职官·吏部选院》，第161页。吏部南院位于承天门街之东第五横街之北。
⑥ 详见金滢坤《中晚唐五代科举与社会变迁》，第104—137页。
⑦ 《太平广记》卷156《定数十一·张正矩》，中华书局1961年版，第1120页。
⑧ 赵璘：《因话录》卷3《商部下》，第84页。
⑨ 王定保：《唐摭言》卷3《关试》，第27页。

三 释褐职官与仕宦影响

如上所述唐后期鸿词科考试主要面向及第进士，而非"格限未至"的"高才异行"者，吏部从及第进士中"优中选优"，优与授官，即所谓的"且得美仕"，[①] 释褐校书郎、畿县尉和两府参军等基层官中最为清显的京官，或入幕使府，"以备将相之任"，[②] 为及第进士升迁卿相等清望官，迈出最关键性的一步。兹考定鸿词科释褐者的相关信息，制成表3。

表3 唐代鸿词科及第释褐官与最高官表

出身	释褐官	人名	官至	人名	官至	人名	官至	合计
进士	校书郎							28
	秘书省校书郎	李琚	洛阳县尉（早卒）	韩液	给事中	崔损	宰相	
		卢景亮	中书舍人	郑絪	宰相	李绛	宰相	
		杨嗣复	宰相	柳公权	太子少师	庾敬休	尚书左丞	
		李昼	万年尉（早卒）	苗绅	京兆少尹	卢文亮	兵部侍郎	
		林慎思	水部郎中					
	集贤殿校书郎	张仲方	秘书监	王起	左仆射	吕温	刑部郎中	
		范传正	光禄卿					
	太子校书郎	许尧佐	谏议大夫	李观	（早卒）			
	崇文馆校书郎	王端	工部员外郎	康軿	（不详）			
	校书郎	裴度	宰相	孟简	太子宾客	张署	河南令	
		罗让	散骑常侍	独孤申叔	（早卒）	杨虞卿	京兆尹	
		张不疑	协律郎（早卒）					

[①] 韩愈撰，马其昶校注，马茂元整理：《韩昌黎文集校注》卷3《答崔立之书》，第166—167页。

[②] 王谠撰，周勋初校证：《唐语林校证》卷8《补遗》，第718页。

续表

出身	释褐官	人名	官至	人名	官至	人名	官至	合计
进士	秘书省正字	康僚	仓部郎中	卢知猷	太子太师	欧阳琳	侍御史	4
	集贤殿正字	柳宗元	柳州刺史					
	畿县尉	席夔	吏部员外郎	李程	宰相	王涯	宰相	10
		王逢	历殿中侍御史	陈讽	吏部郎中	张复元	（不详）	
县尉主簿		李琪	殿中侍御史（后梁宰相）					
	望县尉	陆贽	宰相	杨於陵	户部尚书			
	望县主簿	萧昕	礼部尚书					
两府参军	京兆府参军	冯涓	御史大夫	翁承赞	谏议大夫（闽宰相）			3
	河南府参军	齐映	宰相					
使府从事	西川	刘闢	西川节度使	杨汝士	吏部尚书	孙朴	（不详）	13
	义成	崔元翰	守比部郎中					
	朔方	杜黄裳	宰相					
	淮南	刘禹锡	太子宾客					
	山南西道	杜元颖	宰相					
	河东	高锴	吏部侍郎					
	郑滑	韦澳	户部侍郎					
	武康(宁)	张仲素	中书舍人					
	东都留守	崔咸	秘书监					
	盐铁使	刘瞻	宰相	许康佐	礼部尚书			

续表

出身	释褐官		人名	官至	人名	官至	人名	官至	合计
门荫	县尉	畿县	潘孟阳	左散骑常侍					1
白身人	校书郎	太子校书郎	殷寅	永宁尉					2
		校书郎	吕炅	(不详)					

注：上表据《旧唐书》《新唐书》《全唐文》《唐代墓志汇编》《唐代墓志续编》《登科记考》《登科记考补正》等相关史籍制成，卷号和页码不具。

表3中，可以考定以鸿词科释褐的士人共61人，其中58人为进士兼鸿词科出身，1人为门荫兼鸿词科出身，2人仅有鸿词科出身，说明进士兼鸿词科出身在鸿词科释褐中占绝对优势，达95%，亦可证明鸿词科录取的主要对象是及第进士。其中，进士兼鸿词科出身释褐校书正字32人、县尉主簿10人、使府从事13人、两府参军3人，门荫兼鸿词科出身释褐县尉1人，仅以鸿词科释褐太子校书郎、校书郎各1人。以下主要探讨鸿词科及第者释褐校书正字、县尉主簿、府州参军、使府从事的情况，及此类释褐官对其仕宦的影响。

首先，校书郎、正字是进士兼鸿词科出身者最多的释褐职官。释褐秘书省校书郎者13人，除李琚、李昼2人早卒之外，崔损、郑絪、李绛、杨嗣复等4人荣登宰相，占31%；7人位至五品以上的清望官[①]。释褐集贤殿校书郎者4人，3人位居三品以上望官，1人位至五品；释褐太子校书郎者2人，1人早卒，1人位至五品；释褐崇文馆校书郎2人，1人不详，1人位至六品；释褐不明校书郎者（主要应为秘书省校书郎）7人，2人早卒，1人位至五品，3人位至三品，1人位至宰相。释褐正字者4人，2人位至三品，1人位至五品，1人位至六品，远不及校书郎。此外，有以白身人鸿词科及第释褐太子校书郎、校书郎者各1人，1人官位不详，1人仅至畿县尉。

---

① 有关清望官的研究，可参见毛汉光《科举前后（公元600年±300）清要官形态之比较研究》，收入《"中央"研究院国际汉学会议论文集·历史考古组》，台北，1981年，第379—404页。

诸校书郎以秘书省校书郎最受瞩目，也是正九品基层官中职望最为清显的职官之一，释褐校书郎意味着公卿之滥觞。[①] 校书、正字是中晚唐"自进士而历清贵"的"八俊"升迁图中的最佳释褐官，所谓"八俊者"："一曰进士出身、制策不入，二曰校书、正字不入，三曰畿尉、[赤尉]不入……八曰中书侍郎、中书令不入。言此八者尤为俊捷，直登宰相，不要历余官。"[②] 显然，秘书省校书郎是士人最热衷的释褐官之一。贞元年间，符载《送袁校书归秘书省序》云："千仞之梯，以兰台校书为黄绶者。九品之英，其有折桂枝，坐芸阁。"[③] 兰台、芸阁均指代秘书省，秘书省校书郎不仅是基层释褐官中的"九品之英"，而且是士人问津卿相的"千仞之梯"，即最佳之选，"时辈皆以校书、正字为荣"。[④] 白居易就认为"国家公卿、将相之具"，最初"选于秘著校正、畿赤簿尉"，为培养"丞郎之椎轮，公卿之滥觞"，"虽未尽是，十常六七焉"。[⑤] 此说未必尽然，但校书、正字日后升迁卿相的概率很大是不争的事实。因此，秘书省校书、正字就成了中晚唐及第进士最青睐的释褐官之一。士人要想释褐此官，不仅出身要好，而且须"藉贵势以请"，[⑥] 方可获得。元和八年吏部奏："近日缘校书、正字等名望稍优，但霑科第，皆求注拟……起今已后，等第稍高，文学兼优者，伏请量注校、正。"[⑦] 此奏明确限制开元礼科等科名较低的科目出身者请求注拟校书、正字等官，增加对进士、鸿词科等"等第稍高，文学兼优者"注拟的机会，这大概也是中晚唐进士兼鸿词科出身释褐校书、正字最多的原因之一。

其次，畿县尉、主簿是进士兼鸿词科出身者最为清显的释褐官。其中，释褐畿县尉7人、望县尉2人、望县主簿1人，共10人。笔者未见有鸿词科出身释褐赤（京）县尉者，畿县尉就成了以进士兼鸿词科出身者最为清显的释褐官，如席夔、李程、王涯、王逢、陈讽、张复元、李琪等7人，潘孟阳以门荫兼鸿词科释褐畿县尉。除张复元最高官不详外，王涯、

[①] 参见赖瑞和《唐代基层文官》，中华书局2008年版，第65—69页。
[②] 封演撰，赵贞信校注：《封氏闻见记校注》卷3《制科》，中华书局2005年版，第18—19页。
[③] 符载：《送袁校书归秘书省序》，《全唐文》卷690，第7070页。
[④] 张说：《兵部尚书代国公赠少保郭公行状》，《全唐文》卷233，第2353页。
[⑤] 《白居易集》卷63《策林二·大官乏人》，第1326页。
[⑥] 《新唐书》卷162《李逊传附弟建传》，第5005页。
[⑦] 《唐会要》卷76《贡举中·开元礼举》，第1397页。

李程、李琪位至宰相，进士兼鸿词科出身释褐畿县尉者入相率近43%，席夔仅为六品的吏部员外郎、陈讽位至五品、潘孟阳位居三品，均为清望官。其实，唐代畿县尉多作为第二任迁转官，较少作为释褐官，①鸿词科及第者仅见8人释褐畿县尉，属于超资、优与授官；以平判科、拔萃科释褐畿县尉者各有3例。②吏部科目选三科及第释褐畿县尉者共14例，说明畿县尉是吏部科目选最重要的释褐官之一，但总数有限。③通常须进士及第，兼科目选和制科出身等非常好的参选条件，方可获得超资授畿县尉，作为释褐官。此外，以鸿词科释褐望县尉者2人、望县主簿1人，说明鸿词科及第多释褐望县以上，仍属于超资、优与释褐。

畿县尉是"当时之荣选"，④即便是权要专门表荐进士及第者释褐畿县尉，也很难如愿。如李稜，贞元二年进士擢第，深得德宗崇重的都知兵马使浑瑊想辟其为从事，李稜却表示自己"夙好蓝田山水，据使衔合得畿尉"，希望得到浑瑊奏请。浑瑊为其表荐，德宗令中书商量，希望满足浑瑊的奏请。但当朝执政不肯，谓李稜云："足下资历浅，未合入畿尉。如何凭浑之功高，求侥幸耳？"直到二十年后，元和元年冬，李稜方得蓝田县尉。又牛僧孺进士及第，复制科及第释褐伊阙尉，韦乾度不知其故，误以为牛僧孺仅凭进士出身就释褐畿县尉，竟然愤愤不平，质疑其"安得入畿"？⑤显然，若以"进士擢第、畿尉释褐"，⑥是非常难得之事。这些事例说明宏词登科是及第进士获得释褐畿县尉的关键。

释褐畿县尉当然要比校书、正字高一个台阶，地位清显，品阶更高。封演的"八俊"升迁图中，赤畿县尉就高于校书正字。又《定命录》载：

---

① 砺波护《唐代の縣尉》认为紧县以上"尉"很难作为初任官即释褐官，通常要为官两任以上，才能就任。(《史林》第57卷第5号，1974年，第705—731页，收入氏著《唐代政治社会史研究》，京都同朋舍1986年版，第143页)

② 平判科有宋华、张季友、李蟾3人释褐畿县尉（参见金滢坤、于瑞《唐代吏部平判入等科与选举研究》，《学术月刊》2014年第11期），拔萃科有郑肃、薛能、常无名3人释褐畿县尉，孙公器、顾少连释褐畿县主簿（参见金滢坤《唐代吏部书判拔萃科的设置、沿革及其影响》，《厦门大学学报》2016年第5期，第44页）。

③ 赖瑞和《唐代基层文官》列举了9例诸色释褐畿县尉情况，但只例举了李程以鸿词科释褐蓝田尉，认为士人释褐赤、畿尉的案例不多，只有出身条件非常好的情况下可以释褐赤、畿尉。（第128—130页）

④ 《唐代墓志汇编》开元270号《大唐故延州肤施县令上柱国于公墓志铭兼序》，第1343页。

⑤ 《太平广记》卷151《定数六·李稜》，第1084页；卷497《杂录五·韦乾度》，第4080页。

⑥ 徐铉：《送张佖郭贲二先辈序》，《全唐文》卷882，第9217页。

开元二十七年，樊系进士及第后，自校书郎调选，深受吏部侍郎达奚珣的器重，想注其畿县金城县尉，樊系竟以与所做梦不合而不受，达奚珣对此非常不解地说："校书得金城县尉不作，更作何官？"说明以校书郎迁转畿县尉是令人羡慕之事。又天宝初，有举人卢子梦见自己进士擢第、宏词登科，吏部拟授其秘书郎，其姑卢氏云："河南尹是姑堂外甥，令渠奏畿县尉。"数月之后，果然"敕授王屋尉"。[①] 足以说明以进士、宏词登科，释褐畿县尉是士人梦寐以求的事，畿县尉在士人心目中要高于秘书省校书郎。

正因为唐代畿县尉是培养御史、拾遗、补阙和郎官的摇篮，因此，白居易批评当时"畿赤簿尉，唯以资序求。未商较其器能，不研核其才行"，将会导致上述中层清要职官无人才可选的局面，[②] 要求提高畿县尉的选拔标准。韩琬曾戏说畿县尉升迁有六道："入御史为罗（佛）道，入评事为仙道，入京尉为人道，入畿丞为苦海道，入县令为畜生道，入判司马为饿鬼道。"[③] 监察御史、殿中御史、大理评事均在七八品之间，属于中层官吏中的清官、要职，[④] 因此，畿县尉迁转监察和殿中御史、大理评事、京县尉，自然就是最理想的迁转官，而升迁畿县丞和普通县令、府州判司马竟然被视为很差的职官，足见畿县尉总体仕途十分光明。唐代京兆、河南和太原三府司马品阶为从四品下，上州司马为从五品下，品阶远远高于监察御史等清要之职，却基本上无具体职事，政务少，俸禄厚，被视为闲员寄禄的"送老官"。[⑤] 因此，出任此职者多有裁员危险，鲜有升迁机会，[⑥] 而前途无量的畿县尉一旦转迁此职，就预示着仕途的暗淡。赖瑞和认为望县尉也跟畿县尉一样，仕途前景其实也不错，可由此入相，并举陆贽以鸿词

[①] 《太平广记》卷277《梦二·樊系》，第2200页；卷281《梦六·樱桃青衣》，第2242—2243页。

[②] 《白居易集》卷63《策林二·大官乏人》，第1326页。

[③] 《太平广记》卷250《诙谐六·姚贞操》，第1939页；钱易：《南部新书》卷辛略同，第129—130页。

[④] 《通典》卷24《职官典》载：监察侍御史，"职务繁杂，百司畏惧，其选拜多自京畿县尉"。（第675页）请见毛汉光《科举前后（公元600±300）清要官形态之比较研究》，《中央研究院国际汉学会议论文集·历史考古组》，第379—404页；赖瑞和：《唐代中层文官》，中华书局2011年版，第49—92页。

[⑤] 《白居易集》卷16《香炉峰下新卜山居，草堂初成重题》，第342页。

[⑥] 参见严耕望《唐代府州上佐与录事参军》，《严耕望史学论文选集》，台北联经出版有限公司1991年版，第526—529页。

科释褐郑县尉、终位至宰相为例。① 释褐望县尉者，若短期内转不了畿县尉等基层官中的清要之职，就很难在将来获得大用。但望县之最的地位重要性也不亚于畿县，郑县尉就是典型实例，属上辅华州，是望县之最，有"望县出于百，郑县为之最"的说法。因此，唐人更看重诸县等之"最"，望县之"最"要高于普通的畿县，"望之最次于畿之最，非最之畿无与焉"。② 陆贽进士及第，就是鸿词科释褐望县之"最"的郑县尉，又以拔萃科授畿县渭南主簿，进一步提升了自己的出身光环；迁监察御史，从而迈进"八俊"升迁图，从此仕途通达，直登宰相。

再次，京兆、河南两府参军是进士兼鸿词科出身者释褐的最高品职官。京兆府、河南府参军为正八品下，③ 高于畿县尉（正九品下）的阶位。府州参军又称参军事，属于未冠名参军，是最低层的一种参军，实无职事，乃作为初入仕者，观试政事，故作为科第或门荫出身者的释褐官、起家官。④ 赖瑞和认为府州参军是士人常见的一种释褐官，可以用荫、明经、进士、制科、宏词、斋郎和挽郎等方式释褐参军，并例举齐映以鸿词科释褐河南府参军。⑤ 笔者再增补翁承赞、冯涓2人以鸿词科释褐两府参军，说明京兆、河南府参军也是唐末士人以科目选擢第者重要的释褐官之一。又萧鍊以书判科释褐太原府参军，⑥ 但其府望和品秩不如京兆、河南两府参军。

其实，按照唐代职官设置，府州参军"无常职，有事则出使"，⑦ 属于基层见习官，但可以通过摄他职的形式，"参军署券"，参与府州事务，并逐步得到重用。如阎用之"初为彭州参军，尝摄录事，一日纠愆谬不法数十事，太守以为材"，"后举通事舍人"，位至左金吾将军。⑧ 因此，京兆府

---

① 参见赖瑞和《唐代基层文官》，第137—138页。
② 《欧阳行周文集》卷5《同州韩城县西尉厅记》，第35页。
③ 关于唐代三府录事参军的职掌，学界已经有很多研究。严耕望：《唐代府州上佐与录事参军》，《严耕望史学论文选集》，第521—547页；张荣芳：《唐代京兆府僚佐之分析——司录、判司与参军》，《东海学报》第30卷，1989年，第85—94页；王永兴：《唐勾检制研究》，上海古籍出版社1991年版，第27页；赖瑞和：《唐代基层文官》，第157—202页。
④ 参见严耕望《唐代府州僚佐考》，《严耕望史学论文选集》，第383—384页。
⑤ 参见赖瑞和《唐代基层文官》，第161—164页。
⑥ 《唐代墓志汇编》元和2号《唐故天德军摄团练判官太原府参军萧府君墓志铭并序》，第1950页。
⑦ 《通典》卷33《职官典十五》，第914页。
⑧ 《新唐书》卷139《李泌传》，第4635页；卷100《阎立德传附曾孙用之传》，第3942页。

参军往往"悉是资荫授官",① 深受士人青睐，贤胄、士族子弟争相为两府参军，"以清人贤胄之子弟，将命试任，使以雄地出之耳"，即便是府望稍低的河中府参军也多"世皆清胄",② 这大概就是鸿词科出身释褐此类官较少的原因。

两府参军地位要比紧县簿尉高。如大和九年十二月，中书门下奏："起来年进士及第后，三年任选，委吏部依资尽补州府参军、紧县簿尉。官满之后……不在奏改限。"③ 显然，释褐京兆、河南两府参军者凭借其官阶、职望优势，在日后迁转中颇具优势。两府参军虽然未进入封演的"八俊"升迁图和白居易理想的升官图名单，但进士兼鸿词科及第者释褐两府参军，仕宦前程也是一片光明。3人之中竟然2人位至宰相，占67%，1人位至三品的御史大夫。需要说明的是，3人之中，翁承赞在唐仅为谏议大夫，后为十国闽相，其地位与唐朝宰相不能同日而语，故严格来讲，唐朝只有齐映1人为相，两府参军入相者仍占33%。这虽然与赖瑞和认为府州参军的仕途总体上不如畿县尉、校书郎前途的说法不太一致，④ 但鸿词科出身释褐两府参军显然也是最好的选择之一。

最后，进士兼鸿词科出身入幕使府者，相对仕途不显。有10人辟府的时间集中在德宗、宪宗两朝，其余3人在大和、大中年间，这与唐朝中兴，即德宗、宪宗积极削藩的时间相吻合，也是中晚唐控制藩镇最强的时期。意味着士人入幕藩镇，将来迁转中央的机会自然增多，无形中也吸引了进士兼鸿词科出身者入幕的积极性。随着唐末藩镇割据问题的严重，入幕使府的士人迁转中央的机会减少，鸿词科出身入幕使府的情况就大为减少。中晚唐对诸使奏请幕僚授监察御史等宪职时有严格的考核限制，但对"进士出身、平判入等、诸色登科授官人，不在此限"。⑤ 这就为进士兼鸿词科者入幕使府提供了方便。如崔元翰，建中二年进士及第，后登鸿词科，贞元四年又应贤良方正直言极谏科，"三举皆升甲第"，先为义成节度使李勉从事，后为河东节度使掌书记，"入朝为太常博士"。⑥

---

① 《册府元龟（明本）》卷447《将帅部·狗私》，中华书局1960年版，第5302页。
② 沈下贤撰，肖占鹏、李勃洋校注：《沈下贤集校注》卷4《河中府参军厅记》，南开大学出版社2003年版，第83页。
③ 《宋本册府元龟》卷641《贡举部·条制三》，第2108页。
④ 参见赖瑞和《唐代基层文官》，第164页。
⑤ 《唐会要》卷79《诸使下·诸使杂录下》，第1445—1446页。
⑥ 《旧唐书》卷137《崔元翰传》，第3766页。

中晚唐"名卿贤大夫,由参佐而升者十七八",①"至登朝廷,位将相,为时伟人者,亦皆出诸侯之幕",②有"游宦之士,至以朝廷为闲地,谓幕府为要津"的说法。③因此,进士兼宏词出身者先入幕使府,再入朝廷,就成为一种快捷迁转途径。如刘禹锡进士及第,从事淮南节度使杜佑,后随杜佑入相,为监察御史。又韦澳,太和六年登进士科,又登鸿词科,十年不仕,后释褐义成节度使周墀从事,后随周墀入相,为考功员外郎。④此外,贞元、元和间,裴度、杨嗣复等虽以鸿词科释褐他官,但后来又入幕西川节度使,"皆相继去为本朝名将相"。⑤

鸿词科出身入幕使府者升迁中央官的比例和速度并不低。一旦入朝,便授拾遗、补阙、御史等令士人羡慕的中层清显官。杜黄裳、许康佐、崔咸等入朝便为侍御史,杜元颖入朝为左拾遗,杨汝士入朝为右补阙,崔元翰、刘瞻等人入朝为太常博士,高锴入朝竟然直接为吏部员外郎,韦澳为考功员外郎,唯有刘闢后来为西川节度使,因叛乱被诛,基本上都进了封演和白居易的升迁图,说明鸿词科入幕使府照样有很多升迁中央清望官的机会。唐代以鸿词科出身入幕使府的13人中,有3人位至宰相,占23%,5人位至三品,4人位至五品,1人不详,说明鸿词科出身入幕使府与释褐两府参军和畿县尉者相比,虽略有逊色,但依然前程无量。

综上所述,以鸿词科释褐的61人中最终有14人位居宰相,占到23%,大致与进士出身"位极人臣,常十有二三"相当,可以说前程似锦。其中,释褐两府参军,位至宰相的比率高达67%,但位至唐朝宰相者仅占33%。⑥其次是释褐畿县尉,位至宰相者3人,比率为38%。鸿词科出身释褐校书、正字者的前途总体不及释褐畿县尉、府州参军者,入相率仅占18%,即便是释褐秘书省校书郎者入相率也仅为31%,低于释褐畿县尉者的入相率38%,仅高于入幕使府者的入相率23%。显然,鸿词科及第

---

① 《权德舆文集》卷27《序·送李十兄判官赴黔中序》,霍旭东校点,甘肃人民出版社1999年版,第379页。
② 欧阳修:《唐武侯碑阴记跋》,《全宋文》卷726《欧阳修六四》,上海辞书出版社、安徽教育出版社2006年版,第34册,第287—288页。
③ 王谠撰,周勋初校证:《唐语林校证》卷8《补遗》,第693页。
④ 《旧唐书》卷160《刘禹锡传》,第4210页;卷158《韦贯之传附子澳传》,第4175—4176页。
⑤ 欧阳修:《唐武侯碑阴记跋》,《全宋文》卷726《欧阳修六四》,第287—288页。
⑥ 以鸿词科释褐两府参军者唯有齐映为唐朝宰相,翁承赞为五代十国宰相,因此唐代宰相者仅占33%。

者释褐官品秩高低和职望清浊，对其仕途前景影响深远，是其日后能否步入卿相等清望官行列的关键，与其问鼎相位的概率成正比。

当然，并非所有鸿词科及第者都能很快释褐，少数情况仍需等待一二年，或通过其他考试科目来获得释褐。如柳宗元贞元九年进士及第，十二年鸿词科及第后，"二年乃得仕"，① 释褐为校书郎。需要说明的是唐代选人通过鸿词科考试获得迁转的人数很少，仅见2例，且仅限于此科设置之初。萧昕，崇文进士及第，于开元十九年首举鸿词科，授阳武县主簿；天宝初复举鸿词科，授寿安县尉，由望县尉升为畿县尉。王昌龄，开元十五年进士及第，补秘书省校书郎；又以宏词登科，再迁汜水县尉（望县）。② 从鸿词科出身的释褐官和迁转官的比例来看，以鸿词科释褐者61例，迁转者仅2例，两者比例约为31：1，说明鸿词科考试主要解决及第进士的释褐问题，并不是为"异才高行者"提供迁转机会，解决所谓的选人"屈滞"问题。

结　语

唐朝自高宗以来就出现员额有限与选人无限的矛盾，以致大量选人"滞选"不调，并作《长名榜》以缓解选举压力。开元天宝以降，"滞选"问题更加突出，裴光庭遂作《循资格》，依年资授官，一定程度上缓解了中低层官的"滞选"问题，但造成了才能之士"屈滞颇多"的新问题。吏部继设置平判科、拔萃科之后，又设置鸿词科，作为科目选最高科目，来解决这一问题。③ 然而，在开元以后吏部铨选"每以诗赋为先"，④ "以一诗一判，定其是非"的大环境下，⑤ 鸿词科试诗、赋和议论三篇，与礼部进士科考试内容和评判标准基本一致，故登此科者几乎全是进士出身者，高达98%，自然不能解决选人"滞选"问题，而成了解决及第进士释褐问题的最重要科目。平判、拔萃两科却便成了解决士人迁转问题的吏部最主

---

① 《柳宗元集》卷33《与杨诲之第二书》，中华书局1979年版，第856页。
② 《旧唐书》卷146《萧昕传》，第3961页；卷190下《文苑传下·王昌龄传》，第5050页。
③ 参见黄正建《唐代吏部科目选》，《史学月刊》1992年第3期。
④ 王勃撰，蒋清翊注：《王子安集注》卷四《上吏部裴侍郎启》，上海古籍出版社1995年版，第131页。
⑤ 张九龄：《上封事书》，《全唐文》卷288，第2926页。

要的科目选科目。随着晚唐鸿词科考试竞争激烈,屡次出现覆落现象,晚唐在考试公平方面进行了诸多改革,推行锁考官制度,实行考官差遣制度等,不再由吏部专知,大大提升了考试的公平性。

正如韩愈所说鸿词科出身"人尤谓之才,且得美仕"。[①] 从本文探讨的鸿词科出身者释褐情况来看,释褐人数最多的校书郎,以秘书省校书郎最为炽热,最为清显的是畿县尉,阶品最高者是两府参军,入幕使府者人数居其次。其主要原因有二。其一,职官的清显程度和职望高低直接决定士人的仕宦前途。秘书省校书郎、畿县尉都是当时最为清显的基层官,是所谓的"八俊"升迁图中最好的释褐官和第一任迁转官,鸿词科的地位不亚于制举出身,进士及第兼鸿词科出身,再释褐秘书省校书郎、畿县尉,就是最好的入仕官,故最受士人瞩目,鸿词科及第者释褐此类官也不例外。从本文统计来看,进士兼鸿词科释褐秘书省校书郎者位至宰相者达31%,而释褐畿县尉者达43%,正好说明了这一点。京兆、河南两府参军,虽然较为清显,但唐代多作为迁转官,很少作为释褐官,也是进士兼鸿词科出身者释褐的最高品职官,故很难以此官释褐,释褐人数自然很少。其二,中晚唐士人释褐艰难,入幕使府也算是条不错的途径[②],因此,部分进士兼鸿词科出身者也不得不先入幕使府,再迁转中央。鸿词科出身入幕使府者有13人,位至宰相者占23%,说明入幕使府的前景也不错。唐后期鸿词科与制科考试一起,在及第进士中"优中选优",属于"士林华选",优与授官,重点培养,"以备将相之任"。显然,唐代鸿词科是科举考试与吏部铨选结合的最好典范,充分体现了唐代后期"以文取士"的选举精神,具有示范效应,充分反映了唐代选举制度的多样性、灵活性,的确在一定程度上起到了不次擢拔"异才高行"者的作用,弥补了《循资格》依资授官的不足。不过,鸿词科每年只取两三人,数量非常有限,仅仅是缓解了及第进士释褐艰难的压力,谈不上解决选人"屈滞"问题,更多的是笼络人心,鼓励士人砥砺前行,潜心文学、政事,储备仕宦知识,积极参选。其实,中晚唐制举兴盛,对及第者优与授官,其功能与吏部鸿词科很类似,也是为了解决"异才高行"者的释褐和迁转即"屈滞"问题,使普通官员得到迁转,为才能之士提供超资释褐和迁转的机会,有效地保证士人

---

① 《韩昌黎文集校注》卷3《答崔立之书》,第166—167页。
② 参见金滢坤《唐五代科举的世界》,复旦大学出版社2014年版,第174—192页。

多种多样的入仕途径,以确保国家官僚机制高效运行。但制举不常设,实行次数很少,并在大和二年以后长期停废,取人更是有限,因此,鸿词科在唐后期铨选中地位就凸显出来,对选人就变得更为重要。

唐代鸿词科对宋代词科考试有着重要影响。绍圣元年,宋哲宗为了解决进士科考试罢诗赋之后,缺乏起草诏诰以代王言词臣的问题,而设置鸿词科,后来逐渐发展为词学兼茂科、博学鸿词科和词学科,统称词科。其考试机构由唐代吏部南院改为礼部贡院,考试内容大致以诏诰、章表、箴等十余种文体为主,取代唐代的诗、赋和议论,考试数量也由"三篇"改为"四题"。宋初尚保留了唐代鸿词科主要面向及第进士的特点,后来逐渐面向全部基层官员,不再限于进士出身,侧重词章取士,选拔擅长四六文的词臣,专门起草诏诰等王言,较唐代鸿词科主要解决及第进士的释褐问题有很大变化。宋代词科保持了唐代鸿词科考试选人很少的特点,虽选取人数总体不多,但后来位至宰相、执政等高官者的比例较高,并多能至翰林学士、中书舍人等两制官,仍优于其他诸色出身。①

---

① 参见张希清《中国科举制度通史·宋代卷》,第738—752页;祝尚书《宋代科举与文学考论》,大象出版社2006年版,第158—174页。

士大夫心态转变对汉末政局的影响
——以建宁事变和中平事变比对为主的考察

西北师范大学历史文化学院　张继刚

关于汉末局势的演变和东汉的瓦解，学界论述颇丰。传统观点认为造成东汉灭亡的因素或者是皇帝的因素[1]，或者是外戚、宦官[2]，或者是黄巾军[3]，等等。这些观点无疑都是有道理的，但以往研究者都忽视了一个十分重要的因素，即士大夫[4]群体心态的转变对东汉政局走势的影响[5]。本文试图从士大夫心态的角度对汉末政局的演变重新加以论述，不妥之处，望方家指正。

---

[1] 司马光认为"重以桓、灵昏虐，保养奸回"，使得东汉朝廷走向衰亡。(《资治通鉴》卷68，中华书局1956年版，第2174页。) 诸葛亮在《隆中对》中说："亲小人，远贤臣，此后汉所以倾颓也。先帝在时，每与臣论此事，未尝不叹息痛恨于桓、灵也。"(《三国志》卷35《蜀书·诸葛亮传》，中华书局1982年第2版，第920页。)

[2] 王夫之认为"汉亡于宦官外戚之交横"。(王夫之：《读通鉴论》，中华书局1975年版，第261页。)

[3] 何兹全认为："农民起义虽然没有直接推翻东汉帝国，东汉帝国却因农民起义而瓦解了。"(何兹全：《秦汉史略》，上海人民出版社1955年版，第130页。) 林剑鸣认为："经过黄巾军及其后继起义军沉重打击，东汉王朝虽继续苟延残喘，但更加虚弱，在风雨飘摇中，等待着灭亡。"(林剑鸣：《秦汉史》，上海人民出版社1989年版，第954页。)

[4] 士大夫是指学习儒家文化并践行儒家学说的知识分子或者官僚。陈寅恪先生认为："主要之士大夫，其出身则大抵为地方豪族，或间以小族。然绝大多数则为儒家之信徒也。"(陈寅恪：《世说新语文学类钟会撰四本论始毕条后》，《金明馆丛稿初编》，上海古籍出版社1980年版，第42页。) 阎步克认为士大夫为"亦儒亦吏，学者兼为官僚的特殊社会角色"。(阎步克：《士·事·师论——社会分化与中国古代知识群体的形成》，《北京大学学报》1990年第2期。)

[5] 关于士大夫的心态对汉末局势的影响，有两位学者曾经提到过。余英时认为东汉政权因为与士大夫阶层之间失去了协调而归于灭亡。(余英时：《士与中国文化》，上海人民出版社2003年版，第243页。) 余英时注意到了士大夫阶层与东汉政权灭亡之间的关系，只可惜他仅仅在论述东汉政权的建立时提到了这么一句。类似的论述还有胡秋原，他认为："皇朝与知识分子之合作与冲突，决定国家之兴亡，没有比秦汉四百年更为明显的。"(胡秋原：《古代中国文化与中国知识分子》，中华书局2010年版，第286页。) 两位学者都概括性地提了一句，并没有进行深入的论述。

一　从建宁事变和中平事变的异同看士大夫心态的转变

1. 建宁事变与中平事变之异同

东汉王朝自第四代汉和帝开始就出现了宦官外戚轮流擅权，直至汉末未曾停止。汉灵帝建宁元年（168）和中平六年（189）分别发生了外戚联合士大夫与宦官争夺最高权力的斗争（下文分别简称建宁事变和中平事变[①]）。这两次事件既有很多相似点，也有一些不同之处（见下文），直接影响到汉末历史的走向。

相同点：

（1）两次事变中皇帝均为幼童，不能控制朝廷。建宁元年，灵帝十二岁，窦太后临朝，窦武掌权；中平六年，灵帝崩，刘辩继位，年十四岁，何太后临朝，何进秉政。

（2）两次事变均为掌权的外戚与士大夫联合，共同对付宦官。

（3）两次事变中的掌权者外戚窦武、何进俱被宦官诛杀。

（4）两次事变都是士大夫主动联合外戚，谋诛宦官。建宁事变陈蕃等人联系窦武，中平事件袁绍等人联系何进。

不同点：

（1）建宁事变：

事件过程中士大夫稍显被动，几乎没有反抗活动，结果是陈蕃被杀，窦武自杀，侍中刘瑜、屯骑校尉冯述，被夷族，虎贲中郎将刘淑、尚书魏朗自杀，议郎巴肃被杀，自公卿以下尝为蕃、武所举者及门生故吏，皆免官禁锢。引发第二次党锢之祸，士大夫群体被禁锢。

（2）中平事变：

事件过程中士大夫更加积极主动，袁术与何进部曲吴匡火烧南宫青琐门，袁绍与其叔父袁隗矫诏诛杀宦官所置司隶校尉、河南尹，卢植执戈于阁道窗下，阻止宦官段珪，袁绍诛杀宦官二千余人。[②]

[①] 汉灵帝建宁元年（168年），外戚窦武和士大夫官僚陈蕃等人谋诛宦官，结果消息走漏，宦官杀掉了窦武、陈蕃等人，是为建宁事变。中平六年（189年），何进和袁绍再次谋诛宦官，太后反对、何进迟疑，结果何进被杀，而袁绍尽诛宦官，是为中平事变。

[②] 两次事件异同对照资料来源于《后汉书·窦武传》《后汉书·何进传》《后汉书·袁绍传》《资治通鉴》。

从以上比对中可以明显地看出，构成这两次事变的诸要素中，其他要素基本相同，唯一不同之处就是士大夫态度的变化，一次较被动，一次较主动。

在中平事变中，何进犹豫不决以致被宦官诛杀，这一点和建宁事变中的窦武是基本相同的，但士大夫却表现不同，时为虎贲中郎将的袁术与何进属下吴匡共同进攻宫门，袁术竟然火烧南宫青琐门，袁绍与其叔父袁隗矫诏诛杀了被宦官任命的司隶校尉樊陵和河南尹许相，就连卢植也执戈于阁道窗下，阻止了宦官段珪。

火烧宫门和矫诏诛杀大臣，是侵犯最高权力的死罪，而士大夫之所以能够这样做，说明党锢之祸教训了他们，他们已经不再像建宁事变时那样愚忠、处于被动挨打的地位，士大夫对待皇权的态度已经发生了巨大变化。正因为此，才导致了两次事变结局的不同。

2. 党锢之祸与士大夫心态的转变

建宁事变窦武、陈蕃被杀后，士大夫阶层遭到族杀、禁锢的残酷打击；而到中平事变，虽然何进被杀，但士大夫却尽诛宦官，并由此开启了东汉瓦解的序幕。建宁事变发生于168年，而中平事变发生在189年，中间相距不过二十一年，难道说世家大族在这有限的二十一年间势力剧增、突然强大到足以瓦解东汉王朝了吗？事实并非如此，世家大族的强大不是一朝一夕形成的[①]，两次事变时世家大族的势力应该是基本相同，按照狩野直祯的观点，世家大族势力发展到最高峰应该在顺帝时期。那为何士大夫（汉末有很多士大夫就是世家大族）在建宁元年没有凭借其所拥有的势力采用强硬的态度对抗宦官和皇权，选择忍受被族杀、禁锢，而到中平事变中，士大夫才采取了强硬的态度了呢？

可见两次事变中士大夫的不同态度，不是由于其势力的强弱造成的，而是另有其因。

建宁事变之后，紧接着建宁二年（169），就发生了东汉后期历史上的一次重大事件——第二次党锢之祸，故司空虞放、太仆杜密、长乐少府李膺、司隶校尉朱㝢、颍川太守巴肃、沛相荀翌、河内太守魏朗、山阳太守

[①] 邢义田在《天下一家——皇帝、官僚与社会》（中华书局2011年版）一书中引用日本学者狩野直祯的观点："世族的势力从光武以来一路发展，于顺帝时达到一个高峰。"见邢著第311页。

翟超、任城相刘儒、太尉掾范滂等百余人,皆死狱中,"二十余年,诸所蔓延,皆天下善士"①。第二次党锢之祸使大批士大夫死于非命,仅史料可寻的金发根就统计了 27 人②,而《后汉书·党锢列传》记载,"死徙废禁者,六七百人",同时,还牵及士大夫的亲属:"又诏州郡更考党人门生故吏父子兄弟,其在位者,免官禁锢,爰及五属。"③ 例如,何夔从父何衡被列为党人,《三国志》注引《魏书》曰:"汉末阉宦用事,夔从父衡为尚书,有直言,由是在党中,诸父兄皆禁锢。"④ 士大夫阶层在大范围内受到了打击和禁锢。林剑鸣先生认为:"当时有气节的知识分子几乎全被摧残殆尽,……中国文化也为之凋零。"⑤

面对艰难的际遇,有士大夫哭泣于路者:

  桓帝世,党锢事起,守外黄令陈留张升去官归乡里,道逢友人,共班草而言。升曰:"吾闻赵杀鸣犊,仲尼临河而反。覆巢竭渊,龙凤逝而不至。今宦竖日乱,陷害忠良,贤人君子其去朝乎?夫德之不建,人之无援,将性命之不免,奈何?"因相抱而泣。⑥

对士大夫的这种境遇,马良怀也有相关论述。"桓、灵之际,政治的腐朽黑暗已走向极点,特别是其间发生的两次'党锢之祸',对于忠心耿耿、不遗余力地为王朝的兴衰而抗争、努力的士大夫而言,更是无情地抛弃、摧残和蹂躏。……人们普遍的心情茫然、焦躁不安,陷入巨大的悲苦和迷茫中。"⑦ 其实士大夫不仅仅是陷入了迷茫,他们更是对忠心为国的思想和行为产生了怀疑。

建宁二年(169),范滂被抓,临行前谓其子曰:"吾欲使汝为恶,则恶不可为;使汝为善,则我不为恶。"⑧ 这无疑是士大夫忠心为国却要遭诛

---

① 《后汉书》卷 67《党锢列传》,第 2189 页。
② 金发根:《东汉党锢人物的分析》,《史语所集刊·秦汉卷》,中华书局 2009 年版,第 1252—1253 页。
③ 《后汉书》卷 67《党锢列传》,第 2189 页。
④ 《三国志》卷 12《魏书·何夔传》,注引《魏书》,第 379 页。
⑤ 林剑鸣:《秦汉史》下册,第 383 页。
⑥ 《后汉书》卷 83《逸民传·陈留父老传》,第 2775—2776 页。
⑦ 马良怀:《士人 皇帝 宦官》,岳麓书社 2003 年版,第 84—85 页。
⑧ 《后汉书》卷 67《党锢列传·范滂传》,第 2207 页。

杀时心中悲凉、彷徨的呼叹。在遭屡次打击、残杀后，在有善举而无善终的情况下，士大夫对东汉朝廷的态度逐渐发生了转变。朱熹也认为党锢之祸导致士大夫背弃了汉王朝，他在《答刘子澄书》中说："近看温公论东汉名节处，觉得有未尽处。但知党锢诸贤趋死不避，为光武明章之烈，而不知建安以后，中州士大夫只知有曹氏，不知有汉室，却是党锢杀戮之祸有以驱之也。"[1] 正是因为这种情况，便造成了士大夫在两次事变中完全不同的态度。

建宁事变至中平事变，相距二十一年，如果说这二十一年间士大夫阶层在经济上、政治上大肆发展私家势力，从而达到瓦解东汉政权的程度的话，是不客观的。袁安在章帝时就为三公，袁氏从章帝至灵帝四世五公，在建宁事变时，袁氏势力早已强大。那为何在中平六年才发生了士大夫进攻宫廷的事件，而不是在建宁元年？主要是因为在这二十一年中，士大夫对待东汉朝廷的态度发生了变化，士大夫开始不再相信皇权的神圣，而是谋求依靠自身力量，以达到特定的目的。这种变化，正是造成何进被杀后士大夫没有像建宁元年那样被禁锢、被屠杀的原因。而建宁事变士大夫之所以没有像中平事变那样对抗朝廷，是与他们传统的品格作风有关的，陈苏镇就认为世家大族有"清廉正直的品格作风，且代代相传"[2]。而这种品格作风，建宁事变后经过党锢之祸对士大夫的残酷打击，至中平之时，则发生巨大转变了。

二　袁绍与东汉皇权的式微

士大夫态度的转变，袁氏最为典型。袁氏四世五公，可袁绍却有分裂汉室之心。

1. 策划董卓入京，造成天下混乱

袁绍和何进结成何袁联盟，始于何进对蹇硕的顾忌，"进素知中官天下所疾，兼忿蹇硕图己，及秉朝政，阴规诛之。"[3] 所以何进想联合袁绍诛

---

[1] 刘义庆著，余嘉锡笺疏：《世说新语笺疏》（第 2 版），余嘉锡注引朱子《晦庵文集》三十五《答刘子澄书》，中华书局 2007 年版，第 11—12 页。
[2] 陈苏镇：《东汉的世家大族》，《文史知识》2010 年第 6 期。
[3] 《后汉书》卷 69《何进传》，第 2248 页。

杀蹇硕，以巩固自身权力，但他并没有诛杀所有宦官的想法。而袁绍则不然，他要铲除的是所有的宦官，"绍以为中官亲近至尊，出入号令，今不悉废，后必为患"①。所以何袁联盟的目标在一开始就具有不一致性。

袁绍看到无法利用何进来铲除所有宦官，所以就又想了个办法，"绍等又为划策，多召四方猛将及诸豪杰，使并引兵向京城，以胁太后。进然之"②。但何进"纳其言，后更狐疑"③，于是，

> 绍惧进变计，乃胁之曰："交构已成，形势已露，事留变生，将军复欲何待，而不早决之乎？"进于是以绍为司隶校尉，假节，专命击断；从事中郎王允为河南尹。绍使洛阳方略武吏司察宦者，而促董卓等使驰驿上，欲进兵平乐观。太后乃恐，悉罢中常侍小黄门，使还里舍，唯留进素所私人，以守省中。诸常侍小黄门皆诣进谢罪，唯所措置。④

中平六年（189）夏，蹇硕被诛；这年秋，太后悉罢中常侍小黄门。事情至此，何进巩固权力的目的已经达到，针对宦官的活动似乎可以收手了。但何袁联盟，只实现了何进一人的目的，而袁绍的目的则还远没有实现。为了达到自己的目的，袁绍就劝何进乘机尽诛宦官，可是何进不允许。"绍又为书告诸州郡，诈宣进意，使捕案中官亲属。"⑤通过这一措施，何进被"陷"成为诛杀宦官的策划者，这就直接影响到他后来的被杀。

先是袁绍为何进"画策"多召四方猛将及诸豪杰，当董卓至渑池时，何进狐疑⑥，令种邵宣诏止之；袁绍又借口"交构已成"胁迫何进任命自己为司隶校尉、假节，以策划事变；接着，袁绍"促董卓等使驰驿上，欲进兵平乐观"。可见，董卓的入京，主要策划者是袁绍。

对何进而言，当最大的威胁蹇硕被杀之后，他掌握了军权，已经完全控制了朝廷，就没有必要再召四方猛将入京了。陈琳劝谏何进时说："今将军总皇威，握兵要，龙骧虎步，高下在心，此犹鼓洪炉燎毛发耳。夫违

---

① 《后汉书》卷69《何进传》，第2249页。
② 《后汉书》卷69《何进传》，第2249页。
③ 《三国志》卷6《魏书·袁绍传》，注引《九州春秋》，第189页。
④ 《后汉书》卷69《何进传》，第2250页。
⑤ 《后汉书》卷69《何进传》，第2250页。
⑥ "卓至渑池，而进更狐疑，使谏议大夫种邵宣诏止之。"（《资治通鉴》卷59，第1899页。）

经合道，天人所顺，而反委释利器，更征外助。大兵聚会，强者为雄，所谓倒持干戈，授人以柄，功必不成，只为乱阶。"① 陈琳尖锐地指出了召四方猛将入京的隐患，"反委释利器""授人以柄""只为乱阶"。假若屠夫出身的何进②无法理解此中的问题，但袁绍必定不会不知。

东汉朝廷在灵帝时就已经不能控制董卓了。中平六年（189），灵帝召董卓为少府，董卓却借口抵御羌、胡违抗了灵帝的诏书。《后汉书》载："朝廷不能制，颇以为虑。"③ 灵帝病重之时，玺书命董卓属兵皇甫嵩，任其为并州牧，董卓又违抗圣旨，驻兵河东，以观时变。灵帝的两次诏书董卓都当成了耳旁风，但这一次，"卓得召，即时就道"④。显得相当"恭顺"。这样一个难以控制的军阀人物，灵帝以来已成朝廷的忧虑，且这一情况早已是朝廷上下的共识⑤。

这种情况，袁绍不可能不知。他在召董卓之前应该明白这一举动的后果，但他执意为之，其居心叵测。可以说，出身四世五公家族的袁绍，中平事变时，对东汉朝廷的态度已经发生变化了；更进一步讲，在董卓入京之前，袁绍早就有分裂之心了，他建议召四方猛将入京，以造成混乱局势，从而谋求自身势力的发展。公孙瓒上疏斥责袁绍的罪状时说："招来不轨，疑误社稷，至令丁原焚烧孟津，董卓造为乱始。"⑥ 何焯认为："绍劝进召董卓。为谋不臧。汉室破坏而袁宗先受其殃。天下之罪魁也。"⑦

袁绍谋士逢纪曾对袁绍说："夫举大事，非据一州，无以自立。今冀部强实，而韩馥庸才，可密要公孙瓒将兵南下，馥闻必骇惧。并遣辩士为陈祸福，馥迫于仓卒，必可因据其位。绍然之，益亲纪，即以书与瓒。"⑧

---

① 《后汉书》卷69《何进传》，第2249—2250页。
② 《三国志》卷6《魏书·董卓传》注引《续汉书》曰："进字遂高，南阳人，太后异母兄也。进本屠家子"（第172页），《后汉书》卷69《何进传》赞曰："进自屠羊。"（第2253页）
③ 《后汉书》卷72《董卓传》，第2322页。
④ 《后汉书》卷72《董卓传》，第2322页。
⑤ 侍御史郑太就反对召董卓入京，"'董卓强忍寡义，志欲无猒。若借之朝政，授以大事，将恣凶欲，必危朝廷。明公以亲德之重，据阿衡之权，秉意独断，诛除有罪，诚不宜假卓以为资援也。且事留变生，殷鉴不远。'又为陈时务之所急数事。进不能用，乃弃官去。谓颍川人荀攸曰：'何公未易辅也。'"（《后汉书·郑太传》卷70，第2257页。）当时反对召董卓入京的还有尚书卢植、主簿陈琳、黄门侍郎荀攸、典军校尉曹操以及何进的弟弟何苗。
⑥ 《后汉书》卷73《公孙瓒传》，第2359页。
⑦ 何焯：《义门读书记》，中华书局1987年版，第434页。
⑧ 《后汉书》卷74上《袁绍传》，第2377页。

可见，袁绍至少在此时（献帝初平二年，191）已经有了"举大事"——推翻汉室以称王之心了。如果袁绍策划董卓入京是为公，而袁绍建议引董卓入京，是在中平六年（189）的事，前后不过两年，袁绍便有了从"忠于"汉室向分裂汉室的转变？袁绍态度转变怎会如此的迅速？合理的解释是其分裂汉室的想法在189年之前已经有了，即中平事变之前，袁绍已经有异心了。王夫之也认为袁绍"昔之从臾何进以诛宦官，知进之无能为而欲乘之以偪汉尔"①。

2. 尽诛宦官，皇权式微

东汉末年，宦官作为皇权的衍生势力在东汉朝廷中具有相当的权威，袁绍在与何进的对话中提到，在建宁事变中，"五营兵士皆畏服中人"，就连何进"新贵，素敬惮中官"②。宦官势力之所以强大，能够窃持国柄，是因为宦官势力是皇权的延伸，也属于皇权的范畴，宦官是皇权的附属品。没有皇权，就无所谓宦官势力。何兹全先生认为："宦官是皇帝家奴，有皇帝才有宦官，有皇权才有宦官权。"③ "宦官缺乏独立的权力基础，宦官专权只能依赖于专制君权。脱离专制君权而独立的宦官专权，事实上是根本不可能存在的。"④

建宁事变中窦武和宦官对阵，由于士兵畏惧宦官，以致窦武军中的士兵都投奔到宦官那面去了。此事说明在建宁元年，宦官在朝廷中拥有很大的权势。那么宦官的权势强大，则在一定程度上体现出皇权的强大。反过来说，中平事变中宦官势力彻底被诛杀，也就是皇权的重大削弱。"绍遂闭北宫门，勒兵捕宦者，无少长皆杀之。"⑤ 宦官的全部被诛杀，皇权也就被削弱了。当外戚、宦官全部被诛杀，皇帝还年幼无法实际控制朝廷的时候，中央朝廷就出现了权力的真空。毛汉光认为："袁绍尽杀宦官，董卓入京，结束了多年来纠缠不清的统治阶层间权力斗争，也瓦解了中央统御地方的体系。"⑥ 所以说，宦官被全部诛杀的最严重的后果是中央丧失了控制朝廷乃至全国的权威。

---

① 王夫之：《读通鉴论》卷9，第236页。
② 《资治通鉴》59，第1896页。
③ 何兹全：《何兹全文集》第2卷，中华书局2006年版，第999页。
④ 余华青：《中国宦官制度史》，上海人民出版社1993年版，第46页。
⑤ 《后汉书》卷69《何进传》，第2252页。
⑥ 毛汉光：《中国中古社会史论》，第109页。

中平事变中，袁绍先是策划董卓入京，然后又诛杀了全部的宦官，这造成了两个后果。其一是何进被杀和宦官的尽诛，控制皇权的两大势力瞬间消失，东汉最高权力出现真空，皇权式微；其二是董卓入京，造成朝廷混乱，为袁绍独树旗帜创造借口，以袁绍为盟主的东部势力迅速成立。"是时豪杰既多附绍，且感其家祸，人思为报，州郡蜂起，莫不以袁氏为名。"① 这两个后果是袁绍创建袁氏天下极为有利的条件。要不是曹操逐渐强大，袁绍就会在他自己一手创造的条件下实现其代汉自立的美梦。②

三 "与诸卿图王"——其他士大夫态度的转变

董卓专权，杀掉在京的袁氏，"是时豪杰既多附绍，且感其家祸，人思为报，州郡蜂起，莫不以袁氏为名。……馥于是方听绍举兵。乃谋于众曰：'助袁氏乎？助董氏乎？'治中刘惠勃然曰：'兴兵为国，安问袁、董？'"③

面对天下崩乱的局面，冀州牧韩馥想到的却是袁氏、董氏，而没有刘氏，由此可见，作为地方州牧的士大夫对待中央朝廷的态度发生了巨大转变。"董卓死，李、郭乱，袁绍擅河北而忘帝室，袁术窃，刘表僭，献帝莫能驭，而后曹操之篡志生。"④

中平事变以后，控制地方州郡的士大夫主要有幽州的公孙瓒、冀州的袁绍、兖州的曹操、荆州的刘表、益州的刘焉、扬州的袁术。他们对中央朝廷的态度已经有了巨大的转变。

公孙瓒世为二千石，且学于卢植。但他后来盘踞幽州，成为一股分裂势力。公孙度、公孙康父子割据辽东。初平元年（190），公孙度公开分裂，"初平元年，度知中国扰攘，语所亲吏柳毅、阳仪等曰：'汉祚将绝，当与诸卿图王耳。'"⑤ 中平事变后，公孙度公开分裂汉室，并打出"与诸

---

① 《后汉书》卷74上《袁绍传》，第2376页。
② "术归帝号于绍曰：'汉之失天下久矣，天子提挈，政在家门，豪雄角逐，分裂疆宇，此与周之末年七国分势无异，卒强者兼之耳。加袁氏受命当王，符瑞炳然。今君拥有四州，民户百万，以强则无与比大，论德则无与比高。曹操欲扶衰拯弱，安能续绝命救已灭乎？'绍阴然之。"（《三国志》卷6《袁术传》注引《魏书》，第210页）
③ 《后汉书》卷74上《袁绍传》，第2376—2377页。
④ 王夫之：《读通鉴论》卷9，第233页。
⑤ 《三国志》卷8《魏书·公孙度传》，第252页。

卿图王"的口号。

"八顾"之一的刘表，盘踞荆州。初平元年（190），刘表"遂理兵襄阳，以观时变"①。及袁绍和曹操相距官渡，"绍遣人求助，表许之，不至，亦不援曹操，且欲观天下之变"。刘表从事中郎将韩嵩、蒯越等劝刘表归附曹操，刘表狐疑，令韩嵩去许打探曹操虚实。韩嵩怕至许被献帝授以官职，成为皇帝大臣，而又为刘表之故吏，回来不好处理与刘表的关系。刘表强令其使许，果被授以侍中、零陵太守，"及还，盛称朝廷曹操之德，劝遣子入侍。表大怒，以为怀贰，陈兵诟嵩，将斩之"②。韩嵩虽然从曹操处归来，但却是天子大臣，是献帝之侍中，汉朝之零陵太守，刘表却以为其"怀贰"，欲杀韩嵩，这显然是将汉朝与自己当作两个对立的政权来看待的。可见作为"八顾"之一的刘表其分裂态度是很明显的。

兴平二年（195），袁术"大会群下，因谓曰：'今海内鼎沸，刘氏微弱。吾家四世公辅，百姓所归，欲应天顺民，于诸君何如？'"③ 图谋代汉。建安二年（197），袁术称帝于寿春，"因河内张炯符命，遂果僭号，自称'仲家'。以九江太守为淮南尹，置公卿百官，郊祀天地"④。作为四世五公的袁氏，终于走上了从背叛汉室到自立为帝的道路。唐长孺先生就认为："大姓名士曾经是何进依靠的政治力量，也曾是董卓依靠的政治力量，而借讨伐董卓之名，乘机割据的又正是他们。"⑤ 钱穆先生认为："汉末割据的枭雄，实际上即是东汉末年之名士。"⑥

除了这些控制地方的士大夫，还有一些士大夫则跟随在这些地方州牧身边，为其出谋划策。这些士大夫对待东汉朝廷的态度也发生了巨大转变。

刘焉为益州牧之后，董扶及太仓令赵韪皆弃官，随焉入蜀。他们竟然放弃了朝廷的官职而跟随刘焉去了地方，由此可见士大夫态度转变之一斑。如颍川辛评、郭图、广平沮授、魏郡审配、巨鹿田丰、逢纪、南阳荀谌等聚集在袁绍周围，为袁绍策划。

---

① 《后汉书》卷74下《刘表传》，第2420页。
② 《后汉书》卷74下《刘表传》，第2422页。
③ 《后汉书》卷75《袁术传》，第2439页。
④ 《后汉书》卷75《袁术传》，第2442页。
⑤ 唐长孺：《东汉末期的大姓名士》，《魏晋南北朝史论拾遗》，中华书局1983年版，第40页。
⑥ 钱穆：《国史大纲》（修订第3版），商务印书馆1996年版，第215页。

再如郭嘉。荀彧向曹操推荐了郭嘉,"召见,论天下事。太祖曰:'使孤成大业者,必此人也。'嘉出,亦喜曰:'真吾主也。'"[1] 郭嘉曾辟司徒府,汉末大乱之后,他放弃中央,开始寻求割据者。先是去了袁绍那儿,见袁绍不足以成事;就又在荀彧的举荐下到曹操营中。他见完曹操后很高兴:"真吾主也",以曹操为主人,而将辗转不定的献帝抛于九霄之外,这充分体现出士大夫态度转变的现象。跟随曹操的还有陈群、何夔、华歆、杜畿、毛玠等一大批人,不再赘述。

其他士大夫还有陈宫、高顺跟随吕布,吕布败,不降曹操而被杀。贾诩跟随张绣。鲁肃、周瑜、张昭等跟随孙策,"袁术以周瑜为居巢长,以临淮鲁肃为东城长。瑜、肃知术终无所成,皆弃官渡江从孙策"[2]。汝南吕范跟随孙策去江东,"今舍本土而托将军者,非为妻子也,欲济世务"[3]。鲁肃、周瑜、吕范更是渡江去了东吴。诸葛亮跟随刘备,欲成霸业。跟随刘备的还有庞统、费祎等人。蒯良、蒯越辅佐刘表。刘表初平元年为荆州刺史,利用南郡名士蒯良、蒯越,镇抚郡县,徙治襄阳,刘表始据荆州。

这些士大夫有个共同特点,即忠于所从割据势力,对汉朝廷态度冷漠。汉末士大夫对待东汉朝廷的这种态度与党锢名士相比可谓是天壤之别,党锢名士为了汉室不畏权贵,不惜牺牲生命,而中平事变之后士大夫的眼中则只有割据者而无汉政权。田畴对公孙瓒说:"汉室衰颓,人怀异心,唯刘公不失忠节。"[4] 田畴虽赞扬幽州牧刘虞的忠心,但不能掩盖"人怀异心"这样一个普遍的现实。

党锢之祸后,士大夫对待东汉朝廷的态度发生转变,士大夫或为郡守州牧,控制地方政权;或为谋士,辅佐一方霸主,谋求自身发展。但无论哪种形式,都在客观上造成了东汉政权的瓦解。东晋次就认为:"后汉王朝为什么灭亡,至今的说明都不很充分。一般而言,构成国家的所有成员对于国家的归属意识及忠臣意识的淡化或消失,是一个国家走向灭亡的诸多要素中最为重要的因素。"[5]

---

[1] 《三国志》卷14《魏书·郭嘉传》,第431页。
[2] 《资治通鉴》卷62,第2009页。
[3] 《三国志》卷56《吴书·吕范传》,注引《江表传》,第1309页。
[4] 《三国志》卷11《魏书·田畴传》,第341页。
[5] 东晋次:《后汉帝国的衰亡及人们的"心性"》,牟发松主编:《社会与国家关系视野下的汉唐历史变迁》,华东师范大学出版社2006年版,第427页。

到建安元年（196），公孙度占据辽东，公孙瓒占据幽州，袁绍占据冀州、青州和并州，曹操占据兖州，袁术先占据南阳后占据扬州，陶谦、刘备、吕布先后占据徐州，孙策占据江东，刘表占据荆州，刘焉占据益州，马腾、韩遂占据凉州，"名豪大侠，富室强族，飘扬云会，万里相赴"①，拉开了东汉政权内部势力分裂东汉政权的序幕。诚如余英时先生所言："此一借着士族大姓的辅助而建立起来的政权，最后还是因为与士大夫阶层之间失去了协调而归于灭亡。"②

综上所述，导致建宁事变和中平事变结果完全不同的原因，是中平事变时士大夫对待东汉朝廷的态度已经发生转变。董卓入京袁绍有不可推卸的责任，而董卓入京直接导致了朝廷的混乱；中平事变中袁绍尽诛宦官，从而削弱了皇权，以致东汉朝廷无力统御地方，所以是袁绍的策划导致了东汉皇权的式微，也是他的策划开启了瓦解东汉政权的序幕。士大夫在中平事变之后对待东汉朝廷的态度发生了巨大转变，他们或者割据地方，或者辅佐割据者，在客观上造成了东汉政权的瓦解。所以，士大夫心态的转变是导致东汉政权瓦解的主要原因之一。

---

① 《三国志》卷2《魏书·文帝纪》，注引曹丕《典论》，第89页。
② 余英时：《士与中国文化》，第243页。

陈守忠教授主要论著目录

西北师范大学历史文化学院　缪喜平

陈守忠先生（1921—2019）生前主要从事宋史、敦煌学和西北史地的教学和研究工作。其主要研究成果已收录于《河陇史地考述》《宋史论略》两部论文集。以上两部论文集收录诸篇论文时都未注明原载信息，还有一部分重要成果未能收入。此次编写"陈守忠先生主要论著目录"，基本按照文章发表时间排列，并注明原出处。《河陇史地考述》一书1993年由兰州大学出版社出版，2007年甘肃人民出版社修订再版。此次编目对收入本集未有出处的一律按1993年处理。收入《宋史论略》诸篇以甘肃文化出版社2001年版为准。

一　专著

《甘肃古代史》，兰州大学出版社1989年版（与郭厚安合编，第三、八、九、十章为陈守忠先生撰写）。

《河陇史地考述》，兰州大学出版社1993年初版、甘肃人民出版社2007年修订版。

《宋史论略》，甘肃文化出版社2001年版。

二　论文

《北宋初年王小波、李顺领导的川峡农民起义》，原载《西北师范学院学报》1957年第1期；收入《宋史论略》。

《关于中国封建社会内部的分期问题》，载《历史教学与研究》1959

年第 2 期（金宝祥、赵俪生、陈守忠等执笔）。

《形成北宋统一的社会物质基础》，原载《甘肃师大学报》1959 年第 3 期；收入《宋史论略》。

《甘肃的石窟寺艺术》，原载《历史教学与研究》1959 年第 4 期；收入《河陇史地考述》。

《兰州解放前夕的"三二九"学生运动》，载《历史教学与研究》1959 年第 5 期。

《历史科学如何为当前的政治服务》，载《西北师大学报》1964 年第 2 期。

《北宋初年四川地区的士兵暴动和农民起义的关系》，原载《甘肃师大学报》1978 年第 3 期；收入《宋史论略》。

《王安石变法与熙河之役》，原载《西北师大学报》1980 年第 3 期；收入《河陇史地考述》。

《汪义武公神道碑等三篇资料》，载西南师范学院历史系、合川县历史学会编《钓鱼城历史学术讨论会论文资料集（内部参考资料）》，1982 年。

《八世纪后期至十一世纪前期河西历史述论》，原载《西北师范学院学报》1983 年第 4 期；收入《河陇史地考述》。

《甘肃境内秦长城遗迹调查及考证》，载《历史教学问题》1984 年第 2 期。

《陇上战国秦长城调查之一——陇西段》，原载《西北史地》1984 年第 2 期；收入《河陇史地考述》。

《陇上战国秦长城调查之二——陇东段》，原载《西北师范学院学报》1984 年增刊；收入《河陇史地考述》。

《武威雷台汉墓出土铜奔马命名商榷》，《西北师大学报》1984 年第 3 期（与伍德煦合作）。

《李宪取兰会及其所经城寨考》，原载《西北史地》1986 年第 1 期；收入《河陇史地考述》。

《甘肃史概述》，载《甘肃史志通讯》1986 年第 3 期。

《陇山左右宋代城寨遗址调查》，原载《西北师范学院学报》1986 年增刊；收入《河陇史地考述》。

《北宋时期中原通西域的几条道路的探索》，原载《西北师大学报》

1988年第1期；收入《河陇史地考述》。

《巍巍雄关　峨峨长城》，郭厚安、吴廷祯主编《悠久的甘肃历史》，甘肃人民出版社1988年版。

《丝绸路上的明珠——石窟艺术》，郭厚安、吴廷祯主编《悠久的甘肃历史》，甘肃人民出版社1988年版。

《漓水水系及汉白石、枹罕古诚址考》，原载《西北史地》1988年第2期（与魏晋贤、王宗元合作）；收入《河陇史地考述》。

《定西县建制沿革考》，原载《西北师大学报》1989年第1期；收入《河陇史地考述》。

《北宋前期对秦陇地区的经营及其与西夏的关系》，原载白滨、史金波等编《中国民族史研究（二）》，中央民族学院出版社1989年版；收入《河陇史地考述》。

《河西的汉长城》，原载《西北师大学报》1990年第3期；收入《河陇史地考述》。

《甘肃境内的明长城》，原载《社科纵横》1990年第4期；收入《河陇史地考述》。

《从丝路流通的货币看古代东西方商业交往及其对我国西北地区经济政治的影响》，原载《甘肃金融》1990年增刊；收入西北师范大学历史系编《西北史研究》第一辑（上册），兰州大学出版社1997年版。

《河陇史地概述》，载《河陇史地考述》。

《五凉对人才的重视和培养》，载《河陇史地考述》。

《唐代前期的河陇》，载《河陇史地考述》。

《论河西回鹘》，载《河陇史地考述》。

《临夏回族自治州古城寨遗址调查记》，载《河陇史地考述》。

《通渭县建制沿革考》，载《河陇史地考述》。

《会宁县建制沿革考》，载《河陇史地考述》。

《榆中县历史沿革考》，载《河陇史地考述》。

《临夏县历史沿革考》，载《河陇史地考述》。

《北宋时期分布于秦陇地区的吐蕃各部族及其居地考》，原载《西北师大学报》1996年第2、3期；收入《宋史论略》。

《永靖县历史沿革考》，原载颜廷亮、王亨通主编《炳灵寺石窟学术研讨会论文集》，甘肃人民出版社2003年版；收入《河陇史地考述》。

《北宋建国时的周边形势》，载《宋史论略》。

《陈桥兵变与杯酒释兵权——北宋的建立与统一》，载《宋史论略》。

《"烛影斧声"是篡夺——读〈续资治通鉴长编〉札记》，载《宋史论略》。

《曹玮事迹编年录》，载《宋史论略》。

《刘沪筑水洛城及相关事迹考》，载《宋史论略》。

《北宋的陕西沿边五路》，载《宋史论略》；收入田澍、李建国主编《西北师范大学文史学者论文选粹·历史学卷》，甘肃人民出版社2012年版。

《丝绸之路与长城》，载《丝绸之路》1992年。

《会宁县境内古城址及丝路遗迹考察》，《西北师大学报》1993年第2期。

《允吾、金城、榆中、勇士等故城址考》，《历史地理》第11辑，上海人民出版社1993年版。

《榆中麹氏与高昌国——从一块新出土的墓志说起》（与孙永乐合作），《社科纵横》1994年第6期。

《两河西、两云中、双龟兹——历史地理考证》（与陈秀实合作），《西北史地》1995年第3期。

《吐鲁番阿斯塔那墓出土之唐代三件文书的研究》，《敦煌研究》1996年第4期。

《成纪再迁与陇西李氏》，李氏祖籍临洮联谊研究会编《联谊与研究》1997年第3期。

《两汉允吾、金城再考》，《西北师大学报》1998年第3期。

《〈宋史论略〉自序》，载《宋史论略》；《宋史研究通讯》2002年第1期。

《西凉六谷族》，载《宋史论略》。

《河湟唃厮啰》，载《宋史论略》。

《试论宋代的土地所有制》，载《宋史论略》。

《也谈王安石变法》，载《宋史论略》。

《"五鬼"擅权，政治腐败》，载《宋史论略》。

《"六贼"祸国，北宋覆亡》，载《宋史论略》。

《一构一桧，断送中原》，载《宋史论略》。

《张俊与张浚》，载《宋史论略》。

《宋夏交界地带的党项部族考》，载云南大学中国经济史研究所、云南大学历史系编《李埏教授九十华诞纪念文集》，云南大学出版社2003年版。

《安化峡与华亭等县地理沿革考》，载武建国、林文勋、吴晓亮主编《永远的思念：李埏教授逝世周年纪念文集》，云南大学出版社2011年版。

编后记

陈守忠教授1921年出生,先后担任西北师范大学历史系总支书记(系副主任)、西北师范大学敦煌学研究所所长、中国吐鲁番学会理事和甘肃丝绸之路学会副理事长等职。陈先生擅长西北史地研究,专攻宋辽西夏金元史,在研究中注重史籍与实地考察相结合的治史方法,出版《河陇史地考述》《宋史论略》等,在学术界有重大影响。陈先生于2019年12月26日逝世,西北师范大学历史文化学院师生万分悲痛。在28日兰州华林山烈士陵园送走陈先生后,陈先生的学生、首都师范大学历史学院李华瑞老师提议于先生百年诞辰时举行一个追思会,并出一部纪念文集。2021年是陈先生百年诞辰。为缅怀陈先生的道德文章,激励后人,西北师范大学历史文化学院决定编辑出版《陈守忠教授诞辰百年纪念论文集》,并特别聘请李华瑞老师主持编辑,向学界师友发出约稿函,撰文纪念先生,由我协助李老师共同做好文集编纂出版工作。在此向促成纪念文集出版的李华瑞老师敬致感谢!

《纪念论文集》共收录论文46篇,内容主要包括两个方面,每一部分的编排以作者年齿为序。第一部分为"怀念文章",共10篇。该部分由陈守忠先生生前工作的同事和授业学生撰写,内容涉及对陈先生生平经历、治学精神、学术贡献的追忆、怀念和评价,娓娓道来,让我们领略到陈先生高尚的人格魅力和学术风范。第二部分为"学术论文",这一部分又按照具体研究内容和时段,大致分为"宋史"15篇,"西北史与敦煌学"10篇,"其他研究"10篇。这一部分的作者既有宋史研究中的前辈学者顾吉辰等老先生,也有活跃于宋史、西北史、敦煌学等领域的知名专家学者,还有与西北师范大学历史学有学术渊源的青年学者。我们于2020年3月初向各位专家学者发出论文集约稿函后,很快收到他们的回信和来稿,令我们非常感动。论文集最后一篇是西北师范大学历史文化学院缪喜平博士整理完成的《陈守忠先生主要论著目录》，清晰展示陈先生学术研究的成就。在此，向诸位师友关心支持纪念文集的出版表示由衷的敬意和感谢！

  在论文集编纂出版过程中，西北师范大学党委书记张俊宗教授、副校长田澍教授予以悉心指导和大力支持。陈先生的女儿陈秀实老师撰写论文，并提供了珍贵的照片。西北师范大学历史文化学院杨芳副教授、西北师范大学历史文化学院缪喜平博士、西北师范大学历史文化学院张宸博士、首都师范大学历史学院强政隆博士为论文编排、校对等付出了辛勤的工作。中国社会科学出版社宋燕鹏老师用心编校，确保了论文集高质量出版，谨致以衷心的感谢！

何玉红

2021 年 7 月 2 日